普通高等教育"十三五"规划教材

全国普通高等教育基础医学类系列教材

供基础、临床、预防、口腔、护理等医学类专业使用

生物化学

（第 二 版）

钱民章　陈建业　主编

科 学 出 版 社
北 京

内 容 简 介

本书由西南地区十所医学院校联合编写。全书四篇共二十一章，第一篇：生物大分子的结构与功能，主要介绍蛋白质、核酸以及酶学基础知识。第二篇：物质代谢与调节，包括糖、脂类、氨基酸、核苷酸代谢、生物氧化及物质代谢的联系与调节。第三篇：生命信息的传递与调控，包括基因信息的传递即DNA的复制、RNA的转录、蛋白质的生物合成和基因表达的调控、基因工程和细胞间信号传导。第四篇：医学专题篇，包括肝脏生物化学、血液生物化学；癌基因、抑癌基因与生长因子；基因诊断与基因治疗；常用分子生物学技术。本教材写作上力求简明扼要，突出介绍生物化学的基本知识、基本理论和常用基本技术，适当介绍一些与医学有关的生物化学进展。每一章均提出了学习要点，涵盖执业医师考试生化知识要点，每章有小结及复习思考题，便于复习。全书后附有名词释义、索引及主要参考文献。

本书可供基础、临床、预防、口腔、护理等医学类专业使用。

图书在版编目(CIP)数据

生物化学/钱民章，陈建业主编. —2版. —北京：科学出版社，2016.7

普通高等教育“十三五”规划教材　全国普通高等教育基础医学类系列教材

ISBN 978-7-03-049200-5

Ⅰ. ①生…　Ⅱ. ①钱…　②陈…　Ⅲ. ①生物化学-高等学校-教材　Ⅳ. ①Q5

中国版本图书馆CIP数据核字(2016)第146977号

责任编辑：潘志坚　谭宏宇

责任印制：韩　芳

科学出版社 出版

北京东黄城根北街16号

邮政编码：100717

http://www.sciencep.com

南京展望文化发展有限公司排版

上海叶大印务发展有限公司印刷

科学出版社发行　各地新华书店经销

*

2013年8月第 一 版　开本：889×1194　1/16

2016年7月第 二 版　印张：25 3/4

2018年1月第八次印刷　字数：802 000

定价：55.00元

(如有印装质量问题，我社负责调换)

专家指导委员会

《生物化学》编辑委员会

主　编

钱民章　陈建业

副主编

欧刚卫　宋方洲　刘　戟　雷霆雯

编　委

（以姓氏笔画为序）

卜友泉（重庆医科大学）
王玉民（成都医学院）
王含彦（川北医学院）
付　强（四川大学）
朱月春（昆明医科大学）
刘友平（西南医科大学）
刘　戟（四川大学）
李红梅（贵州医科大学）
杨金蓉（成都中医药大学）
杨　烨（西南医科大学）
杨银峰（昆明医科大学）
连继勤（第三军医大学）
宋方洲（重庆医科大学）
宋永砚（川北医学院）
陆红玲（遵义医学院）
陈建业（川北医学院）
陈　珊（第三军医大学）
欧刚卫（遵义医学院）
易发平（重庆医科大学）
钱民章（遵义医学院）
黄映红（成都中医药大学）
雷霆雯（贵州医科大学）
赵　薇（宁夏医科大学）

学术秘书

生　欣（遵义医学院）

第二版前言

西南地区十所医学院校参加编写的《生物化学》教材是“科学出版社普通高等教育‘十二五’规划教材”首批建设项目中的教材之一。教材第一版于2013年8月出版，至今已三年。第一版教材在西南地区多所医学院校使用。各院校用后总的反映，该教材知识系统较为完整，编写比较简明扼要，便于师生教学，有一定的特色；同时使用教材的师生也对如何完善和提高教材的质量提出了许多宝贵建议意见。编委们在第一版教材出版后也进一步研读了自己所编写的章节，发现一些有待改进之处。综合各方面的意见，结合学科知识发展和培养新型创新性医学人才培养的需要，决定对本教材进行修订。

第2版《生物化学》教材，全书四大篇的知识框架没有改变，在与医学密切相关的生化知识第四篇中增加了“维生素与微量元素”一章；对第一版第三章、第十二章、第十三章的内容作了一些调整，突出阐述本章的核心知识；其余每章中的内容都有一定的增减，注意补充介绍一些新进展、新知识，避免一般性重复；更注意内容组织的逻辑性、文字表达的科学性和严谨性以及补充一些启迪学生思维、培养学生综合分析能力的思考题。

本次教材的修订工作得到重庆医科大学、科学出版社的大力支持和指导，各位编委积极参与，学术秘书生欣博士做了大量细致工作，在此致以诚挚的谢意！由于水平能力有限，书中定还存在不少不足之处，恳请同行、专家及使用本书的广大师生提出批评和宝贵意见。

钱民章　陈建业

2016年5月

目　录

第二版前言

绪论　001

一、生物化学发展简史　001
二、当代生物化学的主要研究内容　002
三、生物化学与医学　002
四、本教材纲要与特点　003

第一篇　生物大分子的结构与功能

第一章　蛋白质的结构与功能　007

第一节　蛋白质的化学组成　007
一、蛋白质的元素组成　007
二、蛋白质的基本组成单位——氨基酸　007
三、氨基酸的理化性质　010
四、肽与生物活性肽　010
五、蛋白质的分类　012
第二节　蛋白质的分子结构　012
一、蛋白质的一级结构　012
二、蛋白质的二级结构　013
三、蛋白质的三级结构　015
四、蛋白质的四级结构　016
第三节　蛋白质结构与功能的关系　017
一、蛋白质一级结构是高级结构和功能的基础　017
二、蛋白质的空间结构与功能的关系　019
第四节　蛋白质的理化性质　021
一、蛋白质的两性电离性质　021
二、胶体性质　021
三、蛋白质的变性、复性与沉淀　022
四、蛋白质的紫外吸收性质　022
五、蛋白质的呈色反应　022
第五节　蛋白质的分离纯化　022
一、透析及超滤法　023
二、有机溶剂沉淀法　023
三、盐析法　023
四、免疫沉淀法　023
五、电泳法　023
六、层析法　023
七、超速离心法　024

第二章 核酸的结构与功能 026

第一节 核酸的化学组成 026
一、核酸的元素组成 026
二、核酸的基本组成单位——核苷酸 026
第二节 核酸的分子结构 030
一、3′,5′-磷酸二酯键和多核苷酸链 030
二、核酸的一级结构 030
三、DNA 的空间结构与功能 031
四、RNA 的空间结构与功能 036
第三节 核酸的理化性质 039
一、核酸的紫外吸收 040
二、DNA 的变性复性及应用 040
三、核酸分子杂交 041

第三章 酶 043

第一节 酶的催化性质 043
一、酶是生物催化剂 043
二、酶催化作用的特点 044
三、酶的分类与命名 044
四、酶活力测定与酶活力单位 045
第二节 酶的组成与结构 045
一、酶的分子组成 046
二、酶的活性中心 046
第三节 酶的作用机制 047
一、降低反应活化能 047
二、多元催化 048
三、诱导契合假说 048
第四节 酶动力学 048
一、底物浓度对反应速率的影响 049
二、酶浓度对反应速率的影响 051
三、温度对反应速率的影响 051
四、pH 对反应速率的影响 051
五、激活剂对反应速率的影响 052
六、抑制剂对反应速率的影响 052
第五节 酶活性的调节 055
一、别构调节 055
二、共价修饰调节 056
三、酶原的激活 056
四、酶含量的调节 057
第六节 酶与医学的关系 058
一、酶与疾病的发生 058
二、酶与疾病的诊断 058
三、酶与疾病的治疗 060
四、酶在生物医学研究中的应用 060

第二篇 物质代谢与调节

第四章 糖代谢 065

第一节 糖的消化吸收与代谢概况 065
一、糖的消化与吸收 065
二、糖的代谢概况 066
第二节 糖的无氧分解 066
一、糖的无氧分解过程 066
二、糖的无氧分解的生理意义 069
第三节 糖的有氧氧化 069
一、糖有氧氧化过程及意义 069
二、巴斯德效应 074
第四节 磷酸戊糖途径 075
一、磷酸戊糖途径的反应过程 075
二、磷酸戊糖途径的生理意义 075
第五节 糖原的合成与分解 077
一、糖原的合成代谢 077

二、糖原的分解代谢 078
第六节 糖异生 080
一、糖异生途径 080
二、糖异生的生理意义 083
第七节 糖代谢的调节 083
一、限速酶的相对活性对糖代谢途径的调节作用 084
二、组织器官对糖代谢的调节作用 088
三、激素对血糖浓度的调节作用 089

第五章 脂类代谢 092

第一节 脂类概述 092
一、脂类概念 092
二、脂类的分布 093
三、脂类的消化吸收 093
四、脂类的生理功能 094
第二节 脂肪代谢 095
一、脂肪分解代谢 095
二、脂肪的合成 100
第三节 磷脂代谢 107
一、磷脂的分类、结构与功能 107
二、甘油磷脂的合成与分解 109
三、鞘磷脂的合成与分解 112
第四节 胆固醇代谢 113
一、胆固醇 113
二、胆固醇的合成与转化 114
第五节 血浆脂蛋白代谢 116
一、血脂 116
二、血脂的运输 117
三、脂蛋白功能和代谢 119

第六章 生物氧化 125

第一节 生物氧化的方式及酶类 125
一、生物氧化的方式 125
二、生物氧化过程中 CO_2 的生成 126
三、参与生物氧化的酶类 126
第二节 线粒体生成 ATP 的氧化磷酸化体系 128
一、氧化呼吸链 128
二、氧化磷酸化 133
三、氧化磷酸化的调节及影响因素 135
四、ATP 在能量代谢中的核心作用 137
五、线粒体内膜对物质的转运 137
第三节 非线粒体氧化体系 139
一、微粒体加单氧酶系 139
二、过氧化物酶体氧化体系 140
三、活性氧的产生与消除 140

第七章 氨基酸代谢 143

第一节 概述 143
一、氨基酸的营养价值 143
二、氨基酸代谢库 144
第二节 氨基酸脱氨基代谢 149
一、转氨基作用 149
二、氧化脱氨基 150
三、联合脱氨基 151
四、非氧化脱氨基 151
第三节 氨及 α-酮酸的代谢 152
一、氨的来源和去路 152
二、氨的运输 153
三、尿素的生成 154
四、α-酮酸的代谢 157
第四节 氨基酸其他代谢 158
一、脱羧基作用 158
二、一碳单位代谢 159
三、含硫氨基酸代谢 162
四、芳香族氨基酸代谢 164
五、支链氨基酸代谢 167

第八章　核苷酸代谢　169

第一节　核苷酸的合成代谢　169
一、嘌呤核苷酸的合成代谢　170
二、嘧啶核苷酸的合成代谢　174
第二节　脱氧(核糖)核苷酸的生成　177
一、脱氧核苷酸的生成　177
二、dTMP 的生成　178
第三节　核苷酸的分解代谢　179
一、嘌呤核苷酸的分解代谢　179
二、嘧啶核苷酸的分解代谢　180
第四节　核苷酸的抗代谢物　180
一、嘌呤类似物　180
二、嘧啶的类似物　181
三、氨基酸类似物　181
四、叶酸类似物　181

第九章　物质代谢的联系与调节　183

第一节　物质代谢的特点　183
一、整体性　183
二、复杂性　183
三、可调节性　184
四、特异性　184
五、个别代谢物的重要性　184
第二节　物质代谢的相互联系　184
一、糖、脂、蛋白质及核酸代谢之间的相互联系　184
二、能量代谢的相互联系　186
第三节　组织、器官水平的代谢特点　187
第四节　物质代谢的调节　189
一、细胞水平的物质代谢调节　189
二、激素水平物质代谢的调节　191
三、整体水平的物质代谢调节　191
第五节　代谢组学　193
一、代谢组学的研究方法　193
二、代谢组学的应用　193

第三篇　生命信息的传递与调控

第十章　DNA 生物合成　197

第一节　DNA 复制　197
一、DNA 复制的基本特征　197
二、DNA 复制体系　200
三、DNA 的复制过程　203
第二节　逆转录　207
一、逆转录的概念及过程　207
二、逆转录的意义　207
第三节　DNA 损伤与修复　208
一、DNA 损伤　208
二、DNA 损伤的修复　209

第十一章　RNA 的生物合成　213

第一节　转录概述　213
一、转录的模板　214
二、RNA 聚合酶　214
三、启动子　216
四、终止子　217
第二节　转录过程　219
一、原核生物的转录过程　219
二、真核生物的转录过程　220
第三节　RNA 转录后加工及非编码 RNA 的合成　223
一、原核生物中 RNA 的加工　223
二、真核生物中的 RNA 加工及部分非编码 RNA 合成　224
第四节　RNA 复制——RNA 依赖的 RNA 合成　229

一、RNA 复制与 RNA 复制酶 229
二、RNA 病毒的种类与基因组复制的主要特点 229

第十二章 蛋白质的生物合成 231

第一节 蛋白质合成体系 231
一、mRNA 是蛋白质合成的模板 231
二、核蛋白体是蛋白质合成的场所 233
三、tRNA 是转运氨基酸的工具 233
第二节 蛋白质生物合成过程 234
一、翻译的起始 235
二、肽链的延长 237
三、翻译的终止 238
第三节 蛋白质合成后加工与输送 240
一、新生肽链的折叠 240
二、一级结构的修饰 240
三、空间结构的修饰 241
四、蛋白质的靶向输送 241
第四节 蛋白质生物合成的干扰和抑制 242
一、毒素类蛋白质合成阻断剂 242
二、抗生素类阻断剂 242
三、干扰素的作用 243

第十三章 基因表达调控 245

第一节 基因表达调控的基本原理和特征 245
一、基因表达与表达调控的概念 245
二、基因表达的一般特征 246
三、基因表达调控的基本原理 247
第二节 原核生物的基因表达调控 248
一、原核基因表达调控的主要特征 248
二、原核生物的操纵子调控模式 249
三、原核生物的翻译水平基因表达调控 253
第三节 真核生物的基因表达调控 254
一、真核基因表达调控的结构基础 254
二、真核基因转录前的染色质水平调控 257
三、真核基因表达转录水平的调控 258
四、真核基因表达翻译水平的调控 260

第十四章 基因工程 264

第一节 基因工程的相关概念 264
第二节 基因工程中常用工具酶和载体 265
一、基因工程中常用工具酶 265
二、载体 266
第三节 基因工程的基本过程 268
一、目的基因的获取 268
二、使用限制性核酸内切酶对目的片段和载体切割 269
三、重组 DNA 的构建 269
四、重组 DNA 转入宿主细胞 270
五、筛选与鉴定重组 DNA 272
第四节 基因工程在医学领域的应用 273
一、重组 DNA 技术在发展蛋白质/多肽类药物与疫苗中的应用 274
二、重组 DNA 技术在真核细胞转基因和基因打靶中的应用 274
三、基因治疗 274

第十五章 细胞信号转导 276

第一节 细胞信号转导的基本原理 276
一、细胞信号转导的相关分子 276
二、信号转导分子的作用机制 280
第二节 膜受体介导的信号转导途径 280
一、离子通道型受体及其信号转导 281
二、G 蛋白偶联型受体介导的信号转导 281
三、催化型受体介导的信号转导 284
四、酶偶联受体介导的信号转导途径 289
第三节 胞内受体介导的信号转导途径 289
第四节 细胞信号转导途径的交互联系 289

第五节 细胞信号转导异常与疾病的发生 290
一、代谢异常疾病 290
二、细胞功能紊乱性疾病 290
三、肿瘤 290

第四篇 医学专题篇

第十六章 肝胆生物化学 295

第一节 肝脏的形态结构和化学组成 295
一、肝脏的形态结构上的特点 295
二、肝脏的化学组成特点 295
第二节 肝脏在物质代谢中的作用 296
一、肝脏在糖代谢中的作用 296
二、肝脏在脂类代谢中的作用 296
三、肝脏在蛋白质代谢中的作用 297
四、肝脏在维生素代谢中的作用 298
五、肝脏在激素代谢中的作用 298
第三节 肝脏的生物转化作用 298
一、生物转化作用的概念 298
二、生物转化的反应类型 298
三、生物转化反应的特点 303
四、影响生物转化的因素 303
第四节 胆汁酸代谢 304
一、胆汁与胆汁酸 304
二、胆汁酸的种类 305
三、胆汁酸的生理功能 305
四、胆汁酸代谢 306
第五节 胆色素代谢 308
一、胆色素的正常代谢途径 308
二、血清胆色素代谢异常——高胆红素血症(黄疸) 312
第六节 常用的肝功能检验项目及其意义 313
一、代谢功能检验 313
二、血清中酶学测定 314
三、肝脏分泌与排泄功能实验 314

第十七章 血液的生物化学 316

第一节 血液的组成成分和功能 316
一、血液的组成成分 316
二、血液中的非蛋白含氮化合物 317
第二节 血浆蛋白质 317
一、血浆蛋白质的组成及分类 317
二、血浆蛋白质的特点与功能 318
第三节 红细胞代谢 320
一、成熟红细胞的代谢特点 320
二、血红蛋白代谢 322
第四节 白细胞代谢 327
一、糖代谢 327
二、脂代谢 327
三、氨基酸和蛋白质代谢 328

第十八章 维生素与微量元素 329

第一节 脂溶性维生素 329
一、维生素 A 329
二、维生素 D 331
三、维生素 E 331
四、维生素 K 332
第二节 水溶性维生素 332
一、维生素 B_1 332
二、维生素 B_2 333
三、维生素 PP 333
四、维生素 B_6 334
五、泛酸 335
六、生物素 335
七、叶酸 335
八、维生素 B_{12} 336
九、维生素 C 336
第三节 微量元素 338

一、铁 338
二、碘 339
三、铜 339
四、锌 339
五、钴 340
六、锰 340
七、硒 340
八、氟 340

第十九章 癌基因、抑癌基因与生长因子 342

第一节 癌基因 342
一、癌基因的来源及其鉴定 342
二、癌基因活化的机制 343
三、常见的癌基因家族 344
四、原癌基因的产物与功能 344
第二节 抑癌基因 345
一、抑癌基因的发现 345
二、抑癌基因失活的机制 345
三、常见的抑癌基因及其功能 346
第三节 生长因子 347
一、生长因子概述 347
二、生长因子的作用机制 347
三、生长因子与疾病 348

第二十章 基因诊断与基因治疗 349

第一节 基因诊断 350
一、基因诊断的概念和临床意义 350
二、基因诊断的基本策略 350
三、基因诊断常用的分子生物学技术 350
四、基因诊断的应用 353
第二节 基因治疗 356
一、基因治疗的概念与分类 356
二、基因治疗的策略 357
三、基因治疗的基本程序 357
四、基因治疗的应用概况 359
五、基因治疗尚待解决的问题 360

第二十一章 常用分子生物学技术 362

第一节 PCR 技术 362
一、PCR 的基本原理 362
二、常见的 PCR 衍生技术 363
三、定量 PCR 364
四、PCR 技术的应用 366
第二节 分子杂交与印迹技术 367
一、分子杂交与印迹技术简介 367
二、探针的种类及其制备 369
三、常用的分子杂交与印迹技术 370
第三节 生物芯片技术 372
一、基因芯片 373
二、蛋白质芯片 374
第四节 RNA 干扰技术 374
一、RNA 干扰的机制 374
二、RNA 干扰技术及其实施策略 375
三、RNA 干扰技术的应用 375

名词释义 377

索引 385

主要参考文献 396

绪　论

生物化学(biochemistry)简称"生化",是用化学的原理及方法从分子水平研究生命现象的学科,主要研究生物体的化学组成与结构、物质代谢与调节、酶结构与功能、遗传信息传递、分子突变与疾病等问题,是医学生一门重要的必修专业基础课。

一、生物化学发展简史

生物化学是从生理学科中分离出来的,19 世纪初首次使用"生物化学"这一名词,成为一门独立的学科。人类研究和探索生命现象的化学本质已有近两百年历史,生物化学的发展经历了从初期叙述生物化学→到中期动态生物化学→再到现代分子生物学三个阶段,许多中外科学家为生物化学的学科发展作出了重要贡献。

叙述生物化学阶段经历了 18 世纪中叶至 19 世纪末这一百多年时间。在此时期,化学研究取得了很大进展,一些生理学家和化学家开始用化学的原理来研究生命现象。此阶段主要对一些生物组织如血液、软骨、脓液的组成进行了化学分析:在物质组成方面,从脓细胞中分离了核酸;对糖、脂及氨基酸的性质进行了较为系统的研究;证实了蛋白质是由氨基酸通过肽链连接起来的大分子物质;化学合成了简单的多肽及有机物尿素;分离出血红蛋白并制成了结晶;发现了发酵过程中存在的"可溶性酵素",并定义为"酶"。在新陈代谢方面,证明了呼吸过程中氧被消耗,呼出二氧化碳,同时放出热能;提出了新陈代谢的基本概念,认为新陈代谢是体内物质合成和分解的过程。这一阶段的研究主要是比较客观地描述了生物体的化学组成,故称为叙述生物化学阶段。

19 世纪末至 20 世纪前五十年,生物化学进入了蓬勃发展的动态生化阶段,取得了许多重大成就。由于化学分析及核素示踪技术的发展与应用,细胞内物质代谢的研究进展十分迅速:阐明了尿素合成的鸟氨酸循环途径、糖酵解途径、脂肪酸氧化途径和核苷酸代谢途径;公布了三羧酸循环的研究成果。证明了酶的化学本质是蛋白质;从刀豆中提纯了脲酶并制成了结晶。此外,还发现了人类营养必需氨基酸、必需脂肪酸和多种维生素;发现了多种激素并将其分离合成;证明了 DNA 是遗传的物质基础,揭示了基因的本质。这一阶段最主要的成就是阐明了生物体内一些主要物质分解代谢的途径,故称为动态生化阶段。

20 世纪 50 年代以后,生物化学进入了飞速发展的分子生物学时期。这是生物化学发展史上一个极其辉煌的阶段,诞生了许多出色的研究成果,使人类对生命现象本质的认识取得了重大进展,生物化学也因此成为生命科学中的重要领头学科之一。物质代谢研究进入了合成代谢和代谢调控研究新阶段,生物体内两种重要的生物大分子蛋白质和核酸成为研究的焦点。在蛋白质结构与功能研究方面:发现了 α-螺旋是蛋白质的一种二级结构形式;完成了胰岛素氨基酸全序列分析,揭示了多肽链中氨基酸特定顺序是蛋白质结构的主要特征,对蛋白质的认识产生了飞跃。核酸的研究取得丰硕成果:1953 年,J. D. Watson 和 F. H. Crick 提出了 DNA 双螺旋结构模型,这是生物化学进入分子生物学时代的重要标志,为揭示遗传信息传递的规律奠定了基础。随后又提出了遗传信息传递的中心法则,深入研究了 DNA 的复制机制、RNA 的转录过程,破译了生物遗传密码、弄清了各种 RNA 的作用、阐明了蛋白质在细胞内合成的初步过程、开启了基因表达调控研究、提出了原核生物基因表达调控的"操纵子学说"等。这些成果,深化了人类对蛋白质与核酸的关系及其在生命活动中的作用认识,具有非常重要的意义。在 20 世纪 70 年代,人类对生命现象的本质探索进入了基因工程新时代:创立了重组 DNA 技术,使主动改造生物体成为可能,利用该技术获得了基因工程产品、转基因动植物品种及基因敲除动物模型,促进了对基因表达调控和基因功能的研究;聚合酶链反应技术(PCR)的发明,对核酸的研究起到了极大的推动作用;核酶的发现拓展了人们对生物催化剂的认识;基因诊断与基因治疗的研究把分子生物学的研究成果引入医学领域,为人类诊断和治疗疾病提供了新的认识和手段。20 世纪末,人类对基因的研究层次从单个基因研究上升到生物体全基因组的整体水平,取得了重大进展。陆续测定了 λ 噬菌体 DNA、乙肝病毒 DNA、艾滋病病毒 DNA 全序列;1996 年公布了大肠埃希菌基因组 DNA 全序列;2001 年完成了人类基因组 23 条染色体 DNA 的全序列测定,绘制了人类基因组四张精确图谱,完成了宏伟的人类基因组计划。

在生物化学发展历程中,中国科学家也作出了自己的贡献。公元前 21 世纪,我们的祖先已能酿酒,公元 12 世纪,已能作酱制醋,这些工艺均涉及发酵过程;在中国古代医籍中,有一些记载表明中医已认识到维生素、激素对人体健康的作用。20 世纪 20 年代,我国生化学家吴宪提出了蛋白质变性学说并创立了血滤液制备及血糖测定方法;生化学家刘思职用定量分析方法研究了抗原抗体反应的机制;1965 年,中国科学家用化学方法人工合成了有生物活性的牛胰岛素,实现了蛋白质的人工合成;1983 年合成了有生物功能的酵母丙氨酸 tRNA。改革开放后,中国生化界加强了与国外同行的交流合作,参与了人类基因组计划并作出了应有贡献,在基因组、基因工程、蛋白质工程、疾病相关基因的发现与定位克隆等方面取得了出色成绩。近年来,我国科学家每年都有一些生物化学与分子生物学方面的高水平论文在国际顶尖期刊上发表,引起了国际同行的高度重视。

二、当代生物化学的主要研究内容

1. *生物大分子的结构与功能* 生物大分子(biomacromolecule)是存在于生物体内的大分子物质,如蛋白质、核酸、脂质和糖类等,它们在生命活动中扮演了极其重要的角色,是生命活动的物质基础。生物大分子的结构特点与生物学功能、结构与功能的关系以及它们如何相互识别、相互作用来完成复杂的生命活动,如生物体的生长、发育、衰老、死亡等仍有许多问题尚未被认识,是当今生化研究的热点领域。

2. *后基因组学研究* 人类基因组计划的完成,表明基因组学的研究取得了很大的进展。在基因组学研究的基础上,研究基因组中各基因的功能、基因表达及调控模式的"功能基因组学"、阐明生物体各种生物基因组在细胞中表达的全部蛋白质的表达模式及功能模式的"蛋白质组学"、直接鉴定非编码小 RNA 在特定条件和不同状态下的种类、功能、差异及其与蛋白质的相互作用的"RNA 功能基因组学"、比较不同物种的整个基因组,研究每个基因组的功能和进化关系的"比较基因组学"等相继提出,成为当代生物化学研究的重要内容。

3. *物质代谢及其调节* 新陈代谢是生命体的基本特征,正常的物质代谢是生命过程的必要条件。在动态生物学及分子生物学阶段,生物体内的主要物质代谢途径已经基本清楚,但生物体如何调节这些复杂的物质代谢反应使之处于动态平衡以适应内外环境条件的变化、代谢紊乱与疾病发生的关系及其分子机制等仍是有待生物化学进一步阐明的重要问题。

4. *生命信息的传递与调控* 遗传信息传递的中心法则已经确立,但信息传递的具体过程与细节包括 DNA 复制、RNA 转录、反转录、蛋白质生物合成的精确机制仍有待进一步深入认识,特别是对基因表达的时空规律目前的了解还很有限,对基因信息传递异常与人类多种疾病发生的确切分子机制知之甚少,这些都是当今生物化学家极感兴趣的领域。此外,生物体内各种生理活动依赖于细胞间信息的有效传递。细胞信号传导参与了体内物质代谢、细胞分化、增殖与凋亡、遗传与变异等过程的调节,信号传导异常是导致疾病发生的重要原因。细胞信号传导的基础是多种生物分子、信号分子之间连成通路进而形成网络发挥作用。目前,对细胞信号传导的分子机制及网络的认识虽然取得了不少进展,但这一领域仍是生物化学研究的重要课题。

三、生物化学与医学

生物化学是临床医学及其相关专业学生的重要必修专业基础课,其重要性和基础性体现在以下几方面。

(1) 生物化学从分子水平研究生命现象的化学本质,学习生物化学知识,才能深刻认识疾病发生、发展的复杂机制,才能对疾病预防和治疗作出正确判断和处理。例如,掌握人体内三大营养物质代谢规律,是对代谢性疾病的病因病理作出分析，确定正确的治疗原则与方法的前提；只有掌握遗传信息传递的中心法则和基因表达调控与细胞信号转导的基本知识，才能对肿瘤、遗传病等复杂疾病的发病机制、诊断治疗方案有比较深刻的理解，进而探索攻克这些严重威胁人类健康疾病的方略。

（2）生物化学是生物科学中的领先学科，也是医学各学科的基础。生物化学的理论与实验方法技术广泛渗透到基础医学和临床医学各领域，学好生化知识，对学好其他学科有积极促进作用。例如，学好了生化中生物大分子的结构与功能，就能更好地理解和掌握免疫学中的免疫分子；生化中酶学部分的内容，与药理学有密切关系；目前临床上已逐步开展的基因诊断和基因治疗，其理论基础来源于生物化学与分子生物学的知识与技术；法医诊断、疾病预防等均与生物化学有关。要学好医学各学科，打好生化基础十分重要。

（3）生物化学的理论与技术对基础和临床医学各学科科学研究的深入和发展具有重要影响。基础和临床许多学科的研究均已深入到分子水平，在生化理论基础上发展起来的 PCR 技术、基因重组技术、基因沉默技术等分子生物学技术已经广泛应用到各学科科研工作中。在人类基因组计划完成后提出的 21 世纪医学科学发展的几个前沿领域——基因组学、蛋白质组学、生物信息学、克隆技术和人体组织工程技术以及数字虚拟人计划等，均与生物化学和分子生物学的理论与技术作为基础。作为 21 世纪的医学生，只有掌握好生物化学基本理论、基本知识、基本技术才能为新世纪医学科研作出贡献。

四、本教材纲要与特点

本书是医学院校本科生的生物化学教材，根据临床医学及相关专业本科生培养目标，结合执业医师考试对应考者生物化学知识的要求，确定全书由四大知识板块组成，共二十章。第一篇：生物大分子的结构与功能，包括蛋白质、核酸的结构与功能以及酶学基础知识。第二篇：物质代谢与调节，包括糖、脂类、氨基酸、核苷酸代谢、生物氧化及物质代谢的联系与调节。第三篇：生命信息的传递与调控，包括基因信息的传递即 DNA 的复制、RNA 的转录、蛋白质的生物合成和基因表达的调控，基因工程；细胞间信号传导内容。第四篇：医学专题篇，包括肝脏、血液生物化学；癌基因、抑癌基因与生长因子；基因诊断与基因治疗；常用分子生物学技术。

本教材写作上力求简明扼要，突出介绍生物化学的基本知识、基本理论和常用基本技术，适当介绍某些与医学有关的生物化学进展。每一章均提出了学习要求，有章后小结及思考题。使用本教材的学校，可根据各校生物化学课程的教学时数，确定讲授内容、深度及学生自学的部分。

（钱民章　陈建业）

第一篇

生物大分子的结构与功能

生物大分子(biomacromolecule)指存在于生物体内的大分子物质，如蛋白质、核酸以及脂质和糖类等。生物大分子的结构通常有一定规律，即它们是由一种基本结构单位，按一定排列顺序连接形成的。不同类型的生物大分子还有其自身的结构特征。

生物大分子可以是生物体的组成成分，也在生物体内行使着极其重要的功能。它们参与了生物体的生长、繁殖、运动、遗传、物质代谢等几乎所有的生命活动，而它功能的多样性是以其结构的复杂性为基础的。要从分子水平上认识人体生命现象，必须首先了解生物大分子结构与功能的基本知识，也是为学习生物化学其他知识打下基础。

本篇主要介绍两种最重要的生物大分子：蛋白质和核酸，它们是生命活动的物质基础。侧重介绍这两种生物大分子结构的基本特点、主要功能及结构与功能的关系。

酶是生物催化剂。目前发现，除核酶外，其他酶的化学本质均为蛋白质。体内几乎所有的化学反应都是在酶的催化下完成的，这是生物体能进行复杂而周密的新陈代谢的基本保证。鉴于酶化学本质的特点，有关酶的组成、结构、催化特性及动力学基本知识，也将在本章介绍。

第一章

蛋白质的结构与功能

学习要点

掌握： ① 组成蛋白质的氨基酸结构特点、分类；② 肽键，肽链，肽平面，蛋白质一、二、三、四级结构概念及稳定各级结构的化学键；③ 模体、结构域、亚基、等电点和蛋白质变性的概念；④ 蛋白质二级结构的类型。

熟悉： ① 蛋白质一级结构与功能的关系（举例）；② 蛋白质空间结构与功能的关系（举例）；③ 举例说明生物活性肽的组成特点及功能。

了解： 蛋白质分离与纯化的方法。

蛋白质（protein）这个词在1838年首次被使用，其原意为“最重要的”。人们在18世纪中叶发现，蛋白质是一种广泛存在的人和动物重要的食物成分。

蛋白质是以氨基酸（amino acid）为基本结构单位，通过肽键连接而成的高分子含氮化合物，是生物体内含量最多、种类最丰富的生物大分子。在人体内，几乎所有的生命活动均有蛋白质参与，它发挥着许多重要的功能：如为骨骼和结缔组织提供基质形成人体的结构成分、催化化学反应、参与物质运输、调控新陈代谢和肌肉收缩参与免疫反应，许多激素是蛋白质或多肽，有些蛋白调控基因的转录和翻译等。蛋白质功能的多样性是由结构的复杂性所决定的，本章将介绍蛋白质结构与功能的基础知识。

第一节　蛋白质的化学组成

一、蛋白质的元素组成

组成蛋白质的元素主要有碳（50%～55%）、氢（6%～8%）、氧（19%～24%）、氮（13%～19%）和硫（0～4%），有些蛋白质含有少量的磷或金属元素铁、铜、锌、锰、钴、钼等，个别蛋白质还含有碘。

其中值得注意的是：各种蛋白质的含氮量均很接近，平均约为16%。动植物组织内的含氮物质以蛋白质为主，所以只要测出生物样品中的含氮量，就可按下列公式反推出样品中蛋白质的含量。凯式定氮法就是根据这样的原理建立起来的蛋白质测定方法。

每克样品中含氮克数×6.25×100＝100 g样品蛋白质含量（质量百分含量）

二、蛋白质的基本组成单位——氨基酸

氨基酸是构成蛋白质的基本单位。自然界中的氨基酸有300多种，但组成人体蛋白质的氨基酸仅20种，不同蛋白质中各种氨基酸的含量与排列顺序不同。发现蛋白质一百多年后的1935年，科学家完成了对

构成人体蛋白质的20种氨基酸的分离和化学结构的鉴定。

(一)氨基酸的结构

1. 氨基酸的结构通式：组成人体蛋白质的20种氨基酸均为α-氨基酸，即其氨基均连接于α-碳原子上(图1-1)。脯氨酸含有亚氨基，故为α-亚氨基酸。

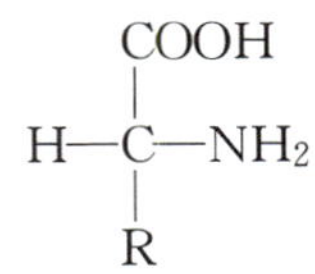

R代表氨基酸的侧链基团

图1-1 氨基酸的结构通式

2. 氨基酸的构型：当一个碳原子与四个不同的基团连接时，碳原子就具有了不对称性，形成两种不同的空间构型，即D型和L型。在组成人体蛋白质的20种α-氨基酸中，除了甘氨酸和脯氨酸，其余氨基酸均为L-α-氨基酸(图1-2)。

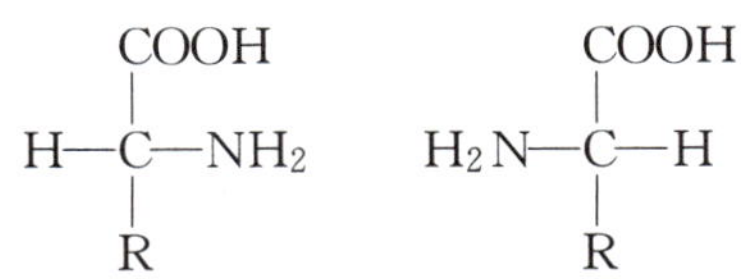

D-α-氨基酸　　L-α-氨基酸

图1-2 氨基酸的构型

甘氨酸的R基团为H，不具有不对称性，因而没有L型和D型之分。脯氨酸为亚氨基酸。生物界中也有D-氨基酸，大都存在于某些细菌产生的抗生素和个别植物的生物碱中。

(二)氨基酸的分类

20种氨基酸有相同的结构通式，其区别仅在于侧链(R)不同，根据其侧链的结构和理化性质可分为四类(表1-1)。

表1-1 氨基酸的结构及分类

氨基酸名称	简写符号	结构式
1. 非极性疏水性氨基酸		
甘氨酸	甘,Gly,G	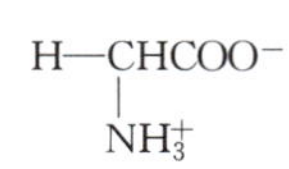
丙氨酸	丙,Ala,A	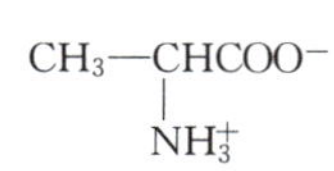
缬氨酸	缬,Val,V	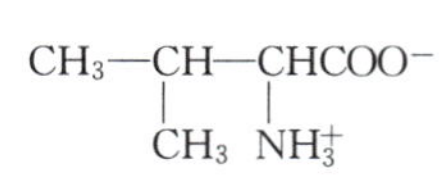
亮氨酸	亮,Leu,L	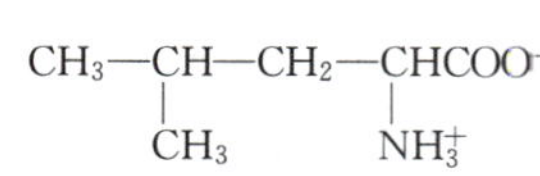
异亮氨酸	异,Ile,I	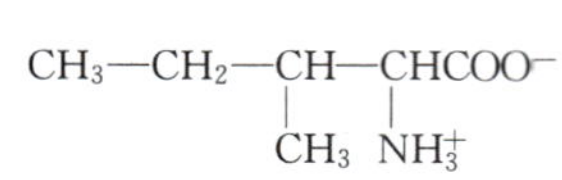
苯丙氨酸	苯,Phe,F	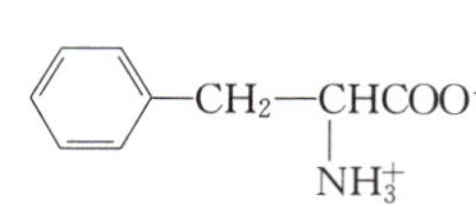

续表

氨基酸名称	简写符号	结构式
色氨酸	色,Trp,W	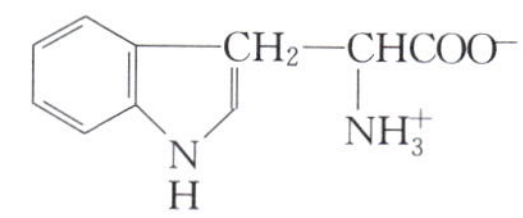
蛋氨酸	蛋,Met,M	$CH_3SCH_2CH_2-\underset{NH_3^+}{\underset{\vert}{C}}HCOO^-$
脯氨酸	脯,Pro,P	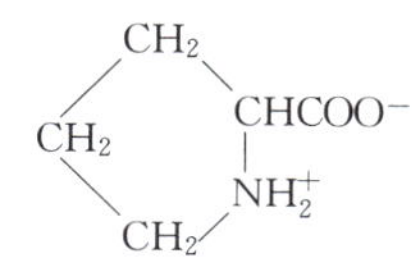
2. 非电离极性氨基酸		
丝氨酸	丝,Ser,S	$HO-CH_2-\underset{NH_3^+}{\underset{\vert}{C}}HCOO^-$
苏氨酸	苏,Thr,T	$HO-\underset{CH_3}{\underset{\vert}{C}}H-\underset{NH_3^+}{\underset{\vert}{C}}HCOO^-$
酪氨酸	酪,Tyr,Y	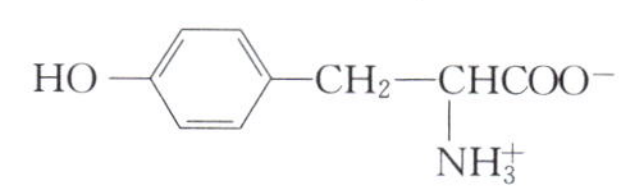
半胱氨酸	半,Cys,C	$HS-CH_2-\underset{NH_3^+}{\underset{\vert}{C}}HCOO^-$
天冬酰胺	天-NH_2,Asn,N	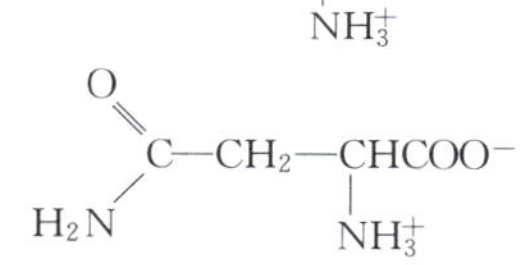
谷氨酰胺	谷-NH_2,Gln,Q	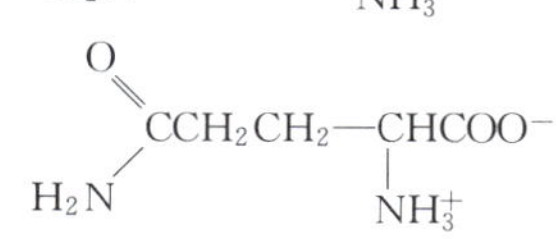
3. 酸性氨基酸		
谷氨酸	谷,Glu,E	$HOOCCH_2CH_2-\underset{NH_3^+}{\underset{\vert}{C}}HCOO^-$
天冬氨酸	天,Asp,D	$HOOC-CH_2-\underset{NH_3^+}{\underset{\vert}{C}}HCOO$
4. 碱性氨基酸		
赖氨酸	赖,Lys,K	$NH_2CH_2CH_2CH_2CH_2-\underset{NH_3^+}{\underset{\vert}{C}}HCOO^-$
精氨酸	精,Arg,R	$NH_2\underset{NH}{\underset{\Vert}{C}}NHCH_2CH_2CH_2-\underset{NH_3^+}{\underset{\vert}{C}}HCOO^-$
组氨酸	组,His,H	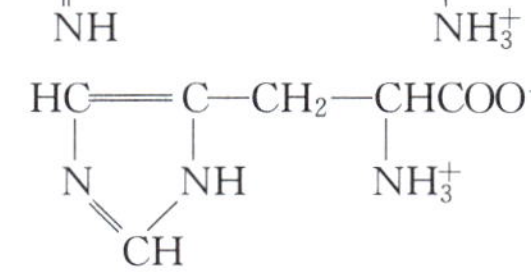

1. **非极性疏水性氨基酸** 侧链含有烃基,吲哚环或甲硫基等非极性基团,具有疏水性质。

2. **非电离极性氨基酸** 侧链含有酰胺基、巯基或羟基等极性基团,这些基团有亲水性,但在中性水溶液中不电离。

3. **酸性氨基酸** 侧链上的羧基在水溶液中能解离出 H^+ 而带负电荷。包括谷氨酸和天冬氨酸。

4. **碱性氨基酸** 侧链上含有氨基、胍基或咪唑基,水溶液中能结合 H^+ 而带正电荷。包括赖氨酸、精氨酸和组氨酸。

三、氨基酸的理化性质

氨基酸是离子化合物，晶体无色，熔点较高(200～300℃)，各种氨基酸在水中的溶解度不相同，主要取决于侧链。

(一) 氨基酸具有两性解离性质

氨基酸分子中有碱性的氨基和酸性的羧基，这使氨基酸既可电离出质子，也可接受质子，所以既可在碱性溶液中与—OH^-结合，失去质子变成带负电荷的阴离子(—COO^-)，也可在酸性溶液中与质子(H^+)结合成带正电荷的阳离子(—NH_3^+)，因此，氨基酸是一种两性电解质，具有两性解离的特性(图 1－3)。

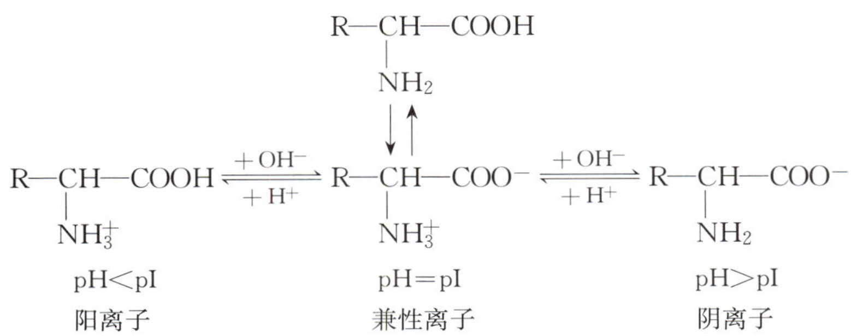

图 1－3　氨基酸的两性解离

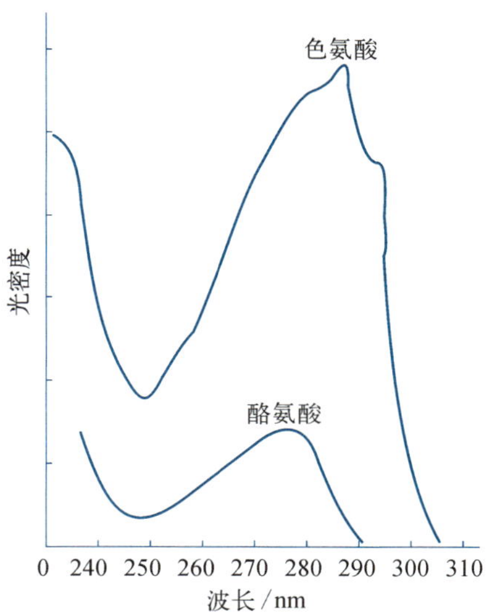

图 1－4　氨基酸的紫外吸收

氨基酸的解离方式取决于其所处溶液的酸碱度。在某一 pH 的溶液中，氨基酸解离成阳离子和阴离子的趋势及程度相等，成为兼性离子，呈电中性，此时溶液的 pH 称为该氨基酸的等电点(isoelectric point，pI)。当氨基酸所处溶液的 pH 小于 pI 时，氨基酸带正电荷，在电场中向负极移动；相反，当 pH 大于 pI 时，氨基酸带负电荷，在电场中向正极移动。在一定 pH 范围内，氨基酸溶液的 pH 离 pI 愈远，氨基酸所带的净电荷愈多。等电点的高低主要由兼性离子两侧的可解离基团的 p*K* 值所决定。

(二) 含共轭双键的氨基酸具有紫外吸收性质

构成蛋白质的 20 种氨基酸中，苯丙氨酸、酪氨酸和色氨酸三种氨基酸含有共轭双键，对紫外线有光吸收，其中以色氨酸的光吸收最强，其最大光吸收峰在 280 nm(图 1－4)。

(三) 氨基酸的呈色反应

氨基酸也可与茚三酮产生缩合反应，生成蓝紫色化合物，其最大光吸收峰在 570 nm。利用茚三酮显色反应可作为定性或定量分析氨基酸的方法。

四、肽与生物活性肽

(一) 氨基酸之间通过肽键连接

1. 肽键　氨基酸与氨基酸之间通过肽键(peptide bond)共价连接起来。所谓肽键(或称酰胺键)是蛋白质分子中的主要共价键，指由一分子氨基酸的 α－羧基与另一分子氨基酸的 α－氨基经脱水缩合而形成的共价键(—CO—NH—)，氨基酸分子在参与形成肽键之后，由于脱水而结构不完整，故称为氨基酸残基(图 1－5)。

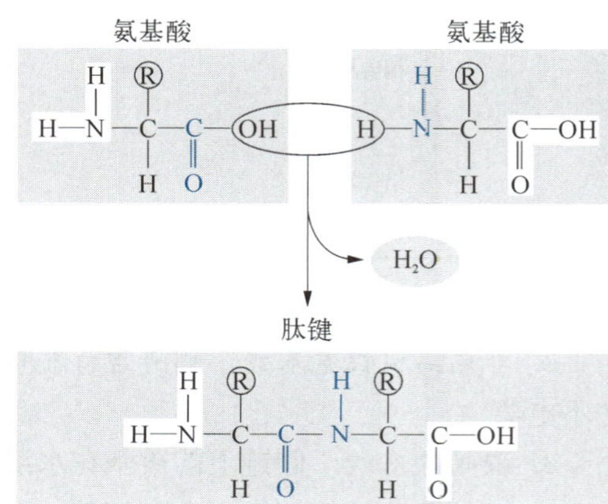

图 1－5　肽键的形成

2. 肽　氨基酸与氨基酸之间通过肽键共价连接而成的化

合物称为肽(peptide)。2个氨基酸缩合成的肽为二肽，3个氨基酸缩合成三肽，10个以下的氨基酸缩合成的肽称为寡肽，10～50个氨基酸形成的肽为多肽，50个氨基酸以上称蛋白质。多肽分子中的氨基酸相互连接，形成长链，称为多肽链(polypeptide chain)。

多肽链中一个氨基酸的α-氨基和另一个氨基酸的α-羧基缩合形成了肽键，而两端的α-氨基和α-羧基还游离存在，分别将其称为氨基末端(N端)和羧基末端(C端)。在书写多肽链时，通常把N端氨基酸残基写在左边，C端氨基酸残基写在右边，肽链的方向是N端→C端。从左至右依次将各氨基酸的中文或英文缩写符号列出(图1-6)。

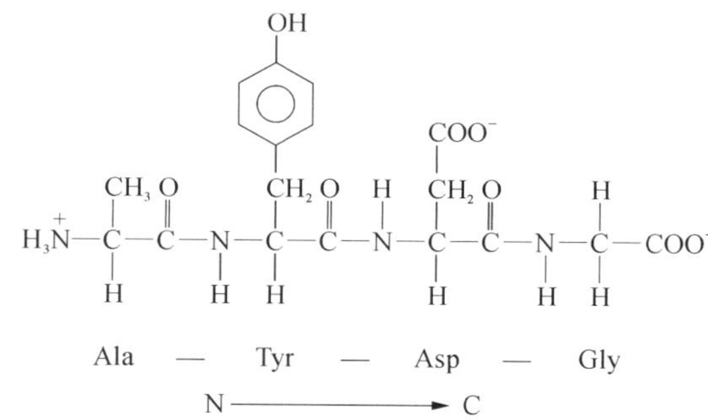

图1-6　多肽链

(二) 多种生物活性肽

具有特定生物学功能的多肽称为生物活性肽。医学上有许多重要的小分子多肽，如谷胱甘肽(glutathione, GSH)、促甲状腺素释放激素及某些多肽类抗生素等，它们都具有重要的生理功能。

1. 谷胱甘肽　谷胱甘肽是由谷氨酸、半胱氨酸、甘氨酸从N端到C端缩合而成，简称谷胱甘肽。但它的连接与经典的肽不同，谷氨酸通过γ-羧基与半胱氨酸的α-氨基形成肽键(蛋白质分子中的肽键是α-羧基与α-氨基间形成)。因此，此三肽实际应为γ-谷胱甘肽(图1-7)。

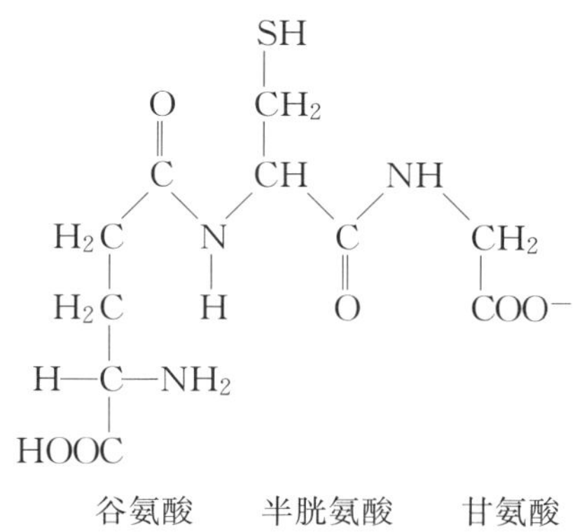

图1-7　谷胱甘肽的结构

谷胱甘肽是一种生物活性肽，其结构中含有功能基团巯基。分为还原型与氧化型(图1-8)，两者间可以相互转变，使谷胱甘肽具有以下的生理功用：① 解毒作用；② 参与氧化还原反应；③ 保护蛋白质或巯基酶的活性；④ 维持红细胞膜结构的稳定。

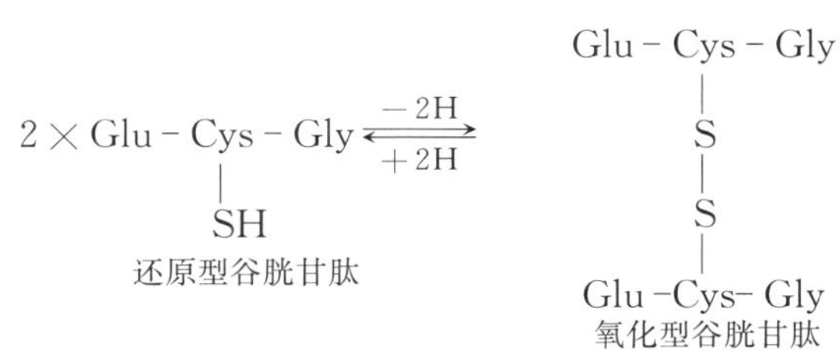

图1-8　还原型与氧化型谷胱甘肽的相互转变

2. 多肽类激素及神经肽　体内许多激素属寡肽或多肽，它们参与细胞信号的转导，在调节机体代谢、生长、发育、繁殖等生命活动中起着重要作用。如促甲状腺素释放激素是由下丘脑分泌的一种三肽，它可以促进腺垂体分泌促甲状腺素(图1-9)。

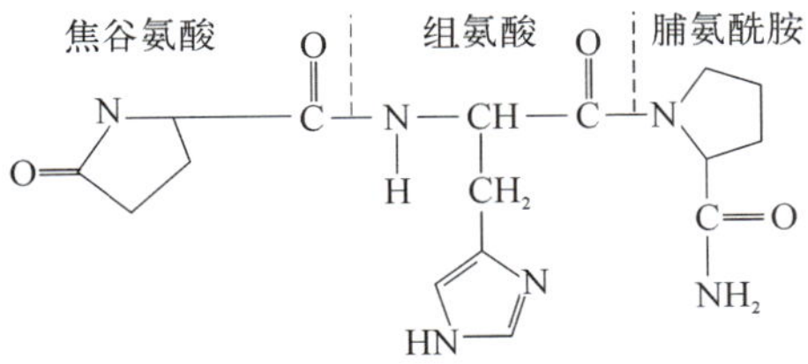

图 1-9 促甲状腺素释放激素的结构

五、蛋白质的分类

蛋白质的种类繁多,结构复杂,迄今为止没有一个理想的分类方法。在此介绍几种蛋白质的分类:

(一)根据蛋白质组成成分分类

根据蛋白质分子的组成,可分为单纯蛋白质和结合蛋白质。

1. 单纯蛋白质 蛋白质分子中只有氨基酸组分,称为单纯蛋白质。如清蛋白、拟球蛋白、谷蛋白、精蛋白、硬蛋白和组蛋白等。

2. 结合蛋白质 蛋白质分子由蛋白质部分和非蛋白质部分构成,非蛋白质部分被称为辅基。根据辅基不同有核蛋白、糖蛋白、脂蛋白、磷蛋白、色蛋白及金属蛋白等。

(二)根据蛋白质形状分类

根据分子形态可将蛋白质分为纤维状蛋白质和球状蛋白质两大类。

1. 球状蛋白质 分子长轴与短轴长度之比小于 10,对称性好,外形接近球状或椭球状,多数可溶于水。大多数功能蛋白质属于此类,如酶、免疫球蛋白等。

2. 纤维状蛋白质 分子长轴与短轴长度之比大于 10,对称性差,较难溶于水,多为结构蛋白。如毛发中的角蛋白,结缔组织中的胶原蛋白和弹性蛋白,蚕丝的丝心蛋白等。

第二节 蛋白质的分子结构

蛋白质是生物大分子,其分子结构包括了多肽链中氨基酸的排列顺序和多肽链折叠形成的空间结构,即一、二、三、四级 4 个结构层次(图 1-10),后三个层次也称空间构象(conformation)。体内每一种蛋白质都有自身特定的一级和空间结构,这是执行其特殊的生物学功能的基础。本节将重点介绍蛋白质各级结构的特点。

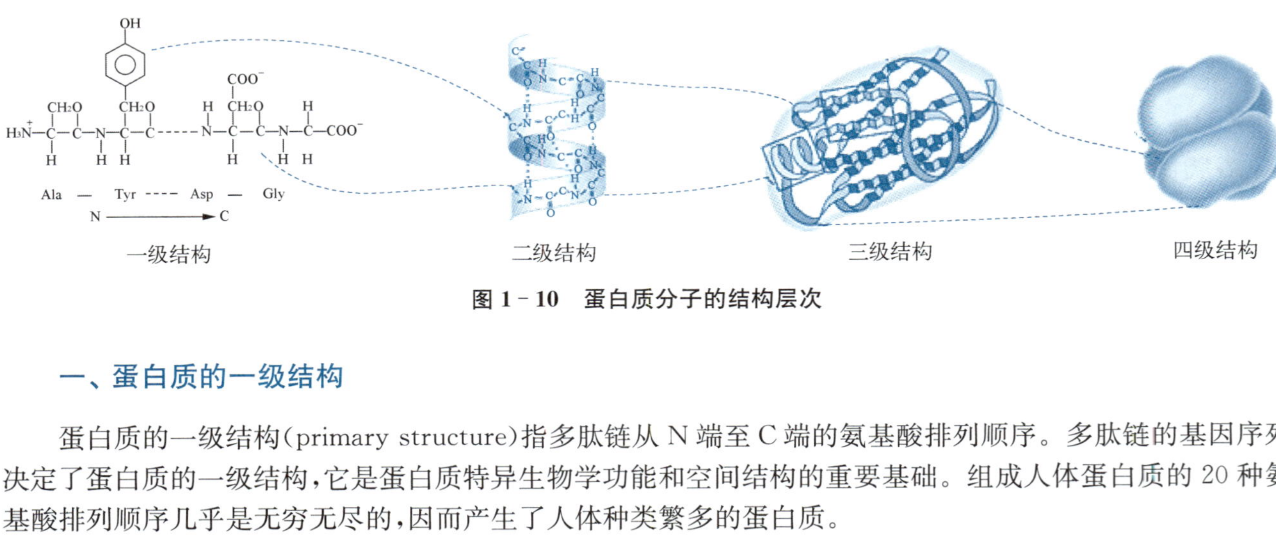

图 1-10 蛋白质分子的结构层次

一、蛋白质的一级结构

蛋白质的一级结构(primary structure)指多肽链从 N 端至 C 端的氨基酸排列顺序。多肽链的基因序列决定了蛋白质的一级结构,它是蛋白质特异生物学功能和空间结构的重要基础。组成人体蛋白质的 20 种氨基酸排列顺序几乎是无穷无尽的,因而产生了人体种类繁多的蛋白质。

维系蛋白质一级结构稳定的主要化学键是肽键,部分蛋白质还有二硫键(—S—S—),它是两个半胱氨酸残基的巯基(—SH)脱氢形成的共价键。牛胰岛素是第一个被阐明一级结构的蛋白质,它是由 3 个二硫键连接起来的双链蛋白质(图 1-11),主要特点有:

(1) 整个分子由 A、B 两条多肽链构成;

(2) 共 51 个氨基酸残基:A 链含有 21 个氨基酸残基,B 链含有 30 个氨基酸残基;

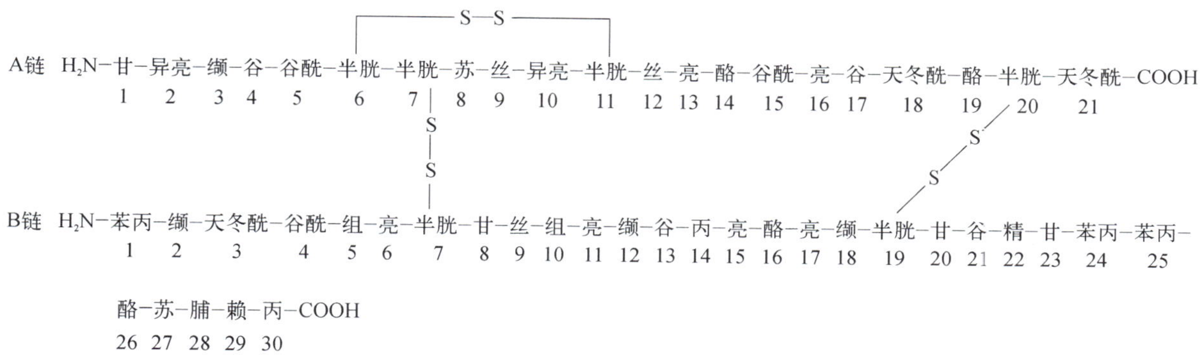

图 1-11　牛胰岛素的一级结构

(3) 结构中共有 3 个二硫键，其中链内二硫键有 1 个、链间二硫键有 2 个。

二、蛋白质的二级结构

（一）肽平面

氨基酸之间以 C—N 形成的肽键互相连接。肽键的键长为 0.132 nm，比 C—N 单键的键长(0.147 nm)短，但比 C＝N 双键的键长(0.127 nm)长。肽键键长介于单键与双键之间，因此具有部分双键的性质，不能自由旋转，从而使参与肽键形成的 6 个原子：C、O、N、H 与相邻的两个 α-碳原子都处在同一个平面上，称为肽单元(peptide unit)或肽键平面(peptide plane)(图 1-12)。蛋白质分子中 α-碳原子的单键是可以旋转的，其旋转决定了两个肽单元的相对关系(图 1-13)，肽单元是肽链盘曲折叠的基本单位。

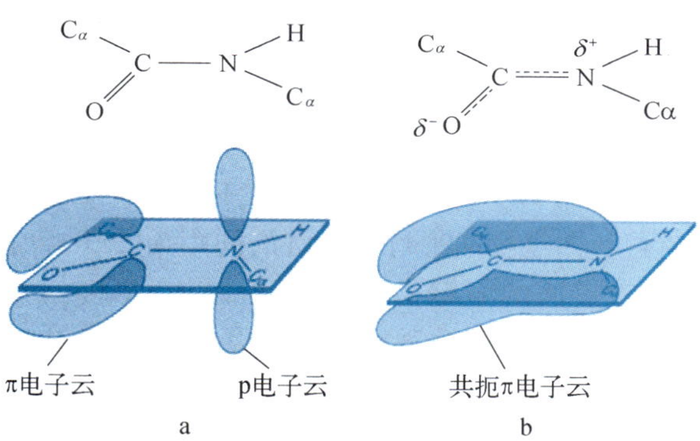

图 1-12　肽键的电子云

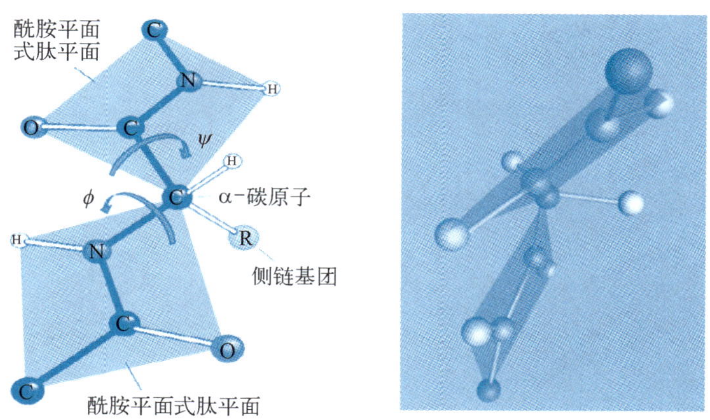

图 1-13　肽平面

（二）蛋白质的二级结构

蛋白质的二级结构(secondary structure)指蛋白质分子中某一段主链骨架原子的相对空间位置，也即某一段肽链的局部空间结构，不涉及构成主链的氨基酸残基侧链原子的排布。二级结构的主要类型有 α-螺旋(α-helix)、β-片层(β-pleated sheet)、β-转角(β-turn)和无规卷曲(random coil)四种，维系二级结构稳定的主要化学键是氢键。

1. *α-螺旋*

(1) α-螺旋是指多肽链的主链骨架围绕中心轴呈有规律上升盘绕形成的螺旋状构象(图 1-14)。其结构特征有：是右手螺旋；每 3.6 个氨基酸残基螺旋即上升一圈，螺距为 0.54 nm。α-螺旋中每个肽键的 N—H 和第四个肽键的 C—O 形成氢键，肽链中的全部肽键都参与氢键的形成，氢键数量多，以维系 α-螺旋的稳定。氨基酸残基的侧链基团位于螺旋的外侧，对 α-螺旋的形成和稳定有重要的影响。

(2) 影响 α-螺旋形成的因素：各氨基酸残基的侧链(R)能影响 α-螺旋形成及稳定。在有较大的 R 侧链集

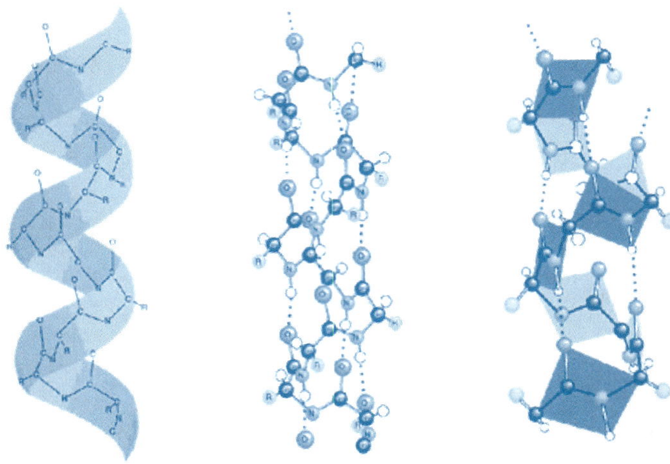

图 1-14 蛋白质的 α-螺旋

中的某一区域,将产生位阻,妨碍螺旋的形成,如苯丙氨酸、色氨酸、亮氨酸、组氨酸集中的肽段,则不易形成α-螺旋;此外,氨基酸侧链的电荷性质对α-螺旋形成也有影响。在酸性或碱性氨基酸集中的肽段,由于侧链带有相同电荷,同种电荷相互排斥,不利于α-螺旋的形成;若组成中有较多亚氨基酸的存在也会影响α-螺旋的形成。

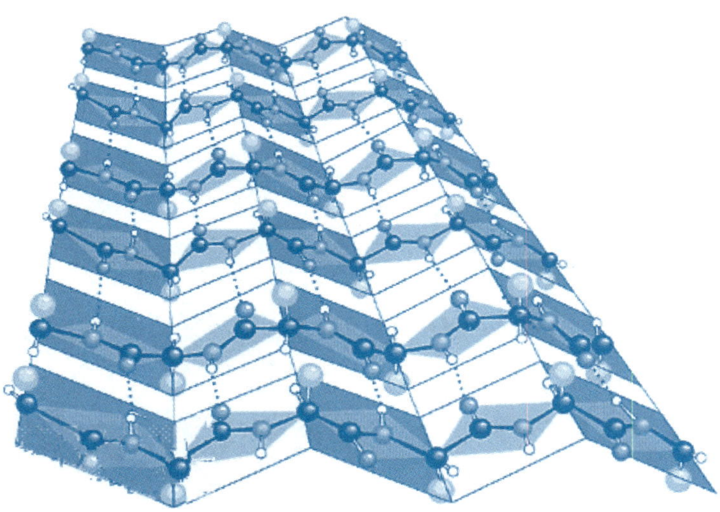

图 1-15 β-片层

2. β-片层,又称β-折叠 呈折纸状(图 1-15),每个肽单元以α-碳为旋转点,侧链分别交替位于片层的上、下方。由于侧链基团的存在,在一定程度影响了主链之间的相互靠拢,所以主链不能完全伸衷,而呈锯齿状折叠;所形成的锯齿状结构一般只含 5~8 个氨基酸残基。两条以上肽链或一条肽链内的若干β-折叠结构可平行排列,两条肽链可走向相同(顺向平行),也可走向相反(反向平行)。两条反向平行的肽链的间距为0.70 nm,通过链间的氢键稳定β-折叠结构,氢键的方向与折叠的长轴垂直。有的蛋白质二级结构主要是β-折叠结构,如蚕丝蛋白、纤维状蛋白丝心蛋白等。形成β-折叠的肽段要求氨基酸残基的侧链较小,才能容许两条肽段彼此靠近。

3. β-转角,又称β-回折 这种结构多出现在多肽链进行 180°回折的位置,通常由 4 个氨基酸残基组成。β-转角的稳定由第一个残基的羰基氧(O)与第四个残基的氨基氢(H)形成的氢键维系(图 1-16)。

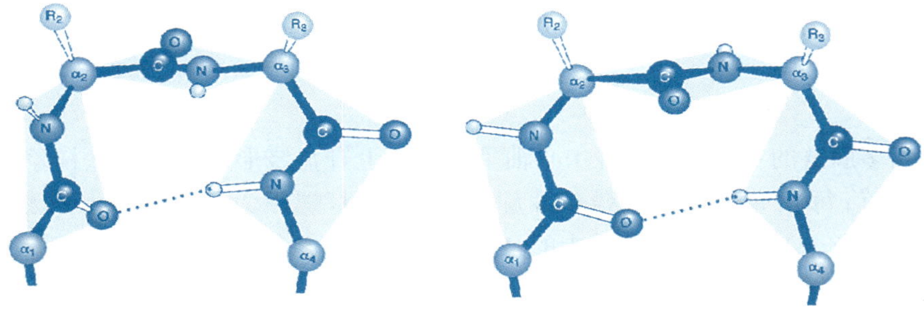

图 1-16 β-转角

4. 无规卷曲　用来描述其结构不属于上述几种二级结构形态规律的那部分卷曲(图 1－17)。

(三) 超二级结构

超二级结构(super secondary structure)是蛋白质二级结构和三级结构(tertiary structure)之间的一个过渡结构层次，是在肽链折叠过程中，一些二级结构的构象单元彼此相互作用组合而成的。典型的超二级结构形式有 3 种：$\alpha\alpha$、$\beta\alpha\beta$、$\beta\beta$。

模体(motif)又称基序，是一些具有特殊生物学功能的超二级结构，每一个模体是由两个或三个具有二级结构的肽段在空间上相互靠近形成的一个特殊空间构象。如钙结合蛋白中存在的结合钙离子的模体以及能与 DNA、RNA 结合的蛋白质中含有的锌指结构(zinc finger)、亮氨酸拉链(leucine zipper)等(图 1－18)。

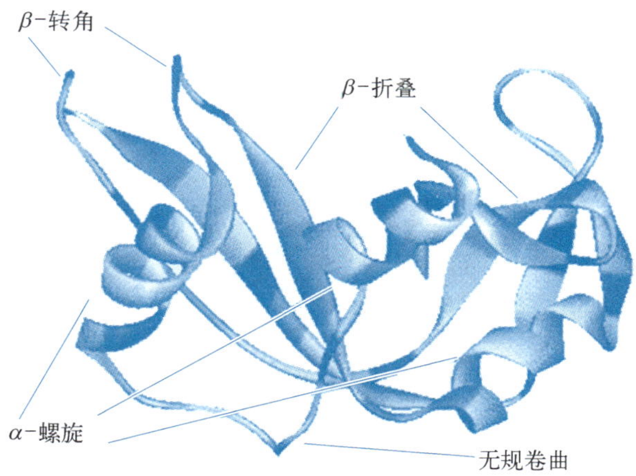

图 1－17　核糖核酸酶分子中的二级结构

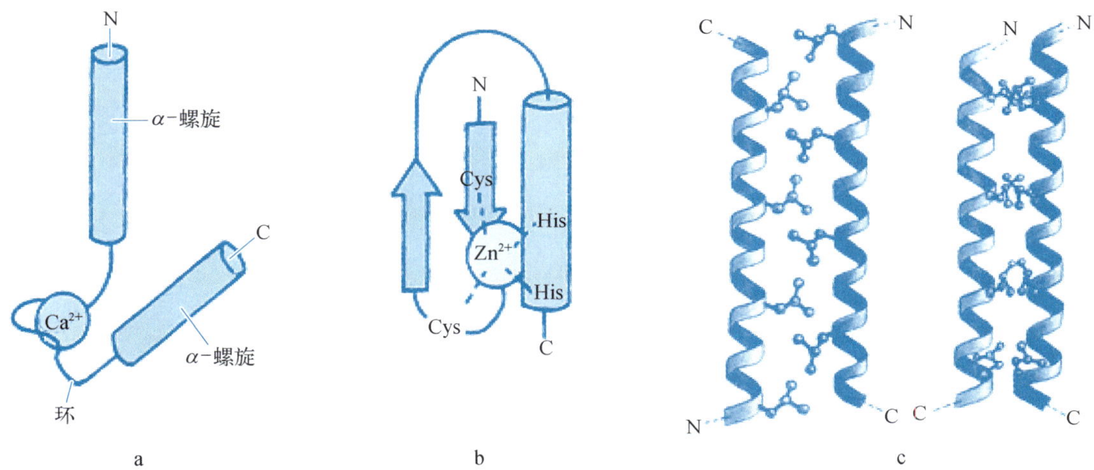

图 1－18　几种典型的模体

(a) 钙结合蛋白中结合钙离子的模体；(b) 锌指结构；(c) 亮氨酸拉链

锌指结构，由 1 个 α-螺旋和 2 个反向平行的 β-折叠三个肽段组成，形似手指，具有结合锌离子的功能。由约 20 个氨基酸残基组成，其中 N 端 2 个半胱氨酸和 C 端 2 个组氨酸残基在空间上形成一个洞穴，正好可螯合 1 个锌离子。Zn^{2+} 可稳固模体中的 α-螺旋结构，使其能镶嵌于 DNA 的大沟中。能与 DNA 结合的蛋白质，如许多转录因子，分子结构中都含有锌指结构，此结构是其功能的基础。

亮氨酸拉链是另一种蛋白质模体，由一组(通常 4～5 个)重复片段组成，每个重复片段的第 7 个氨基酸残基均为亮氨酸，两条含有此模体的多肽链可形成螺旋结构，最初发现于 DNA 结合蛋白，也可存在于其他蛋白。

三、蛋白质的三级结构

(一) 三级结构概念

蛋白质的三级结构(tertiary structure)是指多肽链在二级结构和超二级结构的基础上进一步盘曲，依靠侧链基团相互作用而形成的结构(图 1－19)。三级结构包括主链构象和侧链构象，即多肽链中所有原子在三维空间的排布。稳定蛋白质三级结构的化学键主要是非共价键(次级键)，如氢键、疏水键、范德华力及离子键等；也可涉及共价键，如二硫键、配位键等。非共价键的键能很小，但数量多，足以保持发挥作用(图1－20)。

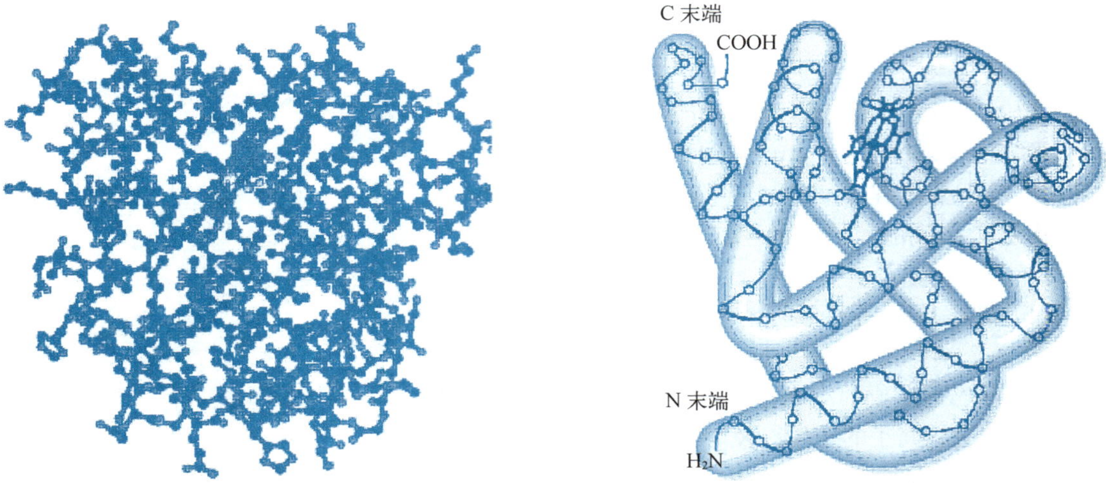

图 1-19　肌红蛋白的三级结构

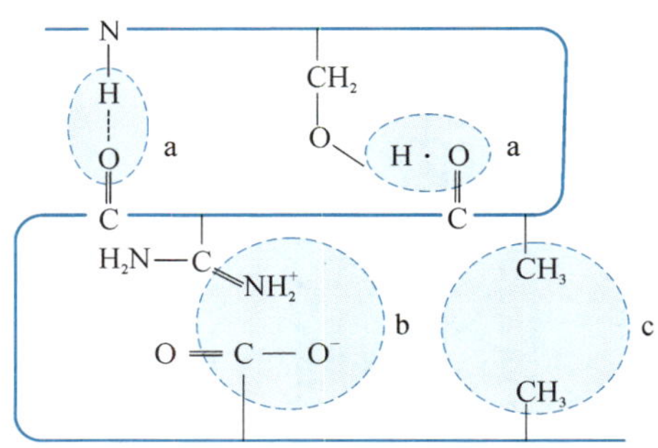

图 1-20　维持蛋白质分子构象的次级键

(a) 氢键;(b) 离子键;(c) 疏水键

(二) 结构域

某些相对分子质量较大的蛋白质分子三级结构中含有一些与特定功能相关的紧密球状区域,由连续或不连续的氨基酸残基组成,称为结构域(structure domain)。结构域是三级结构层次上的局部折叠区。如纤连蛋白由两条多肽链通过近 C 端的两个二硫键相连而成,该蛋白含有 6 个结构域,分别执行与肝素、胶原、纤维蛋白、细胞结合等不同功能(图 1-21)。

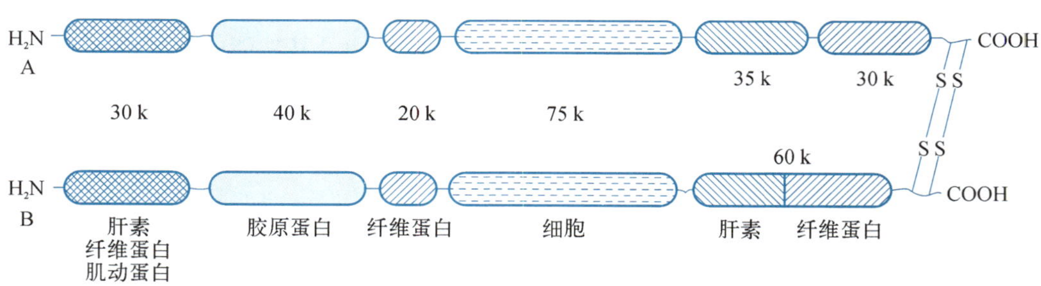

图 1-21　纤连蛋白分子的结构域

四、蛋白质的四级结构

如果蛋白质分子仅由一条多肽链组成,这类蛋白质只需在一级结构的基础上折叠为正确的二、三级空间结构即具有生物学活性,但体内有些蛋白质分子由两条或两条以上具有完整三级结构的多肽链组成,其中的每一条多肽链称为亚基(subunit)或亚单位。这类蛋白质分子需在三级结构的基础上进一步形成四级结构才能执行生物学功能。蛋白质的四级结构(quaternary structure)指蛋白质分子中各亚基的空间排布、亚基间的相互作用和接触部位的布局(图 1-22)。具有四级结构的蛋白质,单独的亚基一般没有生物学功能。维系四级结构稳定的主要是疏水作用、氢键、盐键及范德华力。

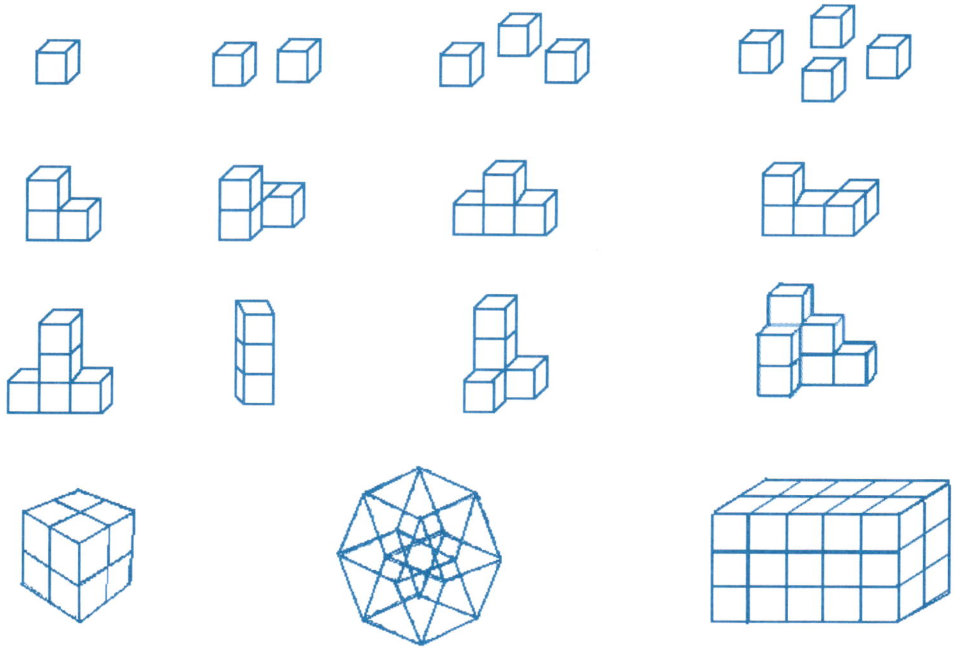

图 1-22　蛋白质分子中亚基的排布方式

第三节　蛋白质结构与功能的关系

一、蛋白质一级结构是高级结构和功能的基础

(一) 一级结构是空间构象的基础

蛋白质一级结构是高级结构的基础。如:牛核糖核酸酶,有 124 个氨基酸残基,分子内有 4 个二硫键。尿素、β-巯基乙醇等能使—S—S—还原成—SH。牛核糖核酸酶在尿素、β-巯基乙醇存在时变性,正常空间构象被破坏,肽链伸展成无规律线状,酶活性消失。随后将变性的牛胰核糖核酸酶放在透析袋中,去掉尿素、β-巯基乙醇,变性的酶可恢复原有的二硫键和次级键,酶的活性又逐渐恢复,最后可达到原来活性的 95%～100%(图 1-23)。这证实了一些蛋白质在其多肽链的结构松散活性丧失后,在一定条件下,具

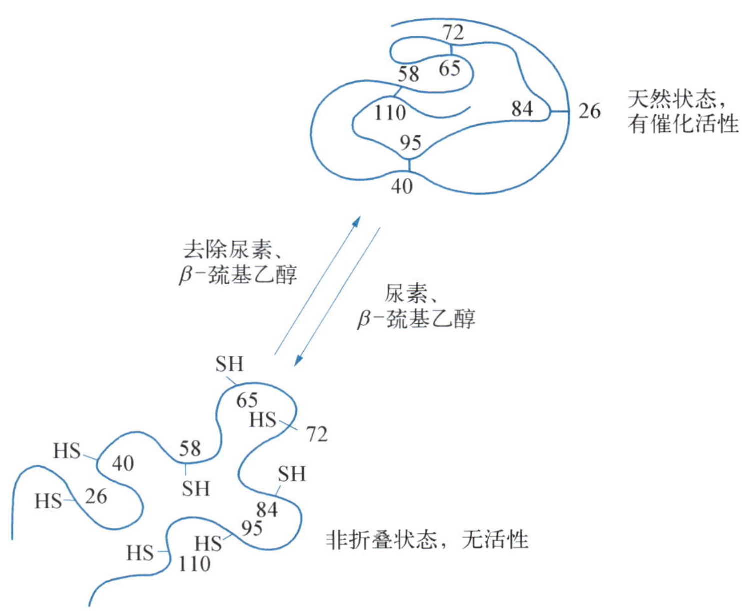

图 1-23　牛核糖核酸酶的变性与复性

有完整一级结构的多肽链可自发恢复原有的空间结构和生物学活性,即一级结构中蕴涵了高级结构的信息,一级结构是空间构象与功能的基础。又如前述 α-螺旋和 β-折叠两种不同的二级结构形式的形成均与肽链中的氨基酸序列有关。

(二) 一级结构相似的蛋白质具有相似的高级结构与功能

一级结构相似的蛋白质,其功能也相似。例如,不同哺乳类动物的胰岛素都执行调节糖代谢的功能,其分子均由 A 和 B 两条链组成,二硫键的配对位置及空间构象很相似,一级结构仅有个别氨基酸的差异(表 1-2)。

表 1-2 不同哺乳类动物胰岛素一级结构的差异

胰岛素	氨基酸残基序号			
	A5	A6	A10	B30
人	Thr	Ser	Ile	Thr
猪	Thr	Ser	Ile	Ala
狗	Thr	Ser	Ile	Ala
兔	Thr	Gly	Ile	Ser
牛	Ala	Gly	Val	Ala
羊	Ala	Ser	Val	Ala
马	Thr	Ser	Ile	Ala

(三) 氨基酸序列提供重要的生物进化信息

大量研究表明,蛋白质序列与结构的保守性是维系同源蛋白质分子能够保持相似功能的关键因素。在自然进化的过程中,同源蛋白质的序列可发生很大的变化,但这些执行类似功能蛋白质的序列,其活性位点的氨基酸残基往往是明显保守的,且物种间越接近,同一种蛋白质的序列和空间结构差异越小。如就细胞色素 c 的一级结构而言,人与黑猩猩完全相同,人与猕猴只相差 1 个氨基酸,而人与面包酵母相差 51 个氨基酸。因此分析同源蛋白质的一级结构不仅有助于理解蛋白质一级结构与功能的关系,也是在分子水平上认识物种进化的方法(图 1-24)。

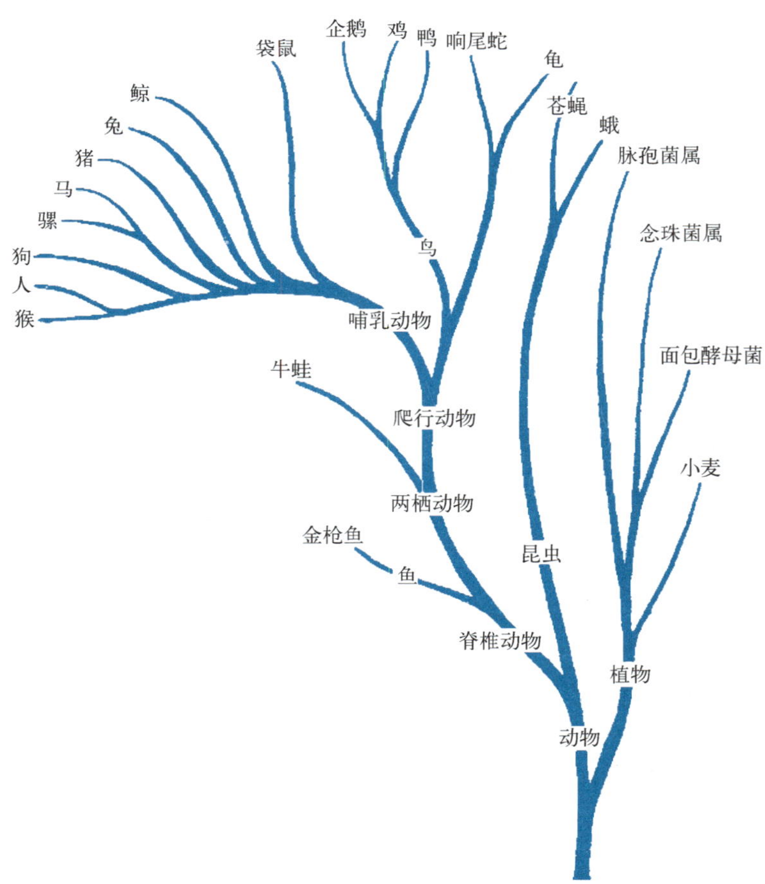

图 1-24 基于细胞色素 c 的一级结构所绘制的进化树

（四）蛋白质一级结构中重要氨基酸改变可影响功能

蛋白质分子中关键氨基酸残基缺失或被替代，可能会影响其空间构象乃至功能。它们可能具有蛋白质的功能基团，也可能是稳定蛋白质构象的关键因素。对人体内一些有重要生理功能的蛋白而言，这种改变可能会导致疾病的发生。如在镰刀状红细胞贫血患者中，其血红蛋白 β 链的第 6 位氨基酸残基由谷氨酸突变为缬氨酸，使血红蛋白的水溶性改变、亲水性明显下降而易于聚集，造成红细胞形态改变为镰刀状且易于破裂。这种由蛋白质分子变异所导致的疾病称为分子病（图 1－25）。

HbA β 链　　6

N-Val • His • Leu • Thr • Pro • Glu • Glu……C(146)

HbS β 链

N-Val • His • Leu • Thr • Pro • Val • Glu……C(146)

图 1－25　镰刀状红细胞贫血患者血红蛋白 β 链的一级结构

另外，一些同源蛋白质的序列在进化过程中氨基酸序列可能变化很大，但是其结构和功能仍然可以十分保守。原因是这些执行类似功能的蛋白质序列中，其活性位点或重要位点的氨基酸残基往往是明显保守的，有的甚至是不可替换的，蛋白质分子中关键残基位点的序列保守性是其功能保守性的基础。

二、蛋白质的空间结构与功能的关系

蛋白质的空间结构是其功能的基础，空间构象发生变化，其功能也随之改变。

（一）血红蛋白与肌红蛋白结构

肌红蛋白（myoglobin，Mb）与血红蛋白（hemoglobin，Hb）均为含血红素辅基的蛋白质，其功能均与氧的结合有关。血红素（heme）是铁卟啉化合物，由 4 个吡咯环通过 4 个甲炔基连接成环形，Fe^{2+} 位于环中。血红素中 Fe^{2+} 有 6 个配位键，4 个与卟啉 N 结合，另外两个与卟啉面垂直，其中一个与多肽链 93 位组氨酸残基的 N 结合，另一个用于结合 O_2，血红素这一特殊结构决定了 Fe^{2+} 能进行可逆的氧合作用。血红素居于蛋白质分子内部一疏水空穴中，避免了 Fe^{2+} 因氧化而失去氧合功能。

肌红蛋白由一条多肽链和一个血红素辅基构成，多肽链含 153 个氨基酸残基，有 8 段 α－螺旋结构，折叠成致密球状，亲水基团分布于表面，疏水基团位于内部，形成袋状空穴。

正常成人的血红蛋白是由 2 个 α 亚基和 2 个 β 亚基构成的四聚体。α 亚基有 141 个氨基酸残基组成，β 亚基含有 146 个氨基酸残基，Hb 各个亚基的三级结构与 Mb 极为相似，8 对盐键将 4 个亚基紧密结合成亲水的球状蛋白质，每个亚基结合 1 个血红素并可携带 1 分子氧（图 1－26）。

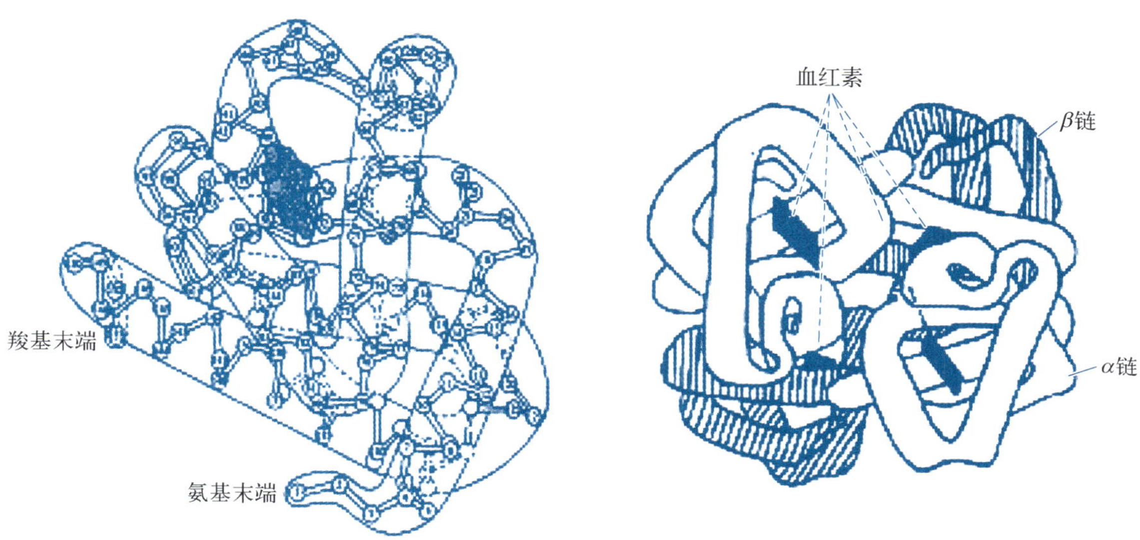

图 1－26　肌红蛋白（左）与血红蛋白（右）的分子结构

(二) 肌红蛋白与血红蛋白空间结构与功能

Mb 与 Hb 均可与 O_2 可逆地结合,其功能也都是参与 O_2 的运输或储存,但二者的氧解离曲线明显不同。与氧结合的 Mb 或 Hb(氧合 Mb/氧合 Hb)量占 Mb 或 Hb 总量之百分比称为氧百分饱和度,随 O_2 浓度的变化而改变。以氧分压为横坐标、氧饱和度为纵坐标作图可获得氧解离曲线。Mb 的氧解离曲线为直角双曲线,Hb 的氧解离曲线为"S"形曲线(图 1-27)。这种特征性曲线与其分子是由 4 个亚基组成的蛋白质有关,可用变构效应来解释。变构效应是指蛋白质与它的配体(Hb 的配体为 O_2)结合后,构象发生改变并进而引起功能的变化,使之更适合于生理活动的需要。Hb 分子有结构较为紧密的紧张态(tense state, T)和结构比较疏松的松弛态(relaxed state, R)两种构象,T 态与 R 态可相互转换。T 态时 Hb 不结合 O_2,当 Hb 中的一个亚基与 O_2 结合后,影响附近肽链的构象,造成两个 α 亚基间盐键断裂,使亚基间结合松弛,可促进第二个亚基与 O_2 的结合,依此方式可影响第三及第四个亚基与 O_2 的结合,Hb 构象也逐渐转变为 R 态(图 1-28),因此 Hb 的氧解离曲线表现为"S"形。这是蛋白质空间构象与功能关系的典型例子。

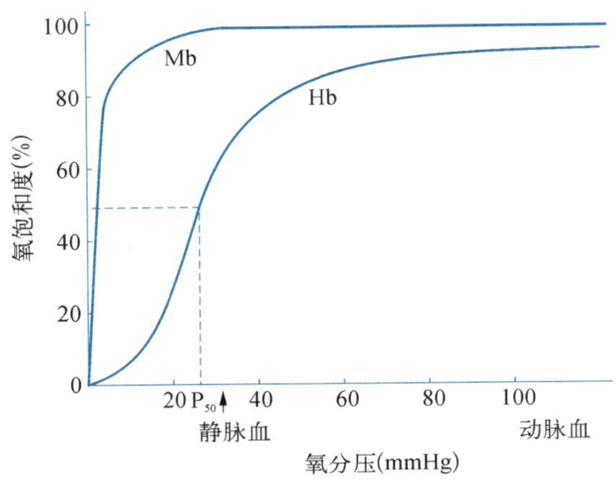

图 1-27 肌红蛋白与血红蛋白的氧解离曲线

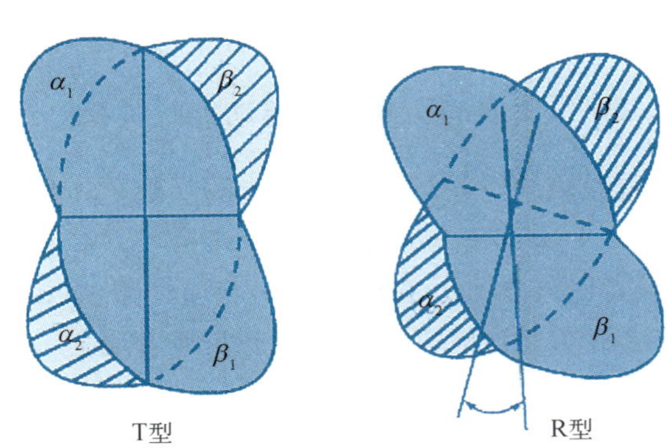

图 1-28 血红蛋白 T 态和 R 态互变

多聚体蛋白分子中一个亚基与配体结合后能影响其他亚基与配体结合的能力,这种现象称为协同效应。一个亚基与配体结合后能促进其他亚基与配体结合的效应即为协同效应中的正协同效应;反之,如一个亚基与配体结合后减弱其他亚基与配体结合的能力,则称为负协同效应。

(三) 蛋白质构象改变可引起疾病

蛋白质的正确的空间构象才能确保其功能的正常。一些疾病是由于蛋白质错误折叠,致其构象改变,从而引起功能改变而引起的。这种由蛋白质构象改变而导致的疾病称为构象病。这类疾病如:人纹状体脊髓变性病、阿尔茨海默综合征、亨廷顿舞蹈病、疯牛病等。

疯牛病是一种构象病,也称为牛脑海绵状病,以有传染性、潜伏期长、病情逐渐加重、终归死亡为特征,它是由朊病毒蛋白(prion protein, PrP)构象异常引起的人和动物神经退行性病变,主要表现为行为反常、运动失调、轻瘫、体重减轻、死亡率高,该病在动物间的传播是由 PrP 组成的传染性颗粒完成的。正常动物和人朊病毒蛋白(PrP)二级结构含有多个 α-螺旋,水溶性强,对蛋白酶敏感,称为 PrPc,如果蛋白质错误折叠,PrPc 转变成 β-折叠的 PrP,称为 PrPsc(图1-29)。它对蛋白酶不敏感,水溶性差,对热稳定,可以互相聚集,形成淀粉样纤维沉淀,不能被蛋白酶水解导致疾病发生。

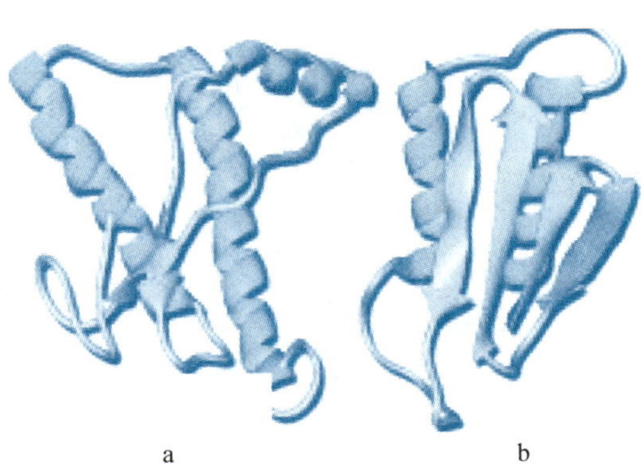

图 1-29 疯牛病的蛋白质构象改变

(a) 朊病毒蛋白正常构象(PrP^{C});(b) 朊病毒蛋白的异常构象(PrP^{sc})

第四节　蛋白质的理化性质

一、蛋白质的两性电离性质

蛋白质分子多肽链两端的游离氨基和羧基以及所含酸性或碱性氨基酸侧链中的某些基团如羧基、氨基、胍基和咪唑基等均可解离，这使蛋白质成为既可电离质子，也可接受质子的两性电解质，这即是蛋白质的两性电离性质。蛋白质在溶液中的带电状态主要取决于溶液的 pH。在某一 pH 溶液中，蛋白质所带正负电荷数相等，净电荷等于零，蛋白质为兼性离子，此时溶液的 pH 称为该蛋白质的等电点（isoelectric point，pI）。当蛋白质所处溶液的 pH 高于其等电点时，该蛋白质颗粒带负电荷；反之，则带正电荷（图 1－30）。

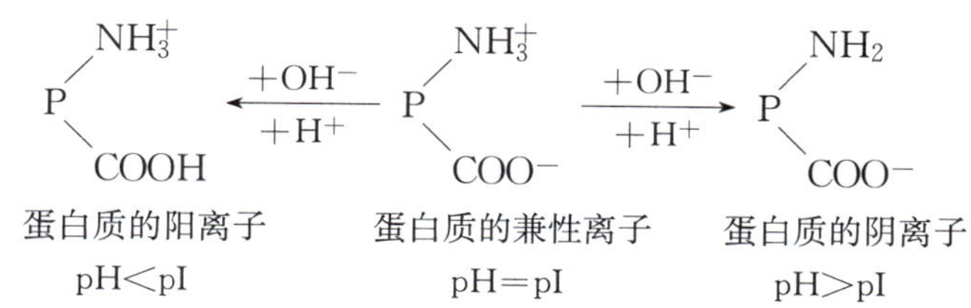

图 1－30　溶液 pH 与蛋白质等电点的关系

蛋白质分子等电点的高低主要由其组成的酸性或碱性氨基酸残基的比例所决定，含碱性氨基酸越多，则其等电点偏高；反之，则偏低。各种蛋白质的氨基酸组成不同，pI 也各不相同。体内大多数蛋白质的 pI 接近于 5，故在生理条件下（pH7.4），它们多以负离子的形式存在。

二、胶体性质

蛋白质的相对分子质量范围在 1 万～100 万，这样的分子大小已达到胶体质点 1～100 nm，故蛋白质有胶体性质。蛋白质溶液属于亲水溶胶。蛋白质分子中，亲水基团多分布于分子表面，与水分子产生水合作用，在分子周围形成一层较稳定的水化膜，可阻断蛋白质颗粒的相互聚集，防止溶液中蛋白质的沉淀析出。此外，蛋白质处于非 pI 的 pH 环境中时，分子带有电荷，相同电荷相互排斥，也使蛋白质颗粒不能聚集而沉淀。因此，蛋白质分子的水化膜和表面电荷成为维持蛋白质分子亲水胶体颗粒的两个稳定因素，凡可破坏它们的因素，即可使蛋白质从溶液中发生沉淀（图 1－31）。

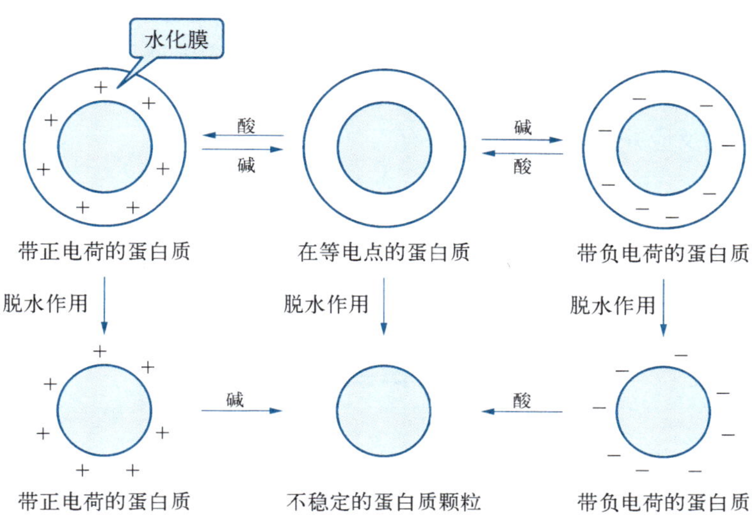

图 1－31　蛋白质胶体颗粒的沉淀

三、蛋白质的变性、复性与沉淀

蛋白质在某些理化因素作用下,其特定的空间构象被破坏而导致理化性质改变及生物学活性丧失,此现象称为蛋白质的变性作用(denaturation)。加热、乙醇等有机溶剂、强酸、强碱、重金属离子等引起蛋白质变性的因素使维系蛋白质天然构象的次级键断裂,空间结构破坏,多肽链伸展,形成随机卷曲的无规线团(图 1-32),但不涉及肽键的断裂。蛋白质这一空间结构的改变导致易沉淀、扩散常数降低、黏度增加、侧链高能基团转移率升高,易被蛋白酶水解等理化性质的改变以及生物学活性丧失。蛋白质的变性作用的重要实际意义体现在:① 应在低温条件下生产与贮存蛋白类激素、酶、抗体和血清,防止其变性失活。② 在医药卫生工作中用酒精、紫外线、蒸汽、加热等方法消毒,是由于这些因素能使细菌、病毒的蛋白质变性以达到灭菌的目的。

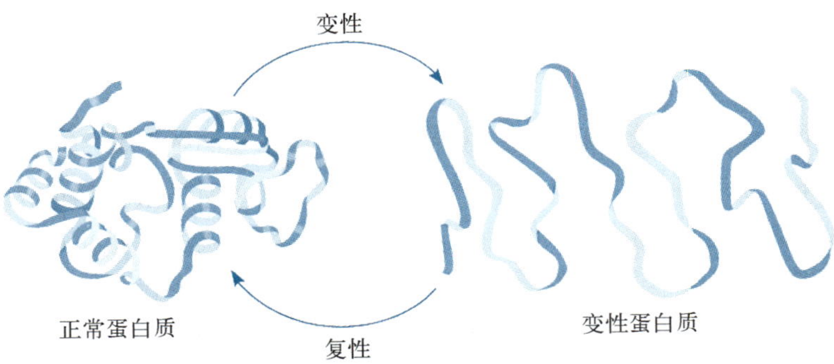

图 1-32 蛋白质的变性

蛋白质从溶液中析出的现象称为蛋白质沉淀(precipitation)。蛋白质变性后,疏水侧链暴露,伸展的肽链会相互缠绕而聚集,因而变性蛋白易于沉淀。若蛋白质变性程度较轻,去除变性因素后,有些蛋白质仍能恢复其原来的构象和功能,称为复性(renaturation)。但许多蛋白质变性后,空间构象严重破坏,不能复原,称为不可逆变性。

四、蛋白质的紫外吸收性质

蛋白质分子中有含共轭双键的色氨酸、酪氨酸等芳香族氨基酸,在紫外线 280 nm 波长处有最大吸收峰,故可用 280 nm 波长的紫外线来测定样品中蛋白质的含量。此法测定蛋白质含量的优点是简便、迅速,不消耗样品,低浓度盐类不干扰测定,因而在生物化学与分子生物学实验中广泛应用。

五、蛋白质的呈色反应

(一) 双缩脲反应

双缩脲(biuret)($H_2N—CO—NH—CO—NH_2$)在碱性溶液中能与铜离子(Cu^{2+})结合生成复杂的紫红色络合物,称双缩脲反应。蛋白质或二肽以上的多肽分子中,含有多个与双缩脲结构相似的肽键,因此也有双缩脲反应,颜色深浅与蛋白质浓度成正比,故可用于蛋白质含量的测定。实际上,分子内含有两个氨甲酰基($—CO—NH_2$)的化合物(不论是直接相连或是通过一个氮或碳原子间接连接)或具有$—CS—NH_2$,$—C(NH)NH_2$,$—CRH—NH_2$,$—CH_2NH—CHNH_2CH_2OH$,$—CHOH—CH_2NH_2$等基团的化合物均能产生双缩脲反应,所以双缩脲反应并非为蛋白质所特有。

(二) 茚三酮反应

蛋白质水解后产生的氨基酸可以与茚三酮发生反应,呈蓝紫色化合物。

第五节 蛋白质的分离纯化

在科学研究中,常需要获得纯度不同的蛋白质,因此,了解蛋白质分离与纯化的方法是很必要的。分离纯化蛋白质主要根据蛋白质分子大小不同,所带电荷、吸附性质、在溶液中的溶解度、对其他分子的生物学亲和力不同等原理。

一、透析及超滤法

透析及超滤法可去除蛋白质溶液中的小分子化合物。蛋白质是大分子物质，不能透过半透膜。透析(dialysis)是利用半透膜把大分子蛋白质与小分子物质分离的方法，在透析过程中，小分子物质及水分透出袋外，蛋白质得以纯化和浓缩。超滤法是应用正压或离心力使蛋白质溶液透过有一定截留相对分子质量的超滤膜，达到浓缩蛋白质溶液的目的。临床的血液透析即是用这种原理将机体代谢产生而又不能排出体外的小分子废物除去的方法。

二、有机溶剂沉淀法

丙酮、乙醇等有机溶剂可破坏蛋白质的水化膜，使蛋白质沉淀。蛋白质在溶液中浓度很低时，经沉淀后有利于进一步分离纯化。使用丙酮沉淀蛋白质需在0～4℃低温下进行，且丙酮用量一般10倍于蛋白质溶液体积，沉淀后要立即分离，否则会导致蛋白质变性。

三、盐析法

盐析(salt precipitation)是将大量的硫酸铵、硫酸钠或氯化钠等中性盐加入蛋白质溶液，使蛋白质表面电荷被中和以及水化膜被破坏，以破坏蛋白质的胶体性质，导致蛋白质沉淀。

不同的蛋白质沉淀所需要的中性盐浓度可能是不一样的，利用不同盐浓度分离不同蛋白质的方法叫分段盐析，如半饱和硫酸铵溶液可以沉淀血浆球蛋白，饱和硫酸铵溶液沉淀血浆清蛋白。

四、免疫沉淀法

免疫沉淀法(immunoprecipitation, IP)利用特异抗体识别相应的抗原蛋白，并形成抗原抗体复合物，产生可见沉淀反应，从蛋白质混合溶液中分离获得抗原蛋白的方法。

经典的免疫沉淀是可溶性抗原与其抗体的血清学试验。后来发展为可用固相化的蛋白A或蛋白G小珠等来吸附分离抗原抗体复合体，达到检测微量抗原或抗体的目的。是一种研究蛋白质间交互作用的生物技术，这种技术是将蛋白质视为抗原，并利用抗体与之进行特异性结合的特性来进行研究。这项技术可用来从含有上千种不同蛋白质的样品中，分离和浓缩出特定蛋白质。

五、电泳法

带电粒子在电场中向其所带电荷相反方向移动的现象称为电泳(elctrophoresis)。蛋白质在高于或低于其pI的溶液中可电离带电。在同一pH溶液中，由于蛋白质混合样品里各种蛋白质的电离状况不同，其所带电荷的性质和数量不同，分子大小和形状不同，因此，在电场中的泳动速度产生差异，电泳结束后，可根据电泳距离将不同的蛋白分离开来(图1-33)。

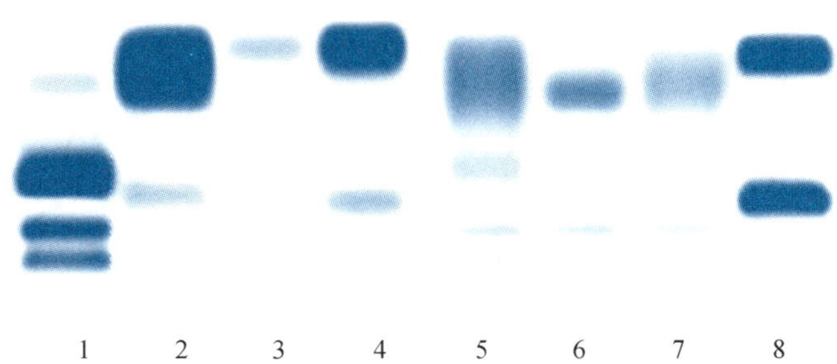

图1-33 电泳图谱

几种重要的蛋白质电泳：SDS-聚丙烯酰胺凝胶电泳常用于蛋白质相对分子质量的测定。等电聚焦电泳通过蛋白质等电点的差异而分离蛋白质。双向凝胶电泳是蛋白质组学研究的重要技术。

六、层析法

层析(chromatography)：利用混合物中各组分理化性质的差异(待分离蛋白质的颗粒大小、电荷多少及亲和力等)，使蛋白质组分在相互接触的两相(固定相与流动相)之间反复分配，并以不同速度流经固定相而分离蛋白质的方法。

常见的类型有：

1. 凝胶过滤层析(分子筛,gel filtration;排阻色谱) 利用蛋白质混合样品中各种成分分子大小不同分离蛋白质的方法(图 1-34)。

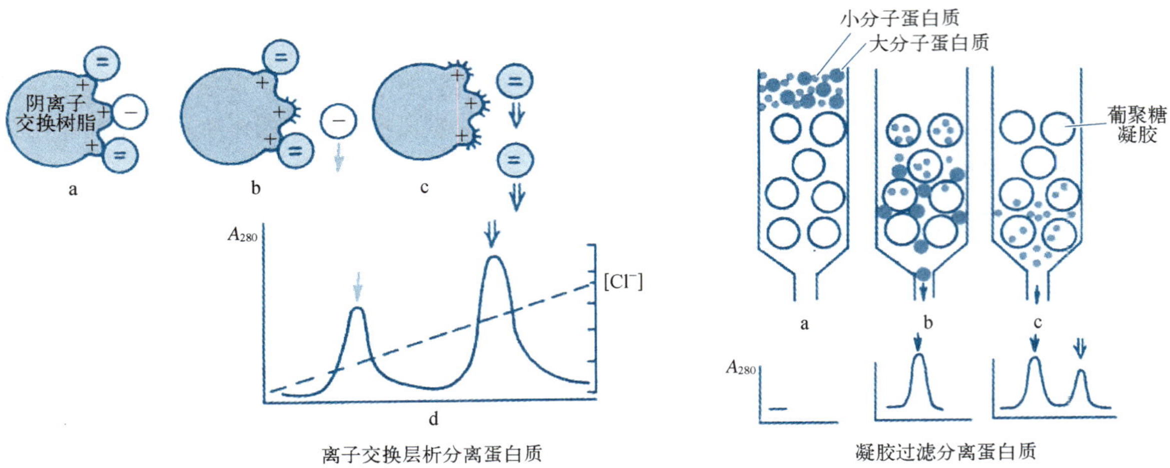

图 1-34 离子交换层析与凝胶过滤层析示意图

2. 离子交换层析 利用蛋白质混合样品中各种蛋白在某一特定 pH 条件下的电荷量及性质不同而分离的方法(图 1-34)。

3. 亲和层析 将具有特殊结构的亲和分子制成固相吸附剂放置在层析柱中,当要被分离的蛋白混合液通过层析柱时,与吸附剂具有亲和能力的蛋白质就会被吸附而滞留在层析柱中。那些没有亲和力的蛋白质由于不被吸附,直接流出,从而与被分离的蛋白质分开,然后选用适当的洗脱液,改变结合条件将被结合的蛋白质洗脱下来,这种分离纯化蛋白质的方法称为亲和层析。利用共价连接有特异配体的层析介质分离蛋白质混合物中能特异结合配体的目的蛋白或其他分子的层析技术。

七、超速离心法

超速离心法(ultracentrifugation):用 500 000×g 以上的离心力,根据蛋白质的相对分子质量与形状分离生物大分子和亚细胞物质的方法,还可用于测定蛋白质的相对分子质量。常见的有差速离心、密度梯度离心等几种类型。

小 结

蛋白质是生物体内种类繁多、含量丰富、功能多样的重要生物大分子。氨基酸是蛋白质分子的基本组成单位。构成人体蛋白质的氨基酸有 20 种,除了甘氨酸和脯氨酸外其余均为 L-α-氨基酸。它们间通过肽键连接成多肽链,每条多肽链都有两端,即氨基端(N 端)与羧基端(C 端),肽链的方向是 N 端→C 端。体内存在一些如谷胱甘肽、促甲状腺激素等生物活性肽,发挥着重要的生物学功能。

蛋白质的分子结构可分为一、二、三、四级结构。一级结构是指多肽链中从 N 端→C 端的氨基酸的排列顺序,不同的多肽链有特定的氨基酸顺序;二级结构是指多肽链主链局部空间构象,有 α-螺旋、β-折叠、β-转角、无规卷曲等类型;三级结构是指多肽链所有原子的空间排布;四级结构是指由两条或两条以上的多肽链各自形成具有独立三级结构的亚基,各亚基间的空间排布及亚基接触部位的布局和相互作用。蛋白质分子的各级结构均有其特定的化学键维持其稳定。蛋白质分子的一级结构是决定其空间结构与功能的基础,一级结构的分析也有助于了解生物物种进化之间的关系。蛋白质的空间结构与其功能直接相关,空间结构改变则可导致其功能发生改变,空间结构破坏则导致生物学功能丧失。蛋白质特定的空间结构破坏而导致其理化性质改变及生物活性丧失的现象称为蛋白质的变性作用,变性未涉及共价键的破坏。

蛋白质具有两性电离特点，每一种蛋白质都有特定的等电点(pI)，当蛋白质溶液所处的 pH 等于 pI 时，蛋白质呈兼性离子；蛋白质有胶体性质；对 280 nm 波长的紫外线有最大吸收；能与双缩脲试剂反应等。

根据蛋白质性质的不同，可用透析法、盐析法、有机溶剂法、免疫沉淀法、电泳法、层析法、超速离心法等方法来分离提纯蛋白质。

【复习思考题】

1. 举例说明蛋白质一级结构、空间结构与功能间的关系。
2. 什么是蛋白质的二级结构？主要有哪几种？其有何特征？
3. 蛋白质有哪些重要的理化性质？为什么会有这些性质？

（杨　烨）

第二章

核酸的结构与功能

学习要点

掌握：① 核酸的分子组成；② 核酸的一级结构；③ DNA 双螺旋结构要点；④ RNA 的分类、结构及其功能；⑤ DNA 变性复性的概念。

熟悉：DNA 的三级结构。

了解：① DNA 二级结构的多样性；② 核酸分子杂交的原理及应用；③ 核酸的性质；④ 非编码小分子 RNA 概念。

核酸(nucleic acid)是由核苷酸为基本组成单位连接而成的多聚体，是储存和传递遗传信息的生物大分子。核酸分为脱氧核糖核酸(deoxyribonucleic acid，DNA)和核糖核酸(ribonucleic acid，RNA)两类。真核细胞的 DNA 大部分集中于细胞核中，少量存在于线粒体及植物叶绿体中。原核 DNA 分布在细胞质中。细菌细胞内还有一类分子较小的 DNA，如质粒(plasmid)DNA。DNA 是遗传的物质基础，能控制细胞和个体的性状。RNA 主要存在于细胞质中。根据结构及功能的不同，RNA 可分为信使 RNA(messenger RNA，mRNA)、转运 RNA(transfer RNA，tRNA)和核糖体 RNA(ribosomal RNA，rRNA)，这三类 RNA 参与蛋白质的生物合成。此外，RNA 还具备生物催化剂的功能，部分病毒和类病毒也可以 RNA 作为遗传信息的载体。细胞内存在一些非编码小分子 RNA，可发挥加工 RNA 前体及调控基因表达的作用。

第一节　核酸的化学组成

一、核酸的元素组成

核酸主要由碳(C)、氢(H)、氧(O)、氮(N)和磷(P)元素组成。其中磷元素在各类核酸中的含量相对恒定，平均为 9%～10%，因此，可通过测定磷元素含量来估算核酸含量，这种方法称为定磷法。

二、核酸的基本组成单位——核苷酸

核酸在酸或核酸酶的作用下水解为核苷酸(nucleotide)，核苷酸是核酸的基本组成单位。核苷酸由三种成分组成：等摩尔的碱基、戊糖和磷酸。

(一) 戊糖(pentose)

核酸分子的戊糖包括 β-D-2′-脱氧核糖和 β-D-核糖两类，两者均为戊醛糖，其环状结构类似于呋喃。为区别碱基和戊糖环的原子，一般将戊糖的碳原子序号标上“撇”，如 C-1′、C-2′…C-5′。核糖和脱氧核糖

的结构差异在 C－2′，核糖分子具有 2′-羟基，脱氧核糖的 C－2′仅连接氢原子(图 2－1)。β－D－2′-脱氧核糖参与构成 DNA，β－D－核糖参与构成 RNA。

图 2－1 戊糖的结构

(二) 碱基

核酸分子的碱基分为两类：嘌呤(purine)与嘧啶(pyrimidine)。它们都是含氮的杂环化合物，具有呈平面或接近于平面的芳香环结构。其中嘧啶为一个六元杂环，嘌呤则是双环结构。

1. 嘧啶 嘧啶环是嘧啶的基本结构，嘧啶环的 2、4 位容易发生取代，从而形成不同的衍生物。核酸分子的嘧啶主要有尿嘧啶(uracil，U)、胸腺嘧啶(thymine，T)和胞嘧啶(cytosine，C)三类(图 2－2)。T 主要存在于 DNA 分子中，但在 tRNA 中也发现有少量的 T。U 为 RNA 分子的特有碱基。C 既存在于 DNA，也存在于 RNA 分子中。

2. 嘌呤 嘌呤由一个嘧啶环和一个咪唑环稠和而成。核酸分子中的嘌呤为嘌呤衍生物，主要有腺嘌呤(adenine，A)和鸟嘌呤(guanine，G)两类(图 2－2)。自然界中还存在其他嘌呤衍生物。如黄嘌呤、次黄嘌呤、尿酸，它们由嘌呤核苷酸分解代谢产生(结构见第八章)。一些植物激素，如细胞分裂素(6－苄氨基腺嘌呤)也属于嘌呤，可促进细胞分裂增生及分化。此外，一些抗菌素也是嘌呤衍生物。如抑制细菌蛋白质合成的嘌呤霉素，由腺嘌呤衍生而来。

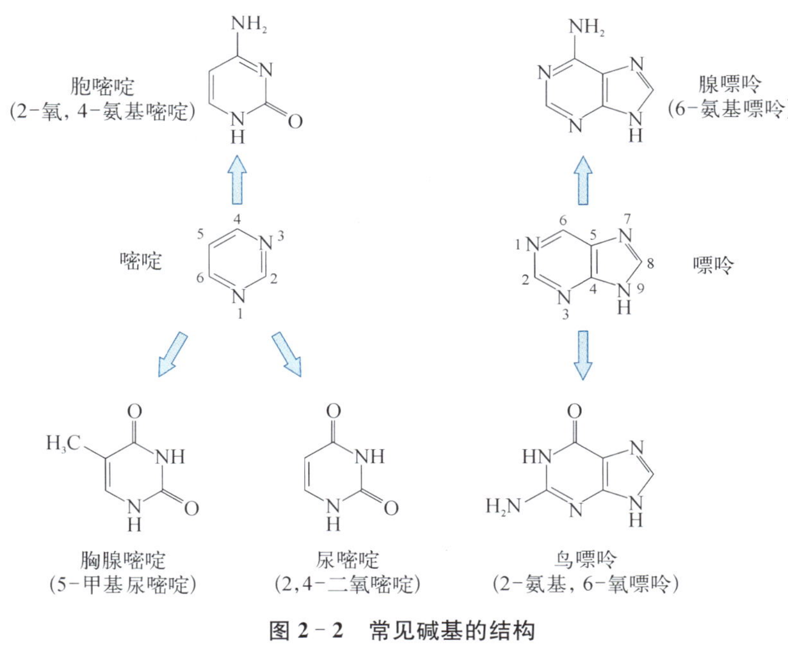

图 2－2 常见碱基的结构

DNA 分子的常见碱基为 A、G、C、T，RNA 分子的常见碱基则为 A、G、C、U。除常见碱基外，核酸分子中也存在某些稀有碱基(rare base)，多由上述常见碱基经化学修饰转变而来，如甲基化的碱基：7－甲基鸟嘌呤、5－甲基胞嘧啶等(图 2－3)。碱基的甲基化，尤其是嘧啶的甲基化可能改变 DNA 分子结构，影响 DNA 与蛋白质相互作用，从而调控基因表达。

碱基的酮基或氨基均位于氮原子的邻位，受介质 pH 影响，可形成酮-烯醇式互变异构体，或氨基与亚氨基之间的互变异构体(图 2－4，图 2－5)。在生理条件下，碱基以酮式为主。

5-甲基胞嘧啶　　　7-甲基鸟嘌呤

图 2-3　稀有碱基的结构

图 2-4　氨基-亚氨基互变异构体

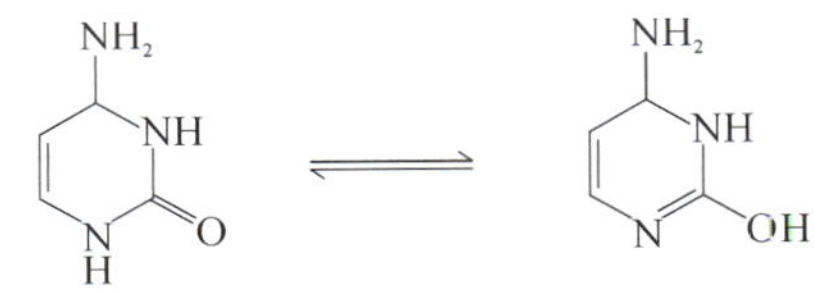

图 2-5　酮-烯醇互变异构体

(三) 核糖核苷与脱氧核苷

一分子戊糖与一分子碱基脱水缩合为核苷(nucleoside),戊糖和碱基间以 β 型 C-N 糖苷键相连。理论上糖苷键虽然可以自由旋转,但由于受到空间位阻的限制,如嘧啶环 O-2 和戊糖环 C-5′之间存在的空间位阻,天然核苷多为反式构象。

依据戊糖成分的差异,核苷可分为核糖核苷(ribonucleoside)与脱氧核糖核苷(deoxyribonucleoside)。再依据碱基成分的不同,将核苷进一步分为嘧啶核苷与嘌呤核苷。嘧啶核苷是由戊糖 C-1′与嘧啶碱 N-1 通过 C1′,N1 糖苷键连接,嘌呤核苷则由戊糖 C-1′与嘌呤碱 N-9 通过 C1′,N9 糖苷键连接。命名核苷,先冠以碱基名称,再加"核糖核苷"或"脱氧核糖核苷",如尿嘧啶核糖核苷(图 2-6)。

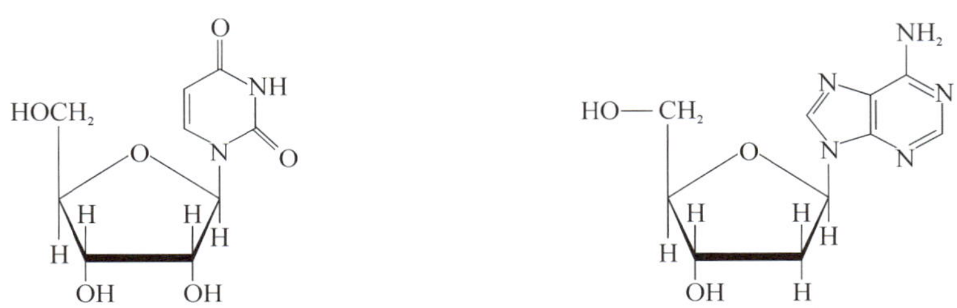

尿嘧啶核糖核苷　　　脱氧腺嘌呤核糖核苷

图 2-6　核苷的结构与分类

(四) 核苷酸与脱氧核苷酸

核苷分子中戊糖的游离羟基与磷酸通过磷酸酯键连接构成核苷酸或脱氧核苷酸。戊糖环的 C-2′、C-3′或 C-5′的游离羟基,均可与磷酸基反应,分别生成 2′-核苷酸、3′-核苷酸或 5′-核苷酸。而核酸分子的基本组成单位为 5′-核苷酸,具体由一分子碱基、一分子戊糖和一分子磷酸结合而成,属于核苷一磷酸(nucleoside monophosphate,NMP)。依据戊糖成分的差异,核苷一磷酸分为核糖核苷一磷酸(ribonucleotide)和脱氧核糖核苷一磷酸(deoxyribonucleotide)两类(图 2-7、表 2-1、表 2-2)。

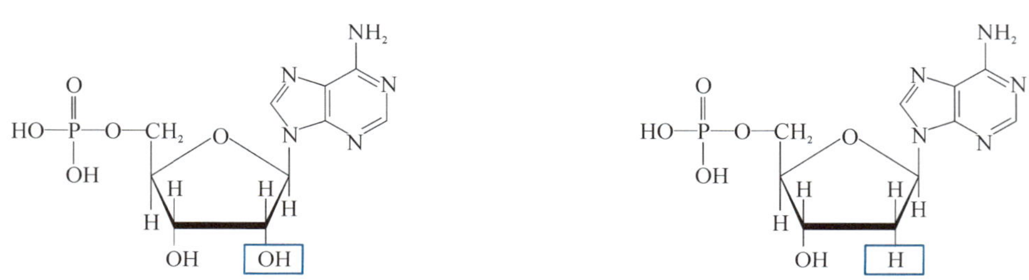

腺苷一磷酸
(AMP)

脱氧腺苷一磷酸
(dAMP)

图 2-7　核苷一磷酸的结构

表 2-1 RNA 分子中的常见碱基及核苷酸

碱基(base)	核苷酸(nucleoside monophosphate, NMP)
腺嘌呤(adenine, A)	腺苷一磷酸(adenosine monophosphate, AMP)
鸟嘌呤(guanine, G)	鸟苷一磷酸(guanosine monophosphate, GMP)
胞嘧啶(cytosine, C)	胞苷一磷酸(cytidine monophosphate, CMP)
尿嘧啶(uracil, U)	尿苷一磷酸(uridine monophosphate, UMP)

表 2-2 DNA 分子中的常见碱基及核苷酸

碱基(base)	脱氧核苷酸(deoxynucleoside monophosphate, dNMP)
腺嘌呤(adenine, A)	脱氧腺苷一磷酸(deoxyadenosine monophosphate, dAMP)
鸟嘌呤(guanine, G)	脱氧鸟苷一磷酸(deoxyguanosine monophosphate, dGMP)
胞嘧啶(cytosine, C)	脱氧胞苷一磷酸(deoxycytidine monophosphate, dCMP)
胸腺嘧啶(thymine, T)	脱氧胸苷一磷酸(deoxythymidine monophosphate, dTMP)

NMP 的 5′-磷酸基进一步磷酸化可生成核苷二磷酸(nucleoside diphosphate, NDP)或核苷三磷酸(nucleoside triphosphate, NTP)。核苷酸的英文缩写由三个大写字母表示，其中第一个字母为碱基符号，第二个字母标明磷酸基团的数目，第三个字母 P 代表磷酸。如腺嘌呤核苷三磷酸可缩写为 ATP。脱氧核苷酸的英文缩写则应在三个大写字母的前面加上 d 表示戊糖为脱氧核糖。NTP 或 dNTP 为核酸合成的原料。

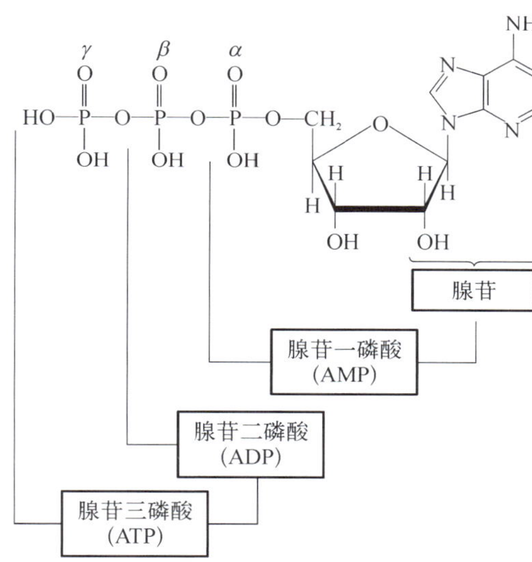

图 2-8 腺苷酸(AMP、ADP、ATP)的结构

(五) 体内重要的游离单核苷酸

除构成核酸的 NMP 外，机体内还存在多种重要的游离核苷酸。如 ATP、FAD、NAD、cAMP 等。

NDP 与 NTP 是游离在细胞中的高能磷酸化合物。NTP 上的磷酸残基由近向远以 α、β、γ 命名，其中 β、γ-磷酸酯键为高能磷酸酯键(～P)(图 2-8)。α-磷酸酯键较稳定，而高能磷酸键不稳定，可水解释放能量。因此，NTP 可作为能量的载体和磷酸基的供体，参与能量的转移、利用及物质的磷酸基转移反应。如 ATP 为机体能量的直接利用形式；UTP 参与糖原的合成，CTP 参与磷脂的合成，GTP 参与蛋白质的合成；GTP 还可与信号转导蛋白(G 蛋白)结合，并作为启动 G 蛋白活性的开关。

核苷酸的衍生物(结构见第三章)如辅酶 A(CoA)、黄素腺嘌呤二核苷酸(FDA)、尼克酰胺腺嘌呤二核苷酸(NAD^+)与烟酰胺腺嘌呤二核苷酸磷酸($NADP^+$)均是重要的辅酶成分，参与酶促化学反应。

细胞内存在两种重要的环核苷酸：环腺苷酸(cyclic AMP, cAMP)和环鸟苷酸(cyclic GMP, cGMP)，二者均为参与细胞信号转导通路的第二信使(图 2-9)。

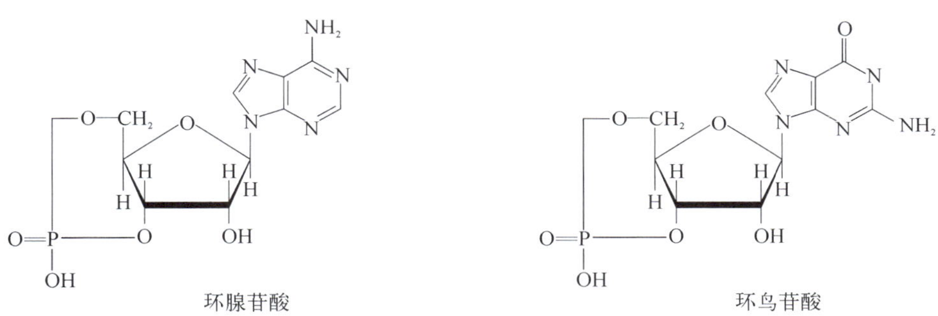

图 2-9 环核苷酸的结构

第二节　核酸的分子结构

一、3′,5′-磷酸二酯键和多核苷酸链

(一) 3′,5′-磷酸二酯键

核酸分子中,相邻核苷酸借3′,5′-磷酸二酯键连接构成多核苷酸链(图2-10)。3′,5′-磷酸二酯键是由前一核苷酸的3′-羟基与后一核苷酸的5′-磷酸基脱水缩合形成。核酸生物合成的过程中,3′,5′-磷酸二酯键可由聚合酶(polymerase)或连接酶(ligase)催化产生。与之相反,核糖核酸酶或限制性核酸内切酶则能催化3′,5′-磷酸二酯键的水解。

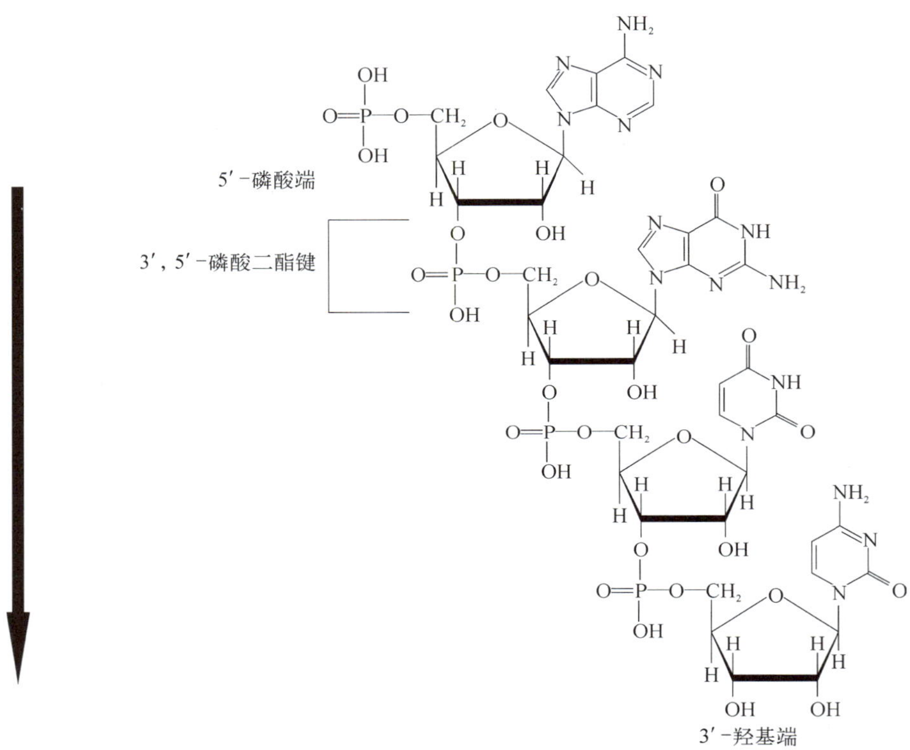

图2-10　核苷酸的连接方式

(二) 多核苷酸链

核苷酸借3′,5′-磷酸二酯键连接形成线性大分子,或称为链(strand)。从结构式分析,多核苷酸链的骨架由磷酸与戊糖交替排列构成磷酸戊糖链,该链具有两个游离末端,一端为C-5′的游离磷酸基,称为5′-磷酸端(简称5′端),另一端为C-3′的游离羟基,称为3′-羟基端(简称3′端)。为了符合核酸分子的合成方向,DNA和RNA分子的方向性一般规定为从5′至3′,即5′一般作为多核苷酸链的"头",3′为多聚核苷酸的尾(图2-10)。

二、核酸的一级结构

核酸的一级结构(primary structure)是指多核苷酸链中核苷酸的排列顺序。一级结构是核酸分子的基本结构。

(一) DNA的一级结构

DNA分子由两条反向互补的脱氧核苷酸链组成,其一级结构是指两条链中四种脱氧核苷酸的组成和排

列顺序，又称为 DNA 序列。DNA 序列具有严格的方向性。一条链的脱氧核苷酸循 5′至 3′排列，另一条则循 3′至 5′排列。

（二）RNA 的一级结构

RNA 是各种核糖核苷酸通过 3′，5′-磷酸二酯键连接构成的多聚核糖核苷酸链。RNA 分子含有 A、U、C、G 四种常见碱基和部分稀有碱基，其碱基组成无固定的比例关系，不符合 Chargaff 规律。RNA 的一级结构是指核糖核苷酸从 5′端至 3′端的排列顺序。与 DNA 不同，RNA 中 U 取代了 DNA 的 T，戊糖的 C－2′连接羟基，而非两个氢原子。

（三）核酸一级结构的表示方法

1. 结构式　结构式是核酸一级结构的完整表达式。核酸分子中的碱基、戊糖、磷酸都要写出完整的分子结构式。结构式可清楚地表明核苷酸的连接方式及其排列顺序。

2. 线条式　线条式中核酸分子的骨架结构用简单的线条表示。竖线表示戊糖，竖线下端为 5′表示戊糖的 5′－OH，竖线的中点为 3′代表戊糖的 3′－OH，P 表示磷酸基团，因此，斜线表示 3′，5′-磷酸二酯键。竖线顶端的单字母 A，T，G，C 表示碱基。核酸的 5′端写在线条式的左侧，3′端写在线条式的右侧，以表明链的走向（图 2－12）。

3. 文字式　文字式是表示核酸一级结构最简化的方式。如图 2－13 所示，单字母 A，T，G，C 表示碱基，p 表示磷酸基，p 写在碱基符号左边时，表示戊糖的 5′－OH 被磷酸酯化，写在右边表示戊糖的 3′－OH 被磷酸酯化，一般是从 5′磷酸端→3′羟基端。为简便起见，也可将核苷酸链中的 p 省略，写成 5′pA－G－C－T－T3′或 5′AGCTT3′。由于各种核苷酸的结构差异在于碱基，通常用碱基序列代表核酸的一级结构（图 2－11）。

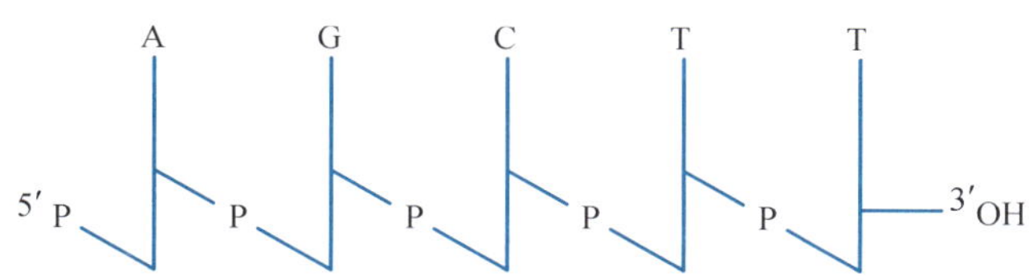

↓

5′ pApGpCpTpTOH3′

↓

5′ AGCTT3′

图 2－11　核酸分子的一级结构

三、DNA 的空间结构与功能

（一）DNA 的二级结构——双螺旋结构

DNA 双螺旋结构发现的历程

DNA 双螺旋结构的提出，是二十世纪最重大的自然科学成果之一。1948～1952 年，哥伦比亚大学的 Erwin Chargaff 等人利用纸层析、紫外吸收分光技术对 DNA 的碱基组成进行了分析，发现 DNA 分子中碱基互补配对规律，被称为 Chargaff 规律：① 在同一个 DNA 样本中，[A]=[T]，[G]=[C]，[A+G]=[T+C]；② 同一种生物有机体细胞 DNA 的碱基组成相同，可作为该物种的特征；③ 不同生物 DNA 的碱基组成有很大差异，可用碱基组成的不对称比率（A+T/G+C）分析物种之间的亲缘关系。以上结论提示 DNA 双链的碱基之间存在 A 配 T、C 配 G 的方式。同一时期，伦敦国王学院的 Rosalind Franklin 和 Maurice Wilkins 获得了高质量的 DNA X 射线衍射照片，数据表明 DNA 含有 2 条或 2 条以上的具有螺旋结构的多核苷酸链，螺旋直径 2 nm，而且沿 DNA 长轴有周期性变化。基于以上研究数据和结果，1953 年 James D. Watson 和 Francis Crick 提出了 DNA 的双螺旋结构模型，并因此获得 1962 年度诺贝尔生理医学奖，由此揭开了现代分子生物学的序幕。

1. B－DNA 双螺旋结构的要点　James D. Watson 和 Francis Crick 阐明的 DNA 双螺旋结构称为 B 型 DNA，是生理条件下 DNA 最稳定的空间结构。其结构要点如下：

(1) DNA 为反向平行的右手双螺旋结构　DNA 的两条多聚脱氧核苷酸链走向相反,围绕同一中心轴旋绕形成右手双螺旋结构。两条链的脱氧核糖磷酸骨架位于双螺旋的外侧,链间碱基互补结合(A 与 T 结合,G 与 C 结合)形成碱基对平面,平行排列于双螺旋的内侧,碱基对平面与螺旋的中心轴近似垂直。DNA 双螺旋横截面的直径约为 2 nm,相邻碱基对平面之间的垂直距离为 0.34 nm。一个螺旋包含 10 个碱基对(base pair,bp),螺距为 3.4 nm。双链内部的碱基对与脱氧核糖磷酸骨架的连接不对称,在双螺旋表面形成两种沟槽,较深较宽的称为称大沟(major groove),较窄较浅的称为称小沟(minor groove)。各种酶和蛋白因子可以由沟槽识别 DNA 的特征序列,并与 DNA 发生相互作用(图 2-12)。

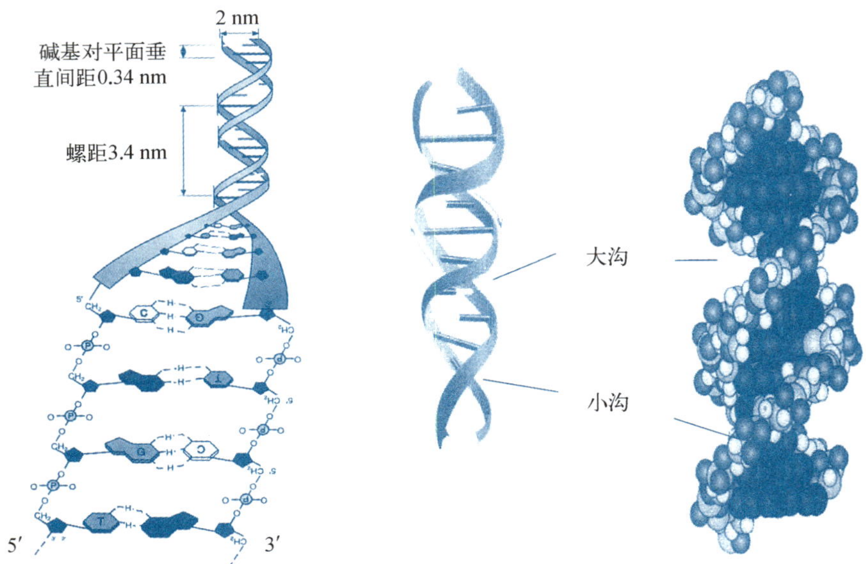

图 2-12　DNA 双螺旋结构示意图。反向平行的双链骨架与两种不同的碱基对连接不对称,从而在双螺旋表面形成了大沟和小沟。

引自 Trudy Mckee,《生物化学导论》,科学出版社,2003 年 1 月,462 页

(2) DNA 双链反向互补　DNA 双链通过 A 与 T、G 与 C 的互补结合横向连接,故互为互补链(complementary strand)。两条链的碱基序列遵循反向互补配对原则,即一股 DNA 链的 5′端碱基与另一股链的 3′端碱基配对结合,因此,一股 DNA 链的碱基序列可决定另一股 DNA 链的碱基序列。

(3) DNA 双螺旋结构的稳定主要依靠 2 种作用力　① 氢键:在双螺旋结构中,A、T 之间通过两个氢键结合,G、C 之间通过三个氢键结合,形成 Watson-Crick 碱基对(图 2-13)。G∶C 对比 A∶T 对更稳定,DNA 双螺旋结构的稳定性与 G+C 的百分含量成正比。② 碱基堆积力:碱基堆积力是 DNA 分子依靠碱基堆积形成的缔合方式,为维系 DNA 双螺旋结构稳定的主要作用力。碱基连接疏水性基团,分布于双螺旋内侧。邻近碱基对的疏水性基团堆积,使 DNA 双螺旋内部形成一个较大的疏水区,产生疏水作用力。此外,堆积的碱基对之间也存在范德华力。因此,碱基堆积力实际是疏水作用力与范德华力综合的结果。总而言之,DNA 双螺旋结构的稳定依靠氢键与碱基堆积力的协同作用,其中氢键作为横向作用力,联系反向互补的两

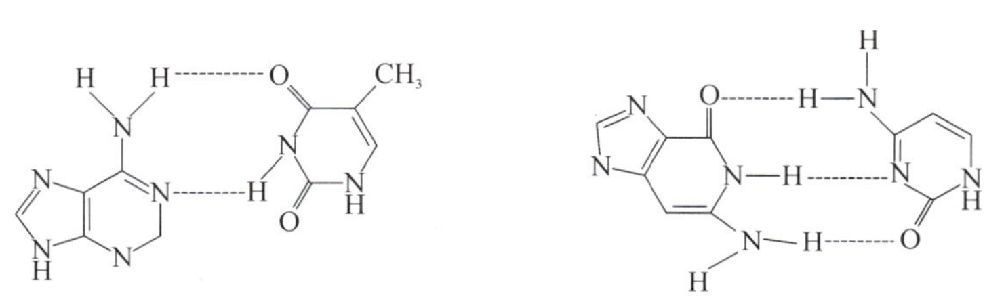

图 2-13　Watson-Crick 碱基对:A 与 T 之间通过两个氢键连接构成 A∶T 对,C 与 G 之间通过三个氢键连接形成 G∶C 对

条多聚脱氧核苷酸链，碱基堆积力则促进螺旋结构的稳定。

脱氧核糖磷酸骨架表面的磷酸基解离会带大量负电荷，会产生静电斥力，干扰 DNA 双螺旋结构的稳定。如带负电的磷酸基与介质中阳离子(如多胺、组蛋白、Na^+、K^+、Mg^{2+})结合，则可有效地屏蔽磷酸基之间的静电斥力，稳定 DNA 的双螺旋结构。

2. DNA 二级结构的多样性　上述 B-DNA 模型是在 92%相对湿度条件下的 DNA 钠盐的构型，比较接近生理条件下细胞内大部分 DNA 的构象。而 B-DNA 在溶液中的构象特点为：直径 2.37 nm，每个螺旋包括 10.4 bp，螺距为 3.54 nm。如改变环境的相对湿度条件或改变 DNA 溶液的离子强度，DNA 双螺旋结构的直径、螺距、表面沟槽的深浅等将发生变化，并形成具备不同构象特点的 DNA 双螺旋，如 A-DNA、Z-DNA等(图 2-14，表 2-3)。由此可见，DNA 的结构呈动态变化的特征，DNA 不仅具有多种形式的双螺旋结构，还可能因 DNA 局部的碱基互补配对形成奇特的双螺旋如回文结构，甚至形成三螺旋、四螺旋等二级结构形式。

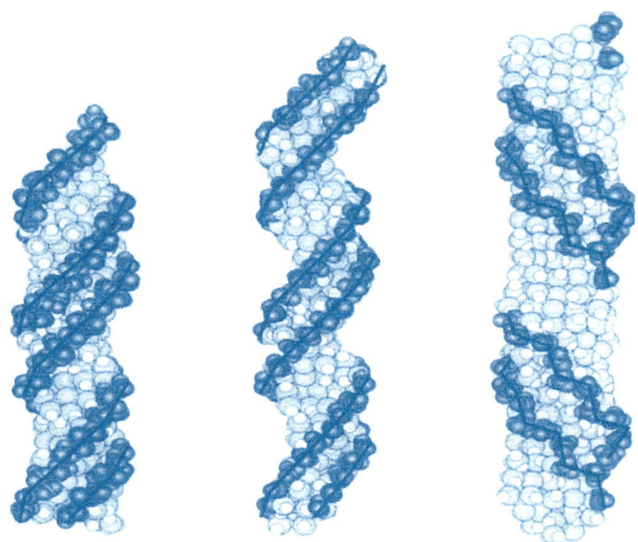

A构型　　B构型　　Z构型

图 2-14　不同类型的 DNA 双螺旋结构

引自 Trudy Mckee，《生物化学导论》，科学出版社，2003 年 1 月，468 页

表 2-3　不同类型 DNA 的结构参数

	A 型-DNA	B 型-DNA	Z 型-DNA
螺旋旋向	右手螺旋	右手螺旋	左手螺旋
螺旋直径	2.55 nm	2 nm	1.84 nm
碱基对/螺旋	11	10	12
螺　　距	2.82 nm	3.4 nm	4.56 nm
相邻碱基对的垂直间距	0.23 nm	0.34 nm	0.38 nm
大　　沟	窄深	宽深	平坦
小　　沟	宽浅	窄深	窄深

(1) A 型-DNA　DNA 钠盐在 75%的相对湿度下可形成 A 型结构，它仍属右手螺旋，但结构较为紧密，空间结构参数与 B 型 DNA 存在差异，如螺旋直径加大，每一螺旋含 11 碱基对，大沟变窄变深，小沟变宽变浅。A 型 DNA 与双链 RNA 及 DNA-RNA 杂交体在溶液中的构象极其相似。一些小分子 DNA 晶体中也存在 A-DNA 结构。一些有机溶剂和蛋白质可将 B 型 DNA 变成 A 型构象。

(2) Z 型-DNA　在高盐的条件下，DNA 可呈左手螺旋的 Z-DNA，该构型是 1979 年 Alexander Rich 等在研究人工合成的 CGCGCG 的晶体结构时发现。Z-DNA 骨架呈锯齿走向，也是反平行互补的双螺旋，每圈螺旋包含 12 个碱基对，螺旋直径为 1.8 nm，表面只有一条沟槽。生物体 DNA 分子富含 CpG 的序列容易形成 Z－DNA 结构，其功能可能提供某些调节蛋白的识别位点，参与基因表达的调控。

(3) 三股螺旋结构　DNA 的二级结构除了双螺旋结构，还存在三条链结合的螺旋结构，即三股螺旋结构。DNA 分子存在一种镜像重复序列(即两段重复序列反向排列于同一条 DNA 链的相邻区域)，当一股富含嘧啶的镜像序列回折，并与一股富含嘌呤的序列通过 Hoogsteen 氢键(TAT 或 CGC 配对)结合时，可形成一段特殊的三股螺旋结构(图 2－15)。DNA 三股螺旋结构常出现在 DNA 复制、转录、重组的起始位点或调节位点，如启动子区。

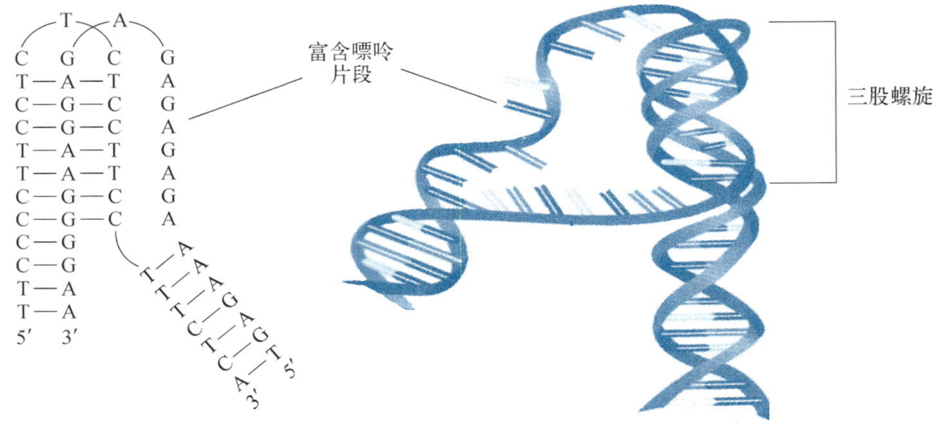

图 2－15　DNA 的三股螺旋结构

引自 Trudy Mckee,《生物化学导论》,科学出版社,2003 年 1 月,469 页

(二) DNA 的三级结构

DNA 的三级结构是指在 DNA 双螺旋结构基础上，进一步盘绕、折叠或与蛋白质有序组装形成的高级结构。

1. *超螺旋结构*　呈闭环状的原核 DNA、真核线粒体 DNA、某些病毒 DNA 都可能形成超螺旋结构(图 2－16)。所谓超螺旋，实际是指双螺旋 DNA 再度扭转而形成的空间结构。超螺旋按其旋绕方向分为正超螺旋和负超螺旋两种。若 DNA 以双螺旋的相反方向进行扭转，使每圈螺旋碱基对数大于 10，DNA 将处于过度松弛状态(underwound)，称为负超螺旋(negatively supercoiled)。相反，若在右手螺旋的基础上，DNA 进一步向右扭转，使每圈螺旋碱基对数小于 10，螺旋结构势必处于过度紧缠状态，称为正超螺旋(positively supercoiled)。生物体内绝大多数的 DNA 都以负超螺旋形式存在。在 DNA 复制以及转录过程中，处于过度松弛状态的 DNA 更容易松弛双股螺旋。细胞内的拓扑异构酶可改变 DNA 的超螺旋状态(见第十章)。DNA 超螺旋结构整体或局部的拓扑学变化及其调控对于 DNA 复制和 RNA 转录过程具有关键作用，因而 DNA 形成超螺旋是结构与功能的需要。

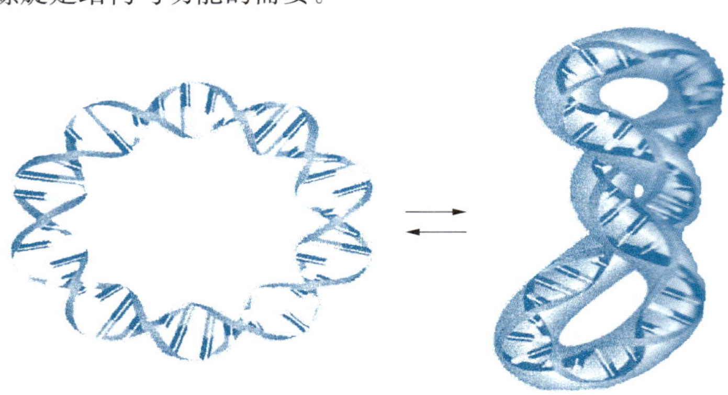

图 2－16　原核生物 DNA 的超螺旋结构

引自 Trudy Mckee,《生物化学导论》,科学出版社,2003 年 1 月,470 页

2. 真核生物染色体 DNA　真核细胞线性 DNA 双螺旋，与组蛋白、非组蛋白及少量 RNA 组装成高度有序和高度致密的染色体，存在于细胞核中。

(1) 染色体的化学组成　染色体中含有几乎等量的 DNA 和组蛋白(histone，H)，以及数量较少的 RNA 和非组蛋白。

组蛋白共有五种：H1、H2A、H2B、H3 和 H4，均富含精氨酸和赖氨酸。组蛋白的氨基酸序列具有高度保守性。由于组蛋白的等电点大于 10，在生理条件下其表面带正电荷，因此可与 DNA 表面带负电荷的磷酸基结合。组蛋白作为真核生物染色体的基本结构蛋白，同时发挥着协助 DNA 折叠的重要作用。

非组蛋白为富含酸性氨基酸的蛋白质，种类繁多，包括骨架蛋白、酶和转录因子等，在 DNA 折叠、复制、转录及基因表达调控等过程中发挥重要作用。

染色体中含有的少量 RNA，约占染色体质量的 1%～3%，可能通过与组蛋白、非组蛋白相互作用调控基因表达。

(2) 染色体的结构　真核生物细胞核 DNA 在细胞分裂间期以染色质(chromatin)形式存在，而在细胞分裂期则进一步压缩形成高度致密的染色体。由双螺旋 DNA 扭曲盘绕形成染色质或染色体的过程是动态变化着的，在细胞生长的不同周期或 DNA 的不同区段，其盘绕方式和盘绕程度都可能存在差异。

1) 染色体高度致密的结构是由其基本结构单元(subunit)-核小体高度压缩形成。核小体(nucleosome)由长度为 180～200 bp 的 DNA 和组蛋白有序结合而成。组蛋白分子的 C 端为 α-螺旋，组蛋白借由这些 α-螺旋组成二聚体。每个组蛋白的 N 端都具备长而游离的尾巴。组蛋白尾巴可被化学修饰，如进行甲基化、乙酰化等修饰。DNA 与组蛋白通过修饰基团的相互作用而结合。如组蛋白的化学修饰改变，则染色质活性也随之发生变化。各两分子的 H2A、H2B、H3 和 H4 组成八聚体核，约 146 bp 双螺旋 DNA(核心 DNA)以左手超螺旋的方式在八聚体核上盘绕 1.75 圈，再与组蛋白 H1 及约 20 bp DNA 共同构成直径约 11 nm 的核心颗粒。相邻核心颗粒间有约 60 bp 的连接 DNA 连接形成核小体单元(图 2-17)。若干个核小体呈串珠样排列，并聚集形成串珠纤维。核小体的形成是 DNA 在核内的第一次超螺旋，使直径 2 nm 的 DNA 双螺旋变成直径 10 nm 纤维，长度压缩 6～7 倍。

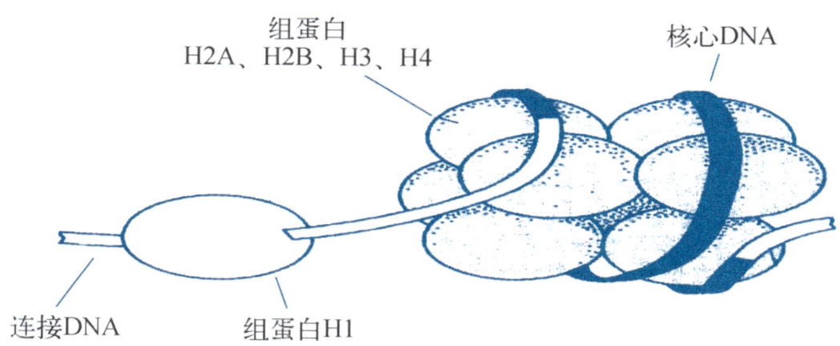

图 2-17　核小体的结构
引自 Kuchel P W，《生物化学》，科学出版社，2002 年 2 月，179 页

2) 串珠纤维进一步盘绕成直径约为 30 nm、螺距为 12 nm 的螺线管(solenoid)，又称为 30 nm 纤维。其每一螺旋含有 6 个核小体。这是 DNA 在核内的第二次超螺旋，使 DNA 的长度又压缩了约 6 倍。

3) DNA 在核内的第三次超螺旋，是使 30 nm 纤维进一步盘绕成直径 400 nm 的超螺线管，DNA 长度压缩近 40 倍。最后由超螺线管折叠形成直径约为 700 nm 的染色单体，长度又压缩 4～5 倍。这样，经过 4 次超螺旋，DNA 的长度共压缩了 8 000～10 000 倍，形成高度致密的染色体 DNA(图 2-18)。

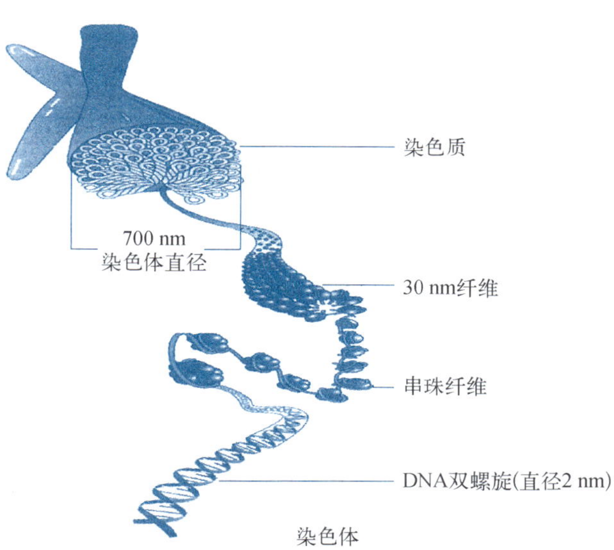

图 2-18　真核生物 DNA 折叠、盘绕形成染色体
引自 Trudy Mckee，《生物化学导论》，科学出版社，2003 年 1 月，474 页

真核生物细胞核 DNA 在蛋白质的协助下，通过多层次压缩，装配称为高度致密的染色体。DNA 的超螺旋结构特点决定了 DNA 的复制和转录等过程的启动和进程。

(三) DNA 是遗传的物质基础

DNA 是遗传的物质基础，也是个体生命活动的信息基础。遗传学中,承载遗传信息、控制性状的基本遗传单位称为“基因”,但遗传学并未从化学的角度诠释基因的本质。DNA 分子结构的阐明为“基因”这一名词赋予了不同的内涵,亦揭示了基因的化学本质。生物性状多种多样,每个不同的生物性状由 DNA 分子上独立的功能单位来决定。DNA 分子上这些独立的功能单位就是基因。

基因(gene)是控制个体生物性状的一段 DNA 序列(某些病毒的基因也可能是 RNA 序列),基因可编码产生蛋白质或功能 RNA 分子。基因的结构基础是核酸分子中特定的核苷酸序列。生物的遗传信息就储存在 DNA 的脱氧核苷酸序列中。这一有序结构所携带的生命信息可通过双螺旋 DNA 半保留复制的方式精确地传递给子代,或者通过转录、翻译的过程,表达为 RNA 中核糖核苷酸序列或蛋白质的氨基酸序列,也可通过 DNA 交换、重组、转座等过程而发生改变。当 DNA 的结构被阐明后,关于遗传物质参与生命活动的诸多机制,如 DNA 的生物合成、遗传密码、遗传信息的传递等,都必须与这个结构符合。

一个生物体的全部核酸序列称为基因组(genome),即 DNA 的全部核苷酸序列。各种生物基因组大小、结构、基因的种类和数量有很大差异。生物的复杂性与基因组的大小有关。即使最简单的生物也需要由数千个脱氧单核苷酸连接组成 DNA 才能携带足够的遗传信息,如多瘤病毒 DNA 分子包含了 5100 个脱氧单核苷酸。一般而言,进化程度越高的生物体,基因组越大越复杂,如人类基因组含有 3×10^9 bp,约有 3×10^4 个基因。真核生物基因组远较病毒和原核生物基因组复杂,除编码蛋白质基因外,基因组中还包含大量非编码序列,生物体越复杂,非编码序列在基因组所占比例越大。过去很长一段时间,基因组的非编码序列都被认为是基因垃圾,没有功能,但现在越来越多的研究发现,许多非编码序列具有与蛋白质基因同样重要的功能。

四、RNA 的空间结构与功能

RNA 的二级结构与 DNA 不同,除少数 RNA 病毒为双链结构外,大多数生物的 RNA 都是单链结构。单链 RNA 的部分区段可通过 A-U 配对和 G-C 配对方式自行盘绕形成局部双螺旋,称之为“茎”(stem)或“臂”,而未发生碱基配对的区段则可能形成突环(loop)或发夹(hairpin)结构。许多 RNA 的二级结构含有多个茎-环(图 2-19)。由于 RNA 分子中戊糖 C-2′上连接的羟基空间位阻大,RNA 的局部双螺旋结构比 B-DNA 松散,更类似 A-DNA 的结构。

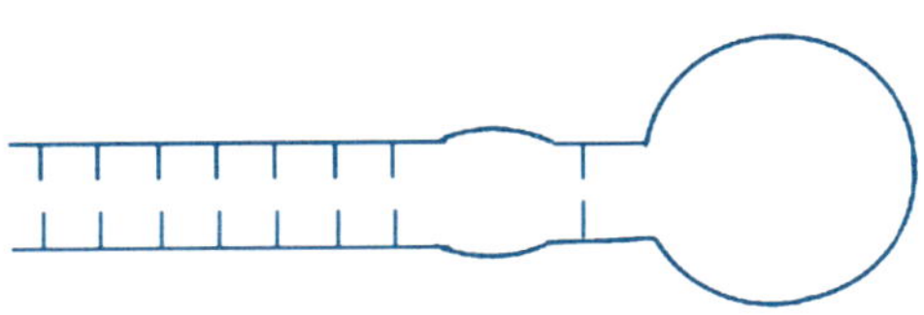

图 2-19 RNA 分子的二级结构

RNA 分子较 DNA 小,但含量和种类却比 DNA 多。除 mRNA、tRNA 和 rRNA 三种主要的核糖核酸外,细胞中还存在具备催化活性的核酶以及非编码小分子 RNA。

(一) 信使 RNA(messenger RNA,mRNA)

mRNA 是蛋白质生物合成的直接模板。原核生物和真核生物的 mRNA 都以 DNA 片段的其中一条链为模板转录合成,并借由其上的密码指导蛋白质的生物合成。由于 mRNA 是 DNA 所携带的遗传信息从细胞核传递至细胞质的信使,也是遗传信息由核酸传递至蛋白质的信使,故将其命名为信使 RNA。

1. *mRNA 的一般特点* mRNA 分子量不均一,其含量也少,约占细胞内 RNA 总量的 2%~5%,但种类丰富,约有 10^5 种。mRNA 作为模板指导蛋白质的生物合成,在蛋白质多肽链合成完毕后,mRNA 即被降解,因此 mRNA 是寿命最短的 RNA 分子。

2. *mRNA 的结构特征* mRNA 由 5′非翻译区(5′ untranslation region, 5′UTR)、3′非翻译区(3′ untranslation region, 5′UTR)和两者之间的编码区组成(图 2-20)。蛋白质多肽链合成的过程中,mRNA 编码区的碱基序列可翻译为氨基酸序列。原核生物的转录在细胞质进行,其 mRNA 不需剪接即可作为蛋白质生物合成的模板。而真核生物先在细胞核中转录生成 mRNA 的初级产物(primary transcript),该分子大小不一,称为不均一核 RNA(heterogeneous nuclear RNA, hnRNA)。hnRNA 分子中含有内含子的转录序列,在细胞核中经过一系列加工过程,转变为成熟 mRNA,进入细胞质发挥功能。真核生物成熟的 mRNA 具备以下特殊结构:

图 2-20 真核生物成熟 mRNA 分子结构示意图

(1) 5′帽子结构 真核生物 mRNA 转录后加工过程中在其 5′端加上 7-甲基鸟嘌呤核苷三磷酸，并与 mRNA 原有的第一个核苷酸之间形成 5′,5′核苷三磷酸连接的结合方式($m^7GpppNpNp$)，这种独特的结构称为帽子结构(图 2-21)。mRNA 分子加帽后，其 5′末端的磷酸基不再游离，因此可防止 RNA 酶通过 5′外切的方式切割 mRNA 分子。mRNA 的帽结构还可与帽结合蛋白(cap binding protein，CBP)结合，促进 mRNA 的出核转运。此外，帽结构与核糖体及翻译起始因子结合还可促进蛋白质合成的起始。

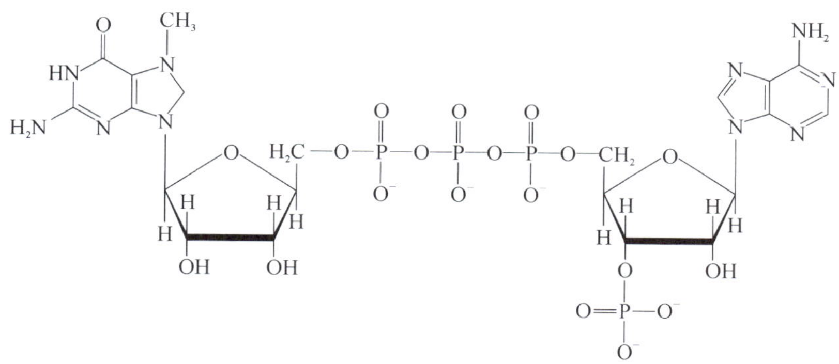

图 2-21 成熟 mRNA 的 5′帽结构

(2) 3′多聚 A 尾 真核生物 mRNA 转录后加工过程中，其 3′端还将连接上一个由大约 200 个连续的腺苷酸组成的片段，称之为 3′多聚 A 尾。有研究表明，多聚 A 尾的长短与 mRNA 的寿命也有一定关系。多聚 A 尾与帽子结构共同维护 mRNA 稳定性，并促进 mRNA 出核转运以及调控翻译起始。

(二) 转运 RNA(transfer RNA，tRNA)

tRNA 在蛋白质生物合成中具有读码器的作用，可特异性结合氨基酸，并通过其反密码子与 mRNA 的密码子相互识别，将氨基酸带到 mRNA 相应位置。

1. *tRNA 的一般特点* tRNA 有 100 多种，约占细胞内 RNA 总量的 10%～15%，分子较小，一般含74～95 个核苷酸，分子含有较多的稀有碱基，如假尿嘧啶(pseudouridine，ψ)、胸腺嘧啶(T)、二氢尿嘧啶(dihydrouracil，DHU)及甲基化的碱基(如：^mG)等。

2. *tRNA 的结构特征* tRNA 二级结构含有多个茎-环结构。具体而言，是由三个环、四个臂组成的形似三叶草的结构，称为三叶草构型(cloverleaf structure)(图 2-22)。tRNA 三叶草构型特点如下：

(1) 氨基酸臂：氨基酸臂由 tRNA 的 5′末端和邻近 3′末端的 7 对碱基对组成，同时还包括了游离 3′末端的固有序列-CCA。tRNA 的 3′末端是结合氨基酸的部位。

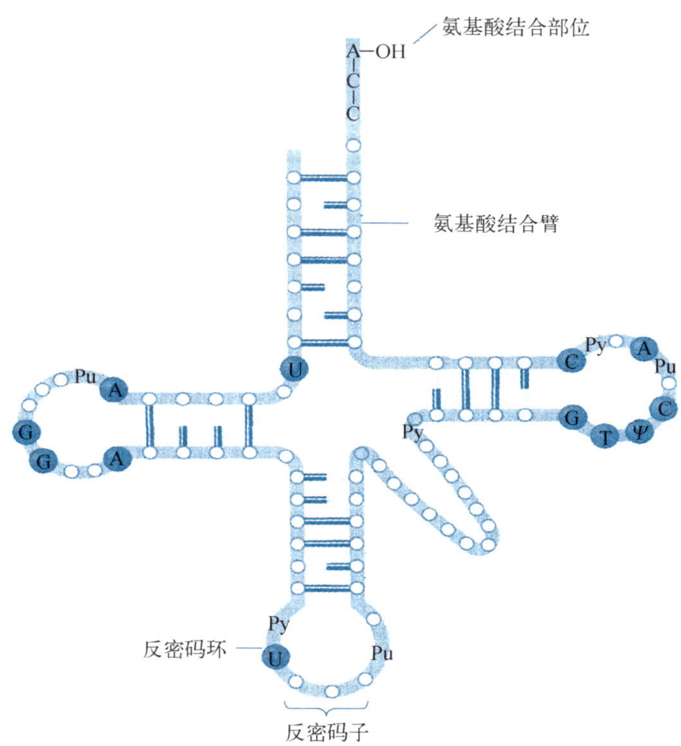

图 2-22 tRNA 三叶草构型

引自 Trudy Mckee，《生物化学导论》，科学出版社，2003 年 1 月，477 页

(2) 反密码环：反密码环位于氨基酸臂的对

面，是连接反密码臂的突环，由 7～9 个核糖核苷酸组成。居中的 3 个相邻核苷酸组成一个反密码子(anticodon)，可与 mRNA 编码区的三联体密码互补配对，相互识别。结合不同氨基酸的 tRNA，其反密码子结构也存在差异。如特异结合苯丙氨酸的 tRNA 含有特殊的反密码子 GAA，可与 mRNA 上密码子 UUC 相互识别，从而将苯丙氨酸转运至 mRNA 上密码子相对应的位置，随之进行成肽反应。

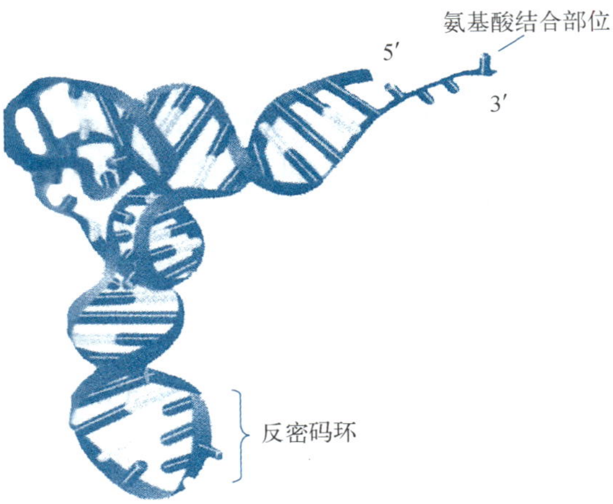

图 2－23 tRNA 倒 L 构型

引自 Trudy Mckee,《生物化学导论》，科学出版社，2003 年 1 月，477 页

(3) 二氢尿嘧啶环：二氢尿嘧啶环位于左侧，由 8～12 个碱基组成，因环上存在稀有碱基 DHU 而得名。DHU 环具有识别和特异性结合氨基酰 tRNA 合成酶的作用。

(4) Tψ 环：Tψ 环位于右侧，由 7 个碱基组成。环上含有相邻的 T、ψ 两个稀有碱基，故而得名。Tψ 环能识别和结合核糖体。

tRNA 的三叶草构型还须进一步折叠，形成更高级的三级结构。tRNA 的三级结构已通过 X 射线衍射技术阐明，其形状如倒写的字母“L”，故称为倒 L 型(图 2－23)。DHU 环和 Tψ 环集中于倒 L 型的拐角处，反密码环位于倒 L 型的下端，氨基酸臂在右上角。倒 L 型的结构更有利于 tRNA 将氨基酸转运至核糖体的特定部位。

(三) 核糖体 RNA(ribosomal RNA，rRNA)

rRNA 与蛋白质结合组成核糖体(ribosome)，核糖体是蛋白质生物合成的装配机。蛋白质生物合成所需的模板 mRNA、转运氨基酸的工具 tRNA，都必须结合在核糖体的相应部位，才能启动多肽链的合成。

1. **一般特点** rRNA 是细胞内含量最多的 RNA，约占 RNA 总量的 80%以上。原核生物和真核生物的 rRNA 种类不同(表 2－4)。原核生物(以大肠埃希菌为例)rRNA 有 5S、16S 和 23S 三种，其中 5S、23SrRNA 与 31 种蛋白质结合组成核糖体的大亚基，16SrRNA 和 21 种蛋白质组成核糖体的小亚基。真核生物(以小鼠肝细胞为例)的 rRNA 包括 5S、5. 8S、18S、28S 四种，其中 5S、5. 8S、28SrRNA 与 49 种蛋白质组成核糖体大亚基，18SrRNA 和 33 种蛋白质组成小亚基。S 是大分子物质在超速离心沉降时的沉降系数，可间接表示 rRNA 分子量大小。S 的大小也与分子性状相关，因此不能叠加。如原核生物核糖体大亚基为 50S，并非 5S、23S 相加而来。

表 2－4 原核生物与真核生物的核糖体组成

物种类别	核糖体(S)	大亚基		小亚基	
		rRNA(S)	蛋白质	rRNA(S)	蛋白质
原核生物	70S	5S,23S	31 种	16S	21 种
真核生物	80S	5S,5. 8S,28S	49 种	18S	33 种

2. **rRNA 的结构特征** 不同 rRNA 的一级结构差异较大，但特异的核苷酸序列也具备特定的功能，如原核生物 5SrRNA 的 5′端含有 pppU，以及第 43～47 位的 CGAAC 序列，这是 rRNA 与 tRNA 识别和结合的部位。原核生物 3′末端出现的富含嘧啶的序列 ACCUCCU，已证实能与 mRNA5′非编码区内距起始密码子 8～13 nt 的一段富含嘌呤的序列(SD 序列)结合，形成核糖体复合物。

根据已知的 rRNA 核苷酸序列，科学家推测出了 rRNA 的二级结构和高级结构。rRNA 的二级结构由众多茎环结构组成，如真核生物的 18SrRNA 的二级结构呈花状(图 2－24)，原核生物的 16SrRNA 的二级结构与之类似。

(四) 非编码小分子 RNA

细胞内还存在一类非编码小分子 RNA(small non－coding RNA，sncRNA)，与分子量较大的 tRNA、rRNA 一起统称为非编码 RNA(non－coding RNA，ncRNA)。sncRNA 分子小，长度小于 300 nt。与 mRNA 不同的是，sncRNA 不表达蛋白质，主要参与转录后加工、基因表达调控等过程。目前发现的 sncRNA 种类越来越多，有核内小 RNA(small nuclear RNA，snRNA)，核仁小 RNA(small nucleolar RNA，snoRNA)，胞

质小 RNA(small cytoplasmic RNA,scRNA),微小分子 RNA(micro RNA,miRNA),小干扰 RNA(small interference RNA,siRNA),以及又被称为核酶(riozyme)的催化性小 RNA(small catalytic RNA)。分析各种 sncRNA 基因表达谱的变化、其自身的结构和功能等内容,目前已成为基因组学和 RNA 组学研究的热点。

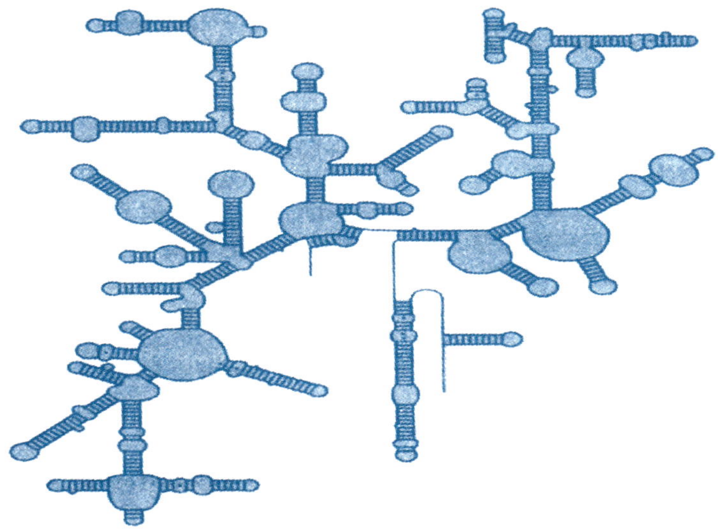

图 2-24 rRNA 的二级结构

引自 Trudy Mckee,《生物化学导论》,科学出版社,2003,1 月,480 页

研究发现,许多 sncRNA 参与了真核细胞中 hnRNA 的加工。如 snRNA 可与多种蛋白因子结合成富含尿嘧啶的小核核糖蛋白颗粒(small nuclear ribonucleo-protein,snRNPs),又称为 U-snRNA。U-snRNA 有多种类型,包括 U1、U2、U4、U5 和 U6。它们可识别 hnRNA 上外显子与内含子的接点,将内含子切除。除 snRNA 外,核酶也能催化 hnRNA 的剪接。snoRNA 主要参与转录后加工过程中碱基的修饰,如核苷酸的甲基化修饰,假尿嘧啶核苷酸的形成等。siRNA 是具备双链结构的小片段(21~23 bp)RNA。siRNA 既可由生物体的内源基因转录产生,也可由生物体对外源基因在体内转录产生的双链 RNA 进行切割后产生。siRNA 能通过完全互补靶向识别目标 mRNA,并使之降解,从而于转录后水平沉默基因。miRNA 是细胞内源 miRNA 基因转录的产物,可与目标 mRNA 的 3′-非翻译区(untranslated region,UTR)结合,阻碍 mRNA 的翻译。与 siRNA 诱导转录后基因沉默不同的是,miRNA 特异性不强,通常可识别多个目标 mRNA,且 miRNA 的结合也不会引起 mRNA 的降解。诱导基因沉默的 RNA 干扰机制在自然界普遍存在,其目的可能与保护基因组免受病毒或转座子的干扰有关。siRNA 和 miRNA 目前已成为抑制特定基因表达的强有力的工具,甚至可将 siRNA 干扰基因沉默的原理运用于疾病的基因治疗和基因诊断。如将人工合成的 siRNA 导入到肿瘤细胞中,可调控细胞周期蛋白的表达,或阻断特异的癌基因表达,或用 siRNA 直接作用于 HBV、HIV 等病毒,抑制病毒的复制和转录,或者将 siRNA 干扰作为基因敲除的方法,帮助研究基因功能。

表 2-5 细胞内主要 RNA 的种类和功能

名称		分布	功能
	mRNA	细胞核和细胞质	蛋白质合成的直接模板
	rRNA	细胞核和细胞质	组成核糖体
	tRNA	细胞核和细胞质	转运氨基酸,识别密码子
	不均一核 RNA(hnRNA)	细胞核	成熟 mRNA 的前体
细胞内小 RNA	核内小 RNA(snRNA)	细胞核	参与 hnRNA 的剪接、转运
细胞内小 RNA	核仁小 RNA(snoRNA)	细胞核	rRNA 的加工、修饰
细胞内小 RNA	胞质小 RNA(scRNA)	细胞质	蛋白质内质网定位合成的信号识别体的组成成分
细胞内小 RNA	小干扰 RNA(siRNA)	细胞质	靶向识别和降解目标 mRNA
细胞内小 RNA	微小分子 RNA(miRNA)	细胞质	翻译抑制

第三节 核酸的理化性质

核酸是高分子化合物,具有胶体性质、黏度在超速离心力场中沉降等特性。由于 DNA 分子呈线性双螺旋,其溶液黏度较高,因此极容易在机械剪切力作用下发生骨架的断裂。DNA 因加热而变性时,会由双螺旋结构转变为无规则线团样结构,使 DNA 黏度下降。核酸在溶液中呈两性电离,其等电点较低,生理条件下带负电荷,易与阳离子结合成盐,也能结合碱性蛋白。

一、核酸的紫外吸收

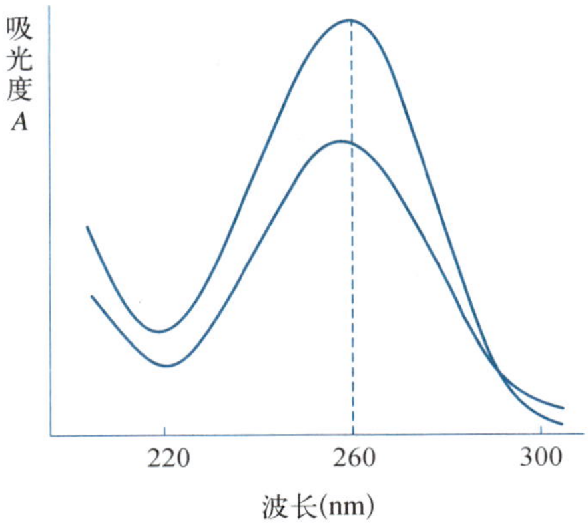

图 2-25 核酸的紫外吸收光谱

核酸所含碱基环上存在共轭双键,因而具有紫外吸收的性质。吸收峰在 260 nm 附近(图 2-25)。核酸的紫外吸收特性是核酸定量测定的依据。测定核酸溶液对 260 nm 波长紫外线的吸光度(absorbance, A_{260}),可用于分析核苷酸或核酸含量。通常以 $A_{260}=1.0$ 相当于 50 μg/ml 双链 DNA,40 μg/ml 单链 DNA 或单链 RNA,20 μg/ml 寡核苷酸为标准,计算溶液中核酸的含量。

核酸的紫外吸收特性还可用于分析核酸的纯度。分别测定样本溶液的 A_{260} 和 A_{280},取其比值 A_{260}/A_{280}。纯 DNA 溶液 $A_{260}/A_{280}\approx 1.8$,纯 RNA 溶液 $A_{260}/A_{280}\approx 2.0$。如待测 DNA 溶液 $A_{260}/A_{280}<1.8$,说明待测溶液中可能含有杂蛋白或苯酚。采用上述方法检测样品溶液中核酸的纯度,既快速,又准确,是实验室常用的方法。

二、DNA 的变性复性及应用

(一) DNA 的变性

在某些理化因素影响下,DNA 分子双链间的氢键断裂,双螺旋结构遭到破坏,转变为无规卷曲的单链状态,这一过程称为 DNA 的变性(denaturation)。DNA 的变性作用并未使 3′,5′-磷酸二酯键断裂。引起变性的因素包括高温、紫外线、强酸、强碱、尿素、胍等物理和化学因素。

变性 DNA 的理化性质和生物学功能将发生改变。变性因素使 DNA 双链变为单链,原本隐藏于双螺旋结构内部的碱基暴露,DNA 对 260 nm 的紫外线吸光度值随之增高,此现象称为 DNA 的增色效应(hyperchromic effect)。增色效应可用于 DNA 变性的监测。变性 DNA 还会出现黏度下降、沉降速率增加等变化。

热变性是实验室常用的使 DNA 变性的方法之一。加热时,DNA 双链解离,出现 A_{260} 随温度升高而逐渐增加的效应。若以 A_{260} 对温度作图,所得的曲线称为解链曲线(melting curve)。DNA 的解链曲线呈 S 形,从曲线中可以看到,DNA 的热变性在很狭窄的温度范围内进行,温度升高的同时,ΔA_{260} 迅速增加,逐渐达到最大值,此时 DNA 完全解链(图 2-26)。而在 DNA 热变性过程中,50%的 DNA 发生变性时,所需要的温度称为 DNA 的熔点,或称为解链温度(melting temperature, T_m)。T_m 在融解曲线上为 ΔA_{260} 最大值的一半所对应的温度值。DNA 的 T_m 与 DNA 分子的大小及分子内部氢键的数目密切相关。由于 GC 对之间形成三个氢键,DNA 分子中 G+C 含量越高,T_m 值越大。因此,通过 T_m 值可以分析 DNA 的碱基组成,计算公式为:$(G+C)\%=(T_m-69.3)\times 2.44\%$。

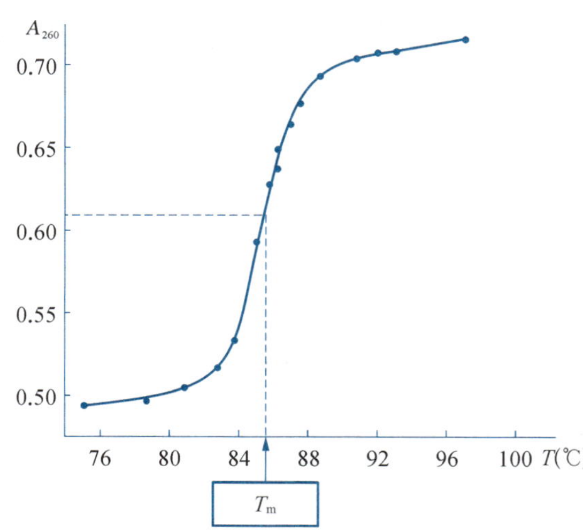

图 2-26 DNA 的解链曲线

(二) DNA 的复性

缓慢去除变性条件,变性 DNA 链会自发互补配对,恢复原来的双螺旋结构,这一过程称为 DNA 的复性(renaturation),使热变性的 DNA 复性称为退火(annealing)。DNA 复性的最适温度(optimum renaturation temperature, T_{or})通常比 T_m 低20～25℃。DNA 复性的速度受多种因素影响,与 DNA 的变性程度、DNA 溶液的浓度及 DNA 片段的大小有关。变性时 DNA 双链若未完全解开，复性速度很快；而 DNA 片段越大，形成互补序列的难度也越大，复性越慢；DNA 浓度越高则复性越快。

复性使得变性 DNA 恢复其天然构象，碱基重新结合于双螺旋内部，DNA 的 ΔA_{260} 随复性的过程逐渐降低，此现象称为减色效应（hypochromic effect）。

三、核酸分子杂交

不同来源的单链核酸，通过互补序列，结合形成双链结构的杂交体，这一过程称为核酸分子杂交（hybridization）。核酸分子杂交技术是分子生物学的实验技术之一，其原理即 DNA 的变性复性。将不同来源的核酸分子加热，使其充分变性解链，然后在复性温度下混合放置数小时，存在互补序列的单链即结合形成双链杂交体（heteroduplex）。杂交体可以是 DNA－DNA，也可以是 DNA－RNA 或 RNA－RNA，只要核酸分子的核苷酸序列含有可以形成碱基互补的片段，就可以形成局部双链（图 2－27）。

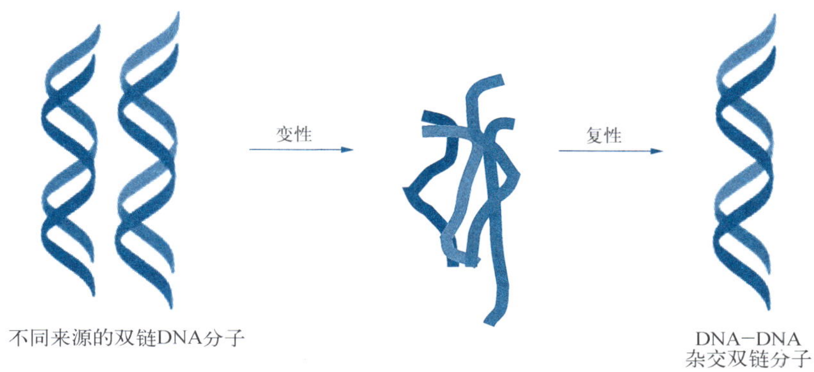

图 2－27 核酸分子杂交原理示意图

杂交时，碱基互补结合具备高度特异性，因此，我们可以利用核酸分子杂交技术从不同来源的 DNA 中寻找同源序列，如 DNA－DNA 杂交分析个体的亲缘关系，也可通过特定序列的探针检测样品中是否含有与之同源的核酸序列，进行基因克隆的筛选、基因酶切图谱制作、基因组中特定基因序列的定量和定性检测、基因突变分析，以及在医学上用于疾病的诊断、微生物病原体检测。

核酸分子杂交可选择于液相中或固相支持物上进行，因而分为液相杂交和固相杂交，其中固相杂交技术近年来发展迅速、应用广泛。印迹技术以固相杂交为基础，将核酸分子电泳、转移、固定、杂交及检测技术联合进行。根据杂交分子的种类不同，印迹技术可分为 DNA 印迹技术（又称为 southern blot）、RNA 印迹技术（又称为 northern blot）及蛋白质印迹（又称为 western blot），分别应用于 DNA、RNA 和蛋白质三类生物大分子研究。

小 结

核酸是核苷酸借由 3′，5′-磷酸二酯键连接而成的，具备特异序列和空间构象的生物信息大分子。核酸的基本组成单位是核苷酸，核苷酸又由等摩尔的戊糖、碱基和磷酸连接而成。戊糖和碱基通过糖苷键连接构成核苷，核苷的磷酸酯即为核苷酸。DNA 和 RNA 的组成差异在于戊糖和碱基。组成 DNA 的戊糖成分为脱氧核糖，RNA 的戊糖成分为核糖。DNA 分子的常见碱基包括：A、T、C、G，RNA 分子的常见碱基为：A、U、C、G。

DNA 的一级结构是指脱氧核糖核苷酸序列。遗传信息储存在 DNA 的一级结构中。DNA 的二级结构为双螺旋构型。两条反向平行的 DNA 链通过链间的互补碱基连接，形成右手螺旋。DNA 链的骨架结构位于双螺旋外侧，碱基分布在双螺旋内侧，并通过氢键连接形成碱基对平面；DNA 双螺旋结构的稳定依赖氢键和碱基堆积力。DNA 的三级结构是双螺旋的超螺旋,真核生物 DNA 的三级结构由双螺旋 DNA 和蛋白质结合,并不断压缩折叠形成高度致密和高度有序的染色体。染色体的基本结构单元称为核小体。

RNA 主要参与蛋白质的生物合成。mRNA 为蛋白质生物合成的直接模板,成熟 mRNA 编码区的密码子决定蛋白质氨基酸排列顺序,5′端帽结构和 3′端多聚 A 尾保护 mRNA,并参与其出核和就位。tRNA 为蛋白质生物合成过程中识别密码子和运输氨基酸的工具,其 3′端特异性结合氨基酸,反密码子识别 mRNA 的密码子,使氨基酸对号入座。rRNA 参与形成核糖体,核糖体是蛋白质生物合成的场所。

核酸具有高分子化合物的一般特性,核酸也是两性电解质。核酸的紫外吸收特性可用于核酸的定性和定量分析。

核酸的变性、复性是分子生物学实验技术的基本原理。变性 DNA 会出现黏度降低、增色效应、生物学功能改变等变化。加热是常用的 DNA 变性条件,50%DNA 变性时的温度称为解链温度、熔解温度(T_m)。测定 T_m 可分析 DNA 的碱基组成,G+C 含量越高的 DNA 分子,T_m 值越大。

【复习思考题】

1. DNA 和 RNA 在组成成分、结构和功能方面有哪些相同和不同之处?
2. 请描述核苷酸的基本组成及其连接方式。
3. 请描述 DNA 双螺旋结构要点。
4. 为什么双螺旋结构的 DNA 在高阳离子强度的溶液中更稳定?

(黄映红)

第三章

酶

学习要点

掌握： ① 酶、核酶、结合酶、单纯酶、同工酶、酶活性中心、酶原激活、K_m和V_{max}的概念；② 酶促反应的特点、维生素与辅酶关系；③ 底物浓度、温度、pH、抑制剂、激活剂对酶促反应速度的影响；④ 酶活性调节的方式。

熟悉： ① 酶促反应机制；② 辅酶及金属离子的作用。

了解： ① 酶与医学的关系；② 酶的命名与分类原则；③ 抗体酶、工具酶、固定化酶。

酶的研究历史

4千多年前的夏禹时代酿酒已极为盛行。

1833年，Payon和Persoz从麦芽提取液中分离得到一种能水解淀粉的物质，称之为淀粉酶。

1836年，Schwann分离出一种在胃内消化蛋白的物质，将它命名为胃蛋白酶。

1857年，Pasteur等人提出酒精发酵是酵母细胞活动的结果。

1878年，Kuhne第一次提出"酶"的概念。

1894年，加酶食品的第一次商业化生产。

1894～1913年，Fisher根据糖化酶的特点，建立了钥匙-锁理论。

1913年，Michaelis和Menten提出了酶动力学原理——米氏学说。

1926年，Sumner第一次从刀豆中提取出了脲酶结晶，并第一次证明酶有蛋白质性质。

1958年，Koshland提出了"诱导契合"理论。

1961年，Monod及其同事提出了"变构模型"。

1963年，碱性蛋白酶——洗涤剂用酶获得突破。

1965～1974年，葡萄糖淀粉酶上市，酶类应用于食品工业获重大突破。

1982年，Cech等发现核酶。

第一节　酶的催化性质

一、酶是生物催化剂

酶(enzyme)是由活细胞合成的能够催化特定化学反应的蛋白质、RNA或其复合体。酶是生物催化剂，能通过降低反应的活化能加快反应速度，但不改变反应的平衡点。绝大多数酶的化学本质是蛋白质，具有极高的催化效率和高度的底物特异性，作用条件温和等特点。少数有催化活性的RNA，称为核酶(ribozyme)。

二、酶催化作用的特点

酶是生物催化剂，除具有催化剂的共性外，还有不同于化学催化剂的特殊性。

(一) 高度的特异性

指酶对所作用的底物有严格选择性。一种酶只能对一种底物、一类化合物或一定化学键起催化作用，而其他化学催化剂一般对底物要求不严格。例如，H^+ 可以催化淀粉、脂肪、蔗糖、蛋白质等水解，而蛋白酶只能催化蛋白质水解，对淀粉、脂肪、蔗糖无催化特性。

根据酶对底物的选择程度不同，酶的特异性可大致分为以下 3 种类型：

1. 绝对特异性　指酶对底物的要求非常严格，只作用于特定结构的底物分子，进行一种专一的反应。例如：脲酶只能催化尿素分解生成氨和二氧化碳，而对尿素的衍生物甲基尿素则不起作用。

2. 相对专一性　指酶对底物的要求相对较低，可作用于一类化合物或一种化学键。例如，磷酸酶不仅对一般的磷酸酯键有水解作用，还可水解甘油或酚与磷酸形成的酯键。

3. 立体异构专一性　指酶只作用于底物分子的一种立体异构体。例如：D-氨基酸氧化酶只能催化 D-氨基酸氧化脱氨，而对 L-氨基酸无作用。

(二) 极高的催化效率

酶的催化效率通常比非催化反应高 10^8～10^{20} 倍，比一般催化剂高 10^7～10^{13} 倍。例如：Fe^{2+} 与 H_2O_2 酶均可作为催化剂使 H_2O_2 分解产生 H_2O 和 O_2，1 mol H_2O_2 酶能催化 5×10^5 mol H_2O_2 分解，而 1 mol Fe^{2+} 仅催化 6×10^{-4} mol H_2O_2 分解。

(三) 酶活力的可调节性

酶活力受到体内多种因素的影响，调控的方式也很多，如抑制剂调节、共价修饰调节、反馈调节、酶原激活及激素控制等。

三、酶的分类与命名

(一) 酶的分类

根据酶催化反应的性质，将酶分为六大类：

1. 氧化还原酶类　催化底物间氧化还原反应的酶类，如脱氢酶、氧化酶等。

2. 转移酶类　催化不同底物分子间某些基团的交换或转移的酶类，如氨基转移酶、甲基转移酶等。

3. 水解酶类　催化底物水解的酶类，如淀粉酶、蛋白酶类等。

4. 裂合酶类　催化从底物上移去一个基团而形成双键或其逆反应的酶类，如醛缩酶、水化酶等。

5. 异构酶类　催化同分异构体、几何异构体或光学异构体间相互转变的酶类，如磷酸己糖异构酶、磷酸丙糖异构酶等。

6. 合成酶　能催化两个分子合成一个分子并伴有 ATP 磷酸键断裂释能的酶类。如谷胱甘肽合成酶、谷氨酰胺合成酶等。

(二) 酶的命名

1. 习惯命名法

(1) 多以酶的底物或酶催化的反应性质来命名，有时两者兼用。如水解淀粉的酶称为淀粉酶；催化脱氢的酶称为脱氢酶。

(2) 对水解酶类，只用底物命名即可，如蔗糖酶、蛋白酶等。

(3) 作用相同但来源不同的酶，可加上来源的名称以区别，如唾液分泌的淀粉酶称唾液淀粉酶，胰腺分泌的淀粉酶称胰淀粉酶。

习惯命名比较简单，应用历史较长，但缺乏系统性，有时出现一酶数名或一名数酶的情况。为了适应酶学的发展，避免命名的重复，国际酶学会议于 1961 年提出了一个新的系统命名及系统分类原则，已为国际生化协会所采用。

2. 系统命名法　按照国际系统命名法，每一种酶有一个系统名称和习惯名称。系统名称应当明确表明酶的底物及催化反应的性质。例如,草酸氧化酶(习惯名称)写成系统名称时,应将它的两个底物,即“草酸”及“氧”同时列出,并用“:”将它们隔开,它所催化的反应性质为“氧化”,也需指明,所以它的系统名称为“草酸:氧氧化酶”。若底物之一是水时,可将水略去不写,如乙酰辅酶A水解酶(习惯名)可以写成乙酰辅酶A:水解酶(系统名),而不必写成乙酰辅酶A:水水解酶。系统命名法虽然合理,但很繁琐,未被广泛采用。

四、酶活力测定与酶活力单位

酶活性(enzyme activity)也称为酶活力,是指酶催化一定化学反应的能力。检查酶的含量及存在,不能直接用重量或体积来表示,常用它催化某一特定反应的能力来表示,即用酶的活力来表示。酶活力的高低是研究酶的特性、生产及应用酶制剂的一项不可缺少的指标。

(一) 酶活力与酶反应速度

酶活力的大小可以用在一定条件下它所催化某一化学反应的反应速度来表示,即酶催化的反应速度愈快,酶的活力就愈高;速度愈慢,酶活力就愈低。所以测定酶活力就是测定酶促反应的速度。酶促反应速度可用单位时间内、单位体积中底物的减少量或产物的增加量来表示,所以反应速度的单位是:底物浓度/单位时间。

测定产物增加量或底物减少量的方法很多。常用的方法有化学滴定、比色、比旋光度、气体测压、测定紫外吸收、电化学法、荧光测定以及同位素技术等。选择哪一种方法,要根据底物或产物的物理化学性质而定。在简单的酶反应中,底物的减少与产物增加的速度是相等的,但一般以测定产物为好,因为实验设计规定的底物浓度往往是过量的,反应时底物减少的量只占总量的一个极小部分,所以不易准确;而产物则从无到有,只要方法足够灵敏,就可以准确测定。

(二) 酶活力单位

酶的活力大小用酶活力单位(U, active unit)来度量。1961年国际酶学会议规定:1个酶活力单位是指在特定条件下1 min内能转化1 μmol底物的酶量,或是转化底物中1 μmol的有关基团的酶量。特定条件是指:温度选定为25 ℃,其他条件(如pH及底物浓度)均采用最适条件。这是一个统一的标准,但使用起来不如习惯方法方便。

被人们普遍采纳的习惯用法较方便,如α-淀粉酶,可用每小时催化1 g可溶性淀粉液化所需要的酶量来表示,也可以用每小时催化1 ml 2%可溶性淀粉液化所需要的酶量作为1个酶单位。不过这些表示法都不够严格,同一种酶有好几种不同的单位,也不便于对酶活力进行比较。

(三) 酶的比活力

比活力(specific activity)的大小,也就是酶含量的大小,即每毫克酶蛋白所具有的酶活力,一般用单位/毫克蛋白质(U/mg蛋白质)来表示。有时也用每克酶制剂或每毫升酶制剂含有多少个活力单位来表示(U/g或U/ml)。它是酶学研究及生产中经常使用的数据,可以用来比较每单位重量酶蛋白的催化能力。对同一种酶来说,比活力愈高,酶愈纯。

(四) 酶的转换数

转换数(Kcat)为每秒钟每个酶分子转换底物的微摩尔数(μmol)。它相当于酶将底物转换为产物的速度。

第二节 酶的组成与结构

化学本质是蛋白质的酶,与普通蛋白质一样,有一、二、三级结构,有的还有四级结构。分子结构中只有一条多肽链的酶称为单体酶(monomeric enzyme),含有两条或以上多肽链的酶称为寡聚酶(oligomeric enzyme)。有些酶虽只含一条多肽链,却具有多种不同催化功能,这类酶称为串联酶(tandem enzyme)或多功能酶(multifunctional enzyme),这种酶可能是在进化过程中,因结构相近、功能相关的几种基因融合,表达后生成的一条含有多种功能的多肽链。催化某一代谢途径的各种酶构成多酶体系(multienzyme system),可散在分布于细胞质中,也可聚集分布于细胞质中或细胞膜上。在细胞质中以聚集形式存在的多酶体系又称为多酶复合物(multienzyme complex),底物可沿着代谢方向,依次被不同的酶作用,转化为最终产物。多功能酶和多酶复合物都有利于提高物质代谢速度和调节效率。

一、酶的分子组成

根据酶的分子组成,可将酶分为单纯酶(simple enzyme)和结合酶(conjugated enzyme)两大类。单纯酶分子结构中仅含多肽成分,属于单纯蛋白质,如脲酶、淀粉酶等。结合酶属于结合蛋白质,分子结构中除多肽外,还有非多肽成分。结合酶中的非多肽成分称为辅助因子(cofactor)。酶蛋白与辅助因子结合形成的复合物又称为全酶(holoenzyme),只有全酶才具有催化作用。

常见的酶辅助因子按化学本质可以分成无机金属离子和有机化合物两大类。已发现的酶多数需要金属离子,包括 K^+、Na^+、Ca^{2+}、Mg^{2+}、Cu^{2+}(Cu^+)、Zn^{2+}、Fe^{2+}(Fe^{3+})等。在全酶催化作用过程中,金属离子可以直接与酶蛋白结合后发挥其作用,或通过其他方式间接发挥作用。如果金属离子直接与酶蛋白紧密结合,在酶从组织细胞分离提取出来的过程中,没有外加的络合剂竞争结合就不丢失,这类酶称为金属酶,如黄嘌呤氧化酶、超氧化物歧化酶等。如果金属离子虽为酶发挥活性所必需,但不直接与酶蛋白结合,而是底物必须与这些金属离子结合成复合物才能被酶识别,这类酶称为金属激活酶,如己糖激酶、肌酸激酶等。

酶的有机辅助因子又称为辅酶(coenzymes),主要为一些化学性质较稳定的小分子有机物。在酶发挥催化作用的过程中,辅酶能够在不同酶或同一酶分子内的不同部位之间传递电子、质子或相应基团,如维生素就是一类重要的辅酶(维生素与辅酶关系见表 3-1)。部分辅助因子与酶蛋白的结合比较紧密,甚至是共价结合,这些辅助因子又被称为辅基(prosthetic groups)。

表 3-1 维生素与辅酶的关系

维 生 素	辅酶或辅基	转 移 基 团
B_1(硫胺素)	TPP(焦磷酸硫胺素)	醛基
B_2(核黄素)	FMN(黄素单核苷酸)	
	FAD(黄素腺嘌呤二核苷酸)	氢原子
PP(烟酸/烟酰胺)	NAD^+(尼克酰胺腺嘌呤二核苷酸,辅酶 I)	
	$NADP^+$(尼克酰胺腺嘌呤二核苷酸磷酸,辅酶 II)	氢原子,电子
B_6(吡哆醛/胺)	磷酸吡哆醛,磷酸吡哆胺	氨基
泛酸	CoA(辅酶 A)	酰基
叶酸	FH_4(四氢叶酸)	一碳单位
硫辛酸	硫辛酸	酰基
生物素	生物素	二氧化碳
B_{12}(钴胺素)	辅酶 B_{12}	氢原子,烷基

生物体内大部分酶在发生催化作用前后数量和结构性质都不变,而辅酶在酶完成对底物的转化作用前后,结构明显不同。辅酶在全酶发挥催化作用的反应过程中,实际作为辅助底物接受质子或特定基团,故辅酶自身结构会发生改变,且结构改变的辅酶需要与酶蛋白解离,才能使酶蛋白可以重新结合另外相同的辅酶,再催化相同的底物分子转化。在单一酶组成的反应体系中,辅酶会随着酶促反应的进行不断被消耗,直到反应达到平衡,如果补充辅酶则可以继续生成产物。辅基在酶促反应过程中通常不离开酶蛋白分子,只在酶分子或多酶复合物内部转移对应基团或电子,在酶或多酶复合物完成对底物的转化作用前后,其不会被消耗,自身结构也要恢复原状。在独立化学反应体系中反应达到平衡后,补充辅基通常既不能提高酶反应速度,也不能增加产物的生成。

二、酶的活性中心

酶分子中的各种化学基团并不一定都直接参与酶的催化过程。酶分子整体构象中对于酶发挥活性所必需的基团称为酶的必需基团(essential groups)。酶的必需基团在一级结构上可能相距很远，但在空间结构上彼此靠近，组成具有特定动态构象的局部空间结构，形状如口袋或裂穴，开口在酶分子表面或通过特定方式与外部环境相连通，能与外部的底物特异地结合并将底物转化为产物。此区域称为酶活性中心或活性部位(active center 或 active site，图 3-1)。结合酶中辅助因子常参与构成酶活性中心。

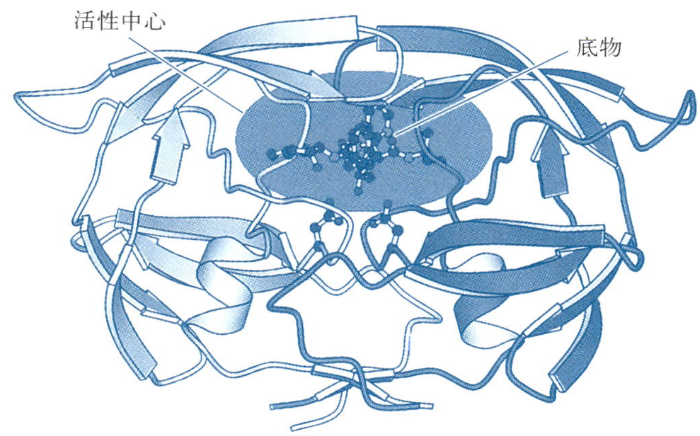

图 3-1 酶的活性中心(阴影区域)

酶活性中心的必需基团可按其作用分类。直接参与酶与底物的结合，使底物与特定构象状态的酶形成酶-底物复合物(E-S complex)，这类必需基团称为底物结合基团(substrate binding group)。通过影响底物中某些化学键的稳定性或直接与底物发生化学反应，从而促进底物转变成中间产物或产物，这类必需基团称为催化基团(catalytic group)。活性中心的有些必需基团可同时具有这两方面的功能。另外，活性中心内有些必需基团不直接参与对底物的结合或催化作用，而是维持酶活性中心发挥作用所需要的精确构象，称为结构必需基团。组氨酸的咪唑基、丝氨酸基的羟基、半胱氨酸的巯基等是构成酶活性中心的常见基团。酶分子活性中心以外，有一些基团也是酶发挥活性所必需，其作用主要是维持酶分子整体以及活性中心特有的空间构象，这类基团属于活性中心以外的结构必需基团。

酶活性中心具有精确构象，这种精确构象是酶发挥催化作用所必需的。但是，酶活性中心构象是动态结构，存在一定的可塑性(flexibility)。酶活性中心构象的可塑性也是酶发挥催化作用所必需的。

第三节 酶的作用机制

一、降低反应活化能

在化学反应体系中，底物分子所具有的能量不同，所以并非全部底物分子都能进行反应，只有那些具有较高能量的活化分子，才能进行有效碰撞而发生化学反应。能引起反应的最低能量水平称反应能阈。分子由常态(基态)变为活化态(激态)所需的最低能量称为活化能(activation energy)。催化剂能使反应沿活化能较低的途径进行。分子所需的活化能愈低，愈易达到化学反应的能阈。

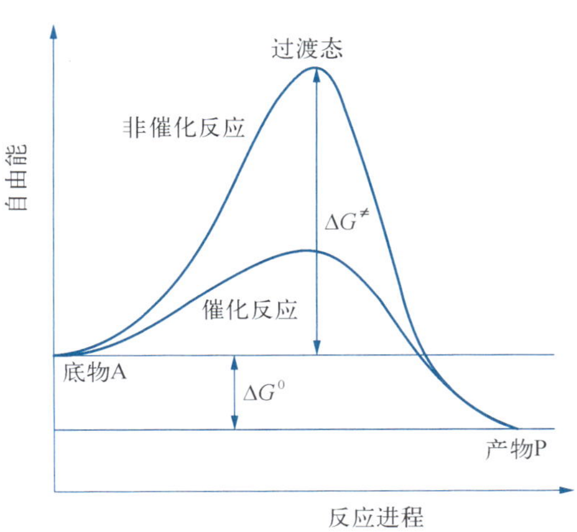

图 3-2 酶催化反应的自由能变化

酶之所以具有高的催化效率，是因为它极大程度地降低了活化能。酶降低活化能的原因是在酶促反应时，酶首先与底物生成了酶-底物复合物，复合物再分解为产物和酶，反应过程如下：

$$E+S \rightleftharpoons ES \longrightarrow P+E$$

S 代表底物，P 代表产物，ES 代表酶-底物复合物。E 和 S 大多数是非共价结合，因此 ES 是不稳定中间产物，可继续分解得到 P 和 E，E 又可与其他 S 结合，继续发挥其催化功能。所以少量酶可以催化大量底物。

由于酶与底物形成中间产物，把原来能阈较高的一步反应(S→P)，变成能阈较低的两步反应，虽然反应结果相同，但反应过程不同，使得能阈大幅度降低，如图 3-2 所示。

二、多元催化

(一) 共价催化

一些酶在发生催化作用过程中,首先与底物分子共价结合,形成特殊具共价结构的中间产物,再转变成终产物。共价催化也常发生在双底物反应中,酶活性中心的结合基团可较某一底物更易攻击另一底物,首先形成共价结合的酶底物中间产物,再和第二种底物分子发生结合反应。共价催化主要有两类基本形式,亲核共价催化与亲电共价催化。亲核共价催化是由酶活性中心亲核基团(如咪唑基、羟基、巯基等)首先攻击底物分子上的亲电基团(如磷酸基、酰基、糖基等),形成共价结合。亲电共价催化常发生在有辅酶参与的反应中,由辅酶作亲电中心,接受底物分子提供的电子,如一系列的脱氢酶催化的反应。

(二) 酸碱催化

普通催化剂常仅有一种解离状态,只能进行酸催化或碱催化。酶是两性电解质,所含的多种功能基团具有不同的解离常数。即使同种基团在同一酶分子中处于不同的微环境,解离度也有差异。因此,同一种酶常常兼有酸、碱双重催化作用。几乎所有的酶促反应都涉及一定程度的酸或碱催化。酸碱催化可分为两类,专一的酸碱催化和总酸碱催化。专一的酸碱催化是指那些由氢离子和氢氧根离子进行的催化,酶的催化速率常数直接受缓冲溶液 pH 影响,但不受缓冲容量的影响。总酸碱催化是指那些由酸碱分子(质子供体或质子受体)而不是氢离子和氢氧根离子参与的催化,因此酶的催化速率常数受缓冲容量影响,如酯的水解反应。

(三) 邻近效应与定向效应

在多分子反应中,反应物(底物)之间必须以正确的方向发生碰撞,才有可能形成具有所需要分子取向的过渡态。满足此要求的碰撞称为有效碰撞。酶将反应所需要的底物和辅助因子,按特定顺序和特定空间定向结合到酶的活性中心,使它们相互接近而获得有利于反应进行的正确定向,提高底物分子发生碰撞的概率,这种作用称为邻近效应(proximity)。底物分子在酶活性中心的定向排列,使原来分子之间反应类似于分子内反应,而分子内反应所需活化能明显低于分子间反应的活化能。因此,酶可通过邻近效应显著提高反应速度。

三、诱导契合假说

酶与底物形成复合物的过程涉及酶与底物的识别、结合等相互作用,这是酶具有专一性的原因之一。最早曾用酶与底物之间为锁与钥匙的关系来解释酶对底物的识别与结合,即锁钥学说。但是越来越多事实证明,酶与底物结合过程不是锁与钥匙之间的那种简单机械关系,而是在酶与底物相互接近时,通过相互诱导、相互变形和相互适应,才使酶与底物相互结合形成 ES 复合物,此即诱导契合学说(induced-fit theory,图 3-3)。在没有与底物结合时,在酶蛋白邻近两个区域间有一凹陷,为酶的活性中心区域,当底物结合在活性中心区域后,酶蛋白的结构发生了改变,活性中心周围的两个区域变得更加紧密。而酶的变构可以在不同方向对底物施加各种作用,从而使需要断裂的化学键拉伸或者扭曲变形,处于能量较高的过渡态,易与酶活性中心的催化基团发生相互作用。这也是酶发挥作用依赖于活性中心构象可塑性的原因所在。

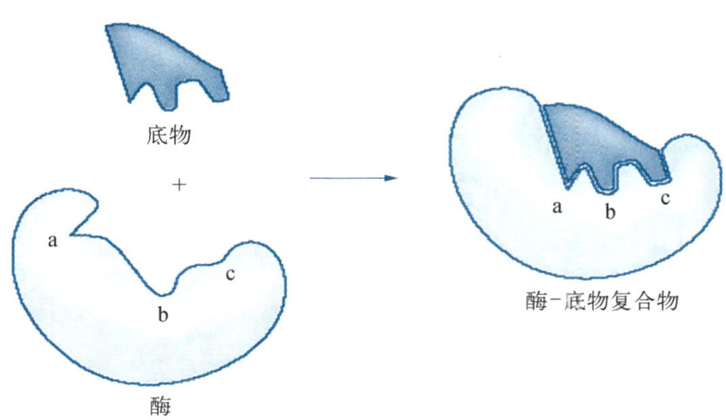

图 3-3 酶与底物结合的诱导契合作用

第四节 酶动力学

酶促反应速度可受到很多因素的影响,包括酶浓度、底物浓度、pH、温度、抑制剂、激活剂等。酶动力学

(enzyme kinetics)是指定量研究酶催化反应的特性,包括各种影响因素下的催化反应特性。酶动力学研究可以反映酶的本质特性,是酶学研究的最基本工作,具有重要的理论和实践意义。

一、底物浓度对反应速率的影响

在酶促反应体系中的其他条件相同,特别是酶浓度不变的条件下,底物浓度变化对反应速度影响的作图呈现矩形双曲线(图3-4)。

当底物浓度很低时,增加底物浓度,反应速度随之迅速增加,反应速度与底物浓度成正比,称为一级反应。当底物浓度较高时,增加底物浓度,反应速度也随之增加,但增加的程度不如底物浓度低时那样明显,反应速度与底物浓度不再成正比,称为混合级反应。当底物增加至一定浓度时,反应速度趋于恒定,继续增加底物浓度反应速度也不再增加,称为零级反应。

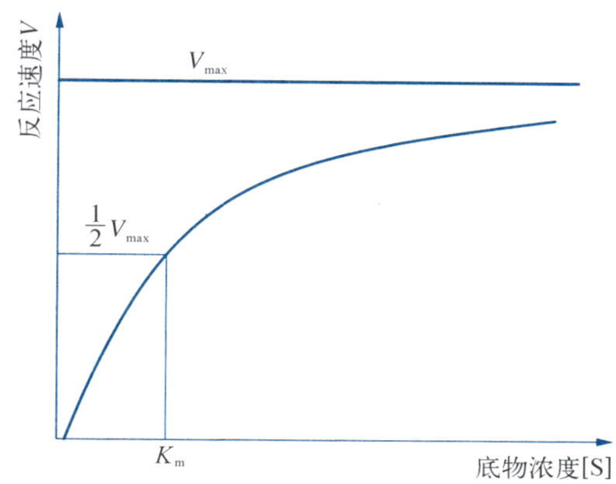

图3-4　底物浓度对酶促反应速度的影响

反应速度与底物浓度[S]之间的这种关系,反映了酶促反应中有酶-底物复合物的存在。若以产物P生成的速度表示反应速度,显然P生成的速度与酶-底物复合物浓度成正比,底物浓度很低时,酶的活性中心没有全部与底物结合,此时增加底物的浓度,ES的形成与P的生成都成正比的增加。当底物浓度增至一定浓度时,全部酶都已变成ES,此时再增加底物浓度也不会增加ES浓度,反应速度趋于恒定。

(一)米-曼氏方程

根据化学反应动力学的稳态理论(steady-state theory),在化学反应过程中,中间产物快速生成且快速解离,同时也有一部分较慢地转变成目标产物,当反应进行到一定程度时,中间产物生成速度等于其解离及转变成目标产物的速度,则中间产物的浓度维持恒定。酶促反应过程中酶与底物结合形成ES复合物,此复合物也称为反应中间产物,其再分解为产物P和游离的酶,游离的酶再进入下一个催化循环,此即中间产物学说,反应方程为:

$$\mathrm{E+S} \underset{\mathrm{K_{-1}}}{\overset{\mathrm{K_1}}{\rightleftharpoons}} \mathrm{ES} \xrightarrow{\mathrm{K_2}} \mathrm{E+P}$$

式中,E表示酶,S表示底物,ES表示酶-底物复合物,P表示产物,K_1、K_{-1}和K_2为各向反应的速度常数。

在此基础上,为了说明底物浓度与反应速度的关系,1913年Michaelis和Menten把矩形图归纳为一个数学式加以表达,这就是酶反应动力学最基本的方程——著名的米-曼氏方程,简称米氏方程:

$$V=\frac{V_{max}[\mathrm{S}]}{[\mathrm{S}]+K_m}$$

式中,V为反应速度;[S]为底物浓度;V_{max}为反应的最大的速度;K_m为米氏常数。

米氏方程推导的前提是:① 单底物反应;② 测定的反应速度为初速度,即反应刚刚开始,产物的生成量极少,逆反应可不予考虑;③ 底物浓度[S]远大于酶浓度[E],[S]的变化在测定初速度的过程中可忽略不计。反应中游离酶的浓度为总酶浓度($[\mathrm{E_t}]$)减去结合到中间产物中的酶浓度([ES])。若形成ES的速度为V_f,则:

$$V_f=K_1([\mathrm{E_t}]-[\mathrm{ES}])[\mathrm{S}]$$

式中,$\mathrm{E_t}$为酶的总浓度,$[\mathrm{E_t}]-[\mathrm{ES}]$为游离酶的浓度。ES生成的速度$V_f$与游离酶的浓度及底物浓度成正比。ES分解的速度$V_d$为:

$$V_d=K_{-1}[\mathrm{ES}]+K_2[\mathrm{ES}]$$

当反应处于稳态时,ES的生成速度与分解速度相等,即:

$$V_f=V_d$$

则 $$K_1([E_t]-[ES])[S]=K_{-1}[ES]+K_2[ES]$$

将上式移项

$$K_1[E_t][S]=K_1[ES][S]+K_2[ES]+K_{-1}[ES]$$

$$K_1[E_t][S]=(K_1[S]+K_2+K_{-1})[ES]$$

$$[ES]=\frac{K_1[E_t][S]}{(K_1[S]+K_2+K_{-1})}=\frac{[E_t][S]}{[S]+\frac{K_2+K_{-1}}{K_1}}$$

设 $V=K_2[ES]$，V 为观察所得的初速度，代入上式

$$V=\frac{K_2[E_t][S]}{[S]+\frac{K_2+K_{-1}}{K_1}}$$

设 $\frac{K_2+K_{-1}}{K_1}=K_m$，$V_{max}=K_2[E_t]$，则

$$V=\frac{V_{max}[S]}{[S]+K_m}$$

这就是米氏方程(Michaelis-Menten equation)，K_m称之为米氏常数(Michaelis-constant)。

(二) K_m与V_{max}的意义

当酶促反应处于 $V=1/2V_{max}$ 的特殊情况时，

$$\frac{V_{max}}{2}=\frac{V_{max}\cdot[S]}{K_m+[S]}$$

$$\frac{1}{2}=\frac{[S]}{K_m+[S]}$$

$$K_m=[S]$$

由此可以看出 K_m值的物理意义，即 K_m值是当酶促反应速度达到最大反应速度一半时的底物浓度，它的单位是 mol/L，与底物浓度的单位一样。

K_m值是酶的特征常数之一，一般只与酶的性质有关，而与酶的浓度无关。不同的酶 K_m值不同。

如果一种酶有几种底物，则该酶对每一种底物都有一个特定的 K_m值。并且 K_m值还受 pH 及温度的影响。因此，K_m值作为常数只是对一定底物、一定 pH、一定温度条件而言。测定酶的 K_m值可以作为鉴别酶的一种手段，但是必须在指定的实验条件下进行。

K_m反映了酶对底物亲和力的大小。K_m越小，表明亲和力越大。显然，最适底物与酶的亲和力最大，不需很高的底物浓度就可以很容易地达到 V_{max}。

最大反应速度 V_{max}是酶完全被底物饱和时的反应速度。$V_{max}=K_2[E]$，V_{max}与酶浓度[E]呈正比，而与底物浓度无关，增加底物浓度不会影响该酶促反应体系的最大反应速度，而直线的斜率为 k_2，为一级反应速率常数，它的单位为 S^{-1}，k_2表示当酶被底物饱和时每秒钟每个酶分子转换底物的分子数，k_2值越大，表示酶的催化效率越高。k_2这个常数又叫转换数，通常称为催化常数(catalytic canstant, Kcat)。

(三) K_m和V_{max}测定

测定 K_m值有许多种方法，最常用的是 Lineweaver-Burk 的双倒数作图法。求 Michaelis-Menten 方程的倒数，可得下式：

$$\frac{1}{V}=\frac{K_m}{V_{max}}\times\frac{1}{[S]}+\frac{1}{V_{max}}$$

此方程相当于一直线的数学表达：$y=ax+b$，以 $1/V$ 为纵坐标，$1/[S]$为横坐标，将数据作图，则得一直

线，其斜率为K_m/V_{max}，将直线延长，在横纵及纵轴上的截距分别为$-1/K_m$和$1/V_{max}$，这样K_m就可以从直线上的截距计算出来（图 3-5）。

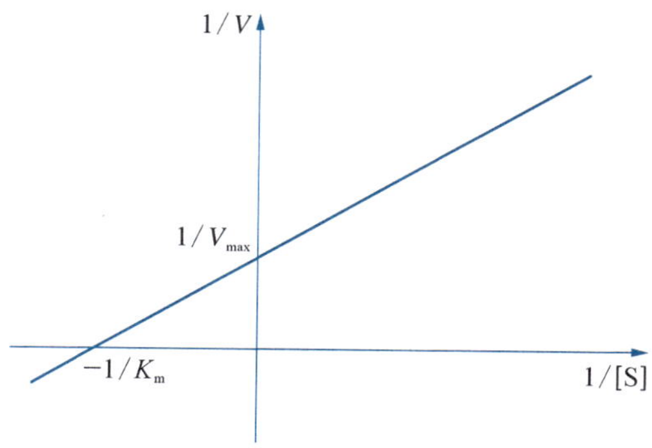

图 3-5 Lineweaver-Burk 作图（双倒数作图）

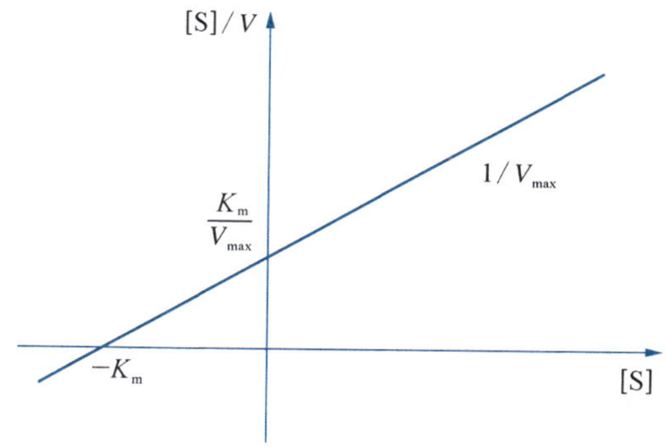

图 3-6 Hanes-Woolf 作图法

另外，Hanes-Woolf 作图法也是从米氏方程式衍化而来的，其方程式为：

$$\frac{[S]}{V}=\frac{K_m}{V_{max}}+\frac{1}{V_{max}}[S]$$

以[S]对[S]/V作图（图 3-6），横截距为$-K_m$，直线斜率为$1/V_{max}$。

二、酶浓度对反应速率的影响

在酶促反应体系中，当底物浓度大大超过酶的浓度而使酶被底物饱和时，反应速度接近于最大反应速度，且与酶的浓度成正比关系（图 3-7）。

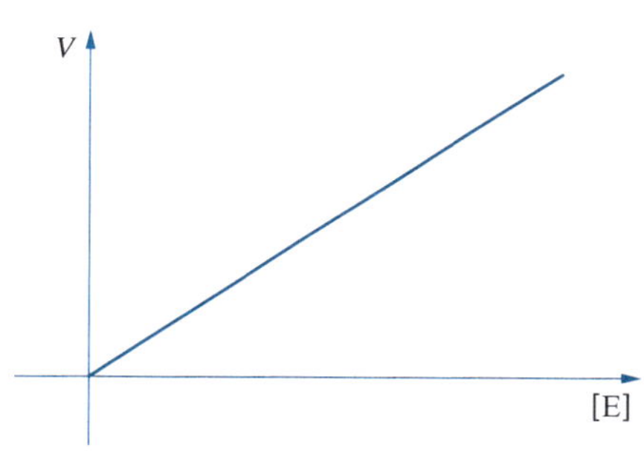

图 3-7 酶浓度对酶促反应速度的影响

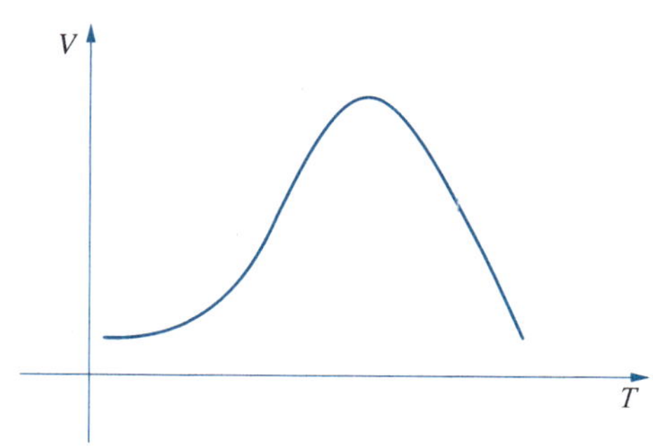

图 3-8 温度对酶促反应速度的影响

三、温度对反应速率的影响

温度每升高 10℃，一般化学反应速度可增加 1～2 倍。但酶的化学本质为蛋白质，所以温度对酶促反应速度具有双重影响。升高温度一方面可加快酶促反应速度，同时也因造成酶蛋白变性失活而减慢反应速度。当温度达到 60℃以上，大多数酶开始发生快速变性失活；温度达到 80℃时，酶的变性速度更快且已不可逆。在特定温度下，酶促反应速度达到最大值，此反应体系温度称为酶促反应的最适温度。在反应体系温度低于最适温度时，升温所致的加快反应速度的效应起主导作用，所以酶促反应速度随温度升高而升高；反应体系温度高于最适温度时，则因酶变性造成的酶活性降低起主要作用，使酶促反应速度随温度升高而降低（图 3-8）。哺乳动物组织来源的酶，最适温度大多在 35～40℃之间，接近于其体温。

最适温度不是酶的特征常数，它与酶作用时间长短等因素有关。酶作用时间短时最适温度较高；酶作用时间较长时最适温度较低。

四、pH 对反应速率的影响

酶分子中极性基团的解离状态随反应体系 pH 变化。酶活性中心的某些必需基团往往需要处在特定的

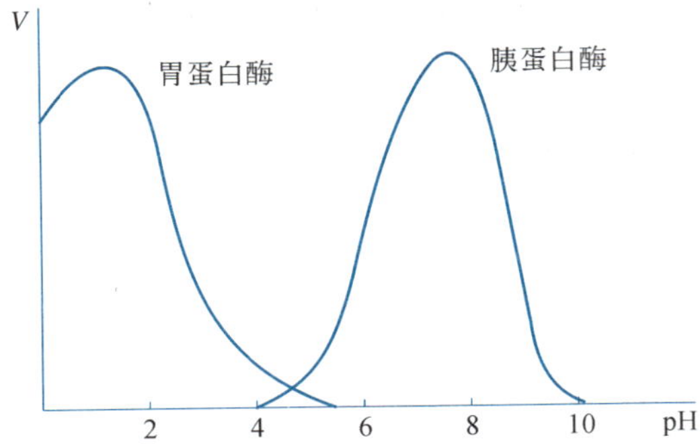

图 3－9　pH 对酶促反应速度的影响

解离状态才最容易同底物结合，并具有最大催化效力。许多底物及辅助因子(如 ATP、NAD^+、辅酶 A 等)也可解离，pH 的改变明显影响它们的解离状态，从而影响酶与它们的亲和力。因此，pH 的改变既影响酶对底物的结合，也影响酶的催化能力。另一方面，过酸或过碱条件下酶蛋白容易快速变性失去活性，并进一步发生不可逆变性。因此，在过酸或过碱条件下测定酶活性的反应时段内，酶蛋白可能已明显发生变性失活。能使酶催化活性达到最大的反应体系 pH 称为酶的最适 pH。不同酶往往有不同的最适 pH，如图 3－9 所示，胃蛋白酶的最适 pH 接近 2.0，而胰蛋白酶的最适 pH 接近 7.7。

五、激活剂对反应速率的影响

通过特定机制使酶由无活性变为有活性或使酶活性增加的物质称为酶激活剂(activator)。酶的激活剂最常见的是金属离子，如 Mg^{2+}、K^+、Mn^{2+} 等；少数为阴离子，如 Cl^- 等。一些有机化合物也是酶的激活剂，如胆汁酸盐等。还有蛋白质或多肽类的酶激活剂，如钙调蛋白(calmodulin)等。

有些激活剂是酶发挥催化作用必需的，没有激活剂酶则没有活性，这类激活剂称为必需激活剂。一些金属离子属于这类必需激活剂，它们与酶、底物或酶-底物复合物结合，但在酶完成对底物的转化前后，自身结构性质无变化，相当于酶的辅助因子。例如，己糖激酶催化的反应中，Mg^{2+} 与底物 ATP 结合生成 Mg^{2+}-ATP，后者作为酶的真正底物参加反应，加快反应速率。有些激活剂只是增加酶的活性，不存在时酶仍有一定的催化活力，这类激活剂称为非必需激活剂。非必需激活剂通过与酶、底物或酶-底物复合物结合发挥作用，如 Cl^- 对淀粉酶的激活。

六、抑制剂对反应速率的影响

凡能使酶的催化活性降低或消失，而不引起酶蛋白质变性的物质称为酶抑制剂(inhibitor)。酶抑制剂通常与酶活性中心内、外必需基团结合，从而抑制酶的催化活性。根据抑制剂与酶结合的紧密程度和相互作用的化学本质，分为可逆性抑制与不可逆性抑制两类。

(一) 不可逆性抑制作用

抑制剂与酶的必需基团或活性部位以共价键结合而引起酶活力丧失，不能用透析、超滤等物理方法除去抑制剂而使酶活力恢复的作用，称为不可逆性抑制(irreversible inhibition)。其抑制剂称为不可逆抑制剂(irreversible inhibitor)。酶分子上有很多种氨基酸残基，根据不可逆抑制剂与酶分子上不同氨基酸残基基团结合的选择性，可以分为专一性不可逆抑制剂(specific irreversible inhibitor)和非专一不可逆抑制剂(non-specific irreversible inhibitor)。

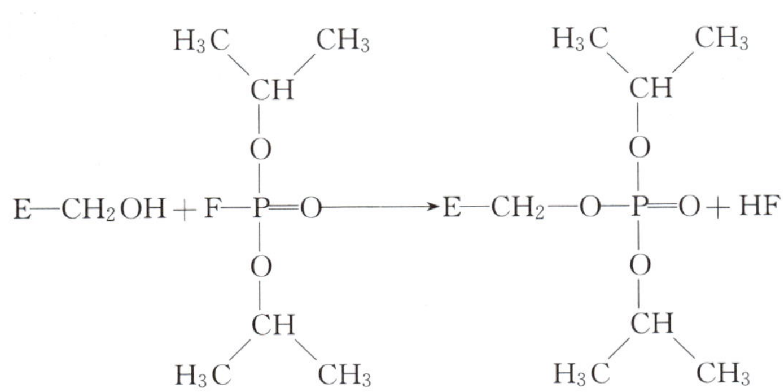

DIFP

1. 专一性的不可逆抑制作用　专一性不可逆抑制剂仅仅与活性部位的特殊基团结合，如有机磷化合物二异丙基氟磷酸(简称 DIFP)与酶活性中心上丝氨酸残基的羟基特异地不可逆结合,使活性中心含丝氨酸残基的酶由此而丧失活性。有机磷化合物是这类酶的专一性不可逆抑制剂。

2. 非专一性的不可逆抑制作用　非专一性的不可逆抑制剂可以和酶分子中一类或几类基团结合。属于这类抑制剂的有烷化剂、酰化剂等。碘乙酸、2,4-二硝基氟苯(DNFB)等烷化剂可使酶蛋白的氨基、巯基、羧基、硫醚基、咪唑基等烷基化;磺酰氯、酸酐等酰化剂可使酶蛋白的羟基、巯基、氨基、酚基发生酰化反应。

(二) 可逆性抑制作用

抑制剂以非共价键与酶或酶-底物复合物的特定区域可逆结合,使酶活性降低甚至消失;通过透析、超滤或稀释等物理方法除去抑制剂后,酶催化活性可恢复,这种抑制称为可逆抑制作用(reversible inhibition)。在抑制剂存在时酶的米氏常数称为表观米氏常数(apparent K_m),最大反应速度对应为表观最大反应速度(apparent V_{max})。根据可逆抑制剂与酶结合的形式及对酶表观动力学参数的改变,可逆抑制作用可分为以下几种主要类型。

1. 竞争性抑制作用　抑制剂与底物有相似的化学结构,能与底物竞争结合酶的活性中心,造成酶活性下降,此类抑制作用称为竞争性抑制(competitive inhibition)。如图 3-10 所示,酶结合了该类型抑制剂后不能再结合底物,即不能形成酶-底物-抑制剂的三元复合物,抑制常数为 K_i。此类抑制剂对酶的抑制程度既随抑制剂与酶的亲和力升高而增加,也随抑制剂浓度与底物浓度的比例增加而增加。只要底物浓度足够高,理论上可以消除这类抑制作用。

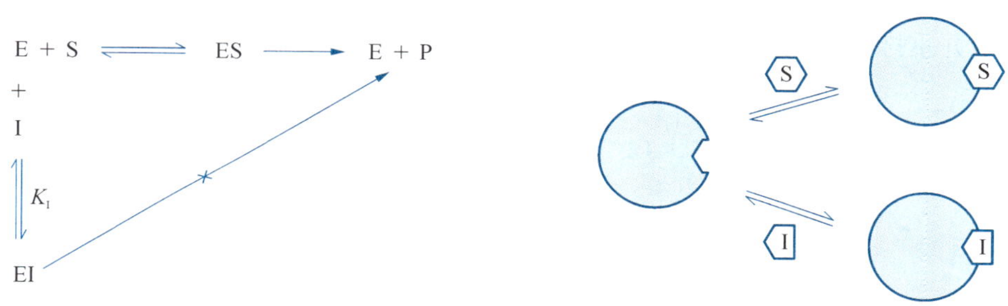

图 3-10　酶的竞争性抑制作用

根据其结合机制,按米氏方程式的推导方法,对于酶的 ES 复合物应用稳态假设,可以确定竞争性抑制剂存在时酶促反应速度与底物浓度变化的动力学关系为:

$$V=\frac{V_{max}[S]}{[S]+K_m(1+[I]/K_i)}$$

取上式的倒数并重排,即得:

$$\frac{1}{V}=\frac{K_m}{V_{max}}\times\left(1+\frac{[I]}{K_i}\right)\times\frac{1}{[S]}+\frac{1}{V_{max}}$$

以 $1/V$ 对 $1/[S]$ 作图,所得直线即竞争性抑制作用曲线,其在纵坐标上的截距为 $1/V_{max}$,与无抑制剂时的反应相同,即 V_{max} 不变,但直线的斜率变成 $K_m/V_{max}(1+[I]/K_i)$,与无抑制剂时的反应相比变小,即 K_m 值增大。可见,竞争性抑制的动力学特点是酶表观 K_m 值增大而表观 V_{max} 不变。

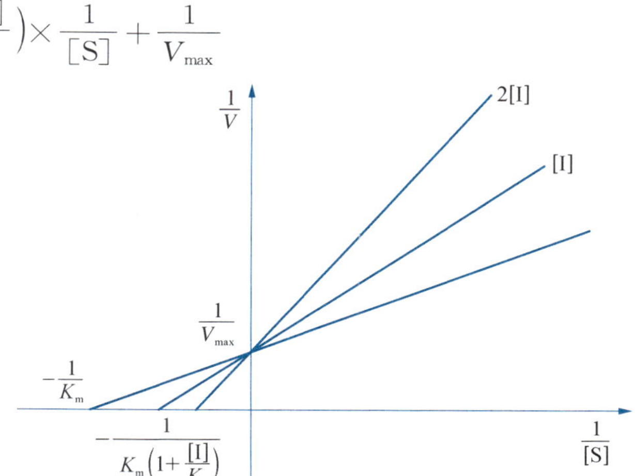

图 3-11　竞争性抑制剂的双倒数作图

2. 非竞争性抑制作用　抑制剂与酶活性中心外的三维结构区域或基团结合,虽不影响酶与底物的结合,但可影响酶将结合在活性中心的底物转变生成产物,导致酶活性的下降,这种抑制作用称为非竞争性抑制(non-competitive inhibition)(图 3-12)。

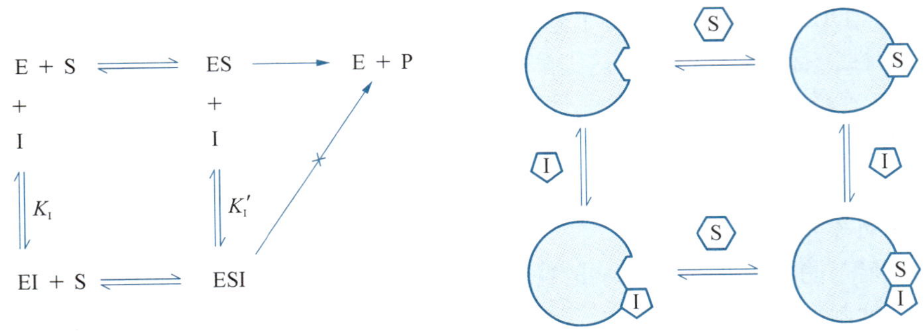

图 3-12 酶的非竞争性抑制作用

酶的非竞争性抑制程度与底物浓度无关,只取决于抑制剂浓度[I]和抑制剂与酶的亲和力。如抑制剂与游离酶及酶-底物复合物的亲和力相同 $K_i = K_i'$,这种抑制又称为纯非竞争性抑制(pure non-competitive inhibition),如果两种亲和力不同,这种抑制又称为混合非竞争性抑制(mixed non-competitive inhibition)。应用稳态假设,可得出纯非竞争性抑制的酶促反应速度同底物浓度的关系方程:

$$V = \frac{V_{max}[S]}{([S]+K_m)\times(1+[I]/K_i)}$$

取上式的倒数并重排,即得:

$$\frac{1}{V} = \frac{K_m}{V_{max}}\times\left(1+\frac{[I]}{K_i}\right)\times\frac{1}{[S]}+\frac{1}{V_{max}}\times\left(1+\frac{[I]}{K_i}\right)$$

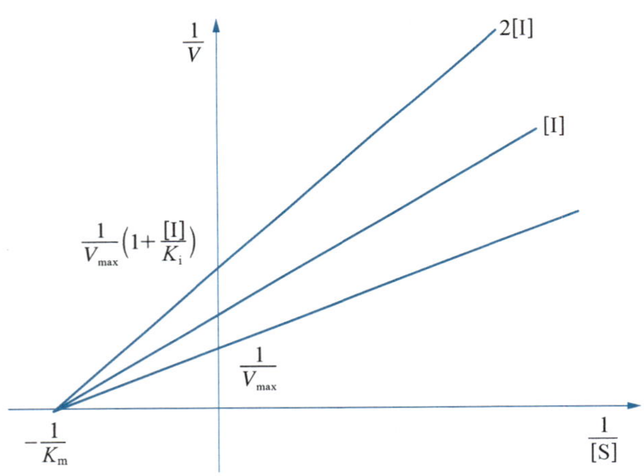

图 3-13 纯非竞争性抑制剂的双倒数作图

同样以 1/V 对 1/[S]进行双倒数作图分析,可得到相交于横轴的一簇直线(图 3-13)。

从图 3-13 可见,纯非竞争性抑制剂使双倒数作图在纵轴上的截距增大,表明酶表观 V_{max} 被非竞争性抑制剂降低。但是,抑制剂不改变双倒数作图在横轴上的截距,表明纯非竞争性抑制作用不改变酶的表观 K_m。因此,纯非竞争性抑制的动力学特点是只改变酶表观 V_{max} 而不改变酶表观 K_m;此类抑制作用的抑制效率不受底物浓度的影响,只决定于抑制剂浓度[I]和抑制剂与酶的亲和力。

3. 反竞争性抑制作用 此类抑制剂只能与酶-底物复合物(ES 复合物)的特定空间部位结合,使结合此类抑制剂后的 ES 复合物不能转变成产物,同时也抑制从复合物中解离出游离酶,这种抑制作用称为反竞争性抑制作用(uncompetitive inhibition)(图 3-14)。

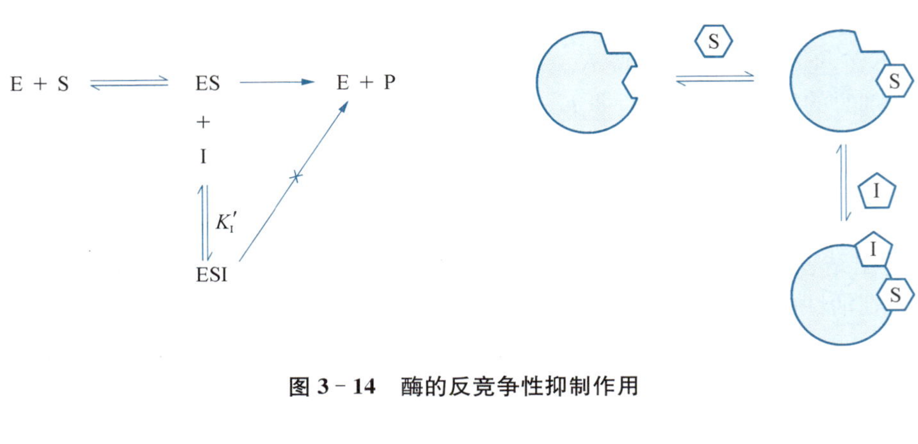

图 3-14 酶的反竞争性抑制作用

反竞争性抑制作用依赖于形成酶-底物-抑制剂三元复合物。因此，抑制剂对酶的抑制程度随底物浓度[S]和抑制剂浓度[I]及抑制剂同酶的亲和力增加而增加。酶促反应速度同底物浓度的关系方程为：

$$V=\frac{V_{\max}[\mathrm{S}]}{K_{\mathrm{m}}+[\mathrm{S}]\times(1+[\mathrm{I}]/K_{\mathrm{i}})}$$

其双倒数动力学方程为：

$$\frac{1}{V}=\frac{K_{\mathrm{m}}}{V_{\max}}\times\frac{1}{[\mathrm{S}]}+\frac{1}{V_{\max}}\times\left(1+\frac{[\mathrm{I}]}{K_{\mathrm{i}}}\right)$$

用其双倒数方程作图可得到一簇平行直线（图3-15）。可见，反竞争性抑制作用以相同的比例降低酶的表观 $V_{\max}$ 和表观 K_{m} 值。反竞争性抑制剂在自然界很少见，典型代表为L-苯丙氨酸对兔子小肠黏膜碱性磷酸酶的抑制作用。

除上述可逆抑制作用外，对于有些特殊的亲和力极高的抑制剂，虽然和酶蛋白的结合不通过共价键，但是其与酶蛋白结合非常紧密，形成的E-I-S复合物已接近共价键的稳定程度，其抑制动力学与前述各类型都有一定差异。这种高亲和力抑制剂是目前设计开发酶抑制剂类药物的热点。三种可逆性抑制作用比较见表3-2。

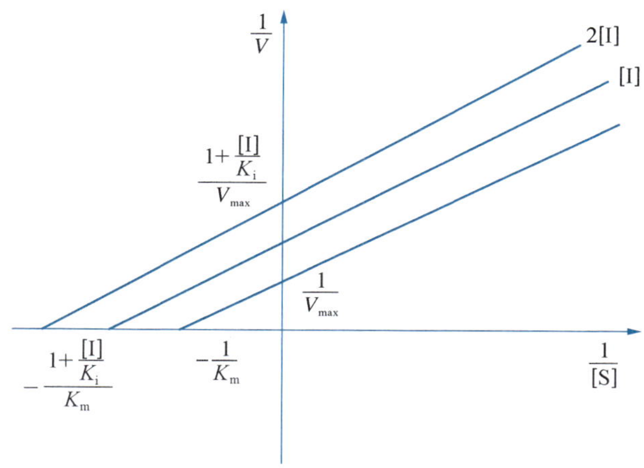

图3-15　反竞争性抑制剂的双倒数作图

表3-2　各种可逆性抑制作用特点的比较

作用特征	无抑制剂	竞争性抑制	纯非竞争性抑制	反竞争性抑制
结合I的酶组分		游离E	游离E或ES等效	ES
动力学参数变化				
表观 K_{m}	K_{m}	增　大	不　变	降　低
表观 $V_{\max}$	$V_{\max}$	不　变	降　低	降　低
双倒数作图变化				
斜率	$K_{\mathrm{m}}/V_{\max}$	增　大	增　大	不　变
纵轴截距	$1/V_{\max}$	不　变	增　大	增　大
横轴截距	$-1/K_{\mathrm{m}}$	增　大	不　变	减　小
直线间关系		交于纵轴	交于横轴	平　行
与底物浓度关系		负相关	不相关	正相关

第五节　酶活性的调节

生物进化过程中，个体需要精确调节自身代谢速度，以保持整体的平衡和对外界环境变化的快速响应。调节体内各种代谢途径速度主要是调节代谢途径中限速酶活性。改变酶的活性或改变酶含量是体内对酶活性调节的两类基本方式。酶活性除可受抑制剂或激动剂的影响外，细胞可通过改变酶蛋白的结构来调节酶活性，其中包括酶原的激活、化学修饰和别构效应等。

一、别构调节

体内一些代谢物可以与酶分子活性中心以外的特定部位可逆地结合，导致酶构象发生改变，从而影响其催化能力,这种效应称为别构效应。对酶催化活性的这种调节方式称为别构调节(allosteric regulation)。活性受别构调节物调节的酶称别构酶(allosteric enzyme)。结合在别构酶的调节部位,调节酶催化活性的生物分子称别构效应剂(allosteric effector)。如果某效应剂引起别构酶对底物亲和能力增加,从而加快反应速度,此效应称为别构激活效应;效应剂称为别构激活剂(allosteric activator),反之,降低催化能力者称为别构抑制剂(allosteric inhibitor)。别构效应剂可以是代谢途径的终产物或中间产物,也可以是酶的底物。酶分子上结合特定代谢物可产生别构效应的部位称为别构部位(allosteric site),是类似于酶活性中心具有特定动态空间结构的裂穴状区域。

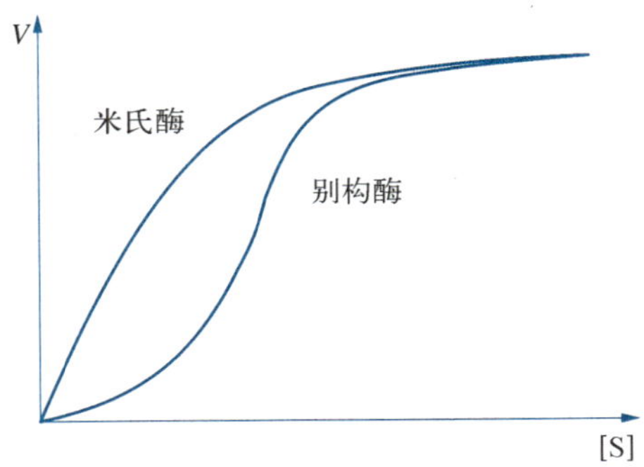

图 3-16 底物浓度对别构酶及米氏酶反应速度的影响

多数别构酶为寡聚体。有的别构酶活性中心和别构部位在相同亚基上,也有的在不同亚基上。含催化部位的亚基称为催化亚基,含调节部位的亚基称为调节亚基。具有多个催化亚基的别构酶存在协同效应。别构效应剂与别构部位的结合如果使其他亚基与效应剂的结合能力增强称正协同效应(positive cooperativity),别构效应剂与别构部位的结合如果使其他亚基对效应剂结合能力降低称负协同效应(negative cooperativity)。如别构效应剂是底物本身,则在别构效应剂存在时别构酶活性随底物浓度变化为S形曲线(图 3-16),这是区分别构酶和米氏酶的重要特征。

别构调节是快速调节酶活性的方式之一。由于调节效果通常较小,属于精细调节。生物进化过程中,相关代谢途径的代谢物可以相互作为限速酶的变构效应剂,使体内代谢途径构成相互调节的网络,从而使相关的代谢途径协调一致,并尽可能有效地利用能量,避免无效循环或代谢物堆积造成浪费或不利于细胞生存。

二、共价修饰调节

酶分子中的某些基团可在其他酶催化下,与某种化学基团发生共价结合而被修饰;结合的化学基团又可在另一种酶的催化下从酶分子上去除,这两种变化都能改变酶的活性,这种对酶活性的调节方式称为酶的共价修饰(covalent modification)或化学修饰(chemical modification)。酶发生共价修饰或脱修饰过程后,可由无活性(或低活性)转变成有活性(或高活性),或者由有活性(高活性)转变成无活性(低活性)。特定酶发生化学修饰后产生的结构变化与酶活性变化之间的联系是确定的,但是不同的酶发生相同的修饰变化后活性的改变可以不同。

酶通过化学修饰调节活性时,发生修饰和脱去修饰需要不同的酶催化。在细胞内所发生的修饰反应一般需要消耗能量,基本不可逆,而脱修饰反应通常也不可逆。酶的共价修饰方式主要有磷酸化与脱磷酸化、乙酰化与脱乙酰化、甲基化与脱甲基化、腺苷化与脱腺苷化,以及巯基与二硫键之间的氧化还原互变等方式。其中以磷酸化与脱磷酸化修饰最为常见,由 ATP 或 GTP 供应活性磷酸基团,由蛋白激酶(protein kinase)催化酶蛋白磷酸化,磷酸化位点为靶蛋白中丝氨酸、苏氨酸与酪氨酸残基的羟基。脱磷酸化由磷蛋白磷酸酶(phosphoprotein phosphatase)催化,两种类型的反应都基本不可逆(图 3-17)。

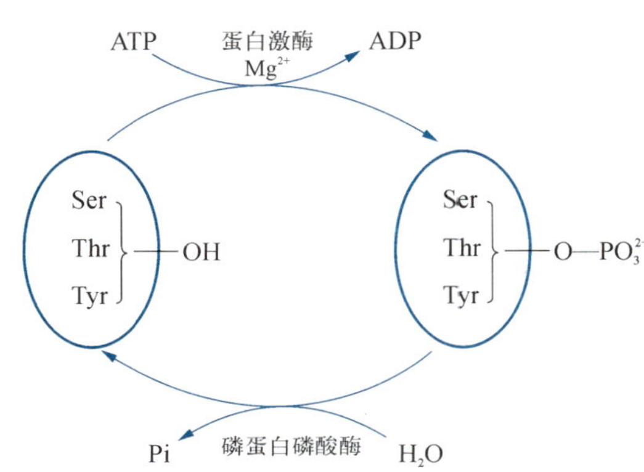

图 3-17 酶的磷酸化与脱磷酸化修饰

三、酶原的激活

有些酶在细胞内刚合成或初分泌时,只是酶的无活性前体,必须在一定环境条件下,被另外的蛋白酶专一性地水解一个或几个肽键,致酶蛋白构象发生改变而表现出酶活性。这种无活性的酶前体称作酶原(zymogen)。酶原转变成有活性酶的过程称为酶原激活(zymogen activation),也称为酶解激活。酶原激活过程实际上是酶活性中心形成或暴露的过程。

人体消化道的蛋白酶，如胃蛋白酶、胰蛋白酶、胰凝乳蛋白酶、羧基肽酶、弹性蛋白酶在初分泌时都以无活性的酶原形式存在。在特定条件下通过特殊的高度专一的蛋白酶作用，水解一个或几个肽键，使原来的酶原转化成有活性的酶。例如，胰蛋白酶原(trypsinogen)进入小肠后，在肠激酶作用下，第 6 位赖氨酸残基与第 7 位异亮氨酸残基之间的肽键被水解，释放一个 6 肽，其余蛋白部分的构象发生改变，形成酶的活性中心，从而成为有催化活性的胰蛋白酶(trypsin)(图 3－18)。

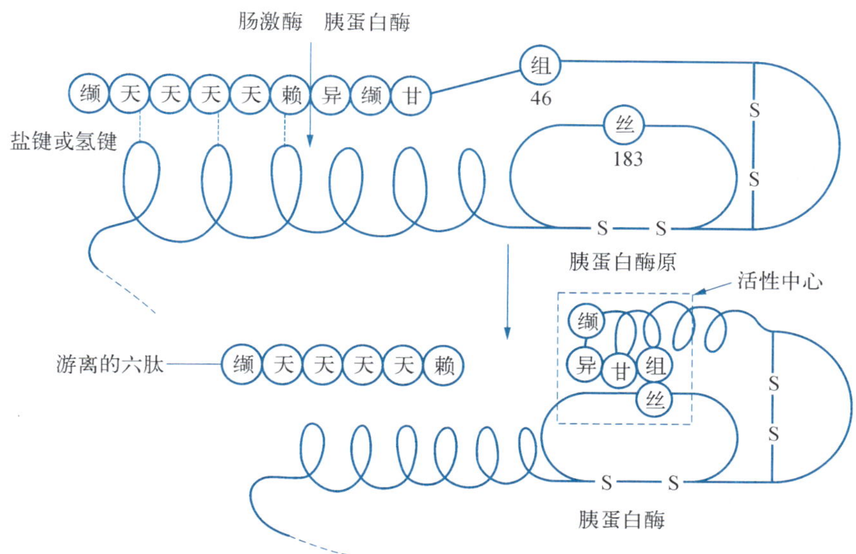

图 3－18 胰蛋白酶原激活示意图

酶原的激活具有特殊的生理意义。首先，酶原形式是物种进化过程中出现的一种自我保护现象。如胰腺合成的蛋白酶，大多只有基团或者化学键专一性，可以水解具有相应肽键的蛋白，包括胰腺细胞内的蛋白，正常情况下以酶原形式存在，可以避免胰腺组织细胞本身受蛋白酶的水解破坏；当分泌入肠道后，再被激活为有活性的胰蛋白酶，发挥催化蛋白水解的作用。如果胰蛋白酶在胰腺组织中即被异常激活，就会造成对胰腺组织的破坏作用，这也就是急性胰腺炎发生和发展的重要原因。其次，酶原相当于酶的储存形式，可以在需要的时候快速启动使其发挥所需要的催化作用，以适应机体的需要。如凝血和纤维蛋白溶解类蛋白酶，都以酶原的形式存在血液循环中，机体需要时，可快速转化为有活性的酶，发挥其特殊的作用。

四、酶含量的调节

(一) 酶蛋白合成的诱导与阻遏

酶活性还可通过增加或减少细胞内的酶含量来调节。增加或阻遏酶蛋白的生物合成是调节酶含量的具体方式。在某些底物、产物、激素、药物作用下，可以启动合成或加速酶的合成。在转录水平上能促进酶蛋白生物合成的化合物称为诱导剂(inducer)，诱导剂诱发酶蛋白生物合成的作用称为诱导作用(induction)；可在转录水平上减少酶生物合成速度的物质称为阻遏物(repressor)。通常存在辅阻遏物(corepressor)，辅阻遏物与无活性的阻遏蛋白结合，从而抑制基因的转录，此过程称为阻遏作用(repression)。诱导剂诱导酶蛋白生物合成涉及转录、翻译和翻译后加工等过程，所以其效应出现较慢，一般需要半小时以上才能使酶活性发生显著改变。而酶被诱导合成后在一定时间内都可以发挥作用。因此，酶的诱导与阻遏作用是对代谢的缓慢而长效的调节，对酶活性调节的精确程度和速度通常比变构效应低得多。

(二) 酶蛋白降解的调控

酶都是机体的组成部分，需要不断地自我更新，发挥作用的时效通常有限。体内原来存在的酶蛋白被代谢分解一半所需要的时间称为半寿期(也称半衰期)。细胞内各种酶的半寿期相差很大。现认为在蛋白质 N 端特定区域的氨基酸序列中包含了决定其半寿期的结构信号。胞内的酶蛋白降解通常在溶酶体内进行，另一条酶蛋白降解途径是胞质中的蛋白酶体(proteosome)作用。有些酶蛋白也可以先在内质网等细胞器上依靠专一性蛋白酶部分降解，再进行彻底降解。机体可通过改变酶分子的降解速度调节细胞内酶的含量，这种调节作用主要由激素等信号启动。

第六节 酶与医学的关系

一、酶与疾病的发生

由于生物细胞内几乎所有反应均由酶催化，因此酶的异常会引起代谢异常，导致疾病发生。有些疾病的原因直接或间接地由于酶的先天性缺乏，这类疾病又称代谢缺陷病，已发现的有 140 多种。如酪氨酸酶缺乏引起白化病。

酶活性在特定组织细胞内的异常增高有时会使病情加重。如急性胰腺炎时，胰蛋白酶原在胰腺中被激活，造成胰腺组织被水解破坏。炎症反应可使弹性蛋白酶从浸润的白细胞或巨噬细胞中释放，进一步加重炎症反应，对组织产生破坏作用。在有机磷农药、重金属盐等中毒时，酶活性受到抑制。如敌百虫、敌敌畏等能够与乙酰胆碱酯酶活性中心丝氨酸残基的羟基通过共价键不可逆结合，使酶失去活性。

对日常生活可能接触的毒性大的酶的不可逆抑制剂，需要采用特殊药物防护和解毒。有些特殊化合物，可以和已结合在酶蛋白上的抑制剂发生作用，使酶蛋白恢复到原来的结构状态，同时恢复活性，这类化合物常用做解毒药。如解磷定可和有机磷农药修饰的乙酰胆碱酯酶发生反应，使有机磷农药同解磷定结合而酶蛋白恢复原有结构，从而解除有机磷农药对乙酰胆碱酯酶的抑制作用，消除其毒性(图 3 - 19)。二巯基丙醇与重金属离子反应活性更高，也可以和重金属离子与酶蛋白巯基形成的加合物发生反应，释放酶分子中的游离巯基，使酶恢复原来的结构和活性，是重金属离子中毒时解毒的常用药。

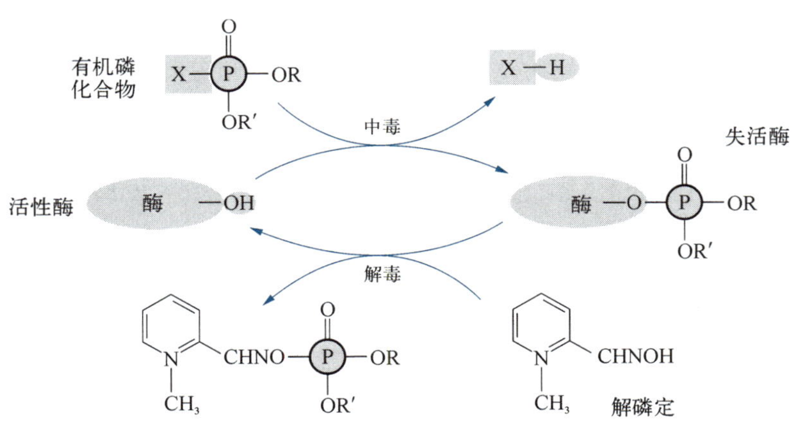

图 3 - 19 有机磷化合物中毒与解毒机制

二、酶与疾病的诊断

(一) 疾病与血清酶活性异常

许多组织器官疾病表现为血液中主要分布于该器官的酶活性的异常。造成这种异常的主要原因包括：① 组织器官的细胞受到损伤后，细胞膜通透性增高或者完整性丧失，细胞内的某些酶大量释放入血。如急性胰腺炎时血清和尿中淀粉酶活性升高；急性肝炎或心肌炎时血清转氨酶活性升高等。② 细胞的半寿期缩短或细胞的增殖加快，特异性分布在这些细胞内的标志酶释放入血。如前列腺癌患者可有大量酸性磷酸酶释放入血。③ 肝功能严重障碍时，某些酶合成减少，如血中凝血因子Ⅱ、凝血因子Ⅶ等含量下降。临床上可通过检测血清酶活性辅助疾病的诊断。

（二）酶活性的测定

当前临床上酶的测定占临床化学检验工作总量的 25%，可见酶活性测定在临床诊断上的重要作用。测定酶活性的方法需要有足够高的灵敏度和测定上限，测定结果也应该和酶量成正比。由于酶活性可受许多因素影响，因此，一般需要优化测定反应的条件（如温度、pH、离子强度、激活剂），并保持各种因素的恒定。测定血清样本中的各种酶活性时，还要注意溶血、脂血和黄疸所造成的影响，有时需要做相应的对照试验。

酶活性的测定，通常有两类方法，即终点法和速率法。终点法是在某一反应体系中，加入样品后让反应进行一段时间（常为数十分钟）再终止反应，测定反应后产物的生成或底物的消耗量来判断样品中该酶的活性。速率法是通过连续监测手段，测定含有某样品的特定反应体系在单位时间（数十秒）内产物的生成或底物的消耗量来判断样品中该酶的活性，这种测定常在反应的初速度时间段内进行。很显然，速率法的效率要比终点法的效率高，酶活性的测定结果可直接用国际单位表示。目前临床中心实验室多采用全自动生物化学分析仪和速率法测定血清中各种酶的活性。

（三）同工酶与疾病诊断

来源于同一种系、机体或细胞的同一种酶具有不同的形式。催化同一化学反应，而化学组成不同的一组酶，称为同工酶（isoenzyme）。同工酶的分子结构、理化性质及免疫学特性不同。产生同工酶的主要原因是在进化过程中基因发生变异，而其变异程度尚不足以成为一个新酶所致。

同工酶分成单体同工酶（monomeric isozyme）和寡聚体同工酶（oligomeric isozyme）。单体同工酶只有一条肽链，其差异只存在于多肽链的氨基酸序列，单体同工酶数目较少。红细胞磷酸酶、葡萄糖磷酸变位酶、碳酸酐酶、腺苷脱氨酶、腺苷酸激酶、甘油磷酸激酶等都是单体同工酶。寡聚体同工酶数量相对较多，具有多个亚基，在亚基的种类或者结构上有差异。由不同亚基组成的寡聚体称为杂化体。寡聚体同工酶主要是偶数亚基同工酶，且亚基一般不多于四个，如乳酸脱氢酶（lactate dehydrogenase，LDH）同工酶为四聚体，有两种亚基，骨骼肌型（M 型）和心肌型（H 型），组成五种同工酶（图 3－20）：LDH_1（H_4）、LDH_2（H_3M）、LDH_3（H_2M_2）、LDH_4（HM_3）、LDH_5（M_4）。这五种同工酶在不同组织器官中的含量与分布有明显差异（表 3－3）。

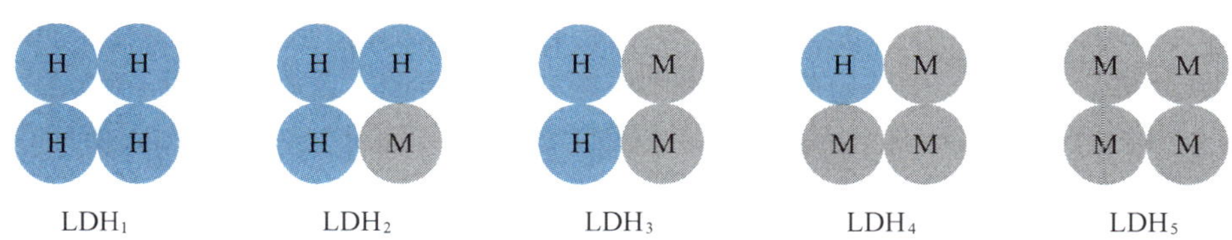

图 3－20　LDH 同工酶亚基组成

表 3－3　人体各组织器官中 LDH 同工酶的分布

组织器官	LDH 同工酶活性百分比				
	LDH_1	LDH_2	LDH_3	LDH_4	LDH_5
心	67	29	4	<1	<1
肾	52	28	16	4	<1
肝	2	4	11	27	56
肺	10	20	30	25	15
脑	21	26	26	20	8
脾	10	25	40	25	5
胰腺	30	15	50	—	5
子宫	5	25	44	22	4
骨骼肌	4	7	21	27	41
红细胞	42	36	15	5	2
白细胞	8	12	50	18	12
淋巴结	10	25	60	—	5
血小板	12	18	15	30	25

由于同工酶在体内分布存在明显的组织特异性或亚细胞结构特异性。同工酶在疾病的鉴别诊断上具有重要作用。当某器官发生疾病时,可能有某种特殊的同工酶释放出来,检测同工酶谱的改变有助于对疾病的诊断,同工酶的测定已应用于临床诊断。

三、酶与疾病的治疗

(一)酶作为药物用于临床治疗

酶作为药物直接应用相对较少。胃蛋白酶、胰蛋白酶、胰脂肪酶、胰淀粉酶等可用于助消化;胰蛋白酶、胰凝乳蛋白酶、溶菌酶、木瓜蛋白酶、菠萝蛋白酶等可用于进行外科扩创、化脓伤口的净化、浆膜粘连的防治和一些炎症的治疗;链激酶、尿激酶、纤溶酶等可用于防治血栓等;天冬酰胺酶可以用于治疗白血病。

(二)酶作为药物靶点用于临床治疗

一些药物作为酶的竞争性抑制剂发挥作用。如细菌生长繁殖需要的叶酸由细菌二氢叶酸合成酶催化对氨基苯甲酸合成二氢叶酸后还原得到。磺胺类药物与二氢叶酸合成酶的底物对氨基苯甲酸结构相似,与其竞争结合二氢叶酸合成酶的活性中心,抑制二氢叶酸合成,造成细菌体内叶酸的量不足,进而造成核苷酸合成障碍,抑制细菌生长繁殖。

许多抗癌药是核酸和蛋白生物合成酶的抑制剂。肿瘤细胞快速分裂增殖需要旺盛的核酸与蛋白质合成能力。抗癌药如氨甲蝶呤(MTX)、5-氟尿嘧啶(5-FU)、6-巯基嘌呤(6-MP)等,都是核酸和蛋白合成代谢途径中酶的竞争性抑制剂,分别抑制四氢叶酸、脱氧胸苷酸及嘌呤核苷酸的合成,以抑制肿瘤细胞核酸和蛋白的合成速度,从而抑制肿瘤细胞的生长。

四、酶在生物医学研究中的应用

1. 工具酶　利用酶具有高度特异性的特点,将酶作为工具,在分子水平上对某些生物大分子进行定向的分割与连接。最典型的例子是基因工程中应用的各种限制性核酸内切酶、连接酶以及聚合酶链反应中应用的热稳定 Taq DNA 聚合酶等。酶与许多工农业生产、环境保护关系十分密切。通过研究酶的构效关系,对酶分子进行改造产生更加稳定、更高效的工具酶用于生产。

2. 酶标记测定法　酶可以代替核素与某些物质相结合,从而使该物质被酶所标记。通过测定酶的活性来判断被标记酶蛋白量,间接确定与其定量结合的物质的存在和含量。这种方法具有相当高的灵敏性,同时又可避免应用放射性核素。如在临床检验中应用很广的酶联免疫吸附分析(enzyme-linked immunosorbent assay, ELISA),将酶与某些抗体交联,利用酶催化的指示反应,放大显示抗原与抗体作用,以提高检测某些抗原或抗体的灵敏度。

3. 固定化酶(immobilized enzyme)　是将水溶性酶经物理或化学方法处理后,成为不溶于水但仍具有酶活性的酶衍生物。固定化酶在催化反应中以固相状态作用于底物,并保持酶的高度特异性和催化的高效率。固定化酶的优点在于它的机械性强,可以作用于流动相中的底物,反应后可与产物方便地分离,易于使反应自动化和产物的回收。固定化酶稳定性较好,有利于储存。在药物合成和定量分析等方面有应用。

4. 抗体酶　底物与酶的活性中心结合时底物发生构象改变,形成过渡态。如果将底物的过渡态类似物作为抗原,注入动物体内产生抗体,则抗体在结构上与过渡态类似物互相适应并可相互结合。该抗体便具有催化该过渡态反应的酶活性。当抗体与底物结合时,就可使底物转变为过渡态进而发生催化反应。人们将这种具有催化功能的抗体分子称为抗体酶(abzyme)。抗体酶是酶工程研究的前沿之一。制造抗体酶的技术比蛋白质工程甚至比生产酶制剂简单,又可大量生产。因此,可通过抗体酶的途径来制备自然界不存在的新酶种,生产目前尚不易获得的各种酶类。

小　结

酶是由活细胞合成的生物催化剂,绝大多数酶是蛋白质。酶具有高效的催化性、高度专一性和催化作用的可调节性，通过降低反应的活化能加速化学反应。

酶有单纯酶和结合酶之分，单纯酶是仅由氨基酸组成的蛋白质，结合酶由蛋白质和非蛋白部分组成，其中非蛋白部分称为辅助因子。酶蛋白决定酶促反应的特异性，辅助因子决定酶促反应的性质。辅助因子是金属离子或小分子化合物，后者称为辅酶。其中与酶蛋白共价紧密结合的辅酶又称为辅基。大多数B族维生素是人体内辅酶或辅基的组成成分。

酶有特定的空间构象，其分子表面存在裂穴状活性中心。酶活性中心含有结合基团和催化基团，可结合底物形成酶-底物复合物，催化底物加速转变成产物。酶的作用与其特定的空间构象密切相关。

米氏方程式可表示酶促反应过程中底物浓度对反应速度的影响，米氏常数K_m是酶的特征性常数，可反映酶对底物的亲和力。有多种因素可影响酶促反应速度，包括底物浓度、酶浓度、温度、pH、抑制剂和激动剂等。根据抑制剂和酶结合的特性，酶的抑制作用有可逆和不可逆抑制。可逆抑制又可分为竞争性抑制、非竞争性抑制和反竞争性抑制。

机体通过调节酶活性与酶含量来调节代谢速度。酶活性的调节方式有酶原的激活、酶的共价修饰和别构调节等。酶共价修饰是在其他酶的催化下共价结合特定化学基团或者脱去相应基团，实现酶活性的调节。酶量的调节包括对酶生物合成的诱导与阻遏，以及对酶降解的调节，通常速度较慢，但幅度较大、时效较长。

同工酶是指催化同一化学反应，而化学组成不同的一组酶。同工酶的分子结构、理化性质及免疫学特性不同。

许多疾病的发生、发展与酶的抑制或异常有关。测定血清酶可有助于某些疾病的诊断。同工酶往往有组织器官特异性，在临床诊断中有重要意义。酶可作为药物的作用靶位，也可以作为药物治疗疾病，还可作为工具用于生产和科学研究。

【复习思考题】

1. 影响酶促反应速度的因素有哪些？每一种因素怎样影响酶反应速度？
2. 体内快速调节酶活性的方式有哪些？试述这些方式的区别。
3. 试述同工酶的概念及其临床意义。

第二篇

物质代谢与调节

物质代谢是生命活动的基本特征之一，包括合成代谢与分解代谢两方面。通过新陈代谢，生物体得以实现与外界环境间的物质与能量交换和自我更新，以维持机体内环境的相对稳定，保证生命活动的正常进行。

物质代谢是通过一系列化学反应来完成的。其中绝大部分反应在细胞内由酶催化进行并伴随着多种形式的能量变化。各种物质代谢过程及它们相互间的相互广泛联系，受到机体的严密调控，使其成为一个统一的整体。生命活动建立在正常物质代谢的基础之上，物质代谢的紊乱往往是一些疾病发生的原因，对于医学生而言，学好物质代谢的知识是必需而重要的。

本篇主要介绍糖、脂类、氨基酸三大营养物质及核苷酸的代谢情况，以及这几大物质代谢间的相互联系和调节规律及其与物质代谢密切相关的“生物氧化”知识。

第四章

糖代谢

学习要点

掌握：① 糖的无氧分解、糖的有氧氧化、糖异生、糖原合成与分解的概念、基本过程、关键酶及生理意义；三羧酸循环的生理意义。② 磷酸戊糖途径的关键酶、重要产物及生理意义；③ 血糖的基本概念、调节血糖的激素及调节方式。

熟悉：① 糖的无氧分解、糖的有氧氧化、糖异生、糖原合成与分解的调节；② 肝糖原与肌糖原合成与分解的区别；③ 糖代谢各途径产耗能的计算。

了解：① 磷酸戊糖途径、乳酸循环的概念及基本过程；② 糖代谢各途径重要的关联物质。

糖(saccharide)又称碳水化合物(carbohydrate)，化学本质为多羟基醛或多羟基酮及其衍生物和多聚物。糖类物质根据聚合度高低可分为单糖(monosaccharide)、寡糖(oligosaccharide)和多糖(polysaccharide)。在生物体内糖的主要生理功能是：① 氧化供能产生 ATP；② 充当细胞结构成分；③ 为其他生物分子的合成提供碳架；④ 参与细胞间的分子识别与信号传导。体内的物质代谢以糖代谢为中心，通过糖的各种代谢途径间的相互协调，产生众多的中间代谢物质，使机体内糖、脂、氨基酸、核苷酸等代谢联系成为一个有机整体，以维持体内血糖水平的相对恒定。糖代谢平衡一旦被打破，就会导致低血糖、高血糖或糖尿病等糖代谢疾病的产生。

第一节 糖的消化吸收与代谢概况

一、糖的消化与吸收

（一）糖的消化

淀粉(starch)是葡萄糖(glucose)的大分子同聚物，是人类主要的糖类食物。人体对淀粉的消化从口腔开始，小肠是糖类物质消化与吸收的主要器官。在唾液淀粉酶(salivary amylase)的作用下，淀粉首先被部分水解成糊精及麦芽糖，随着食物经消化道进入小肠。在小肠 α-胰淀粉酶(alpha-pancreatic amylase)作用下，糊精被进一步分解成直链麦芽糖(maltose)、麦芽三糖(maltotriose)及异麦芽糖(isomaltose)和 α-极限糊精(alpha-limit dextrin)等寡糖，它们绝大部分在小肠黏膜刷状缘被麦芽糖酶(maltase)和异麦芽糖酶(isomaltose)等最终分解成葡萄糖。摄入体内的蔗糖(sucrose)与乳糖(lactose)可以分别被蔗糖酶(sucrase)和乳糖酶(lactase)分解成葡萄糖、果糖(fructose)与半乳糖(galactose)。人体不含 β-糖苷酶，不能分解利用纤维素(cellulose)，但纤维素具有刺激肠蠕动、防止便秘等生理功能，对维持人体健康非常重要。

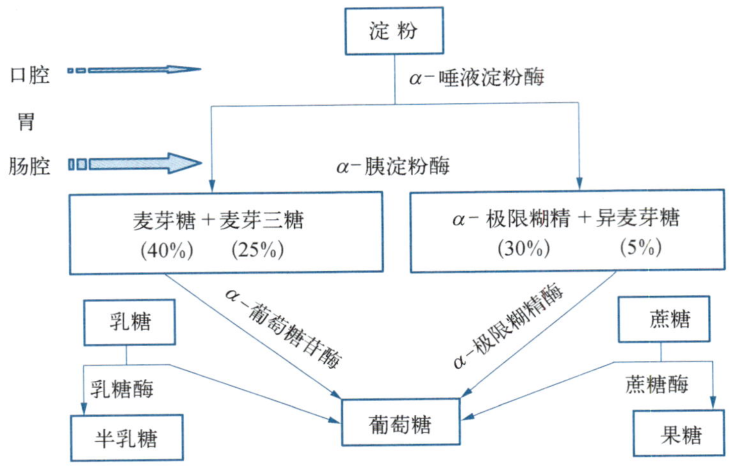

图 4-1 糖的消化与吸收

(二) 糖的吸收

小肠黏膜细胞对葡萄糖的摄入是一个特异载体依赖性的耗能主动吸收过程。通过 Na^+ 依赖性葡萄糖转运体(sodium-dependent glucose transporter,SGLT)的协助,顺着 Na^+ 浓度梯度将葡萄糖从小肠黏膜细胞外摄入细胞内,同时伴有 Na^+ 的同向转运。摄入细胞内的葡萄糖被释放入血,然后运输到肌肉、肝脏等各组织中进行代谢利用(糖的消化与吸收见图4-1)。

二、糖的代谢概况

糖代谢(carbohydrate metabolism)指葡萄糖在细胞内的一系列分解、合成与转化过程,主要包括无氧分解、有氧氧化、磷酸戊糖途径、糖原合成与分解、糖异生等代谢途径。它们通过6-磷酸葡萄糖、磷酸二羟基丙酮、磷酸烯醇式丙酮酸、丙酮酸、磷酸戊糖等中间产物彼此联系、相互转化,形成一个有机的代谢整体(图4-2),并与氨基酸代谢、脂代谢、核苷酸代谢等紧密联系成完整的代谢网络。在不同供氧条件下,葡萄糖可以进入不同的代谢途径。供氧充足时,葡萄糖进行有氧氧化彻底分解成 CO_2 和 H_2O 并产生大量ATP;缺氧时,葡萄糖进行无氧分解生成乳酸及少量ATP。在不同组织细胞中,葡萄糖的代谢途径也不相同。在肝脏和肌组织中,葡萄糖可以合成糖原进行储存;但肝糖原分解可以产生游离葡萄糖,肌糖原分解不能产生葡萄糖;肝细胞能够将氨基酸、脂类等非糖物质异生成葡萄糖,肌细胞则不能。

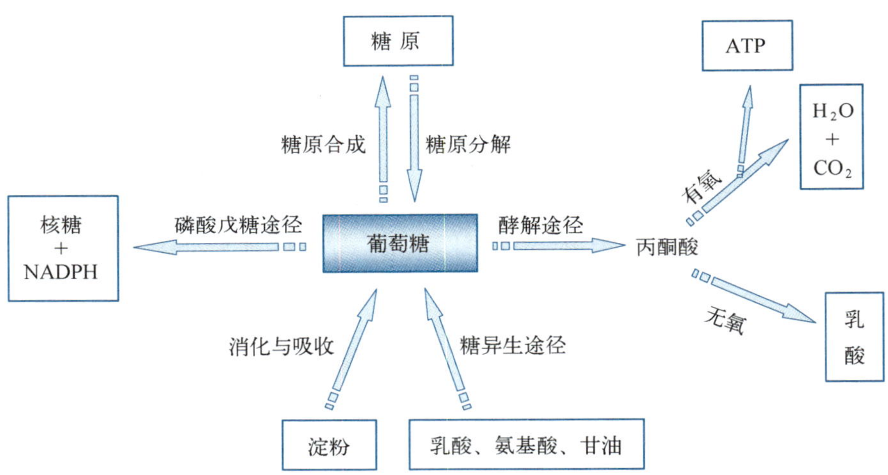

图 4-2 糖代谢概况

第二节 糖的无氧分解

一、糖的无氧分解过程

在缺氧或不能利用氧(成熟红细胞)条件下,葡萄糖或糖原中的葡萄糖残基在胞液中逐步分解成乳酸并产生少量ATP的过程称为糖的无氧分解。整个过程分为两个阶段:第一阶段为葡萄糖分解成丙酮酸(pyruvate)的过程,称为糖酵解(glycolysis);第二阶段为丙酮酸还原生成乳酸(lactic acid)的过程,称为乳酸发酵(lactic acid fermentation)。

（一）糖酵解

糖酵解是糖的有氧氧化与无氧分解的共同途径。1分子葡萄糖经过磷酸化、异构、裂解、脱氢、底物水平磷酸化等10步反应，分解成[2丙酮酸+2ATP+2 NADH+H^+]。

1. 葡萄糖磷酸化生成6-磷酸葡萄糖　葡萄糖在第一个限速酶己糖激酶(hexokinase, HK)的催化下，水解ATP的γ高能磷酸键供能，将脱下的磷酸根不可逆地加在葡萄糖C6-OH上，生成6-磷酸葡萄糖(glucose-6-phosphate, G-6-P)，反应需要Mg^{2+}。葡萄糖被磷酸化而活化后，不能自由透过细胞膜逸出细胞，便于进一步参与代谢。催化不可逆反应的己糖激酶是变构酶，催化的反应不可逆，已发现有Ⅰ～Ⅳ型同工酶。Ⅰ、Ⅱ、Ⅲ型同工酶对葡萄糖的亲和力较高(K_m值约为0.1 mmol/L)，主要分布于肝外组织；Ⅳ型同工酶又称葡萄糖激酶(glucokinase, GK)主要分布在肝细胞，对葡萄糖的亲和力较低(K_m值约为10 mmol/L)，对维持血糖浓度恒定具有重要意义。在禁食条件下血糖浓度较低，肝细胞中的葡萄糖激酶不能利用葡萄糖，缓解了血糖浓度的进一步下降；餐后血糖浓度升高，肝细胞大量摄入血液中的葡萄糖，经葡萄糖激酶磷酸化，用于合成糖原储存起来，避免了血糖浓度的进一步升高。

糖原分子中的葡萄糖残基进入糖酵解分解时，糖原分子首先在糖原磷酸化酶(glycogen phosphorylase)催化下生成1-磷酸葡萄糖，然后在磷酸葡萄糖变位酶(glucophosphomutase)的作用下生成6-磷酸葡萄糖，后者再进行糖酵解途径代谢。糖原磷酸化酶催化的反应不消耗ATP，直接将葡萄糖磷酸化。

2. 6-磷酸葡萄糖异构生成6-磷酸果糖　6-磷酸葡萄糖在磷酸己糖异构酶(phosphohexose isomerase)催化下，进行可逆的分子内部重排生成6-磷酸果糖(fructose-6-phosphate, F-6-P)，反应需要Mg^{2+}。

3. 6-磷酸果糖再次磷酸化生成1,6-二磷酸果糖　6-磷酸果糖在最重要的限速酶6-磷酸果糖激酶-1(fructose-6-phosphate kinase-1, F-6-PK-1)催化下，水解ATP的γ高能磷酸键，生成1,6-二磷酸果糖(fructose-1,6-bisphosphate, F-1,6-BP)。整个反应不可逆，需Mg^{2+}参加。

4. 1,6-二磷酸果糖裂解成两分子磷酸丙糖　在醛缩酶(aldolase)催化下，1,6-二磷酸果糖裂解成磷酸二羟丙酮(dihydroxyacetone phosphate, DHAP)和3-磷酸甘油醛(3-phosphate glyceraldehyde, 3-PGA)，反应过程可逆。

5. 磷酸二羟丙酮异构成3-磷酸甘油醛　磷酸二羟丙酮和3-磷酸甘油醛互为同分异构体，在磷酸丙糖异构酶(triose phosphate isomerase)的催化下可以互相转变。在糖酵解途径中，由于3-磷酸甘油醛不断转化成下游代谢物，促使磷酸二羟丙酮不断向3-磷酸甘油醛转变，推动糖酵解途径向纵深发展；同时，磷酸二羟丙酮还是联系糖代谢与脂代谢的重要枢纽物质。

6. 3-磷酸甘油醛氧化成1,3-二磷酸甘油酸　在3-磷酸甘油醛脱氢酶(glyceraldehyde 3-phosphate dehydrogenase)催化下，3-磷酸甘油醛的醛基先脱氢氧化成羧基，再与无机磷酸反应生成混合酸酐型高能化合物1,3-二磷酸甘油酸(1,3-diphosphoglycerate)。脱下的氢以NAD^+为受氢体生成NADH+H^+。无氧氧化时，NADH+H^+用于还原丙酮酸生成乳酸；有氧氧化时，NADH+H^+进入线粒体呼吸链生成ATP。

7. 1,3-二磷酸甘油酸转变为3-磷酸甘油酸　在磷酸甘油酸激酶(phosphoglycerate kinase)催化下，将1,3-二磷酸甘油酸的高能磷酸基团转移给ADP，生成1分子ATP和3-磷酸甘油酸(3-phosphoglycerate)。反应可逆，需Mg^{2+}参加。这种将底物的氧化作用直接与ADP(NDP)的磷酸化作用相偶联生成ATP(NTP)的过程，称为底物水平磷酸化(substrate level phosphorylation)。它是生物体生成ATP的重要方式之一。

8. 3-磷酸甘油酸变位生成2-磷酸甘油酸　在磷酸甘油酸变位酶(phosphoglycerate mutase)催化下，3-磷酸甘油酸的磷酸基团从C_3位转移至C_2位，生成2-磷酸甘油酸(2-phosphoglycerate)。反应可逆，需Mg^{2+}参加。

9. 2-磷酸甘油酸脱水生成磷酸烯醇式丙酮酸　在烯醇化酶(enolase)作用下，2-磷酸甘油酸脱水并发生电子重排和能量聚集，在C_2位形成高能磷酸键，生成磷酸烯醇式丙酮酸(phosphoenolpyruvate, PEP)。反应可逆，需Mg^{2+}或Mn^{2+}参加。

10. 磷酸烯醇式丙酮酸转变为丙酮酸　在第三个限速酶丙酮酸激酶(pyruvate kinase, PK)催化下，磷酸烯醇式丙酮酸通过底物水平磷酸化方式将高能磷酸基团转移给ADP生成1分子ATP和烯醇式丙酮酸，后者自发转变成丙酮酸。反应不可逆，需Mg^{2+}及K^+参加。

(二) 丙酮酸还原为乳酸

在缺氧情况下，丙酮酸在乳酸脱氢酶(lactate dehydrogenase，LDH)同工酶复合体(见第三章)催化下加氢还原为乳酸。还原所需氢原子由 3 -磷酸甘油醛脱氢生成的 NADH＋H^+ 提供，NADH＋H^- 脱氢后转变为 NAD^+，推动糖的无氧分解不断进行。

1 mol 葡萄糖经过糖酵解，净生成 2mol [丙酮酸＋ATP＋ NADH＋H^+]；在缺氧情况下，丙酮酸还原成乳酸将 NADH＋H^+ 全部消耗，只净生成 2mol [乳酸＋ATP]。糖的无氧分解代谢过程如图 4 - 3。

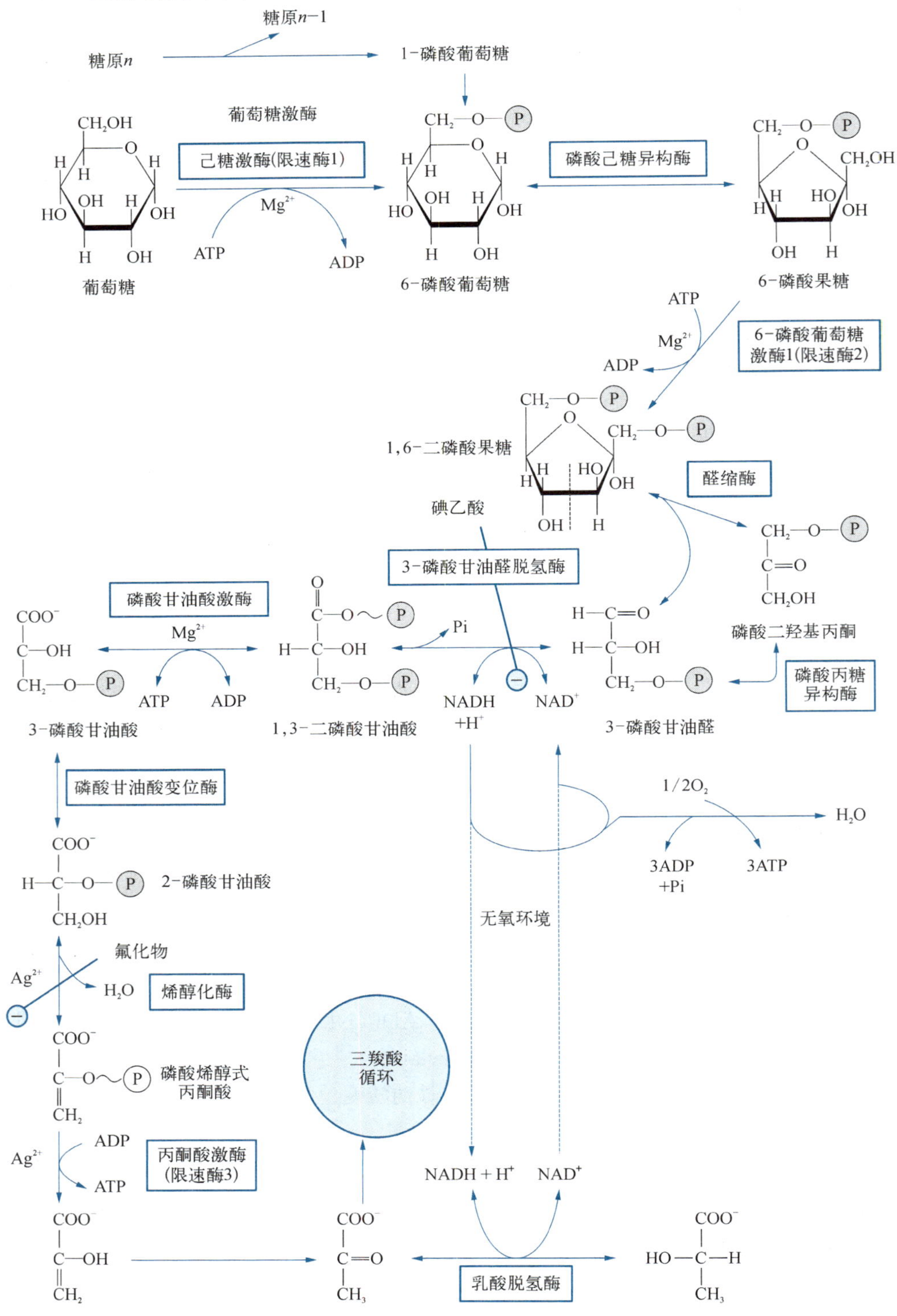

图 4 - 3　糖酵解代谢途径

二、糖的无氧分解的生理意义

糖的无氧分解的生理意义在于：① 在缺氧或相对缺氧时，为机体组织快速提供能量供应；② 为缺乏线粒体的成熟红细胞提供唯一能量保障；③ 为视网膜、肾髓质、睾丸等组织器官提供主要能量供应；④ 为神经细胞、白细胞、骨髓细胞等代谢活跃的组织细胞提供部分能量补充；⑤ 无氧分解过程生成的中间产物(如磷酸二羟基丙酮、丙酮酸等)为其他物质生物合成提供原料。

肌肉中 ATP 含量甚微，每克新鲜组织仅含 5～7 μmol ATP，肌肉收缩几秒钟就会全部耗尽。因此，当机体缺氧或剧烈运动肌局部血供不足时，能量主要通过糖的无氧分解获得。酵解过程产生大量的乳酸导致肌肉酸痛，乳酸通过迅速扩散入血运输入肝使症状消失；若糖的无氧分解过度，乳酸大量增多会导致酸中毒。

第三节 糖的有氧氧化

糖的有氧氧化(aerobic oxidation)指在有氧条件下，葡萄糖在细胞质与线粒体中彻底氧化成 CO_2 和 H_2O，同时产生大量 ATP 的过程。有氧氧化是葡萄糖氧化供能的主要方式，是机体绝大多数组织细胞获取能量的主要途径。

一、糖有氧氧化过程及意义

糖的有氧氧化分为三个阶段：葡萄糖经糖的无氧分解生成丙酮酸；丙酮酸氧化脱羧生成乙酰 CoA(acetyl CoA)；乙酰 COA 进入三羧酸循环并偶联进行氧化磷酸化。糖的有氧氧化可概括为图 4－4。

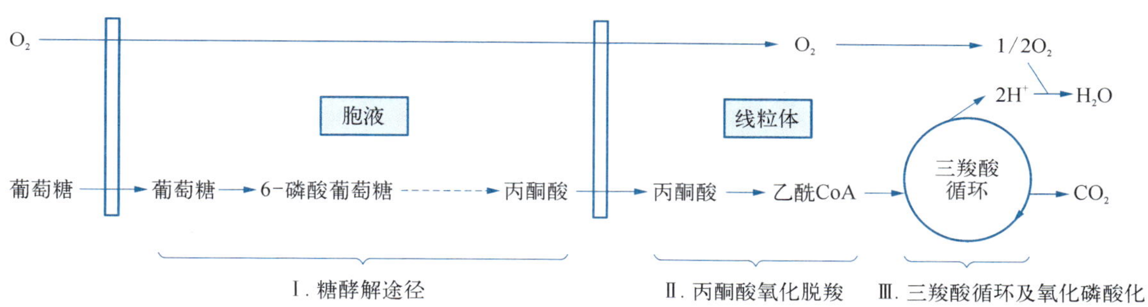

图 4－4 葡萄糖有氧氧化概况

(一) 葡萄糖分解为丙酮酸

见糖的无氧分解途径。

(二) 丙酮酸氧化脱羧生成乙酰 CoA

1. *总反应式* 葡萄糖在胞质中经酵解途径生成的丙酮酸，经载体转运穿过线粒体内膜进入线粒体基质，在限速酶丙酮酸脱氢酶复合体(pyruvate dehydrogenase complex，PDH)的催化下，氧化脱羧生成乙酰 CoA，总反应为：

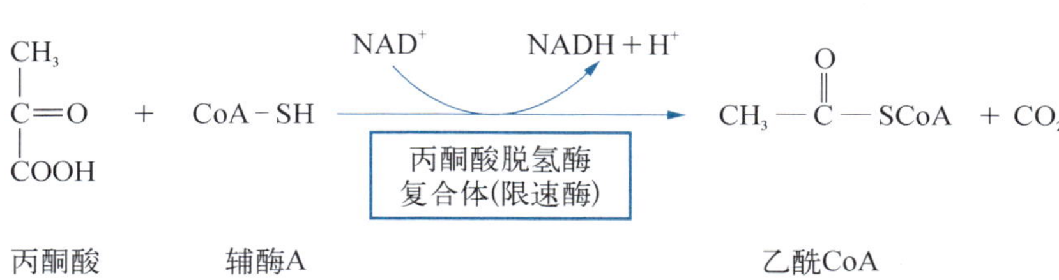

2. *丙酮酸脱氢酶复合体的组成* PDH 由 3 种酶(丙酮酸脱氢酶[E_1]、二氢硫辛酰胺转乙酰酶[E_2]与二氢硫辛酰胺脱氢酶[E_3])和 5 种辅助因子(TPP、硫辛酸、CoA－SH、FAD 和 NAD^+)组成(表 4－1)。三种酶

按一定比例缔合而成,各组分的配搭比例因物种而异。在哺乳动物细胞中,丙酮酸脱氢酶复合体由 60 个转乙酰酶构成核心,周围排布着 12 个丙酮酸脱氢酶和 6 个二氢硫辛酰胺脱氢酶,协同催化丙酮酸的不可逆脱氢脱羧反应。

表 4-1 丙酮酸脱氢酶复合体的组成及作用

酶	辅酶/[来源维生素]	催化反应
丙酮酸脱氢酶[E_1]	TPP/[B_1]	丙酮酸脱羧产生 CO_2,形成羟乙基-TPP
二氢硫辛酰胺转乙酰酶[E_2]	硫辛酸,HSCoA/[泛酸]	羟乙基氧化成乙酰基并与硫辛酰胺结合,乙酰基再从二氢硫辛酰胺转至 HSCoA 生成乙酰 CoA
二氢硫辛酰胺脱氢酶[E_3]	FAD/[B_2],NAD^+/[PP]	二氢硫辛酰胺脱氢重新生成硫辛酰胺

3. 丙酮酸的脱氢脱羧机制 图 4-5 示丙酮酸的脱氢脱羧机制,分为五步反应。

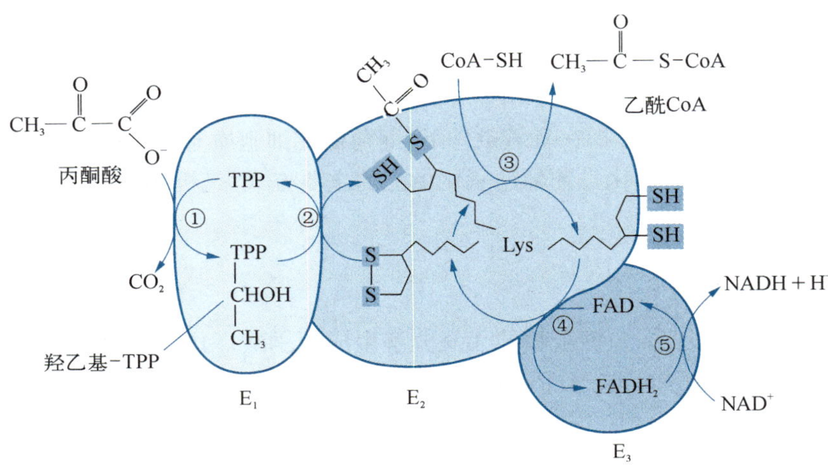

图 4-5 丙酮酸脱氢酶复合体的催化机制

(1) 丙酮酸脱羧生成羟乙基-TPP:丙酮酸脱氢酶以硫胺素焦磷酸酯(TPP)为辅酶,TPP 噻唑环上活泼的碳离子基团攻击丙酮酸的羧基生成羟乙基-TPP,同时释放 CO_2。

(2) 羟乙基-TPP 脱氢生成乙酰基-硫辛酰胺:硫辛酸为带有巯基的八碳脂酸,是二氢硫辛酰胺转乙酰酶的辅酶。硫辛酸的巯基为结合与转运活性基团,可将化学基团从一个活性部位转移至另一活性部位。反应时,TPP 将携带的羟乙基传递给硫辛酰胺,在二氢硫辛酰胺转乙酰酶催化下氧化生成乙酰基-硫辛酰胺。

(3) 硫辛酰胺将乙酰基交给 HSCoA 生成乙酰 CoA:硫辛酰胺将携带的乙酰基从一个部位转移至另一个活性部位,在二氢硫辛酰胺转乙酰酶的催化下与 HSCoA 反应生成乙酰 CoA,随后从 PDH 复合体上释放出来。

(4) 丙酮酸氧化脱下的氢交给 FAD 生成 $FADH_2$:丙酮酸氧化脱下的氢使氧化型硫辛酰胺转变成还原型硫辛酰胺,后者再将氢转移给二氢硫辛酰胺脱氢酶的辅酶 FAD 生成 $FADH_2$。

(5) $FADH_2$将氢转移给 NAD^+ 生成 $NADH+H^+$:二氢硫辛酰胺脱氢酶以 FAD 和 NAD^+ 为辅酶,催化 $FADH_2$将氢转移给 NAD^+ 生成 $NADH+H^+$ 与 FAD。

(三) 乙酰 CoA 进入三羧酸循环彻底氧化分解

三羧酸循环(tricarboxylic acid cycle, TAC)是由线粒体内一系列酶促反应构成的不可逆循环系统,循环起始于乙酰 CoA 和草酰乙酸(oxaloacetate)缩合生成柠檬酸(citric acid),故又称柠檬酸循环(citrate cycle);三羧酸循环最初由德国科学家 H. A. Krebs 发现,又称为 Krebs 循环。在三羧酸循环中,乙酰 CoA 经过 2 次脱羧、4 次脱氢、1 次底物水平磷酸化,生成 2 分子 CO_2、3 分子[$NADH+H^+$]、1 分子 $FADH_2$和 1 分子 GTP。三羧酸循环的总反应式为:

$$CH_3\text{-}CO\sim CoA+3NAD^++FAD+GDP+Pi+2H_2O\rightarrow$$
$$2CO_2+3NADH+3H^++FADH_2+HSCoA+GTP$$

1. 三羧酸循环的反应过程

（1）乙酰 CoA 与草酰乙酸缩合生成柠檬酸：反应是由限速酶柠檬酸合酶（citrate synthase）催化的不可逆反应，缩合所需能量来自乙酰 CoA 的高能硫酯键水解。柠檬酸合酶对草酰乙酸的亲和力较强，在草酰乙酸浓度较低情况下，反应仍能迅速进行。

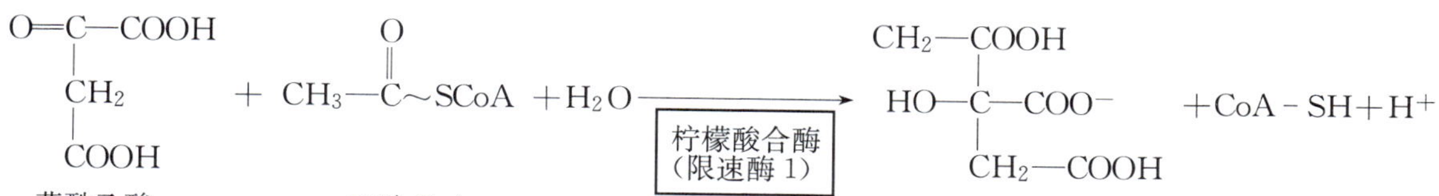

草酰乙酸 乙酰 CoA 柠檬酸 辅酶 A

（2）柠檬酸异构为异柠檬酸：在顺乌头酸酶（cis-aconitase）催化下，柠檬酸先脱水生成顺乌头酸（cis-aconitic acid），后者再加水变成异柠檬酸。过渡产物顺乌头酸与酶分子以复合体形式存在。在平衡体系中，异柠檬酸不断进入后续反应，使整个反应趋向于异柠檬酸的合成。

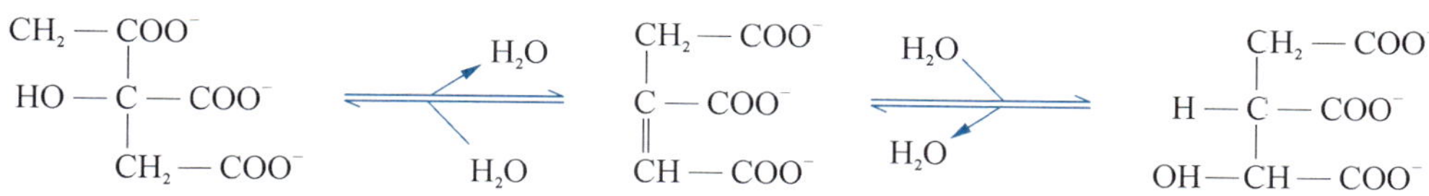

柠檬酸 [酶-顺乌头酸]复合物 异柠檬酸

（3）异柠檬酸氧化脱羧生成 α-酮戊二酸：在限速酶异柠檬酸脱氢酶（isocitrate dehydrogenase）催化下，异柠檬酸进行氧化脱羧生成 α-酮戊二酸（α-ketoglutarate）、NADH+H^+ 和 CO_2。反应不可逆，需 Mg^{2+} 参加。CO_2 可视作乙酰 CoA 的 1 个碳原子的氧化产物。

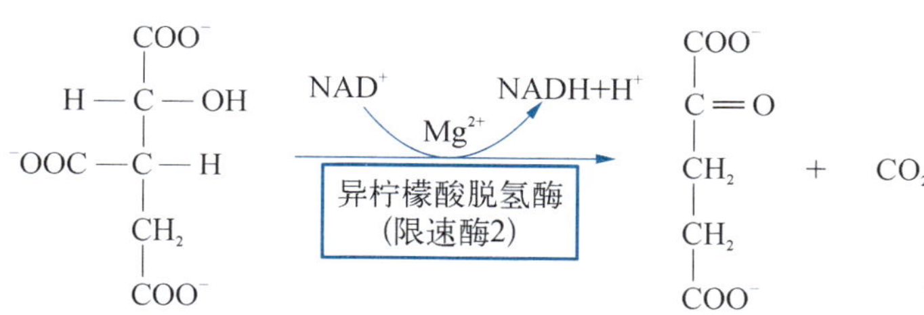

异柠檬酸 α-酮戊二酸

（4）α-酮戊二酸氧化脱羧生成琥珀酰 CoA：在限速酶 α-酮戊二酸脱氢酶复合体（α-ketoglutarate dehydrogenase complex）催化下，α-酮戊二酸进行不可逆的氧化脱羧生成琥珀酰 CoA（succinyl-CoA）、NADH+H^+ 和 CO_2。释放的 CO_2 可视作乙酰 CoA 的另一个碳原子的氧化产物。反应需 Mg^{2+} 参加，释放的自由能一部分储存于琥珀酰 CoA 的高能硫酯键中。α-酮戊二酸脱氢酶复合体的组成和作用机制与丙酮酸脱氢酶复合体相似。

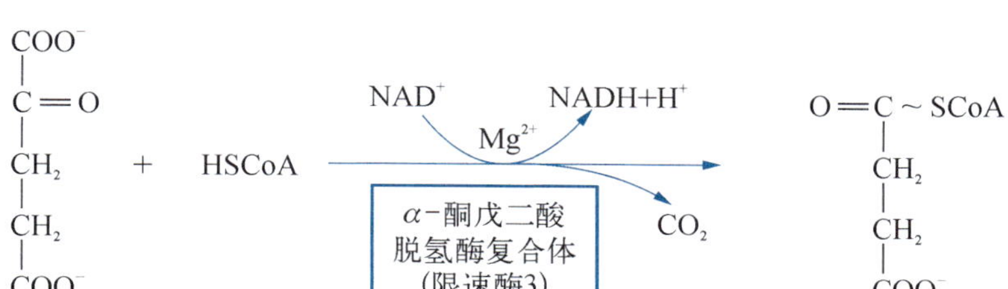

α-酮戊二酸 琥珀酰CoA

（5）琥珀酰 CoA 转变为琥珀酸：在 GDP、Pi 和 Mg^{2+} 参与下，由琥珀酰 CoA 合成酶（succinyl CoA synthetase）催化琥珀酰 CoA 的高能硫酯键水解生成琥珀酸（succinate），高能硫酯键断裂释放的能量通过底物水平磷酸化方式使 GDP 磷酸化生成 GTP。

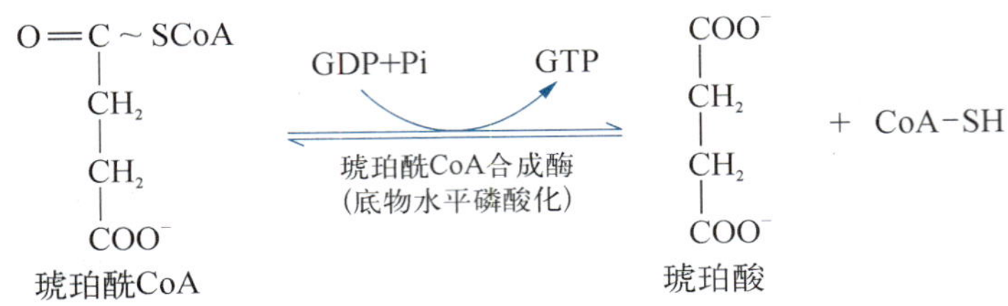

(6) 琥珀酸脱氢生成延胡索酸：琥珀酸在琥珀酸脱氢酶(succinate dehydrogenase)催化下，脱氢生成延胡索酸并将脱下的氢交给 FAD 生成 $FADH_2$。琥珀酸脱氢酶是三羧酸循环中唯一结合在线粒体内膜上的酶，其他酶均分布于线粒体基质中。

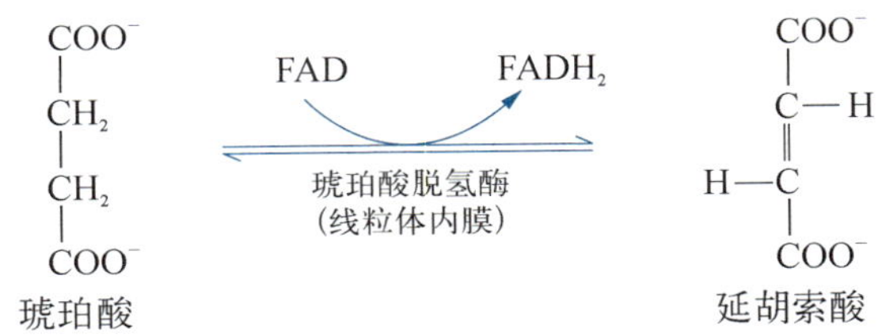

(7) 延胡索酸加水生成苹果酸：在延胡索酸酶(fumarase)催化下，延胡索酸加水生成苹果酸(malate)。

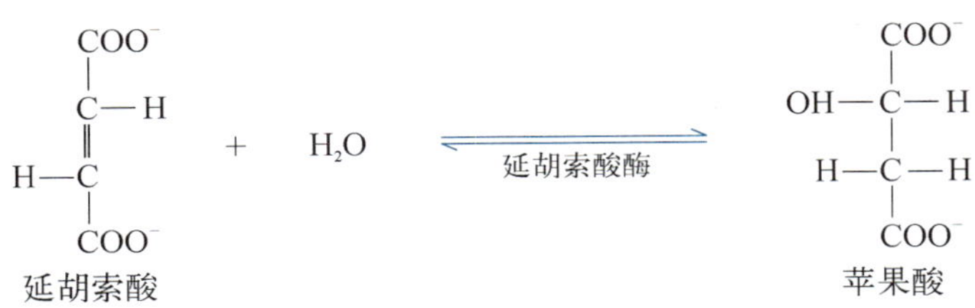

(8) 苹果酸脱氢生成草酰乙酸：在苹果酸脱氢酶(malate dehydrogenase)催化下，苹果酸脱氢生成草酰乙酸和 $NADH+H^+$。草酰乙酸的生成为下一次循环做好了物质准备。

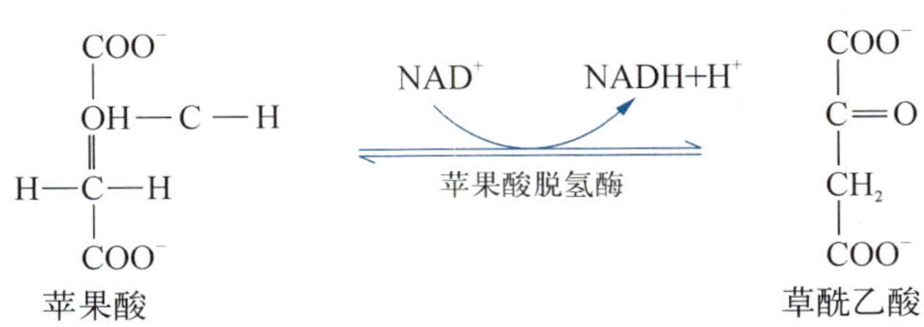

三羧酸循环的全部反应过程归纳如图 4-6。

2. 三羧酸循环的特点

(1) 三羧酸循环是在线粒体内进行的一个不可逆循环。除琥珀酸脱氢酶位于线粒体内膜上外，其余三羧酸循环酶系均分布于线粒体基质中；由于限速酶柠檬酸合酶、异柠檬酸脱氢酶和 α-酮戊二酸脱氢酶复合体催化的反应不可逆，使整个三羧酸循环为不可逆循环。

(2) 三羧酸循环中有一次底物水平磷酸化，释放的能量交给 GDP 生成 1 分子 GTP。

(3) 每循环一次有 2 次氧化脱羧反应生成 2 分子 CO_2，但 CO_2 的产生不是直接来自于乙酰 CoA，而是间接来自草酰乙酸。

(4) 每轮循环有 4 次脱氢反应，其中有 1 次脱氢由 FAD 接受，其余 3 次脱氢均由 NAD^+ 接受。1 分子 $NADH+H^+$ 经呼吸链氧化可产生 2.5 分子 ATP，1 分子 $FADH_2$ 经呼吸链氧化可产生 1.5 分子 ATP(见第

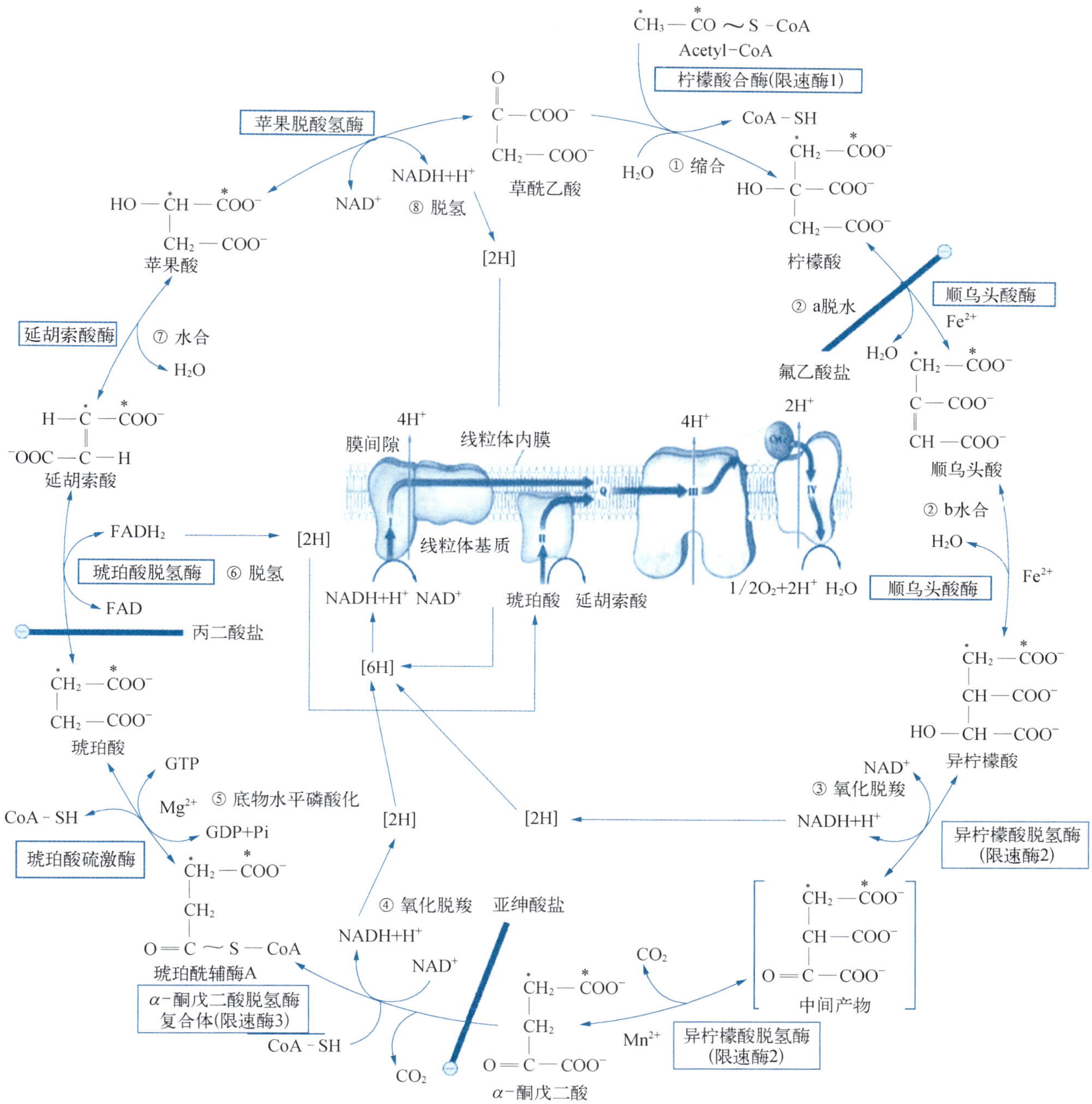

图 4-6　三羧酸循环

五章生物氧化)。因此,1 分子乙酰 CoA 进入三羧酸循环彻底氧化分解所释放的能量,总共可生成 10 分子 ATP。

(5) 三羧酸循环的中间代谢物本身在循环中并无量的变化,由于中间代谢物进入其他代谢途径会直接影响到循环的进程,必须通过多种途径加以补充以保证三羧酸循环正常运转。

(四) 糖的有氧氧化的生理意义

(1) 糖的有氧氧化是机体维持正常生命活动获取能量供应的主要方式。1 mol 葡萄糖经有氧氧化彻底分解成 CO_2 和 H_2O 净生成 30 或 32 mol ATP(表 4-2),经过无氧氧化仅能生成 2 mol ATP。

(2) 糖的有氧氧化是糖、脂、蛋白质三大营养物质相互联系的纽带。通过糖的有氧分解代谢的中间代谢产物,可以沟通糖、脂、氨基酸间的相互联系与转化(图 4-7)。

(3) 三羧酸循环是糖、脂、蛋白质彻底氧化分解的共同途径。三大营养物质在体内氧化分解都要转变成共同中间产物乙酰 CoA,后者进入三羧酸循环彻底氧化分解供能。

表 4-2 葡萄糖有氧氧化生成的 ATP

反应阶段	反应	辅酶	生成 ATP 数
第一阶段(细胞质)	葡萄糖→6-磷酸葡萄糖		-1
	6-磷酸葡萄糖→1,6-二磷酸果糖		-1
	2×3-磷酸甘油醛→2×1,3-二磷酸甘油酸	NADH	2×2.5*(或 2×1.5*)
	2×1,3-二磷酸甘油酸→2×3-磷酸甘油酸		2×1
	2×磷酸烯醇式丙酮酸→2×丙酮酸		2×1
第二阶段(线粒体)	2×丙酮酸→2×乙酰辅酶 A	NADH	2×2.5
第三阶段(线粒体)	2×异柠檬酸→2×α-酮戊二酸	NADH	2×2.5
	2×α-酮戊二酸→2×琥珀酰辅酶 A	NADH	2×2.5
	2×琥珀酰辅酶 A→2×琥珀酸		2×1
	2×琥珀酸→2×延胡索酸	$FADH_2$	2×1.5
	2×苹果酸→2×草酰乙酸	NADH	2×2.5
净生成			32(或 30)

* 胞质中 $NADH+H^+$ 经过 α-磷酸甘油穿梭和苹果酸-天冬氨酸穿梭进入线粒体氧化,穿梭方式不同生成的 ATP 数量亦不同

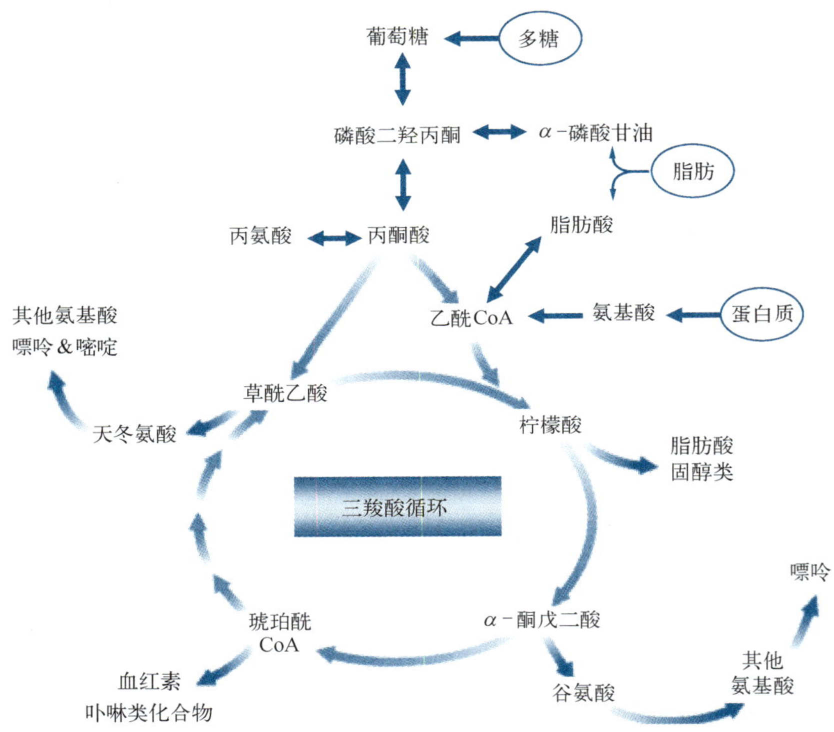

图 4-7 糖的有氧分解在物质代谢中的枢纽作用

二、巴斯德效应

巴斯德效应(Pasteur effect)指糖的有氧氧化抑制糖的无氧氧化的现象。1857 年法国科学家 Louis Pasteur 发现,在无氧条件下酵母菌能够利用葡萄糖生醇发酵,在有氧环境中生醇发酵受到强烈抑制。巴斯德效应的机制是:在无氧条件下,糖的无氧分解生成的 $NADH+H^+$ 不能进入呼吸链氧化,只能用于还原丙酮酸生成乳酸,释放出来的 NAD^+ 推动糖酵解继续进行;在有氧环境中,糖的无氧分解生成的 $NADH+H^+$

和丙酮酸都进入线粒体内氧化，从而有效抑制了丙酮酸在胞质中的还原。

肌肉组织中的情况类似。缺氧时，丙酮酸不能进入线粒体氧化而在胞质中还原成乳酸。由于缺氧时氧化磷酸化受阻，ADP 与无机磷酸不能合成 ATP，导致 ADP/ATP 比值升高，6-磷酸果糖激酶-1、丙酮酸激酶等糖的无氧分解途径的限速酶被激活，使通过无氧分解途径消耗的葡萄糖大量增加。

第四节　磷酸戊糖途径

磷酸戊糖途径（pentose phosphate pathway）指葡萄糖在细胞质中经 6-磷酸葡萄糖脱氢酶与 6-磷酸葡萄糖酸脱氢酶等的催化下，经过氧化脱氢脱羧和基团转移两个阶段的酶促反应，生成 $NADPH+H^+$ 和磷酸戊糖的代谢途径。磷酸戊糖途径主要发生在肝脏、脂肪组织、肾上腺皮质、性腺、骨髓和红细胞等组织细胞中。

一、磷酸戊糖途径的反应过程

磷酸戊糖途径全过程分为氧化反应阶段和基团转移阶段两个阶段。在氧化反应阶段，6-磷酸葡萄糖经氧化脱羧生成 5-磷酸核糖和 $NADPH+H^+$；在基团转移阶段，磷酸戊糖经过一系列基团转移再重新变成磷酸己糖和磷酸丙糖。

（一）氧化反应阶段

在氧化反应阶段，6-磷酸葡萄糖经过脱氢成内酯、加水变糖酸、再脱氢生酮糖、异构成核糖四步反应，生成 1 分子 5-磷酸核糖（ribose-5-phosphate）、2 分子 $NADPH+H^+$ 和 1 分子 CO_2。

具体过程如下：首先，在 Mg^{2+} 参加下，经限速酶 6-磷酸葡萄糖脱氢酶（glucose-6-phosphate dehydrogenase）催化，6-磷酸葡萄糖脱氢不可逆地转变成 6-磷酸葡萄糖内酯和 $NADPH+H^+$。接着，在内酯酶（lactonase）作用下，6-磷酸葡萄糖内酯加水生成 6-磷酸葡萄糖酸。随后，6-磷酸葡萄糖酸在 6-磷酸葡萄糖酸脱氢酶（6-phosphogluconate dehydrogenase）催化下，脱氢伴随自发脱羧生成 5-磷酸核酮糖（ribulose-5-phosphate）、$NADPH+H^+$ 和 CO_2。最后，5-磷酸核酮糖在异构酶（isomerase）催化下，转变为 5-磷酸核糖；在差向异构酶（epimerase）催化下，转变为 5-磷酸木酮糖。

（二）基团转移阶段

在基团转移酶类的催化下，3 分子磷酸戊糖通过一系列可逆的基团转移反应，生成 2 分子磷酸己糖和 1 分子磷酸丙糖。涉及的酶类包括转酮醇酶（transketolase）和转醛醇酶（transaldolase）两类。转酮醇酶转移含 1 个酮基和 1 个醇基的二碳基团，转醛醇酶转移含醛基的三碳基团。

在转酮醇酶的催化下，5-磷酸木酮糖分子中的二碳酮醇基团被转移给 5-磷酸核糖生成 7-磷酸景天庚酮糖和 3-磷酸甘油醛。7-磷酸景天庚酮糖在转醛醇酶的催化下，将三碳醛醇基团转移给 3-磷酸甘油醛生成 6-磷酸果糖和 4-磷酸赤藓糖。4-磷酸赤藓糖进一步在转酮醇酶的催化下，接受 5-磷酸木酮糖的二碳基团生成 6-磷酸果糖和 3-磷酸甘油醛。磷酸戊糖途径的反应过程如图 4-8。

二、磷酸戊糖途径的生理意义

磷酸戊糖途径的主要生理意义有三个方面：① 生成磷酸核糖为核苷酸的生物合成提供原料；② 生成 $NADPH+H^+$ 为脂肪酸、胆固醇、还原型谷胱甘肽等多种物质的生物合成提供还原性氢；③ 磷酸戊糖途径中的基团转移，沟通了三碳糖至七碳糖在代谢上的相互转化。

（一）磷酸核糖为核苷酸的生物合成提供原料

体内合成核苷酸所需核糖主要来源于磷酸戊糖途径，而不是来源于食物核酸的降解。核糖既可以由葡萄糖-6-磷酸氧化脱羧产生，也可以由 3-磷酸甘油醛和 6-磷酸果糖通过基团转移产生。人类主要通过氧化脱羧生成核糖，肌细胞所需磷酸核糖主要靠基团转移反应生成。

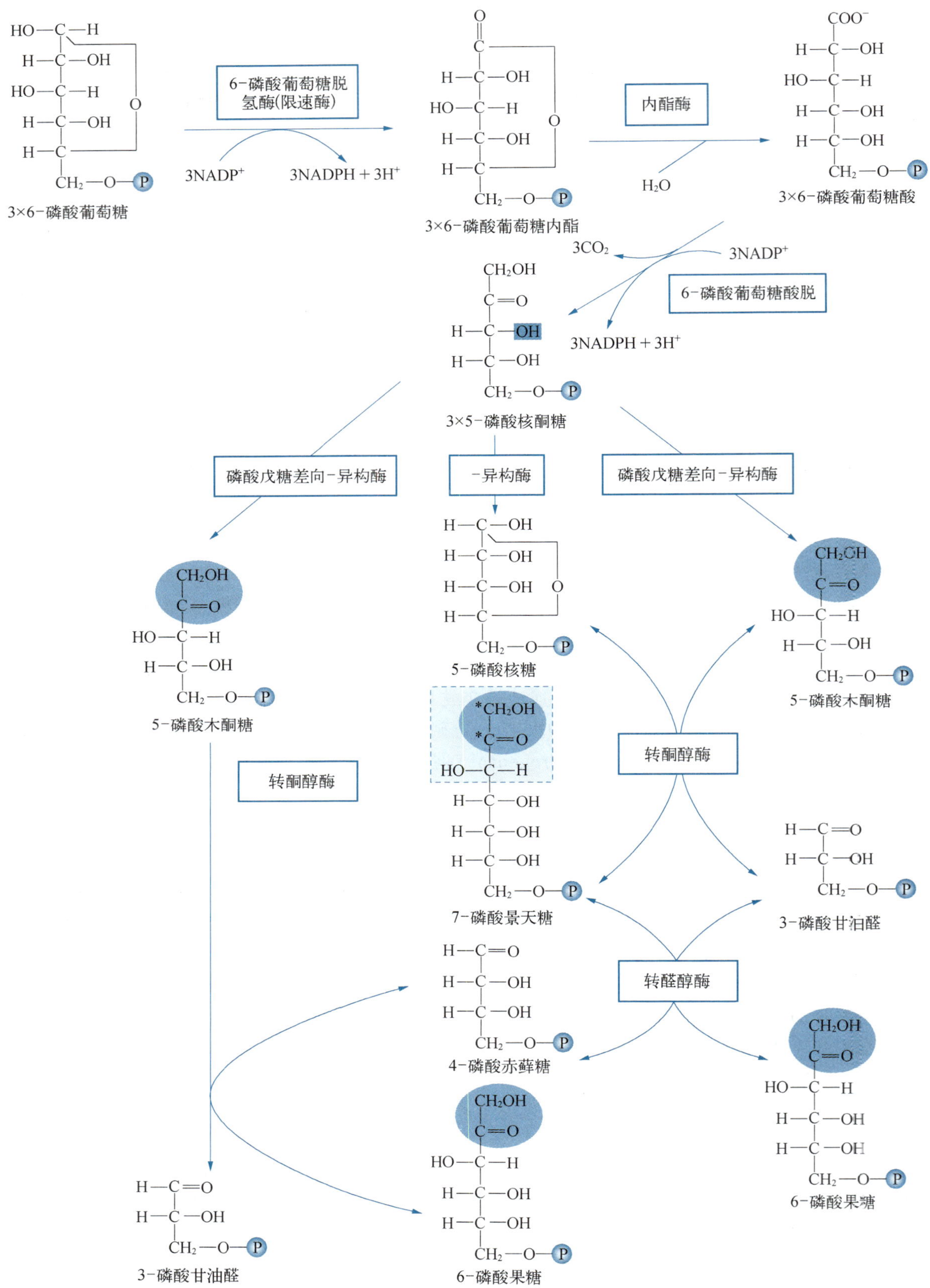
3×6-磷酸葡萄糖
6-磷酸葡萄糖脱氢酶(限速酶)
3NADP+
3NADPH＋3H+
3×6-磷酸葡萄糖内酯
内酯酶
H2O
3×6-磷酸葡萄糖酸
3CO2
3NADP+
6-磷酸葡萄糖酸脱
3NADPH＋3H+
3×5-磷酸核酮糖
磷酸戊糖差向-异构酶
-异构酶
磷酸戊糖差向-异构酶
5-磷酸木酮糖
5-磷酸核糖
5-磷酸木酮糖
转酮醇酶
转酮醇酶
7-磷酸景天糖
3-磷酸甘油醛
转醛醇酶
4-磷酸赤藓糖
6-磷酸果糖
3-磷酸甘油醛
6-磷酸果糖

图 4-8 磷酸戊糖途径

(二) $NADPH+H^+$ 具有多种生物学功能

$NADPH+H^+$ 与 $NADH+H^+$ 不同，它所携带的氢不是通过氧化磷酸化合成 ATP，而是为许多需氢代谢反应提供还原性氢。

1. $NADPH+H^+$ 是体内多种合成反应的供氢体　$NADPH+H^+$ 可以为脂肪酸、胆固醇、类固醇激素等物质的生物合成提供还原性氢，也可以为 α-酮戊二酸氨基化生成谷氨酸的反应提供还原性氢。因此，在脂类、类固醇激素及氨基酸合成旺盛的组织器官（如肝、肾上腺和性腺等）中，磷酸戊糖途径代谢也特别活跃。

2. $NADPH+H^+$ 可以维持谷胱甘肽的还原状态　谷胱甘肽由谷氨酸、甘氨酸和半胱氨酸组成，有氧化型谷胱甘肽（GSSG）和还原型谷胱甘肽（GSH）两种形式。GSH 是体内重要的抗氧化剂，半胱氨酸巯基是其功能部位。GSH 在还原底物的同时本身被氧化成 GSSG，后者在谷胱甘肽还原酶催化下接受 $NADPH+H^+$ 提供的氢重新还原成 GSH。因此，$NADPH+H^+$ 具有保护巯基蛋白与巯基酶免受氧化损伤的作用。

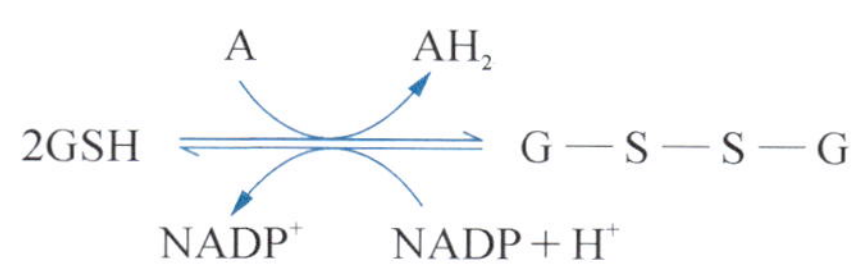

GSH 对于维持红细胞的正常功能具有重要作用。红细胞作为载氧细胞，细胞膜蛋白很容易受到氧自由基攻击。遗传性缺乏 6-磷酸葡萄糖脱氢酶的患者，磷酸戊糖途径不能正常进行，$NADPH+H^+$ 生成受阻，GSSG 不能及时还原。在一些诱发因素（如大量食用蚕豆、使用抗疟药、磺胺药等）作用下容易导致红细胞破裂，发生溶血性黄疸。蚕豆病就是由于 6-磷酸葡萄糖脱氢酶活性低下或先天性缺乏，患者大量食用蚕豆后，红细胞不能抵抗氧化损伤，从而引起溶血性贫血的典型病例。

3. $NADPH+H^+$ 参与体内的羟化反应　胆固醇、胆汁酸、类固醇激素的生物合成以及一些有毒物质的生物转化过程中存在羟基化反应，其供氢体也是 $NADPH+H^+$。

第五节　糖原的合成与分解

糖原（glycogen）是以葡萄糖为基本结构单位，通过 α-1,4-糖苷键和 α-1,6-糖苷键相连接的分支状大分子多糖。糖原广泛分布于哺乳类动物的肝脏与肌肉等组织中，用于储藏能源。食物中消化吸收的糖类物质，可以转变成肝糖原（hepatic glycogen）、肌糖原（muscle glycogen）或肾糖原（kidney glycogen）储存于肝脏、肌肉和肾脏组织。肝糖原主要用于调节血糖，维持血糖恒定；肌糖原主要为肌肉收缩供能；肾糖原含量少，重要性较小。每个糖原分子只有一个还原性末端，但有多个非还原性末端，糖原在体内的合成与分解代谢都是从非还原端开始。

一、糖原的合成代谢

糖原合成主要在肝脏和肌肉组织胞液中进行，需要引物提供 C_4—OH 末端、ATP 提供能量、UTP 作为葡萄糖基载体，反应过程包括葡萄糖供体生成、糖链延长和分支形成等环节。

(一) 活性葡萄糖供体生成

在糖原合成过程中，葡萄糖经过三步酶促反应，转变成“活性葡萄糖供体”尿苷二磷酸葡萄糖（uridine diphosphate glucose，UDPG）。

首先，进入肝、肌细胞中的葡萄糖在己糖激酶（肝内为葡萄糖激酶）的作用下磷酸化生成 6-磷酸葡萄糖。随后，在磷酸葡萄糖变位酶（phosphoglucomutase）催化下，6-磷酸葡萄糖将 C_6 位磷酸基团转移至 C_1 位生成

1-磷酸葡萄糖。最后，1-磷酸葡萄糖在 UDPG 焦磷酸化酶(UDPG pyrophosphorylase)催化下，与 UTP 反应生成 UDPG 和焦磷酸。焦磷酸极不稳定，在体内迅速被焦磷酸酶(pyrophosphatase)水解，使反应不断向 UDPG 的合成方向进行。

(二) 糖链的延长

在限速酶糖原合酶(glycogen synthase)催化下，将 UDPG 的葡萄糖基转移给糖原引物，通过 α-1,4 糖苷键连接在引物分子的非还原端，使糖原直链不断延长；UDPG 脱去葡萄糖基后转变成 UDP，后者再从 ATP 获得高能磷酸键转变成 UTP。

糖原引物(glycogen primer)是细胞内原有的小分子寡糖，它能提供游离的 C_4—OH 末端与 UDPG 的 C_1—OH 末端形成 α-1,4 糖苷键，使糖链延长。在糖原合成过程中，作为第一个小分子糖原引物的来源一直不太清楚。近年来，科学家们在糖原分子的核心发现了一种名为“glycogenin”的蛋白质，它可将 UDPG 的 C_1—OH 连接到蛋白质的酪氨酸残基上，形成糖原合成的最原始引物分子。

(三) 分支的形成

糖原合酶不能催化分支的形成。当糖原合酶催化糖链延长到 12～18 个葡萄糖基时，由分支酶将末端 6～7 个葡萄糖基组成的一段寡糖链转移至邻近的糖链上，以 α-1,6-糖苷键相连形成分支(图 4-9)。

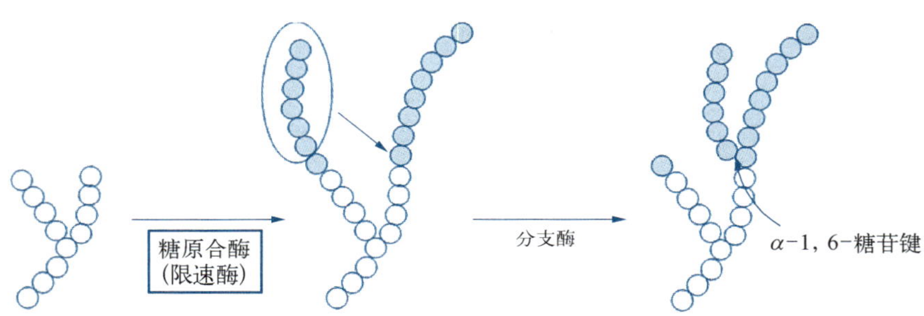

图 4-9 糖原分支的形成

分支酶(branching enzyme)具有 α-1,4-糖苷键水解作用和 α-1,6-糖苷键合成作用。分支酶首先利用 α-1,4-糖苷键水解作用将糖链末端的一段寡糖链水解下来；再利用 α-1,6-糖苷键合成作用将寡糖链连接到糖原的邻近糖链上形成分支，分支点之间至少需间隔 4 个葡萄糖基。糖原分支的形成增加了糖原的非还原端数量，增强了水溶性，加快了糖原合成与分解的速度。

(四) 糖链延长的能量消耗

从葡萄糖合成糖原是一个耗能过程。葡萄糖磷酸化消耗 1 分子 ATP，UDPG 生成再消耗 1 分子 UTP。因此，糖原合成时每增加 1 个葡萄糖基需消耗 2 个高能磷酸键的能量。

二、糖原的分解代谢

糖原分解(glycogenolysis)指糖原在胞质中被糖原磷酸化酶等催化解聚为葡萄糖的过程。催化糖原分解的酶类有：糖原磷酸化酶、磷酸葡萄糖变位酶、脱支酶、葡萄糖-6-磷酸酶等。

（一）糖原直链部分的水解

糖原分解的第一步是在限速酶糖原磷酸化酶（glycogen phosphorylase）催化下，依次从糖原非还原端水解 α-1,4-糖苷键生成 1-磷酸葡萄糖，反应所需磷酸基团直接由无机磷酸提供。1-磷酸葡萄糖在磷酸葡萄糖变位酶（phosphoglucomutase）催化下，将分子上 C_1-磷酸基团被可逆转移到 C_6—OH 上，生成 6-磷酸葡萄糖。肝、肾细胞含有葡萄糖-6-磷酸酶（glucose-6-phosphatase），能水解 6-磷酸葡萄糖生成葡萄糖，释放入血直接补充血糖。肌细胞没有 6-葡萄糖磷酸酶，故肌糖原分解不能直接补充血糖，只能进行糖酵解或有氧氧化，为糖异生提供原料与能量供应。

（二）糖原分支部分的水解

糖原磷酸化酶不能水解 α-1,6-糖苷键。当糖原直链上的葡萄糖基被水解到距分支点约 4 个葡萄糖基时，由于空间位阻使糖原磷酸化酶失去催化作用。这时由 α-1,4-葡聚糖转移酶（α-1,4-glucan transferase）将分支末端的 3 个葡萄糖基水解下来，转移至临近糖链的非还原末端并以 α-1,4-糖苷键连接，使分支点暴露出来。暴露出来的分支点葡萄糖基，在 α-1,6-葡萄糖苷酶（α-1,6-glucosidase）的作用下，水解成游离的葡萄糖（图 4-10）。

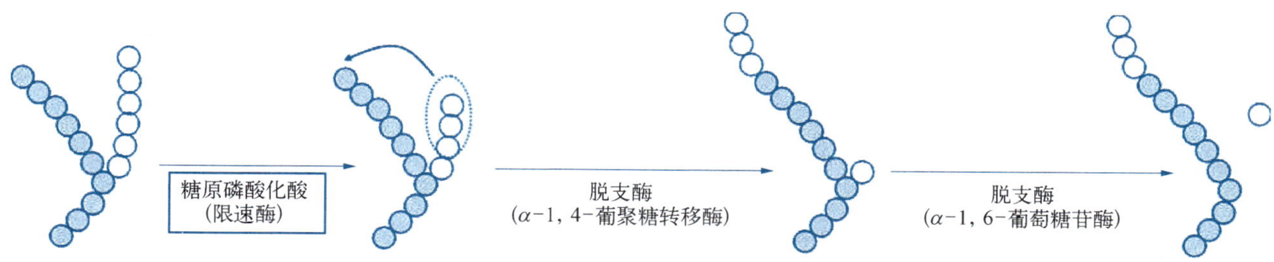

图 4-10　糖原分支的水解

目前认为，α-1,4-葡聚糖转移酶和 α-1,6-葡萄糖苷酶是同一种酶的两种活性形式，合称脱支酶（debranching enzyme）。糖原合成与分解过程概括如图 4-11。

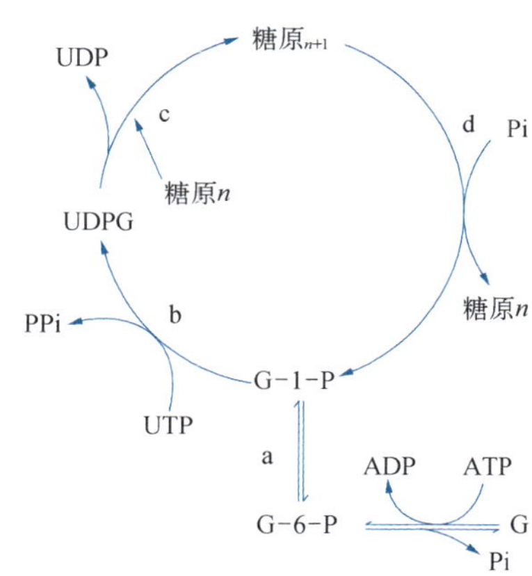

图 4-11　糖原的合成与分解

(a) 葡萄糖变位酶；(b) UDPG 焦磷酸化酶；(c) 糖原合酶；(d) 糖原磷酸化酶

（三）糖原累积症

糖原累积症（glycogen storage disease）是糖原代谢相关酶类缺陷导致糖原大量沉积于某些组织器官内的一类遗传性糖原代谢疾病。根据缺陷酶种类及发病组织的不同，可分为八种类型（表 4-3），其中，Ⅰ、Ⅲ和Ⅵ型以肝脏受损为主，Ⅴ和Ⅶ型以肌肉组织受损为主。糖原累积症的发病率较低，在欧美国家为 1/40 000～1/20 000，在我国未见相关统计报道。

表 4-3　糖原累积症的类型

类别	缺陷的酶	受害器官	糖原结构
Ⅰ	葡萄糖-6-磷酸酶	肝、肾	正常
Ⅱ	溶酶体 α1→4 和 α1→6 葡萄糖苷酶	所有组织	正常
Ⅲ	脱支酶	肝、肌肉	分支多，外周糖链特别短
Ⅳ	分支酶	所有组织	分支少，外周糖链特别长
Ⅴ	肌磷酸化酶	肌肉	正常
Ⅵ	肝磷酸化酶	肝脏	正常
Ⅶ	肌肉和红细胞磷酸果糖激酶	肌肉、红细胞	正常
Ⅷ	肝脏磷酸化酶激酶	脑、肝脏	正常

第六节 糖异生

人体内糖原储备非常有限,若不及时补充,十几个小时肝糖原就会被耗尽。事实上,禁食 24 h 后血糖水平仍能维持在正常水平,即使长期饥饿也仅略有降低。因为在禁食或饥饿条件下,一方面周围组织会减少对葡萄糖的利用;另一方面肝、肾等器官能够将非糖物质转变成葡萄糖补充血糖。机体组织细胞将氨基酸、乳酸、甘油等非糖物质转变成葡萄糖的过程称为糖异生(gluconeogenesis)。肝脏是糖异生的主要场所;肾脏为辅助场所,在长期饥饿时肾脏的糖异生能力会大大增强;肌肉组织不能进行糖异生。

一、糖异生途径

糖异生大部分反应是糖酵解途径的逆过程。由于己糖激酶、6-磷酸果糖激酶-1 和丙酮酸激酶催化的三步不可逆反应构成了糖异生的能量屏障,必须由另外的酶来催化绕道逆行反应,糖异生途径才能完成。催化这三步绕道反应的丙酮酸羧化酶、磷酸烯醇式丙酮酸羧激酶、果糖二磷酸酶-1 和葡萄糖-6-磷酸酶就是糖异生途径的限速酶。

(一)丙酮酸转变成磷酸烯醇式丙酮酸

丙酮酸转变成磷酸烯醇式丙酮酸经过两步反应,消耗 2 分子 ATP,分别在线粒体和细胞质两种亚细胞结构中进行。

1. 丙酮酸羧化生成草酰乙酸　反应由限速酶丙酮酸羧化酶(pyruvate carboxylase)催化。该酶分布于线粒体基质中,以生物素为辅酶,催化耗能的不可逆反应。反应时消耗 1 分子 ATP 使 CO_2 先与生物素结合,活化的 CO_2 再转移给丙酮酸生成草酰乙酸。

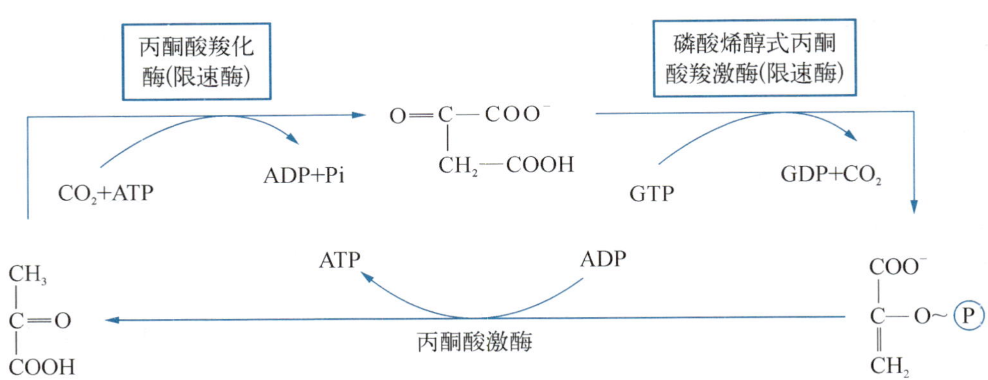

2. 草酰乙酸脱羧生成磷酸烯醇式丙酮酸　限速酶磷酸烯醇式丙酮酸羧激酶(phosphoenolpyruvate carboxykinase)分布于线粒体和胞质中,催化耗能的不可逆反应(消耗 1 分子 GTP),草酰乙酸转变成磷酸烯醇式丙酮酸可以在线粒体或胞质中进行。由于草酰乙酸不能自由穿过线粒体内膜,一般通过两种转运方式进入细胞质:① 苹果酸转运体穿梭:先由苹果酸脱氢酶将草酰乙酸还原成苹果酸进入细胞质,然后再脱氢生成草酰乙酸,从而将 $NADH+H^+$ 从线粒体带入细胞质中,为糖异生途径中 1,3-二磷酸甘油酸还原成 3-磷酸甘油醛提供还原性氢。以丙酮酸或某些氨基酸为原料进行糖异生时,常以苹果酸转运体穿梭方式穿出线粒体。② 天冬氨酸转运体穿梭:先由谷草转氨酶将草酰乙酸转变成天冬氨酸后运出线粒体,然后再脱去氨基生成草酰乙酸。以乳酸为原料进行糖异生时,常以天冬氨酸转运体穿梭方式运出线粒体。因为,乳酸在胞质中脱氢时已经产生了一分子 $NADH+H^+$,不需要将 $NADH+H^+$ 从线粒体带入细胞质中。在糖异生途径中,由丙酮酸羧化酶和磷酸烯醇式丙酮酸羧激酶催化丙酮酸经草酰乙酸转变成磷酸烯醇式丙酮酸的过程称为丙酮酸羧化支路(pyruvate carboxylation branch),代谢过程如图 4-12 所示。

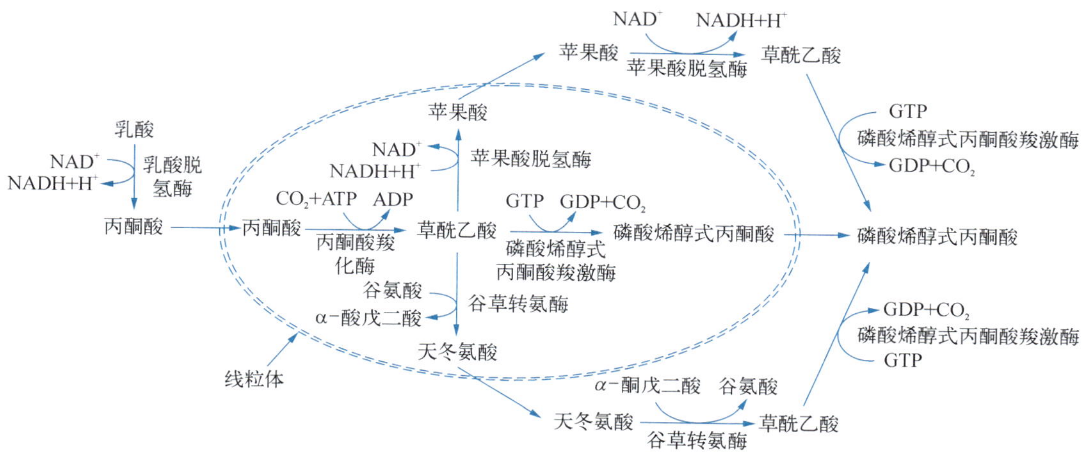

图 4-12　丙酮酸羧化支路

（二）1,6-二磷酸果糖转变成6-磷酸果糖

反应由糖异生途径的限速酶果糖二磷酸酶-1（fructose bisphosphatase-1）催化，使1,6-二磷酸果糖分子上C_1磷酸酯键直接水解脱去磷酸。

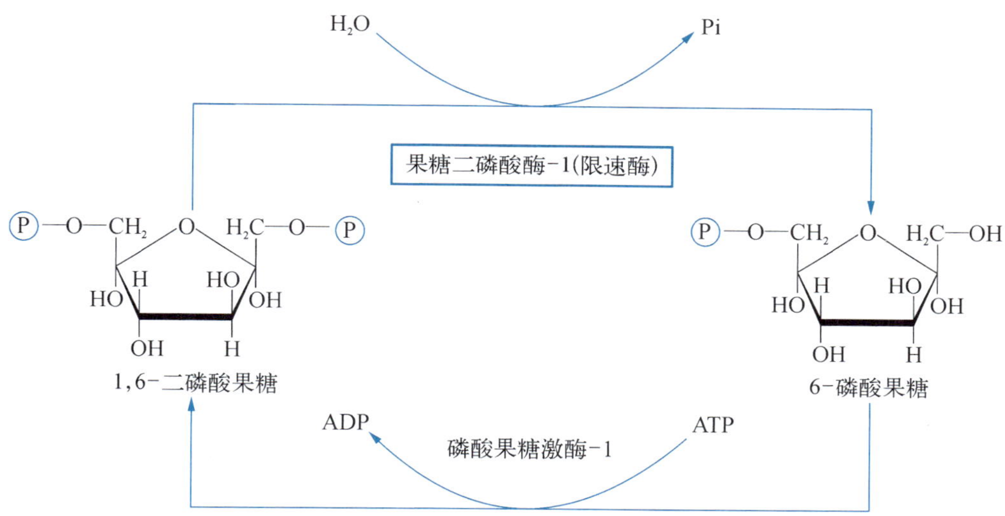

（三）6-磷酸葡萄糖水解成葡萄糖

反应由糖异生途径的限速酶葡萄糖-6-磷酸酶催化，使葡萄糖-6-磷酸分子上C_6磷酸酯键直接水解脱磷酸生成葡萄糖。

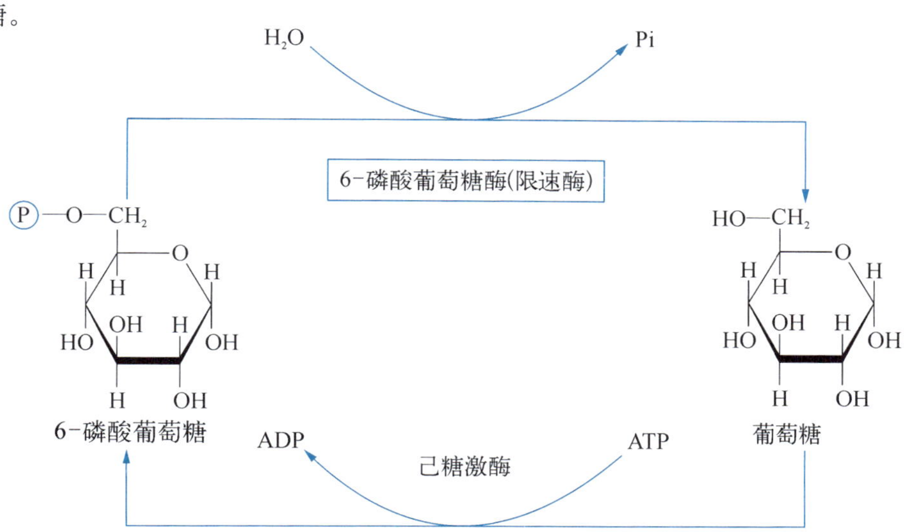

(四)底物循环

在代谢通路中,由不同酶催化的方向相反的反应同时进行所形成的底物互变循环称为底物循环(substrate cycle)。在糖酵解途径和糖异生途径中,就有三对不可逆的底物循环反应。在底物循环中,如果催化相反方向反应的酶活性相等,就会形成只消耗 ATP 的无效循环,从而导致发热或代谢信号作用的增强。然而,在细胞内存在着精细的调控系统,一条途径代谢活跃时,另一条途径的代谢就会被抑制,使代谢反应朝着某一个方向进行。糖酵解途径和糖异生途径的底物循环可归纳如图 4-13。

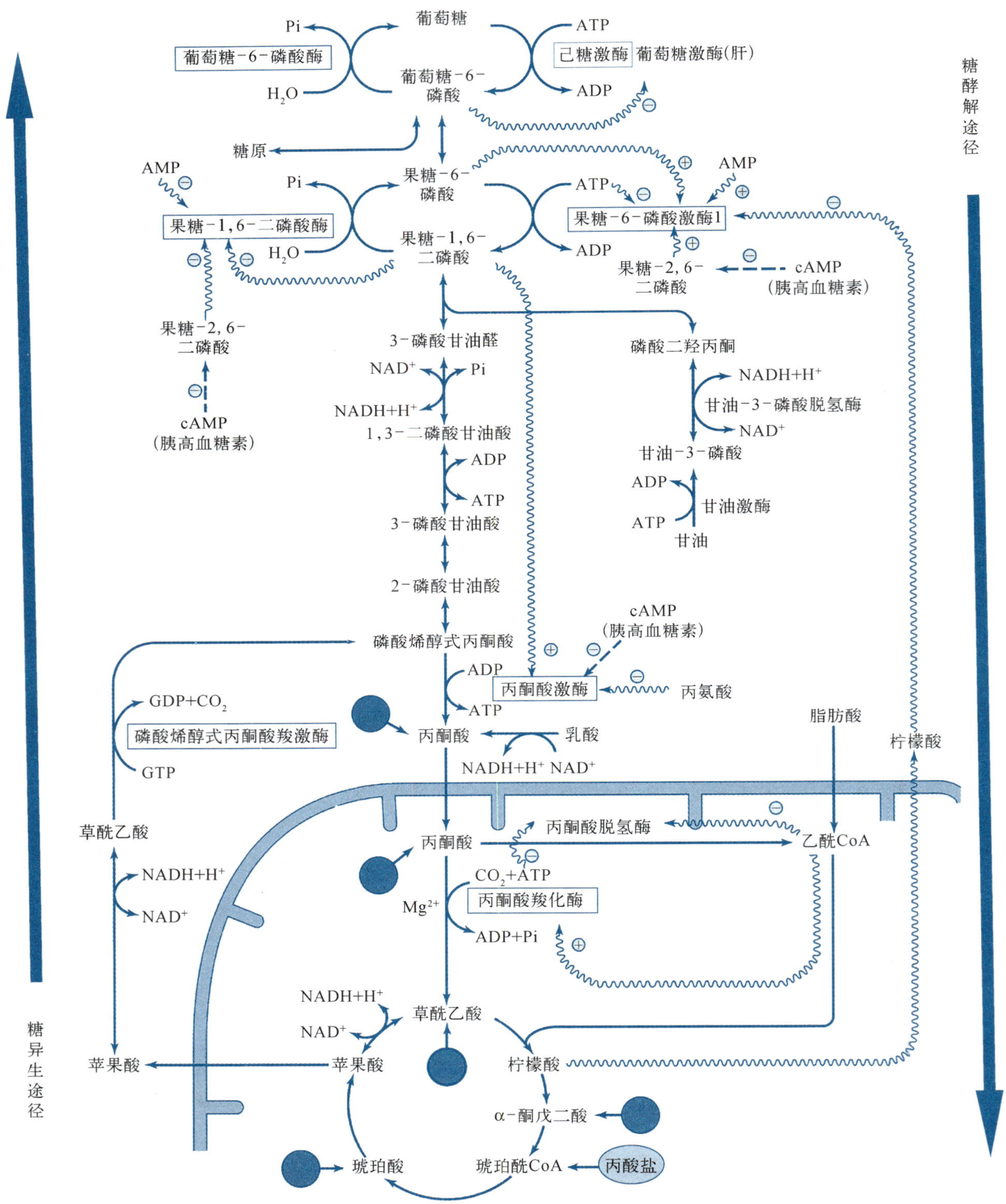

图 4-13 糖酵解途径和糖异生途径的底物循环

二、糖异生的生理意义

糖异生的主要生理意义在于维持血糖水平的恒定，补充或恢复肝糖原储备，维持酸碱平衡，防止乳酸堆积引起酸中毒。

（一）饥饿时维持血糖水平的恒定

在空腹或饥饿状态下，维持血糖水平恒定是糖异生作用最重要的生理功能。大脑主要依靠葡萄糖供能，红细胞完全依靠糖无氧分解获取能量，代谢活跃的骨髓、神经组织等依靠糖无氧分解提供重要的能量补充。处于安静状态的正常成人每天的葡萄糖消耗量为：大脑约 125 g，肌肉约 50 g，血细胞约 50 g。肝糖原储备只有 150 g 左右，仅靠肝糖原维持血糖浓度，最多只能维持 12 h。必须通过糖异生途径将乳酸、氨基酸及甘油等非糖物质转变成葡萄糖，才能维持血糖浓度的相对恒定。

（二）餐后补充肝糖原贮备

餐后糖类食物的大量摄入使糖原合成速度加快，以肝糖原和肌糖原的形式进行储存。研究证明，餐后肝糖原的生物合成并不是依靠葡萄糖激酶使葡萄糖磷酸化，继而转变成 UDPG 的方式来完成的。因为葡萄糖激酶的 K_m 值很高（10.0 mmol/L），即使在餐后门静脉内葡萄糖浓度也达不到葡萄糖激酶的 K_m 值要求。实际上，进食后摄入的糖类物质先分解成丙酮酸、乳酸等三碳化合物，后者经糖异生途径异生成糖，再转变成肝糖原贮存。葡萄糖经 UDPG 合成糖原的过程称为六碳途径（six-carbon pathway）或直接途径，经糖异生途径合成糖原的过程称为三碳途径（three-carbon pathway）或间接途径。三碳途径完美地解释了肝细胞葡萄糖摄取能力低下与糖原合成能力很强以及餐后 2～3 h 内仍保持旺盛糖原合成能力的原因。

（三）肾糖异生具有调节酸碱平衡的功能

长期饥饿时，脂动员增强并以酮体形式供能，血液中酮体浓度大幅升高会导致代谢性酸中毒。此时，肾脏的糖异生增强，通过泌氢保钠方式调节酸碱平衡。肾脏糖异生增强时，α-酮戊二酸被大量消耗，促进谷氨酰胺脱氨基生成 α-酮戊二酸，NH_3 被分泌入肾小管管腔中与原尿中的 H^+ 结合生成 NH_4^+ 排出体外，有效降低了体内的 H^+ 浓度，缓解了代谢性酸中毒。

（四）有利于乳酸的再利用

剧烈运动时，肌细胞中糖酵解增强生成大量乳酸。但肌细胞缺乏 6-磷酸葡萄糖酶，乳酸不能在肌细胞中进行糖异生。肌细胞生成的乳酸经血液循环运输入肝，在肝中异生成糖，再释放入血运输到肌肉组织利用的过程称为乳酸循环（lactate cycle）（图 4-14）。这一过程为捷克生化学家 Cori 夫妇阐明故又称为 Cori 循环。乳酸循环有利于乳酸的再利用，防止乳酸堆积引起中毒。乳酸循环为耗能过程，2 分子乳酸异生成 1 分子葡萄糖需要消耗 6 分子 ATP。

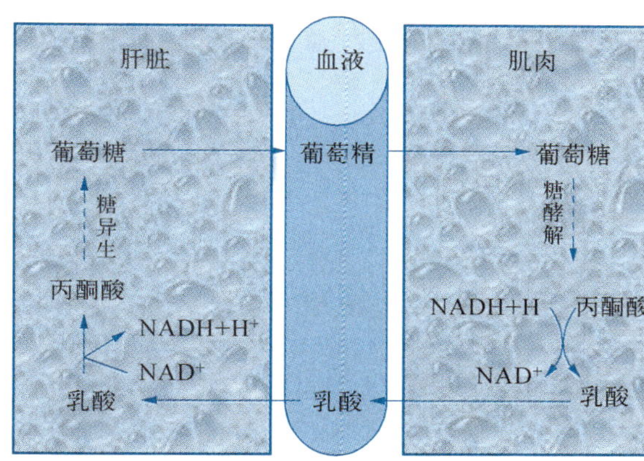

图 4-14　乳酸循环

第七节　糖代谢的调节

糖代谢是一个高度有序精细可调的代谢过程，机体中各种糖的分解与合成代谢途径同脂代谢、氨基酸代谢、核苷酸代谢等其他代谢途径相互协调，形成了一个有机联系的完整代谢网络，体内外环境条件的变化直接影响各代谢途径的代谢方向和代谢强度。糖代谢各条途径的相对强弱，在细胞水平上受限速酶的相对活性调节；在组织器官水平上受肝脏、肌肉、脂肪组织等组织内不同代谢途径的相对强弱调节；在整体水平上受升糖激素与降糖激素调节。

一、限速酶的相对活性对糖代谢途径的调节作用

细胞是构成组织器官的基本功能单位，细胞水平的调节是器官水平和整体水平调节的基础，对限速酶的调节是细胞水平调节的核心。限速酶(rate-limiting enzyme)是某一代谢途径中催化关键不可逆步骤且反应速度相对较慢的酶。限速酶活性的改变与酶量的增减，直接影响到整个代谢途径的速度乃至方向。在糖代谢过程中，存在着 14 处由限速酶催化的调节点，对这 14 个限速酶的调节方式主要有变构调节、磷酸化修饰调节以及激素调节(表 4-4)。

表 4-4 糖代谢限速酶及其调节方式

代谢途径	关键酶	变构激活	变构抑制	磷酸化	脱磷酸	激素调节
糖酵解途径	己糖激酶		G-6-P			
	葡萄糖激酶(重要酶)		长链脂酰 CoA			
	6-磷酸果糖激酶 1	AMP；ADP；ATP(低浓度时)；F-1,6-2P；F-2,6-2P	ATP(高浓度时)；柠檬酸	磷酸化无活性	脱磷酸有活性	胰高血糖素间接抑制酶活性
	丙酮酸激酶	F-1,6-2P	ATP，Ala(肝)	磷酸化无活性		胰高血糖素促进酶磷酸化失活
丙酮酸脱氢	丙酮酸脱氢酶复合体	AMP；ADP；NAD^+；Ca^{2+}	乙酰 CoA；NADH；ATP	磷酸化无活性	脱磷酸有活性	胰岛素促进 PDH 脱磷酸激活
三羧酸循环	柠檬酸合酶	ADP	ATP；NADH+H^+；柠檬酸；琥珀酰 CoA			
	异柠檬酸脱氢酶	AMP；ADP；Ca^{2+}	ATP			
	α-酮戊二酸脱氢酶复合体	Ca^{2+}	琥珀酰 CoA；NADH+H^+			
磷酸戊糖途径	6-磷酸葡萄糖脱氢酶	$NADP^+$/NADPH↑	NADPH/$NADP^+$↑			
糖原合成	糖原合酶	ATP；6-磷酸葡萄糖		磷酸化低活性	脱磷酸高活性	胰高血糖素，肾上腺素降低活性；胰岛素增强活性
糖原分解	糖原磷酸化酶	AMP	ATP；6-磷酸葡萄糖；葡萄糖	磷酸化高活性	脱磷酸低活性	高血糖素；肾上腺素提高酶活性；胰岛素降低活性
糖异生途径	丙酮酸羧化酶	乙酰 CoA				
	磷酸烯醇式丙酮酸羧激酶					胰岛素抑制酶合成；胰高血糖素促进酶合成
	果糖二磷酸酶 1		AMP；F-2,6-2P			胰高血糖素使酶激活
	葡萄糖-6-磷酸酶					

(一) 糖酵解途径限速酶的调节

糖酵解途径中催化三个不可逆反应的己糖激酶(葡萄糖激酶)、6-磷酸果糖激酶-1 和丙酮酸激酶是糖酵解途径的限速酶和流量控制节点，分别受变构调节、共价修饰调节和激素调控。6-磷酸果糖激酶-1 是主调节点，丙酮酸激酶和己糖激酶是次调节点。

1. **己糖激酶(HK)与葡萄糖激酶(GK)的活性调节** 己糖激酶受产物 6-磷酸葡萄糖的反馈抑制；葡萄糖激酶受长链脂酰 CoA 的变构抑制，不受 6-磷酸葡萄糖影响，这在饥饿时减少肝和其他组织对葡萄糖的摄取具有重要意义。胰岛素可在转录水平上增强葡萄糖激酶基因的表达水平，促进酶的合成。

2. **6-磷酸果糖激酶-1(FPK-1)的活性调节** 6-磷酸果糖激酶-1 为四聚体寡聚蛋白，有两个 ATP 结合位点：一个位于催化部位，对 ATP 亲和力高；一个位于调节部位，对 ATP 亲和力低。柠檬酸是 FPK-1 的抑制剂，柠檬酸浓度升高，糖的分解速度会减慢。ATP 对 FPK-1 的影响具有双重性：当 ATP 浓度较低时，ATP 作为底物与酶的催化部位结合，促进酶促反应的进行；当 ATP 浓度较高时，ATP 作为变构抑制剂与酶的调节部位结合，抑制酶的活性。AMP、ADP、1,6-二磷酸果糖和 2,6-二磷酸果糖(fructose-2,6-

biphosphate)是 FPK－1 的变构激活剂。AMP 可与 ATP 竞争结合酶的调节部位，消除 ATP 对酶的抑制作用；1,6－二磷酸果糖是 FPK－1 的反馈激活剂，这是较为少见的产物作为正调节物的调节方式；2,6－二磷酸果糖是 FPK－1 最强的变构激活剂，它可以与 AMP 一起消除 ATP 和柠檬酸对 FPK－1 的变构抑制作用。2,6－二磷酸果糖 C_2 的去磷酸和磷酸化分别由果糖二磷酸酶－2(fructose biphosphatase－2)和 6－磷酸果糖激酶－2(6－phosphofructokinase－2)催化。6－磷酸果糖激酶－2 和果糖二磷酸酶－2 为一种双功能酶，酶分子有两个活性中心，分别催化 2,6－二磷酸果糖 C_2 的去磷酸(磷酸酶活性)和磷酸化(激酶活性)。两种酶活性的主导地位由体内的激素水平决定，胰高血糖素通过 cAMP 依赖性蛋白激酶系统使双功能酶第 32 位丝氨酸磷酸化，导致激酶活性抑制与磷酸酶活性增强；胰岛素通过磷蛋白磷酸酶使第 32 位丝氨酸脱去磷酸，酶活性则发生相反的变化。对 FPK－1 的活性调节归纳如图 4－15。

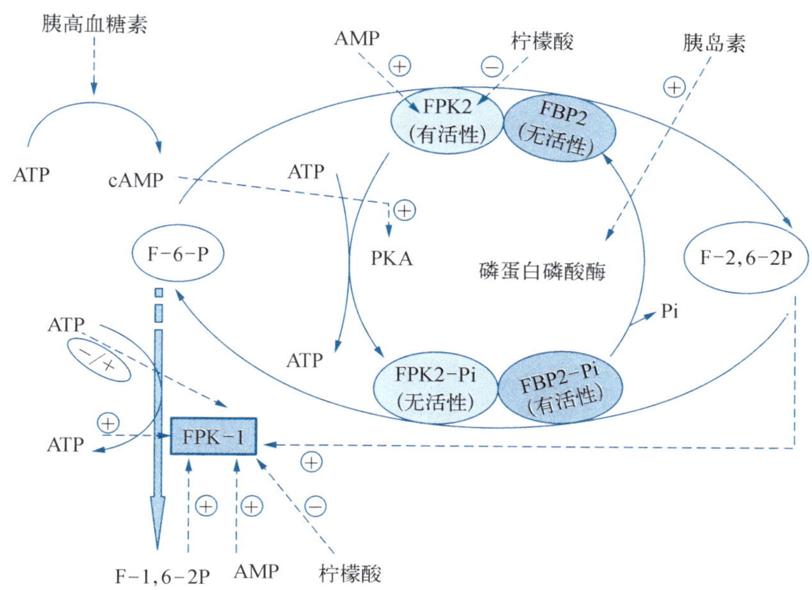

图 4－15 6－磷酸果糖激酶－1 的活性调节

3. 丙酮酸激酶(PK)的活性调节 丙酮酸激酶具有变构调节和共价修饰调节两种方式。ATP 和肝内丙氨酸为酶的抑制剂，1,6－二磷酸果糖为酶的激活剂；依赖 cAMP 的蛋白激酶系统及依赖 Ca^{2+}－钙调蛋白的蛋白激酶系统能诱导丙酮酸激酶发生磷酸化修饰而失活，胰高血糖素可通过 cAMP 抑制酶活性。

(二) 有氧氧化限速酶的调节

糖的有氧氧化是机体获得能量的主要方式。对有氧氧化的调节，实际上是为了满足不同生理状态下机体对能量的需求差异。在有氧氧化三个阶段中，糖酵解途径的调节如前所述，下面重点讨论对丙酮酸脱氢酶复合体及三羧酸循环限速酶的调节。

1. 丙酮酸脱氢酶复合体(PDH)的活性调节 丙酮酸脱氢酶复合体的调节有变构调节和共价修饰调节两种方式。① ATP、乙酰 CoA 和 NADH＋H^+ 为 PDH 的变构抑制剂，AMP 为变构激活剂。当 ATP/AMP、乙酰 CoA/HSCoA 和 NADH/NAD^+ 比值升高，酶活性被抑制；反之则被激活。当机体处于饥饿状态时，脂肪大量动员使[乙酰 CoA/CoA 和 NADH/NAD^+]升高，抑制糖的有氧氧化，减少肌肉等组织对糖的摄取利用，确保大脑等组织对葡萄糖的需求。② PDH 还受磷酸化/脱磷酸化共价修饰调节。丙酮酸脱氢酶激酶通过磷酸化 PDH 的丝氨酸使酶变构失活，丙酮酸脱氢酶磷酸酶通过使磷酸化的 PDH 脱去磷酸而恢复活性。ATP、乙酰 CoA 和 NADH＋H^+ 能增强丙酮酸脱氢酶激酶的活性，间接加快 PDH 的磷酸化失活进程；NAD^+ 和 ADP 可抑制丙酮酸脱氢酶激酶的活性。胰岛素和 Ca^{2+} 能增强丙酮酸脱氢酶磷酸酶的活性，促使 PDH 的去磷酸化。对 PDH 的活性调节归纳如图 4－16。

2. 三羧酸循环限速酶的调节 三羧酸循环中由柠檬酸合酶、异柠檬酸脱氢酶和 α－酮戊二酸脱氢酶复合

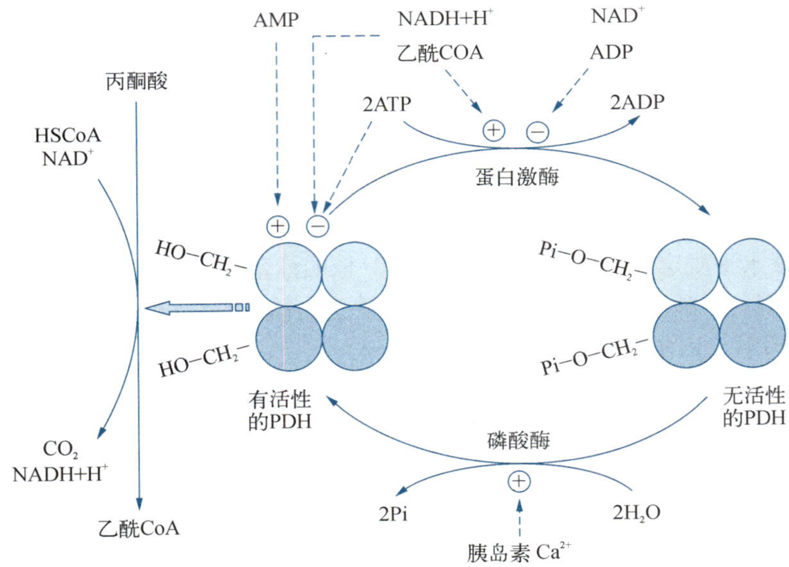

图 4-16 丙酮酸脱氢酶复合体的调节

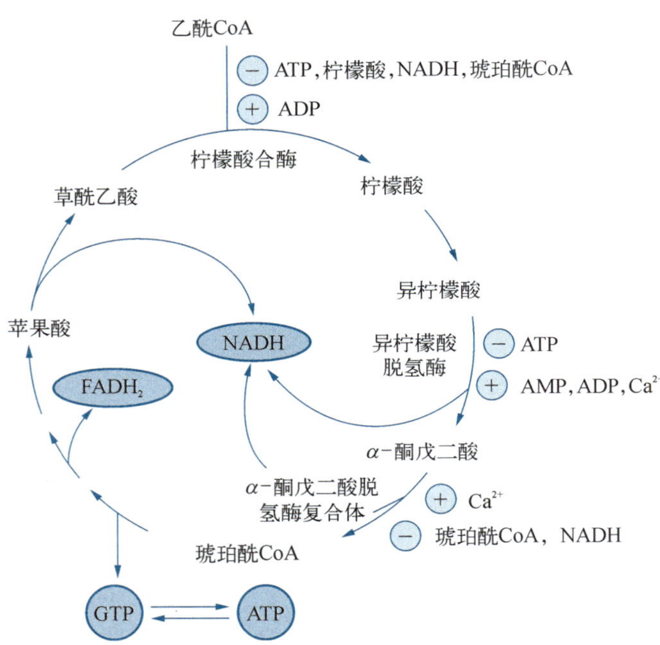

图 4-17 三羧酸循环限速酶的调节

体三个限速酶催化的反应不可逆，为三羧酸循环的调控点。NADH/NAD$^+$、ATP/ADP 比值升高时，反馈抑制异柠檬酸脱氢酶和 α-酮戊二酸脱氢酶复合体的活性；ATP 和 ADP 分别是异柠檬酸脱氢酶的变构抑制剂和变构激活剂；琥珀酰 CoA 和 NADH 是 α-酮戊二酸脱氢酶复合体的变构抑制剂。ATP、柠檬酸、琥珀酰 CoA 和 NADH 是柠檬酸合酶的变构抑制剂，ADP 为其变构激活剂。此外，当线粒体内 Ca^{2+} 浓度升高时，可与异柠檬酸脱氢酶和 α-酮戊二酸脱氢酶复合体结合，降低酶对底物的 K_m 值，增强酶的亲和力，从而推动三羧酸循环和有氧氧化的进行。三羧酸循环限速酶的调节归纳入图 4-17。

综上所述，对糖有氧氧化的调节，实际上是根据细胞的能量水平对限速酶的活性进行调节。当细胞处于低能状态时，细胞内 ATP/ADP 或 ATP/AMP 比值降低，6-磷酸果糖激酶-1、丙酮酸激酶、丙酮酸脱氢酶复合体、异柠檬酸脱氢酶和 α-酮戊二酸脱氢酶复合体等均被激活，促使有氧氧化加速，ATP 合成增强。当细胞处于高能状态时，细胞内 ATP/ADP 或 ATP/AMP 比值升高，上述酶的活性均被抑制，使 ATP 合成减弱。细胞内 AMP 的浓度只有 ATP 的 1/50，当细胞处于低能状态时，ADP 可通过腺苷酸激酶催化快速合成 AMP(2ADP→ATP＋AMP)，使信号迅速放大，对糖的有氧氧化发挥有力的调节作用。

(三) 磷酸戊糖途径限速酶的调节

6-磷酸葡萄糖脱氢酶是磷酸戊糖途径的限速酶，酶活性高低决定 6-磷酸葡萄糖进入该途径的流量和5-磷酸核糖与 NADPH＋H$^+$ 的生成速度，主要受 NADPH/NADP$^+$ 比值高低的调控。当[NADPH/NADP$^+$]升高时，酶活性受到抑制，磷酸戊糖途径代谢速度下降；反之，酶活性升高，磷酸戊糖途径代谢速度加快。

(四) 糖原合成与分解途径限速酶的调节

糖原合酶与糖原磷酸化酶分别是调节机体糖原合成与分解代谢平衡的限速酶。供能物质不足时(饥饿)，糖原磷酸化酶活性增强，使糖原分解供能；供能物质充足时(餐后)，糖原合酶活性增强，摄入的糖类物质被大量合成肝糖原或肌糖原储存。糖原合酶与磷酸化酶通过磷酸化和去磷酸化共价修饰调节与变构调节两种方式相互协调，构成了一个精细的调控网络。

1. 糖原合成与分解关键酶的共价修饰调节　糖原合酶有两种形式，磷酸型无活性称糖原合酶 b，去磷酸型有活性称糖原合酶 a。糖原磷酸化酶也有两种形式，磷酸型有活性称糖原磷酸化酶 a，去磷酸型无活性称糖原磷酸化酶 b。糖原合酶与磷酸化酶的磷酸化和脱磷酸化，由相应蛋白激酶和磷蛋白磷酸酶催化。

肝糖原合成与分解主要受胰岛素和胰高血糖素调节。胰岛素抑制糖原分解，促进糖原合成，作用机制尚不完全清楚。胰高血糖素主要通过一系列级联放大效应促进糖原分解，抑制糖原合成。首先，胰高血糖素激活腺苷酸环化酶，催化 ATP 环化成第二信使 cAMP；随后，cAMP 激活 cAMP 依赖性蛋白激酶 A(PKA)，使磷酸化酶 b 激酶磷酸化激活；活性磷酸化酶 b 激酶再使糖原合酶和磷酸化酶分别磷酸化。糖原合酶磷酸化后失活，使糖原合成途径关闭；糖原磷酸化酶磷酸化后被激活，从而开启糖原分解途径。可见，胰高血糖素具有抑制糖原合成和促进糖原分解双重升糖作用。此外，蛋白激酶 A 还可以直接使糖原合酶磷酸化而失活。

肌糖原合成与分解的调节与肝糖原有所不同，主要受胰岛素和肾上腺素调节。肾上腺素的调节方式与胰高血糖素相似，也是通过腺苷酸环化酶-蛋白激酶 A 系统和糖原磷酸化酶 b 激酶等一系列级联放大反应，最终使糖原合酶磷酸化失活，糖原磷酸化酶磷酸化激活。因此，肾上腺素分泌增加时，会加速肌糖原氧化分解，同时抑制肌糖原合成，以保证肌收缩运动对能量的需求。糖原合成与分解的共价修饰调节归纳为图4－18。

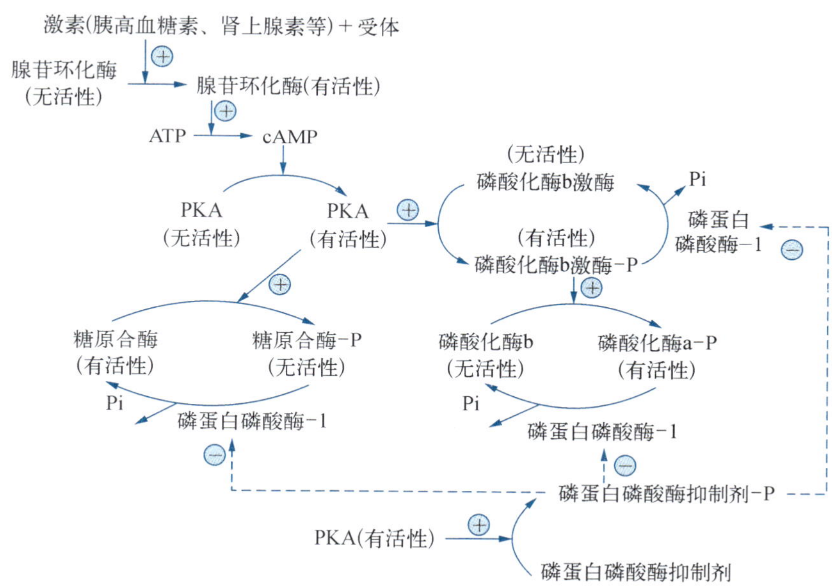

图 4－18　糖原合成与分解的共价修饰调节

2. 糖原合成与分解关键酶的变构调节　葡萄糖是糖原磷酸化酶的变构抑制剂。血糖浓度升高时，葡萄糖进入肝细胞与糖原磷酸化酶 a 的变构部位结合，引起酶构象改变，暴露出第 14 位丝氨酸残基上的磷酸基团，促进磷蛋白磷酸酶- 1 催化酶分子脱去磷酸而失活，从而抑制肝糖原分解。

肌糖原的调节受细胞能量水平控制。肌收缩时，ATP 被大量消耗使细胞内 AMP 浓度升高，变构激活糖原磷酸化酶 b，促进肌糖原分解供能。静息状态下，肌细胞内 ATP 和 6-磷酸葡萄糖水平较高，二者变构激活糖原合酶并抑制糖原磷酸化酶 a，从而促进肌糖原合成、抑制其分解。

细胞内 Ca^{2+} 浓度是调节肌糖原合成与分解的重要因素。神经冲动时引起肌收缩，使细胞内 Ca^{2+} 浓度升高。糖原磷酸化酶 b 激酶的 δ 亚基是钙调蛋白，可与 Ca^{2+} 结合并激活糖原磷酸化酶 b 激酶，使糖原磷酸化酶 b 磷酸化激活，从而加速肌糖原分解供能。糖原合成与分解的变构调节归纳为图 4－19。

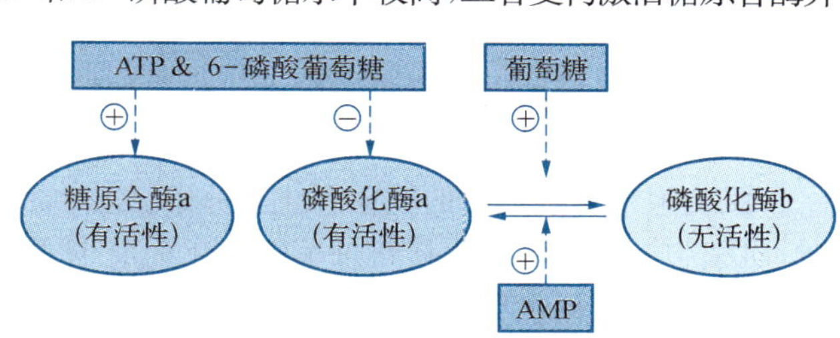

图 4－19　糖原合成与分解的变构调节

（五）糖异生途径限速酶的调节

糖异生途径与糖的无氧分解是两条方向相反的代谢途径，两条途径的协调主要依赖6-磷酸果糖与1,6-二磷酸果糖的互变和磷酸烯醇式丙酮酸与丙酮酸的互变两个底物循环来完成。

1. 6-磷酸果糖与1,6-二磷酸果糖间的互变调节　6-磷酸果糖激酶-1和果糖二磷酸酶-1分别催化6-磷酸果糖与1,6-二磷酸果糖之间的互变，变构剂对这两个酶的活性调节刚好方向相反。AMP和2,6-二磷酸果糖是6-磷酸果糖激酶-1的变构激活剂，同时又是果糖二磷酸酶-1的变构抑制剂。细胞内AMP和2,6-二磷酸果糖升高时，既促进糖的酵解又抑制糖异生途径。饥饿时血糖浓度下降，刺激胰高血糖素分泌增加，通过cAMP依赖性蛋白激酶系统使6-磷酸果糖激酶-2磷酸化失活，导致细胞内2,6-二磷酸果糖水平降低，从而促进糖异生、抑制糖酵解。进食后血糖浓度升高，刺激胰岛素分泌增加，通过相反方向的调节作用抑制糖异生、促进糖的氧化分解。

2. 磷酸烯醇式丙酮酸和丙酮酸间的互变调节　丙酮酸激酶、丙酮酸羧化酶和磷酸烯醇式丙酮酸羧激酶共同催化磷酸烯醇式丙酮酸与丙酮酸之间的相互转变。1,6-二磷酸果糖是丙酮酸激酶的变构激活剂，促进丙酮酸转化成磷酸烯醇式丙酮酸。胰高血糖素可通过cAMP依赖性蛋白激酶系统诱导磷酸烯醇式丙酮酸羧激酶基因表达和丙酮酸激酶磷酸化失活，从而促进糖异生、抑制糖的有氧氧化。丙氨酸是丙酮酸激酶的变构抑制剂，乙酰CoA是丙酮酸羧化酶的变构激活剂与丙酮酸脱氢酶的反馈抑制剂，两者均具有抑制糖酵解和促进糖异生的作用。糖异生途径限速酶的调节归结为图4-20。

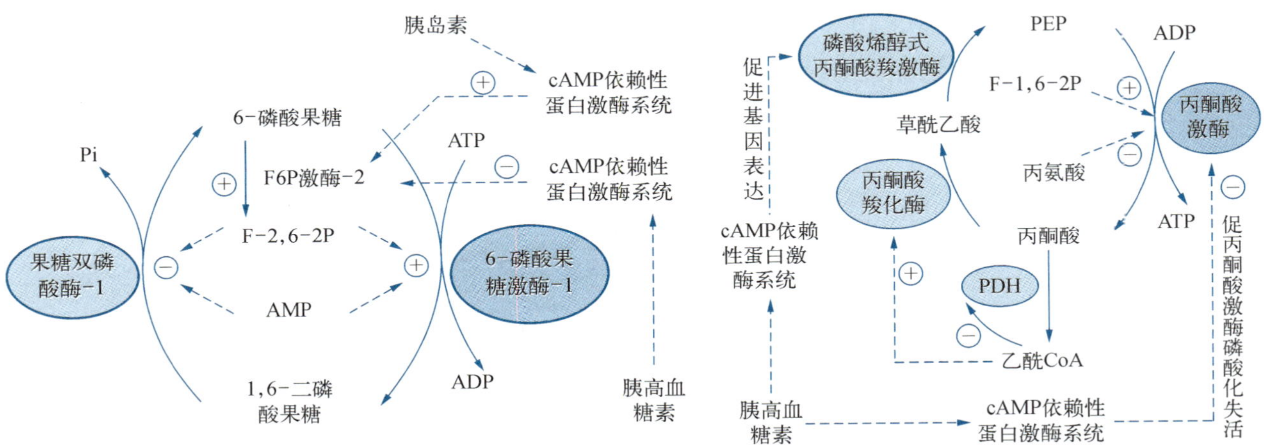

图4-20　糖异生途径限速酶的调节

二、组织器官对糖代谢的调节作用

在物质代谢上，不同组织器官既具有差异性又具有协调性，形成组织器官水平的代谢网络调控。在组织器官水平上对糖代谢的调节，主要是通过肝脏、肌肉、肾脏、脂肪组织等不同组织器官自身的代谢特异性，在不同环境状况下对糖的分解代谢与合成代谢进行调控，以维持机体对能量的总体需求。

（一）肝脏是调节糖代谢的中枢器官

肝细胞中分布着丰富的糖原合成与分解、糖氧化与糖异生等代谢途径酶系。当餐后血糖水平升高时，肝细胞能够快速摄取葡萄糖经三碳途径合成糖原就地储存，同时加速糖的氧化和糖转脂，抑制糖异生，使血糖浓度迅速恢复到正常水平；当饥饿血糖水平下降时，储存在肝细胞中的肝糖原能够快速分解成葡萄糖直接补充血糖，同时肝细胞还可通过减少糖氧化与加快糖异生作用来补充血糖，从而维持血糖的正常水平。

（二）肌肉组织是调节糖代谢的主要组织

肌细胞中含有丰富的糖原合成与分解、糖有氧氧化和无氧分解等代谢途径酶系。当餐后血糖水平升高时，肌细胞一方面可以直接将葡萄糖转化为肌糖原储存，另一方面可以加速葡萄糖的氧化供能，以降低血糖水平；当饥饿血糖水平降低时，储存在肌细胞中的肌糖原可以氧化分解成三碳物质，与肌蛋白降解产生的氨基酸一起被运输入肝并在肝中异生成糖，从而间接补充血糖；同时肌细胞通过主要以脂酸氧化供能的方式，大大减少了葡萄糖的氧化消耗。

（三）其他组织在调节糖代谢中的重要作用

肾脏具有合成肾糖原和糖异生作用，脂肪组织可以通过脂代谢与糖代谢协同，它们在血糖水平调节中具有重要作用。通过肝脏、肌肉及其他组织器官的相互协调，使血糖水平维持着相对恒定。

三、激素对血糖浓度的调节作用

血糖（blood glucose）指血液中的葡萄糖。正常生理状态下，血糖水平相对恒定，维持在 3.89～6.11 mmol/L之间。禁食或餐后，血糖浓度会在一定范围内上下波动，一般在短时间内能够恢复到正常水平，以保证人体各组织器官对葡萄糖的需求，维持正常生理功能。

（一）血糖的来源和去路

在正常生理条件下，血糖水平的相对恒定通过血糖来源和去路的动态平衡来维持。血糖有三条来路：① 食物中糖类物质的消化吸收是主要来源；② 肝糖原的分解是空腹血糖的直接来源；③ 糖异生作用是饥饿状态下血糖的补充来源。血糖有四条去路：① 氧化分解供能是血糖的主要去路；② 在肝脏、肌肉和肾脏等组织中合成糖原储存；③ 转变为脂肪、氨基酸等非糖物质；④ 转变为其他糖类及其衍生物，如核糖、氨基糖、唾液酸、葡萄糖醛酸等。此外，当血糖浓度高于 8.9 mmol/L，超过肾小管的肾糖阈（renal glucose threshold）时，多余的糖会从尿中排出形成尿糖（urine glucose）（图 4－21）。

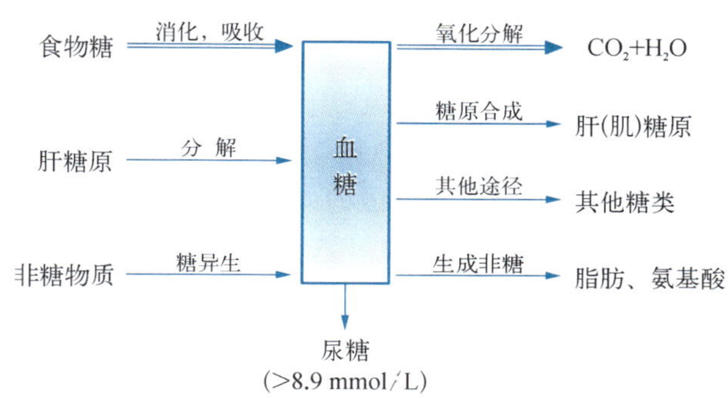

图 4－21　血糖的来源和去路

（二）激素对血糖水平的调节

正常生理条件下，血糖水平能够维持相对恒定。这是无氧分解与有氧氧化、糖原合成与分解以及糖异生作用等各条糖代谢途径相互协调的结果，是肝脏、肌肉、脂肪组织等组织器官密切配合的结果，是升糖激素与降糖激素协同调节的结果。调节血糖水平的激素分降糖激素和升糖激素两大类。胰岛素是唯一的降糖激素，升糖激素有胰高血糖素、肾上腺素、糖皮质激素等多种，它们协同发挥着血糖调节作用。

1. 胰岛素　胰岛素（insulin）是体内唯一的降糖激素，随血糖浓度的升高分泌增加；随血糖浓度的降低分泌减少。胰岛素通过多种机制降低血糖：① 促进肌肉、脂肪组织等细胞对葡萄糖的摄入；② 增强磷酸二酯酶活性、降低细胞内 cAMP 水平，使糖原合酶活性增强、磷酸化酶活性减弱，加速糖原合成、抑制糖原分解；③ 激活丙酮酸脱氢酶加速丙酮酸氧化，促进糖的有氧分解；④ 抑制磷酸烯醇式丙酮酸羧激酶的合成，减少糖异生；⑤ 促进氨基酸进入肌肉组织合成蛋白质，减少糖异生的原料；⑥ 抑制激素敏感性脂肪酶，减少脂肪动员，促进葡萄糖利用。

2. 胰高血糖素　胰高血糖素（glucagon）是体内主要的升糖激素，随血糖浓度降低或血中氨基酸水平升高而分泌增加。胰高血糖素的升糖机制包括：① 激活腺苷酸环化酶和 cAMP 依赖性蛋白激酶系统，使糖原合酶磷酸化失活与糖原磷酸化酶磷酸化激活，加速肝糖原分解直接升高血糖；② 2,6－二磷酸果糖是 6－磷酸果糖激酶－1 的强力激活剂与果糖二磷酸酶－1 的抑制剂，胰高血糖素通过抑制磷酸果糖激酶－2 减少 2,6－二磷酸果糖生成与激活果糖二磷酸酶－2 促进 2,6－二磷酸果糖水解，快速降低细胞内 2,6－二磷酸果糖的水平，从而达到抑制糖酵解与促进糖异生的双向调节作用；③ 诱导肝细胞中磷酸烯醇式丙酮酸羧激酶的合成、抑制丙酮酸激酶活性，促进糖异生，抑制糖氧化；④ 促进肝细胞对氨基酸的摄取，为糖异生提供原料；⑤ 激活激素敏感性脂肪酶，加速脂肪动员，减少葡萄糖利用，间接升高血糖水平。

3. 肾上腺素　肾上腺素（adrenalin）是强有力的升糖激素，主要在应激状态下发挥作用。肾上腺素的作用机制为：通过 cAMP 依赖性蛋白激酶系统，激活糖原磷酸化酶、提高果糖二磷酸酶－1 活性与抑制 6－磷酸果糖激酶－1 活性，从而加速糖原分解、抑制葡萄糖氧化。肝糖原分解成葡萄糖释放入血可以直接升高血糖；肌糖原分解成乳酸，为糖异生提供原料，可以间接升高血糖。

4. 糖皮质激素　糖皮质激素(glucocorticoid)是肾上腺皮质分泌的对糖、脂、蛋白质代谢有较强调节作用的固醇类化合物,升高血糖的机制主要有:① 促进肌肉组织中蛋白质分解成氨基酸,为糖异生提供原料;② 诱导磷酸烯醇式丙酮酸羧激酶的合成,促进糖异生;③ 抑制丙酮酸脱氢酶的活性,减少葡萄糖氧化;④ 抑制肝外组织对葡萄糖的利用,间接升高血糖。

(三) 血糖水平异常

正常人对血糖水平的控制有一整套严密的调控机制,即使一次性摄入大量葡萄糖,血糖水平也不会出现大幅度或持久性升高。人体对葡萄糖摄入的耐受能力称为葡萄糖耐量(glucose tolerance)或耐糖现象。如果血糖的精确调节机制异常,就会导致低血糖、高血糖及糖尿病等糖代谢紊乱疾病的发生。

1. 高血糖与糖尿病　临床上将空腹血糖浓度高于7.1 mmol/L称为高血糖(hyperglycemia)。高血糖有生理性和病理性两种情况。生理性高血糖(physiological hyperglycemia)指因情绪激动或一次性摄入大量葡萄糖而引起的血糖浓度暂时性升高。病理性高血糖(pathological hyperglycemia)常见于内分泌功能紊乱,如胰岛素分泌相对或绝对不足,胰岛素受体遗传性较少或亲和力降低。当血糖浓度超过肾小管的重吸收能力(肾糖阈),就会出现糖尿。在病理性高血糖中,如果出现持续性的糖尿,就叫糖尿病(diabetes mellitus)。根据对胰岛素的敏感性,临床上将糖尿病分为两种类型:Ⅰ型糖尿病为胰岛素依赖型,与先天遗传有关;Ⅱ型糖尿病为非胰岛素依赖型,与肥胖关系密切。产生胰岛素抵抗的原因常见的有:胰岛素受体不足,胰岛素与受体的亲和力降低。我国糖尿病以成人多发,以Ⅱ型为主。

2. 低血糖　空腹血糖浓度低于2.8 mmol/L时称为低血糖(hypoglycemia)。脑细胞主要依赖于葡萄糖氧化提供能量供应,当血糖水平过低时,脑组织不能获取足够的能量供应易发生功能障碍,出现眼花头昏、倦怠无力,心悸等症状。严重时会出现昏迷,称为低血糖休克(hypoglycemia shock),如不及时给患者静脉补充葡萄糖,可导致死亡。引起低血糖的原因有:① 饥饿或不能进食;② 严重肝脏疾病;③ 胰岛β-细胞(分泌胰岛素)功能亢进,胰岛α-细胞(分泌胰高血糖素)功能低下,肾上腺皮质(分泌糖皮质激素)功能低下等。

小　结

糖类是组织细胞重要结构成分,为机体代谢提供能源和碳源。糖代谢途径主要包括无氧酵解、有氧氧化、磷酸戊糖途径、糖原合成与分解、糖异生途径等,通过中间产物或产物彼此联系、相互影响,并与氨基酸、脂类、核苷酸代谢紧密联系、协调互变。

糖酵解途径指葡萄糖在己糖激酶、6-磷酸果糖激酶-1、丙酮酸激酶等催化下,分解成丙酮酸的过程。在缺氧条件下,丙酮酸从NADH+H^+获得氢还原成乳酸称为糖酵解。主要生理意义是在缺氧状况下为机体迅速提供能量供应并为代谢旺盛的组织提供能量补充。在供氧充足条件下,丙酮酸进入线粒体经三羧酸循环和氧化磷酸化,彻底分解成CO_2和H_2O并产生大量ATP称为有氧氧化。它是糖氧化供能的主要方式,是糖、脂、蛋白质分解代谢的共同通路,是联系体内物质代谢的枢纽。有氧氧化除受酵解途径限速酶调控外,还受丙酮酸脱氢酶复合体、柠檬酸合酶、异柠檬酸脱氢酶和α-酮戊二酸脱氢酶复合体的调节。在6-磷酸葡萄糖脱氢酶等催化下,6-磷酸葡萄糖经氧化脱羧和基团转移反应后又与酵解途径相连接的代谢过程称磷酸戊糖途径。主要生理意义在于产生5-磷酸核糖与NADPH+H^+。葡萄糖在胞质中,经糖原合酶等催化合成糖原的过程称糖原合成。糖原经磷酸化酶等催化,水解生成磷酸葡萄糖和葡萄糖的过程称糖原分解。糖异生指非糖物质在肝脏及肾脏中,经丙酮酸羧化酶、磷酸烯醇式丙酮酸羧激酶、果糖二磷酸酶-1和葡萄糖-6-磷酸酶等催化转变成葡萄糖的过程。糖原合成与分解及糖异生作用的主要生理意义在于维持血糖水平的恒定。

糖代谢途径各限速酶的含量与活性主要受代谢物的浓度和机体的能量水平(ATP/ADP、ATP/AMP)、供氧水平(NADH/NAD^+)和激素水平(升糖激素与降糖激素)影响。调节的方式包括对关键酶的共价修饰与变构调节等快速调节以及基因开放与表达等慢速调节。血糖指血液中的葡萄糖,是联系各组织细胞糖代谢的代谢库，是观察机体糖代谢正常与否的窗口，在神经、激素、组织器官和限速酶的精密调节下保持着动态平衡。胰岛素是体内唯一的降糖激素，胰高血糖素、肾上腺素和糖皮质激素是体内主要的升糖激素。

【复习思考题】

1. 简述6-磷酸葡萄糖在体内的代谢概况及其在糖代谢中的地位。
2. 简述磷酸戊糖途径的代谢要点及其生理意义。
3. 从代谢场所、反应条件、限速酶、重要中间产物、产物、能量生成及生理意义等方面，比较糖的无氧分解与有氧氧化间的特点。

第五章

脂类代谢

学习要点

掌握: ① 三酰甘油的合成代谢：合成部位、合成原料、基本途径及关键酶；② 三酰甘油的分解代谢：脂肪动员、脂肪酸 β-氧化的基本过程，酮体的概念、酮体的生成、利用和生理、病理意义；③ 胆固醇合成部位、合成原料、关键酶与胆固醇合成调节及胆固醇在体内的转化；④ 血脂及其组成，血浆脂蛋白的分类、组成及生理功能。

熟悉: ① 脂类在体内的分布、生理功能及消化吸收，营养必需脂肪酸的概念；② 甘油磷脂的基本结构与分类，甘油磷脂的合成部位和合成原料。

了解: 血浆脂蛋白代谢异常引起的疾病。

第一节　脂 类 概 述

一、脂类概念

脂类(lipids)是脂肪(fat)和类脂(lipoid)及其衍生物的总称。是一类不溶于水而溶于非极性溶剂的生物分子。其元素组成主要是碳、氢、氧，有些还含有氮、磷及硫。

脂肪是甘油的三个羟基分别和三个脂肪酸分子通过酯键连接生成的化合物，故又称三酰甘油或甘油三酯(triacylglycerol, TG)。三酰甘油分子内的三个脂酰基可以相同，也可以不同。体内还存在少量含 1 个或 2 个脂肪酸的甘油酯，分别称为单酰甘油和二酰甘油。

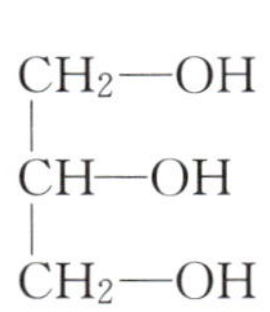

甘油

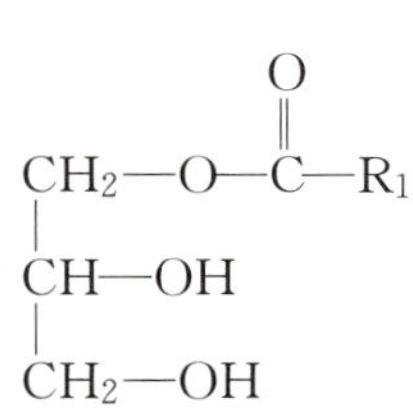

单酰甘油

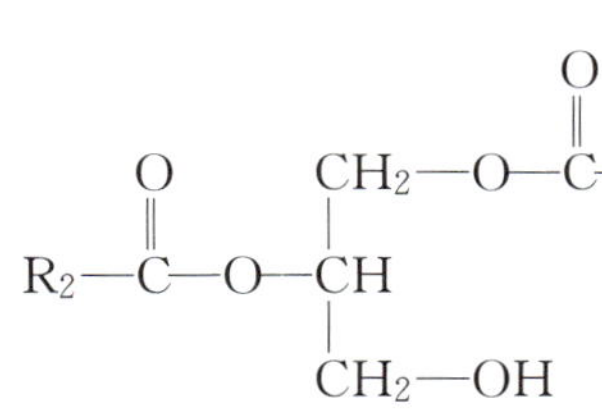

二酰甘油

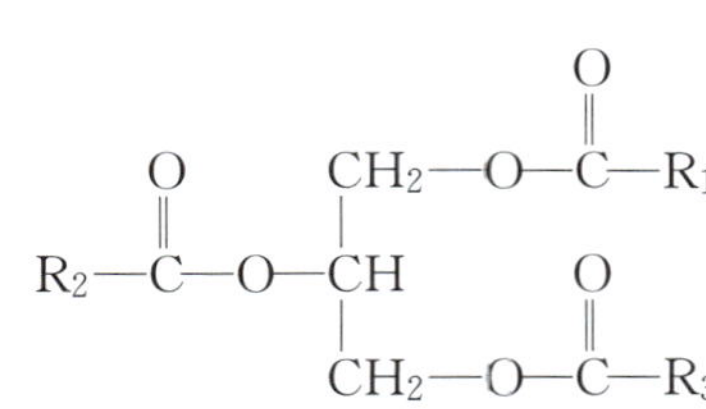

三酰甘油

天然三酰甘油中的脂肪酸，大多是含偶数碳原子的长链脂肪酸，其中有饱和脂肪酸，以软脂酸(16：0)和硬脂酸(18：0)最为常见；也有不饱和脂肪酸，以软油酸(16：1，Δ^{9})、油酸(18：1，Δ^{9})和亚油酸(18：2，$\Delta^{9,12}$)为常见。人体能合成多数脂肪酸，只有亚油酸、亚麻酸(18：3，$\Delta^{9,12,15}$)和花生四烯酸(20：4，$\Delta^{5,8,11,14}$)在体内不能合成，必须从食物摄取，称为人体必需脂肪酸(essential fatty acid)。后两种也可在体内由亚油酸转变生成。由于这些脂肪酸碳链上有多个双键，又称为多烯脂肪酸或多不饱和脂肪酸

(polyunsaturated fatty acid, PUFA)。

类脂主要包括磷脂(phospholipid, PL)、糖脂(glycolipid)、胆固醇(cholesterol)及胆固醇酯(cholesterol ester, CE)。磷脂和糖脂中,除含有醇类、脂肪酸外,还含有其他成分。磷脂是含有磷酸的脂类;糖脂中含有糖基。因此相对于仅由醇类和脂肪酸形成的简单脂类而言,它们属于复合脂类。

二、脂类的分布

正常成年人体按体重计含脂类 14%~19%,女性稍高。肥胖者约 32%,过度肥胖者可高达 60%。

人体内三酰甘油主要分布于脂肪组织。脂肪组织存在于皮下、肠系膜、大网膜、肾周围、腹后壁等处,故称这些部位为脂库。人体内脂肪含量受营养状况及运动等因素的影响变动很大,故又称为可变脂。类脂是生物膜的重要成分。体内类脂的含量不受营养状况及机体活动的影响,故称固定脂或基本脂。生物膜主要由磷脂、胆固醇、蛋白质和少量的糖组成,磷脂是生物膜的结构基础。各种膜的类脂含量及种类有显著差异,如线粒体内膜类脂占膜干重 20%~25%;神经髓鞘膜类脂可高达 75%。磷脂中不饱和脂肪酸有利于膜的流动性,饱和脂肪酸和胆固醇则有利于膜的刚性。膜上许多蛋白质与脂类结合而存在并发挥作用。

三、脂类的消化吸收

(一)脂类的消化

膳食中的脂类主要为脂肪,此外还含有少量磷脂、胆固醇及胆固醇酯和脂肪酸。脂肪的消化需要脂肪酶(lipase)及胆汁酸盐。成人口腔中没有消化脂类的酶;胃中有少量脂肪酶,但胃液 pH 偏酸,脂肪酶只有在中性 pH 时才具有活性;小肠中含有来自胰液的多种脂肪酶及来自胆汁的胆汁酸盐,是脂类消化吸收的部位。婴儿时期胃酸浓度偏低,胃液 pH 近中性,脂肪尤其是乳脂能被部分消化。在小肠上段,通过小肠蠕动及胆汁酸盐的作用,食物中的脂类被乳化,不溶于水的脂类分散成水包油的细小微团,提高了脂类的溶解度并增加了酶与脂类的接触面积而容易被酶消化。

胰腺分泌到小肠中消化脂类的酶有胰脂酶(pancreatic lipase)、磷脂酶 A_2(phospholipase A_2)、胆固醇酯酶(cholesteryl esterase)及辅脂酶(colipase)。胰脂酶吸附在乳化的脂肪微团水油界面上,特异催化三酰甘油的 1 及 3 位酯键水解,生成 2-单酰甘油及 2 分子脂肪酸。在小肠内,胰脂酶的作用依赖于辅脂酶的存在,辅脂酶在胰腺腺泡中以酶原形式合成,随胰液分泌入十二指肠。进入肠腔后,其 N 端被胰蛋白酶切下一个五肽而被激活。辅脂酶本身不具脂肪酶活性,但它具有与脂肪和胰脂酶结合的结构域,一方面通过氢键与胰脂酶结合,另一方面通过疏水键与脂肪结合,结果使胰脂酶锚定于微团的水油界面上,增加其活性,促进脂肪水解。因此,辅脂酶是胰脂酶作用的必需辅助因子。磷脂酶 A_2 催化磷脂第 2 位酯键水解,生成脂肪酸与溶血磷脂;胆固醇酯酶则催化胆固醇酯水解为胆固醇及脂肪酸。

$$\text{三酰甘油}\xrightarrow[\text{小肠}]{\text{胰脂酶(辅脂酶)}}\text{2-单酰甘油}+2\times\text{脂肪酸}$$

$$\text{磷脂}\xrightarrow[\text{小肠}]{\text{磷脂酶 }A_2}\text{溶血磷脂}+\text{脂肪酸}$$

$$\text{胆固醇酯}\xrightarrow[\text{小肠}]{\text{胆固醇酯酶}}\text{胆固醇}+\text{脂肪酸}$$

(二)脂类的吸收

食物中的脂类在小肠经上述酶消化后,生成单酰甘油、脂肪酸、胆固醇及溶血磷脂等产物。这些产物在十二指肠下段及空肠上段以不同方式被肠黏膜细胞吸收。甘油、短链(2~4C)及中链(6~10C)脂肪酸易被肠黏膜吸收,并直接进入门静脉。一部分未被消化的由短链及中链脂肪酸构成的三酰甘油,经胆汁酸盐乳化后也可被吸收,吸收后的三酰甘油在肠黏膜细胞内脂肪酶作用下水解为脂肪酸和甘油,通过门静脉进入血液循环。长链脂肪酸(12~26C)、2-单酰甘油及其他脂类消化产物与胆汁酸盐乳化成直径约 20 nm 的混合微团直接吸收入小肠黏膜细胞。长链脂肪酸在脂酰 CoA 合成酶(acyl-CoA synthetase)催化下生成脂酰 CoA。脂酰 CoA 在转酰基酶(acyltransferase)作用下,将单酰甘油、溶血磷脂和胆固醇酯化生成相应的三酰甘油、磷脂及胆固醇酯，后者与细胞内粗面内质网合成的载脂蛋白(apolipoprotein，apo)构成乳糜微粒(chylomicron，CM)并通过淋巴最终进入血液，被其他细胞所利用(图 5-1)。

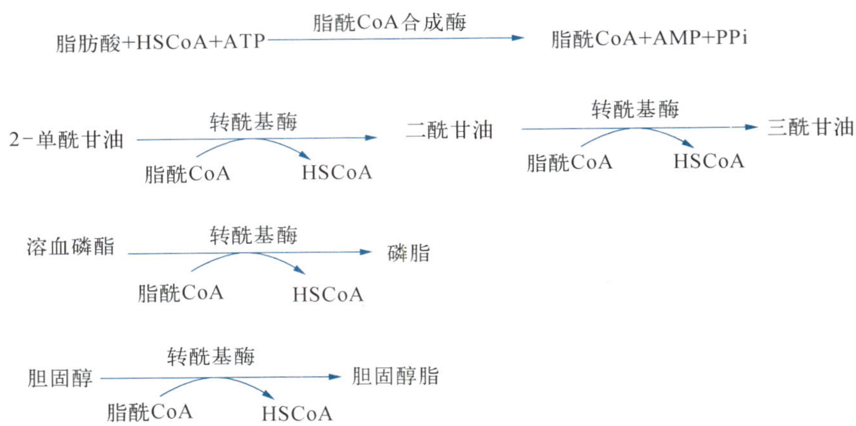

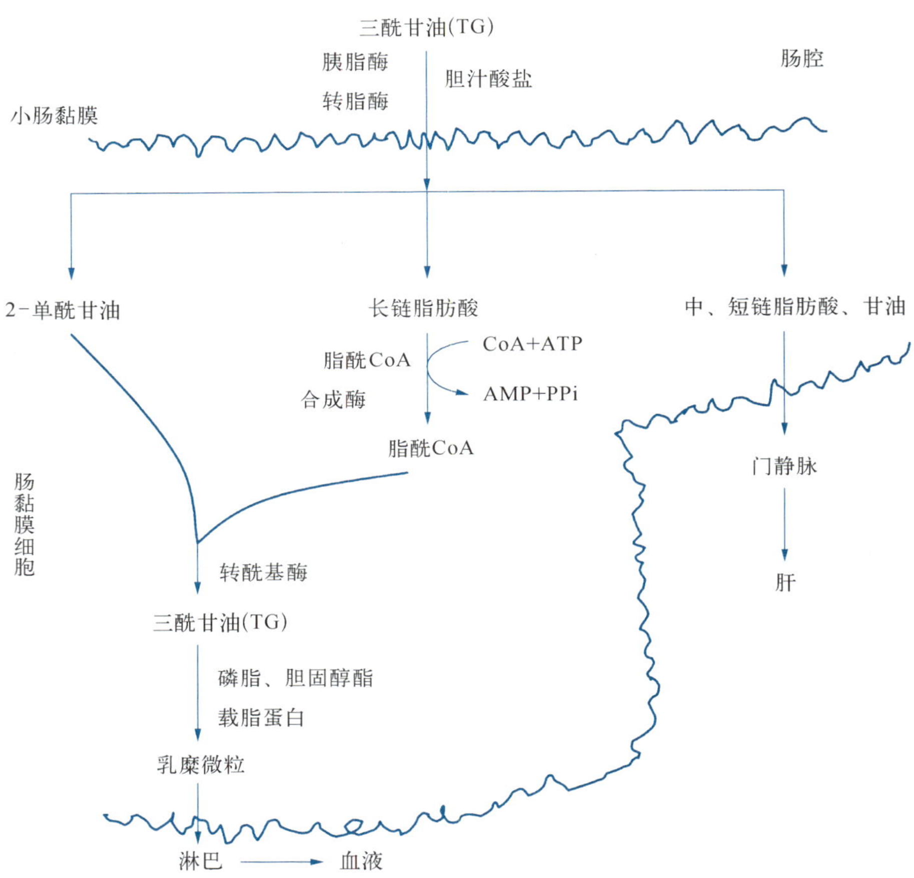

图 5-1 脂肪的消化吸收

四、脂类的生理功能

脂肪在体内最主要的生理功能是储能和供能。1 g 脂肪在体内完全氧化时可释放 38 kJ(9.1 kcal)能量，比等量糖或蛋白质多 1 倍。此外，体内脂库中储存的脂肪，结合水很少，体积小($1.2\ cm^3/g$)，为糖原所占体积的 1/4，故在单位体积内可储存较多能量。当人体需要时可及时动员供各组织利用，因此脂肪是机体饥饿或禁食时能量供应的主要来源。此外，分布于人体皮下的脂肪组织不易导热，可防止热量散失而保持体温；内脏周围的脂肪组织还能缓冲外界的碰撞，使内脏免受损伤；脂肪还能促进脂溶性维生素的吸收。

类脂是维持生物膜正常结构与功能必不可少的成分；类脂还能促进脂肪和脂溶性维生素的吸收和转运。胆固醇除与磷脂及蛋白质共同组成各种生物膜外，还可以在体内转变为多种类固醇激素、维生素 D_3 及胆汁酸。磷脂分子中的花生四烯酸是合成前列腺素及血栓烷等的原料。磷脂酰肌醇的一系列中间代谢产物是重要的信息分子。

第二节　脂肪代谢

人体内脂肪处于不断自我更新之中，脂肪组织和肝脏内的脂肪有较高的更新率，其次为黏膜和肌肉组织，皮肤和神经组织中的脂肪更新率较低。

一、脂肪分解代谢

（一）脂肪动员

储存于脂肪细胞中的脂肪被一系列脂肪酶水解为甘油和游离脂肪酸（free fatty acid，FFA）并释放入血供全身各组织利用的过程，称为脂肪动员（fat mobilization）。在脂肪动员过程中，脂肪组织三酰甘油脂肪酶（adipose triglyceride lipase，ATGL）、激素敏感三酰甘油脂肪酶（hormone-sensitive triglyceride lipase，HSL）和单酰甘油脂肪酶（monoglyceride lipase，MGL）依次起作用，ATGL 水解三酰甘油为二酰甘油；HSL 主要水解二酰甘油，但对三酰甘油和单酰甘油也有一定的水解作用；MGL 主要水解单酰甘油。

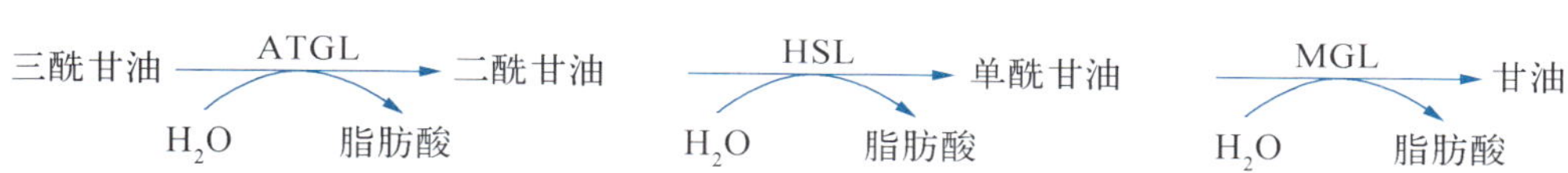

ATGL 和 HSL 活性受激素的调节。肾上腺素、去甲肾上腺素、胰高血糖素直接作用于脂肪细胞膜表面受体，激活腺苷酸环化酶，使 cAMP 生成增加；cAMP 继而激活蛋白激酶，使胞内 ATGL 和 HSL 磷酸化而活化，从而加速脂肪动员。这些促进脂肪分解的激素称为脂解激素（lipolytic hormone）。甲状腺激素、生长激素及肾上腺皮质激素等具有协同作用。胰岛素的作用则相反，它能抑制腺苷酸环化酶，增强磷酸二酯酶活性，减少 cAMP 生成，抑制蛋白激酶，从而使 ATGL 和 HSL 去磷酸化而失活，抑制脂肪动员，称为抗脂解激素（antilipolytic hormone）。

机体通过激素对 ATGL 和 HSL 的作用实现对脂肪动员的调控。当机体处于禁食、饥饿或兴奋状态时，肾上腺素、胰高血糖素等分泌增加，脂解作用加强；进食后胰岛素分泌增加，脂解作用降低（图 5-2）。

在肝脏、骨骼肌、心肌等组织中，三酰甘油在组织脂肪酶的作用下水解。组织脂肪酶存在于细胞溶酶体内，最适 pH 偏酸，其活性不受激素影响。上述组织中的脂肪被组织脂肪酶水解为甘油和脂肪酸后，在细胞内进一步代谢。脂肪酸在肌肉细胞中主要是氧化分解供能；在肝细胞中主要生成酮体，释放入血后供肝外组织利用。

（二）脂肪酸氧化分解

游离脂肪酸穿过脂肪细胞膜和毛细血管内皮细胞后与血浆清蛋白结合运输，经血液循环到达体内其他组织细胞氧化。在供氧充足的条件下，脂肪酸在体内分解成 CO_2 和 H_2O 并产生大量能量，除脑组织和成熟红细胞外，大多数组织均能氧化脂肪酸，但以肝及肌肉组织最为活跃。

1. *脂肪酸活化*　吸收进入细胞的脂肪酸在胞质中由脂酰 CoA 合成酶（又称脂肪酸硫激酶）催化，ATP 提供能量，活化形成脂酰 CoA（acyl-CoA）。

$$\text{R—COOH} + \text{ATP} + \text{HSCoA} \xrightarrow[\text{Mg}^{2+}]{\text{脂酰 CoA 合成酶}} \text{R—CO}\sim\text{SCoA} + \text{AMP} + \text{PPi}$$

脂酰 CoA 含有高能硫酯键，极性增强，性质活泼，更容易参加反应。反应过程中生成的 PPi 立即被细

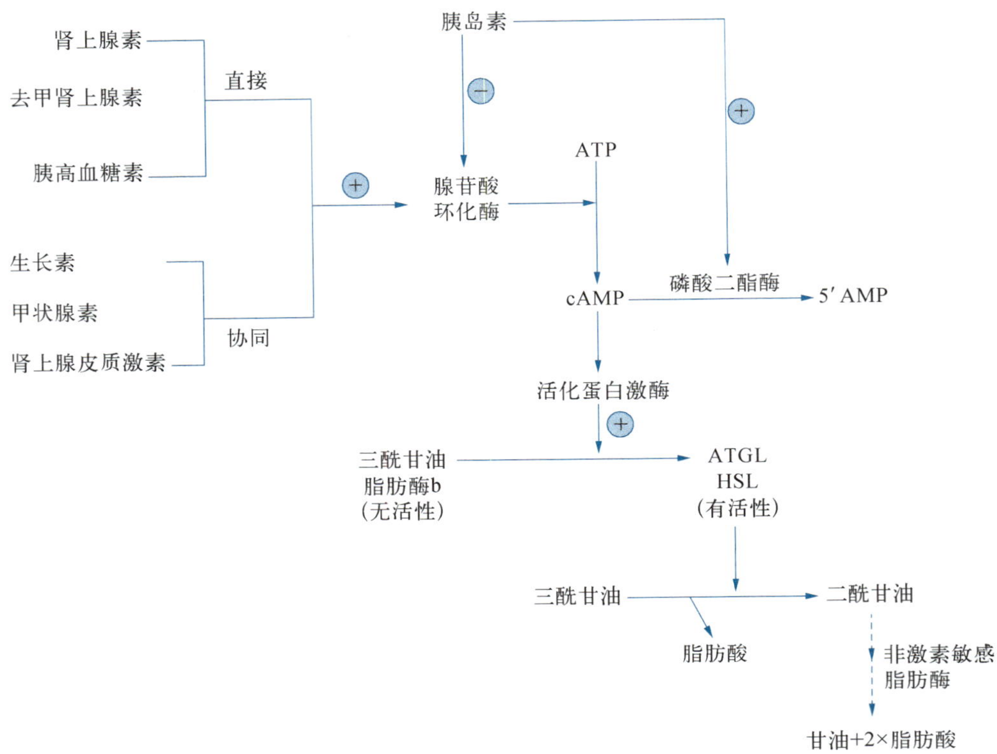

图 5-2 激素调节脂肪动员作用示意图

胞内焦磷酸酶水解,阻止了逆向反应的进行。1 分子脂肪酸活化成脂酰 CoA,实际上消耗了 2 个高能磷酸键。

2. 脂酰 CoA 转运入线粒体 脂肪酸的活化在胞质中进行,而催化脂肪酸氧化分解的酶系存在于线粒体基质中,活化的脂酰 CoA 必须进入线粒体才能分解,长链脂酰 CoA 不能直接透过线粒体膜,需肉碱(carnitine,L-3-羟基-4-三甲基胺-丁酸)载体转运才能进入线粒体基质。

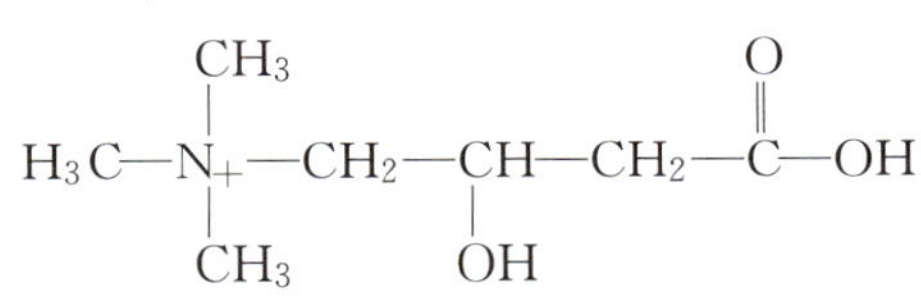

肉碱(L-3-羟基-4-三甲基胺-丁酸)

在位于线粒体外膜面肉碱脂酰转移酶Ⅰ催化下,脂酰基从 CoA 上转移至肉碱的羟基上生成脂酰肉碱,后者通过线粒体内膜上载体的作用转运至线粒体基质,在位于线粒体内膜的肉碱脂酰转移酶Ⅱ催化下,脂酰基从脂酰肉碱转移至基质内的 CoA 分子上,并释放出肉碱。线粒体内膜上转运肉碱及脂酰肉碱的载体称肉碱-脂酰肉碱转位酶(图 5-3)。

3. 脂肪酸 β-氧化 脂酰 CoA 进入线粒体基质后,在脂肪酸 β-氧化酶系催化下进行氧化分解,由于氧化反应发生在脂酰基的 β-碳原子上,故称 β-氧化(β-oxidation)。脂酰 CoA 进入线粒体是脂肪酸 β-氧化的限速步骤,肉碱脂酰转移酶Ⅰ是控制脂肪酸 β-氧化的限速酶。丙二酰 CoA 是肉碱脂酰转移酶Ⅰ的抑制剂;胰岛素能诱导乙酰 CoA 羧化酶使丙二酰 CoA 合成增加。禁食、饥饿等胰岛素分泌下降情况下,丙二酰 CoA 合成降低,解除对肉碱脂酰转移酶Ⅰ的抑制,脂酰 CoA 进入线粒体氧化增加。相反,饱食后胰岛素分泌增加,丙二酰 CoA 合成增加,抑制肉碱脂酰转移酶Ⅰ,脂肪酸的 β-氧化也被抑制。

偶数脂酰 CoA 进入线粒体基质后,在脂肪酸 β-氧化多酶复合体催化下,进行氧化分解。从脂酰基的 β-碳原子开始,经过脱氢,加水,再脱氢及硫解四步连续反应,脂酰基断裂产生 1 分子乙酰 CoA 和 1 分子比原来少两个碳原子的脂酰 CoA,如此反复进行,直到脂酰 CoA 全部变成乙酰 CoA。

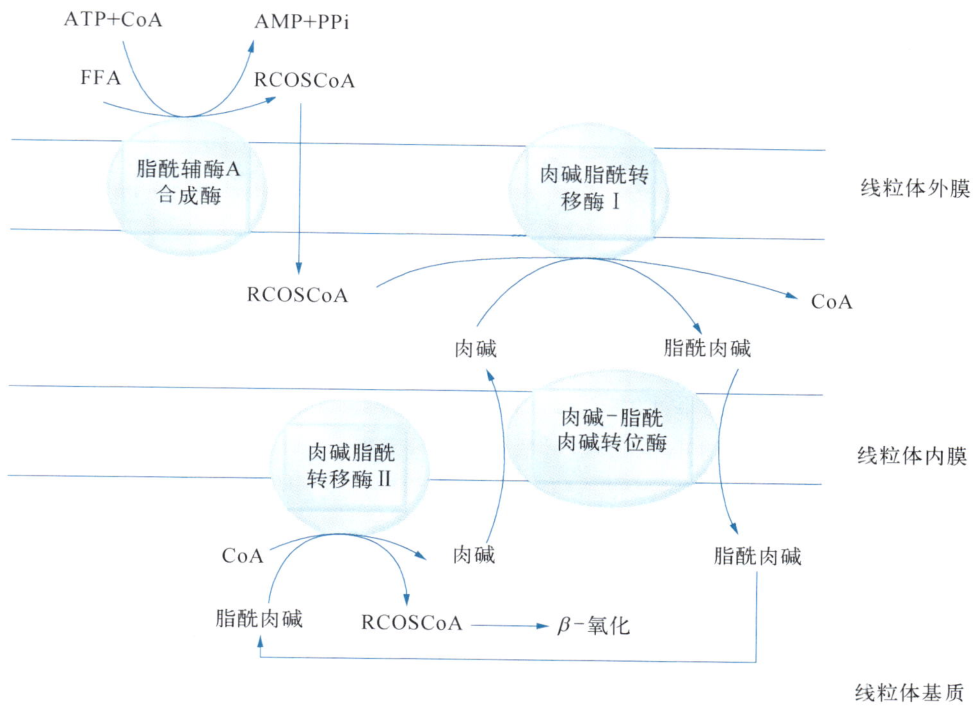

图 5-3　肉碱转运脂酰基进入线粒体机制

(1) 脱氢：由脂酰 CoA 脱氢酶催化，脂酰 CoA 的 α，β-碳原子上各脱去 1 个 H 原子，生成反式 $\Delta^2\beta$-反烯脂酰 CoA。脱下的 2 个 H 由该酶的辅基 FAD 接受，还原为 $FADH_2$。

(2) 加水：反应由烯脂酰 CoA 水合酶催化，烯脂酰 CoA 加 1 分子 H_2O 生成 L-(+)-β-羟脂酰 CoA。

(3) 再脱氢：反应由 β-羟脂酰 CoA 脱氢酶催化，β-羟脂酰 CoA 脱下 2 个 H，生成 β-酮脂酰 CoA，脱下的 2 个 H 由该酶辅酶 NAD^+ 接受，还原为 $NADH+H^+$。

(4) 硫解(thiolysis)：在硫解酶(thiolase)催化下，β-酮脂酰 CoA 在 α，β 碳原子之间断裂，加入 1 分子 HSCoA，生成 1 分子乙酰 CoA 和 1 分子比原来少两个碳原子的脂酰 CoA。

脂肪酸 β-氧化的全过程见图 5-4。

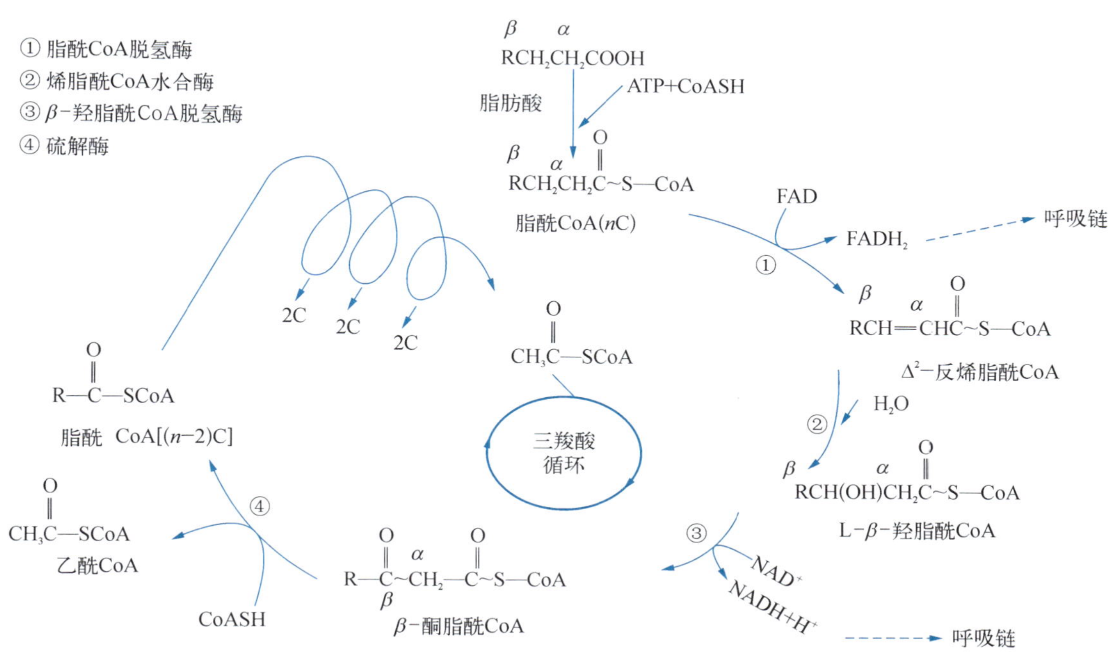

图 5-4　脂肪酸 β-氧化过程

脂肪酸经 β-氧化后生成的乙酰 CoA，在线粒体中与由糖及氨基酸代谢产生的乙酰 CoA 共同组成乙酰 CoA 池。乙酰 CoA 经三羧酸循环彻底氧化为 CO_2 及 H_2O，也可转变为其他代谢中间产物。

4. 脂肪酸氧化时的能量生成　脂肪酸氧化可为机体提供大量能量，现以 16C 软脂酸(棕榈酸，十六烷酸)氧化为例加以说明。

1 分子 16C 软脂酸 β-氧化需经 7 次 β-氧化，产生 8 分子乙酰 CoA，7 分子 $FADH_2$ 和 7 分子 $NADH+H^+$，氧化的总反应为：

$$CH_3(CH_2)_{14}CO\sim SCoA+7HSCoA+7FAD+7NAD^++7H_2O \longrightarrow 8CH_3CO\sim SCoA+7FADH_2+7(NADH+H^+)$$

8 分子乙酰 CoA 进入三羧酸循环可生成 8×10＝80 个 ATP 分子，7 分子 $FADH_2$ 经呼吸链产生 7×1.5＝10.5 个 ATP 分子；7 分子 $NADH+H^+$ 经呼吸链产生 7×2.5＝17.5 个 ATP 分子，因此 1 分子软脂酸彻底氧化共生成(8×10)＋(7×1.5)＋(7×2.5)＝108 个 ATP 分子。因脂肪酸活化为脂酰 CoA 时消耗了 2 个 ATP，故净生成 108－2＝106 个 ATP 分子。1 mol ATP 水解释放的自由能为 30.5 kJ，1 mol 软脂酸在体内彻底氧化为 CO_2 和 H_2O 时释放的自由能为 106×30.5＝3 233 kJ。1 mol 软脂酸在体外彻底氧化成 CO_2 和 H_2O 时，释放自由能为 9 791 kJ，故其能量利用率为 33%(3 233÷9 791×100%)，其余以热能形式释放。

5. 奇数碳原子脂肪酸氧化　奇数碳原子的脂酰 CoA，经多次 β-氧化，最后生成多个乙酰 CoA 分子和 1 分子丙酰 CoA，丙酰 CoA 可通过羧化反应及分子内重排转变为琥珀酰 CoA(图 5－5)，后者进入三羧酸循环进一步氧化分解，或经草酰乙酸异生为糖，也可经脱羧反应生成乙酰 CoA。

6. 不饱和脂肪酸氧化　体内脂肪酸约 50%以上为不饱和脂肪酸。不饱和脂肪酸 β-氧化在线粒体中进行，氧化途径与饱和脂肪酸基本相同，其区别在于：天然不饱和脂肪酸中的双键为顺式，且多在第 9 位，而烯脂酰 CoA 水化酶和羟脂酰 CoA 脱氢酶具有高度立体异构专一性，故不饱和脂肪酸的氧化除了需要 β-氧化的全部酶外，还需异构酶和还原酶的参加，使其转变为 Δ^2 反式构型，β-氧化才能继续进行。

以棕榈油酸(16 碳-Δ^9-顺单烯脂酸)为例说明：棕榈油酸经 3 次 β-氧化后，9 位顺式双键转变为 3 位顺式双键，在异构酶作用下，被转变为 2 位反式双键后才能继续进行 β-氧化(图 5－6)。

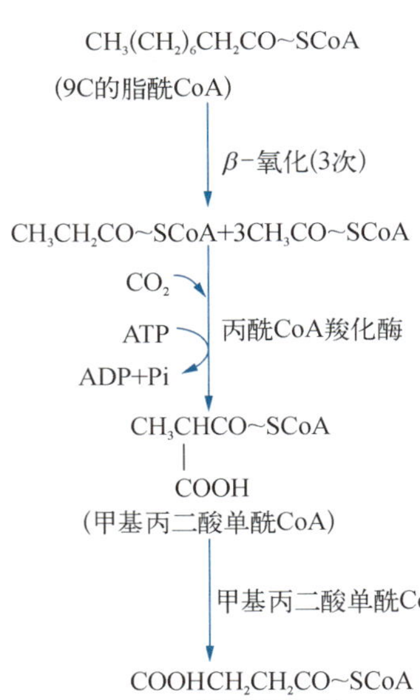

图 5－5　奇数碳原子脂肪酸的氧化

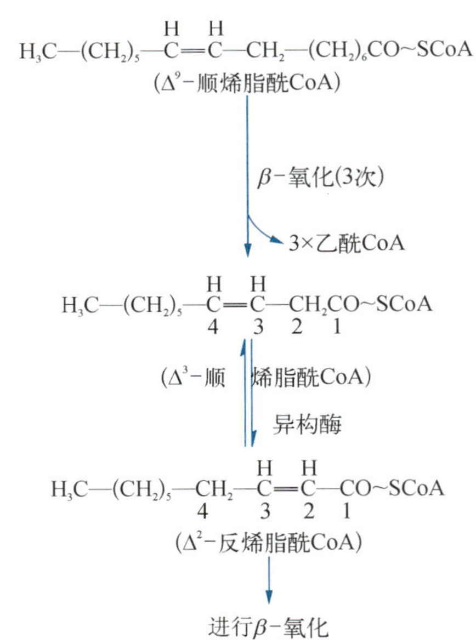

图 5－6　不饱和脂肪酸的氧化

7. ω-氧化和 α-氧化　哺乳动物体内的脂肪酸除 β-氧化途径外，还有其他氧化方式。

(1) 脂肪酸的 ω-氧化：一些中长链脂肪酸在加单氧酶作用下，ω-碳原子先被氧化生成 ω-羟脂肪酸，并进一步氧化为 α-，ω-二羧酸。二羧酸进入线粒体，可同时从两侧进行 β-氧化，最后生成琥珀酰 CoA。

$$CH_3(CH_2)_nCOOH \xrightarrow{\omega\text{氧化}} HOOC(CH_2)_nCOOH$$

(2) 脂肪酸的 α-氧化：某些支链脂肪酸在内质网或线粒体内由加单氧酶催化 α-碳原子羟化，然后经脱羧酶作用，从脂肪酸的羧基末端失去一个碳原子，α-碳被氧化为羧基，这一过程称为 α-氧化。

$$RCH_2CH_2COOH \xrightarrow{\alpha\text{-氧化}} RCH_2COOH + CO_2$$

（三）酮体

酮体(ketone bodies)是乙酰乙酸(acetoacetic acid)、β-羟丁酸(β-hydroxybutyric acid)及丙酮(acetone)三种物质的总称。它们是脂肪酸在肝脏进行正常分解代谢所产生的中间产物。

1. 酮体的生成 在心肌、骨骼肌等组织中，β-氧化产生的乙酰 CoA 经三羧酸循环和呼吸链彻底氧化为 CO_2 和 H_2O。而肝细胞中有活性较强的合成酮体的酶系，β-氧化反应生成的乙酰 CoA，大都转变成为酮体，这是肝脏脂肪酸分解代谢的特点。合成酮体的原料是乙酰 CoA，全过程在肝细胞线粒体内进行，共 5 步反应，需要 4 种酶催化，其中羟甲戊二酸单酰 CoA 合酶(Hydroxy methyl glutaryl - CoA synthase, HMG - CoA synthase)为限速酶。具体过程如下：

(1) 2 分子乙酰 CoA 在硫解酶催化下缩合为 1 分子乙酰乙酰 CoA。

(2) 乙酰乙酰 CoA 在 β-羟-β-甲戊二酸单酰 CoA 合酶(HMG - CoA 合酶)催化下，再与 1 分子乙酰 CoA 缩合生成 β-羟-β-甲戊二酸单酰 CoA(HMG - CoA)并释放出 1 分子 HSCoA，该反应为酮体生成的限速步骤。

(3) HMG - CoA 再经裂解酶催化分解为乙酰乙酸和乙酰 CoA；乙酰乙酸加氢还原为 β-羟丁酸，有少量自发脱羧生成丙酮。

乙酰 CoA 可再用于酮体生成(图 5 - 7)。

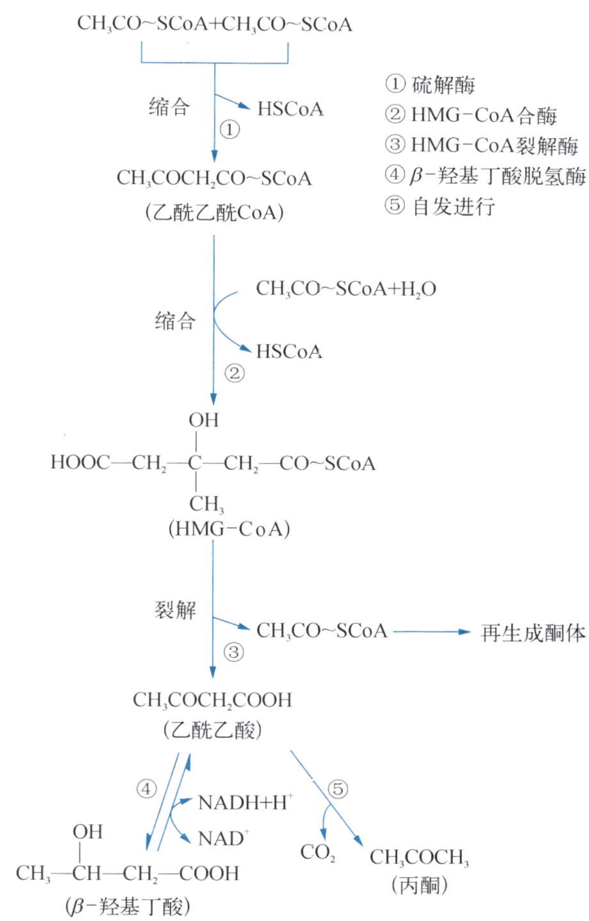

图 5 - 7 酮体的生成

2. 酮体的利用 酮体中的 β-羟丁酸可在脱氢酶作用下生成乙酰乙酸，后者经一些酶的作用最终转化为乙酰 CoA，乙酰 CoA 可进入三羧酸循环氧化供能，因此酮体可作为能源物质而被利用。但肝细胞内缺乏转化乙酰乙酸的酶类，故酮体在肝内生成后随血液运输到其他组织而被利用。丙酮产生的量很少，大部分随尿排出。丙酮容易挥发，如血液中丙酮浓度过高时，可从肺呼出。

肝外组织如脑、心、肾及骨骼肌线粒体中有活性很强的利用酮体的酶，它们是琥珀酰 CoA 转硫酶、乙酰乙酸硫激酶和硫解酶，可将酮体氧化利用。肝外组织利用乙酰乙酸和 β-羟丁酸的过程如图 5 - 8。

3. 酮体生成的意义 酮体是脂肪酸在肝脏分解代谢的正常产物，是肝脏输出能源的一种形式。酮体相对分子质量小、溶于水，在血液中运输不需要载体，能通过血-脑屏障及肌肉毛细血管壁，是肌肉尤其是脑组织的重要能量来源。正常情况下，脂肪酸不易通过血-脑屏障，脑组织主要利用血糖供能。饥饿或糖供应不足时，一方面，肝外组织利用酮体氧化供能，减少了对葡萄糖的需求，保证了脑组织、红细胞对葡萄糖的需要；另一方面，酮体替代葡萄糖，成为脑组织的能量来源，保证脑的正常功能。

正常情况下，肝内生成的酮体能被肝外组织及时氧化利用。血中酮体维持在 0.03～0.5 mmol/L，其中 β-羟丁酸约占 70%，乙酰乙酸约占 30%，丙酮量极微。但在饥饿、低糖饮食或糖尿病时，糖的供给不足或利用障碍，脂肪动员加强，肝中酮体生成过多，超过肝外组织的利用能力时，可引起血中酮体升高，造成酮血症

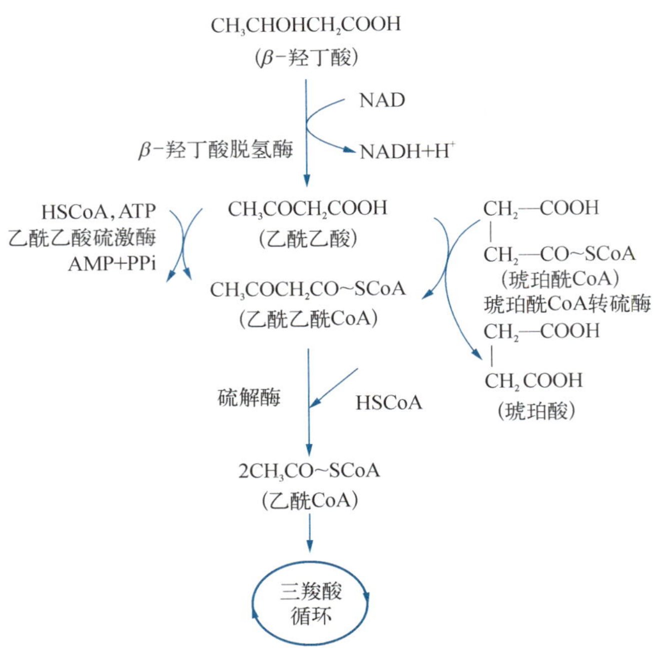

图 5-8　酮体的氧化

(ketonemia)。血中酮体经肾小球的滤过量超过肾脏的重吸收能力时，尿中出现酮体，称酮尿症(ketonuria)。由于 β-羟丁酸和乙酰乙酸是酸性物质，当其在血中浓度过高时，可导致酮症酸中毒。

4. 酮体生成的调节　肝脏中酮体的生成量与糖的利用密切相关。在饱食及糖利用充分的情况下，酮体生成减少，此时胰岛素分泌增加，抑制脂肪动员，进入肝内脂肪酸减少；此外，由于糖代谢旺盛，甘油磷酸及 ATP 生成充足，进入肝细胞的脂肪酸主要用于酯化生成三酰甘油及磷脂；其三，糖代谢产生的乙酰 CoA 及柠檬酸促进丙二酸单酰 CoA 的合成，丙二酸单酰 CoA 是肉碱脂酰转移酶Ⅰ的抑制剂，阻止长链脂酰 CoA 进入线粒体进行 β-氧化，有利于脂肪酸的合成。

相反，在饥饿、胰高血糖素等脂解激素分泌增加或糖尿病等糖的供应不足或利用受阻的情况下，脂肪动员加强，进入肝细胞脂肪酸增多，而此时肝内糖代谢受阻，甘油磷酸及 ATP 减少，脂肪合成受抑制，脂肪酸进入线粒体 β-氧化增强，酮体生成增多。

(四) 甘油的氧化分解

脂肪动员时的另一产物甘油(glycerol)在细胞内甘油激酶的催化下，与 ATP 作用生成 3-磷酸甘油，后者在甘油磷酸脱氢酶催化下生成磷酸二羟丙酮。磷酸二羟丙酮可循糖分解代谢途径继续氧化分解，释放能量。肝细胞中磷酸二羟丙酮也可经糖异生途径转变为葡萄糖或糖原。

肝、肾及小肠黏膜细胞富含甘油激酶，而肌肉及脂肪细胞中这种激酶活性很低，利用甘油的能力很弱。脂肪组织中产生的甘油主要经血液运输进入肝脏进行氧化分解。

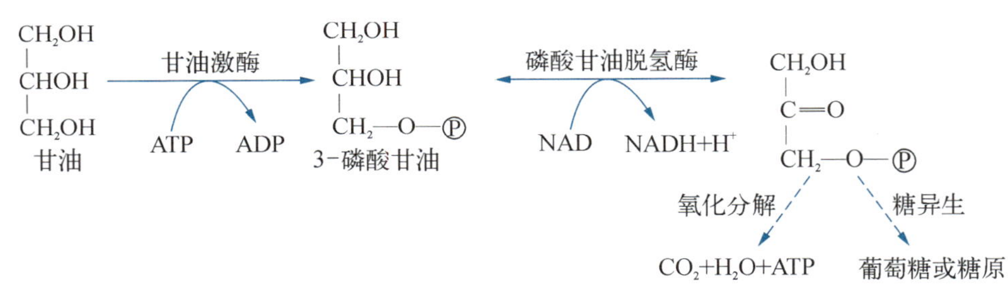

二、脂肪的合成

脂肪是机体储存能量的重要形式。机体可利用摄入的糖和脂肪酸等合成三酰甘油储存于脂肪组织，以作为“燃料”供机体的需要。

(一) 脂肪酸的合成

1. 合成部位　人体内多种组织都能合成脂肪。小肠、肝脏和脂肪组织是合成脂肪的主要场所，其中以肝脏的合成能力最强。脂肪组织除可利用糖合成脂肪外，更重要的是将从食物消化吸收的外源性脂肪和肝脏合成的脂肪储存起来，以供机体饥饿时的需要。

2. 合成原料　合成脂肪酸的原料是乙酰 CoA，还需 NADPH+H^+ 供氢及 ATP 供能。脂肪酸合成酶系存在于胞质，故脂肪酸合成的全过程在胞质进行。

合成脂肪酸的乙酰 CoA 主要来自糖分解代谢，部分来自某些氨基酸分解。生成乙酰 CoA 的反应均发生在线粒体内，而乙酰 CoA 不能自由透过线粒体膜进入胞质，参与脂肪酸的合成。

柠檬酸-丙酮酸循环(citrate-pyruvate shuttle)是乙酰 CoA 转运出线粒体的途径。在线粒体中,乙酰 CoA 先与草酰乙酸合成柠檬酸,后者通过线粒体内膜上的载体转运到胞质。在胞质中,柠檬酸在 ATP-柠檬酸裂解酶催化下,裂解为乙酰 CoA 和草酰乙酸,乙酰 CoA 即可用于脂肪酸合成。而草酰乙酸则在苹果酸脱氢酶作用下还原为苹果酸,苹果酸经线粒体内膜载体转运进入线粒体,脱氢后生成草酰乙酸;也可在胞质中由苹果酸酶催化氧化脱羧生成丙酮酸。此反应中脱下的氢由辅酶 $NADP^+$ 接受生成 $NADPH+H^+$,丙酮酸则通过载体转运入线粒体内羧化形成草酰乙酸,进而再与乙酰 CoA 结合生成柠檬酸参与乙酰 CoA 的转运。此循环不仅为脂肪酸合成提供原料,还是又一条除磷酸戊糖途径外提供还原物质 $NADPH+H^+$ 的途径(图 5-9)。

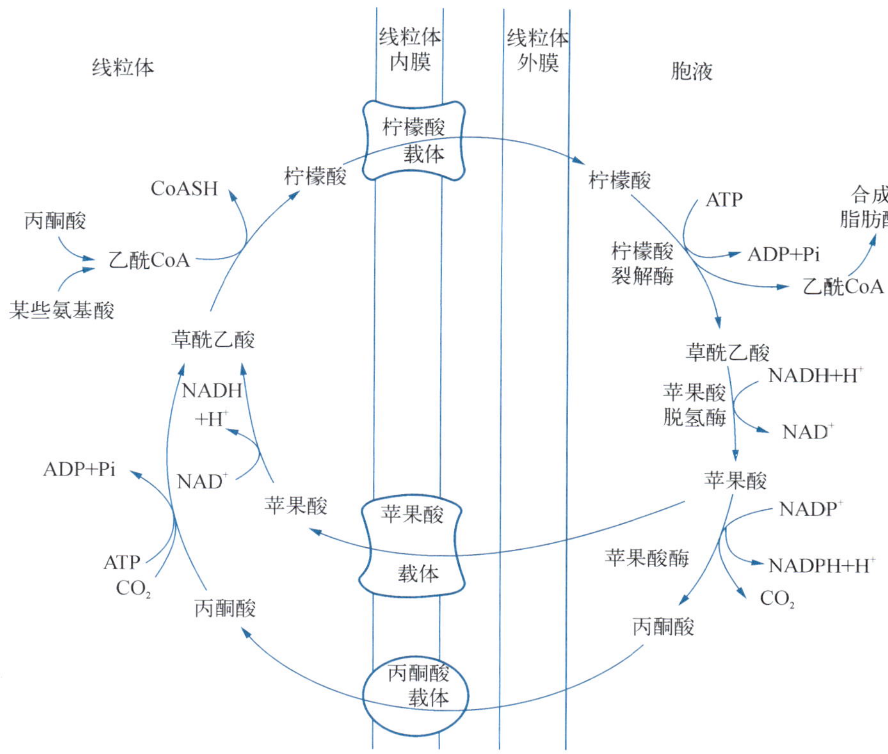

图 5-9 柠檬酸-丙酮酸循环

3. 参与脂肪酸合成的酶

(1) 乙酰 CoA 羧化酶:在脂肪酸合成过程中,仅有 1 分子乙酰 CoA 直接参与合成反应,其他乙酰 CoA 均需先羧化为丙二酰 CoA 才能进入脂肪酸合成途径。

由乙酰 CoA 羧化酶催化乙酰 CoA 羧化为丙二酰 CoA 反应如下:

$$CH_3CO\sim SCoA+HCO_3^-+ATP\xrightarrow[\text{生物素 }Mn^{2+}]{\text{乙酰 CoA 羧化酶}}\underset{\displaystyle COOH}{\underset{|}{CH_2}}—CO\sim SCoA+ADP+Pi$$

乙酰 CoA 羧化酶的辅基是生物素,生物素在羧化反应中起固定 CO_2 和转移羧基的作用,其反应如下:

$$\text{酶-生物素}+HCO_3^-+ATP\longrightarrow\text{酶-生物素}—COOH+ADP+Pi$$

$$\text{酶-生物素}—COOH+\text{乙酰 CoA}\longrightarrow\text{生物素}+\text{丙二酰 CoA}$$

乙酰 CoA 羧化酶存在于胞质中,是脂肪酸合成途径中的限速酶。该酶的活性可通过变构及化学修饰调节而改变。真核生物中乙酰 CoA 羧化酶有两种形式,一种是无活性单体,分子质量约 40 kDa;另一种是有活性的多聚体,通常由 10~20 个单体组成。柠檬酸、异柠檬酸可使该酶由无活性的单体聚合成有活性的多聚体,长链脂酰 CoA 则可使其解聚而失活,为该酶的变构抑制剂。此外,乙酰 CoA 羧化酶还可接受化学修饰

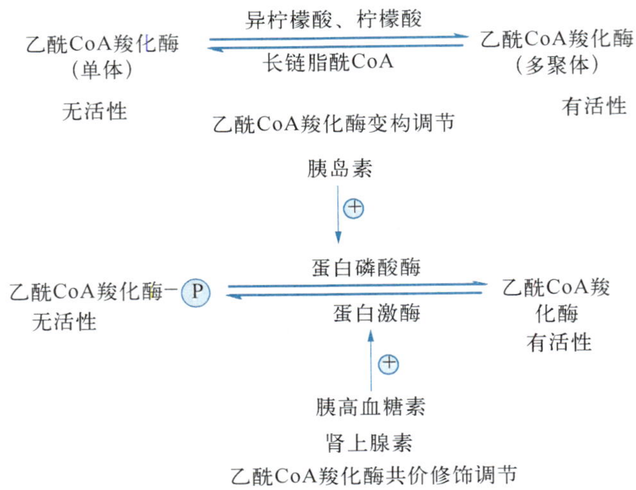

图 5-10 乙酰 CoA 羧化酶活性的调节

调节，该酶可被磷酸化而失活，其磷酸化反应由一种依赖于 AMP 的蛋白激酶所催化。胰高血糖素及肾上腺素可使其变成无活性的磷酸化形式，而胰岛素则可通过蛋白质磷酸酶的作用使磷酸化的乙酰 CoA 羧化酶去磷酸而恢复活性(图 5-10)。

(2) 脂肪酸合成酶系：从乙酰 CoA 和丙二酰 CoA 合成长链脂肪酸由脂肪酸合成酶系催化完成。该酶系由乙酰基转移酶，丙二酰基转移酶，β-酮脂酰合酶，β-酮脂酰还原酶，β-羟脂酰脱水酶，Δ^2-烯脂酰还原酶及长链脂酰硫酯酶七种酶蛋白及脂酰基载体蛋白(acyl carrier protein, ACP)组成。

ACP 是一个相对分子质量为 10 kDa 的多肽，与 CoA 相似，含有 4′-磷酸泛酰氨基乙硫醇(4′-phosphopantetheine)基团，该基团的 4′-磷酸与 ACP 分子中丝氨酸残基借磷酸酯键相连，其末端的巯基称中心巯基(图 5-11)，可与脂酰基结合形成硫酯键。此外，该酶系中 β-酮脂酰合酶分子中含有半胱氨酸残基，其半胱氨酸中的巯基称为外周巯基，也能与脂酰基结合。

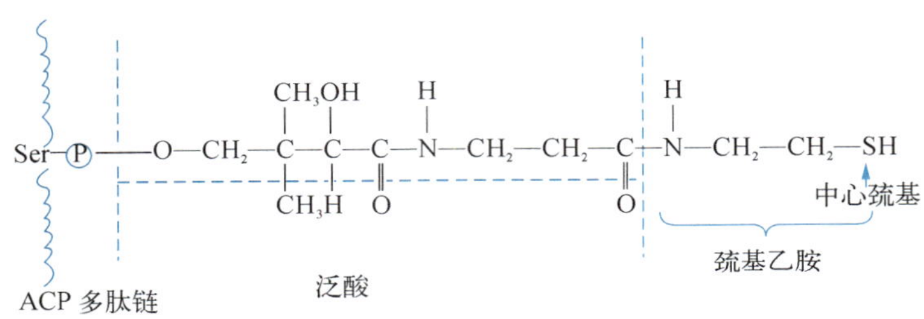

图 5-11 酰基载体蛋白 ACP 结构

大肠埃希菌中上述七种酶蛋白聚合在一起并以 ACP 为中心构成一个多酶复合物。哺乳动物中脂肪酸合成酶是一个分子质量为 534 kDa 的多功能酶，由两条相同的多肽链组成。两条链首尾相连组成的二聚体具有酶活性，如二聚体解聚则酶活性丧失。二聚体的每一条链中含有 7 种酶的结构域，一条链具有 7 种酶活性，都有一个 ACP 结构域(图5-12)。

4. 软脂酸合成过程

(1) 乙酰 CoA 羧化：参与软脂酸合成的 8 分子乙酰 CoA 分子中，有 7 分子需先羧化为丙二酰 CoA 才能参与脂肪酸合成，反应如上述。

(2) 脂肪酸合成的四个步骤：由乙酰 CoA 和丙二酰 CoA 合成软脂酸的过程在脂肪酸合成酶系分子上进行，具体过程如下：

1) 乙酰基转移：在乙酰基转移酶催化下，乙酰 CoA 分子中乙酰基先结合到脂肪酸合成酶系的 ACP 中心巯基上，再

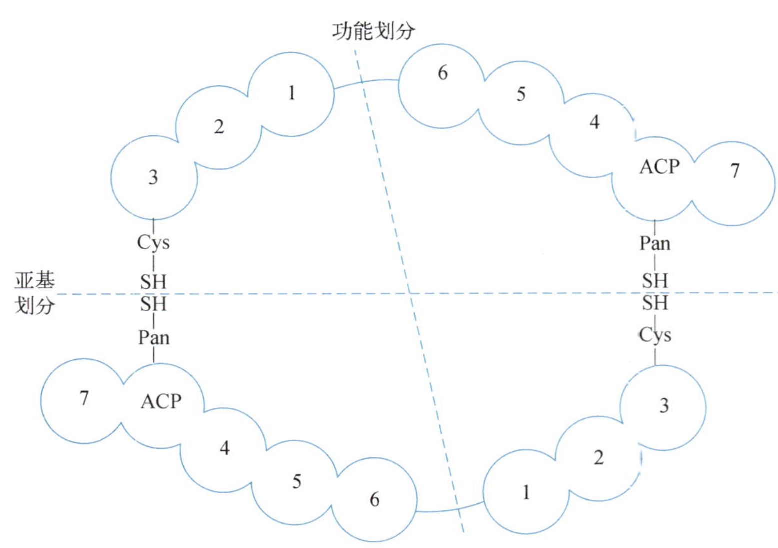

图 5-12 脂肪酸合酶多酶复合体二聚体

1. 乙酰基转移酶；2. 丙二酰基转移酶；3. β-酮脂酰合酶；4. β-酮脂酰还原酶；5. 烯脂酰还原酶；6. 水合酶；7. 硫酯酶

转移到该酶系中的外周巯基上。

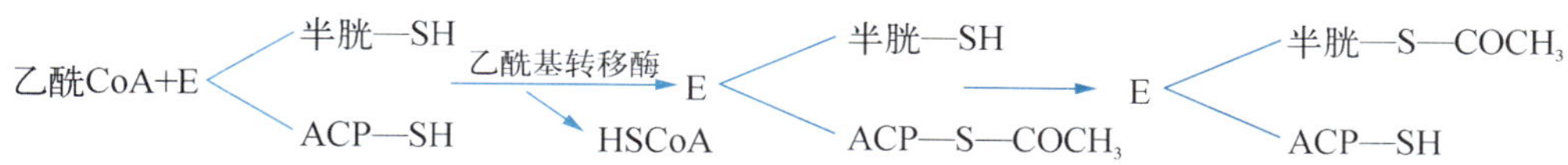

2）丙二酰基的转移：在丙二酰转移酶催化下，丙二酰基转移到脂肪酸合成酶系中心巯基上，形成乙酰、丙二酰-酶复合物：

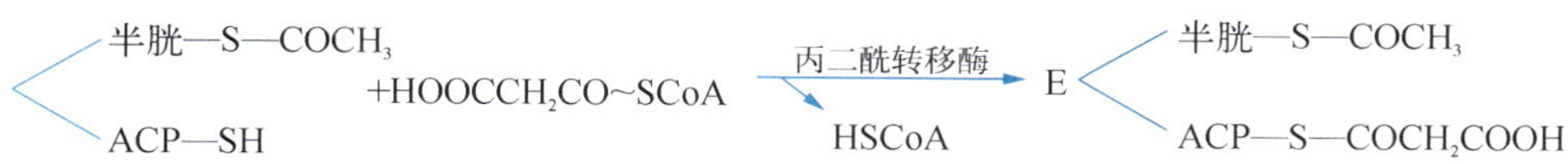

3）缩合反应：在β-酮脂酰合酶催化下，外周巯基上的乙酰基转移到丙二酰基的第二个碳原子上并脱去羧基，生成β-酮脂酰（乙酰乙酰）～S—ACP，β-酮脂酰基连接在 ACP 巯基上。

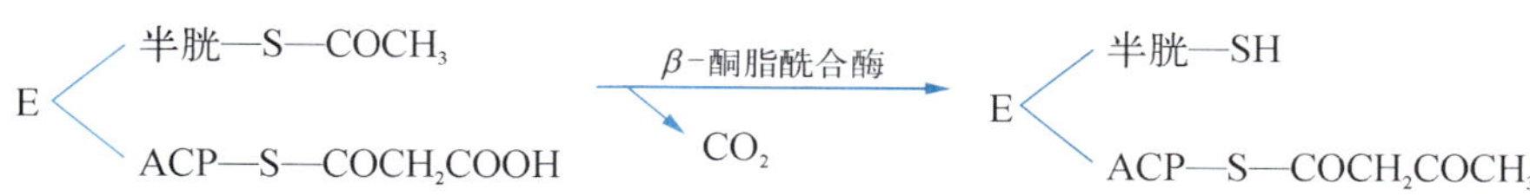

4）乙酰乙酰～S—ACP 经还原，脱水，再还原成为丁酰～S—ACP。

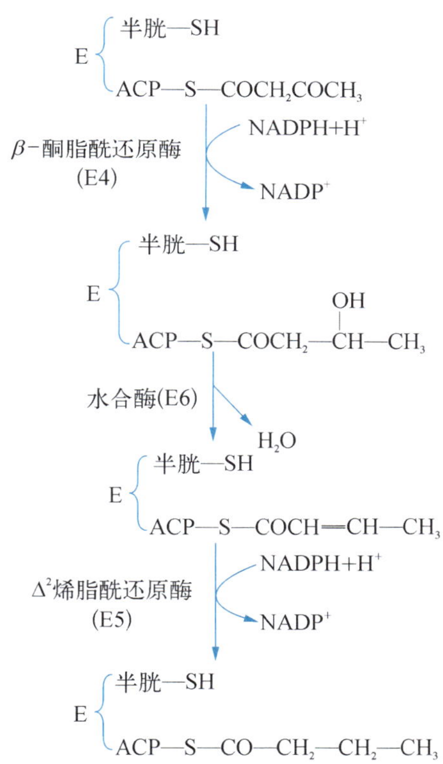

经过上述酰基转移、缩合、还原、脱水、再还原等步骤，生成丁酰- S—ACP，脂酰基由 2 个碳原子增加到 4 个碳原子，完成了脂肪酸合成的第一轮循环。丁酰基又在脂酰转移酶催化下，从 ACP 中心巯基转移到外周巯基上，ACP 上中心巯基再与新的丙二酰基结合，继续第二轮循环，再增加 2 个碳原子，经 7 次循环之后，生成 16 碳的软脂酰- S—ACP，经硫酯酶水解而释放出软脂酸。

软脂酸酸合成的总反应式为：

$$CH_3CO\sim SCoA+7HOOCCH_2CO\sim SCoA+14(NADPH+H^+)+7ATP\xrightarrow{\text{脂肪酸合成酶系}}$$
$$CH_3(CH_2)_{14}COOH+14NADP^+ +8HSCoA+7CO_2+7(ADP+Pi)$$

脂肪酸合成时需消耗 ATP 和 NADPH+H$^+$，NADPH 主要来源于磷酸戊糖途径，苹果酸氧化脱羧时也可产生少量 NADPH。

脂肪酸合成的过程不是 β-氧化的逆过程,两过程在细胞定位、脂酰基携带者、质子受体/供体、水合或脱水反应等方面均有区别。

5. *碳链延长或缩短* 脂肪酸碳链的延长可由位于内质网和线粒体内的两个酶体系催化完成。在内质网中,由碳链延长酶体系催化,以丙二酰 CoA 为二碳单位的供体,由 NADPH+H^+ 供氢,经缩合,加氢,脱水,再加氢等反应延长碳链,与胞质中脂肪酸合成过程基本相同,但酰基载体不是 ACP 而是 CoA。在肝细胞内质网中,一般以合成硬脂酸(18C)为主;在脑组织中,可延长到 24 碳的脂肪酸。在线粒体内,软脂酸经脂肪酸延长酶系的作用,与乙酰 CoA 缩合逐步延长碳链,这一过程基本上是 β-氧化的逆过程,每一次缩合反应可加入 2 个碳原子,一般可延长到 24～26 碳的脂肪酸。

脂肪酸碳链的缩短在线粒体中经过 β-氧化完成,经过一次 β-氧化就减少两个碳原子。

6. *不饱和脂肪酸合成* 人体脂类中的不饱和脂肪酸有软油酸(16∶1, Δ^9),油酸(18∶1, Δ^9),亚油酸(18∶2, $\Delta^{9,12}$),亚麻酸(18∶3, $\Delta^{9,12,15}$)和花生四烯酸(20∶4, $\Delta^{5,8,11,14}$)等。前两种可在体内通过脱饱和作用生成。硬脂酸转变为油酸,软脂酸转变为软油酸。脱饱和作用主要在肝微粒体内由一种混合功能氧化酶即 Δ^9 脱饱和酶催化完成。

$$\text{硬脂酰 CoA} + NADH + H^+ + O_2 \longrightarrow \text{油酰 CoA} + NAD^+ + 2H_2O$$

$$\text{软脂酰 CoA} + NADH + H^+ + O_2 \longrightarrow \text{软油酰 CoA} + NAD^+ + 2H_2O$$

7. *多不饱和脂肪酸的重要衍生物* 哺乳动物体内有几种来源于花生四烯酸的廿碳多烯脂肪酸衍生物,它们是前列腺素(prostaglandin, PG),血栓烷(thromboxane, TX)和白三烯(lenkotriene, LT)。细胞膜上的磷脂含有丰富的花生四烯酸,当细胞受到一些外界刺激时,细胞膜中的磷脂酶 A_2 被激活,水解磷脂释放出花生四烯酸,后者在一系列酶的作用下合成 PG,TX 及 LT。这几种多烯脂肪酸衍生物生理活性很强,对细胞代谢有重要调节作用,且与多种病理过程有关。

(1) 前列腺素:PG 是存在于动物和人体许多组织细胞的一种廿碳不饱和脂肪酸(前列腺酸)衍生物,由一个五碳环和两条侧链构成,其结构如下:

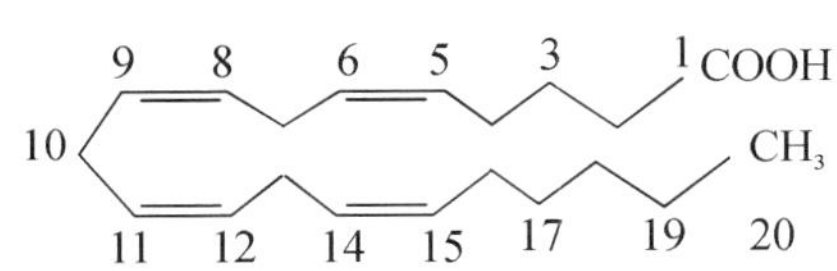

花生四烯酸

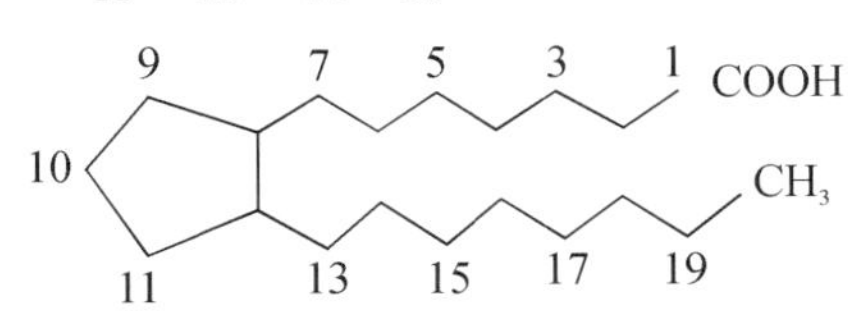

前列腺酸

按其五碳环上取代基团和双键位置的不同,可分为九型,分别命名为 PGA,PGB,PGC,PGD,PGE,PGF,PGG,PGH 及 PGI,体内 PGA,PGE,PGF 含量较多,PGI 又称前列环素。

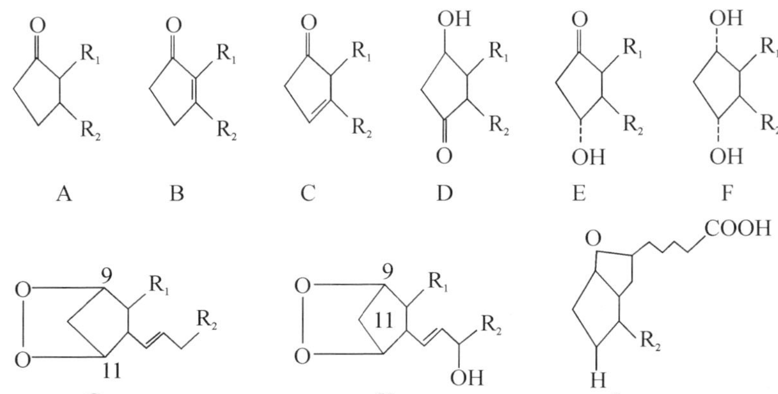

根据其 R_1 及 R_2 两条链中双键数目的多少，PG 又分为 1、2、3 类，在字母的右下角表示。

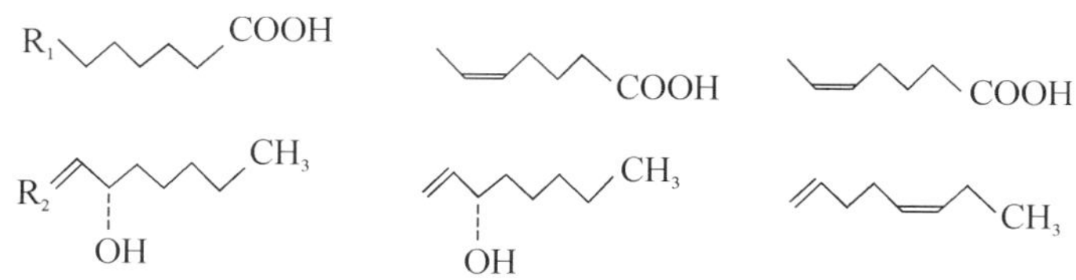

1类　　2类　　3类

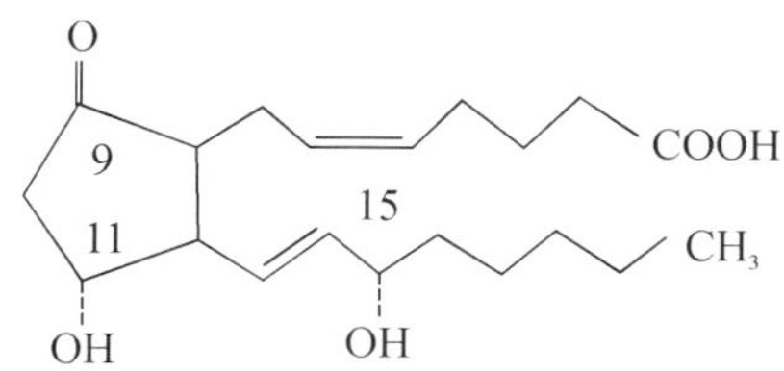

前列腺素E_2(PGE_2)

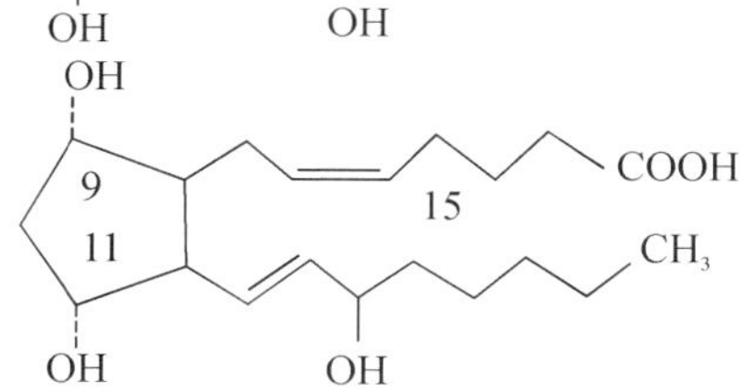

前列腺素F_2(PGF_2)

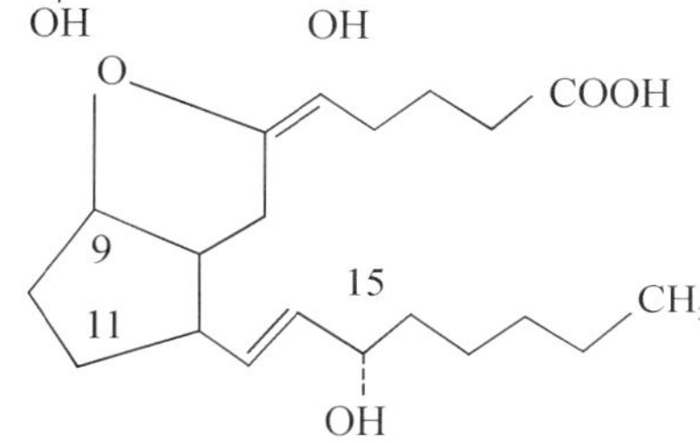

前列腺素I_2(PGI_2，又称前列环素)

PG 的主要生理功能：PGE_2是诱发炎症的主要因素之一，它能使局部血管扩张及毛细血管通透性增加，引起红、肿、热、痛等症状。PGE_2、PGA_2能使动脉平滑肌舒张从而使血压下降；PGE_2、PGI_2能抑制胃酸分泌，促进胃肠平滑肌蠕动。PGI_2由血管内皮细胞合成，是使血管平滑肌舒张和抑制血小板聚集最强的物质。PGF_2能使卵巢平滑肌收缩引起排卵，加强子宫收缩，促进分娩等。

（2）血栓烷：TX 也是廿碳不饱和脂肪酸衍生物，与前列腺素不同的是五碳环为一个环醚结构所取代，血栓烷 A_2（TXA_2）是其主要活性形式，结构如下：

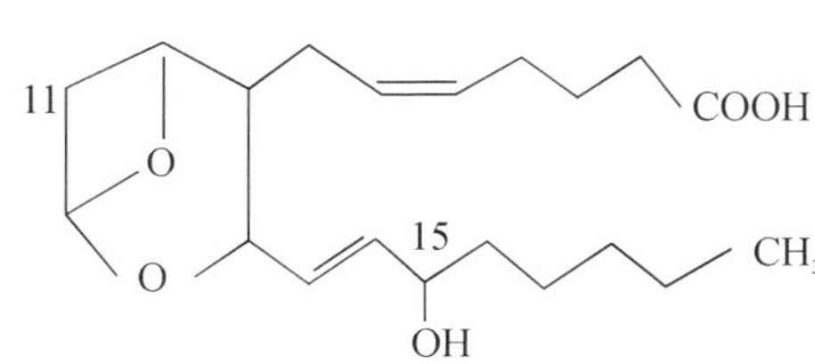

血栓素 A_2(TXA_2)

TXA_2可由血小板产生，它能促进血小板聚集，并使血管收缩，是促进凝血及血栓形成的重要因素，前述 PGI_2有很强的舒血管及抗血小板聚集作用，因此 PGI_2与 TXA_2的平衡是调节小血管收缩，血小板黏聚的重要因素，它们的代谢与心脑血管病有密切关系。

（3）白三烯：LT 是另一类廿碳多不饱和脂肪酸的衍生物，主要在白细胞内合成，其结构如下：

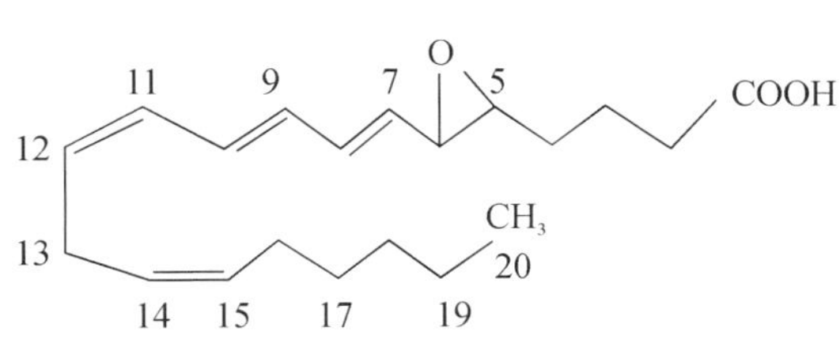

白三烯 A_4(LTA_4)

研究证明，LT 是一类过敏反应的慢反应物质，能使支气管平滑肌收缩，作用缓慢而持久。LT 还能调节白细胞的功能,促进其游走及趋化作用;能激活腺苷酸环化酶,使多核白细胞脱颗粒,促进溶酶体释放水解酶类,使炎症及过敏反应加重。

(二)甘油磷酸的生成

合成脂肪需要甘油磷酸,又称甘油-3-磷酸,其来源有两方面:

1. 甘油磷酸来源　糖分解代谢产生的磷酸二羟丙酮在胞质中甘油醛-3-磷酸脱氢酶催化下还原为甘油磷酸,此反应普遍存在于人体内各组织中,它是甘油磷酸的主要来源。

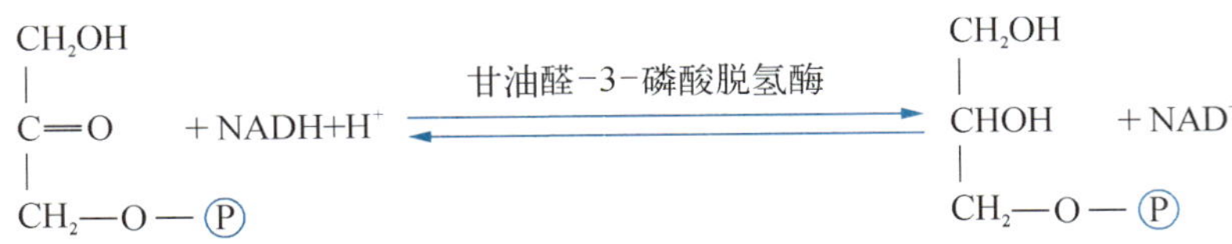

2. 细胞内甘油再利用　在肝、肾、哺乳期乳腺及小肠黏膜富含甘油激酶,该酶催化甘油活化形成甘油磷酸。

脂肪组织及肌肉组织中甘油激酶活性很低,因而不能利用甘油来合成脂肪。

(三)脂肪合成

1. 合成场所　肝脏、脂肪组织及小肠是人体合成三酰甘油的主要场所,以肝脏的合成能力最强。

2. 合成原料　合成脂肪需要甘油磷酸和脂肪酸。脂肪酸需先活化为脂酰 CoA(RCO～SCoA)。

3. 合成过程　体内合成三酰甘油有两条途径:

(1) 单酰甘油途径:该途径的特点是以单酰甘油为起始物,在脂酰转移酶催化下,加上两分子脂酰基,生成三酰甘油。

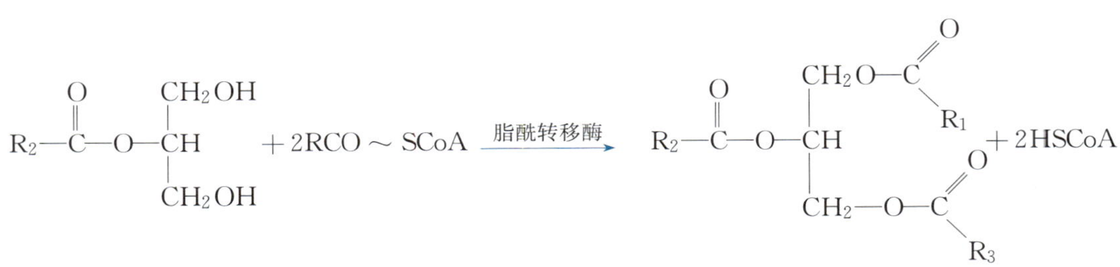

单酰甘油　　　　三酰甘油

(2) 二酰甘油途径(磷脂酸途径):该途径的特点是利用糖代谢生成的甘油磷酸,在脂酰转移酶催化下,加上 2 分子脂酰基生成磷脂酸。后者在磷脂酸磷酸酶作用下,水解脱去磷酸生成 1,2-二酰甘油,再在脂酰转移酶催化下,加上 1 分子脂酰基生成三酰甘油。

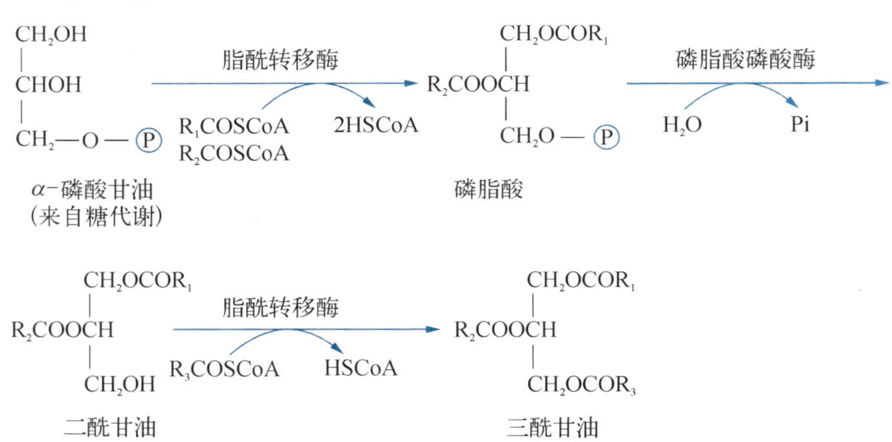

(3) 不同组织合成三酰甘油特点:肝脏、脂肪组织和小肠是人体内合成三酰甘油的主要场所,但不同组织在合成时各有特点,总结如表 5-1。

表 5-1　不同组织合成三酰甘油的特点

组　织	小肠黏膜上皮细胞		肝　脏	脂肪组织
	进餐后	空腹		
合成途径	单酰甘油途径	磷脂酸途径	磷脂酸途径	磷脂酸途径
糖代谢生成 3-磷酸甘油	否	可	可	可
甘油再利用生成 3-磷酸甘油	否	可	可	否
主要中间产物	二酰甘油	磷脂酸	磷脂酸	磷脂酸
三酰甘油可否储存	否	否	否	可
动员或分泌形式	CM	VLDL	VLDL	FFA+甘油
生理功能	合成外源性 TG	合成内源性 TG	合成内源性 TG	储存 TG

4. 脂肪合成调节

(1) 代谢物调节作用：进食高脂膳食或脂肪动员加强时，肝细胞内脂酰 CoA 增多，可变构抑制脂肪酸合成的关键酶乙酰 CoA 羧化酶，使丙二酸单酰 CoA 生成减少，从而抑制脂肪酸的合成。进食糖类后糖代谢加强，细胞内 ATP 生成增多，可抑制异柠檬酸脱氢酶，造成柠檬酸及异柠檬酸堆积，变构激活乙酰 CoA 羧化酶，使丙二酸单酰 CoA 生成增加，脂肪酸合成增强。

(2) 激素调节作用：胰岛素通过几种机制促进脂肪的合成。胰岛素能促进葡萄糖进入细胞分解，使乙酰 CoA 生成增多；还能诱导乙酰 CoA 羧化酶、脂肪酸合成酶等的合成，从而使脂肪酸合成增加。胰岛素还可以增强磷酸甘油酯酰转移酶活性，使磷脂酸合成增加，脂肪合成增加。因此，胰岛素是调节脂肪合成的主要激素。

胰高血糖素能增加细胞内的 cAMP，使乙酰 CoA 羧化酶磷酸化而降低其活性，从而抑制脂肪酸的合成。肾上腺素、生长素也有类似作用。

第三节　磷脂代谢

一、磷脂的分类、结构与功能

分子中含有磷酸的脂类称为磷脂，磷脂分为甘油磷脂(glycerophosphatide)和鞘脂(sphingolipid)两大类。甘油磷脂的核心结构是甘油磷酸，分子中还含有脂肪酸、含氮化合物等。其基本结构如下：

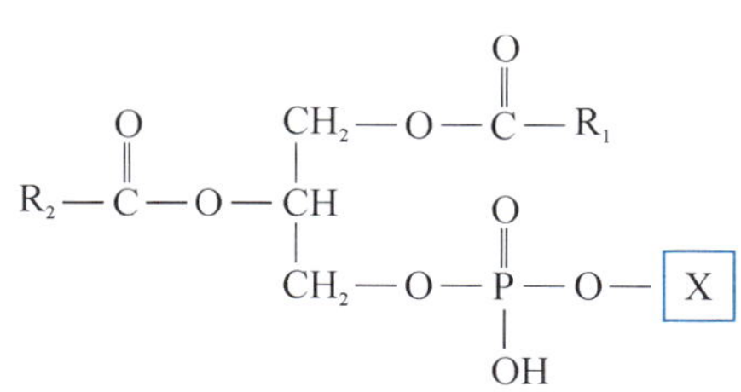

从结构式可见，在甘油磷脂分子中，甘油 C_1 位和 C_2 位上的羟基都被脂肪酸酯化，C_3 位上的磷酸基团被其他羟基化合物酯化。根据与磷酸相连的取代基的不同，可将甘油磷脂分为以下类别：

	X	
磷脂酰胆碱(卵磷脂)	胆碱	$—CH_2CH_2N^+(CH_3)_3$
磷脂酰乙醇胺(脑磷脂)	乙醇胺	$—CH_2CH_2NH_2$
磷脂酰丝氨酸	丝氨酸	$—CH_2CHNH_2COOH$

磷脂酰肌醇 肌醇

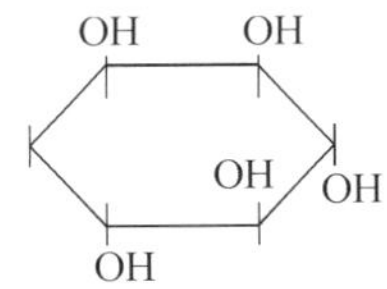

磷脂酰甘油 甘油 $—CH_2CHOHCH_2OH$

二磷脂酰甘油(心磷脂) 磷脂酰甘油

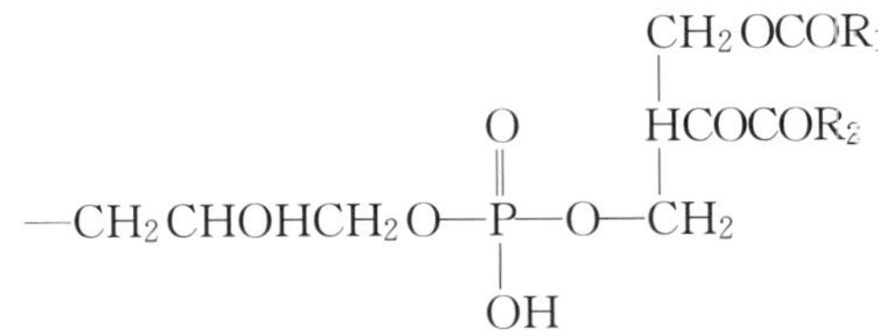

各种甘油磷脂如脱去一个脂酰基(通常是 C_2 位上的脂酰基)则产生相应的溶血磷脂。

鞘脂以鞘氨醇或二氢鞘氨醇为基本骨架形成。鞘氨醇是一种 18C 长链不饱和氨基二元醇。分子中 C_1，C_2 和 C_3 位上分别有功能基团—OH，$—NH_2$，—OH。二氢鞘氨醇与鞘氨醇的区别是 18C 烃链中双键被氢饱和，两者结构如下：

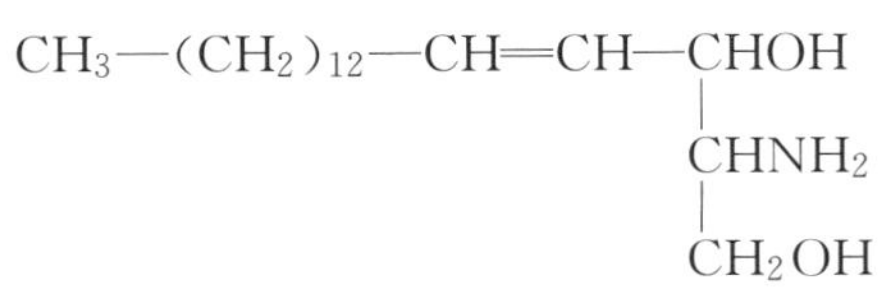

鞘氨醇

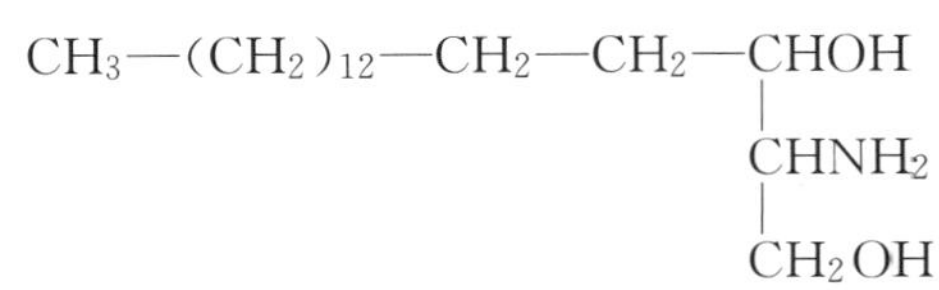

二氢鞘氨醇

鞘氨醇 C_2 位上的氨基通过酰氨胺键结合脂酰基后生成神经酰胺(ceramide)，也即 *N*-脂酰鞘氨醇，C_1 位羟基再结合磷酸胆碱或磷酸乙醇胺，即成为鞘磷脂(sphingomyelin)。

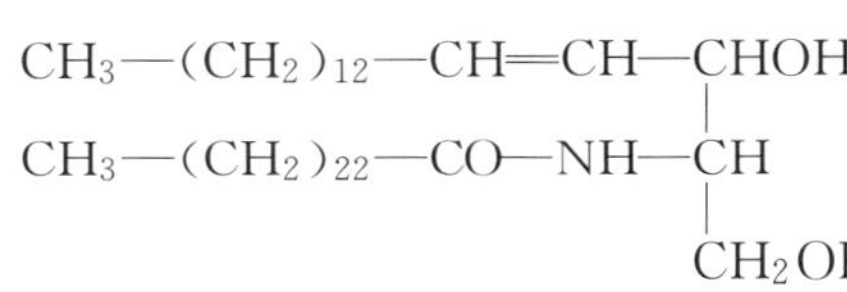

神经酰胺

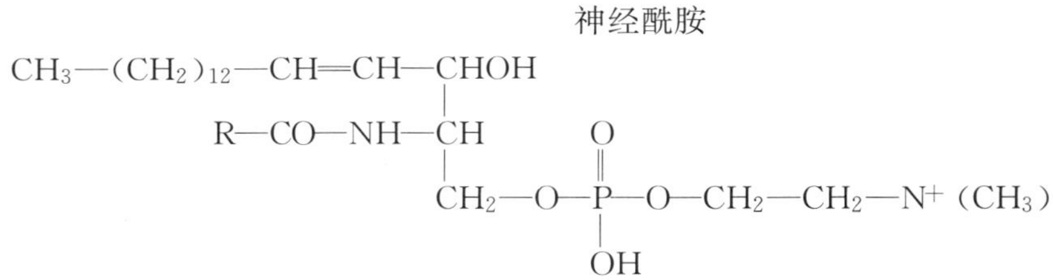

鞘磷脂

甘油磷脂和鞘磷脂尽管在化学组成上有差别，但分子构型与电荷分布却十分相似。分子中都有疏水的尾部和亲水的头部。甘油磷脂 C_1 和 C_2 位上的长链脂酰基是两个疏水的非极性尾，C_3 位上的磷酸含氮碱或羟基是亲水的极性头部；鞘磷脂分子中两条烃链是非极性尾，C_1 位上荷电的磷酸胆碱是极性亲水头部。这样的结构特点使磷脂在水和非极性溶剂中都有很大的溶解度，能同时与极性或非极性物质结合，适于作为水溶性蛋白质和非极性脂类之间的结构桥梁，因而磷脂是构成生物膜及血浆脂蛋白的重要成分。

不同的磷脂还有一些特殊的功能，如磷脂酰肌醇及其衍生物参与细胞信号传导，三磷酸肌醇和二酰甘油是胞内重要的信使分子；心磷脂是线粒体内膜和细菌膜的重要成分；二软脂酰胆碱(C_1、C_2 位上均为饱和的软脂酰基，C_3 位上是磷酸胆碱)是肺表面活性物质的重要成分，能保持肺泡表面张力，防止气体呼出时肺泡塌陷，早产儿由于该磷脂的合成和分泌缺陷而患呼吸窘迫综合征。血小板激活因子也是一种特殊的磷脂酰胆碱，具有极强的生物活性。此外甘油磷脂分子 C_2 位上的脂酰基多为不饱和必需脂肪酸，因而存在于膜结构中的甘油磷脂还是必需脂肪酸贮库。

二、甘油磷脂的合成与分解

（一）甘油磷脂的合成

1. 合成场所　全身各组织细胞内质网中均含有合成甘油磷脂的酶系，故各组织均可合成甘油磷脂，肝、肾、肠等组织中甘油磷脂合成均很活跃，又以肝脏为最强。

2. 合成原料　合成甘油磷脂需甘油、脂肪酸、磷酸盐、胆碱、丝氨酸、肌醇等原料。甘油和脂肪酸主要由糖代谢转化而来，C_2位上多为不饱和脂肪酸，主要是必需脂肪酸，需由食物提供。肌醇主要由食物提供。胆碱、乙醇胺可从食物摄取，也可由丝氨酸在体内转变生成。丝氨酸脱羧后生成乙醇胺，乙醇胺从 S-腺苷蛋氨酸获得 3 个甲基即合成胆碱。

合成磷脂所需的能量主要由 ATP 提供，此外，还需 CTP 参加，CTP 不但供能，而且为合成 CDP-乙醇胺，CDP-胆碱等重要活性中间产物所必需（图 5-13）。

3. 合成过程　合成甘油磷脂有两条途径，一条是二酰甘油途径，另一条是 CDP-二酰甘油途径，磷脂酸是两条途径共同的反应起始物，每条途径特点如下：

二酰甘油合成途径：磷脂酰胆碱和磷脂酰乙醇胺主要通过此途径合成，这两类磷脂占血液及组织中磷脂的 75%以上。该途径的特点是参与合成的胆碱及乙醇胺需先活化为 CDP-胆碱或 CDP-乙醇胺，再转移到二酰甘油分子上（图 5-13、图 5-14）。

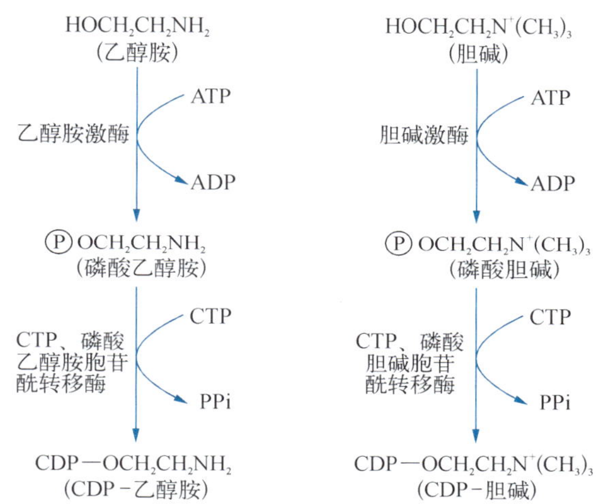

图 5-13　CDP-乙醇胺、CDP-胆碱的合成

CDP-二酰甘油途径：磷脂酰肌醇、磷脂酰丝氨酸和二磷脂酰甘油由此途径合成。该途径的特点是磷脂酸先与 CTP 在磷脂酰胞苷转移酶的催化下，生成 CDP-二酰甘油，后者再分别与肌醇、丝氨酸及磷脂酰甘油反应，在合成酶催化下，生成相应的磷脂（图 5-15）。

哺乳动物缺乏磷脂酰丝氨酸合成酶系，故哺乳动物体内的磷脂酰丝氨酸只能由磷脂酰乙醇胺分子中乙醇胺被丝氨酸置换生成（图 5-15）。

（二）甘油磷脂的分解

甘油磷脂在多种磷脂酶（phospholipase）的作用下，水解为它们的各组成成分，此过程即甘油磷脂的分解。生物体内有多种磷脂酶，根据其作用部位的不同，分为磷脂酶 A_1、A_2、B、C、D 等。

磷脂酶 A_1：主要存在于动物细胞溶酶体中，蛇毒及某些微生物中也含有。其催化甘油磷脂第 1 位酯键断裂，产物为脂肪酸和溶血磷脂 2。

磷脂酶 A_2：普遍存在于动物各组织细胞膜和线粒体膜，催化甘油磷脂分子中第 2 位酯键水解，产物为多不饱和脂肪酸和溶血磷脂 1。Ca^{2+} 为该酶的激活剂。

磷脂酶 B_1：催化溶血磷脂 1 第 1 位酯键水解。

磷脂酶 B_2：催化溶血磷脂 2 第 2 位酯键水解。

磷脂酶 C：存在于细胞膜及某些细菌中，特异水解甘油磷脂分子中第 3 位磷酸酯键。

磷脂酶 D：催化磷脂分子中磷酸与取代基团之间的酯键水解，释放出取代基团。

各种磷脂酶作用的化学键及产物见图 5-16。

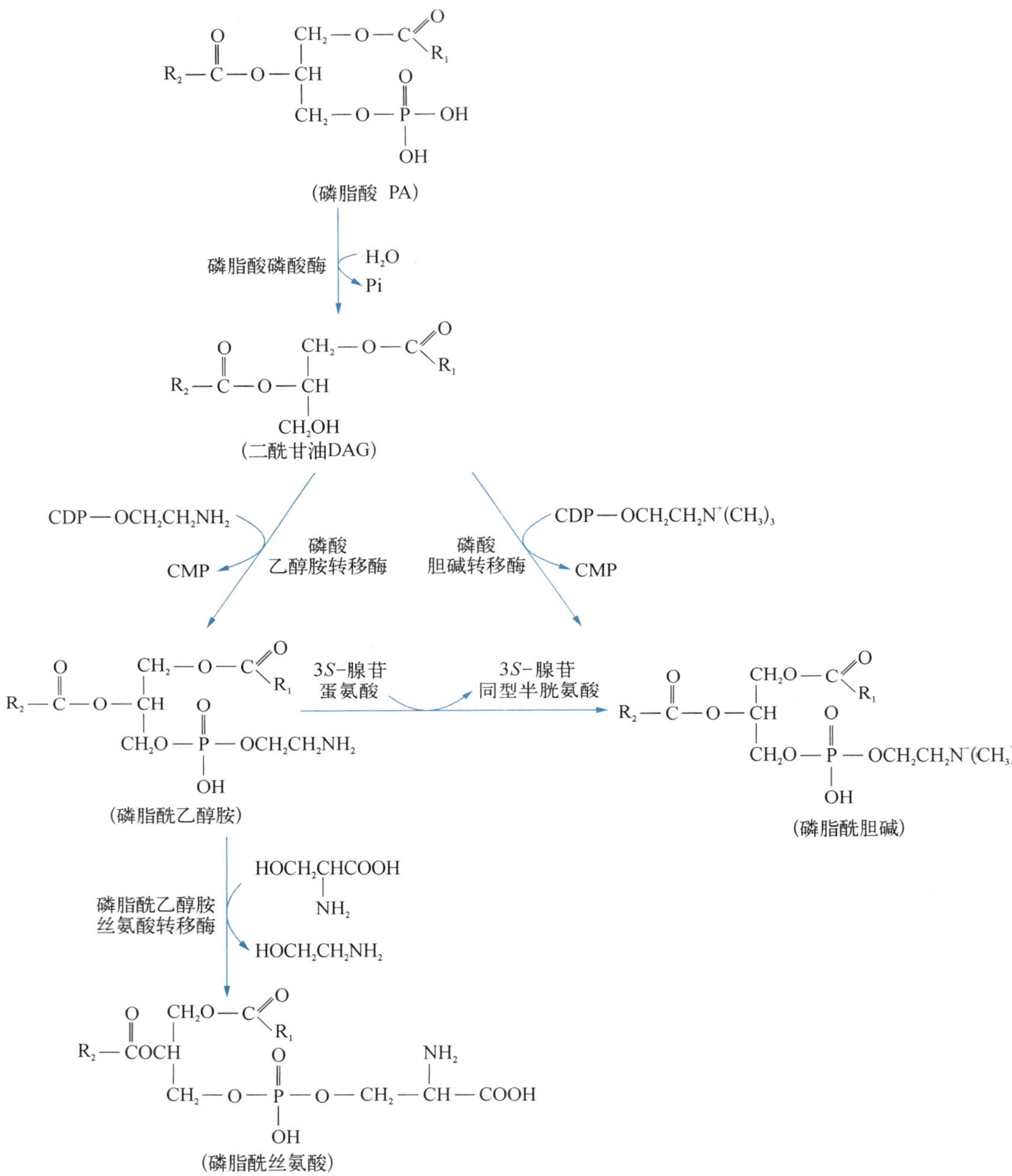

图 5-14 合成甘油磷脂的二酰甘油途径

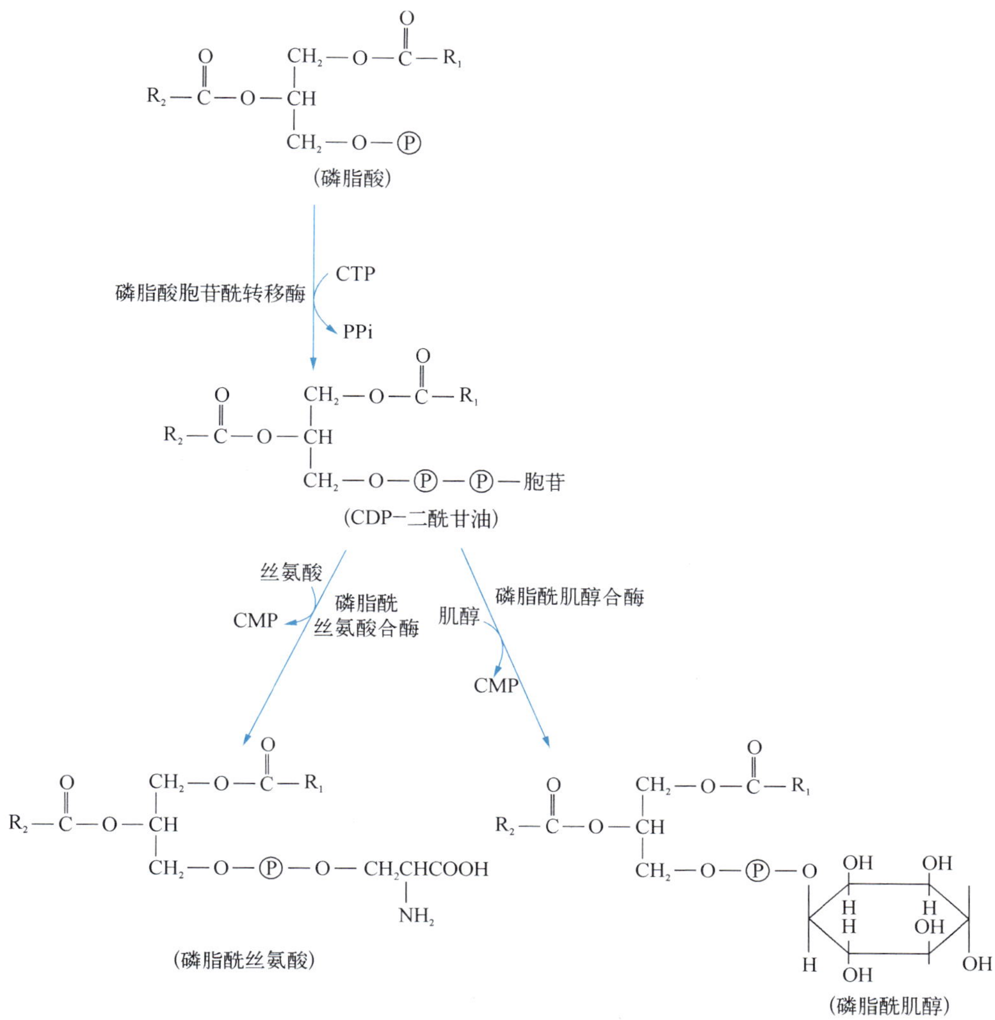

图 5-15 CDP-二酰甘油途径

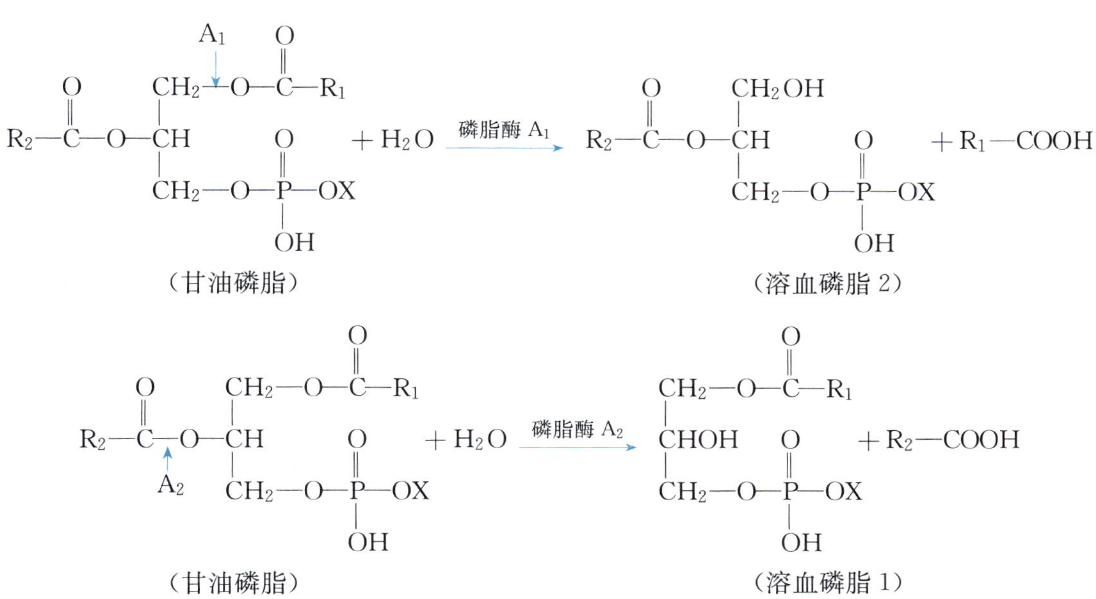

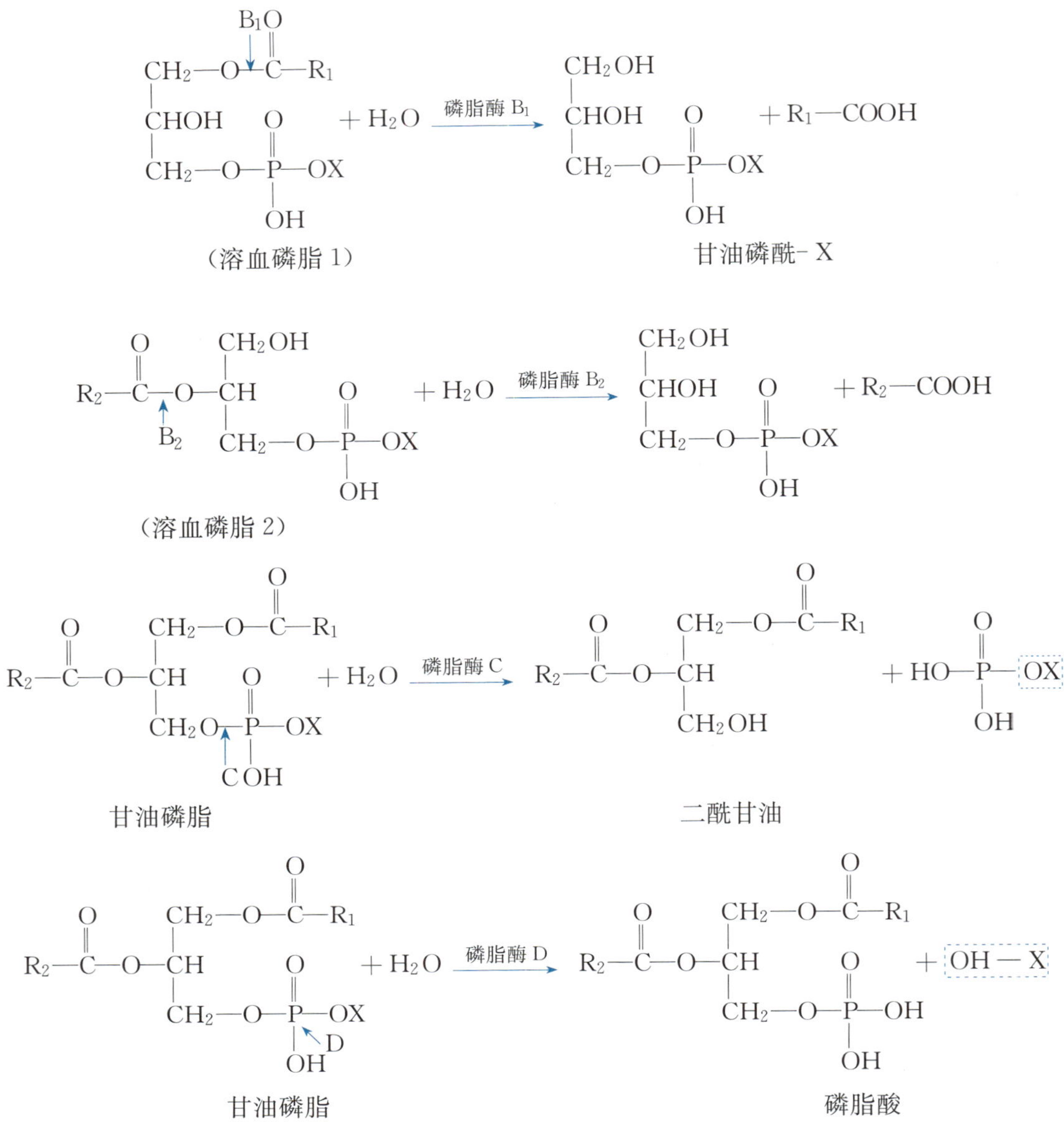

图 5 - 16 磷脂酶作用的特点

甘油磷脂水解的一些产物有较强的生物活性。如磷脂酰胆碱被磷脂酶 A_2 水解后生成溶血磷脂酰胆碱 1,表面活性较强,能使红细胞膜等膜结构破坏,引起溶血或细胞坏死。溶血磷脂酰胆碱 1 经磷脂酶 B_1 作用脱去 C_1 位的脂肪酸后,转变为甘油磷酸胆碱,即失去溶解细胞膜的作用。甘油磷脂水解产物甘油、脂肪酸、磷酸、胆碱、乙醇胺等,可分别进行有关合成、分解代谢。

三、鞘磷脂的合成与分解

鞘磷脂是神经组织各种膜和红细胞膜的主要结构脂质之一,由神经酰胺和磷酸胆碱组成,下面简要介绍鞘磷脂的合成与分解代谢。

(一) 鞘磷脂的合成

1. 合成场所 全身各组织细胞内质网中含有合成鞘氨醇的酶,故各组织均能合成鞘磷脂,以脑组织最为活跃。

2. 合成原料 需鞘氨醇合成酶系催化及磷酸吡哆醛、NADPH 和 $FADH_2$ 等辅酶的参与,以脂酰 CoA 和丝氨酸为基本原料,还需长链脂肪酸,CDP -胆碱等。

3. 合成过程 软脂酰 CoA 和丝氨酸在鞘氨醇合成酶系的催化下先合成鞘氨醇,鞘氨醇再在脂酰基转移酶的催化下，其氨基与脂酰 CoA 进行酰胺缩合，生成神经酰胺，再由 CDP-胆碱供给磷酸胆碱，即生成鞘磷脂。

（二）鞘磷脂的分解

水解鞘磷脂的酶是鞘磷脂酶，属磷脂酶 C 类，它催化鞘磷脂的磷酸酯键水解产物为磷酸胆碱和神经酰胺。鞘磷脂酶存在于脑、肝、肾等细胞溶酶体中，如先天缺乏此酶，鞘磷脂不能降解而在细胞内堆积，可引起肝、脾肿大及中枢神经系统退行性变等鞘磷脂沉积病(sphingolipidosis)。

第四节　胆固醇代谢

一、胆固醇

（一）化学结构和性质

胆固醇是重要的类脂之一，最初从动物胆石中分离出来，故称为胆固醇。

胆固醇是环戊烷多氢菲衍生物，其结构特点是环戊烷多氢菲第 3 位碳上有 1 个 β-羟基，第 5，6 位间有 1 个双键，第 17 位碳上有 1 个含 8 个碳原子的饱和烃链。胆固醇 C_3 位上的羟基可与脂肪酸以酯键相连形成胆固醇酯，未与脂肪酸结合者称为游离胆固醇(free cholesterol, FC)，两者结构式如下：

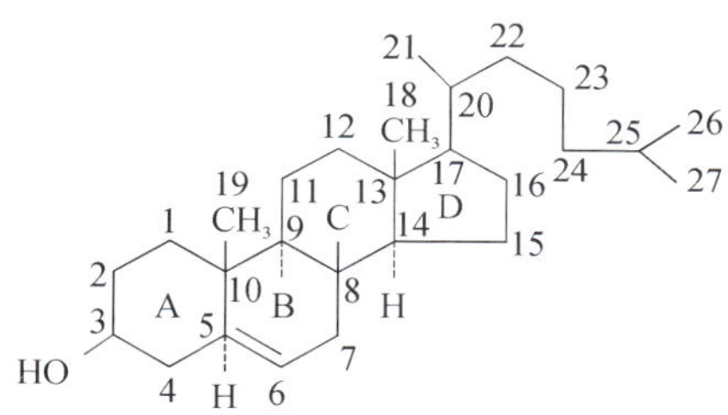

胆固醇

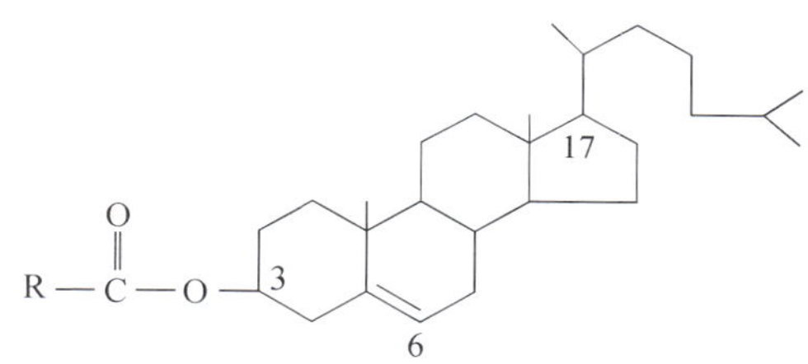

胆固醇酯

胆固醇 27 个碳原子形成的烃核及侧链都是非极性的，虽然只有 3 位上的羟基是极性的，仍具有两亲性分子性质。

（二）体内分布及生理功能

人体内胆固醇广泛分布于全身各组织，健康成人体内胆固醇含量为 140 g 左右，其中 25%分布在脑及神经组织。胆固醇约占脑组织重量的 2%，肝、肾、肠等内脏及皮肤、脂肪组织中含有的胆固醇为组织重量的 0.2%～0.5%，其中肝内含量较多，肌肉组织含量较低。在肾上腺、卵巢等合成类固醇激素的内分泌腺中，胆固醇含量可达 1%～5%。胆固醇在组织中一般以非酯化的游离状态存在于细胞膜中，但在肾上腺、血浆及肝脏中，大多数与脂肪酸结合为胆固醇酯，以胆固醇油酸酯为最多，也有少量亚油酸酯及花生四烯酸酯。

胆固醇在体内有重要的生理功能。胆固醇是生物膜的重要组成成分，由于它是两亲性分子，其 3 位羟基极性端指向膜的亲水界面，疏水的母核及侧链具有一定刚性深入膜双脂层，对控制生物膜的流动性具有重要作用。胆固醇又是合成胆汁酸、类固醇激素及维生素 D_3 等重要生理活性物质的原料。

（三）消化吸收

人体内的胆固醇约多于一半由机体自身合成，成人每天合成约 1.0 g，其余从食物中摄取。主要来自动物内脏、蛋类、奶油及肉类。

食物中的胆固醇多为游离胆固醇，10%～15%为胆固醇酯，后者需经胰腺分泌的胰胆固醇酯酶水解生成游离胆固醇方能吸收。影响胆固醇吸收的因素很多，胆汁酸是维持胆固醇吸收的主要因素，胆汁酸缺乏时，明显降低胆固醇的吸收。许多因素能促使胆汁酸排出体外，造成胆汁酸缺乏，显著减少胆固醇吸收，乃至降低血中胆固醇。食物中的纤维素、果胶、植物固醇及某些药物如考来烯胺等降低血脂的作用与它们能在消化道中与胆汁酸结合，促使其从粪便排出，从而减少胆固醇吸收有关。

二、胆固醇的合成与转化

(一)胆固醇生物合成

1. 合成场所　成年动物除脑组织及成熟红细胞外，几乎全身各组织细胞均可合成胆固醇。肝脏合成胆固醇的能力最强，小肠次之。胆固醇合成酶系存在于胞质及滑面内质网膜上，胆固醇合成主要在细胞中这两个部位进行。

2. 合成原料　核素标记实验证实，乙酰 CoA 是合成胆固醇的碳源。每合成 1 分子胆固醇需 18 分子乙酰 CoA，36 分子 ATP 及 16 分子 $NADPH+H^+$，分别提供碳源、供能及供给还原反应所需的氢。乙酰 CoA 来自葡萄糖，脂肪酸及某些氨基酸在线粒体内的分解代谢，经柠檬酸-丙酮酸循环进入胞质。$NADPH+H^+$ 主要来自胞质中磷酸戊糖代谢途径。糖是合成胆固醇的原料乙酰 CoA 的主要来源，故高糖饮食的人也可能出现血浆胆固醇增高的现象。

3. 合成过程　胆固醇合成过程有近 30 步酶促反应，可概括为以下三个阶段：

(1) 甲羟戊酸合成：在胞质中，两分子乙酰 CoA 在硫解酶催化下，缩合成乙酰乙酰 CoA，然后在羟甲戊二酸单酰 CoA 合酶催化下，再与 1 分子乙酰 CoA 缩合生成羟甲戊二酸单酰 CoA(HMG - CoA)，以上反应与肝内生成酮体的前几步相同。HMG - CoA 再在 HMG - CoA 还原酶催化下，由 $NADPH+H^+$ 供氢生成甲羟戊酸(mevalonic acid, MVA)，催化此反应的 HMG - CoA 还原酶是胆固醇合成的限速酶。

(2) 鲨烯生成：MVA 在 ATP 供能条件下，先经磷酸化，再脱羧、脱羟基而生成为 5 碳的异戊烯焦磷酸。异戊烯焦磷酸异构化为二甲基丙烯焦磷酸。二甲基丙烯焦磷酸与异戊烯焦磷酸缩合成 10 碳中间物，然后再与 5 碳的异戊烯焦磷酸合成为 15 碳的中间物焦磷酸法尼酯。两分子焦磷酸法尼酯通过缩合，还原生成 30 碳的多烯烃鲨烯。

(3) 形成胆固醇：鲨烯与胞质中固醇载体蛋白(sterol carrier protein, SCP)结合进入内质网，经加氧酶、环化酶等催化的多步反应，先环化成羊毛固醇，再经过一系列氧化、脱羧、还原等反应，脱去 3 分子 CO_2，形成 27 碳的胆固醇。胆固醇合成基本过程简示于图 5 - 17。

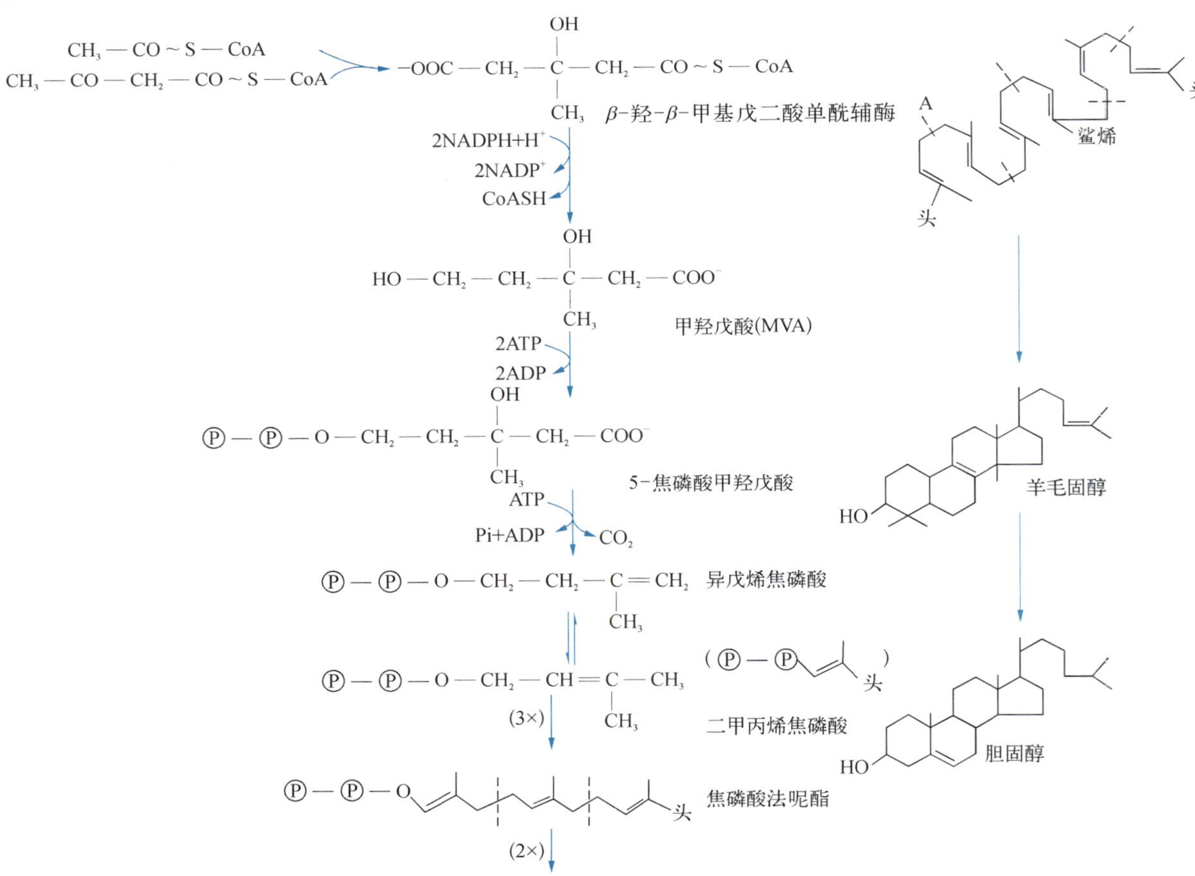

图 5 - 17　胆固醇的生物合成

4. 胆固醇酯化　细胞内和血浆中的游离胆固醇都可以被酯化成胆固醇酯，但在不同部位催化胆固醇酯化的酶及反应过程不同。

（1）细胞内胆固醇的酯化：在组织细胞内，游离胆固醇可在脂酰 CoA 胆固醇脂酰转移酶（acyl－CoA－cholesterol acyltransferase，ACAT）的催化下，接受脂酰 CoA 的脂酰基形成胆固醇酯。

（2）血浆内胆固醇的酯化：血浆中，在卵磷脂胆固醇脂酰基转移酶（lecithin cholesterol acyl transferase，LCAT）的催化下，卵磷脂第 2 位碳原子的脂酰基（多为不饱和脂酰基）转移至胆固醇第 3 位羟基上，生成胆固醇酯及溶血磷脂酰胆碱。LCAT 由肝实质细胞合成，合成后分泌入血，在血浆中发挥催化作用。

（二）胆固醇合成的调节

HMG－CoA 还原酶是胆固醇合成的限速酶，各种因素可通过对该酶活性的影响来调节胆固醇的合成速率。

1. 激素调节　胰岛素和胰高血糖素可通过酶化学修饰的方式调节 HMG－CoA 还原酶的活性。HMG－CoA还原酶有磷酸化和去磷酸化两种形式，前者无活性，后者有活性。胰高血糖素通过第二信使 cAMP 激活蛋白激酶，加速 HMG－CoA 还原酶磷酸化而失活，从而减少胆固醇合成；胰岛素则促进该酶的脱磷酸作用，使酶活性增加；并能诱导 HMG－CoA 还原酶的合成，故胰岛素能促进胆固醇的合成。甲状腺素亦可促进该酶的合成，使胆固醇合成增多，但同时又促进胆固醇转变为胆汁酸，增加胆固醇的转化，后者作用强于前者，故当甲状腺功能亢进时，患者血清胆固醇含量反而下降。

2. 饥饿与饱食　饥饿与禁食可使肝脏 HMG－CoA 还原酶合成减少，酶活性降低，也引起乙酰 CoA、ATP、NADPH＋H^+的不足，故可抑制肝内胆固醇的合成。而肝外组织的合成减少不多。相反，摄入高糖、高饱和脂肪等饮食后，肝脏 HMG－CoA 还原酶活性增加，胆固醇合成也增加。

3. 食物胆固醇　食物胆固醇可反馈阻遏 HMG－CoA 还原酶的合成，从而使胆固醇合成下降；反之，降低食物胆固醇的量，则可解除胆固醇对此酶合成的阻遏作用，使合成增加，但食物胆固醇不能阻遏小肠黏膜细胞合成胆固醇。此外，胆固醇的一些衍生物还能直接抑制 HMG－CoA 还原酶活性。

（三）胆固醇在体内的转化与排泄

1. 合成胆汁酸　胆固醇的母核在人体内不能被降解，但其侧链可被氧化、还原为其他含环戊烷多氢菲母核的生理活性化合物，参与体内的代谢和调节，有近一半的胆固醇不经变化，直接被排出体外。

在肝脏转化为胆汁酸是体内胆固醇的主要代谢去路。正常人每天合成的胆固醇总量中约有 40％在肝内转变为胆汁酸，大部分胆汁酸以胆汁酸盐的形式随胆汁排入肠道。还有一部分胆固醇可与胆汁酸盐结合形成混合微团直接随胆汁排出。进入肠道的胆固醇可随同食物胆固醇被吸收，未被吸收的部分可以原形或经肠道细菌还原为粪固醇后随粪便排出。

2. 合成类固醇激素　胆固醇是肾上腺皮质激素、雌激素、孕激素、雄激素等类固醇激素的前体。肾上腺皮质以胆固醇为原料，在一系列酶的催化下，在球状带细胞主要合成醛固酮，在索状带细胞主要合成皮质醇和少量皮质酮。醛固酮主要调节水盐代谢，皮质醇和皮质酮在调节糖、脂及蛋白质代谢中发挥作用。

在睾丸间质细胞特异酶催化下，以胆固醇为原料合成睾酮。在卵巢中，可合成雌二醇及孕酮，这些性激素有维持副性器官分化、发育及第二性征的作用。对全身代谢也有影响。

3. 合成维生素 D_3　维生素 D_3可以由食物供给，也可在体内合成。皮肤中的胆固醇经酶促氧化生成 7－脱氢胆固醇，在紫外线照射下，形成维生素 D_3。维生素 D_3经肝细胞微粒体 25－羟化酶催化生成 25－羟维生素 D_3，后者经血浆转运至肾，再经 1 位羟化形成具有生理活性的 1，25－二羟维生素 D_3［1，25－$(OH)_2$－D_3］，活性维生素 D_3具有调节钙磷代谢的作用（图 5－18）。

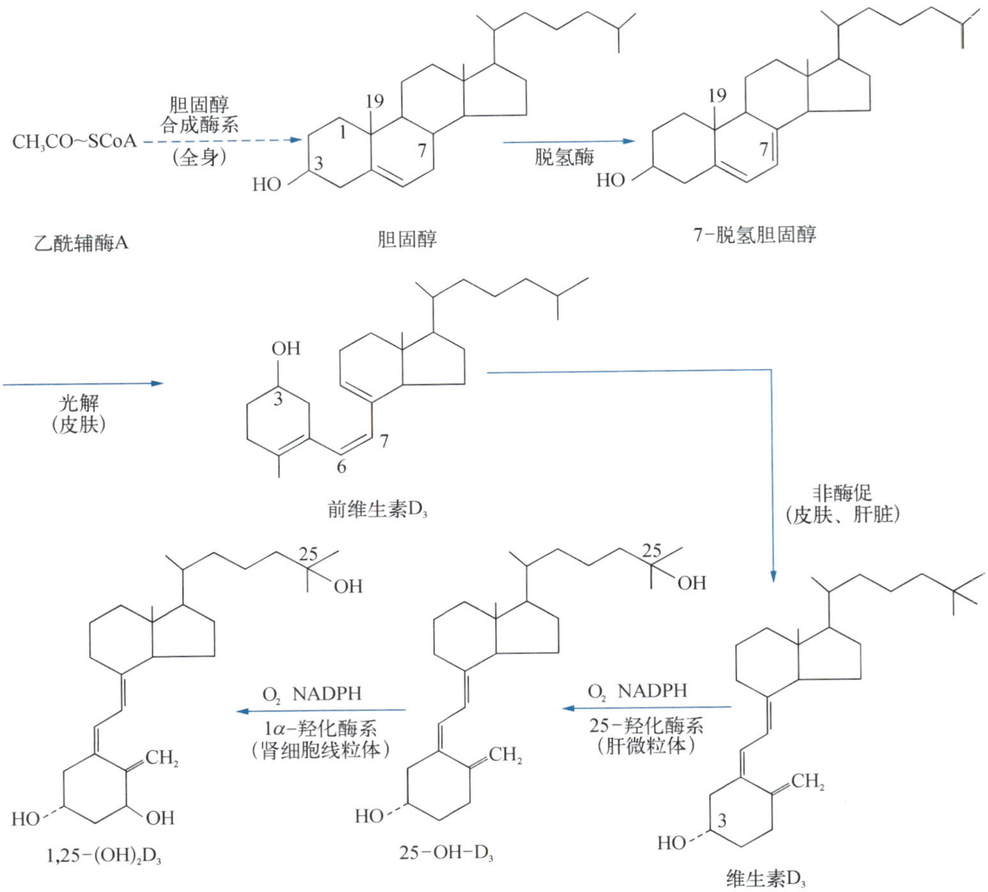

图 5-18 1,25-$(OH)_2D_3$的生成

第五节 血浆脂蛋白代谢

一、血脂

(一) 血脂的组成与含量

血浆中所含的脂类统称血脂。包括三酰甘油及少量二酰甘油及单酰甘油、磷脂、胆固醇和胆固醇酯以及游离脂肪酸,各种脂类在血脂中所占比例不同,正常人血脂含量见表 5-2。

表 5-2 正常成人空腹血脂组成和含量

脂类物质	含量	
	mmol/L	mg/dl
脂类总量		400～700(500)
三酰甘油	0.11～1.81(1.13)	10～160(100)
磷脂	48.44～80.73(64.58)	150～250(200)
磷脂酰胆碱	16.1～64.6(32.3)	80～225(110)
磷脂酰乙醇胺	4.8～13.0(6.4)	15～35(20)
鞘磷脂	16.1～42.0(22.6)	50～130(70)
总胆固醇	3.88～6.47(5.17)	150～250(200)
酯型	1.35～3.01(2.18)	90～200(145)
自由型	1.04～1.82(1.43)	40～70(55)
游离脂肪酸	0.20～0.78	5～20(15)

注:表中括号内的数值为均值。

由表 5－2 可见，血脂含量波动范围较大，其原因是血脂水平受膳食、年龄、性别及代谢等因素影响。食用高脂膳食后，血脂含量短时间内大幅度上升，通常在进食 3～6 h 后逐渐趋于正常，故测定血脂时，需在空腹 12～14 h 后采血，才能比较可靠地反映血脂水平。

血脂含量只占全身脂类总量的一小部分，但外源性和内源性脂类物质都需经过血液转运于各组织之间，因此血脂的含量可以反映体内脂类代谢的情况。

（二）血脂的来源与去路

血脂的来源与去路可概括如下：

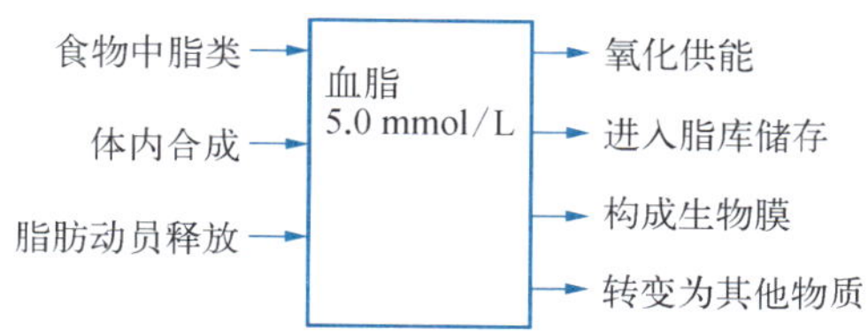

正常情况下，机体通过多种机制调控血脂的来源与去路，使之处于平衡。如果这些机制稍有改变，打破了这种平衡，则会影响血脂水平。血浆胆固醇及三酰甘油水平的升高与动脉粥样硬化等心血管病的发生有密切关系，因此了解正常血脂含量及动态变化对这些疾病的防治很有必要。

二、血脂的运输

脂类不溶或仅微溶于水，在水中应呈乳浊状态，但正常人血浆脂类含量达 500 mg/dl，却仍清澈透明，这是因为血脂在血浆中与蛋白质结合，形成亲水颗粒状复合体，称为脂蛋白（lipoprotein）。脂蛋白是血脂在血浆中的存在及运输形式。脂蛋白中的蛋白质部分称为载脂蛋白。

（一）血浆脂蛋白分类

血浆中脂蛋白因所含脂类及蛋白质种类和量的不同，其密度、颗粒大小均有所差异，在一定密度的盐溶液中进行超速离心时，各种脂蛋白表现不同的浮沉状态而被分离，据此采用超速离心法可将血浆脂蛋白分为四类：即乳糜微粒（CM）、极低密度脂蛋白（very low density lipoprotein，VLDL）、低密度脂蛋白（low density lipoprotein，LDL）和高密度脂蛋白（high density lipoprotein，HDL）。四种脂蛋白的密度大小依次为：CM＜VLDL＜LDL＜HDL。依据各种脂蛋白中载脂蛋白不同，其表面电荷差异，在电场中有不同的迁移率，采用电泳法可将血浆脂蛋白分为四类：即乳糜微粒、β-脂蛋白（相当于 LDL）、前 β-脂蛋白（相当于 VLDL）及 α-脂蛋白（相当于 HDL）。四种脂蛋白电泳速率的大小为：CM＜β-脂蛋白＜前 β-脂蛋白＜α-脂蛋白。

脂蛋白亚型

除上述四种脂蛋白外，还有密度介于 VLDL 和 LDL 之间的中间密度脂蛋白（intermediate density lipoprotein，IDL），它是 VLDL 在血浆中的代谢物。值得提出的是，每一类脂蛋白中根据其颗粒大小，密度不同还可分为亚组分，如 $VLDL_1$、$VLDL_2$、LDL 可分为 A、B 两个亚型，A 型颗粒较大（＞25.5 nm），B 型颗粒较小（＜25.5 nm）。HDL 具有复杂的内在不均一性，可按其密度进一步细分为 HDL_1、HDL_2 和 HDL_3。正常人血浆中主要含 HDL_2 和 HDL_3。前者密度较低，后者密度稍高。HDL_2 又称成熟的 HDL。

（二）血浆脂蛋白的组成

血浆脂蛋白主要由载脂蛋白和脂类组成，各种脂蛋白的蛋白质和脂类组成比例及含量相差很大。CM 含三酰甘油最多，可达 80%～95%，蛋白质仅占约 1%。VLDL 中含三酰甘油多达 50%～70%，蛋白质含量约占 10%；LDL 中含胆固醇及胆固醇酯最多，约为 45%～50%，蛋白质含量为 20%～25%，HDL 含蛋白质最多，约占 50%。表 5－3 介绍了血浆脂蛋白的分类、性质、组成及功能。

表 5－3 血浆脂蛋白的分类、性质、组成及功能

分 类		CM	VLDL	LDL	HDL
性质	密度(g/ml)	<0.95	0.95～1.006	1.019～1.063	1.019～1.210
	颗粒直径(nm)	90～1 000	30～90	20～25	5～25
组成(%)	蛋白质	1～2	7～10	20～25	50
	脂类	98～99	90～93	75～80	50
	三酰甘油	80～95	50～70	10	5
	磷脂	5～7	15	20	25
	胆固醇	1～4	15	45～50	20
	游离	1～2	5～7	8	5
	酯化	3	10～12	40～42	15～17
载脂蛋白组成(%)	apoAⅠ	7	<1	—	65～70
	apoAⅡ	5	—	—	20～25
	apoAⅣ	10	—	—	—
	apoB100	—	20～60	95	—
	apoB48	9	—	—	—
	apoCⅠ	11	3	—	6
	apoCⅡ	15	6	微量	1
	apoCⅢ0～2	41	40	—	4
	apoE	微量	7～15	<5	2
	apoD	—	—	—	3
合成部位		小肠黏膜细胞	肝细胞	血浆	肝、肠、血浆
功能		转运外源性三酰甘油及胆固醇	转运内源性三酰甘油及胆固醇	转运内源性胆固醇	逆向转运胆固醇

(三) 脂蛋白结构特点

血浆中各种脂蛋白的结构基本相似，均为球状颗粒，不同脂蛋白颗粒大小不同。颗粒内核由疏水性较强的三酰甘油和胆固醇酯组成，内核外包裹着由磷脂、游离胆固醇及载脂蛋白等双亲性分子组成的单层结构。外层双亲性分子的亲水极性基团朝外，突入周围水相中；其非极性的疏水基团向内与内部的疏水基团相容，从而使脂蛋白颗粒能够稳定地悬浮于水溶性的液相之中。CM 与 VLDL 主要以 TG 为内核，LDL 及 HDL 则主要以 CE 为内核。HDL 的蛋白质/脂类比值最高，故大部分表面被蛋白质分子所覆盖，并与磷脂交错穿插。LDL 结构见图 5－19。

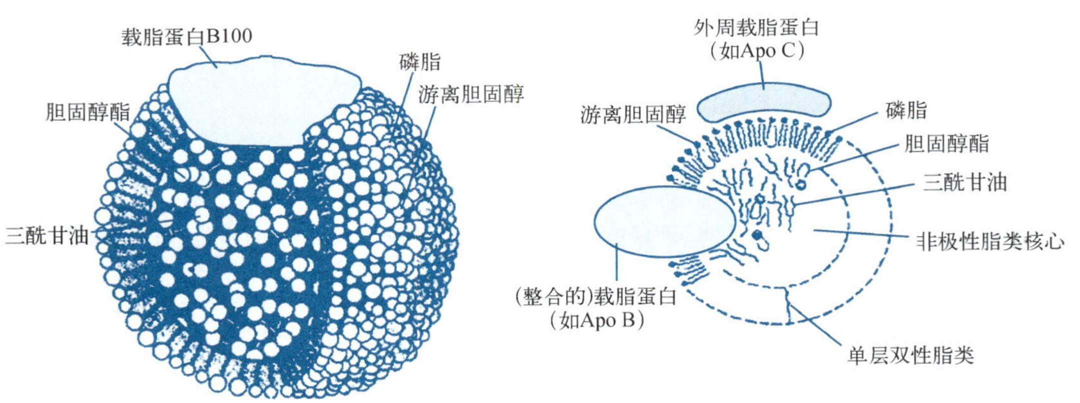

图 5－19 脂蛋白颗粒结构示意图

(四) 载脂蛋白功能

迄今已从人血浆中分离出 18 种载脂蛋白，主要有 ApoA、B、C、D、E 五类，其中 ApoA 又分为 AⅠ、AⅡ、AⅣ；ApoB 分为 B100 和 B48；ApoC 分为 CⅠ、CⅡ、CⅢ等亚类。每种脂蛋白含有多种载脂蛋白，但多以某一种为主，且各种载脂蛋白之间维持一定比例。如 HDL 主要含 ApoAⅠ及 ApoAⅡ；LDL 几乎只含 ApoB100；VLDL 除含 ApoB100 外，还有 ApoCⅠ、CⅡ、CⅢ及 E；CM 含 ApoB48、ApoCⅡ和 ApoA 族，而不含

ApoB100。现已了解人几种主要载脂蛋白的基因结构、染色体定位及氨基酸序列。已证明 ApoB100 是由 4 536个氨基酸残基构成的单链多肽，分子质量为 510 kDa。

载脂蛋白是决定脂蛋白结构、功能和代谢的主要因素，其重要功能有：① 参与脂蛋白的合成和分泌。② 作为高度疏水性脂质的增溶剂，使脂质有可能在血液中运输。③ 协同调节脂蛋白代谢酶活性；如ApoAⅠ能激活卵磷脂胆固醇脂酰基转移酶，ApoAⅡ能激活肝脂肪酶，ApoAⅣ能辅助激活脂蛋白脂肪酶等。④ 介导脂蛋白颗粒之间相互作用，促进脂质转化或转运。⑤ 介导脂蛋白颗粒与细胞膜上脂蛋白受体结合，使之与细胞进行脂质交换或被摄入细胞内进行分解代谢。人血浆载脂蛋白的结构、功能及含量见表 5-4。

表 5-4 血清主要载脂蛋白的功能

载脂蛋白	主要功能
ApoA Ⅰ	激活 LCAT，识别 HDL 受体
ApoA Ⅱ	稳定 HDL 结构，激活 HL
ApoA Ⅳ	辅助激活 LPL
ApoB100	识别 LDL 受体
ApoB48	促进 CM 合成
ApoCⅠ	激活 LCAT?
ApoCⅡ	激活 LPL
ApoCⅢ	抑制 LPL，抑制肝 apoE 受体
ApoD	转运 CE
ApoE	识别 LDL 受体和 Apo E 受体

三、脂蛋白功能和代谢

（一）血浆脂蛋白代谢中的主要酶

在血浆脂蛋白代谢过程中，有三种酶起重要作用，它们是脂蛋白脂肪酶(lipoprotein lipase, LPL)、肝脂肪酶(hepatic lipase, HL)和卵磷脂胆固醇脂酰基转移酶(LCAT)(表 5-5)。

表 5-5 参与血浆脂蛋白代谢三种主要酶的比较

	LPL	LCAT	HL
合成部位	心、脂肪、骨骼肌、乳腺	肝实质细胞	肝实质细胞
作用部位	毛细血管内皮细胞表面	血浆	肝窦内皮细胞表面
肝素	激活、使之释放入血	—	激活，使之释放入血
氨基酸残基数	475	416	476
相对分子质量(kDa)	54	47	51
基因位点	第 8 号染色体	第 16 号染色体	第 15 号染色体

1. LPL　人体内几乎所有实体组织(如肾、骨骼肌、心肌和脂肪组织等)均能合成 LPL。LPL 定位于全身毛细血管内皮细胞表面，其主要功能是催化 CM 和 VLDL 中的 TG 水解为甘油和脂肪酸，供细胞代谢或贮存，使大颗粒脂蛋白逐渐转变为直径较小的残粒。ApoCⅡ是其激活剂，当 ApoCⅡ缺乏或缺陷时，LPL 活力大为降低。ApoAⅣ有辅助激活 LPL 的作用。ApoCⅢ则有抑制作用。

2. HL　其主要在肝实质细胞合成，转运到肝窦内皮细胞表面发挥作用，肝素可使之从肝细胞释放入血。目前认为 HL 在脂蛋白代谢中主要有两方面功能：其一是水解脂蛋白中的 TG 和磷脂。血浆中的 HL 主要是继续 LPL 的脂解作用，进一步水解 CM 和 VLDL 残粒中的 TG，使其中的 TG 水解 80%～90%，HL 的活性不需 apoCⅡ作为激活剂；其二，HL 还可作为脂蛋白与细胞结合的配体蛋白，介导脂蛋白与其受体结合，参与细胞对脂蛋白的结合和摄取。体外实验表明，HL 与硫酸肝素蛋白聚糖相互作用，介导肝细胞选择性地摄取 HDL 中的胆固醇酯，这在机体胆固醇逆转中可能有重要作用。

3. LCAT　LCAT 是一种糖蛋白，由肝脏合成并分泌入血，以游离或与脂蛋白结合的形式存在。在血液中发挥作用，催化卵磷脂 2 位上的脂酰基转移到胆固醇的 3-位羟基，形成溶血卵磷脂和胆固醇酯。LCAT

最优作用的底物是新生 HDL 中的卵磷脂和少量未酯化的胆固醇,LCAT 通过转脂酰作用促进新生 HDL 向成熟 HDL 转化。血浆中 90%以上的胆固醇酯由此酶催化生成,LCAT 在机体胆固醇逆转运中起重要作用。ApoAⅠ是该酶的必需激活剂。

(二) 血浆脂蛋白代谢

1. CM　CM 是运输外源性三酰甘油和胆固醇的主要形式,由小肠黏膜细胞合成,在血浆中转化为残粒在肝脏清除。

食物中的脂肪在肠道被分解为甘油一酯和脂肪酸,被小肠黏膜细胞吸收后在细胞内重新酯化,合成三酰甘油和胆固醇酯,同时肠黏膜细胞能合成载脂蛋白 $ApoB_{48}$ 和 ApoA,连同合成及吸收的磷脂及胆固醇,在高尔基体内将脂质和载脂蛋白组装成 CM,经淋巴进入血液循环。

进入血液循环的新生 CM 很快从 HDL 获得 ApoC 及 ApoE,并将部分 ApoAⅠ、AⅡ、AⅣ转移给 HDL,形成成熟的 CM。成熟的 CM 经过毛细血管时,与附在血管壁上的 LPL 接触,CM 中的 ApoCⅡ激活肌肉、心脏及脂肪等组织毛细血管内皮细胞表面的 LPL。LPL 使 CM 中的三酰甘油和磷脂逐步水解,产生甘油、脂肪酸和溶血磷脂等。在 LPL 的反复作用下,CM 内核的三酰甘油 90%以上被水解,释放出的脂肪酸被心脏、肌肉、脂肪组织等肝外组织所摄取和利用。CM 表面的 ApoAⅠ、AⅡ、AⅣ、C 等连同表面的磷脂及胆固醇离开 CM 颗粒,参与形成新生的 HDL;同时,CM 接受血浆中 HDL 和 LDL 中的胆固醇酯。随着 CM 颗粒内核的三酰甘油被水解和交换,成熟的 CM 颗粒逐渐变小,转变为富含胆固醇酯、ApoB48 及 ApoE 的 CM 残余颗粒。CM 残余颗粒与肝细胞膜 ApoE 受体结合并被肝细胞摄取代谢。CM 残余颗粒在肝细胞内与细胞溶酶体融合,载脂蛋白被水解为氨基酸,胆固醇酯被水解为胆固醇和脂肪酸,进而被肝脏利用和分解(图 5-20)。正常人 CM 在血浆中代谢迅速,半衰期为 5～15 min,故正常人空腹血浆中不含 CM。

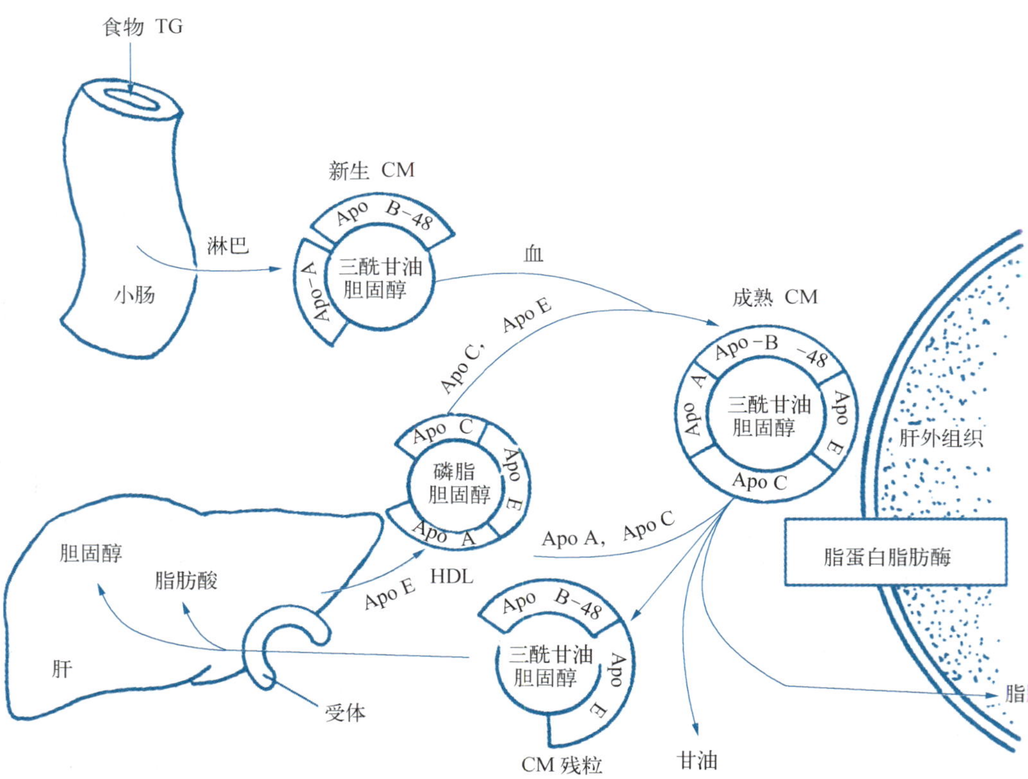

图 5-20　CM 代谢示意图

2. VLDL　VLDL 是运输内源性三酰甘油的主要形式,大部分在肝细胞合成,少量在小肠细胞合成。VLDL 在血浆中代谢形成中间密度脂蛋白(IDL),大部分 IDL 继续分解代谢转变成 LDL 颗粒,小部分被肝细胞摄取。

肝细胞可利用糖，也可利用食物及脂肪动员获得的脂肪酸合成三酰甘油，加上 ApoB100、ApoE 及磷酯、胆固醇等合成 VLDL。

VLDL 由肝脏和小肠合成后进入血循环，从 HDL 获得胆固醇酯和 ApoC。其中 ApoCⅡ激活肝外组织毛细血管内皮细胞表面的 LPL，进而水解 VLDL 中的三酰甘油。在 LPL 的作用下，VLDL 逐步被脂解。与此同时，VLDL 表面的 ApoC，磷脂及胆固醇向 HDL 转移，ApoB100 保留在颗粒中。在胆固醇酯转运蛋白(cholesterol ester transfer protein, CETP)的催化下，VLDL 中的三酰甘油与 HDL 中的胆固醇酯发生相互交换，随着脂解和交换的进行，VLDL 中的三酰甘油逐渐减少，其密度逐渐加大，胆固醇酯、ApoB100、ApoE 的含量相对增加，VLDL 转变为 IDL。大部分 IDL 继续代谢转变为 LDL，少部分被肝细胞摄取。VLDL 在血浆中的半衰期为 6～12 h(图 5－21)。

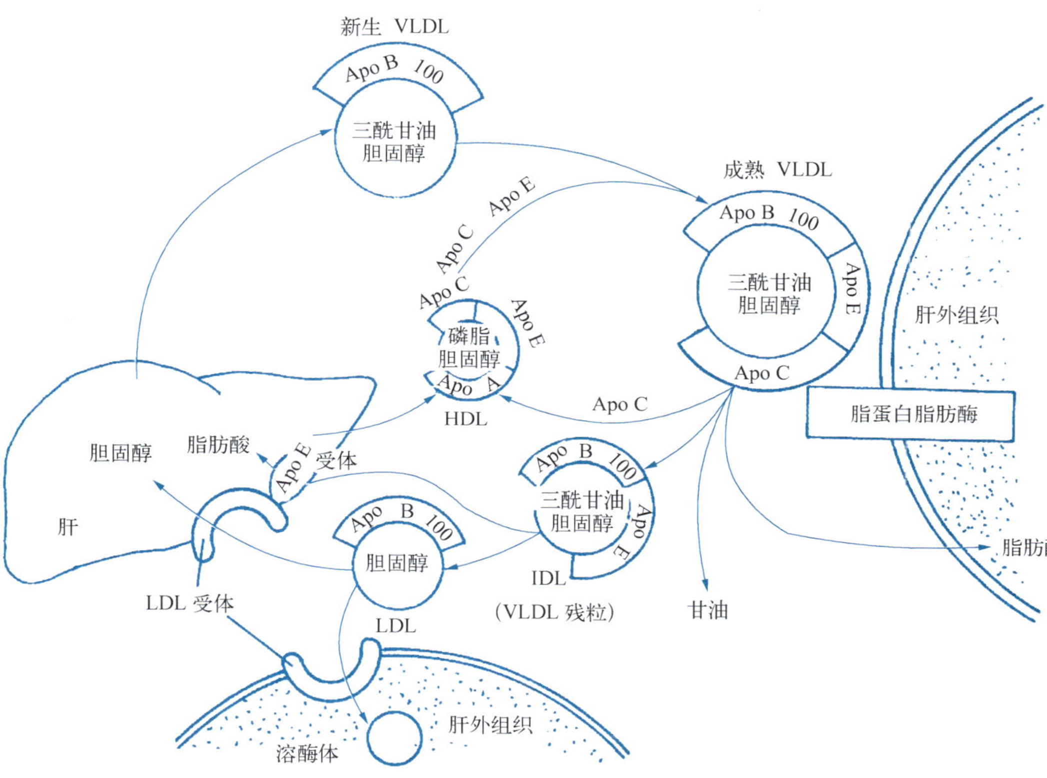

图 5－21　VLDL 和 LDL 代谢示意图

3. LDL　LDL 是转运肝脏合成的内源性胆固醇及其酯的主要形式。LDL 在血浆中由 VLDL 转变而来，肝脏是降解 LDL 的主要器官，肾上腺皮质、卵巢、睾丸等组织摄取及降解 LDL 的能力也较强。

如前所述，VLDL 在血浆中转变形成 IDL。在人体内，约 50％的 IDL 被肝细胞摄取，另外的 50％在血浆中继续代谢。其中含量已不多的三酰甘油被 LPL 和 HL 进一步水解，最后剩下胆固醇及胆固醇酯，同时其表面的 ApoE 转移至 HDL，仅剩下 ApoB100，IDL 转变为 LDL。

肝脏、动脉壁细胞及全身各组织细胞表面均存在 LDL 受体。LDL 受体能特异识别并结合含 ApoE 或 ApoB100 的脂蛋白，故又称 ApoB、E 受体。LDL 经 LDL 受体介导进入细胞内，与溶酶体融合，在溶酶体中蛋白水解酶作用下，载脂蛋白被降解为氨基酸；胆固醇酯被胆固醇酯酶水解为游离胆固醇及脂肪酸，这一代谢过程称为 LDL 受体代谢途径(图 5－22)。游离胆固醇对调节细胞胆固醇代谢有重要作用：① 抑制内质网 HMG－CoA 还原酶，从而抑制细胞本身胆固醇的合成；② 在转录水平抑制细胞 LDL 受体蛋白质的合成，减少细胞对 LDL 的进一步摄取；③ 激活内质网 ACAT 的活性，使游离胆固醇酯化成胆固醇酯在胞质中储存。游离胆固醇被细胞膜摄取后，可用于构成细胞膜的重要成分。在肾上腺、卵巢等细胞中则用以合成类固醇激素。除 LDL 受体代谢途径外，血浆中的 LDL 约有 1/3 被清除细胞即吞噬细胞直接吞噬后清除，与 LDL 受体介导无关。LDL 在血浆中的半衰期为 2～4 d。

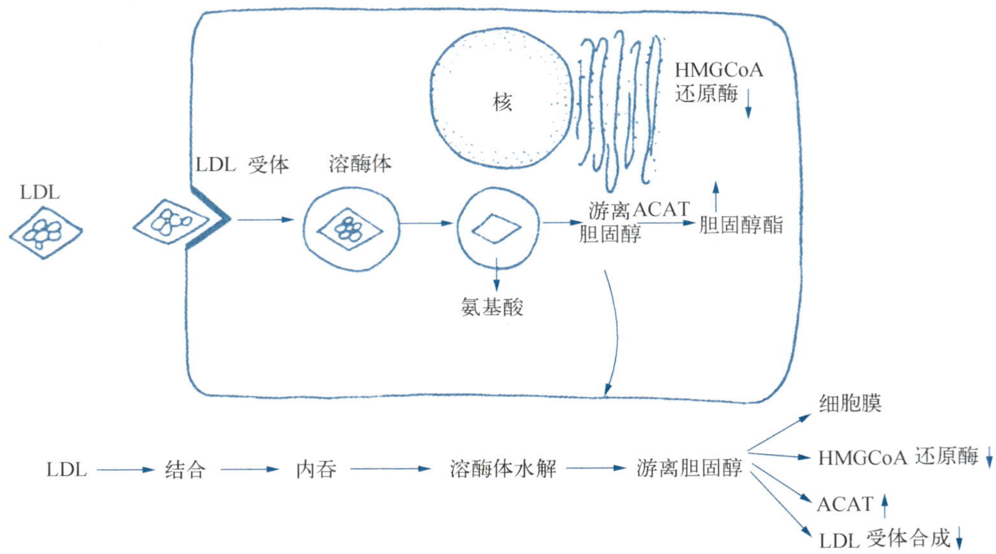

图 5-22　LDL 受体代谢途径

4. HDL　HDL 的主要功能是逆向转运胆固醇，即从肝外组织将胆固醇转运到肝脏代谢。HDL 由肝和小肠黏膜细胞合成，以肝脏为主，在血浆中代谢转变后，主要在肝脏降解。

HDL 按其密度大小可分为 HDL_1，HDL_2 和 HDL_3。HDL_1 仅在高胆固醇膳食诱导后才在血浆中出现，未进食高胆固醇膳食时，正常人血浆中，仅含 HDL_2 和 HDL_3，现将 HDL_2 和 HDL_3 的合成和转变介绍如下。

在肝细胞内，由磷脂、少量胆固醇及 ApoA、ApoC、ApoE 组成新生 HDL，在小肠黏膜细胞合成的新生 HDL 除脂质外仅含 ApoA，入血后再获得 ApoC、ApoE。新生 HDL 呈盘状双脂层结构，在肝和小肠细胞合成后分泌入血。血浆中新生 HDL 还有一条来源，即在 CM 和 VLDL 中的三酰甘油水解时，其表面的 ApoAⅠ、AⅡ、AⅣ以及磷脂、胆固醇脱离 CM 和 VLDL 后，亦可在血浆中形成新生 HDL。

新生 HDL 在 LCAT 催化下，颗粒表面卵磷脂的 2 位脂酰基转移到胆固醇 3 位羟基生成溶血卵磷脂及胆固醇酯，此过程消耗的卵磷脂及游离胆固醇不断从细胞膜、CM 及 VLDL 得到补充。在 LCAT 的作用下，生成的胆固醇酯转运入 HDL 核心，新生 HDL 在 LCAT 的反复作用下，酯化胆固醇进入 HDL 内核逐渐增多，使双脂层的盘状 HDL 被逐步膨胀为单脂层的球状 HDL，同时其表面的 ApoC 及 ApoE 又转移到 CM 及 VLDL 上，最后新生 HDL 转变为成熟的密度较高的 HDL_3。

HDL_3 在 LCAT 的作用下，胆固醇酯化继续增加，再接受 CM 及 VLDL 水解过程中释放出的磷脂、ApoAⅠ、ApoAⅡ等转变为密度较小，颗粒较大的 HDL_2。HDL_2 在 HL 作用下，其中磷脂及三酰甘油水解，胆固醇含量又相对增加，HDL_2 即转变为 HDL_3。

HDL 主要在肝脏降解，成熟的 HDL 与肝细胞膜 HDL 受体结合，然后被肝细胞摄取，其中的胆固醇可用于合成胆汁酸或直接随胆汁排出体外。HDL 在血浆中的半衰期为 3～5 d。

研究表明，血浆中胆固醇酯 90% 以上来自 HDL，其中约 70% 的胆固醇酯在胆固醇酯转移蛋白(cholesterol ester transfer protein, CETP)作用下由 HDL 转移至 VLDL 及 LDL 后被清除，10%则通过肝的 HDL 受体清除(图 5-23)。

综上所述，HDL 在 LCAT、ApoAⅠ及 CETP 等的作用下，从外周组织细胞表面摄取胆固醇，经过颗粒内胆固醇酯化和颗粒间脂质交换，最终将胆固醇从肝外组织转运到肝脏进行代谢。机体通过 HDL 逆向转运胆固醇的机制，便将外周组织衰老细胞膜中的胆固醇运到肝脏代谢并清除出体外，避免了胆固醇在局部组织细胞中的大量堆积。

HDL 也是 ApoCⅡ的储存库。当 CM 及 VLDL 进入血液后，需从 HDL 获得 ApoCⅡ以激活 LPL、CM 及 VLDL 中的三酰甘油才能水解，一旦三酰甘油完全水解后，ApoCⅡ又回到 HDL。

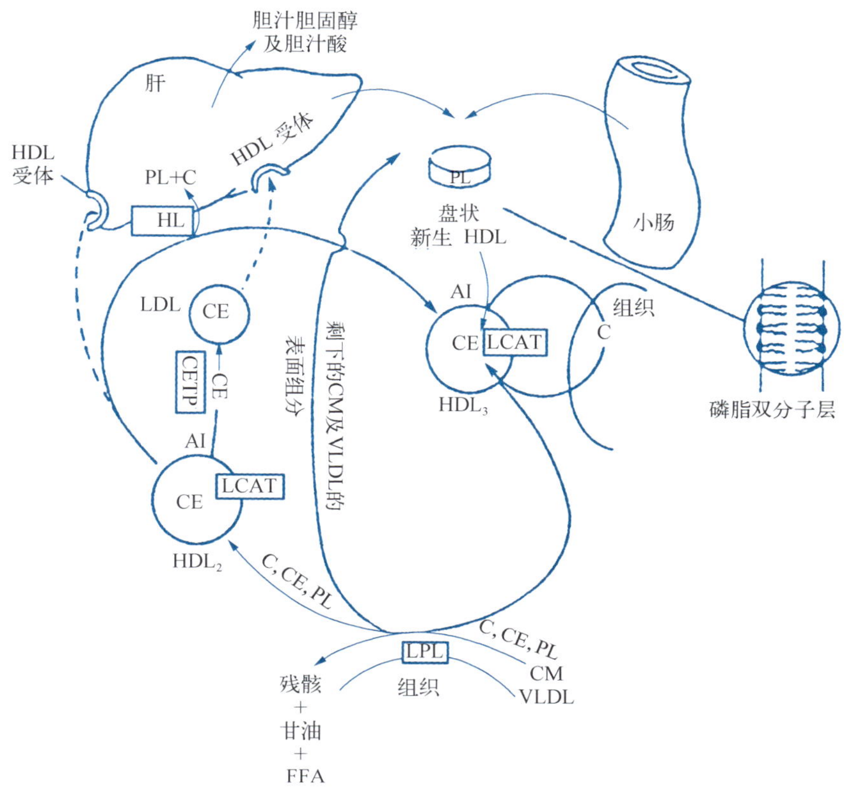

图 5-23 HDL 代谢示意图

（三）血浆脂蛋白代谢异常

血脂高于正常参考值的上限称为高脂血症。临床上常见有高三酰甘油血症和高胆固醇血症，由于血脂在血浆中以脂蛋白形式运输，实际上高脂血症也可认为就是高脂蛋白血症（hyperlipoproteinemia）。高脂蛋白血症是由于血中脂蛋白合成与清除平衡紊乱所致。

世界卫生组织建议将高脂蛋白血症分为六型，各型的脂蛋白及血脂改变参考表 5-6。

脂代谢紊乱也称为血脂异常（dyslipidemia），是动脉粥样硬化、冠心病、脑卒中等心脑血管疾病的重要危险因素，并与糖尿病、肾病、高血压、肿瘤及代谢综合征等诸多重大疾病密切相关。近年来的研究发现，脂代谢紊乱作为原发病因或继发性疾病与呼吸系统、消化系统、神经系统、泌尿生殖系统、骨关节、视网膜病变、皮肤病、自身免疫及炎症、精神疾患、HIV 感染等疾病的发生、发展及预后均有密切关系。

表 5-6 高脂蛋白血症分型

分 型	脂蛋白变化	血脂变化
Ⅰ	CM 增高	三酰甘油↑↑↑胆固醇↑
Ⅱa	LDL 增加	胆固醇↑↑
Ⅱb	LDL 和 VLDL 同时增加	胆固醇↑↑ 三酰甘油↑↑
Ⅲ	IDL 增加	胆固醇↑↑ 三酰甘油↑↑
Ⅳ	VLDL 增加	三酰甘油↑↑
Ⅴ	VLDL 及 CM 同时增加	三酰甘油↑↑↑ 胆固醇↑

小 结

脂类包括脂肪（三酰甘油）、类脂及其衍生物，是人体重要的营养素之一。

脂类在小肠进行消化吸收。食物中的脂类在肠腔中胆汁酸盐及多种脂酶共同作用下水解为甘油、脂肪酸及一些不完全水解产物，经十二指肠下段及空场上段肠黏膜上皮细胞吸收后，甘油及短(2～4C)、中链(6～10C)脂肪酸通过门静脉进入血液循环；长链脂肪酸(12～26C)在细胞内与甘油重新合成脂肪，并与磷脂、胆固醇、载脂蛋白组成乳糜微粒，经淋巴进入血液循环。

体内的三酰甘油分解后产生甘油和脂肪酸。甘油经活化、脱氢生成磷酸二羟丙酮后循糖分解途径继续代谢。脂肪酸在胞质中活化后进入线粒体进行β-氧化，经脱氢、加水、再脱氢、硫解等步骤彻底氧化分解并产生大量能量。脂肪酸在肝脏经β-氧化后生成的乙酰 CoA 还可转化为酮体(乙酰乙酸、β-羟丁酸及丙酮)并被运输到肝外组织利用。

合成脂肪酸的原料是乙酰 CoA，需 NADPH 供氢及 ATP 供能。乙酰 CoA 在胞质中经脂肪酸合成酶系催化合成 16 碳软脂酸。碳链的缩短或延长在线粒体或内质网内通过对软脂酸加工完成。脂肪酸脱氢后可生成不饱和脂肪酸，但亚油酸、亚麻酸、花生四烯酸在人体内不能合成，必须由食物摄取，为必需脂肪酸。

体内胆固醇主要由肝脏合成，也可从食物摄取。其合成原料为乙酰 CoA，NADPH 和 ATP。胆固醇在体内的主要去路是转变为胆汁酸，类固醇激素及维生素 D_3。

血浆脂类与载脂蛋白结合形成脂蛋白运输。可分为乳糜微粒(CM)、极低密度脂蛋白(VLDL)、低密度脂蛋白(LDL)及高密度脂蛋白(HDL)四类。各种脂蛋白中的蛋白质和脂类组成比例及含量相差很大。CM 在小肠黏膜细胞合成，主要转运外源性三酰甘油及胆固醇；VLDL 主要在肝脏合成，主要转运内源性三酰甘油及胆固醇；LDL 在血浆中生成，主要将肝脏合成的内源性胆固醇转运到肝外组织；HDL 由肝脏合成，主要功能是逆向转运胆固醇。

【复习思考题】

1. 试述乙酰 CoA 的来源与去路。
2. 什么是酮体？它是如何产生和利用的？
3. 试述血浆脂蛋白的来源及主要功能。
4. 试述胆固醇的来源与去路。

(欧刚卫　钱民章)

第六章

生物氧化

学习要点

掌握：① 呼吸链的概念、两条呼吸链的组成和排列顺序；② 氧化磷酸化的概念与调节；③ ATP循环与 ATP 的利用。

熟悉：① 生物氧化的特点；② ATP 合酶、高能磷酸化合物；③ 胞质 NADH＋H^+ 转运进入线粒体的方式；④ 微粒体加单氧酶系。

了解：① 生物氧化的概念及酶类；② 氧化磷酸化的作用机制。

生物氧化(biological oxidation)是指物质在生物体内的氧化过程。生物氧化有两大类：一是在线粒体内膜上糖、脂肪、蛋白质等物质在生物体的活细胞内氧化生成 CO_2 和水、释放出能量的过程。因该过程表现为细胞摄取 O_2 并释放出 CO_2，故也称细胞呼吸(cellular respiration)，二是非线粒体氧化体系，如微粒体(microsomes)氧化体系、过氧化物酶体(peroxisome)氧化体系等，与 ATP 生成无关，但具有其他功能。本章侧重讨论线粒体氧化体系。线粒体的氧化磷酸化是体内生成 ATP 的最主要方式，所释能量用于合成 ATP 和维持体温。此外，线粒体外代谢物分子中高能键的能量转移至 ADP(或 GDP)，生成 ATP(或 GTP)的底物水平磷酸化也可生成少量的 ATP(见第四章第二节)。

物质在体内和体外的氧化方式相同，均为加氧、脱氢、脱电子，并且物质在体内氧化的耗氧量、终产物(CO_2 和水)和释出的能量数值均与体外反应相同，可见生物氧化与物质在体外氧化具有相同的化学本质。体外的氧化燃烧是有机物中的氢、碳直接与空气中氧反应生成 CO_2 及水，能量以光和热的形式骤然向环境散发。而生物氧化是生物体活细胞中进行的酶促反应，有以下的特点：① 氧化反应在近中性、37℃、有水的温和环境中进行；② CO_2 来自有机羧的脱羧基作用，而由底物脱下的氢经氧化呼吸链逐步传递电子，最后氢质子与氧结合生成水；③ 能量逐步释放，利用率高，部分能量以 ATP 形式储存、转移和利用，部分能量以热能维持体温；④ 生物氧化速率受生理功能需要、体内外环境变化的调控。因此，活细胞的内外环境变化可调控生物氧化的过程。当细胞内氧化与抗氧化失平衡，则导致氧化应激障碍。氧化应激障碍与多种疾病如肿瘤、心脑血管疾病等密切相关。

第一节 生物氧化的方式及酶类

一、生物氧化的方式

生物氧化的本质是电子的得失。失电子的物质作为电子供体，是还原剂，得电子的物质作为电子受体，是氧化剂。生物体内的生物氧化方式主要有下列 3 种：

1. 失电子　代谢物分子中的原子或离子在反应中失去电子，其正价数升高，如细胞色素中的 Fe^{2+} 被氧化为 Fe^{3+}。

2. 脱氢　脱氢是生物体内最常见的物质氧化方式。代谢物分子在脱氢酶的作用下，脱去一对氢原子，如 3-磷酸甘油醛在 3-磷酸甘油醛脱氢酶的作用下脱氢并结合无机磷酸生成 1,3-二磷酸甘油酸。

3. 加氧　在加氧酶的作用下，代谢物分子被加入氧原子，如苯丙氨酸在苯丙氨酸羟化酶作用下，结合一个氧原子生成酪氨酸。

二、生物氧化过程中 CO_2 的生成

生物氧化的终产物 CO_2 来自脱羧酶催化的有机酸脱羧基作用。根据脱去 CO_2 的羧基位置，脱羧反应可分为 α-脱羧和 β-脱羧；根据脱羧是否同时伴有脱氢反应，脱羧反应又可分氧化脱羧和单纯脱羧。

（一）α-脱羧

1. α-单纯脱羧

氨基酸　　胺

2. α-氧化脱羧

丙酮酸　　乙酰辅酶A

（二）β-脱羧

1. β-单纯脱羧

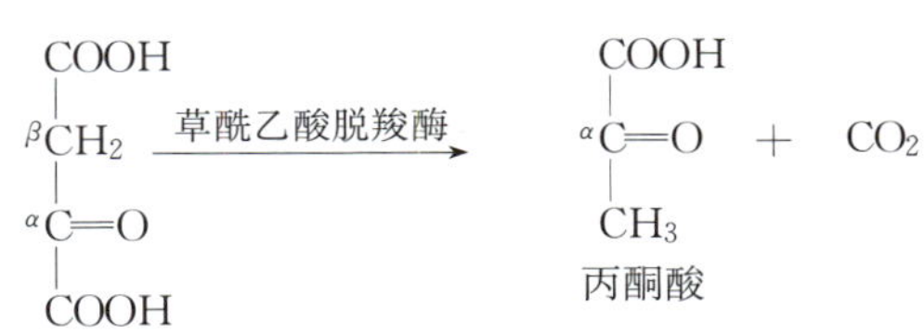

草酰乙酸　　丙酮酸

2. β-氧化脱羧

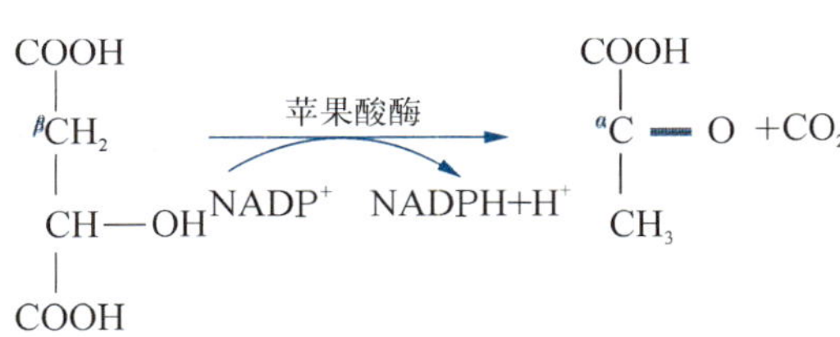

苹果酸　　丙酮酸

三、参与生物氧化的酶类

加氧、脱氢及脱电子是生物体内的物质氧化方式，其中以脱氢反应最常见。参与生物体内氧化反应的酶可分为氧化酶类、脱氢酶类、加氧酶类和氢过氧化物酶类等。

（一）氧化酶类

氧化酶（oxidase）主要存在于线粒体，催化代谢底物脱氢，将氢直接交给氧分子生成水，如细胞色素氧化酶、抗坏血酸氧化酶等。此类酶多为金属结合酶，含有铁、铜等金属离子。

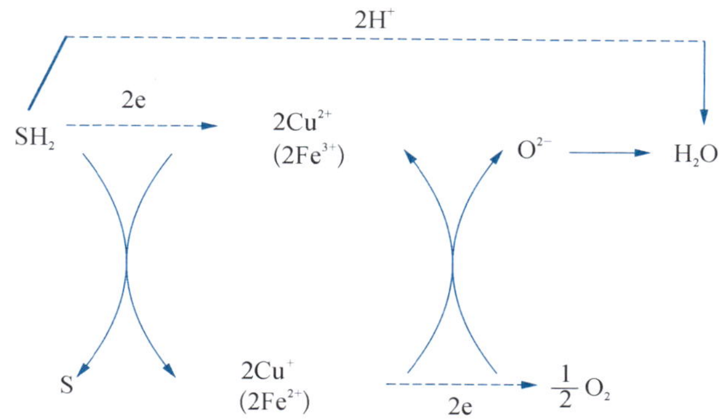

（二）脱氢酶类

1. *需氧脱氢酶* 需氧脱氢酶(aerobic dehydrogenase)主要存在于过氧化物酶体，催化底物脱氢，经其辅基 FMN 或 FAD 将脱下的氢传递给氧分子生成 H_2O_2，属黄素酶类，如 L-氨基酸氧化酶、黄嘌呤氧化酶等。

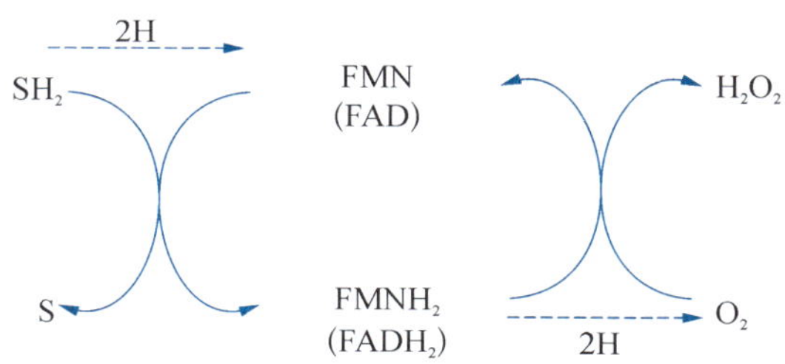

2. *不需氧脱氢酶* 不需氧脱氢酶(anaerobic dehydrogenase)是生物氧化最主要的酶类，催化底物脱氢，其受氢体为 NAD^+(或 $NADP^+$)、FMN(或 FAD)，产物为水。线粒体内呼吸链中的脱氢酶大多属于此类，如异柠檬酸脱氢酶、琥珀酸脱氢酶等。

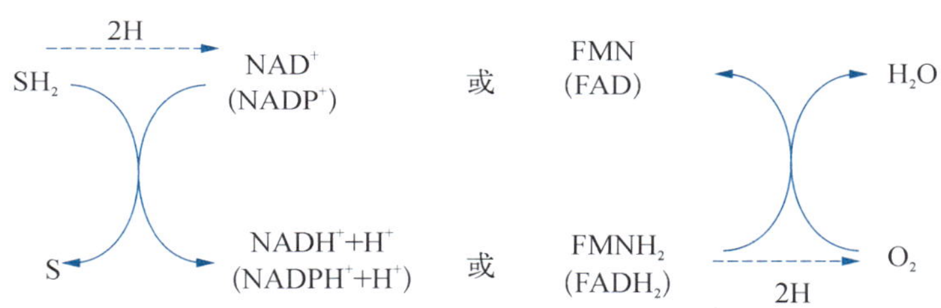

（三）加氧酶类

加氧酶(oxygenase)主要存在于微粒体，催化向底物加氧原子的酶类，根据向底物分子中加入氧原子数目的不同，分为以下两种：

1. *加单氧酶* 加单氧酶(monooxygenase)催化一个氧原子加到底物分子中，又称羟化酶(hydroxylase)、混合功能氧化酶(mixed function oxidase)，如苯丙氨酸羟化酶等。

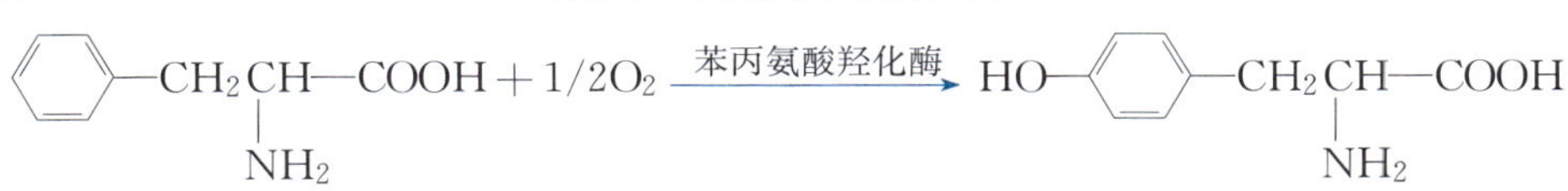

苯丙氨酸　　酪氨酸

2. *加双氧酶* 加双氧酶(dioxygenase)催化两个氧原子加到底物分子中，如色氨酸加双氧酶等。

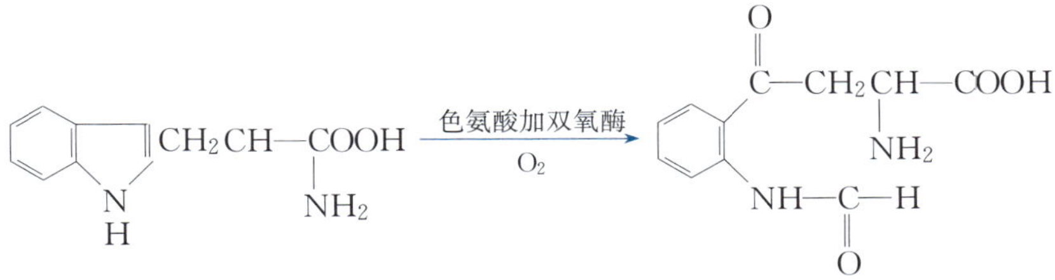

色氨酸　　*N*-甲酰犬尿氨酸

(四) 氢过氧化物酶类

氢过氧化物酶(hydroperoxidase)主要分布于过氧化物酶体,是催化有机过氧化物或过氧化氢还原的酶,前者为过氧化物酶(peroxidase),如谷胱甘肽过氧化物酶;后者为过氧化氢酶(catalase),又称触酶(catalase)。其辅基均为铁卟啉。

$$2GSH + H_2O_2 \xrightarrow{\text{谷胱甘肽过氧化物酶}} GSSG + 2H_2O$$

$$2H_2O_2 \xrightarrow{\text{过氧化氢酶}} 2H_2O + O_2$$

第二节 线粒体生成 ATP 的氧化磷酸化体系

一、氧化呼吸链

线粒体内膜上存在的多种酶与辅酶组成的复合体,按一定顺序排列成的连锁性电子传递链,可使还原当量中的氢传递到氧生成水,称为氧化呼吸链(oxidative respiratory chain)。其中传递氢的酶或辅酶称为递氢体,传递电子的酶或辅酶称为递电子体,二者都有传递电子的作用,故氧化呼吸链也称电子传递链(electron transfer chain)。

(一) 氧化呼吸链的组成

线粒体内膜经化学试剂处理及离子交换层析等方法分离纯化后可得到 4 种递氢和递电子的酶复合体,其中复合体Ⅰ、Ⅲ和Ⅳ完全镶嵌在线粒体内膜中,复合体Ⅱ镶嵌在线粒体内膜的基质侧。复合体各组分相互协调,并在两种游离物质辅酶 Q(coenzyme Q, CoQ, Q)和细胞色素 c(cytochrome c, Cyt c)的共同参与下,完成电子和 H^+ 的传递。

1. 复合体Ⅰ 复合体Ⅰ(complex Ⅰ)即 NADH-泛醌氧化还原酶(NADH-ubiquinone oxidoreductase),是跨线粒体内膜的酶复合体,分子质量为 1 000 kDa,由 40 条以上肽链组成,呈"L"形状,卧臂(horizontal arm)位于内膜中,竖臂(vertical arm)突入基质。复合体Ⅰ含有 NADH 脱氢酶(以 FMN 为辅基)和以铁硫簇(iron-sulfur cluster)为辅基的铁硫蛋白(iron-sulfur protein)。

FMN 或 FAD 均为递氢体。FMN 或 FAD 分子中的异咯嗪可接受 1 个电子和 1 个质子成半醌型 FMN 或 FAD 自由基($FMNH^{\cdot}$ 或 $FADH^{\cdot}$),再接受 1 个电子和 1 个质子成还原型 $FMNH_2$ 或 $FADH_2$(图 6-1)。

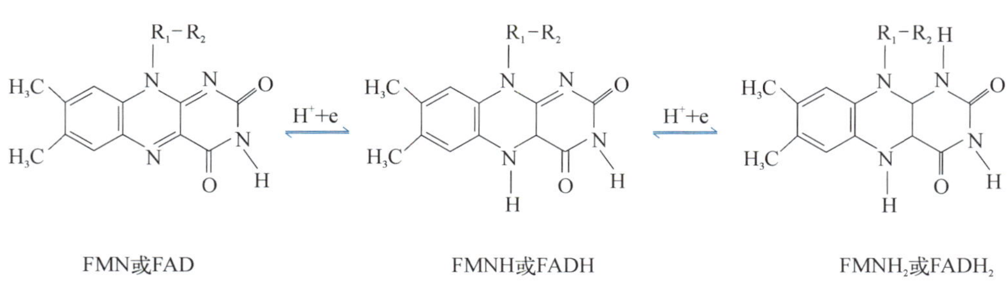

图 6-1 FMN 或 FAD 的氧化还原反应

R_1:$\overset{OH}{\overset{|}{CH_2}}—\overset{OH}{\overset{|}{CH}}—\overset{OH}{\overset{|}{CH}}—CH—CH_2—O—$; R_2:FMN 为 AMP;FAD 为 ADP

铁硫蛋白由铁硫簇与肽链的半胱氨酸残基连接。铁硫簇有 3 种类型:Fe-S、2Fe-2S、4Fe-4S,它们均只能通过其中 1 个 $Fe^{3+} + e \longleftrightarrow Fe^{2+}$ 的可逆反应传递 1 个电子,故为单电子传递体(图 6-2)。

复合体Ⅰ的作用是将电子从 NADH + H^+ 传递给辅酶 Q。辅酶 Q 又称泛醌/泛醇(ubiquinone/ubiquinol, Q/QH_2),是一种与蛋白质结合不紧密的脂溶性辅酶,因含有脂溶性多异戊烯侧链,可在线粒体内

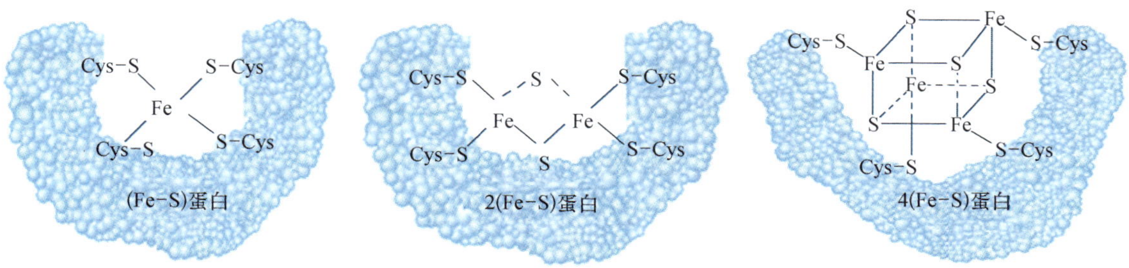

图 6-2　铁硫蛋白结构示意图

膜中局部迅速扩散，以便能与有关复合体碰撞而传递电子。辅酶 Q 可先后接受 2 电子、同时从基质捕获 2 个质子，经半醌型泛醌阴离子自由基（$Q^{-\cdot}$）和半醌型泛醌自由基（$QH^{\cdot}$），而还原为 QH_2（图 6-3）。

图 6-3　泛醌的氧化还原反应

R：脂溶性多异戊烯侧链，即—(CH_2—CH═C(CH_3)—CH_2)$_n$H，在人体 $n=10$

复合体Ⅰ传递电子、泵出质子的详细机制还不清楚。其可能的机制示意于图 6-4。竖臂中的 NADH 脱氢酶催化 NADH＋H^+ 脱下 2 个氢原子交给辅基 FMN，生成 $FMNH_2$。$FMNH_2$ 将 2 个电子传给 2 分子 2Fe-2S，并把 2 个质子释放入基质，自身氧化为 FMN。2 分子 2Fe-2S 将电子传递给 Q，1 分子 Q 又从基质摄取 2 个质子后还原成 QH_2。QH_2 经卧臂中的 2 分子 4Fe-4S 传递 2 个电子给 Q，同时释放 2 个质子到膜间隙。Q 接收 2 个电子，同时从基质捕获 2 个质子而还原成 QH_2。电子在 2 分子 4Fe-4S 传递过程中，复合体Ⅰ再把基质中 2 个质子泵出到膜间隙（图 6-4）。上述过程表明，复合体Ⅰ在传递 NADH＋H^+ 的 2 个电子过程中作为质子泵，共从基质转运 4 个质子到线粒体膜间隙。

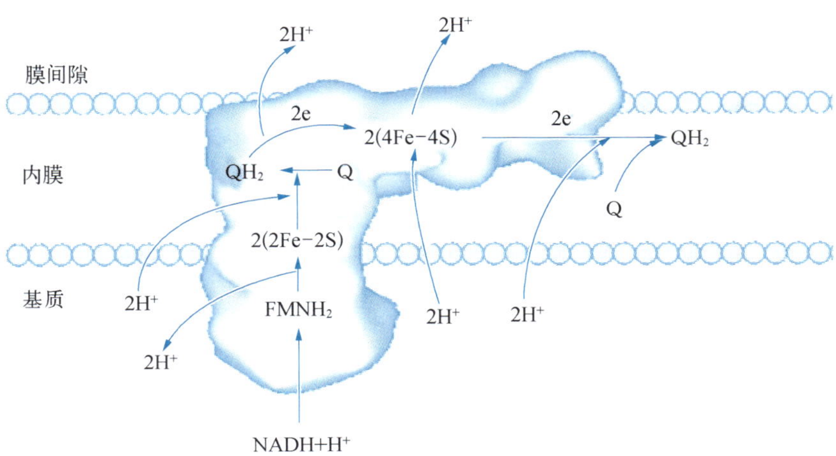

图 6-4　复合体Ⅰ传递电子、泵出质子的可能机制

2. 复合体Ⅱ　复合体Ⅱ（complex Ⅱ）又称为琥珀酸-泛醌氧化还原酶（succinate-ubiquinone oxidoreductase），由 4 个亚基组成，含 2 个铁硫蛋白，其分子质量为 140 kDa，为内膜基质侧的镶嵌蛋白，其辅基为黄素腺嘌呤二核苷酸（FAD）及铁硫蛋白。复合体Ⅱ可直接催化琥珀酸脱氢，脱下的 2 个氢被 FAD 接收，生成 $FADH_2$。$FADH_2$ 再经铁硫蛋白传递电子，然后传给 Q，质子则游离在内膜中（因电子传递过程释放的自由能不足以将质子泵出内膜)，最后 Q 接收 2 个质子生成 QH_2。

此外，代谢途径中一些以 FAD 为辅基的脱氢酶，如 α-磷酸甘油脱氢酶、脂酰 CoA 脱氢酶等，可以将相应底物脱下的 2 个电子和 2 个质子交给 FAD 生成 $FADH_2$，再由 $FADH_2$ 传递给 Q，生成 QH_2(图 6-5)。

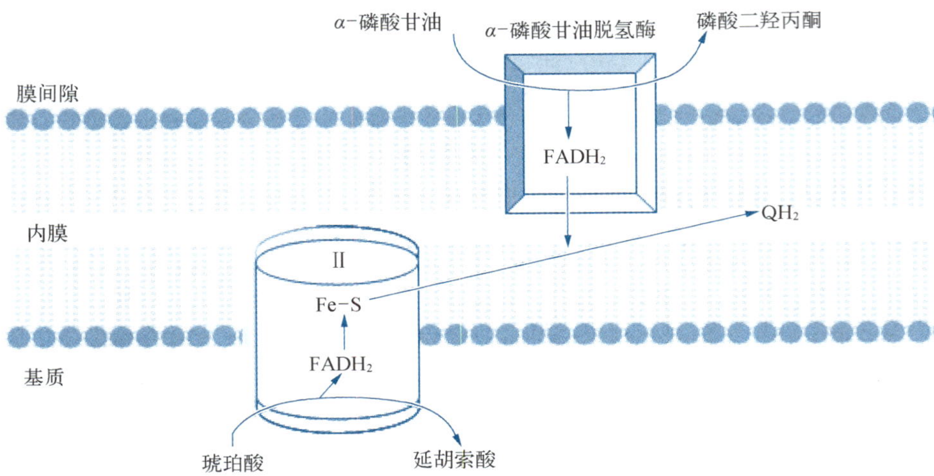

图 6-5　琥珀酸、α-磷酸甘油脱下的氢经 $FADH_2$ 传递

3. 复合体Ⅲ　复合体Ⅲ(complex Ⅲ)又称泛醌-细胞色素 c 氧化还原酶(ubiquinone-cytochrome oxidoredutase)，是由 11 个亚基组成、分子质量为 250 kDa 的跨膜同源二聚体。复合体Ⅲ含有三种细胞色素(cytochrome，Cyt)和铁硫蛋白(2Fe-2S)。三种 Cyt 分别是 Cyt b_{562}(辅基为高还原电位血红素 b_H)、Cyt b_{566}(辅基为低还原电位血红素 b_L)和 Cyt c_1(辅基为血红素 c_1)。

Cyt 是由 David Keilin 首先发现的一类含血红素样辅基的电子传递蛋白，通过血红素分子中 $Fe^{3+} + e \longleftrightarrow Fe^{2+}$ 的可逆反应传递电子，为单电子传递体。根据细胞色素吸收光谱和最大吸收波长的不同，可分为 a、b、c 三类以及不同亚类。其辅基血红素也相应为血红素 a、血红素 b 和血红素 c。血红素 b 辅基为原卟啉Ⅸ，血红素 a 辅基含有聚异戊烯的侧链，而血红素 c 辅基的乙烯侧链则与蛋白质中半胱氨酸残基的巯基以共价键相连(图 6-6)。

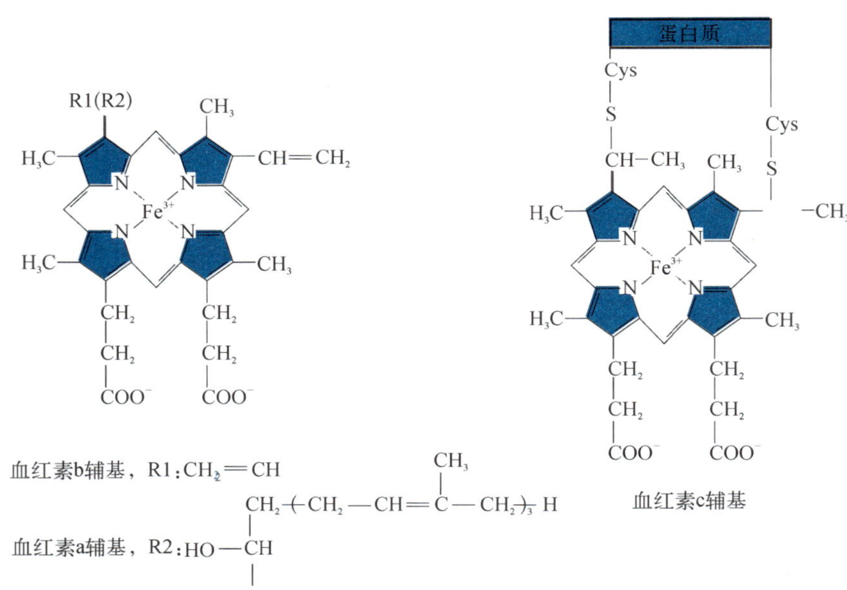

图 6-6　细胞色素辅基的结构

复合体Ⅲ的作用是把 QH_2 的 2 个电子经铁硫蛋白传递给 Cyt c，其过程主要通过 Q 循环(Q cycle)完成。Q 循环是一个较为复杂的电子传递过程，2 分子 QH_2 将 2 个电子传递到 Cyt c 的同时，偶联泵出 4 个质子到膜间隙，又生成 1 分子 QH_2 和 1 分子 Q，故实际只氧化了 1 分子 QH_2。

Cyt c 是由一条肽链组成、分子质量为 13 kDa、辅基为血红素 C 的水溶性球状蛋白。Cyt c 靠静电引力疏松地结合在线粒体内膜外表面，可沿外表面在复合体Ⅲ、Ⅳ间滑动，依其血红素中 $Fe^{3+}+e \longleftrightarrow Fe^{2+}$ 的可逆反应把电子从 Cyt c_1 传递到复合体Ⅳ。

4. 复合体Ⅳ　复合体Ⅳ（complex Ⅳ）又称细胞色素 c 氧化酶（cytochorome c oxidase），是分子质量为 200 kDa 的由 13 个亚基组成的跨膜蛋白复合体，其中由线粒体基因编码的亚基Ⅰ、亚基Ⅱ和亚基Ⅲ是酶功能必不可少的，其余亚基则作为酶活性的调节基团起作用。亚基Ⅰ横跨线粒体内膜，含 Cyt a、Cyt a_3（辅基分别为血红素 a、a_3，因二者结合紧密，常写作 Cyt aa_3）和 Cu_B^{2+}。Cyt a_3 与 Cu_B^{2+} 共同构成使 O_2 还原为 H_2O 的活性中心。亚基Ⅱ含有 2 个与半胱氨酸的巯基相连接的铜原子（Cu_A^{2+}），形成铜中心。亚基Ⅲ的功能尚不清楚。

复合体Ⅳ的功能是把 Cyt c 传递来的电子经 Cyt aa_3 传递给 O_2 从而生成水。其基本过程是：2 分子 Cyt c 先后把 2 个电子经 $2Cu_A^{2+}$ 构成的铜中心传给 Cyt a，Cyt a 再传递电子到 Cyt a_3－Cu_B^{2+} 构成的活性中心，进而氧被还原成氧离子，并与从基质摄取的 2 个质子结合生成 1 分子水，同时把另外 2 个质子从基质泵出到膜间隙（图 6－7）。NADH＋H^+ 或 $FADH_2$ 进入氧化呼吸链传递的电子最后都经复合体Ⅳ传递后生成水。

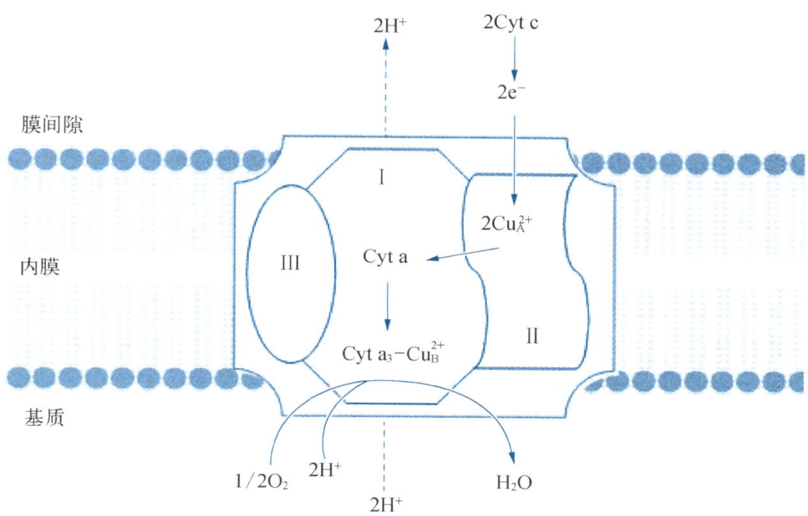

图 6－7　复合体Ⅳ的结构及传递电子、泵出质子的过程

呼吸链的 4 个复合体中，复合体Ⅰ、Ⅲ、Ⅳ均有质子泵（proton pump）的功能，它们在传递电子的同时偶联把质子从基质泵出到膜间隙。由于质子泵的作用，基质成为负电性空间，而膜间隙成为正电性空间，从而形成电化学梯度，蕴藏着电化学势能。此势能可部分用于合成 ATP，部分以热能散发，维持体温。

现将哺乳动物线粒体氧化呼吸链的组成及其主要功能总结于表 6－1。

表 6－1　哺乳动物线粒体氧化呼吸链的组成及其主要功能

呼吸链组分	组成亚基数	相对分子质量（kDa）	辅酶或辅基	主要功能
复合体Ⅰ（NADH－泛醌氧化还原酶）	＞40	1 000	FMN、Fe－S	传递 NADH＋H^+ 中的 2 个电子给 Q，并由基质向膜间隙泵出 4 个质子
复合体Ⅱ（琥珀酸－泛醌氧化还原酶）	4	140	FAD、Fe－S	传递 $FADH_2$ 中 2 个电子、2 个质子给 Q
泛醌（CoQ）*	—	0.863（Q10）		传递复合体Ⅰ或复合体Ⅱ的电子给复合体Ⅲ
复合体Ⅲ（泛醌－细胞色素氧化还原酶）	11	250	血红素 b_H、b_L、c_1 Fe－S	传递 QH_2 中的 2 个电子到 Cyt c，并由基质向膜间隙泵出 4 个质子
细胞色素 c**	1	13	血红素 C	传递复合体Ⅲ中 2 个电子到复合体Ⅳ
复合体Ⅳ（细胞色素 c 氧化酶）	13	200	血红素 a、a_3 Cu_A^{2+}、Cu_B^{2+}	把 2Cyt c 传来的 2 个电子转交给 O_2，后者再与基质中 2 个质子结合生成 1 分子水的同时，向膜间隙泵出 2 个质子

* CoQ 不是酶复合体成分，但能在线粒体内膜中自由扩散

** 细胞色素 c 是内膜外表面水溶性蛋白质，不是酶复合体成分，可在复合体Ⅲ、Ⅳ间移动，以传递电子

(二) 氧化呼吸链各组分的排列顺序

线粒体内膜中呼吸链的 4 种复合体均独立存在,并可在一定范围移动,CoQ 因呈脂溶性移动更活跃,Cyt c也可在内膜外表面移动。这种移动使他们可相互碰撞接触,形成连锁性氧化还原反应而成为氧化呼吸链。呼吸链各组分的排列顺序通过综合分析以下 4 个方面实验结果确定:① 测定呼吸链各组分的标准氧化还原电位,电子由标准氧化还原电位低的氧化还原对向正电性较高的氧化还原对进行传递(表 6-2);② 体外将呼吸链组分拆开,通过各独立成员的体外重组来鉴定其排列顺序;③ 通过呼吸链组分特异的抑制剂,分别阻断各组分的电子传递;④ 在无氧和缓慢给氧状态下,离体线粒体各组分吸收光谱的变化,分析各组分被氧化的顺序。综合分析上述 4 个方面实验结果,确定了呼吸链各组分的排列顺序及电子传递方向(图 6-8)。

表 6-2 呼吸链各电子传递体的标准氧化还原电位(伏特,V)

氧化型/还原型	传递电子数	$E^{0\prime}$(V)*
$NAD^+/NADH+H^+$	2	−0.32
$FMN/FMNH_2$	2	−0.30
$FAD/FADH_2$	2	−0.22
Q/QH_2	2	−0.10
Cyt b(Fe^{3+})/Cyt b(Fe^{2+})	1	0.07
Cyt c_1(Fe^{3+})/ Cyt c_1(Fe^{2+})	1	0.22
Cyt c(Fe^{3+})/Cyt c(Fe^{2+})	1	0.25
Cyt a(Fe^{3+})/Cyt a(Fe^{2+})	1	0.29
Cyt a_3(Fe^{3+})/Cyt a_3(Fe^{2+})	1	0.55
$1/2O_2+2H^+/H_2O$	2	0.82

* $E^{0\prime}$表示在 pH=7.0,温度为 25℃、电子传递体浓度为 1 mol/L 时,测得的标准氧化还原电位(伏特,V)

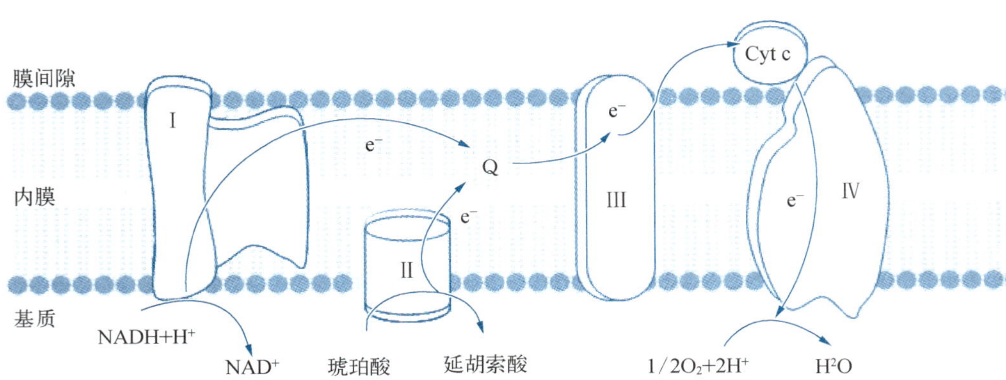

图 6-8 线粒体呼吸链组分的排列顺序

从表 6-2 和图 6-8 可知,呼吸链的电子传递有以下两个途径:

1. NADH 氧化呼吸链 线粒体中由 $NADH+H^+$ 开始到生成 H_2O 的电子传递过程即为 NADH 氧化呼吸链。人体内糖、脂肪及氨基酸代谢过程中在线粒体生成的 $NADH+H^+$,以及细胞质中 $NADH+H^+$ 经苹果酸-天冬氨酸穿梭进入线粒体后均通过此这一氧化呼吸链彻底氧化,是体内主要的呼吸链。其电子传递顺序是:

NADH→复合体Ⅰ→CoQ→复合体Ⅲ→Cyt c→复合体Ⅳ→O_2→H_2O

2. $FADH_2$氧化呼吸链 $FADH_2$氧化呼吸链是指底物琥珀酸、α-磷酸甘油(线粒体)、脂酰 CoA 等脱下的氢被直接或间接交给 FAD 生成 $FADH_2$,后者再经 CoQ 进入复合体Ⅲ,最终生成 H_2O 的过程,又叫作琥珀酸氧化呼吸链。电子传递顺序是:琥珀酸→复合体Ⅱ→CoQ→复合体Ⅲ→Cyt c→复合体Ⅳ→O_2→H_2O

二、氧化磷酸化

氧化磷酸化(oxidative phosphorylation)是指营养物质分解代谢过程中脱氢生成的 $NADH+H^+$ 或 $FADH_2$，经线粒体氧化呼吸链传递电子、泵出质子并释放能量，驱动 ADP 磷酸化生成 ATP 的过程。氧化磷酸化的实质是将氧化呼吸链氧化过程释能和 ADP 磷酸化储能偶联进行的过程，故也称为偶联磷酸化(coupling phosphorylation)。氧化磷酸化是生物体内生成 ATP 的最主要方式，还有少量 ATP 是通过底物水平磷酸化产生(见第 4 章第 2 节)。

(一) 氧化磷酸化的偶联部位

氧化磷酸化的偶联部位是指氧化呼吸链的电子传递过程所释放出的能量足以使 ADP 磷酸化生成 ATP 的部位。根据 P/O 比值和呼吸链组分传递电子过程中氧化还原的电位差可推算氧化磷酸化的偶联部位。

P/O 比值是指每消耗 1 mol 氧原子所消耗无机磷的摩尔数，即合成 ATP 的摩尔数，其实质是电子传递过程中磷酸化的效率(或一对电子通过氧化呼吸链传递给氧所生成的 ATP 数)。测出呼吸链各组分的 P/O 比值，结合其标准氧化还原电位差可推算出大致的偶联部位(表 6-3)。

近年的离体线粒体实验测得一对电子经 NADH 氧化呼吸链和琥珀酸氧化呼吸链传递，P/O 比值分别为 2.5 和 1.5。也就是说，1 mol NADH 经过 NADH 氧化呼吸链平均可生成 2.5 mol ATP，而 1 mol $FADH_2$ 经琥珀酸氧化呼吸链平均可生成 1.5 mol ATP(表 6-3)。

表 6-3　离体线粒体实验测得几种底物的 P/O 比值

底　物	呼吸链的组成	P/O 比值	生成的 ATP 数
β-羟丁酸	$NAD^+ \rightarrow FMN \rightarrow Q \rightarrow Cyt \rightarrow O_2$	2.5	2.5
琥珀酸	$FAD \rightarrow Q \rightarrow Cyt \rightarrow O_2$	1.5	1.5
抗坏血酸	$Cyt \rightarrow Cyt\ aa_3 \rightarrow O_2$	0.88	1
Cyt c(Fe^{2+})	$Cyt\ aa_3 \rightarrow O_2$	0.61～0.68	1

比较 β-羟丁酸和琥珀酸、琥珀酸和抗坏血酸以及抗坏血酸和 Cyt c(Fe^{2+})的呼吸链组成、P/O 比值，可推测 ATP 的生成部位在 NADH→Q(复合体Ⅰ)、Q→Cyt c(复合体Ⅲ)和 Cyt aa3→O_2(复合体Ⅳ)之间。

此外，ADP 磷酸化生成每摩尔数 ATP 需要 30.5 kJ(7.3 kcal)的能量，故氧化过程中释放的能量大于 30.5 kJ，就有可能被用于合成 ATP，这可从氧化还原反应释放的自由能推测。在一个氧化还原反应中，标准自由能变化($\Delta G^{0\prime}$)和标准氧还电位变化($\Delta E^{0\prime}$)存在以下关系：

$$\Delta G^{0\prime} = -nF\Delta E^{0\prime}$$

式中，n 是电子转移数，F 是法拉第常数(96.5 kJ/mol. V)。测得 $NAD^+ \rightarrow Q$、Q→Cyt c 和 Cyt $aa_3 \rightarrow O_2$ 的 $\Delta G^{0\prime}$ 分别为 69.5、40.5 和 102.3 kJ/mol，故这三个部位可提供足够的能量用于合成 ATP。

(二) 氧化磷酸化的作用机制

线粒体内膜内外的质子梯度蕴藏的电化学势能，可转换给 ADP 和 Pi 生成 ATP，即氧化过程与磷酸化过程相偶联，这与线粒体内膜 ATP 合酶(ATP synthase)的结构、功能密切相关。

1. ATP 合酶　ATP 合酶是氧化与磷酸化偶联的结构基础，也称为复合体 V(complex V)，它是由 F_0 和 F_1 (F 为 Coupling factor 缩写)两个功能结构域组装而成的发动机样结构，可分为头部、颈部和基底部。F_1 位于线粒体内膜的基质侧，呈颗粒状突起，催化 ATP 合成。F_1 由五种亲水性亚基($\alpha_3\beta_3\gamma\delta\varepsilon$)、寡霉素敏感相关蛋白(oligomycin sensitive conferring protein, OSCP)组成，其中 $\alpha_3\beta_3$ 相间排布成有中空的六面体，每组 αβ 可结合 1 分子 ATP，形成 αβ 功能单元。δ 位于六面体顶部，与 1 个 β 相连，γ 为细长形 α-螺旋，深入六面体的中央孔隙中并可在其中转动，ε 连接 γ 与 F_0。F_0 又称基底部，呈脂溶性，镶嵌于内膜中，由三种疏水性亚基组成($ab_2c_{9\sim12}$)组成，形成跨内膜质子通道。c 亚基为脂蛋白，由 2 个 α-螺旋形成发夹样构象，9～12 个 c 亚基装配成对称的环状结构(又称 C 环)，其基质侧连接 F_1 的 ε 亚基。a 亚基固定在 C 环外侧，具有两个互不相通的质子半通道：一个开口于基质，称为基质半通道(matrix half-channel)；另一个开口于膜间隙，称为胞质半通道(cytosolic half-channel)。

两个半通道正好分别与C环中相邻的两个C亚基相通，构成H^+回流通道。两个b亚基连接a亚基和F_1的δ亚基，以固定头部与a亚基皆不转动(图6-9)。

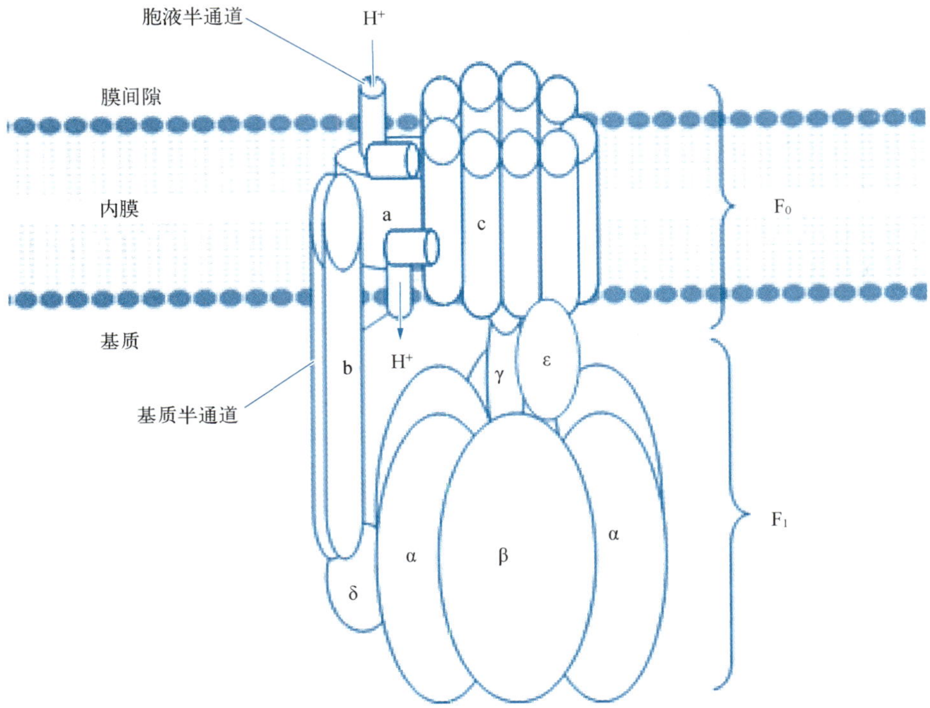

图6-9 ATP合酶的结构

2. 氧化磷酸化偶联的机制 1961年英国科学家Peter Mitchell提出化学渗透假说(chemiosmotic hypothesis)来阐明氧化磷酸化机制。其基本要点是氧化呼吸链传递电子过程中，有质子泵功能的复合体Ⅰ、Ⅲ、Ⅳ把质子由基质泵入膜间隙，于是形成跨膜质子电化学梯度(H^+浓度梯度和跨膜电位差)并储存能量(平均电化学势能为21.92 kJ·mol质子$^{-1}$)；当质子顺浓度梯度经ATP合酶的质子半通道回流到基质时释放的能量驱动ATP合酶催化ADP与Pi生成ATP(图6-10)。

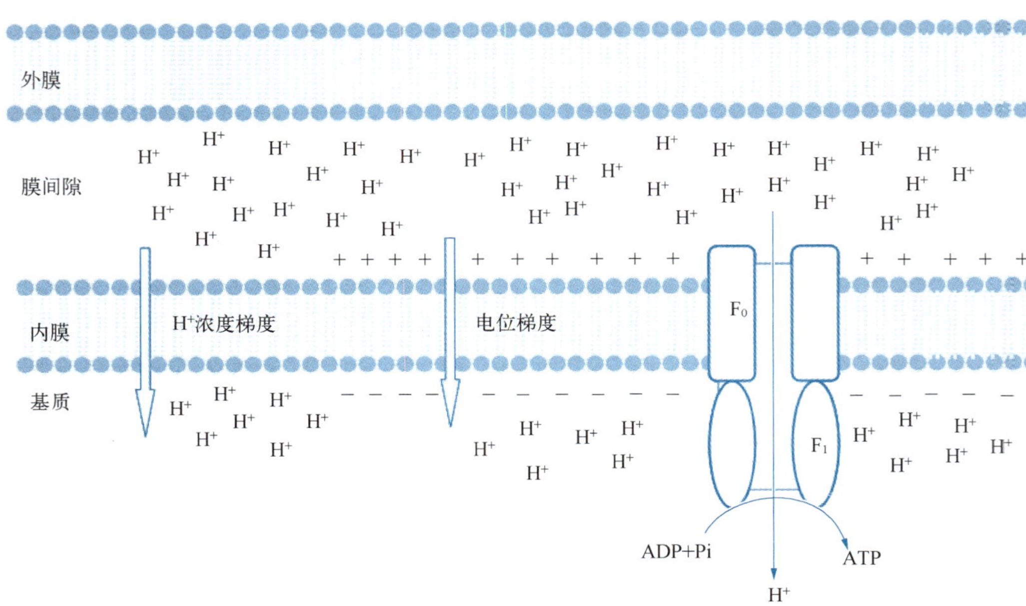

图6-10 化学渗透学说

↓：质子顺浓度梯度回流的方向

实验证实在氧化呼吸链的电子传递过程中，一对电子经复合体Ⅰ、Ⅲ、Ⅳ传递可分别向线粒体内膜胞质测泵出 $4H^+$、$4H^+$ 和 $2H^+$。

质子回流到基质如何驱动ATP合成？Paul Delos Boyer通过核素 ^{18}O 标记实验证实了β亚基是ATP合酶的催化部位，于1989年提出ATP合成的可逆结合变构机制(binding change mechanism)。该机制认为质子回流所释放的能量驱动γ亚基在中央孔隙逆时针方向转动，并带动β亚基3种构象循环变化：松弛型构象(L，loose)有捕捉ADP和Pi能力；紧密型构象(T，tight)使结合的ADP＋Pi合成ATP；开放型构象(O，open)释放出ATP。之后，又自动恢复为L。如此，因γ亚基转动引起β亚基发生L→T→O→L……这样的规律性循环变构，使ATP不断合成(图6－11)。

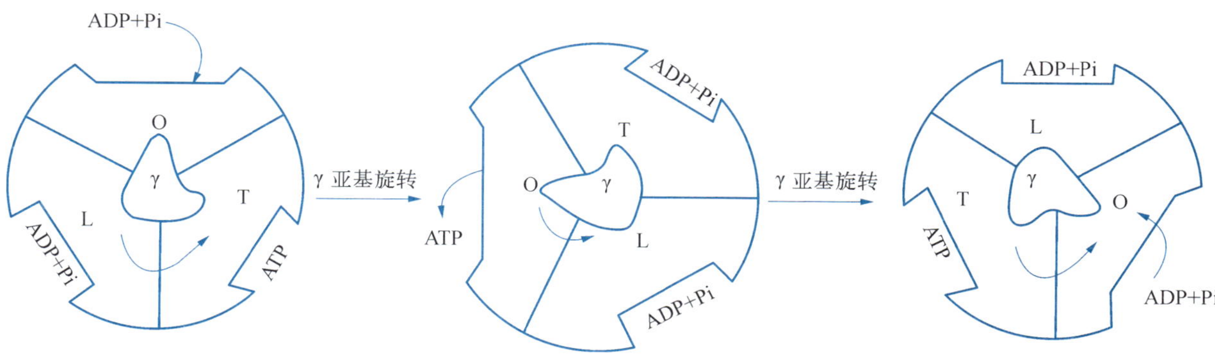

图6－11 ATP合酶β亚基的结合变构机制

英国化学家John Ernest Walker于1994年在0.28 nm分辨率水平上获得牛心肌线粒体ATP合酶 F_1 的晶体结构，证明了β亚基3种构象及其循环变构过程，为Boyer的结合变构机制提供了结构基础。

氧化磷酸化机制研究的重大突破

早在20世纪60年代，科学家们就开始探讨机体如何把营养物质蕴藏的能量转换为ATP，即氧化磷酸化偶联的机制，其中最重要的是化学渗透假说的提出与验证、ATP合成“结合变构机制”的阐明。

1961年，英国科学家Petel Denni Mitchell提出“化学渗透假说”。他认为完整线粒体内膜有能量转化功能，电子传递体系在传递电子过程中，能把基质中的质子泵出到膜间隙。质子从内膜外侧回流到内膜内侧的过程中，释出的能量驱动ATP合酶使ADP磷酸化生成ATP。1966年，他发表论文“在氧化和光合磷酸化中的化学渗透偶联(Chemiosmotic Coupling in Oxidative and Photosynthetic Phosphorylation)”。Mitchell于1978年获诺贝尔化学奖。

ATP合酶催化的分子机制是由美国生化学家Paul Delos Boyer破解。Boyer通过 ^{18}O 标记技术证明了ATP合成可逆的“结合变构机制”，驱使β亚基变构的动力是质子经内膜回流所释放的能量。英国化学家John Ernest Walker于1994年在0.28 nm分辨率水平上阐明了牛心肌线粒体ATP合酶F1的晶体结构，证明了β亚基3种构象及其循环变构过程，为Boyer的“结合变构机制”提供了结构基础。Boyer和Walker于1997年获诺贝尔化学奖。

三、氧化磷酸化的调节及影响因素

(一) 氧化磷酸化的调节

1. ADP/ATP比值　氧化磷酸化是机体生成ATP的最主要途经，机体通过调节氧化磷酸化的速率来调控ATP生成，以满足机体对能量的需要。当机体耗能增加时，ATP的利用增加，即ATP转化为ADP的速度增加，ADP/ATP比值增加，促进NADH＋H^+ 和 $FADH_2$ 经氧化呼吸链传递电子、泵出质子，使氧化磷酸化加速，ATP合成增多。同时，ADP/ATP比值增加也加速了营养物质经三羧酸循环的氧化，使NADH＋H^+ 和 $FADH_2$ 生成增多。相反，机体耗能减少时，产生ADP减少，ATP则相对增多，ADP/ATP比值下降，导致氧化磷酸化速率下降。这种由于ADP/ATP比值变化对氧化磷酸化的调节效应称呼吸控制(respiratory control)，调控的关键物质是ADP，ADP是机体调节氧化磷酸化的最主要物质。

2. 激素调节　甲状腺激素可刺激 Na^+、K^+－ATP酶(钠泵)的合成，钠泵运转耗能导致ATP分解为ADP＋

Pi 增多,使 ADP/ATP 比值上升,从而加速氧化磷酸化,ATP 合成增加。此外,甲状腺激素还可诱导解偶联蛋白基因表达,使营养物质氧化所释能量以热能散发的部分增加,而用于合成 ATP 的能量相应减少,故也能加速氧化磷酸化的过程。因此,甲状腺功能亢进的患者呈现基础代谢率增高、乏力、低烧、怕热、易出汗等临床症状。

(二) 某些化学试剂或药物对氧化磷酸化的影响

1. 呼吸链抑制剂　呼吸链抑制剂可阻断氧化磷酸化的电子传递过程。鱼藤酮(rotenone)、异戊巴比妥(Amobarbital)、粉蝶霉素 A(piericidin A)等可与复合体Ⅰ中铁硫蛋白结合,阻断其电子由 NADH 向 Q 传递。抗霉素 A(antimycin A)能与 Cyt b_H结合,阻断复合体Ⅲ的 Q 循环。氰化物(cyanide, CN^-)、叠氮化物(azide, N_3^-)、CO、H_2S 能抑制细胞色素 C 氧化酶,其中 CN^-、N_3^- 能与复合体Ⅳ中的 Cyt a_3 紧密结合,阻断 Cyt a 到 Cyt a_3间的电子传递,CO 则可与 Cyt a_3结合,阻断电子传递给氧(图 6-12)。

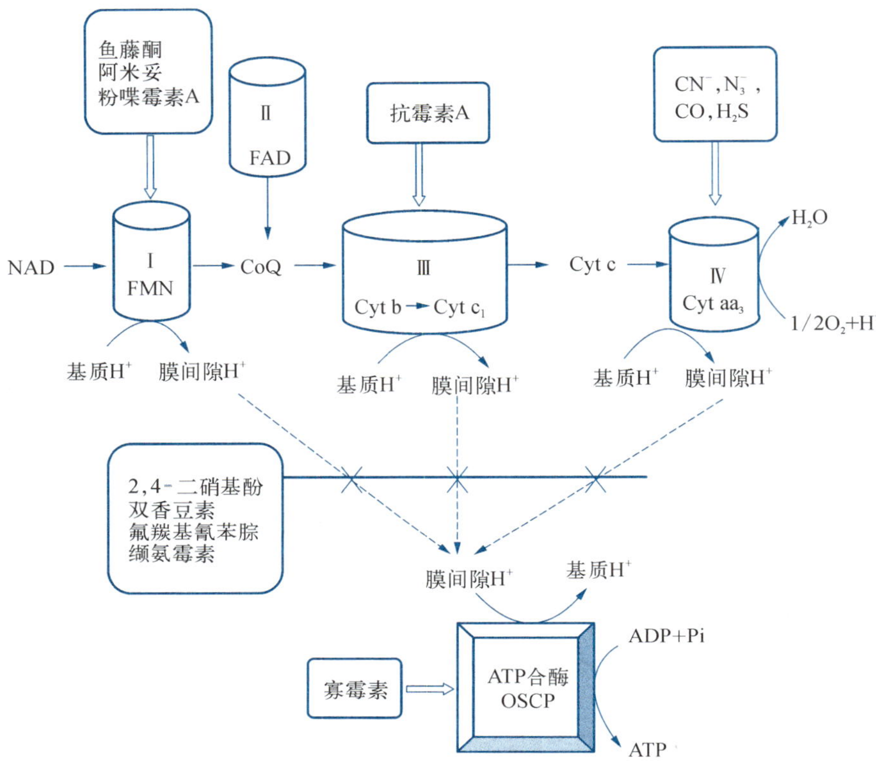

图 6-12　药物和试剂作用的呼吸链部位

这些抑制剂皆可阻断氧化呼吸链的电子传递,引起细胞呼吸窒息。某些工业生产的蒸气或粉末含有 CN^-,苦杏仁、桃仁、白果(银杏)也有一定 CN^- 含量。若 CN^- 不慎进入体内,可引起氰化物中毒。CO 虽然可与细胞色素 c 氧化酶中 Fe^{2+} 结合,抑制其转变为 Fe^{3+},但 CO 对血红蛋白铁的亲和力更高,这是 CO 中毒的主要原因。

2. 解偶联剂　解偶联剂(uncoupler)通过破坏电子传递过程中产生的跨内膜质子电化学梯度,使其储存能量不用于合成 ATP,而以热能释放,导致氧化过程与磷酸化过程相互分离。2,4-二硝基酚(2,4-dinitrophenol, DNP)、双香豆素(dicumarol)等为脂溶性物质,可在线粒体内膜中自由移动,可在膜间隙结合质子后穿过内膜到基质释出质子,从而破坏电化学梯度(图 6-12)。

哺乳动物和人体棕色脂肪组织细胞线粒体内膜含解偶联蛋白-1(uncoupling protein-1,UCP-1),也称产热素(thermogenin),它是由 2 个 32 kDa 亚基组成的二聚体。产热素可被脂肪水解产生的游离脂肪酸活化,能将膜间隙质子转运回到基质,通过氧化磷酸化解偶联释放热能,因此棕色脂肪组织可以产热。某些早产儿及新生儿因棕色脂肪组织缺乏,遇冷难以维持正常体温使皮下脂肪凝固,导致硬肿症的发生。

3. ATP 合酶抑制剂　ATP 合酶抑制剂如寡霉素(oligomycin)和二环己基羰二亚胺(dicyclohexyl Carbodiimide, DCCD),前者通过结合 ATP 合酶 F_1的 OSCP 而抑制此酶活性,后者通过阻止质子经 F_0质子半通道回流抑制 ATP 合酶活性(图 6-12)。由于质子回流被抑制,线粒体内膜两侧的质子电化学梯度增高,可致呼吸链质子泵功能障碍，进而抑制呼吸链的电子传递。

（三）线粒体 DNA 突变

线粒体 DNA(mitochondrial DNA, mt DNA)是人和动物细胞中唯一的核外 DNA，为封闭的双链环状结构，可表达呼吸链 4 个复合体中 13 个亚基以及线粒体内 22 个 tRNA 和 2 个 rRNA。mtDNA 是裸露的，缺乏蛋白质保护和损伤修复体系，易受自身氧化磷酸化过程产生的氧自由基攻击，对药物、毒物、射线、微波、缺氧等因素作用较为敏感，故突变率远高于核 DNA。mtDNA 的突变可影响氧化磷酸化过程，使 ATP 生成减少而致病。耗能高的肌肉、脑、神经组织为 mtDNA 突变的多发性组织器官。mtDNA 的点突变可导致 Leber 遗传性视神经病(Leber's hereditary optic neuropathy, LHON)，患者双侧神经萎缩并伴其他神经、心血管、肌肉异常等症状。若 mtDNA 出现 2.0～7.0 kb 的大片段丢失，使 tRNA 及 4 个复合体蛋白质合成不同程度缺失等，可引起 Kearns-Sayre 综合征，患者眼肌麻痹，合并色素性视网膜炎。mtDNA 突变还随年龄增长而呈渐进性积累，不断损伤氧化磷酸化而加速细胞衰老，甚至导致老年退行性病变，如脑黑质区细胞线粒体复合体Ⅰ、tRNA 缺陷所致的帕金森氏疾病(Parkinson's disease)。

四、ATP 在能量代谢中的核心作用

生物体的物质代谢反应都是依序进行的酶促反应，伴随的是能量逐步产生释放或逐步被消耗利用。生物体内有高能化合物，包括高能磷酸化合物(1,3－二磷酸甘油酸、磷酸烯醇式丙酮酸)和高能硫酯化合物(乙酰辅酶 A、琥珀酰辅酶 A、脂酰辅酶 A)，它们水解时都有较大自由能释放，一般大于或等于 21 $kJ \cdot mol^{-1}$。但是上述化合物均不是能量的直接供体或转运者，机体内能量利用、转移和储存依赖于各种三磷酸核苷(NTP)及磷酸肌酸，其中 ATP 是体内能量转换的核心，是能量利用、转移和储存的最主要形式，而 ATP 循环(ATP cycle)则是这种转换的具体途径。

ATP 循环是指生物体内 ATP 生成、利用、转移和储存所构成的循环(图 6－13)。体内 ATP 主要通过氧化磷酸化生成，底物水平磷酸化也可生成少量 ATP。生命活动中所需能量主要由 ATP 提供，其他 NTP 也提供能量参与某些物质的代谢合成，如 UTP 参与糖原合成、CTP 参与磷脂合成、GTP 参与蛋白质生物合成。各种生命活动过程(生物大分子合成，葡萄糖、氨基酸、无机离子等主动跨膜转运，肌肉收缩，细胞间信息传递、产生生物电等)所需能量主要来自 ATP 的分解。体外实验中，在 pH7.0、25℃条件下，每摩尔 ATP 水解生成 ADP ＋ Pi 时释放的能量为 30.5 $kJ \cdot mol^{-1}$，生成的 ADP 再经磷酸化又转变为 ATP。

此外，骨骼肌、心肌和脑组织中高能键的能量储存形式为磷酸肌酸(creatine phosphate)，ATP 充足时，通过转移末端～P 给肌酸，生成磷酸肌酸；当机体需要时，可在肌酸激酶作用下，立即把～P 交给 ADP 生成 ATP，快速补充 ATP 的不足(图 6－13)。

由此可见，ATP 作为能量的载体，来源于营养物质的分解代谢，又在合成代谢等耗能过程中被利用。ATP 分子性质稳定，寿命仅数分钟，体内的含量低。如 70 kg 体重的人，体内 ATP 总量仅为 100 g，但静息状态下 24 h 需消耗 40 kg 的 ATP，在运动或特殊情况下则消耗更多，故主要通过 ATP－ADP的不断循环，伴随着自由能的获得与释放，完成生命过程中的能量转换，满足生命过程需要。

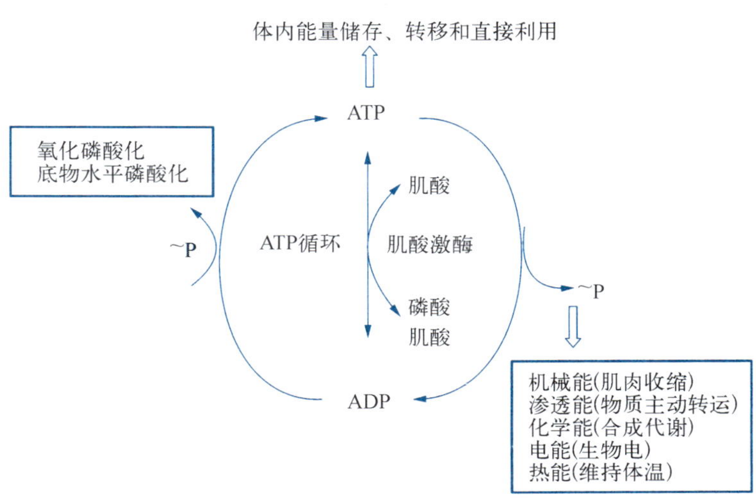

图 6－13　ATP 的生成与利用

五、线粒体内膜对物质的转运

线粒体是生物氧化最主要的场所，生命活动所需能量的 95％来源于此，被喻为“动力工厂”。线粒体由

内、外两层膜构成。外膜的有孔蛋白(porin)形成膜通道,内膜向基质折叠突起形成嵴,为电子多的负电性空间,含有氧化呼吸链和 ATP 合酶,也含三羧酸循环、脂酸 β-氧化、氨基酸分解及线粒体本身 DNA、RNA 合成等代谢过程相关的多酶体系以及转运蛋白体系,可以对物质进行选择性转运。内外膜之间为膜间隙(intermembrane space),为质子多的正电性空间。

(一) 线粒体内膜转运蛋白

线粒体内膜通透性很低,只有不带电的小分子物质才能通过。通过内膜的特异转运载体实现对物质的严格选择性。例如腺苷酸转运蛋白(adenine nucleotide transporter)或称 ATP - ADP 转位酶(ATP - ADP translocase)富含于线粒体内膜,是由 2 个 30 kDa 亚基组成的二聚体,含有腺苷酸结合位点。腺苷酸转运蛋白可按 1∶1 比例转运 ADP 进基质、ATP 出基质并穿出外膜到胞质供能。ATP 释能后变为 ADP,再经腺苷酸转运蛋白转运进入基质。磷酸盐转运蛋白(phosphate transporter)可转运无机磷酸进入基质,与 ADP 一起参与 ATP 合成。此外,肉碱转运蛋白(或脂酰肉碱转位酶)转运脂酰基进入基质进行 β-氧化。肝细胞鸟氨酸循环的完成,需要线粒体内膜的碱性氨基酸转运蛋白转运瓜氨酸出基质、鸟氨酸入基质参与尿素合成。在柠檬酸-丙酮酸循环中,柠檬酸出入基质依赖于柠檬酸转运蛋白,苹果酸和丙酮酸出入基质也分别由相应的转运蛋白完成。

(二) 细胞质中的 $NADH+H^+$ 转运进入线粒体

细胞质中产生的 $NADH+H^+$ 必须进入线粒体后,才能被氧化。而 $NADH+H^+$ 不能自由进出线粒体内膜,按组织细胞的不同,$NADH+H^+$ 通过以下两种穿梭机制进入线粒体。

1. 苹果酸-天冬氨酸穿梭 代谢底物在肝脏、心肌等细胞质中产生的 $NADH+H^+$(例如糖酵解过程中 3-磷酸甘油醛脱氢产生的 $NADH+H^+$)通过苹果酸-天冬氨酸穿梭作用(malate-aspartate shuttle)从细胞质进到线粒体基质中(图 6-14)。该穿梭作用涉及线粒体 2 种内膜转运蛋白(酸性氨基酸转运蛋白、α-酮戊二酸转运蛋白)和 4 种酶(胞质中的苹果酸脱氢酶、天冬氨酸转氨酶、线粒体基质中的苹果酸脱氢酶、天冬氨酸转氨酶)的协同参与。细胞质中 $NADH+H^+$ 在苹果酸脱氢酶作用下使草酰乙酸还原为苹果酸,苹果酸被 α-酮戊二酸转运蛋白运入线粒体基质后,再次脱氢生成草酰乙酸和 $NADH+H^+$。$NADH+H^+$ 进入 NADH 氧化呼吸链。草酰乙酸在天冬氨酸转氨酶作用下转变为天冬氨酸,天冬氨酸则经内膜酸性氨基酸转运蛋白运出线粒体构成苹果酸-天冬氨酸穿梭。

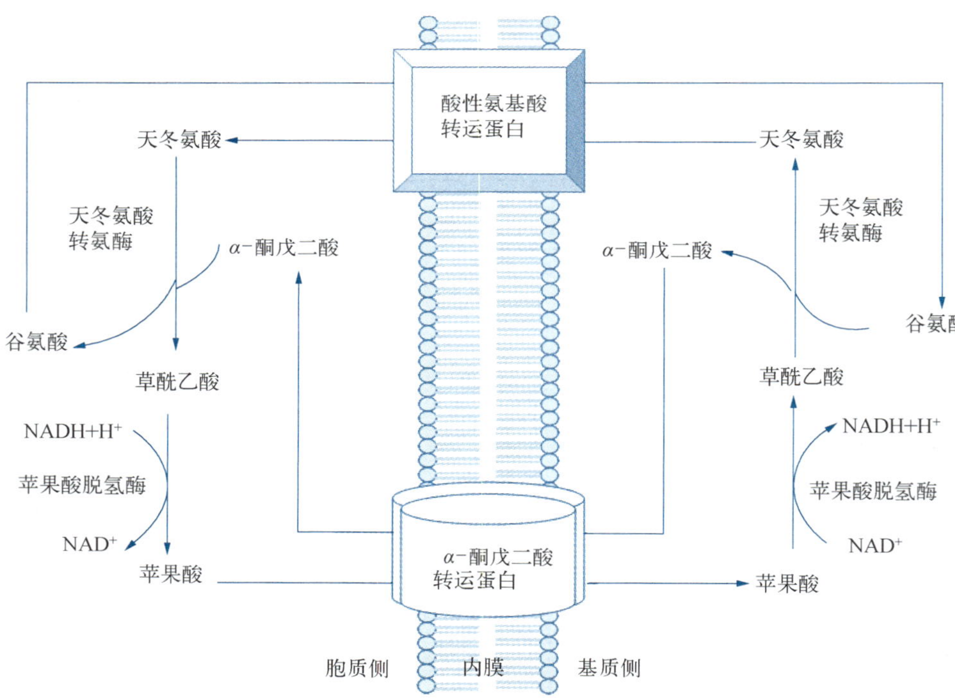

图 6-14 苹果酸-天冬氨酸穿梭过程

2. *α*-磷酸甘油穿梭 在脑、骨骼肌等细胞质中所产生的 NADH+H^+ 则经能自由通过线粒体外膜的 *α*-磷酸甘油将还原当量带入线粒体膜间隙，然后在线粒体内膜上 *α*-磷酸甘油脱氢酶（辅基 FAD）作用下生成 $FADH_2$ 和磷酸二羟丙酮，$FADH_2$ 进入琥珀酸氧化呼吸链，磷酸二羟丙酮又回到胞质，经 *α*-磷酸甘油脱氢酶（辅基 NAD^+）作用被 NADH+H^+ 还原为 *α*-磷酸甘油，这一过程即是 *α*-磷酸甘油穿梭（*α*-phosphoglycerol shuttle）（图 6-15）。

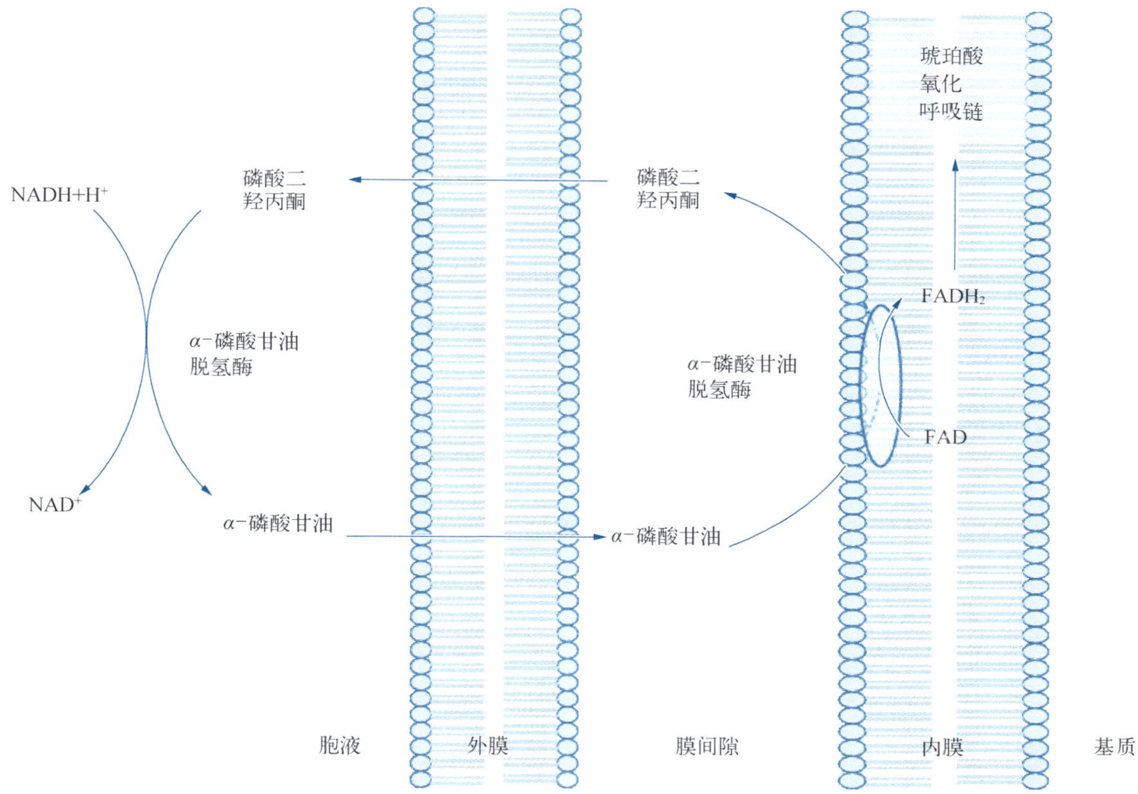

图 6-15 *α*-磷酸甘油穿梭过程

以上两种穿梭方式进入线粒体基质的产物不同，前者是 NADH+H^+，而后者是 $FADH_2$，因此它们所携带的氢和电子经不同的呼吸链传递，所产生的 ATP 数目也不相同。

第三节 非线粒体氧化体系

除线粒体外，细胞的微粒体和过氧化物酶体也是生物氧化的重要场所。微粒体和过氧化物酶体中的氧化酶类与线粒体不同，组成特殊的氧化体系。其特点是氧化过程不与 ADP 的磷酸化偶联，不能生成 ATP，而是产生超氧阴离子等物质及参与药物、毒物的生物转化。

一、微粒体加单氧酶系

人微粒体加单氧酶系（monooxygenases system）催化氧分子中的 1 个氧原子加到底物分子而使底物被羟化，故也称羟化酶（hydroxylase）。同时，另 1 个氧原子被 NADPH+H^+ 中的氢还原生成水，故又将加单氧酶称为混合功能氧化酶（mixed function oxidase）。

$$RH+NADPH+H^+ +O_2 \longrightarrow R—OH+NADP^+ +H_2O$$

加单氧酶系由 NADPH+H^+、NADPH-细胞色素 P_{450} 还原酶（辅基 FAD）、细胞色素 P_{450}（Cyt P_{450}）及铁氧

还蛋白(辅基 Fe_2S_2)组成。Cyt P_{450} 属于 Cytb 类，富含于肝脏和肾上腺的微粒体中，因还原型 Cyt P_{450} 与 CO 结合后在 450 nm 处有最大吸收峰而得名。人的加单氧酶有上百种同工酶，对被作用的底物各有其特异性。加单氧酶系在肝、肾上腺含量最多，参与类固醇激素、胆汁酸、胆色素合成、维生素 D_3 羟化及生物转化作用等反应过程。

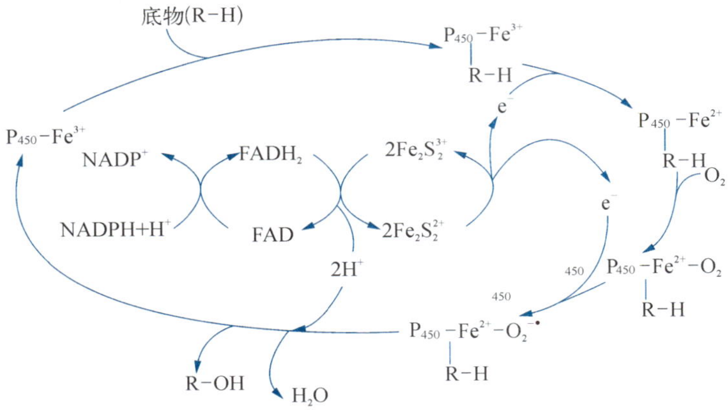

图 6-16　细胞色素 P_{450} 循环

NADPH-细胞色素 P_{450} 还原酶催化 NADPH+H^+ 向 Cyt P_{450} 传递电子：NADPH+H^+ 首先将 2H 传给 FAD 生成 $FADH_2$，$FADH_2$ 再将电子交给铁氧还蛋白，铁氧还蛋白的 1 个电子使 RH-P_{450}-Fe^{3+} 还原成RH-P_{450}-Fe^{2+}，后者与 O_2 结合生成RH-P_{450}-Fe^{2+}-O_2，然后再接收铁氧还蛋白的第 2 个电子生成 RH-P_{450}-Fe^{2+}-$O_2^{-}\cdot$，最后 1 个氧原子使底物(RH)羟化(R-OH)，另 1 个氧原子与来自 NADPH+H^+ 的质子生成 H_2O。此反应过程可产生 $O_2^{-}\cdot$，又称细胞色素 P_{450} 循环(cytochrome P_{450} cycle)(图 6-16)。

二、过氧化物酶体氧化体系

过氧化物酶体(peroxysome)是一种特殊的细胞器，主要分布于肝脏、肾脏、中性粒细胞和小肠黏膜等细胞中。过氧化物酶体的标志酶是过氧化氢酶，其作用是水解对细胞有毒性作用的过氧化氢。过氧化物酶体的主要酶类是氧化酶如黄嘌呤氧化酶、氨基酸氧化酶、醛氧化酶等，催化底物脱氢过程中生成的 $O_2^{-}\cdot$，是体内 $O_2^{-}\cdot$ 的重要来源。如黄嘌呤氧化酶催化下列反应：

$$\left.\begin{matrix}\text{次黄嘌呤}\\\text{黄嘌呤}\end{matrix}\right\}+H_2O+O_2\xrightarrow{\text{黄嘌呤氧化酶}}\left.\begin{matrix}\text{黄嘌呤}\\\text{尿酸}\end{matrix}\right\}+2H^++O_2^{-}\cdot$$

三、活性氧的产生与消除

机体在遭受各种有害刺激时，体内高活性分子如活性氧(reactive oxygen species, ROS)和活性氮(reactive nitrogen species, RNS)产生过多，大量氧化中间产物堆积，使氧化程度超出氧化物的清除，氧化和抗氧化失平衡，从而导致 DNA、蛋白质等生物分子的过氧化损伤，成为衰老和疾病(如肿瘤、心脑血管疾病、糖尿病、神经退行性疾病等)的重要相关因素。

ROS 是指一类由氧形成、并在分子组成上含有氧且化学性质比氧自身活泼的氧原子或原子团，有的是自由基(free radical)如 $O_2^{-}\cdot$(超氧阴离子自由基)、$HO\cdot$(羟自由基)、$HO_2\cdot$(氢过氧化物自由基)等，有的不是自由基如烷烃过氧化物(ROOH)、H_2O_2 等。其中，$O_2^{-}\cdot$ 是体内 ROS 的主要来源，在 ROS 中所占比例最大。RNS 包括一氧化氮自由基($NO\cdot$)、二氧化氮自由基($NO_2^{-}\cdot$)和过氧化亚硝酸盐自由基($ONOO^{-}\cdot$)等。最近研究发现在细胞的正常生理信号转导过程中，ROS 与 RNS 可作为信号分子参与多种细胞信号的传递，成为细胞启动多种生物学效应的必需分子。

机体在物质代谢过程中不断地产生 ROS，ROS 又在抗氧化酶及外源性和内源性抗氧化剂的协同作用下不断地被清除，因而在生理情况下 ROS 维持在较为稳定的低水平。体内 ROS 的主要来源是 $O_2^{-}\cdot$，下面以 $O_2^{-}\cdot$ 为例介绍 ROS 在体内的产生、消除及其对机体的影响。

(一) $O_2^{-}\cdot$ 的产生及其对细胞的影响

1. 体内 $O_2^{-}\cdot$ 的产生　除了上述的微粒体加单氧酶系、过氧化物酶体氧化体系可产生 $O_2^{-}\cdot$ 外，线粒体氧化呼吸链电子传递过程产生的半醌型泛醌自由基($QH\cdot$)和半醌型泛醌阴离子自由基($Q^{-}\cdot$)是体内 $O_2^{-}\cdot$ 的主要来源之一，它们均可通过电子泄漏(electron leakage)把一个电子泄漏给 O_2，使之变为 $O_2^{-}\cdot$。

$$QH\cdot+O_2\longrightarrow Q+O_2^{-}\cdot+H^+$$

$$Q^{-\cdot}+O_2 \longrightarrow Q+O_2^{-\cdot}$$

在正常的生理情况下，约有 2%的氧消耗在线粒体，用于生成 ROS。在线粒体衰老或疾病时，$O_2^{-\cdot}$ 产生增多，而且 $QH^{\cdot}$ 或 $Q^{-\cdot}$ 还可把电子泄漏给 H_2O_2 而生成 $HO^{\cdot}$。

$$2QH^{\cdot}+H_2O_2 \longrightarrow 2Q+2HO^{\cdot}+2H^{+}$$

$$2Q^{-\cdot}+H_2O_2 \longrightarrow 2Q+2HO^{\cdot}$$

此外，细菌感染也可诱发 $O_2^{-\cdot}$ 生成。因为炎症时炎性细胞（巨噬细胞、中性粒细胞、单核细胞等）中的磷酸戊糖途径因细菌刺激而加速，大量 $NADPH+H^{+}$ 产生。同时，细菌激活炎性细胞质膜上的 NADPH 氧化酶，此酶可催化 $NADPH+H^{+}$ 与 O_2 生成 $O_2^{-\cdot}$：

$$NADPH+H^{+}+2O_2 \xrightarrow{\text{NADPH 氧化酶}} NADP^{+}+2O_2^{-\cdot}+2H^{+}$$

2. $O_2^{-\cdot}$ 对机体细胞的影响　$O_2^{-\cdot}$ 可参与细胞的羟化反应，进而促进生物转化；黄嘌呤氧化酶、氨基酸氧化酶等参与有关物质代谢；吞噬细胞中 $O^{-\cdot}$ 有杀菌作用。此外，近年研究表明 TNF-α、IL-1、IFN-γ 等细胞因子在与相应受体作用时刺激细胞生成的 $O^{-\cdot}$ 等活性氧参与细胞因子介导的生物学效应。生长因子与具有酪氨酸激酶活性的受体结合时生成的 $O^{-\cdot}$ 等活性氧，它在促有丝分裂信号转导过程中发挥着重要的作用。TGF-β 参与的细胞生长抑制、细胞凋亡、细胞转化等生物学过程也与 $O^{-\cdot}$ 等活性氧密切相关。

但 $O_2^{-\cdot}$ 大量产生或蓄积时可引起机体细胞的损伤。$O_2^{-\cdot}$ 等活性氧对人体细胞的损伤包括对细胞膜、细胞核及细胞器的攻击。其中细胞膜因极富弹性和柔韧性，最容易受到 $O_2^{-\cdot}$ 等活性氧的攻击而失去活性及其功能。$O_2^{-\cdot}$ 等活性氧通过下列途径损伤细胞：① 引起细胞膜磷脂中不饱和脂肪酸氧化或过氧化，造成各种膜性损伤；② $O_2^{-\cdot}$ 可结合 DNA，使 DNA 变性、突变，与肿瘤等发生有关；③ 破坏细胞内含巯基的蛋白和酶的结构，使其丧失活性；④ 氧化载脂蛋白及磷脂，导致胆固醇转运障碍，可引起动脉粥样硬化；⑤ 使吞噬细胞衰竭、死亡，加重炎症反应过程；⑥ 促进脂褐素（lipofuscin）生成：细胞膜及胞质中过氧化脂质及其分解产生的丙二醛等低级醛类，与蛋白质、氨基酸、磷脂结合成的多聚体，称为脂褐素，难由细胞排出或降解而在细胞中堆积，使细胞功能下降。脂褐素若在皮肤则为老年斑。

（二）机体对 $O_2^{-\cdot}$ 的清除

机体通过抗氧化酶以及抗氧化剂可及时清除 $O_2^{-\cdot}$ 等活性氧，以维持细胞内 $O_2^{-\cdot}$ 等的稳定水平和动态平衡，既发挥 $O_2^{-\cdot}$ 等活性氧的有利作用，又防止其对细胞的有害损伤。

$O_2^{-\cdot}$ 主要由超氧化物歧化酶（superoxide dismutase, SOD）、过氧化氢酶（catalase, CAT）及过氧化物酶（peroxidase, Px）所催化的反应予以清除。SOD 有 Cu^{2+}，Zn^{2+}-SOD、Mn^{3+}-SOD、Fe^{3+}-SOD 三种，动物及人 Cu^{2+}，Zn^{2+}-SOD 主要在胞质，Mn^{3+}-SOD 主要在线粒体，Fe^{3+}-SOD 主要在微生物。Cu^{2+}，Zn^{2+}-SOD 催化的反应为：

$$O_2^{-\cdot}+Cu^{2+}, Zn^{2+}\text{-SOD} \longrightarrow O_2+Cu^{+}\text{-SOD}$$

$$2H^{+}+O_2^{-\cdot}+Cu^{+}, Zn^{2+}\text{-SOD} \longrightarrow H_2O_2+Cu^{2+}\text{-SOD}$$

反应生成的 H_2O_2 再被 CAT 消除。

$$2H_2O_2 \xrightarrow{CAT} 2H_2O+O_2$$

过氧化物酶主要是含硒谷胱甘肽过氧化物酶（Se-glutathione peroxidase, Se-GSH-Px），可清除 H_2O_2 和脂质过氧化物（LOOH）：

$$\left.\begin{matrix} H_2O_2 \\ LOOH \end{matrix}\right\} +2GSH \xrightarrow{\text{Se-GSH-Px}} \left.\begin{matrix} 2H_2O \\ H_2O+LOH \end{matrix}\right\} +GSSG$$

此外，维生素 E（vitamin E）、维生素 C（vitamin C）和泛醌（QH_2）等小分子有机化合物也可消除 $O_2^{-\cdot}$。维生素 E 又叫生育酚（tocopherol, Toc），其中的酚羟基极易脱氢而由酚变为醌型维生素 E 自由基（生育酚自由基，Toc-$O^{\cdot}$）：

$$Toc-OH+HO^{\cdot} \longrightarrow Toc-O^{\cdot}+H_2O$$
$$Toc-OH+LOO^{\cdot} \longrightarrow Toc-O^{\cdot}+LOOH$$

维生素 C 又叫抗坏血酸(ascorbic acid，AsA)，还原型 ASA(AH_2)的烯醇羟基易脱氢而成为氧化型(A)，同时可使 GSSG 还原为 2GSH 或使 $HO^{\cdot}$ 或 $Toc-O^{\cdot}$ 还原为 H_2O 或 Toc-OH。

$$GSSG+AH_2 \longrightarrow 2GSH+A$$
$$2Toc-O^{\cdot}+AH_2 \longrightarrow 2Toc-OH+A$$
$$2HO^{\cdot}+AH_2 \longrightarrow 2H_2O+A$$

QH_2也可清除 $O_2^{-\cdot}$ 及 $LOO^{\cdot}$：

$$2O_2^{-\cdot}+QH_2 \longrightarrow H_2O_2+O_2+Q$$
$$2LOO^{\cdot}+QH_2 \longrightarrow 2LOOH+Q$$

小　结

生物氧化是物质在体内彻底氧化生成 CO_2和水、释放出能量的过程。

氧化呼吸链由复合体Ⅰ、Ⅱ、泛醌、Ⅲ、细胞色素 C 和Ⅳ组成，并按一定顺序排列在线粒体内膜，其中复合体Ⅰ、Ⅲ和Ⅳ具有质子泵的功能。NADH 氧化呼吸链的电子传递顺序为 NADH→复合体Ⅰ→CoQ→复合体Ⅲ→Cyt c→复合体Ⅳ→O_2→H_2O。FADH2 氧化呼吸链经琥珀酸→复合体Ⅱ→CoQ→复合体Ⅲ→Cyt c→复合体Ⅳ→O_2→H_2O传递电子。

氧化呼吸链传递电子、泵出质子并释放能量，驱动 ADP 磷酸化生成 ATP 的过程称为氧化磷酸化，是产生 ATP 的主要方式。1 mol NADH 经过 NADH 氧化呼吸链平均生成 2.5 mol ATP，而 1 mol $FADH_2$经琥珀酸氧化呼吸链平均生成 1.5 mol ATP。氧化磷酸化的结构基础是 ATP 合酶，其机制主要体现在化学渗透学说和结合变构机制。此外，呼吸链抑制剂、解偶联剂、ATP 合酶抑制剂以及线粒体 DNA 突变也影响氧化磷酸化过程。

ATP 是生物体内能量利用、转移和储存的最主要形式。骨骼肌、心肌和脑组织的能量则储存于磷酸肌酸。线粒体内膜对物质进行选择性转运，细胞质中的 $NADH+H^+$ 则通过苹果酸-天冬氨酸穿梭或者 α-磷酸甘油穿梭进入线粒体氧化。

呼吸链电子传递过程产生的 $QH^{\cdot}$ 和 $Q^{-\cdot}$ 是体内 $O_2^{-\cdot}$ 的主要来源。微粒体加单氧酶系和过氧化物酶体氧化体系也可催化 $O_2^{-\cdot}$ 生成。机体通过抗氧化酶以及抗氧化剂清除 $O_2^{-\cdot}$ 等活性氧，以维持细胞内氧化还原的动态平衡。当氧化与抗氧化失平衡，过多的 ROS 损伤人体细胞膜、DNA 和蛋白质，则引起氧化应激，与肿瘤、心血管疾病、糖尿病、神经退行性疾病等的发生密切相关。

【复习思考题】

1. 何谓氧化呼吸链？其组成成员有哪些？试述氧化呼吸链中各传递体在传递电子、泵出质子中的具体作用。
2. 何谓氧化磷酸化？试述两条氧化呼吸链中各传递体的排列顺序及其可能产生 ATP 部位。
3. 为什么甲亢患者会出现代谢率增高、乏力、低烧、怕热、易出汗等临床症状。

(朱月春)

第七章

氨基酸代谢

学习要点

掌握：氨基酸代谢概况，脱氨基的几种方式，联合脱氨基的机制，尿素的生成，一碳单位代谢。
熟悉：营养必需氨基酸，氨的来源、去路和运输形式，α-酮酸的代谢，氨基酸脱羧基作用。
了解：含硫氨基酸、芳香族氨基酸和支链氨基酸的代谢特点。

在体内，氨基酸既可以合成蛋白质，也可以彻底分解释放能量；既可以参与核苷酸、血红素、谷胱甘肽等含氮化合物的合成，也可以转变成儿茶酚胺、γ-氨基丁酸、5-羟色胺等神经递质。本章重点介绍氨基酸的分解代谢，同时对氨基酸的来源、营养价值等内容也作了适当介绍。

第一节 概　　述

一、氨基酸的营养价值

氨基酸的营养价值主要体现在三方面：① 维持细胞组织的生长、发育、更新和修复；② 参与体内多种重要生理活动；③ 氧化供能。通常所说蛋白质的营养价值其实就是指氨基酸的营养价值。一般评定食物蛋白质营养价值有三个指标：① 蛋白质的含量；② 蛋白质的消化率(影响消化率的因素较多，如整粒进食大豆时蛋白质消化率为60%，加工为豆腐时蛋白质消化率为90%)；③ 蛋白质的利用率，也称蛋白质的生理价值或生物价，指食物蛋白质消化吸收后在体内被利用的程度。蛋白质是食物中主要的含氮物质。蛋白质在体内分解代谢也会产生含氮物质并排出体外。因此，测定每天的摄入氮与排出氮，可以反映人体蛋白质的代谢概况。

1. 氮平衡　氮平衡(nitrogen balance)反映人体蛋白质的摄入量与排出量之间的关系，一般有以下三种情况：

(1) 氮的总平衡：摄入氮等于排出氮称为氮的总平衡(all nitrogen balance)。反映蛋白质的摄入量能满足机体组织蛋白质的更新和修补的需要，常见于健康成人。

(2) 氮的正平衡：摄入氮大于排出氮称为氮的正平衡(positive nitrogen balance)。反映体内蛋白质合成代谢占优势，常见于儿童、孕妇、乳母及恢复期患者。

(3) 氮的负平衡：摄入氮小于排出氮称为氮的负平衡(negative nitrogen balance)。反映体内蛋白质供给量不足，蛋白质的分解占优势，常见于饥饿、营养不良、消耗性疾病等，特别在创伤或手术后，患者体内蛋白质分解代谢急剧增加，很快出现氮的负平衡，临床上采取静脉输入水解蛋白质或复合氨基酸液，可以改善氮的负平衡。

2. 蛋白质的生理需要量　健康成人即使不摄入蛋白质，其尿中仍然不断有含氮代谢物排出。约 9 d 左右，尿中排氮量逐渐稳定，每天约 53 mg/kg 体重。若以 60 kg 体重计算，每天蛋白质最低分解量约为 20 g，理论上每天至少进食 20 g 蛋白质，才能维持氮的总平衡。但实际情况并非如此，其主要原因是食物蛋白质与人体蛋白质组成上有差异，不能全部利用。实验证明，健康成人每日最低需要食物蛋白质 30～50 g，才能保持氮的总平衡，这就是蛋白质的最低生理需要量。为了长期保持氮的总平衡和营养上的需要，一般认为从事中等体力劳动者每天蛋白质的需要量约为 1.05 g/kg 体重，根据个体差异和工作情况可适当增减。我国营养学会推荐成人每日蛋白质需要量为 80 g。

3. 必需氨基酸　氨基酸是蛋白质的构件分子，蛋白质的营养价值实际上是由所含氨基酸的质和量决定的。组成蛋白质的 20 种氨基酸在营养学上可分为两类：营养必需氨基酸(nutritionally essential amino acid)和非必需氨基酸(non-essential amino acid)。必需氨基酸是人体生理需要，但自身不能合成或合成太少，必须由食物供给的氨基酸。对于人体有 8 种氨基酸是必需的：甲硫氨酸、色氨酸、赖氨酸、缬氨酸、异亮氨酸、亮氨酸、苯丙氨酸和苏氨酸；其余 12 种氨基酸为非必需氨基酸。精氨酸和组氨酸虽然能在人体合成，但合成量不多，若长期供应不足或需要量增加也会造成氮的负平衡，因此，有人将这两种氨基酸也归为营养必需氨基酸。

4. 氨基酸的互补作用　蛋白质营养价值的高低，一方面取决于食物蛋白质中各种氨基酸的组成、数量和比例是否与人体蛋白质接近；另一方面取决于所含的营养必需氨基酸的种类和含量。一般来说，含有营养必需氨基酸种类多、数量足的蛋白质，其营养价值高；反之营养价值低。例如，动物蛋白质所含营养必需氨基酸的种类和比例与人体需要相近，故营养价值较高。由于各种蛋白质所含氨基酸的种类和数量不同，它们的质也不同。将几种营养价值较低的蛋白质混合食用，若比例适宜，则必需氨基酸可以互相补充，从而提高其营养价值，这称为食物蛋白质的互补作用(complementary action)。蛋白质的互补实质上是营养必需氨基酸的互补，例如，谷类蛋白质中赖氨酸较少而色氨酸较多，豆类蛋白质正好相反，两者混合食用即可提高其营养价值。

二、氨基酸代谢库

体内氨基酸主要有两个来源：① 外源性氨基酸：来自食物蛋白质的消化吸收；② 内源性氨基酸：来自体内组织蛋白质的降解以及细胞合成的非必需氨基酸。这些氨基酸混在一起，组成体内的氨基酸代谢库(metabolic pool)，既可以合成组织蛋白质、多肽和其他含氮物质，也可以进行分解代谢(图 7－1)。

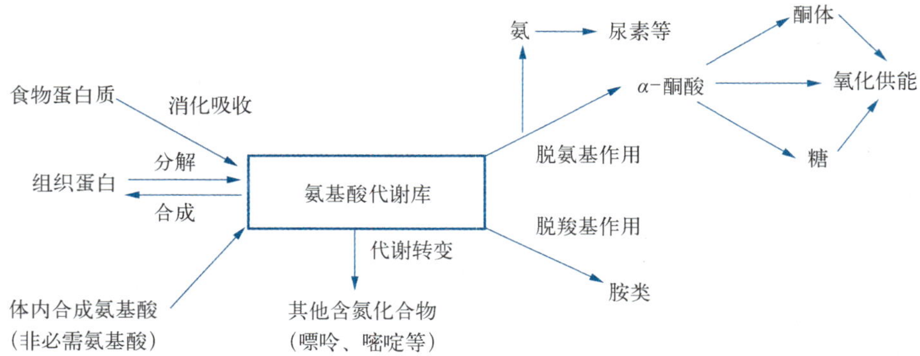

图 7－1　氨基酸代谢概况

(一) 外源性氨基酸

食物蛋白质的消化、吸收是人体氨基酸代谢库的外部来源。

1. 蛋白质的消化　蛋白质是高分子化合物，结构复杂，而且有种属特异性和抗原性，人体不能直接利用与自身分子组成结构不同的蛋白质，容易引起过敏反应。因此，食物蛋白质必须经过消化才能被吸收。食物蛋白质经过消化道中各种蛋白酶及肽酶的作用，被水解成氨基酸及少量寡肽，这时大分子变成小分子，原来的种属特异性和抗原性已经消失。

蛋白质水解酶分为内肽酶(endopeptidase)和外肽酶(exopeptidase)。内肽酶水解肽链内部的肽键,如胃蛋白酶(pepsin)、胰蛋白酶(trypsin)、糜蛋白酶(chymotrypsin)、弹性蛋白酶(elastase);外肽酶水解肽链末端的肽键,包括羧基肽酶(carboxypeptidase)、氨基肽酶(aminopeptidase)。羧基肽酶自肽链的羧基末端开始,每次水解掉一个氨基酸残基。氨基肽酶从肽链的氨基末端逐个水解出氨基酸。食物蛋白质的消化自胃内开始,但主要在小肠中进行。

(1) 蛋白质在胃内消化:胃蛋白酶原(pepsinogen)由胃黏膜主细胞合成并分泌,分子质量为 40 kDa,在胃酸作用下,其 N 端的 42 个氨基酸残基被水解掉,从而激活成胃蛋白酶。胃蛋白酶也可激活胃蛋白酶原,称自身激活作用(autocatalysis)。胃蛋白酶的最适 pH 为 1.5～2.5,一般对肽键缺乏特异性。蛋白质经胃蛋白酶作用后形成多肽及少量氨基酸。胃蛋白酶有凝乳作用,可使乳液中的酪蛋白(casein)凝成乳块,延长在胃内停留时间,有利于消化,这对乳儿很重要。

(2) 蛋白质在小肠内消化:小肠是蛋白质消化的主要部位。食物在胃内停留时间较短,因此蛋白质在胃内消化很不完全。在小肠内,蛋白质及其不完全的消化产物受多种蛋白酶和肽酶的共同作用,进一步水解成氨基酸。

小肠内蛋白质的消化主要靠胰酶来完成,包括胰蛋白酶、糜蛋白酶、弹性蛋白酶、羧基肽酶 A 和 B,这些酶的最适 pH 为 7 左右。胰腺细胞最初分泌出来的各种蛋白酶和肽酶均以无活性的酶原形式存在,同时,胰腺细胞还有胰蛋白酶抑制剂,这可保护胰腺组织免受蛋白酶的自身消化作用。各种酶原进入十二指肠后迅速被小肠液中的肠激酶(enterokinase)激活。胰蛋白酶的自身激活作用较弱,但它可迅速激活胰腺分泌的其他四种酶原(图 7-2)。

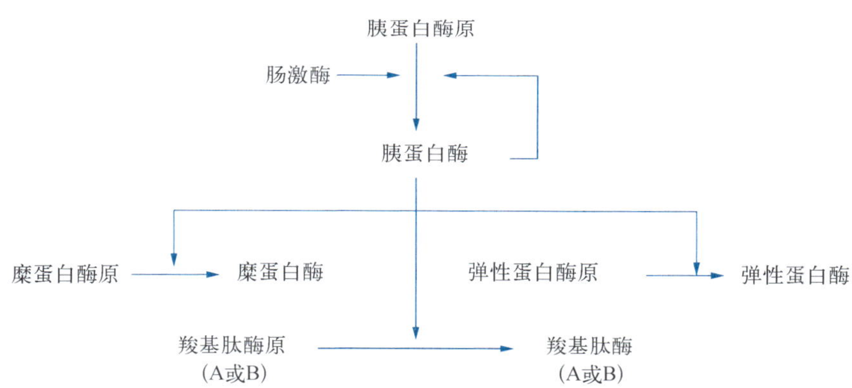

图 7-2 肠液中酶原的激活

各种蛋白水解酶类的作用都是水解肽键,但它们对所水解肽键的位置和有关的氨基酸有一定的专一性,例如,胰蛋白酶水解由碱性氨基酸的羧基和其他氨基酸的氨基形成的肽键;胃蛋白酶水解色、苯丙、丙、酪、蛋、亮氨酸的羧基与其他氨基酸形成的肽键(表 7-1)。

表 7-1 胃肠道中主要的蛋白水解酶

名 称	来源	水解肽键的特异性	相对分子质量	最适 pH
胃蛋白酶	胃	—芳族、脂族—CO—NH—R—	3.3×10^4	1.5～2.5
胰蛋白酶	胰	—碱性—CO—NH—R—	2.3×10^4	8.0～9.0
糜蛋白酶	胰	—芳族—CO—NH—R—	2.4×10^4	8.0～9.0
弹性蛋白酶	胰	—脂族—CO—NH—R—	2.6×10^4	8.8
羧肽酶 A	胰	—中性氨基酸羧基末端肽	3.4×10^4	7.4
羧肽酶 B	胰	—碱性氨基酸羧基末端肽	3.4×10^4	8.0
氨基肽酶	小肠	寡肽的氨基末端肽		7.0～8.5
二肽酶	小肠	二肽的肽键		8.0

注:酸性——酸性氨基酸;碱性——碱性氨基酸;芳族——芳香族氨基酸;脂族——脂肪族氨基酸;R——任一氨基酸。

蛋白质经胃和小肠中各种酶的水解，所得产物中仅有 1/3 为氨基酸，其余 2/3 为寡肽。小肠黏膜细胞的刷状缘及胞质中存在着一些寡肽酶(oligopeptidase)，例如氨基肽酶及二肽酶(dipeptidase)等，经过这些酶的作用，最终生成氨基酸(图 7-3)。蛋白水解酶对肽键作用的专一性不同，通过它们的协同作用，蛋白质消化的效率很高。一般正常成人，95%的食物蛋白质可被完全水解，但是，一些纤维状蛋白质只能部分被水解。

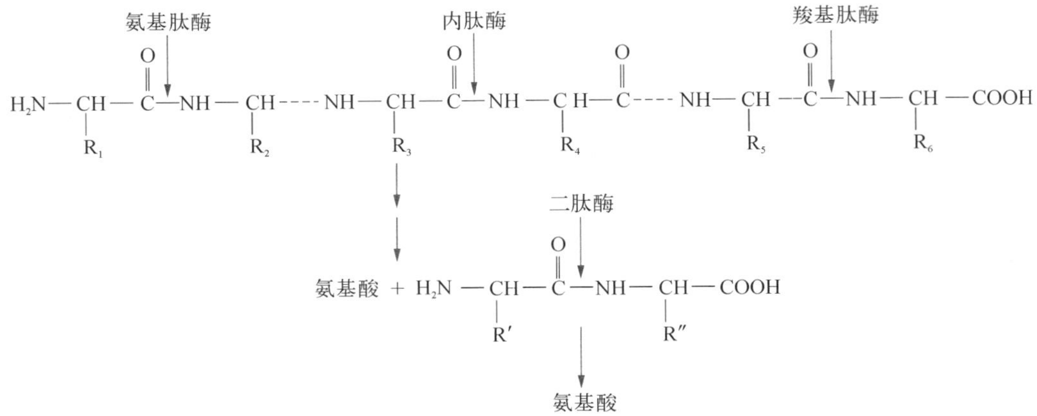

图 7-3 蛋白水解酶作用示意图

2. *氨基酸和肽的吸收* 氨基酸的吸收是耗能的主动转运过程，主要有两种方式：一是借助氨基酸载体进行吸收，二是通过 γ-谷氨酰基循环进行吸收。

(1) 氨基酸载体：小肠黏膜、肾小管以及肌细胞膜上具有转运氨基酸的载体蛋白(carrier protein)，能与氨基酸及 Na^+ 形成三联体，将氨基酸及 Na^+ 转运入细胞，Na^+ 则借钠泵排出细胞外，并消耗 ATP，此过程与葡萄糖的吸收载体系统类似。

由于各种氨基酸结构的差异，主动转运氨基酸的载体也不相同。人体至少有七种氨基酸载体，包括中性氨基酸载体、酸性氨基酸载体、碱性氨基酸载体、亚氨基酸载体、β-氨基酸载体、二肽载体及三肽载体。其中，中性氨基酸载体是主要的载体。同一种载体转运的氨基酸在结构上有一定的相似性，当某些氨基酸共用同一种载体时就会彼此竞争。

(2) γ-谷氨酰基循环：除载体吸收方式外，还可通过 γ-谷氨酰基循环(γ-glutamyl cycle)吸收氨基酸。首先由谷胱甘肽转运氨基酸，其次是谷胱甘肽再合成，由此构成循环(图 7-4)。该循环最早由梅斯特(A. Meister)提出，因此也叫 Meister 循环。催化循环反应的各种酶主要在小肠黏膜、肾小管和脑组织的胞质中，只有 γ-谷氨酰基转移酶(γ-glutamyl transferase)这一关键酶位于细胞膜上。

(3) 肽的吸收：肠黏膜细胞上还存在着吸收二肽或三肽的转运体系，此种转运也是一个耗能的主动吸收过程。吸收作用在小肠近端较强，故肽吸收甚至先于游离氨基酸。吸收到小肠上皮细胞内的二肽或三肽，再被水解成氨基酸，然后进入门静脉。

3. *蛋白质的腐败作用* 食物蛋白质的消化吸收是不完全的，其中一部分会进入大肠，在肠道细菌作用下发生腐败作用(putrefaction)，其产物主要是胺类、氨、酚类、吲哚等有害物质，也有少量脂肪酸、维生素等有用物质。

(1) 胺类：肠道细菌的蛋白酶使蛋白质水解成氨基酸，再经氨基酸脱羧酶作用产生相应的胺类。例如：组氨酸脱羧基生成组胺(histamine)，赖氨酸脱羧基生成尸胺(putrescine)，色氨酸脱羧基生成色胺(tryptamine)，酪氨酸脱羧基生成酪胺(tyramine)，苯丙氨酸脱羧基生成的苯乙胺等。

酪胺和苯乙胺若不能在肝内分解而进入脑组织，会分别形成 β-羟酪胺(鲳胺)和苯乙醇胺。它们的化学结构与儿茶酚胺类似，称为假神经递质(false neurotransmitter)。假神经递质增多，可取代正常神经递质儿茶酚胺，但它们不能传递神经冲动，可使大脑发生异常抑制，这可能与肝昏迷的症状有关。

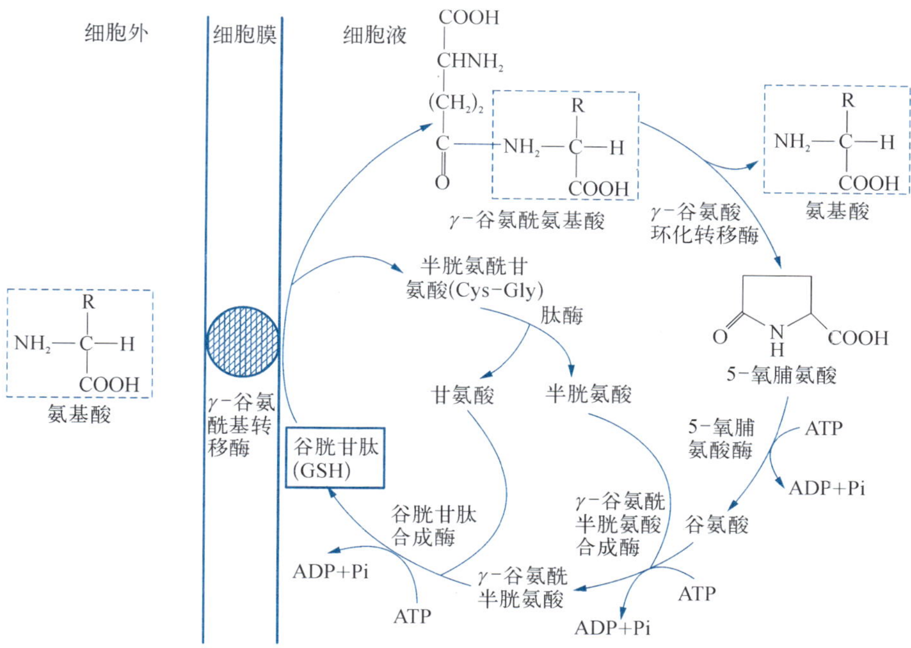

图 7-4　γ-谷氨酰基循环

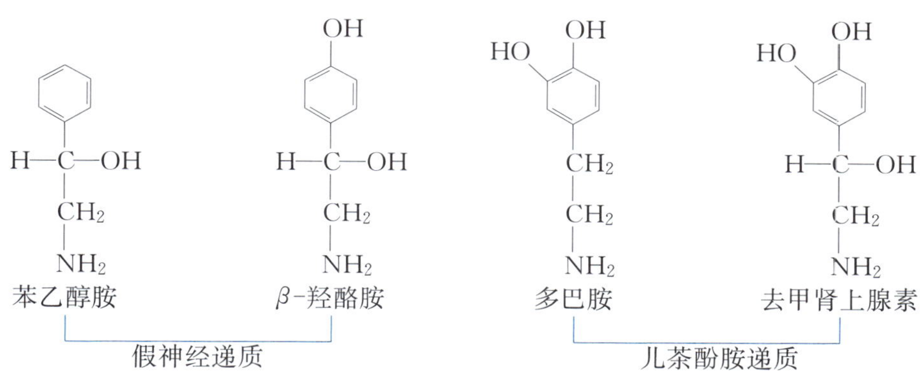

(2) 氨：肠道中的氨主要有两个来源：一是未被吸收的氨基酸在肠道细菌作用下脱氨基而生成；二是血液中的尿素通过肠黏膜渗入肠道，受肠道细菌尿素酶的水解生成氨和 CO_2。这些氨均可被吸收入血运输至肝再合成尿素，形成尿素的肠肝循环，人体正常情况下，约有 25%的尿素进行"肠肝循环"。

(3) 其他有害物质：苯酚、吲哚、甲基吲哚及硫化氢等有害物质大部分随粪便排出，小部分被吸收，经肝脏代谢转变而解毒，一般不会发生中毒现象。肠梗阻患者由于肠腔不通畅，肠内容物在肠腔停留时间过长，产生的腐败产物增加，以致腐败产物被吸收过量，在肝脏解毒不完全，引起机体中毒，表现为头疼、头晕甚至血压下降或升高等全身中毒症状。

（二）内源性氨基酸

体内蛋白质的降解以及自身合成是人体氨基酸代谢库的内部来源。

1. 蛋白质的半寿期　蛋白质的浓度减少到开始时的一半所需要的时间称为半寿期(half life)，用 $t_{1/2}$ 表示。每种蛋白质都有自己的半寿期，例如，大部分肝蛋白质的 $t_{1/2}$ 为 1～8 d，短的不到 30 min；血浆蛋白质的 $t_{1/2}$ 约为 10 d；某些结缔组织蛋白质的 $t_{1/2}$ 可达 180 d 以上；眼晶体蛋白质的 $t_{1/2}$ 更长。许多关键酶的 $t_{1/2}$ 都很短，例如 HMG-CoA 还原酶的 $t_{1/2}$ 为 0.5～2 h。

人体蛋白质不断降解，例如成人体内的蛋白质每天有 1%～2%被降解，其中主要是肌肉蛋白质。蛋白质降解产生的氨基酸，70%～80%又重新合成组织蛋白质。一般蛋白质的降解与合成保持动态平衡，使细胞的蛋白质成分不断更新。通过蛋白质降解，既可以消除侵入细胞的外来蛋白质以及结构和功能发生错误的异常蛋白质，防止它们对细胞的毒害作用；也可以除掉过多的酶和调节蛋白，使细胞的代谢与机体的需要相适应。

2. 蛋白质的降解途径　真核细胞蛋白质的降解有两条途径，一是溶酶体对蛋白质的降解；二是蛋白酶体(proteasome)对蛋白质的降解。前者不需要 ATP，故称 ATP-非依赖途径；后者需要 ATP，故称 ATP-依赖途径。

(1) 溶酶体对蛋白质的降解(ATP-非依赖途径)：溶酶体含有多种酸性水解酶，这些酶的最适 pH 为 5 左右，一般只在溶酶体中发挥作用，如果渗漏到溶酶体外，就会失去活性，如此可以保护细胞。溶酶体通常降解外源蛋白、膜蛋白和长寿蛋白。

(2) 蛋白酶体对蛋白质的降解(ATP-依赖途径)：蛋白酶体主要降解细胞内异常蛋白和短寿蛋白，该途径需由泛素介导，故也称作泛素介导的蛋白质降解(ubiquitin-mediated protein degradation)。泛素(ubiquitin, Ub)是高度保守的多肽，含 76 个氨基酸残基，分子质量为 8 450 Da，普遍存在于真核细胞。该降解途径包括两个阶段：一是蛋白质的泛素化；二是泛素化的蛋白质被蛋白酶体识别和降解。

蛋白质的泛素化即拟降解的蛋白质与泛素共价结合，打上降解的标记。泛素标记拟降解的蛋白质需要四个酶参与：① 泛素激活酶(ubiquitin-activating enzyme, E1)水解 ATP，使泛素 C-端羧基与 E1 的巯基通过高能硫酯键结合，从而激活泛素；② 泛素结合酶(ubiquitin-conjugating enzyme, E2)使被激活的泛素转移到 E2 的巯基上；③ 泛素-蛋白连接酶(ubiquitin-protein ligase, E3)具有高度专一性，能辨认拟降解的蛋白质，协助 E2 将活化的泛素与拟降解蛋白质中赖氨酸的 ε 氨基通过异肽键相连接；④ 多聚泛素链结合酶(poly-ubiquitin chain conjugation factor, E4)催化下一个泛素与上一个泛素连接，如此重复进行产生多聚泛素化，使许多泛素串联形成 26S 的蛋白酶体，进而降解蛋白质(图 7-5)。

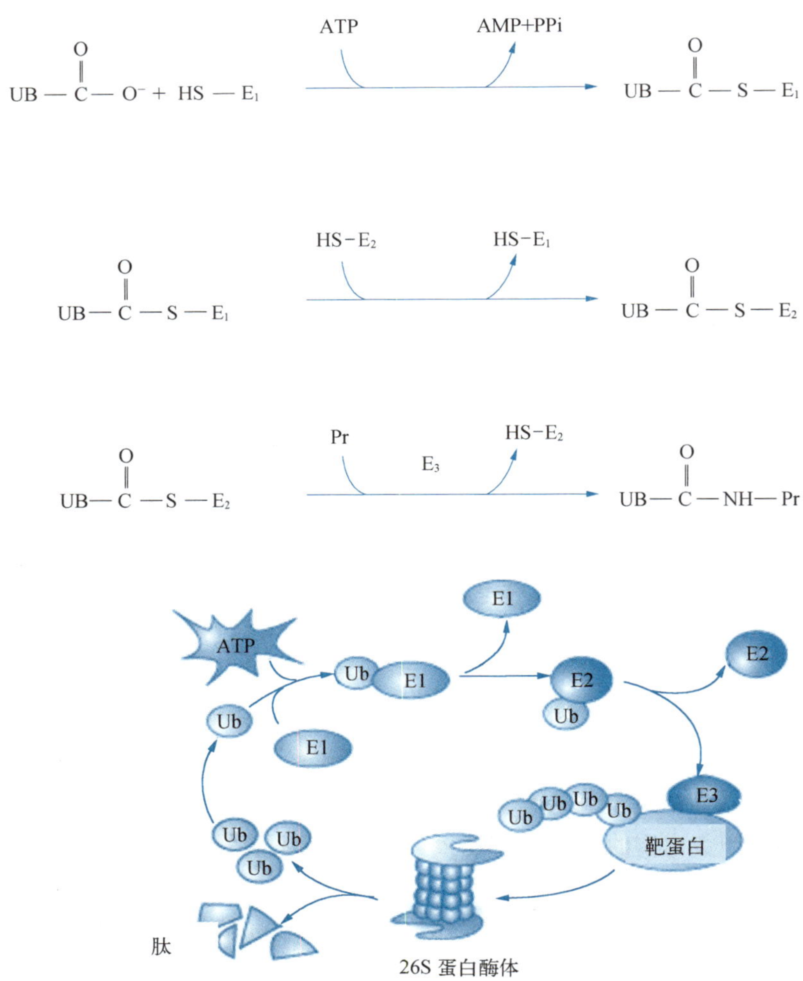

图 7-5　泛素介导蛋白质降解过程

蛋白酶体是一个大型的蛋白酶，由 20S 的核心颗粒（core particle，CP）和 19S 的调节颗粒（regulatory particle，RP）组成。CP 形成一个圆柱形空腔，两个 RP 位于 CP 两端，形成空心圆柱的帽子。RP 与 CP 相互作用，引起 CP 构象改变，开启通向 CP 的通道。泛素化的蛋白质与 RP 的泛素识别位点结合，RP 的 ATP 酶水解 ATP，使拟降解的蛋白质去折叠并转移至 CP 的空腔，CP 的蛋白酶水解特异的肽键，使蛋白质降解成 7～9个氨基酸残基组成的短肽，再进一步水解成氨基酸（图 7－6）。研究发现，体内还存在着非泛素依赖的蛋白酶体降解途径。

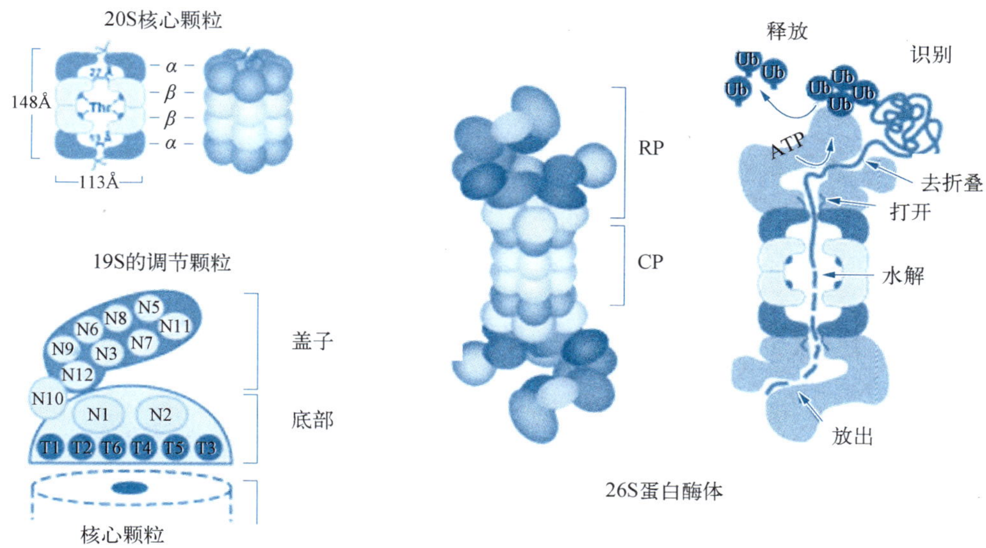

图 7－6　蛋白酶体降解蛋白质

以色列科学家西查诺瓦（A. Ciechanover）、赫尔什科（A. Hershko）和美国科学家罗斯（I. Rose），由于发现泛素调节的蛋白质降解途径共同获得 2004 年的诺贝尔化学奖。在 20 世纪 70 年代到 80 年代期间，他们联名发表了一系列论文，揭示了泛素介导的蛋白质降解机制，指明了蛋白质降解研究的方向，揭示了人类细胞对无用蛋白质的“废物处理”过程。

第二节　氨基酸脱氨基代谢

氨基酸的分解代谢主要是脱去氨基生成 α－酮酸和氨，该过程称为氨基酸脱氨基作用。氨基酸脱氨基的方式有转氨基、氧化脱氨基、联合脱氨基及非氧化脱氨基，其中联合脱氨基是最主要的方式。

一、转氨基作用

氨基酸的 α－氨基在转氨酶（transaminase）作用下转移到某一 α－酮酸上，生成相应的 α－酮酸，原来的 α－酮酸则接受氨基生成相应的 α－氨基酸的过程称为转氨基作用（transamination）或氨基移换。转氨基作用实际上是氨基与酮基相互移换，既是氨基酸的分解代谢过程，也是体内合成非必需氨基酸的重要途径，反应的方向取决于四种反应物的相对浓度。

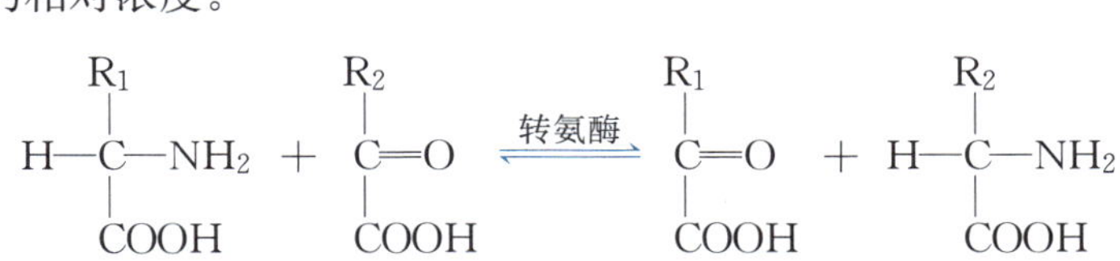

1. 转氨酶　转氨酶也称氨基转移酶(amino-transferase),几乎在所有的组织中都有分布,因此大多数氨基酸都可以通过转氨基作用完成分解代谢的第一步。转氨酶催化的反应是完全可逆的,反应的平衡常数接近1.0。除赖氨酸、苏氨酸、脯氨酸及羟脯氨酸外,大多数氨基酸都能进行转氨基作用。除 α-氨基外,氨基酸侧链末端的氨基也可通过转氨基作用而脱去,如鸟氨酸的 δ-氨基。

体内有多种专一性的转氨酶,例如,丙氨酸氨基转移酶(alanine transaminase, ALT)催化 L-谷氨酸与丙酮酸之间的氨基转移,故又称谷丙转氨酶(glutamic pyruvic transaminase, GPT);天冬氨酸氨基转移酶(aspartate transaminase, AST)催化 L-谷氨酸与草酰乙酸之间的氨基转移,故又称谷草转氨酶(glutamic oxaloacetic transaminase, GOT),它们在体内分布广泛,但各组织中含量不同(表7-2)。

$$L\text{-谷氨酸}+\text{丙酮酸}\xrightarrow{\text{丙氨酸氨基转移酶}}\alpha\text{-酮戊二酸}+\text{丙氨酸}$$

$$L\text{-谷氨酸}+\text{草酰乙酸}\xrightarrow{\text{天冬氨酸氨基转移酶}}\alpha\text{-酮戊二酸}+\text{天冬氨酸}$$

表7-2　正常成人各组织中ALT及AST活性(单位/克湿组织)

组织	AST	ALT	组织	AST	ALT
心	156 000	7 100	胰腺	28 000	2 000
肝	142 000	44 000	脾	14 000	1 200
骨骼肌	99 000	4 800	肺	10 000	700
肾	9 100	19 000	血清	20	16

正常时转氨酶主要存在于细胞内,血清中的活性很低。当某种原因使细胞破坏或细胞膜通透性增高时,转氨酶会大量释放入血,造成血清中转氨酶活性明显升高。例如,急性肝炎患者血清ALT活性显著升高;心肌梗死患者血清中AST明显上升,可作为临床诊断的重要指标。

2. 转氨基的机制　转氨酶的辅酶是维生素 B_6 的磷酸酯(磷酸吡哆醛和磷酸吡哆胺)。在转氨基过程中,磷酸吡哆醛先从氨基酸接受氨基变成磷酸吡哆胺,同时氨基酸变成 α-酮酸;接着磷酸吡哆胺又将氨基转移给另一 α-酮酸使其变成相应的氨基酸,同时磷酸吡哆胺变回磷酸吡哆醛。磷酸吡哆醛与磷酸吡哆胺的这种互变起传递氨基的作用。

二、氧化脱氨基

氧化脱氨基(oxidative deamination)是指氨基酸在氧化(脱氢)过程的同时脱去氨基。催化氧化脱氨基的酶有两类:氨基酸氧化酶和 L-谷氨酸脱氢酶(L-glutamate dehydrogenase)。

1. 氨基酸氧化酶　一般氨基酸氧化酶在体内分布窄,活性低,对脱氨基并不重要。在肝肾组织中有一种 L-氨基酸氧化酶,属黄酶类,辅基是FMN或FAD,能将氨基酸氧化成 α-亚氨基酸,再加水分解成相应的

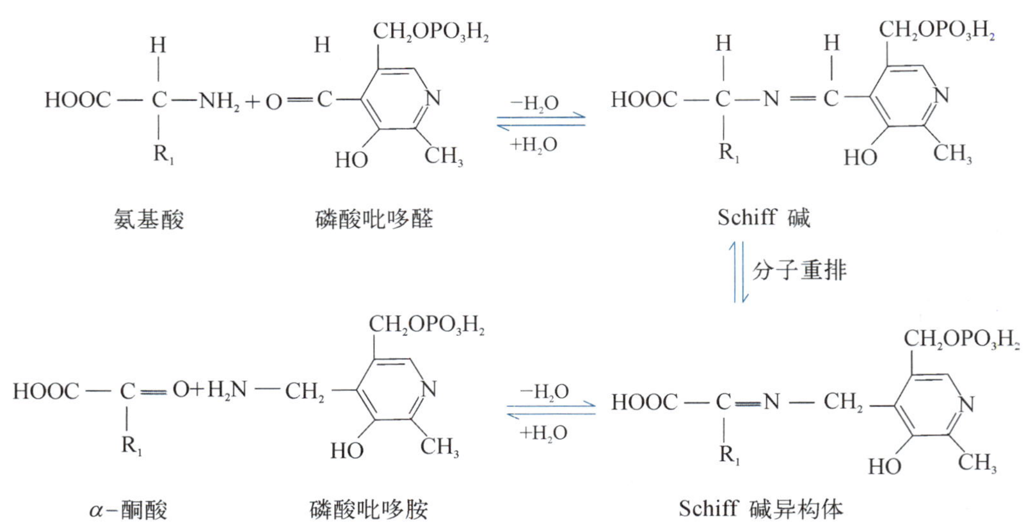

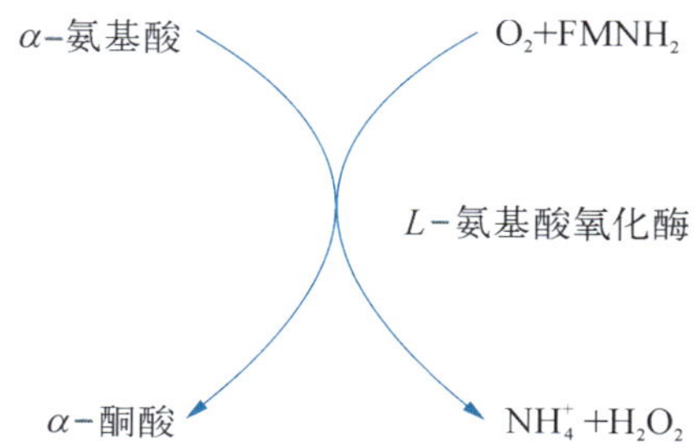

α-酮酸,并释放铵离子,同时产生过氧化氢。

2. *L-谷氨酸脱氢酶* L-谷氨酸脱氢酶是一种不需氧脱氢酶,辅酶为 NAD^+ 或 $NADP^+$,是唯一既能利用 NAD^+ 又能利用 $NADP^+$ 接受氢的酶。该酶催化 L-谷氨酸氧化脱氨基生成α-酮戊二酸和氨。首先氨基酸脱掉α-碳和α-氨基上各一个氢原子生成亚氨基酸,然后自发水解成α-酮酸和氨。L-谷氨酸脱氢酶广泛分布于肝、肾、脑等组织中,活性较强,是催化氧化脱氨基的主要酶。该酶也是一种变构酶,由 6 个相同的亚基聚合而成,GTP 和 ATP 是其变构抑制剂,而 GDP 和 ADP 是其变构激活剂。当体内 GTP 和 ATP 不足时,谷氨酸加速氧化脱氨,这对于氨基酸氧化供能起着重要的调节作用。

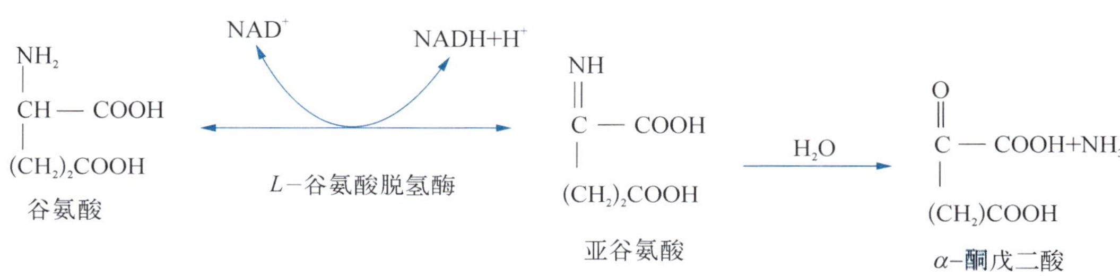

三、联合脱氨基

上述两种脱氨基方式均有不足之处,转氨基只有氨基的转移,而无游离氨的释放,结果只是一种新的氨基酸代替原来的氨基酸;氧化脱氨基的适用范围有限,L-谷氨酸脱氢酶只能催化 L-谷氨酸氧化脱氨基,对其他氨基酸没有作用。如果将两种方式结合起来,即可以取长补短。研究发现,体内的氨基酸主要是通过联合脱氨基脱去氨基的。在不同组织有不同的联合脱氨基方式:在肝肾组织采用转氨基偶联氧化脱氨基,在肌肉组织采用转氨基偶联嘌呤核苷酸循环。

1. *转氨基偶联氧化脱氨基* 氨基酸与α-酮戊二酸在转氨酶作用下生成α-酮酸和 L-谷氨酸;L-谷氨酸再经 L-谷氨酸脱氢酶作用脱去氨基生成α-酮戊二酸,后者再继续参加转氨基作用。联合脱氨基的全过程是可逆的,因此也是体内合成非必需氨基酸的重要途径(图 7-7)。

2. *转氨基偶联嘌呤核苷酸循环* 骨骼肌和心肌中 L-谷氨酸脱氢酶的活性弱,不能采用转氨基偶联氧化脱氨基方式;但肌肉中腺苷酸脱氨酶活性较强,因此可以采用另一种联合脱氨基方式,即转氨基偶联嘌呤核苷酸循环。氨基酸首先通过连续的转氨基将氨基转移给草酰乙酸,生成天冬氨酸;天冬氨酸与次黄嘌呤核苷酸(IMP)反应生成腺苷酸代琥珀酸,后者裂解释放出延胡索酸及腺嘌呤核苷酸(AMP);AMP 在腺苷酸脱氨酶催化下脱去氨基,完成氨基酸的脱氨基作用。在此过程中,IMP 和 AMP 等嘌呤核苷酸相互转变形成循环,故称嘌呤核苷酸循环(purine nucleotide cycle)(图 7-8)。

四、非氧化脱氨基

某些氨基酸采用非氧化脱氨基的方式进行代谢:① 脱水脱氨基:丝氨酸在脱水酶催化下脱去水,再水解为丙酮酸和氨。② 脱硫化氢脱氨基:半胱氨酸经脱硫化氢酶作用脱下 H_2S,再水解成丙酮酸和氨。③ 直接脱氨基:天冬氨酸在天冬氨酸酶催化下生成延胡索酸和氨。

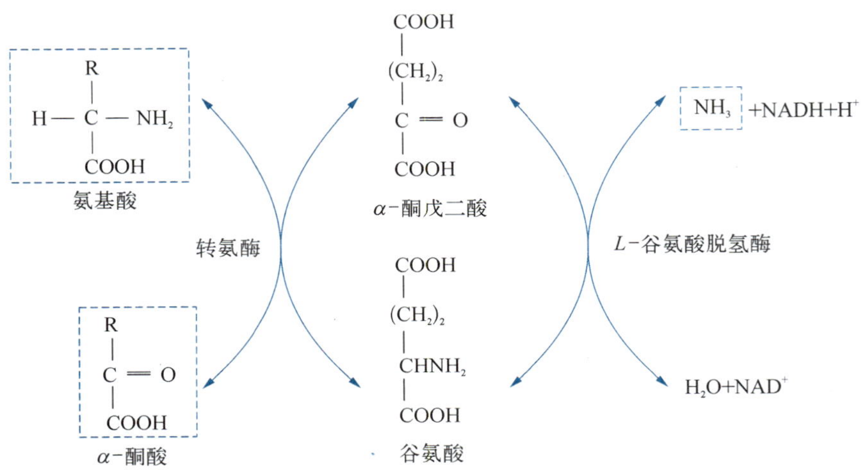

图 7-7 转氨基偶联氧化脱氨基

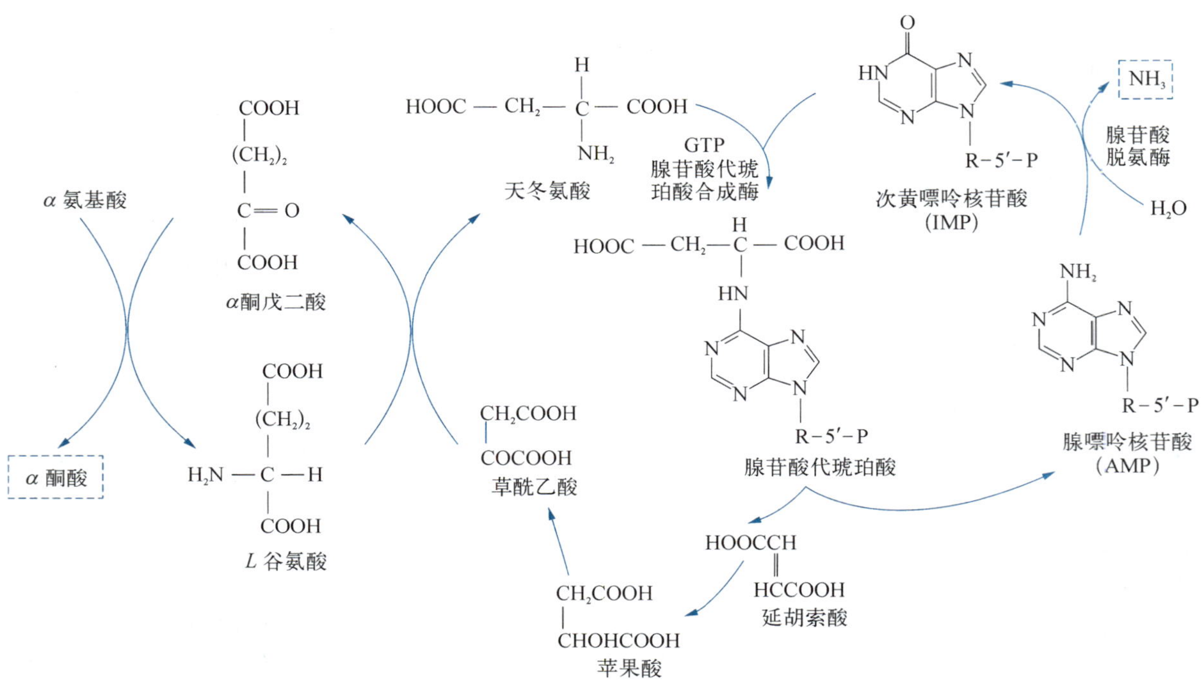

图 7-8 转氨基偶联嘌呤核苷酸循环

第三节 氨及α-酮酸的代谢

一、氨的来源和去路

1. 氨的来源 体内氨主要有三个来源：

(1) 代谢产生：氨基酸脱氨基作用产生的氨是体内氨的主要来源。胺类及其他含氮物质的分解也可以产生氨。

（2）肠道吸收：肠道每日约吸收 4 g 氨。肠内腐败作用增强时，氨的吸收量增多。在碱性环境中，NH_4^+ 会转变成 NH_3，由于 NH_3 比 NH_4^+ 易于穿过细胞膜而被吸收，因此肠道 pH 偏碱时，氨的吸收加强。临床上对高血氨患者采用弱酸性透析液作结肠透析，而禁止用碱性肥皂水灌肠，就是为了减少氨的吸收。

（3）肾脏分泌：肾小管上皮细胞分泌的氨主要来自谷氨酰胺。谷氨酰胺在谷氨酰胺酶的催化下水解成谷氨酸和 NH_3，其中氨分泌到肾小管腔中主要与 H^+ 结合成 NH_4^+，以铵盐的形式随尿排出体外，这对调节机体的酸碱平衡起重要作用。酸性尿有利于肾小管细胞中的氨随尿排出，但碱性尿则可使氨吸收入血，成为血氨的另一个来源。因此，临床上对肝硬化产生腹水的患者，不宜使用碱性利尿药，以免血氨升高。

2. *氨的去路*　体内氨的去路主要有：① 合成尿素，随尿排出。这是体内氨的主要去路；② 合成谷氨酰胺；③ 合成氨基酸及其他重要含氮化合物（如嘌呤、嘧啶等）；④ 以铵盐的形式从尿排出。

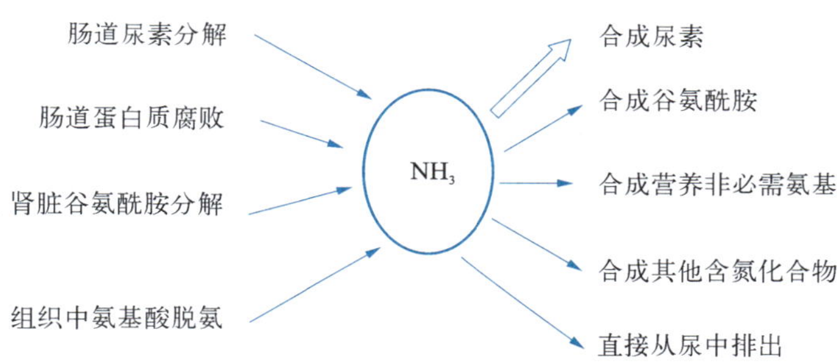

二、氨的运输

氨有毒性，尤其是脑组织对氨极为敏感。虽然体内氨有三个来源，但正常人血浆中氨的浓度却很低，一般在 47～65 μmol/L，原因是氨在血液中主要是以丙氨酸及谷氨酰胺两种无毒形式进行运输，这样就避免了氨的毒性。

1. *丙氨酸-葡萄糖循环*　在肌肉，氨基酸经转氨基作用将氨基传递给丙酮酸生成丙氨酸，丙氨酸经血液运输到肝。在肝脏，丙氨酸通过联合脱氨基作用，释放出氨用于合成尿素，转氨基生成的丙酮酸经糖异生途径生成葡萄糖。葡萄糖经血液输送到肌肉组织，沿糖酵解途径转变成丙酮酸，后者再接受氨基而生成丙氨酸。丙氨酸和葡萄糖在肌肉和肝之间不断循环，完成氨的转运，这一途径称为丙氨酸-葡萄糖循环（alanine-glucose cycle）。通过这一循环，肌肉中的氨不断以无毒的丙氨酸形式运输到肝，同时肝为肌肉不断提供葡萄糖（图 7-9）。

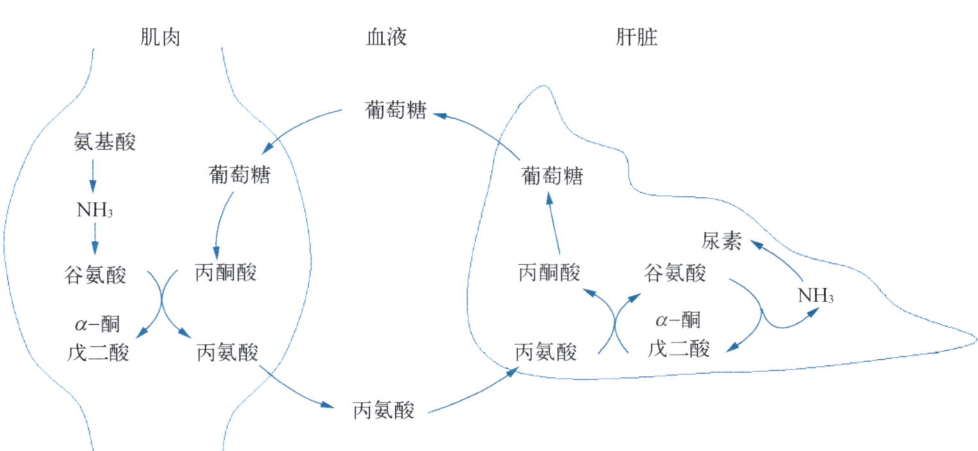

图 7-9　丙氨酸-葡萄糖循环

2. *谷氨酰胺的运氨作用* 脑和肌肉等组织有谷氨酰胺合成酶(glutamine synthetase),可以催化谷氨酸与氨结合形成谷氨酰胺,谷氨酰胺经血液运输到肝或肾,经谷氨酰胺酶(glutaminase)水解又形成谷氨酸及氨。谷氨酰胺的合成与分解过程并非可逆反应,而是在不同组织发生的由不同酶催化的两个单向反应,其中合成反应需要消耗 ATP。

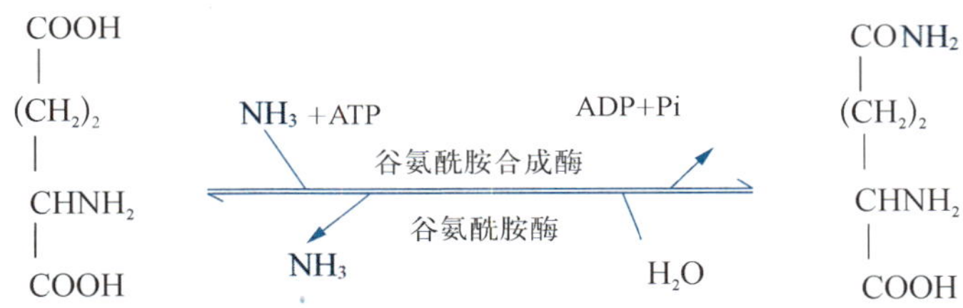

L-谷氨酸　　　　谷氨酰胺

谷氨酰胺既是氨的解毒产物,也是氨的储存及运输形式,对于脑组织中氨的固定和转运起着重要作用。临床上对氨中毒患者服用或输入谷氨酸盐,可以降低氨的浓度。谷氨酰胺还可以提供酰胺基,使天冬氨酸转变成天冬酰胺。正常细胞能合成足量的天冬酰胺以供蛋白质合成的需要,但白血病细胞却不能或很少能合成天冬酰胺,必须依靠血液从其他器官运输而来。因此,临床上利用天冬酰胺酶(asparaginase)以减少血中天冬酰胺,达到治疗白血病的目的。

三、尿素的生成

正常成人尿素占排氮总量的 80%~90%,合成尿素并排出体外是机体重要的解氨毒措施。临床上发现,急性肝坏死患者的血和尿中几乎不含尿素而氨及氨基酸含量增多,有人将犬的肝切除,发现其血液及尿中的尿素含量明显降低,而血氨增高。临床观察及动物实验充分证明,肝是合成尿素的主要器官。正常情况下体内的氨主要在肝中合成尿素,尿素作为代谢终产物排出体外;只有少部分氨在肾以铵盐形式由尿排出。

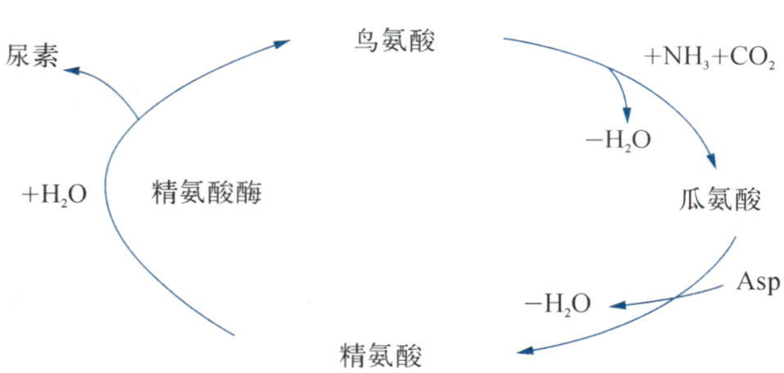

图 7-10 鸟氨酸循环简图

1. *鸟氨酸循环* 1932 年,德国生化学家克雷布斯(Hans A. Krebs)和他的助手亨斯莱特(Kurt Henseleit)发现尿素合成的鸟氨酸循环(ornithine cycle),又称尿素循环(urea cycle)或 Krebs-Henseleit 循环。首先,鸟氨酸与氨及 CO_2 结合生成瓜氨酸;其次,瓜氨酸再接受 1 分子氨生成精氨酸;第三,精氨酸水解产生尿素,并重新生成鸟氨酸。接着,鸟氨酸参与第二轮循环(图 7-10)。

鸟氨酸循环的实验证据

1. 以含 ^{15}N 的 NH_4^+ 盐饲养大鼠,大部分都以 ^{15}N 尿素自尿排出。用含 ^{15}N 的各种氨基酸饲养大鼠亦得相同结果。说明氨基酸的最终代谢产物是尿素,氨是氨基酸转变成尿素的中间物之一。

2. 用含 ^{15}N 的氨基酸饲养大鼠,自其肝脏提取出的精氨酸含 ^{15}N。再用精氨酸酶和提出的精氨酸共同保温,生成的尿素分子中的两个氮原子都含 ^{15}N,但鸟氨酸不含 ^{15}N。

3. 用第 3、4、5 位上含有重氢的鸟氨酸饲养小白鼠,自其肝脏提出的精氨酸亦含有重氢,核素分布的位置和量都和鸟氨酸相同。

4. 用 $H^{14}CO_3^-$ 盐、鸟氨酸和大鼠肝匀浆共同保温,生成的尿素及瓜氨酸的 $=C=O$ 基都含 ^{14}C,其量相等。

(1) 氨基甲酰磷酸的合成:在肝线粒体中的氨基甲酰磷酸合成酶 Ⅰ(carbamoyl phosphate synthetase Ⅰ,CPS-Ⅰ)催化下,氨与 CO_2 合成氨基甲酰磷酸。此反应不可逆,需要 Mg^{2+}、ATP 参与。CPS-Ⅰ是一种变构酶，N-乙酰谷氨酸(N-acetyl glutamatic acid，AGA)是其变构激活剂。

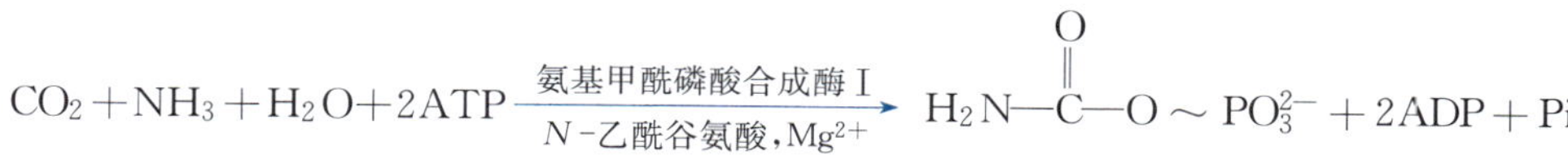

氨基甲酰磷酸

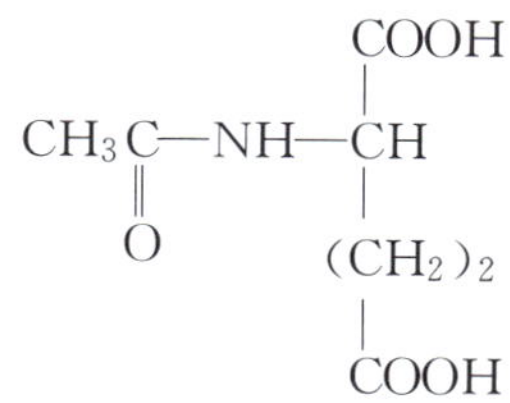

N-乙酰基谷氨酸(AGA)

(2) 瓜氨酸的合成：氨基甲酰磷酸是高能化合物，性质活泼。在鸟氨酸氨基甲酰转移酶(ornithine carbamoyl transferase，OCT)催化下，氨基甲酰磷酸与鸟氨酸缩合生成瓜氨酸，此反应不可逆。OCT 存在于肝细胞的线粒体中，通常与 CPS-Ⅰ结合成复合体。

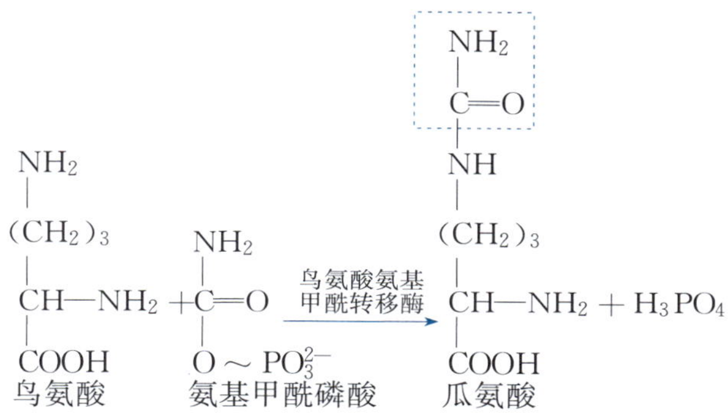

(3) 精氨酸的合成：由瓜氨酸转变成精氨酸分两步进行。首先，瓜氨酸由线粒体转运到胞质，经精氨酸代琥珀酸合成酶(argininosuccinate synthetase)催化，与天冬氨酸反应生成精氨酸代琥珀酸，此反应由 ATP 供能。其后，经精氨酸代琥珀酸裂解酶(argininosuccinate lyase)催化，精氨酸代琥珀酸裂解成精氨酸及延胡索酸。

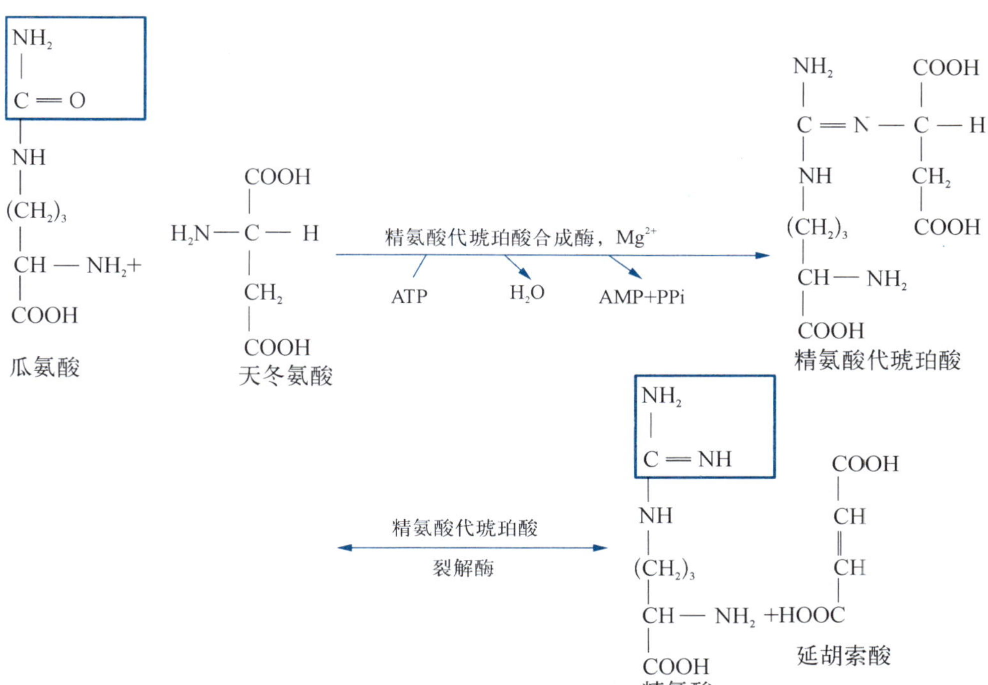

延胡索酸可通过三羧酸循环的中间步骤转变成草酰乙酸，后者再与谷氨酸进行转氨基反应，又可重新生成天冬氨酸。由此，通过延胡索酸和天冬氨酸，使鸟氨酸循环与三羧酸循环联系起来。

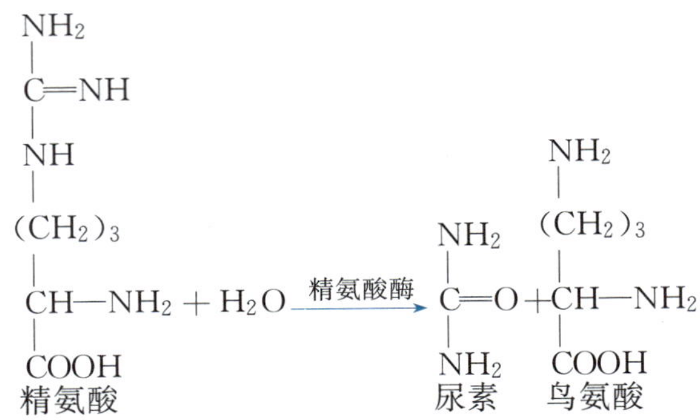

(4) 精氨酸水解生成尿素：在胞质中精氨酸酶的催化下，精氨酸水解生成尿素和鸟氨酸。鸟氨酸通过线粒体内膜上载体的转运再进入线粒体，并参与瓜氨酸合成，如此反复循环。

尿素合成反应及其在细胞中的定位见图 7-11。尿素合成的总反应为：

$$CO_2 + NH_3 + \text{天冬氨酸} + 3ATP + 2H_2O \longrightarrow \text{尿素} + 2ADP + 2H_3PO_4 + AMP + PPi + \text{延胡索酸}$$

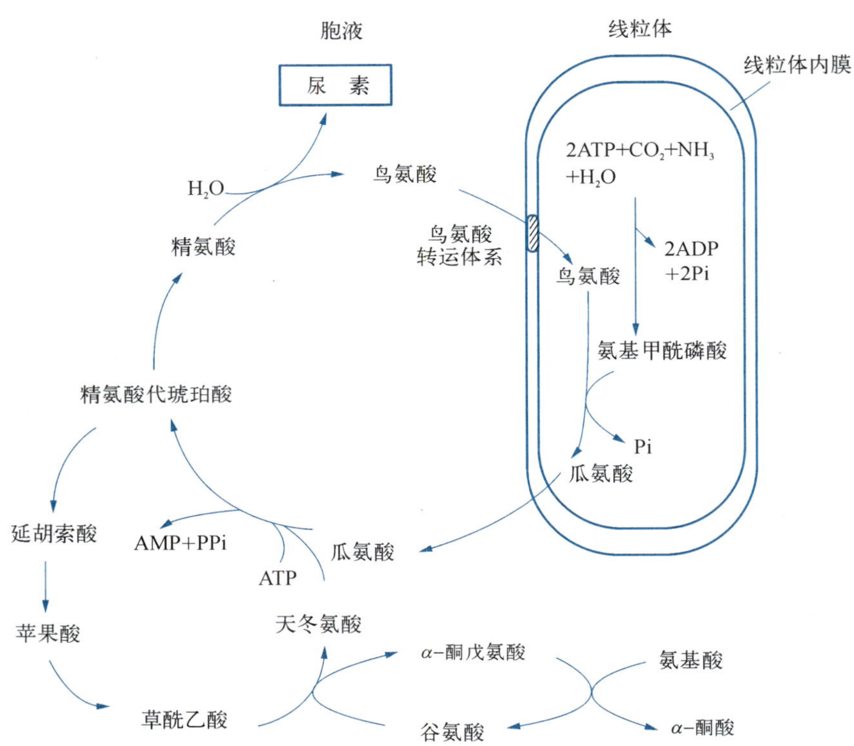

图 7-11　尿素生成的中间步骤

从图 7-11 可见，尿素分子中的 2 个氮原子，1 个来自氨，另 1 个则来自天冬氨酸，而天冬氨酸又可由其他氨基酸通过转氨基作用而生成。因此，尿素分子中 2 个氮原子都直接或间接来自氨基酸的脱氨基作用。另外，尿素合成是一个耗能的过程，每合成 1 分子尿素需要消耗 4 个高能磷酸键。

2. *尿素合成的调节*　尿素合成的速度受多种因素的调节。

(1) 食物蛋白质的影响：高蛋白质膳食时尿素合成速度加快，排出的含氮物中尿素约占 90%；反之，低蛋白质膳食时尿素合成速度减慢，尿素排出量可低于含氮排泄量的 60%。

(2) CPS-Ⅰ的调节：氨基甲酰磷酸的生成是尿素合成的重要步骤。AGA 是 CPS-Ⅰ的变构激活剂，它由乙酰辅酶 A 和谷氨酸通过 AGA 合成酶催化而生成。精氨酸是 AGA 合成酶的激活剂，因此，精氨酸浓度增高时，尿素生成加速。

(3) 尿素合成酶系的调节：与尿素合成的酶系中每种酶的相对活性相差很大，其中精氨酸代琥珀酸合成酶的活性最低，是调节尿素合成的限速酶(表 7-3)。

表 7-3 正常人肝中与尿素合成有关的酶的相对活性

酶	相对活性
氨基甲酰磷酸合成酶	4.5
鸟氨酸氨基甲酰转移酶	163.0
精氨酸代琥珀酸合成酶	1.0
精氨酸代琥珀酸裂解酶	3.3
精氨酸酶	149.0

3. 鸟氨酸循环的 NO 支路 90 年代初发现，精氨酸还可经一氧化氮合酶(nitric oxide synthase, NOS)催化直接氧化为瓜氨酸，同时产生 NO，使天冬氨酸携带的氨最终并未生成尿素，而是被氧化为 NO，该反应称为鸟氨酸循环的 NO 支路(图 7-12)。NO 是在体内发现的第一个气体信息分子和效应分子，兼有细胞间信息传递和神经递质的作用，参与体内众多的病理生理过程，对心血管、消化道等平滑肌的松弛，感觉传入以及学习记忆等有重要作用，1992 年被美国学术期刊 Science 评为“明星分子”。

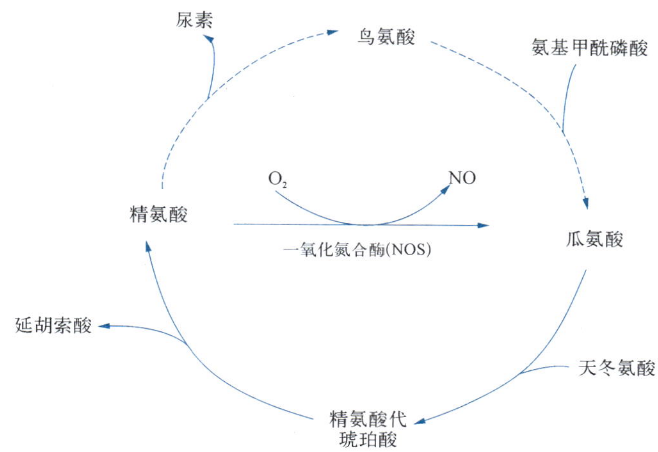

图 7-12 鸟氨酸循环的 NO 支路

美国科学家伊格纳罗(Louis J. Ignarro)、芬奇戈特(Robert F. Furchgott)和穆拉(Ferid Murad)因发现 NO 是机体产生的一种气体信号分子而获得 1998 年的诺贝尔医学奖。NO 能够舒张血管，调节血压，促进血液循环。颁奖颂词说：这是首度发现一种气体可在人体中成为信号分子，在氮燃烧时所形成的普通污染物 NO，竟对人体器官行使重要功能，这项发现敞开了 NO 用途的大门，对其运作的了解导致许多新药的研发。

4. 高血氨症和氨中毒 正常生理情况下，血氨的来源与去路保持动态平衡，血氨浓度处于较低的水平。氨在肝中合成尿素是维持这种平衡的关键，当肝功能严重损伤或尿素合成酶的遗传性缺陷，尿素合成发生障碍，血氨浓度升高，引起高血氨症(hyperammonemia)，进而引起脑功能障碍称为肝性脑病或肝昏迷，常见症状有呕吐、厌食、间歇性共济失调、嗜睡甚至昏迷等。高血氨毒性作用的机制尚不完全清楚。氨中毒学说认为：氨可与脑中的 α-酮戊二酸结合生成谷氨酸，还可与脑中的谷氨酸结合生成谷氨酰胺。这两步反应都要消耗 $NADH+H^+$ 和 ATP，并使脑细胞中的 α-酮戊二酸减少，导致三羧酸循环和氧化磷酸化减弱，从而使脑组织中 ATP 生成减少，引起大脑功能障碍。另一种可能性是谷氨酸、谷氨酰胺增多，渗透压增大引起脑水肿。

四、α-酮酸的代谢

氨基酸脱氨基后生成的 α-酮酸(α-ketoacid)有三条代谢去路：

1. 生成非必需氨基酸 氨基酸脱氨基作用是可逆的，其逆过程就是人体合成非必需氨基酸的途径。α-酮酸经氨基化可以生成相应的氨基酸，例如丙酮酸、草酰乙酸、α-酮戊二酸经氨基化可以分别转变为丙氨酸、天冬氨酸、谷氨酸。

2. 转变成糖及脂类　实验发现，用不同的氨基酸分别饲养糖尿病犬，大多数氨基酸可使犬尿中排出的葡萄糖增加；少数氨基酸可使犬尿中排出的葡萄糖及酮体同时增加；亮氨酸和赖氨酸只能使酮体排出量增加。据此将氨基酸分为三类：能转变成糖的称为生糖氨基酸(glucogenic amino acid)；能转变成酮体的称为生酮氨基酸(ketogenic amino acid)；能转变成糖及酮体的称为生糖兼生酮氨基酸(glucogenic and ketogenic amino acid)(表 7－4)。

表 7－4　氨基酸生糖及生酮性质的分类

类　别	氨　基　酸
生糖氨基酸	甘氨酸、丝氨酸、缬氨酸、精氨酸、半胱氨酸、脯氨酸、羟脯氨酸、丙氨酸、组氨酸、谷氨酸、谷氨酰胺、天冬氨酸、天冬酰胺、甲硫氨酸、苏氨酸
生酮氨基酸	亮氨酸、赖氨酸
生糖兼生酮氨基酸	异亮氨酸、苯丙氨酸、酪氨酸、色氨酸

各种氨基酸脱氨基后产生的 α－酮酸结构差异很大，其代谢途径也不尽相同。例如丙氨酸脱去氨基生成的丙酮酸可以转变成葡萄糖，所以丙氨酸是生糖氨基酸；亮氨酸经过一系列代谢转变生成乙酰辅酰 A 和乙酰乙酰辅酶 A，可以进一步转变成酮体或脂肪酸，所以亮氨酸是生酮氨基酸；苯丙氨酸经代谢转变生成延胡索酸和乙酰乙酸，前者可以进一步转变成葡萄糖，后者是一种酮体，所以苯丙氨酸是生糖兼生酮氨基酸。由此可见，氨基酸代谢与糖、脂代谢密切相关。

3. 氧化供能　α－酮酸可以通过三羧酸循环彻底氧化分解释放能量，因此氨基酸也是机体的一种供能物质，但氧化供能并非氨基酸的主要功能。

第四节　氨基酸其他代谢

除了一般代谢过程外，某些氨基酸还有特殊的代谢途径，例如脱羧基作用(decarboxylation)，产生一碳单位等。

一、脱羧基作用

氨基酸脱羧基由脱羧酶(decarboxylase)催化，其辅酶是磷酸吡哆醛(组氨酸脱羧酶不需要辅酶)。氨基酸脱羧基生成相应的胺，胺类含量不高，但具有重要的生理功能。体内广泛存在着胺氧化酶(amine oxidase)，能将胺类氧化成醛类，再进一步氧化成酸类，从而避免胺类在体内蓄积。下面列举几种氨基酸脱羧基后产生的重要胺类物质。

1. γ－氨基丁酸　谷氨酸脱羧基生成 γ－氨基丁酸(γ－aminobutyric acid，GABA)，由谷氨酸脱羧酶催化，此酶在脑、肾组织中活性很高，所以脑中 GABA 的含量较多。

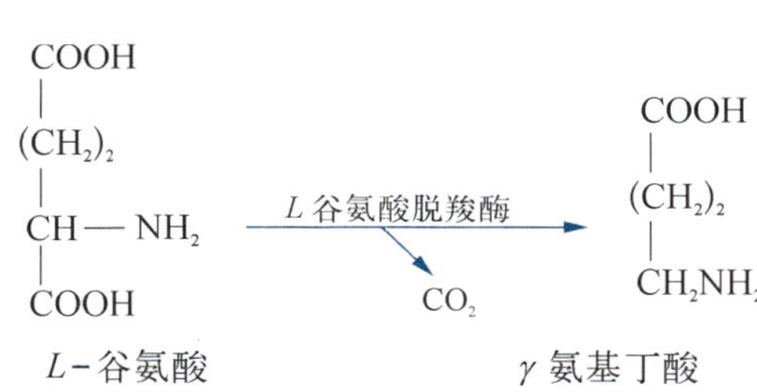

GABA 是抑制性神经递质，对中枢神经有抑制作用。临床上用维生素 B_6 治疗妊娠呕吐和小儿搐搦，是因为维生素 B_6 的磷酸酯(磷酸吡哆醛)是谷氨酸脱羧酶的辅酶，可促进谷氨酸脱羧生成 γ－氨基丁酸，从而导致中枢神经抑制以减轻症状。

2. 牛磺酸　体内牛磺酸(taurine)由半胱氨酸代谢转变而来。半胱氨酸首先氧化成磺酸丙氨酸，再脱去羧基生成牛磺酸。

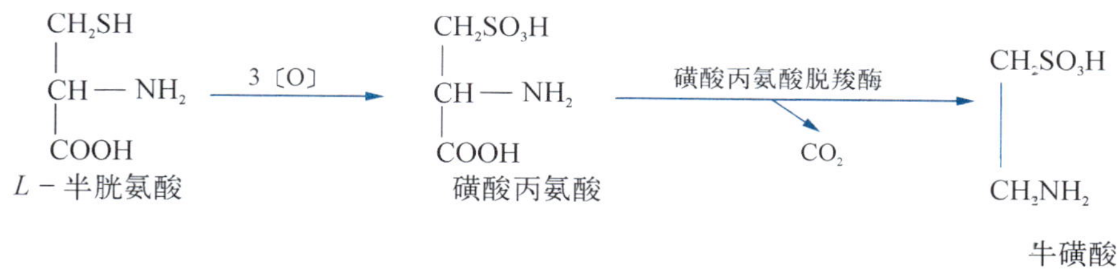

牛磺酸是结合胆汁酸的组成成分。近年研究发现，牛磺酸具有广泛的生物学功能：① 调节中枢神经系统的兴奋性，脑组织中有较多的牛磺酸，是一种抑制性神经递质；② 维持正常的视网膜结构和视觉；③ 抗心律失常，降血压，保护心肌；④ 维持血液、免疫和生殖系统正常功能；⑤ 促进婴幼儿的生长发育，被认为是婴幼儿的必需营养素；⑥ 保护细胞：维持细胞内外渗透压平衡，稳定细胞膜，调节细胞钙稳态，清除自由基，抗脂质过氧化损伤等。

3. *组胺*　组氨酸在组氨酸脱羧酶催化下生成组胺。组胺在体内分布广泛，乳腺、肺、肝、肌肉及胃黏膜中组胺含量较高，主要存在于肥大细胞中。

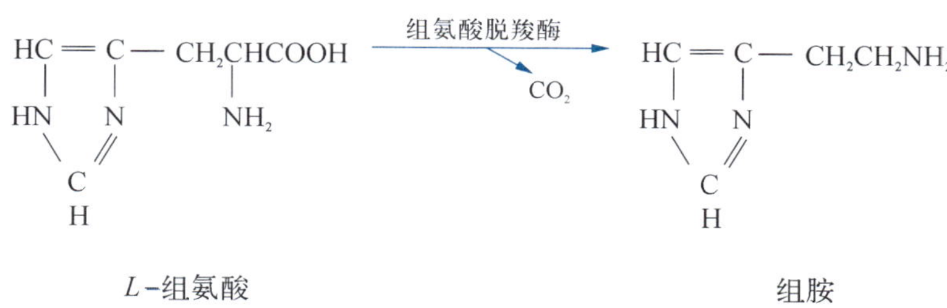

组胺是一种强烈的血管扩张剂，能增加毛细血管的通透性，创伤性休克或炎症病变部位均有组胺的释放。组胺还可以刺激胃蛋白酶及胃酸的分泌，常被作为研究胃生理活动的物质。组胺可使平滑肌收缩，引起支气管痉挛导致哮喘。

4. *5 -羟色胺*　色氨酸首先通过色氨酸羟化酶的作用生成 5 -羟色氨酸，再经 5 -羟色氨酸脱羧酶作用生成 5 -羟色胺（5 - hydroxytryptamine，5 - HT）。

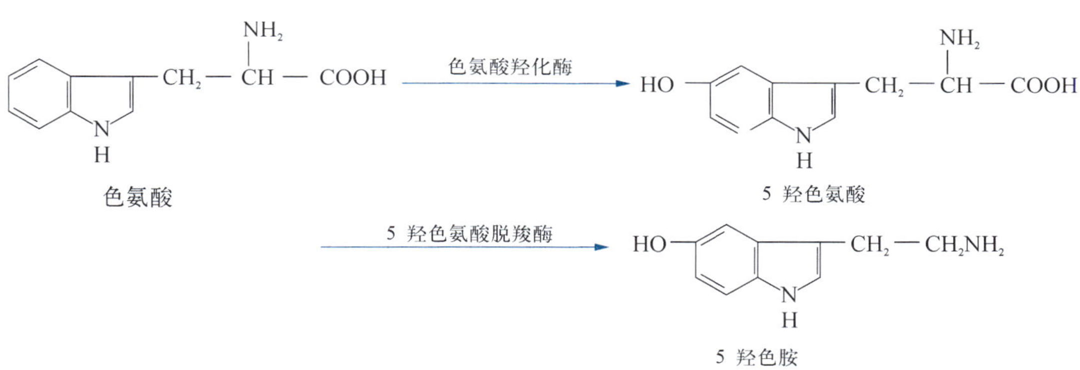

5 -羟色胺广泛分布于体内各组织。在脑内，5 -羟色胺是一种抑制性的神经递质；在外周组织，5 -羟色胺能使血管收缩，但能扩张骨骼肌血管。经单胺氧化酶作用，5 -羟色胺可以生成 5 -羟色醛，进一步氧化成 5 -羟吲哚乙酸。类癌患者尿中 5 -羟吲哚乙酸排出量明显升高。

6. *多胺*　多胺（polyamines）含有多个氨基的一类化合物。例如，乌氨酸脱羧基生成腐胺（putrescine），再转变成精脒（spermidine）和精胺（spermine），都是多胺类物质。

乌氨酸脱羧酶（ornithine decarboxylase，ODC）是多胺合成的限速酶，凡生长旺盛的组织，如胚胎、再生肝、癌瘤以及生长激素作用的组织等，乌氨酸脱羧酶活性均较强，多胺的含量也较高，因为多胺是调节细胞生长的重要物质。多胺促进细胞增殖的机制可能与其稳定细胞结构、与核酸分子结合，并增强核酸与蛋白质合成有关。临床上通过测定肿瘤病人血、尿中多胺含量作为观察病情的指标之一。

二、一碳单位代谢

某些氨基酸在分解代谢过程中可以产生含有一个碳原子的基团，称为一碳单位（one carbon unit），亦称

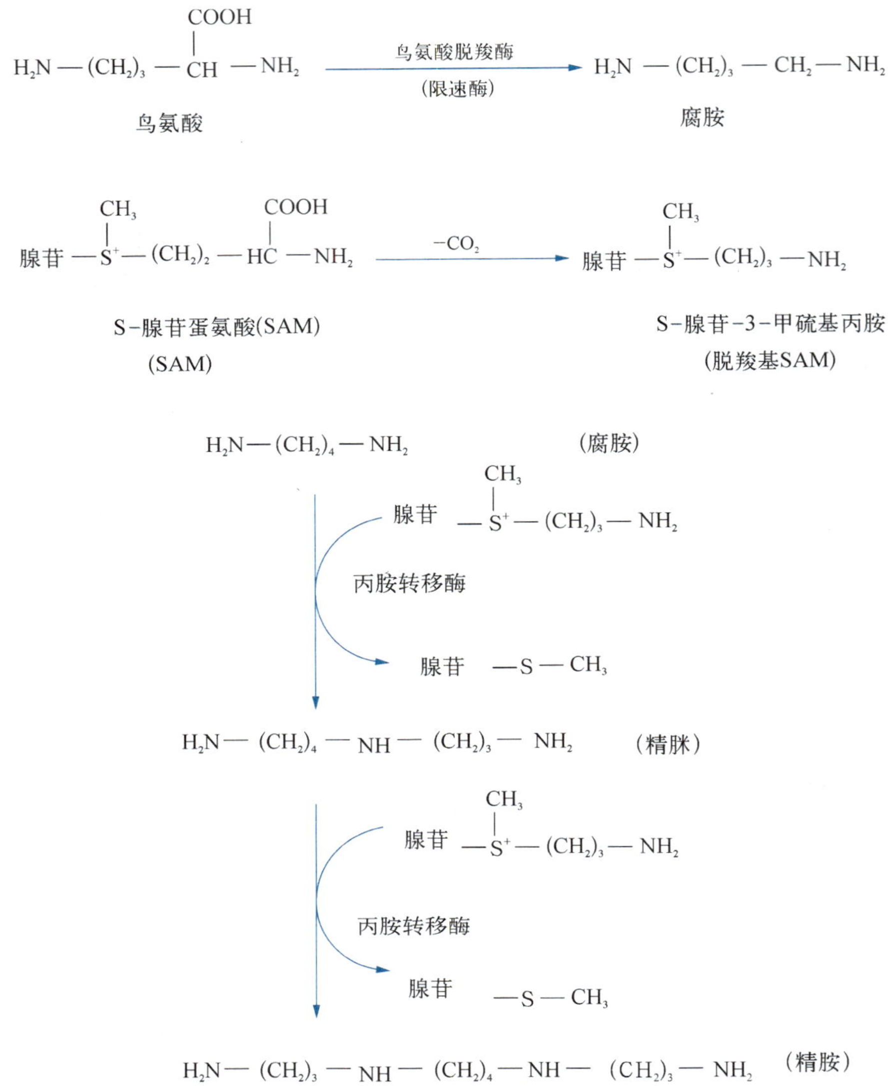

为一碳基团(one carbon group)，包括甲基(—CH_3，methyl)、甲烯基(亚甲基，—CH_2—，methylene)、甲炔基(次甲基，—CH=，methenyl)、甲酰基(—CHO，formyl)及亚氨甲基(—CH=NH，formimino)五种。

1. 一碳单位的来源　一碳单位主要来源于丝氨酸、甘氨酸、组氨酸及色氨酸的代谢。

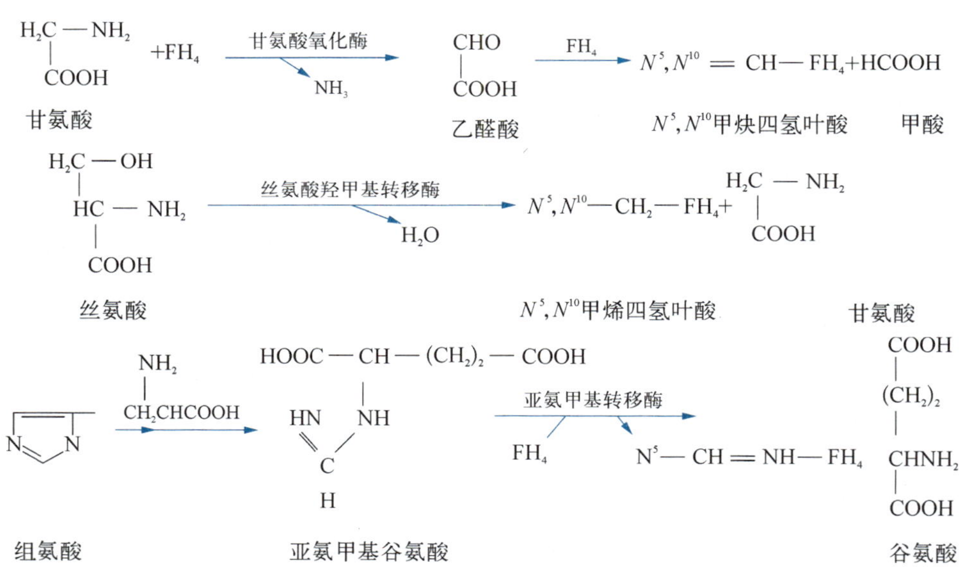

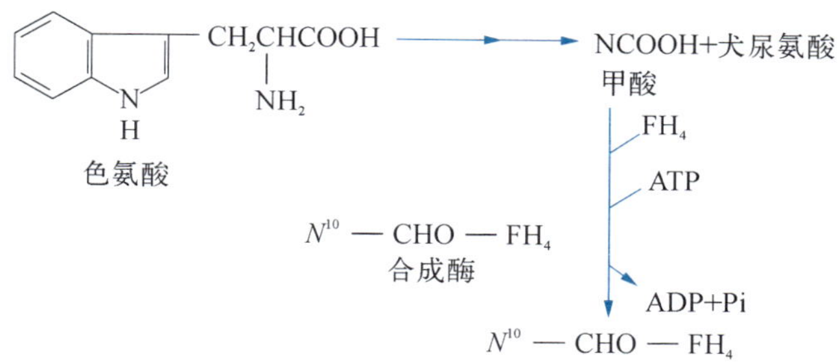

2. *一碳单位的载体*　一碳单位不能游离存在，而是与四氢叶酸(tetrahydrofolic acid, FH_4)结合而转运并参加代谢。四氢叶酸是一碳单位的载体，一碳单位通常结合在四氢叶酸的 N^5、N^{10} 上。实际上四氢叶酸就是一碳单位代谢的辅酶。哺乳动物体内，四氢叶酸可由叶酸经二氢叶酸还原酶(dihydrofolate reductase)的催化，通过两步还原反应而生成。

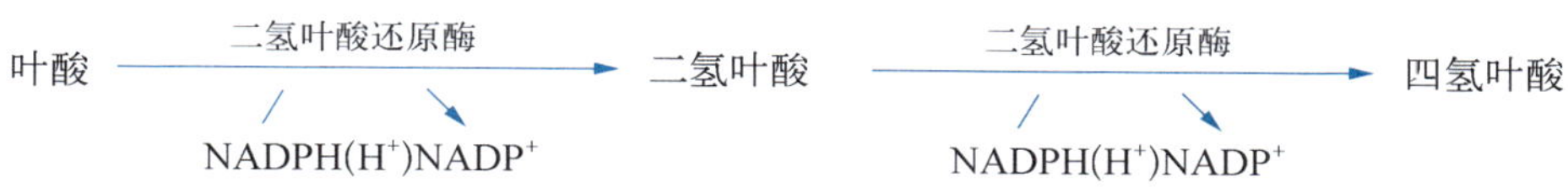

3. *一碳单位的互变*　不同形式的一碳单位中碳原子的氧化状态不同。在适当条件下，它们可以通过氧化还原反应彼此转变。但是，N^5-甲基四氢叶酸的生成基本是不可逆的。

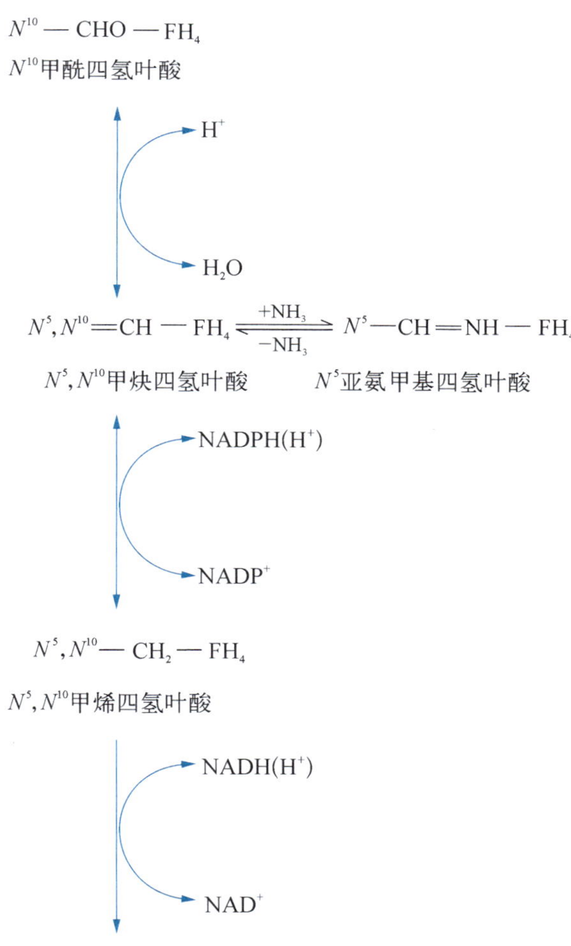

4. 一碳单位的功能 一碳单位的主要功能是作为核苷酸的合成原料，在核酸生物合成中占有重要地位。例如，N^{10}—CHO—FH_4与N^5，N^{10}═CH—FH_4分别提供嘌呤合成时C_2与C_8的来源；N^5，N^{10}—CH_2—FH_4提供胸苷酸(dTMP)合成时甲基的来源。由此可见，一碳单位将氨基酸与核苷酸代谢密切联系起来。一碳单位代谢障碍可造成某些病理情况。磺胺药及某些抗恶性肿瘤药(氨甲蝶呤等)的作用机制，正是干扰了细菌或肿瘤细胞的叶酸及四氢叶酸的合成，影响了一碳单位代谢与核酸合成。

三、含硫氨基酸代谢

含硫氨基酸包括甲硫氨酸、半胱氨酸和胱氨酸。这三种氨基酸的代谢是相互联系的，甲硫氨酸可以转变为半胱氨酸和胱氨酸，半胱氨酸和胱氨酸也可以互变，但后二者不能变为甲硫氨酸，所以甲硫氨酸是必需氨基酸。

(一) 甲硫氨酸的代谢

1. 甲硫氨酸循环 在腺苷转移酶的催化下甲硫氨酸与ATP生成S-腺苷甲硫氨酸(S-adenosyl methionine，SAM)。SAM又称为活性甲硫氨酸，其甲基已被活化，称为活性甲基。

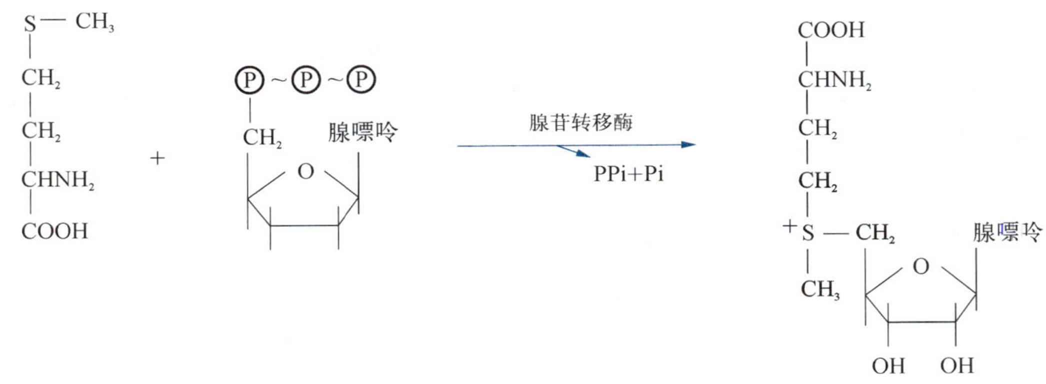

SAM在甲基转移酶(methyl transferase)的作用下，可将甲基转移至某一甲基受体(RH)，使其甲基化(methylation)，生成甲基化合物($R—CH_3$)。SAM即变成S-腺苷同型半胱氨酸(S-adenosyl homocysteine，SAH)，继续水解除去腺苷生成同型半胱氨酸(homocysteine)。

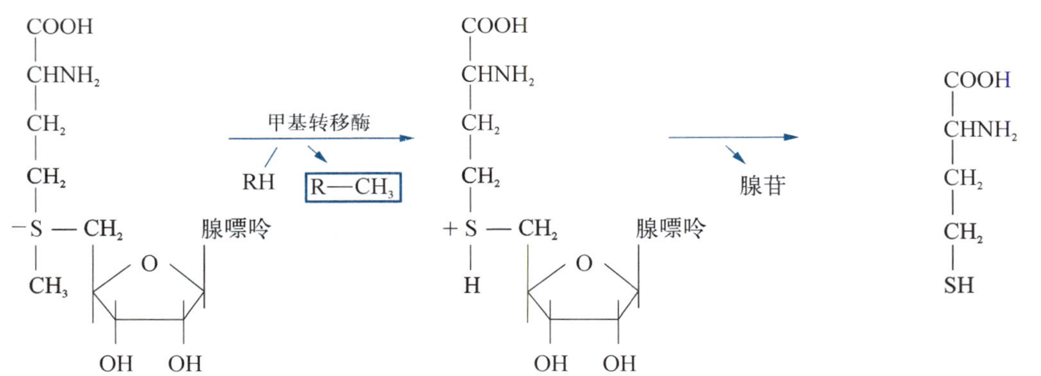

在蛋氨酸合成酶(又称N^5—CH_3—FH_4转甲基酶，辅酶为维生素B_{12})作用下，同型半胱氨酸从N^5-甲基四氢叶酸获得甲基，重新生成甲硫氨酸，形成一个循环过程，称为甲硫氨酸循环(methionine cycle)(图7-13)。

2. 甲硫氨酸循环的意义

(1) 甲硫氨酸循环将一碳单位代谢与甲基化反应联系起来。甲基化反应是重要的代谢反应，具有广泛的生理意义。在甲基化反应中，SAM是甲基的直接供体，而一碳单位则是甲基的间接供体。据统计，体内约有 50 多种物质的合成需要 SAM 提供甲基，如肾上腺素、肌酸、肉毒碱、DNA 与 RNA 等。

（2）甲硫氨酸循环促使四氢叶酸再生。由 N^5—CH_3—FH_4 提供甲基使同型半胱氨酸转变成甲硫氨酸的反应是目前已知体内利用 N^5—CH_3—FH_4 的唯一反应，催化此反应的 N^5—甲基四氢叶酸转甲基酶，其辅酶是维生素 B_{12}，它参与甲基的转移。维生素 B_{12} 缺乏时，此酶活性被抑制，N^5—CH_3—FH_4 上的甲基不能转移，这不仅妨碍甲硫氨酸的生成，同时也影响四氢叶酸的再生，使组织中游离的四氢叶酸含量减少，导致一碳单位代谢受阻，核酸合成障碍，影响细胞分裂。因此，维生素 B_{12} 不足时可以产生巨幼红细胞性贫血。

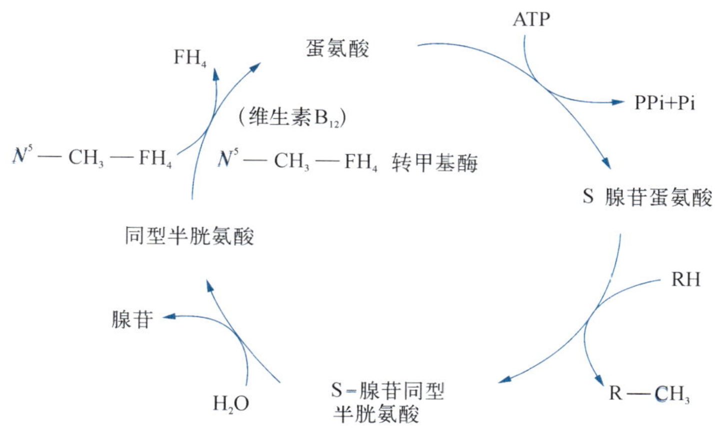

图 7-13　甲硫氨酸循环

有研究认为，高同型半胱氨酸血症可能是动脉粥样硬化发病的独立危险因子。如果由于遗传缺陷造成甲硫氨酸代谢障碍，引起同型半胱氨酸含量升高，可刺激心血管细胞增殖等，患者往往由于严重的心血管疾病而早死。

3. 肌酸的代谢　在脒基转移酶的催化下，以甘氨酸为骨架，由精氨酸提供脒基，形成胍乙酸；再由甲基转移酶催化，S-腺苷甲硫氨酸供给甲基，即形成肌酸（creatine，C）。在肌酸激酶（creatine kinase 或 creatine phosphokinase，CPK）催化下，肌酸和 ATP 变成磷酸肌酸（creatine phosphate，C-P）（图 7-14）。磷酸肌酸在心肌、骨骼肌及大脑中含量丰富，是能量储存、利用的重要物质。

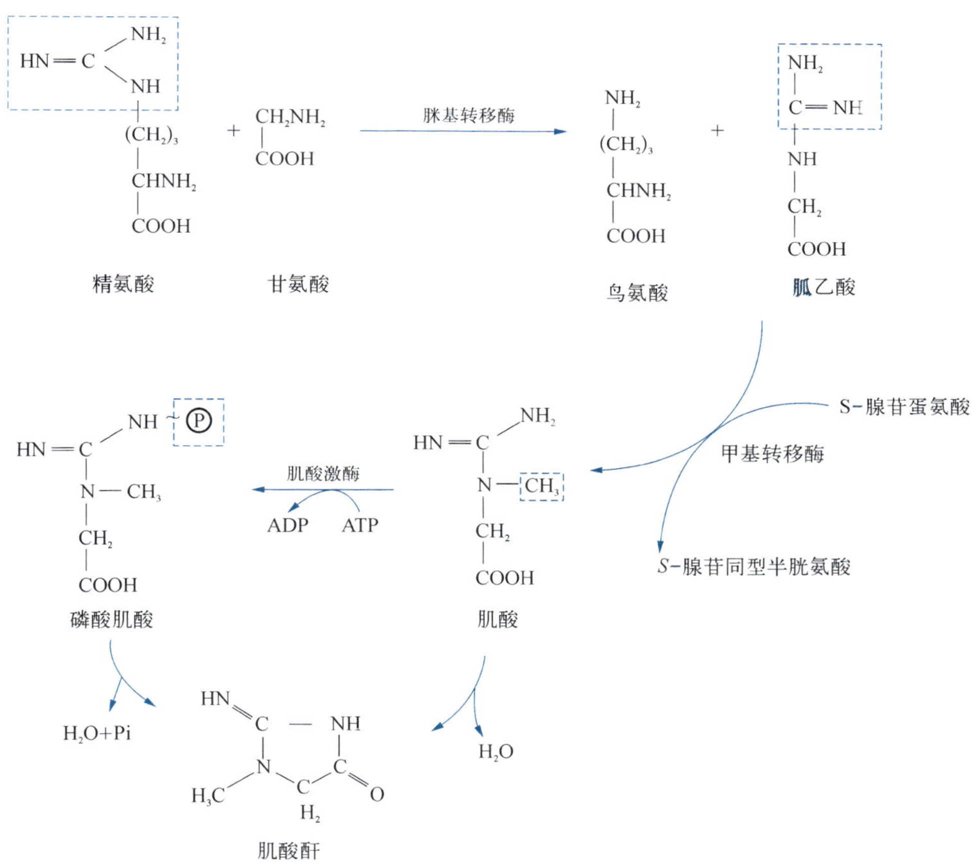

图 7-14　肌酸代谢

肌酸激酶由两种亚基组成，即 M 亚基（肌型）与 B 亚基（脑型），有三种同工酶：MM 型、MB 型及 BB 型。它们在体内分布不同，MM 型主要分布在骨骼肌，MB 型主要分布在心肌，BB 型主要分布在脑。心肌梗死时，血中 MB 型肌酸激酶活性增高，可作为辅助诊断的指标之一。

肌酸和磷酸肌酸代谢的终产物是肌酸酐(creatinine)。肌酸酐主要在肌肉中通过磷酸肌酸的非酶促反应而生成。正常成人，每日尿中肌酸酐的排出量恒定。肾严重病变时，肌酸酐排泄受阻，血中肌酸酐浓度升高。

(二) 半胱氨酸与胱氨酸代谢

1. 半胱氨酸与胱氨酸的互变　半胱氨酸含有巯基(—SH)，胱氨酸含有二硫键(—S—S)，二者可以相互转变。

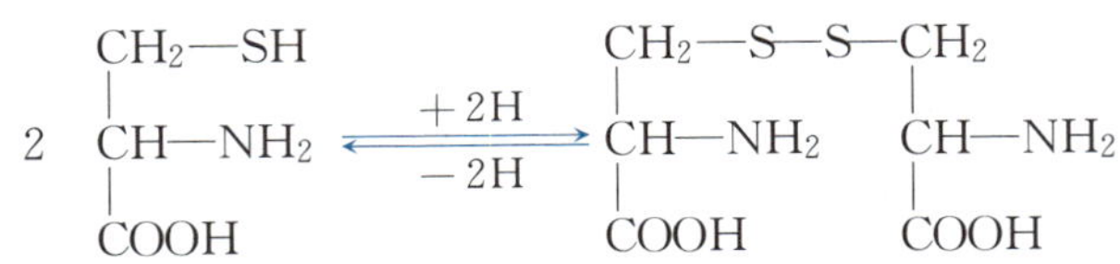

半胱氨酸　　　　胱氨酸

蛋白质中两个半胱氨酸残基之间形成的二硫键对维持蛋白质的结构具有重要作用。巯基酶的活性与其分子中半胱氨酸的巯基有直接关系。

2. 硫酸根的代谢　含硫氨基酸氧化分解均可以产生硫酸根，体内的硫酸根一部分以无机盐形式随尿排出，另一部分则经 ATP 活化成活性硫酸根，即 3′-磷酸腺苷-5′-磷酸硫酸(3′-phospho-adenosine-5′-phospho-sulfate, PAPS)，反应过程如下：

$$ATP+SO_4^{2-}\xrightarrow{-PPi}\underset{\text{腺苷5}'\text{磷酸硫酸}}{AMP-SO_3^-}\xrightarrow{+ATP}\underset{PAPS}{3-PO_3H_2-AMP-SO_3^-}+ADP$$

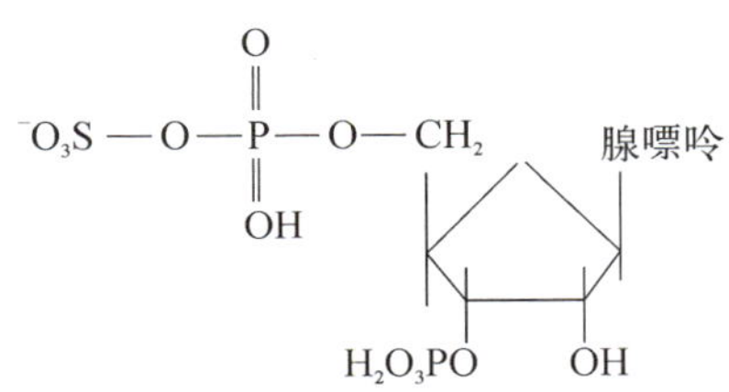

PAPS的结构

PAPS 的性质活泼，可使某些物质形成硫酸酯。例如，类固醇激素形成硫酸酯后被灭活，一些外源性酚类化合物也可以形成硫酸酯而排出体外。这些反应在肝的生物转化中有重要意义。此外，PAPS 还可参与硫酸角质素及硫酸软骨素等分子中硫酸化氨基糖的合成。

四、芳香族氨基酸代谢

芳香族氨基酸包括苯丙氨酸、酪氨酸和色氨酸。苯丙氨酸在结构上与酪氨酸相似，在体内苯丙氨酸可变成酪氨酸。

(一) 苯丙氨酸和酪氨酸的代谢

正常情况下，苯丙氨酸的主要代谢途径是羟化成酪氨酸，其次是脱氨基转变为苯丙酮酸。前者由苯丙氨酸羟化酶(phenylalanine hydroxylase)催化，这是一种加单氧酶，辅酶是四氢生物蝶呤，催化的反应不可逆，因而酪氨酸不能变为苯丙氨酸。酪氨酸进一步代谢，可以产生某些神经递质、激素以及黑色素。

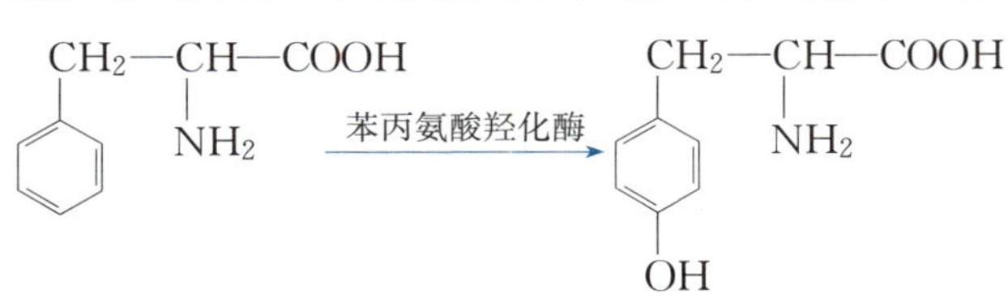

苯丙氨酸　　　　酪氨酸

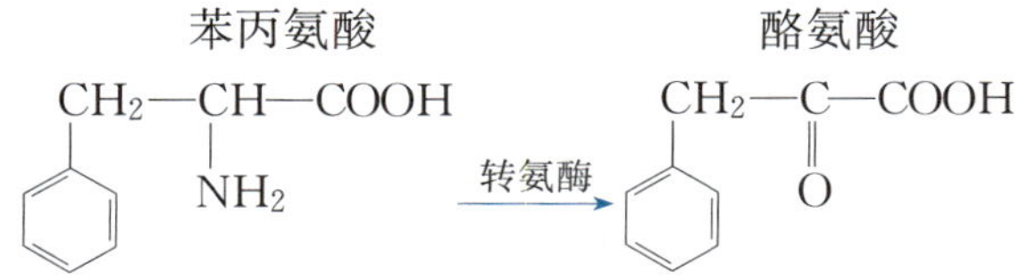

苯丙氨酸　　　　苯丙酮酸

1. 儿茶酚胺的合成　经酪氨酸羟化酶作用酪氨酸生成3,4二羟苯丙氨酸(3,4－dihydroxyphenylalanine)，也称多巴(DOPA)。通过多巴脱羧酶的作用，多巴转变成多巴胺(dopamine)。在肾上腺髓质中，多巴胺再被羟化，生成去甲肾上腺素(norepinephrine)，后者经 *N*－甲基转移酶催化，由SAM提供甲基，转变成肾上腺素(epinephrine)。多巴胺、去甲肾上腺素、肾上腺素统称为儿茶酚胺(catecholamine)，具有重要的生理作用，例如多巴胺是脑中的一种神经递质，帕金森病(Parkinson disease)就是因为多巴胺减少所致。

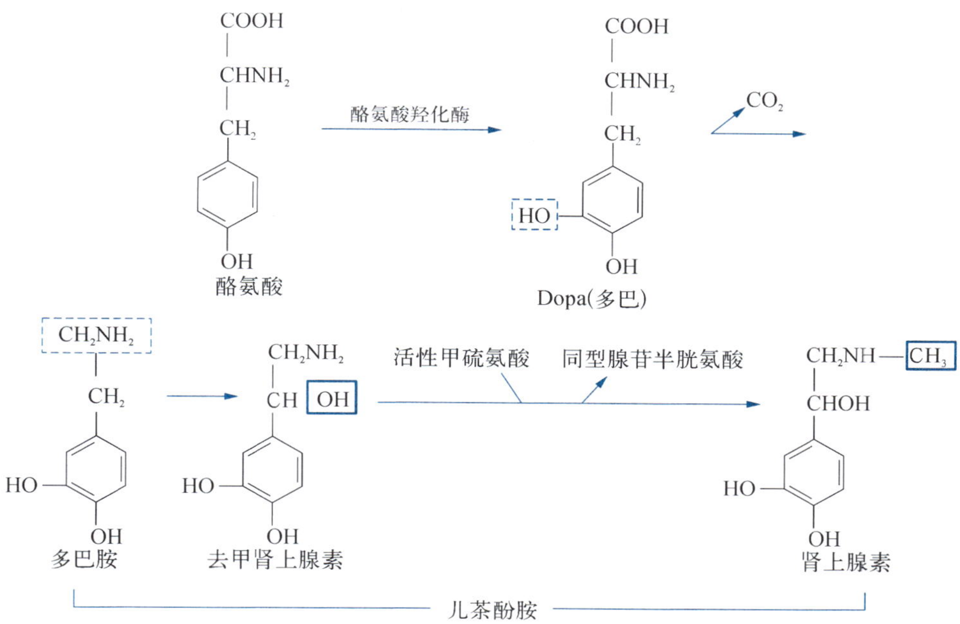

2. 黑色素的合成　在黑色素细胞中酪氨酸酶(tyrosinase)的催化下，酪氨酸羟化生成多巴，后者经氧化、脱羧等反应转变成吲哚-5,6-醌。黑色素(melanin)即是吲哚醌的聚合物。

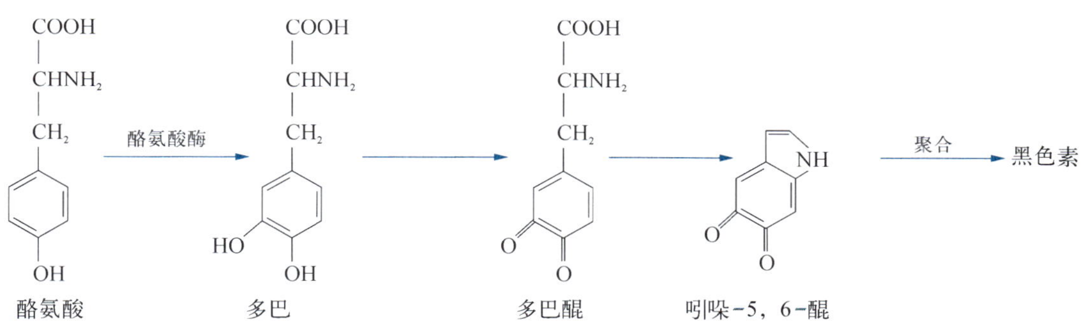

3. 甲状腺素的合成　酪氨酸在甲状腺可以碘化为甲状腺素(thyroxine)。

4. 尿黑酸代谢　在酪氨酸转氨酶的催化下，酪氨酸生成对羟苯丙酮酸，然后经氧化脱羧生成尿黑酸，再经尿黑酸氧化酶等作用，逐步转变成延胡索酸和乙酰乙酸，二者分别参与糖和脂肪酸代谢。因此，苯丙氨酸和酪氨酸是生糖兼生酮氨基酸。

5. 氨基酸代谢缺陷症　氨基酸代谢中某种酶的缺陷，导致该酶作用的底物在血尿中大量增加，或产物生成减少，使机体发育不良，智力障碍，严重时可引起幼年死亡，称为氨基酸代谢缺陷病。其病因与DNA分子突变有关，往往是先天性的，又称为遗传性代谢病。苯丙氨酸和酪氨酸代谢缺陷可引起以下典型疾病：

(1) 苯酮酸尿症：正常情况下苯丙氨酸代谢的主要途径是转变成酪氨酸。当苯丙氨酸羟化酶先天性缺陷时，苯丙氨酸不能转变成酪氨酸，体内的苯丙氨酸蓄积，经转氨基作用生成苯丙酮酸，后者进一步转变成苯乙酸等衍生物。此时，尿中出现大量苯丙酮酸等代谢产物，称为苯丙酮酸尿症(phenyl ketonuria，PKU)。苯丙酮酸的堆积对中枢神经系统有毒性，故患儿的智力发育障碍。对此种患儿的治疗原则是早期发现，并适当控制膳食中的苯丙氨酸含量。

(2) 白化病：人体酪氨酸酶缺陷，黑色素合成障碍，皮肤、毛发等变白，称为白化病(albinism)。患者对阳

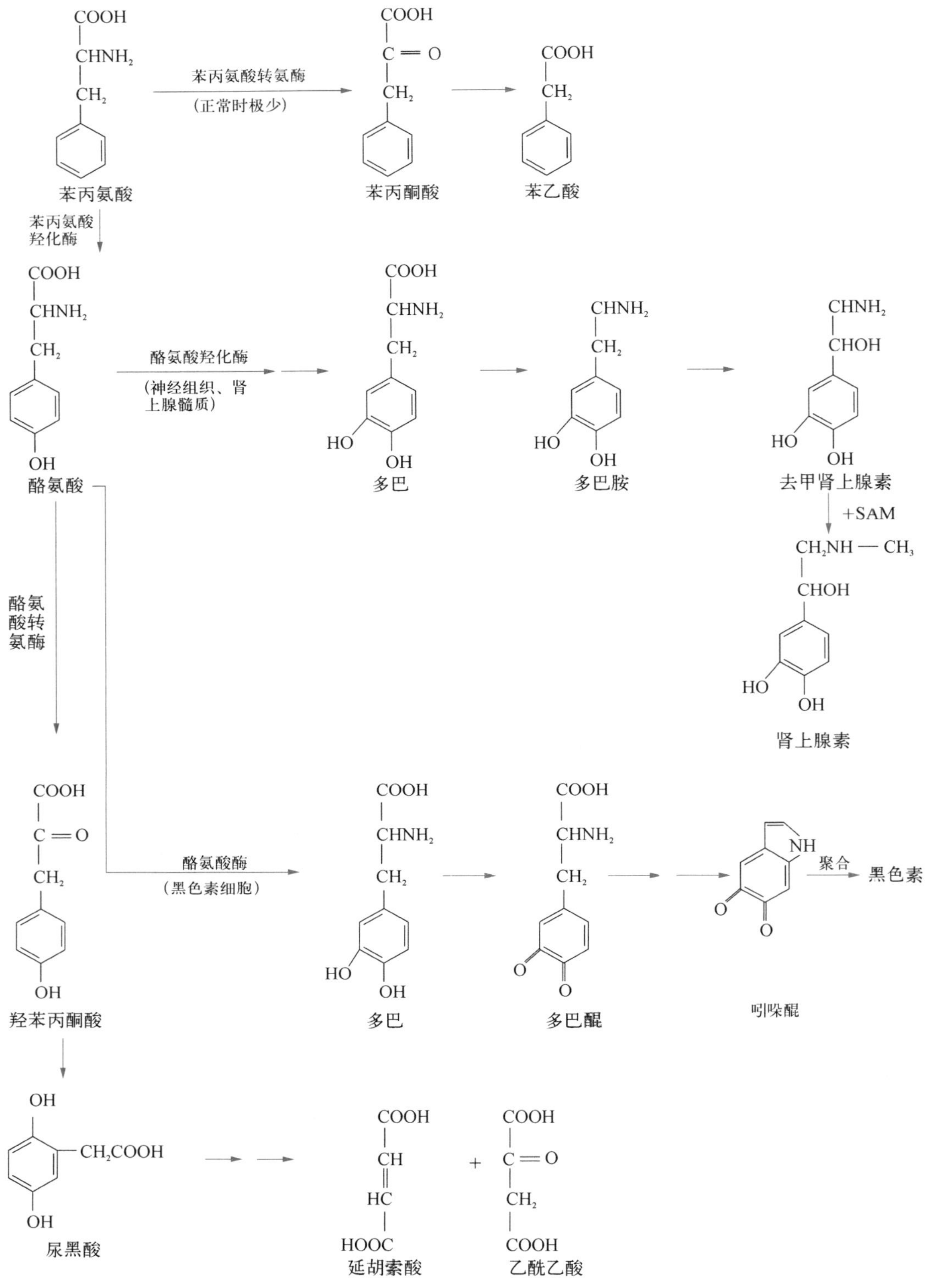

光敏感，易患皮肤癌。

(3) 尿黑酸症：由于尿黑酸氧化酶缺陷，使尿黑酸不能进一步氧化，直接自尿中排出，在碱性条件下，被氧化并聚合为类似黑色素的物质使尿显黑色，因此称为尿黑酸症。

(二) 色氨酸代谢

色氨酸除生成 5-羟色胺外，还可分解代谢。在肝中，通过色氨酸加氧酶(tryptophane oxygenase)，又称吡咯酶的作用，色氨酸生成一碳单位。色氨酸分解可产生丙酮酸与乙酰乙酰 CoA，所以色氨酸是生糖兼生酮氨基酸。此外，色氨酸分解还可产生尼克酸，这是体内合成维生素的特例，但其合成量甚少，不能满足机体的需要。

五、支链氨基酸代谢

支链氨基酸包括亮氨酸、异亮氨酸和缬氨酸，它们都是必需氨基酸。这三种氨基酸分解代谢的开始阶段基本相同，首先经转氨基作用，生成相应的 α-酮酸，其后分别进行代谢，经过若干步骤，缬氨酸分解产生琥珀酸单酰 CoA；亮氨酸产生乙酰 CoA 及乙酰乙酰 CoA；异亮氨酸产生乙酰 CoA 及琥珀酸单酰 CoA。所以，这三种氨基酸分别是生糖氨基酸、生酮氨基酸及生糖兼生酮氨基酸(图 7 - 15)。

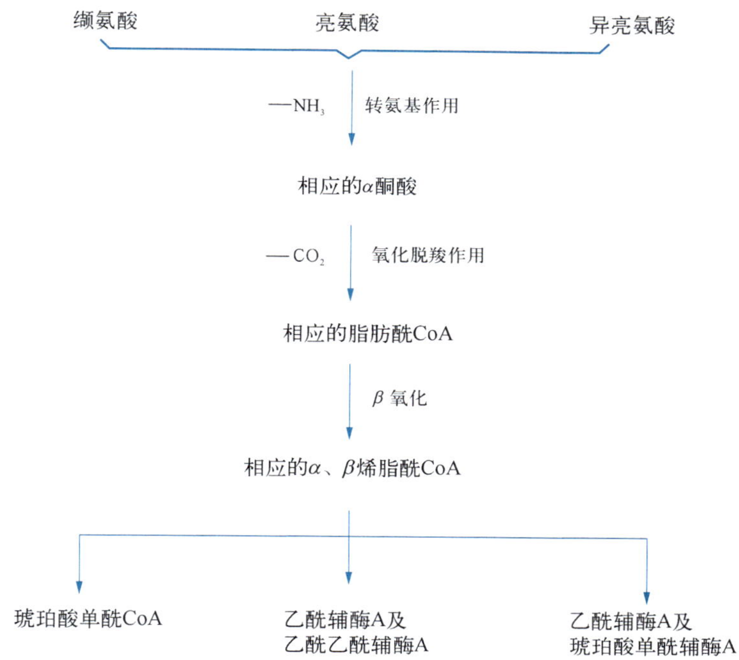

图 7 - 15 支链氨基酸的代谢

小 结

氨基酸的功能包括：① 合成蛋白质；② 参与核苷酸、血红素、谷胱甘肽、神经递质等含氮物质的合成；③ 分解释放能量。

氮平衡可以反映体内蛋白质的代谢情况，包括氮的总平衡、正平衡及负平衡。蛋白质的营养价值主要体现在所含必需氨基酸的种类和数量。人体不能合成，只能由食物供应的氨基酸为营养必需氨基酸，包括 8 种：甲硫氨酸、色氨酸、赖氨酸、缬氨酸、异亮氨酸、亮氨酸、苯丙氨酸、苏氨酸。蛋白质的互补作用实际上是必需氨基酸的互补。

氨基酸是重要的含氮营养物质，主要来自食物蛋白质的消化吸收，其次来自组织蛋白质的降解和细胞的合成，这些氨基酸不断汇入氨基酸代谢库，进行代谢。食物蛋白质的消化吸收主要在小肠进行，蛋白酶和肽酶负责消化水解；载体蛋白和 γ-谷氨酰基循环负责吸收转运。未消化吸收的残余物在大肠下段经细菌分解发生腐败作用。

氨基酸脱氨基有 4 种方式：转氨基、氧化脱氨基、联合脱氨基和非氧化脱氨基，其中联合脱氨基是氨基酸分解代谢的主要方式，也是体内合成非必需氨基酸的重要途径。氨基酸脱氨基生成的 α-酮酸有 3 条代谢去路：① 经氨基化生成非必需氨基酸；② 转变为糖及脂类；③ 彻底分解释放能量。

体内氨的来源：① 代谢产生；② 肠道吸收；③ 肾脏分泌。氨的去路：① 合成尿素；② 合成谷氨酰胺；③ 合成氨基酸等含氮物；④ 以铵盐的形式从尿排出。氨是有毒物质，体内的氨通过丙氨酸、谷氨酰胺形式转运到肝，大部分经鸟氨酸循环合成尿素，排出体外。尿素中的两个 N 原子分别来自 NH_3 和天冬氨酸，实际上都来自氨基酸。

某些氨基酸脱羧基会产生具有生理活性的胺类，如 γ-氨基丁酸、组胺、5-羟色胺、牛磺酸、多胺等。某些氨基酸分解代谢会产生一碳单位，主要功能是参与合成核苷酸，将氨基酸与核苷酸代谢联系起来。四氢叶酸是一碳单位的载体，不同的一碳单位形式可以互变，但 N^5-甲基四氢叶酸的生成是不可逆的。

【复习思考题】

1. 氨基酸有哪些生理功能？氨基酸的营养价值体现在什么地方？
2. 什么是营养必需氨基酸？哪些氨基酸是人体必需的？
3. 蛋白酶有哪些？如何消化蛋白质？
4. 氨基酸的吸收有哪些方式？
5. 什么是蛋白质的腐败作用？
6. 转氨酶如何催化转氨基作用？转氨基的机制是什么？
7. 氨基酸分解代谢的主要方式是什么？
8. 联合脱氨基如何进行？为什么说联合脱氨基才是机体主要的脱氨基方式？
9. 什么是嘌呤核苷酸循环？
10. α-酮酸如何继续代谢？
11. 体内氨的来源和去路有哪些？氨是如何转运的？
12. 尿素是怎样生成的？有哪些特点？
13. 氨基酸脱羧基的产物是什么？有哪些重要的胺类？
14. 什么是一碳单位？有什么特点和生理意义？
15. 什么是甲硫氨酸循环？有什么生理意义？
16. 苯丙氨酸和酪氨酸有哪些代谢途径？相关的代谢病和关键酶是什么？

(王玉明)

第八章

核苷酸代谢

学习要点

掌握：① 核苷酸从头合成途径和补救合成途径的概念、合成原料及合成特点；② 嘌呤核苷酸分解产物及痛风发生机制；③ 抗核苷酸代谢物作用的生化机制。

熟悉：① 核苷酸合成途径的主要调节酶；② 脱氧核苷酸的合成。

了解：嘧啶核苷酸的分解代谢。

核苷酸在体内分布广泛，具有多种生物学功能：① 作为 DNA 和 RNA 的合成原料是核苷酸最主要的功能；② 体内能量的利用形式，其中 ATP 是细胞内能量储存和利用的主要形式；③ 核苷酸衍生物构成活性中间代谢物。例如，UDP-葡萄糖是合成糖原及糖蛋白的活性原料、CDP-二酰基甘油是合成磷脂的活性原料、SAM 是活性甲基载体、PAPS 是活性硫酸根供体等；④ 组成辅酶。例如，腺苷酸可作为 NAD^+、FAD、辅酶 A 等的组成成分；⑤ 参与细胞信号传递。例如，cAMP、cGMP 是细胞内多种激素的第二信使。

细胞中绝大多数核酸是以核蛋白的形式存在，食物中的核蛋白首先在胃中受胃酸作用，分解成核酸和蛋白质；进入小肠后，核酸受胰液和肠液中各种水解酶的作用逐步水解（图 8-1）。核苷酸及其水解产物均可被细胞吸收，但它们的绝大部分在肠黏膜细胞中又被进一步分解。分解产生的戊糖可以被吸收利用，参加体内的戊糖代谢；嘌呤和嘧啶碱主要被分解排出体外。食物来源的核苷酸利用率很低，人体所需的核苷酸主要由机体细胞自身合成，所以，核苷酸不属于营养必需物质。

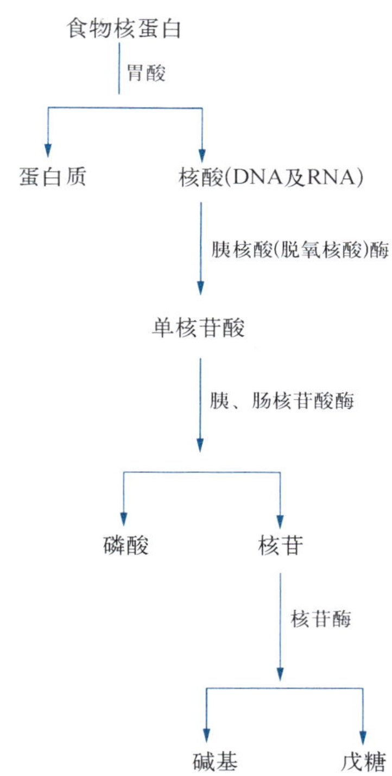

图 8-1　核酸的消化

第一节　核苷酸的合成代谢

体内核苷酸的合成有两条途径。其一是利用磷酸核糖、氨基酸、一碳单位及 CO_2 等简单物质为原料，经过一系列酶促反应合成核苷酸的过程称为从头合成途径（de novo synthesis）；其二是利用体内游离的碱基或核苷，经过简单的反应合成核苷酸的过程称为补救合成（或重新利用）途径（salvage pathway）。二者在不同组织中的重要性各不相同，一般情况下，前者是机体合成核苷酸的主要途径。

在核苷酸的两条合成途径中，都需要一个重要的中间物 5′-磷酸核糖-1′-焦磷酸（5′-phosphoribosy-1′-

pyrophosphate, PRPP)作为磷酸核糖的供体。因此,在介绍核苷酸合成之前,先介绍 PRPP 的生成。PRPP 是由 5′-磷酸核糖(5′-phosphoribosy, R-5′-P)在磷酸核糖焦磷酸激酶(phosphoribosy pyrophosphokinase, PRPPK)催化下,将 ATP 末端的两个磷酸基团转移到 5′-磷酸核糖 C_1 的羟基上而生成:

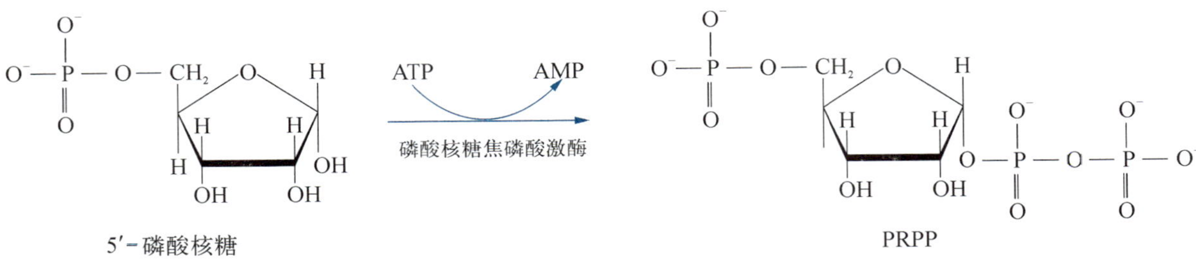

一、嘌呤核苷酸的合成代谢

(一) 嘌呤核苷酸的从头合成途径

嘌呤核苷酸的从头合成在胞质中进行,肝脏是合成的主要器官,其次是小肠黏膜及胸腺。现已证明,并非所有的细胞都具有从头合成嘌呤核苷酸的能力。

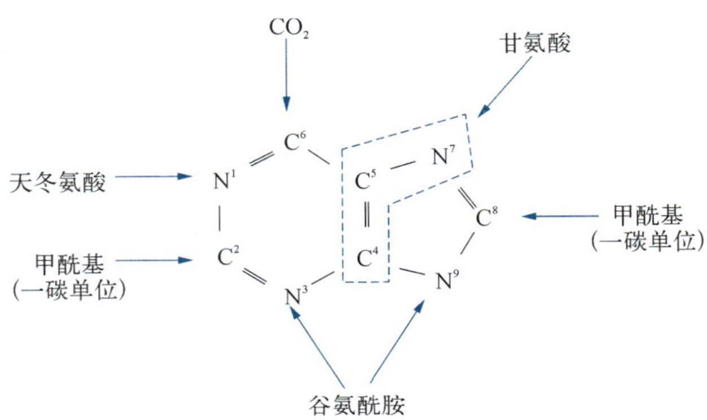

图 8-2 嘌呤环上各元素的来源

1. 合成原料 除某些细菌外,几乎所有生物体都能合成嘌呤碱。核素示踪实验证明,嘌呤碱的前身物均为简单的小分子物质,包括氨基酸、CO_2 及一碳单位等(图 8-2)。

2. 合成过程 反应步骤可分为两个阶段:在 PRPP 基础上首先合成次黄嘌呤核苷酸(inosine monophosphate, IMP),再由 IMP 转变成腺嘌呤核苷酸(adenosine monophosphate, AMP)和鸟嘌呤核苷酸(guanosine monophosphate, GMP)。

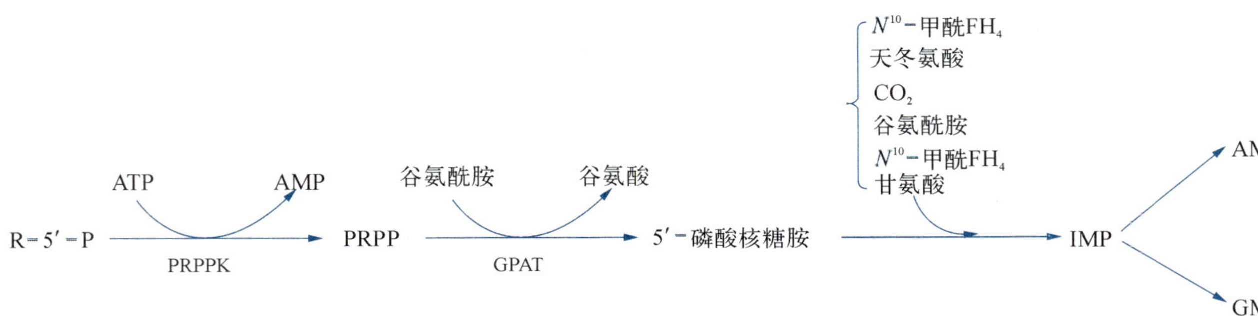

(1) IMP 的合成:从 PRPP 开始,IMP 的合成经过 10 步酶促反应完成,详见图 8-3。其中,谷氨酰胺 PRPP 酰胺转移酶(glutamine phosphoribosyl pyrophosphate amidotransferase, GPAT)是嘌呤核苷酸从头合成途径的限速酶,酶活性受嘌呤核苷酸反馈抑制。

(2) AMP 和 GMP 的生成:IMP 是 AMP 和 GMP 的前体。IMP 在腺苷酸代琥珀酸合成酶(adenylosuccinate synthetase)催化下,由 GTP 提供能量,与天冬氨酸结合生成腺苷酸代琥珀酸(adenylosuccinate, AS),后者在腺苷酸代琥珀酸裂解酶(adenylosuccinate lyase)的作用下,脱去延胡索酸生成 AMP。IMP 在 IMP 脱氢酶(IMP dehydrogenase)催化下,先氧化成黄嘌呤核苷酸(XMP),再在鸟苷酸合成酶(guanylate synthetase)作用下,由 ATP 水解供能,使谷氨酰胺上的酰胺基取代 XMP 中 C_2 上的氧生成 GMP(图 8-4)。

由上述反应过程可见,嘌呤核苷酸从头合成是在磷酸核糖分子上逐步合成嘌呤碱的,而不是先单独合成嘌呤碱,再与磷酸核糖结合,这是嘌呤核苷酸从头合成的一个重要特点。嘌呤核苷酸从头合成是一个耗能过程,从 PRPP 开始每合成 1 分子 IMP 要消耗 5 分子 ATP,再从 IMP 到 AMP 或 GMP 还需要消耗 1 分子 GTP 或 ATP。

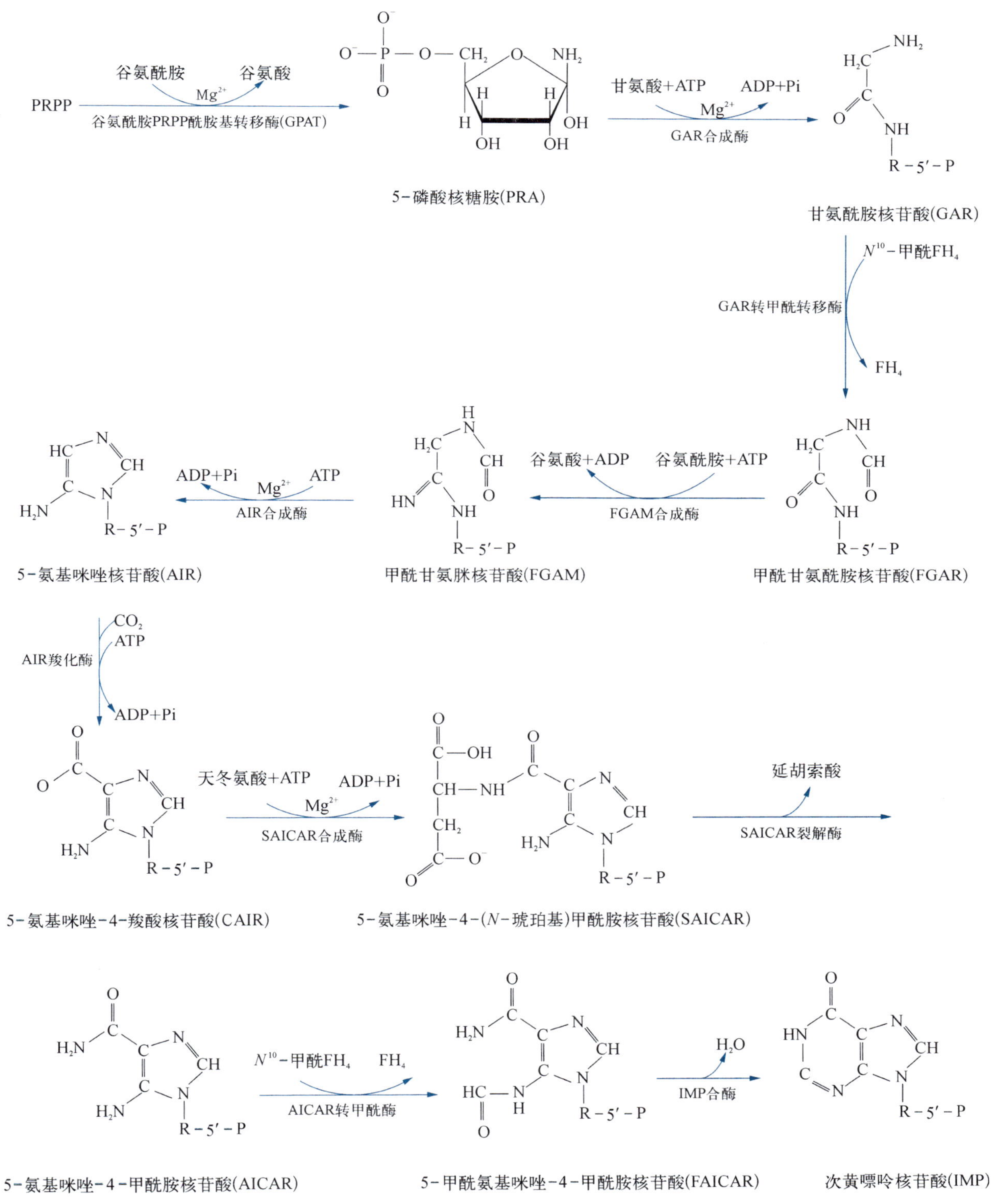

图 8-3 IMP 的生物合成

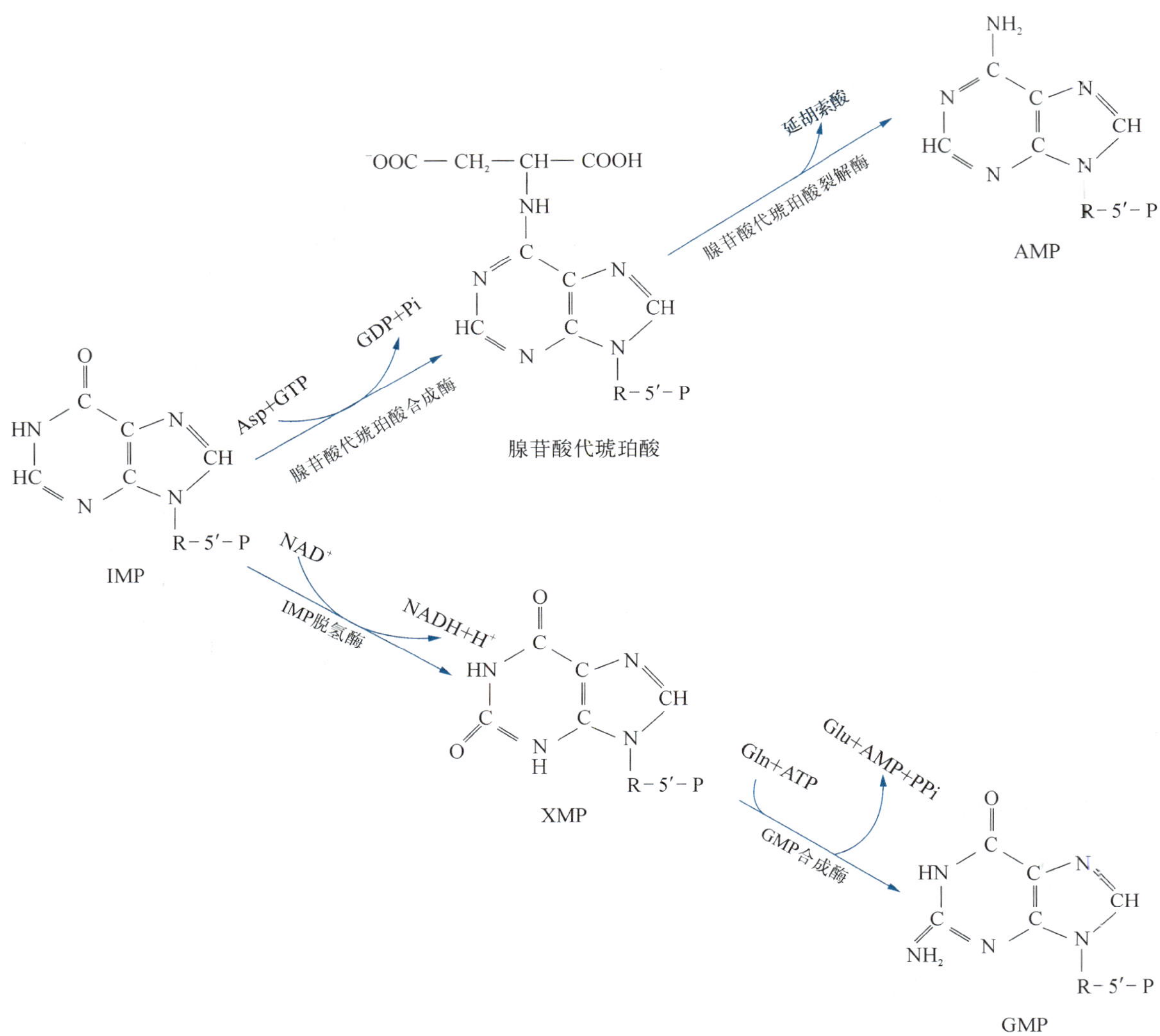

图 8-4 AMP 和 GMP 的生成

AMP 和 GMP 可进一步在激酶的作用下，以 ATP 为磷酸供体，经过两步磷酸化反应，分别生成 ATP 和 GTP。在细胞内 ATP 主要经氧化磷酸化途径产生。

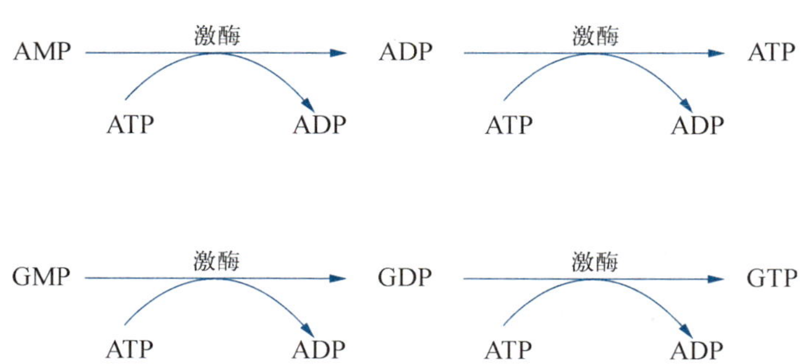

3. 从头合成途径的调节　嘌呤核苷酸的从头合成是体内嘌呤核苷酸的主要来源，合成过程需要消耗大量 ATP、氨基酸等。为了满足机体对嘌呤核苷酸的需要，同时避免营养物及能量的过度消耗，机体必须对嘌呤核苷酸的从头合成速度进行精确的调节，调节方式主要通过以下 3 个部位的负反馈调节(negative feedback regulation)来实现。

其一，催化 PRPP 合成的 PRPP 激酶受到 ADP 和 GDP 的反馈抑制。由于 PRPP 参与嘌呤和嘧啶核苷酸从头合成与补救合成途径，因此当细胞能量供应减少时，即 ATP/ADP 和 GTP/GDP 比值降低，核苷酸的合成速度会整体下降。其二，谷氨酰胺 PRPP 酰胺转移酶是嘌呤核苷酸从头合成的限速酶，酶活性受终产物 IMP、AMP 及 GMP 的反馈抑制。谷氨酰胺 PRPP 酰胺转移酶是一类别构酶，单体形式有活性，二聚体形式无活性。IMP、AMP 及 GMP 可使酶由单体活性形式转变成无活性的二聚体形式，而 PRPP 则相反。其三，IMP 转变为 AMP 与 GMP 过程中存在反馈调节和交叉调节。过量的 AMP 能反馈抑制腺苷酸代琥珀酸合成酶控制 AMP 生成，过量的 GMP 通过抑制 IMP 脱氢酶来调节 GMP 的生成。另外，GTP 可以促进 AMP 的生成，ATP 可以促进 GMP 的生成，这种交叉调节(reciprocal regulation)作用对维持 ATP 与 GTP 浓度的平衡具有重要作用。嘌呤核苷酸调节见图 8-5。

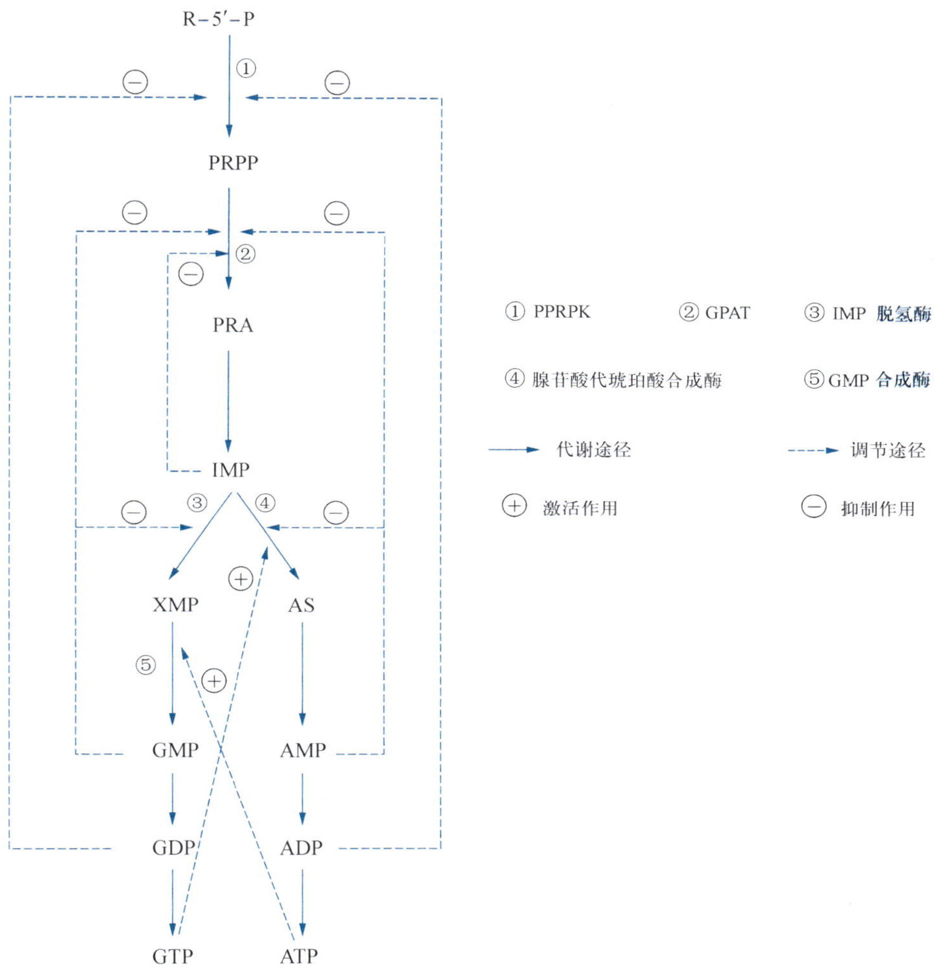

图 8-5 嘌呤核苷酸从头合成途径的调节

(二) 嘌呤核苷酸的补救合成途径

细胞利用游离嘌呤碱或嘌呤核苷合成嘌呤核苷酸的过程称为嘌呤核苷酸的补救合成途径。游离嘌呤碱或嘌呤核苷主要来源于细胞内核酸的降解更新过程，其次是从血液中摄取。与从头合成途径不同，补救合成过程简单、耗能少。

1. 嘌呤碱补救合成嘌呤核苷酸　由 PRPP 提供磷酸核糖，在腺嘌呤磷酸核糖转移酶(adenine phosphoribosyltransferase, APRT)和次黄嘌呤-鸟嘌呤磷酸核糖转移酶(hypoxanthine-guanine phosphoribosyl transferase, HGPRT)作用下，分别催化 AMP 和 IMP、GMP 的合成。

$$\text{腺嘌呤} + \text{PRPP} \xrightarrow{\text{APRT}} \text{AMP} + \text{PPi}$$

$$\text{次黄嘌呤} + \text{PRPP} \xrightarrow{\text{HGPRT}} \text{IMP} + \text{PPi}$$

$$\text{鸟嘌呤} + \text{PRPP} \xrightarrow{\text{HGPRT}} \text{GMP} + \text{PPi}$$

APRT 受 AMP 的反馈抑制,HGPRT 受 IMP 与 GMP 的反馈抑制。

2. 腺嘌呤核苷补救合成腺苷酸　在腺苷激酶催化下,腺嘌呤核苷生成腺苷酸。

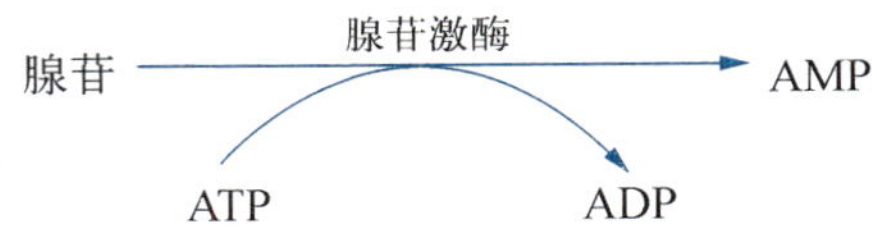

Lesch-Nyhan 综合征

Lesch-Nyhan 综合征是由于 HGPRT 基因缺陷所致。该基因位于 Xq26.1,是与 X 染色体连锁的遗传代谢病,多见于男婴,一般 2 岁前发病。HGPRT 的缺乏,一方面使鸟嘌呤和次黄嘌呤不能通过补救合成途径合成核苷酸,而被代谢为尿酸;另一方面,补救合成障碍,使 PRPP 消耗减少,PRPP 的堆积可促进嘌呤核苷酸的从头合成,最终嘌呤分解为尿酸。由于核苷酸补救合成途径障碍,脑合成嘌呤核苷酸能力降低,造成中枢神经系统发育不良。因此,该综合征以高尿酸血症和神经系统症状为特征,表现为智力发育受阻,共济失调,具有攻击性,患儿有咬自己口唇、手指和脚趾的表现,故称为自毁容貌征。患者一般寿命不超过 20 岁。

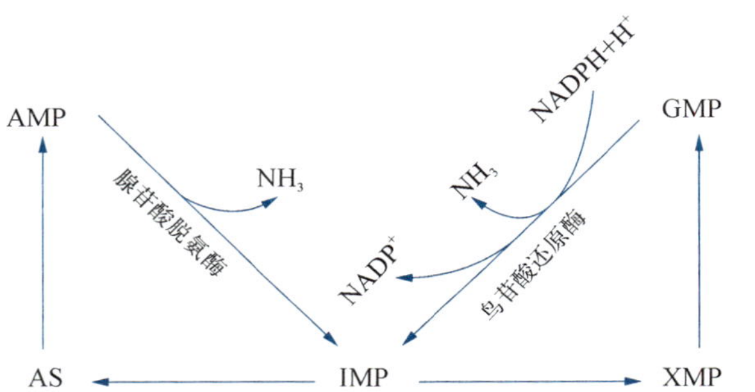

图 8-6　IMP、GMP 和 AMP 的相互转变

嘌呤核苷酸补救合成的生理意义:一是节省能量、氨基酸等原料的消耗;二是为白细胞、脑、骨髓等缺乏嘌呤核苷酸从头合成酶类的组织细胞提供嘌呤核苷酸供应。因此,对这些组织器官来说,补救合成途径具有更重要的意义。例如,自毁容貌征(或称 Lesch-Nyhan 综合征)患儿就是由于补救合成途径的重要酶 HGPRT 基因的先天性缺陷导致的遗传疾病。

(三) 嘌呤核苷酸的相互转变

体内嘌呤核苷酸可以相互转变,以保持动态平衡。AMP 和 GMP 间的相互转变通过共同的中间产物 IMP 来完成,IMP 可转变成 XMP、AMP 及 GMP,AMP 和 GMP 也可以转变成 IMP(图 8-6)。

二、嘧啶核苷酸的合成代谢

体内嘧啶核苷酸的生物合成也有从头合成与补救合成两条途径。

(一) 嘧啶核苷酸的从头合成途径

1. 合成原料　核素示踪实验证明,嘧啶核苷酸中嘧啶碱的合成原料来自谷氨酰胺、CO_2和天冬氨酸(图 8-7)。

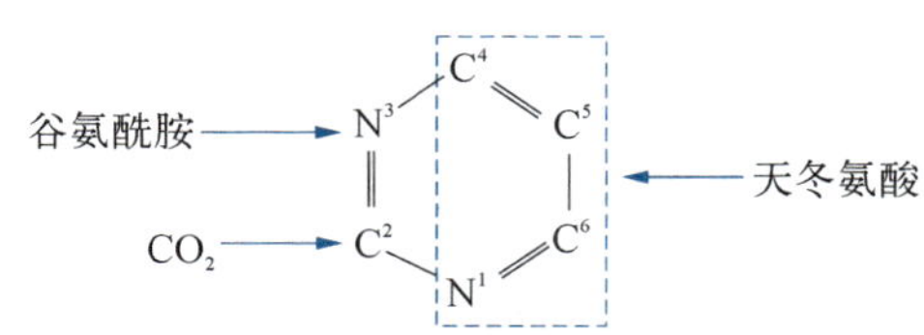

图 8-7　嘧啶环上各元素的来源

2. 合成过程　嘧啶核苷酸从头合成的特点是,先合成含嘧啶环的乳清酸,再与磷酸核糖结合为乳清酸核苷酸,最后生成尿嘧啶核苷酸(uridine monophosphate, UMP)。胞嘧啶核苷酸由 UMP 转变而来。肝脏是嘧啶核苷酸从头合成的主要器官,反应在胞质和线粒体中进行。

(1) UMP 的合成:由胞质中的氨基甲酰磷酸合成酶Ⅱ(carbamoyl phosphate synthaseⅡ, CPSⅡ)催化谷氨酰胺和 CO_2生成氨基甲酰磷酸(carbamoyl phosphate)。氨基甲酰磷酸也是尿素合成的原料。但是,尿素合成中所需的氨基甲酰磷酸是在肝线粒体中由氨基甲酰磷酸合成酶Ⅰ催化生成的,而嘧啶合成过程所产生的氨基甲酰磷酸则是在细胞质中以谷氨酰胺为氮源,由氨基甲酰磷酸合成酶Ⅱ催化生成。这两种合成酶的许多性质不同(表 8-1)。

表 8－1　两种氨基甲酰磷酸合成酶的比较

	氨基甲酰磷酸合成酶Ⅰ	氨基甲酰磷酸合成酶Ⅱ
分布	线粒体(肝)	胞质(所有细胞)
氮源	氨	谷氨酰胺
变构激活剂	*N*－乙酰谷氨酸	无
反馈抑制剂	无	UMP(哺乳类动物)
功能	尿素合成	嘧啶合成

上述生成的氨基甲酰磷酸在天冬氨酸氨基甲酰转移酶(aspartate transcarbamoylase，ATCase)的催化下，与天冬氨酸反应生成氨甲酰天冬氨酸。天冬氨酸氨基甲酰转移酶是细菌中嘧啶核苷酸合成过程的限速酶，酶活性受产物的反馈抑制。氨甲酰天冬氨酸经二氢乳清酸酶(dihydroorotase)催化脱水，形成具有嘧啶环的二氢乳清酸，后者再经二氢乳清酸脱氢酶(dihydroorote dehydrogenase)催化，脱氢成为乳清酸(orotic acid)。乳清酸在乳清酸磷酸核糖转移酶(orotate phosphoribosyltransferse)作用下与PRPP结合，生成乳清酸核苷酸(orotidine－5′－monophosphate，OMP)，后者再由乳清酸核苷酸脱羧酶(OMP decarboxylase)催化脱去羧基生成UMP。嘧啶核苷酸合成过程详见图 8－8。

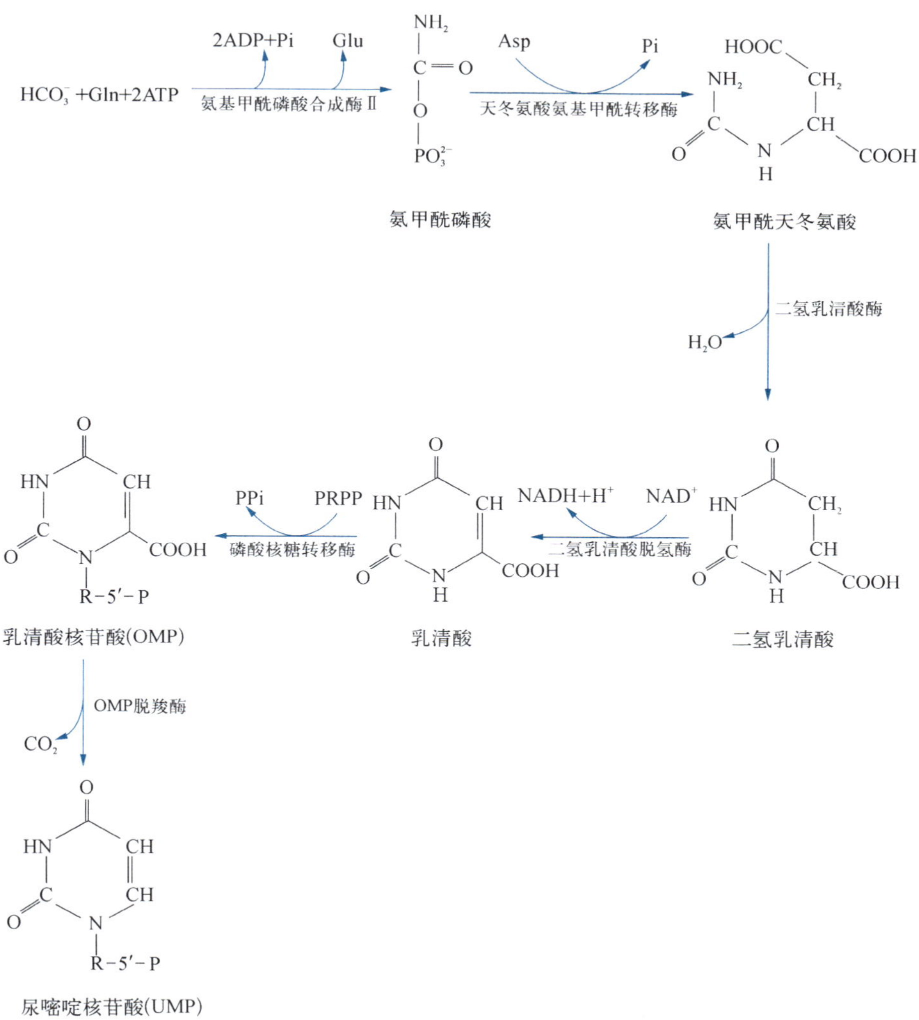

图 8－8　UMP 的生物合成

现已阐明，在真核细胞中嘧啶核苷酸合成的前三个酶，即氨基甲酰磷酸合成酶Ⅱ、天冬氨酸氨基甲酰转移酶和二氢乳清酸酶，位于分子质量约为 210 kDa 同一条多肽链上，因此是一个多功能酶，由此更有利于以均匀的速度参与嘧啶核苷酸的合成。

(2) CTP的合成 UMP通过尿苷酸激酶和二磷酸核苷激酶的连续作用,生成三磷酸尿苷(UTP)。UTP在CTP合成酶(CTP synthetase)催化下,消耗1分子ATP,从谷氨酰胺接受氨基生成CTP(图8-9)。

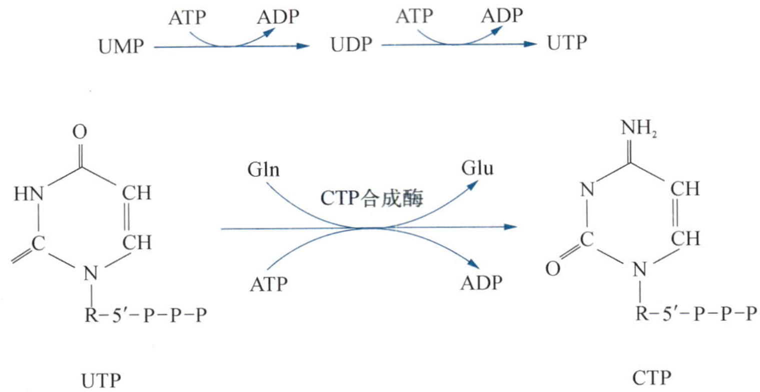

图8-9 CTP的生物合成

3. 从头合成的调节 对从头合成的调节主要是对限速酶活性的调节,包括底物激活和产物的反馈抑制。细菌中,天冬氨酸氨基甲酰转移酶是嘧啶核苷酸从头合成的主要调节酶;对哺乳类动物而言,氨基甲酰磷酸合成酶Ⅱ更为重要。底物激活调节有:ATP激活PRPP激酶和氨基甲酰磷酸合成酶Ⅱ,PRPP可激活乳清酸磷酸核糖转移酶。由于ATP和PRPP对嘌呤和嘧啶核苷酸从头合成途径均有促进作用,使二者的合成速度同步,合成出基本等量的嘌呤和嘧啶核苷酸。产物反馈抑制调节包括:UMP反馈抑制氨基甲酰磷酸合成酶Ⅱ;UMP和CTP反馈抑制天冬氨酸氨基甲酰转移酶;嘌呤核苷酸合成途径的产物ADP和GDP反馈抑制PRPP激酶;CTP反馈抑制CTP合成酶。嘧啶核苷酸从头合成的调节见图8-10。

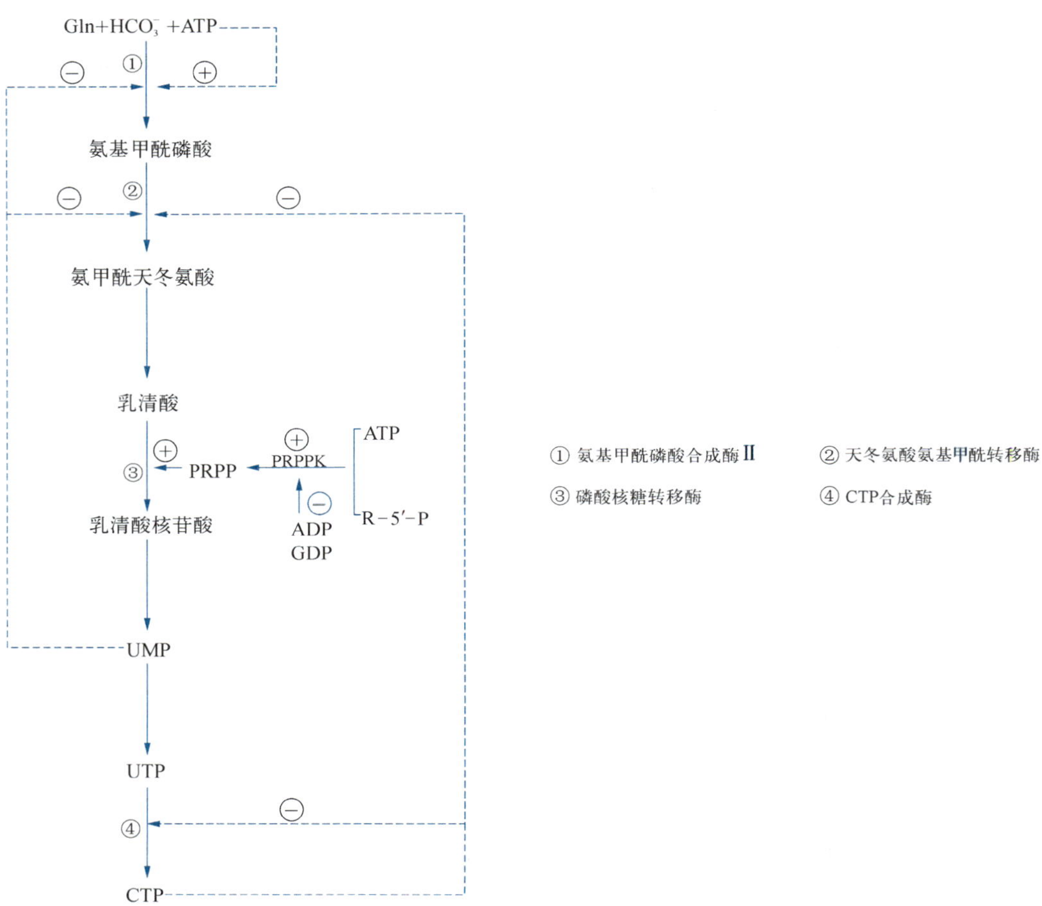

图8-10 嘧啶核苷酸从头合成途径的调节

（二）嘧啶核苷酸的补救合成

1. 嘧啶碱补救合成嘧啶核苷酸　嘧啶磷酸核糖转移酶是嘧啶核苷酸补救合成的主要酶，催化尿嘧啶、胸腺嘧啶及乳清酸生成相应核苷酸，但对胞嘧啶不起作用。反应通式如下：

$$\text{嘧啶}+\text{PRPP}\xrightarrow{\text{嘧啶磷酸核糖转移酶}}\text{一磷酸嘧啶核苷}+\text{PPi}$$

2. 嘧啶核苷补救合成嘧啶核苷酸　尿苷激酶（uridine kinase）催化尿嘧啶核苷和胞嘧啶核苷生成 UMP 和 CMP。胸苷激酶（thymidine kinase）催化脱氧胸腺嘧啶核苷生成脱氧胸腺嘧啶核苷酸（dTMP），该酶在正常肝中活性很低，再生肝中活性升高，恶性肿瘤中显著升高，并与肿瘤恶性程度有关。

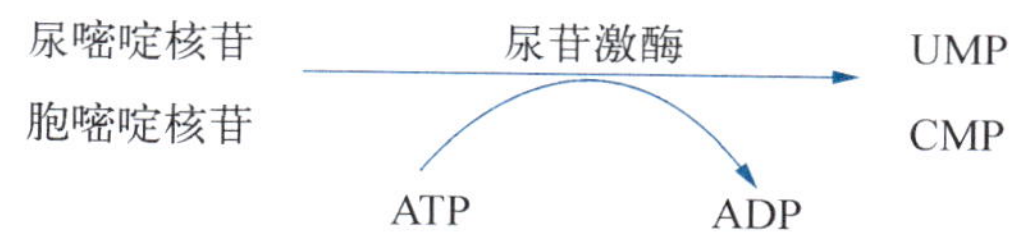

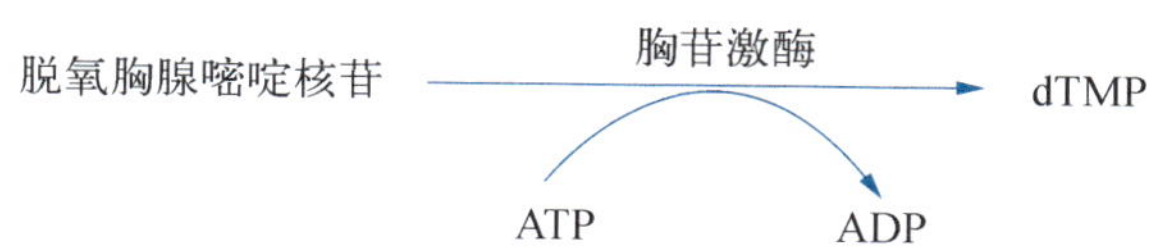

第二节　脱氧（核糖）核苷酸的生成

上述讨论的核苷酸从头合成和补救合成途径合成的都是核糖核苷酸，它们是 RNA 的合成原料，而 DNA 是由各种脱氧核苷酸组成，与核糖核苷酸的结构相比，脱氧核糖核苷酸只是核糖第 2 位碳原子上连接的是氢原子，而不是羟基。那么脱氧核苷酸是如何生成的呢？

一、脱氧核苷酸的生成

脱氧核苷酸在体内生成的特点是，在核苷酸二磷酸（NDP，N 代表碱基 A、G、C、U）水平上直接还原成相应的脱氧核糖核苷二磷酸。还原反应由核糖核苷酸还原酶（ribonucleotide reductase）催化，NADPH 供氢，用氢原子取代核糖分子中第 2 位碳原子上的羟基。

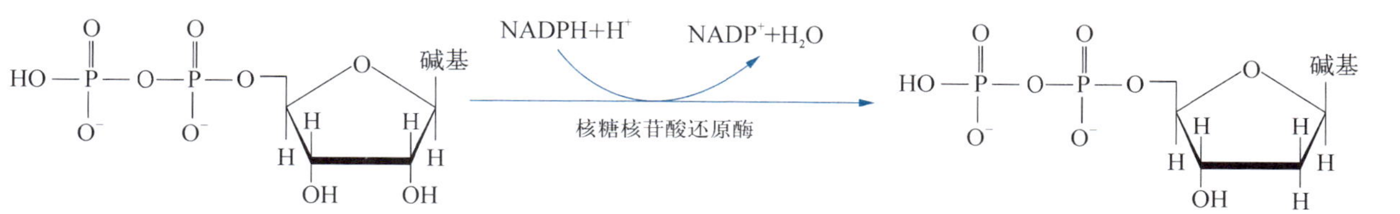

NDP　　　　dNDP

具体反应过程比较复杂。核糖核苷酸还原酶从 NADPH 获得电子，需要硫氧化还原蛋白（thioredoxin）作为电子载体。硫氧化还原蛋白的分子质量约为 12 kDa，含有一对相邻的半胱氨酸残基，在核糖核苷酸还原酶作用下，其所含的巯基氧化为二硫键。后者在硫氧化还原蛋白还原酶（thioredoxin reductase）（辅酶为 FAD）的催化下，由 NADPH 供氢重新生成还原型的硫氧化还原蛋白，由此构成一个复杂的酶体系（图

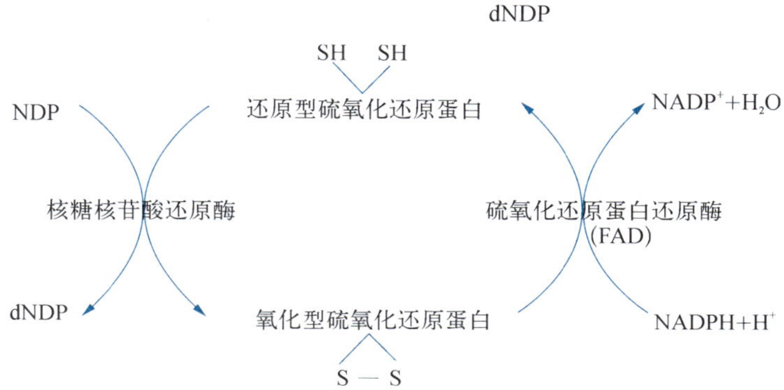

图 8-11　脱氧核苷酸的生物合成

8－11)。核糖核苷酸还原酶为别构酶,包括 B_1、B_2 两个亚基,只有 B_1 与 B_2 结合时才具有酶活性。在 DNA 合成旺盛、分裂速度较快的细胞中,核糖核苷酸还原酶体系活性较强。

在激酶的作用下,dNDP 可再磷酸化生成脱氧核糖核苷三磷酸。

二、dTMP 的生成

dTMP 的生成与其他脱氧核苷酸不同。dTMP 主要由脱氧尿嘧啶核苷酸(dUMP)经甲基化生成。反应由胸苷酸合酶(thymidylate synthase)催化,N^5,N^{10}－甲烯四氢叶酸提供甲基。N^5,N^{10}－甲烯四氢叶酸提供甲基后生成的二氢叶酸又可以再经二氢叶酸还原酶作用,重新生成四氢叶酸。

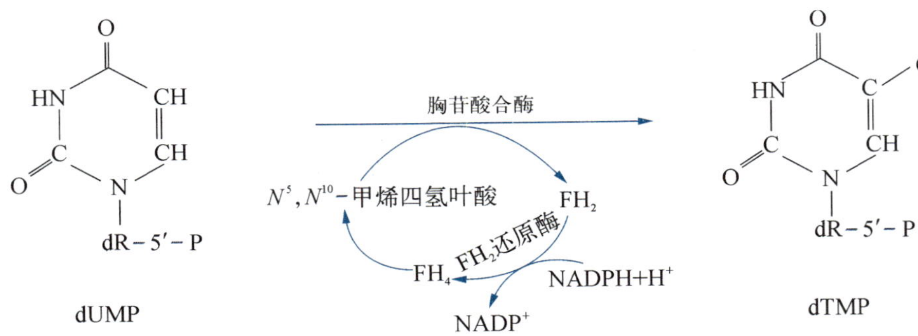

dUMP 可来自两个途径：dUDP 的水解和 dCMP 的脱氨基,以后一种为主。

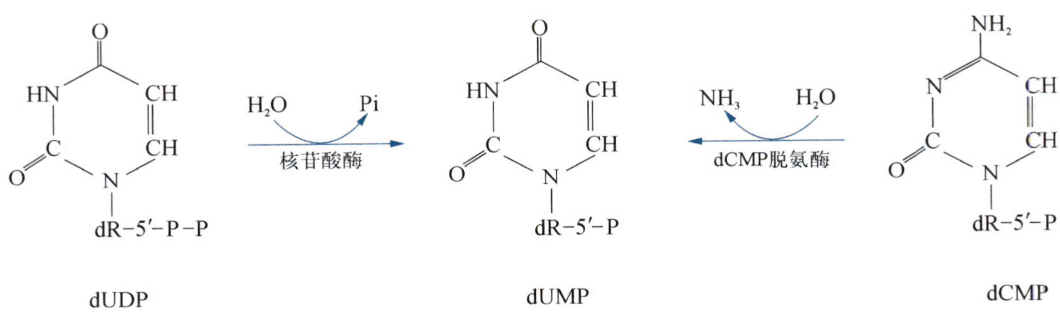

如前所述,dTMP 也可通过补救途径合成。dTMP 还需借助激酶作用,磷酸化为 dTTP 才能参与 DNA 的生物合成。现将核苷酸及脱氧核甘酸的合成过程总结如图 8－12：

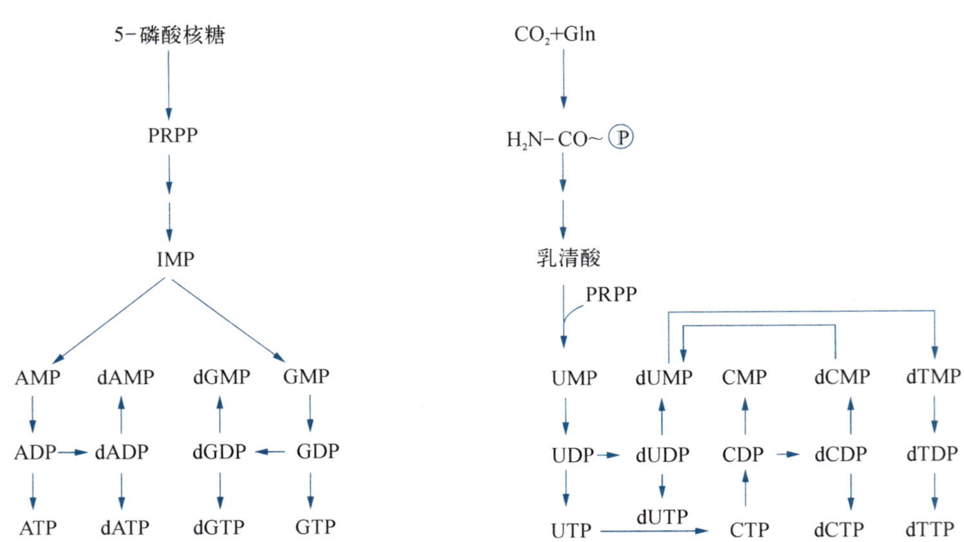

图 8－12　核苷酸及脱氧核苷酸的生物合成

第三节　核苷酸的分解代谢

细胞中的核苷酸分解代谢类似食物中核苷酸消化过程。核苷酸在核苷酸酶的作用下水解成核苷，核苷经核苷酶作用，生成嘌呤碱或嘧啶碱及1-磷酸核糖。1-磷酸核糖在磷酸核糖变位酶催化下转变成5-磷酸核糖，可作为PRPP的原料。碱基可参加核苷酸的补救合成，也可进一步分解。

一、嘌呤核苷酸的分解代谢

AMP和GMP可在核苷酸酶作用下水解成腺苷和鸟苷。腺苷经腺苷脱氨酶（adenosine deaminase, ADA）催化生成次黄嘌呤核苷。次黄嘌呤核苷与鸟苷脱去核糖后，均可进一步转变为黄嘌呤，后者在黄嘌呤氧化酶（xanthine oxidase）作用下，最终生成尿酸（uric acid）。反应过程如图8-13。脱氧嘌呤核苷酸经过相同途径进行分解代谢。体内嘌呤核苷酸的分解代谢主要在肝、小肠及肾中进行，黄嘌呤氧化酶在这些脏器中活性较强。人体内嘌呤碱最终分解产生的尿酸可随尿排出体外。嘌呤核苷酸分解代谢的特点是，仅对侧链基团进行氧化，保留了完整的嘌呤环。

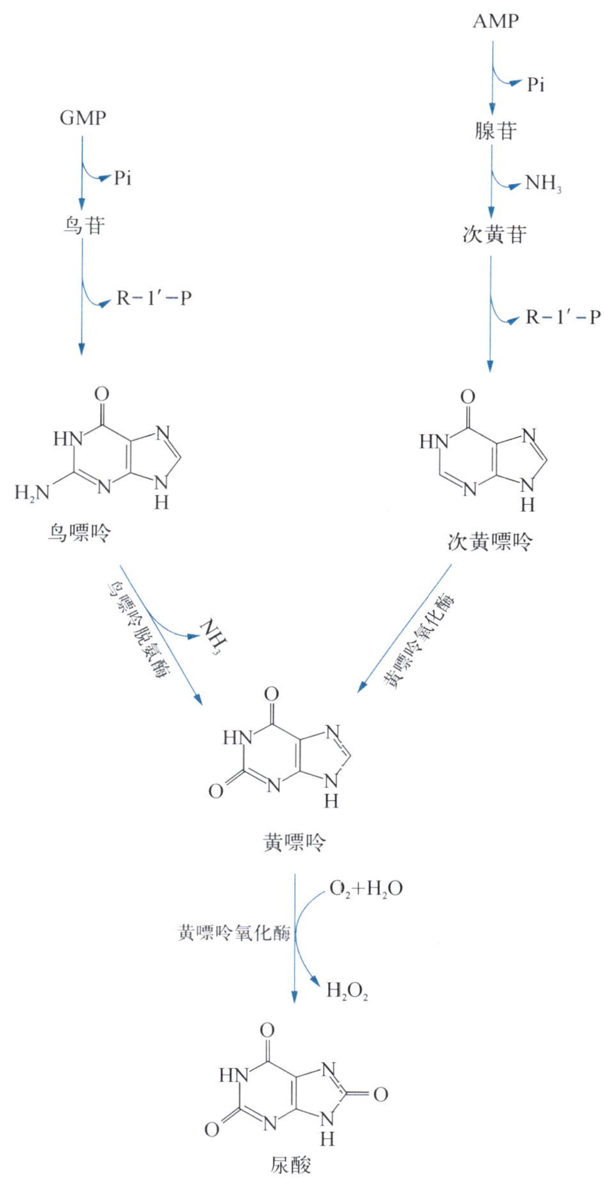

图8-13　嘌呤核苷酸的分解代谢

正常人血浆中尿酸含量为0.12～0.36 mmol/L（20～60 mg/L）。男性平均为0.27 mmol/L（45 mg/L）左右，女性平均为0.21 mmol/L（35 mg/L）左右。当血中尿酸浓度超过0.48 mmol/L（80 mg/L）时，尿酸盐晶体即可沉积于关节、软组织、软骨及肾脏等，导致关节炎、尿路结石及肾疾病，称为痛风症（gout）。痛风症多见于成年男性，其原因尚不完全清楚，可能与嘌呤核苷酸代谢酶的缺陷有关。此外，当进食高嘌呤饮食、体内核酸大量分解（如白血病、恶性肿瘤等）或肾疾病致尿酸排泄障碍，均可导致血中尿酸升高。临床上常用别嘌呤醇（allopurinol）治疗痛风症有一定疗效。别嘌呤醇与次黄嘌呤结构类似，只是分子中N_7与C_8互换了位置（图8-14），可竞争性抑制黄嘌呤氧化酶，从而抑制尿酸的生成。同时，别嘌呤在体内可经过代谢转变与PRPP反应生成别嘌呤核苷酸，一方面降低PRPP的含量，另一方面别嘌呤核苷酸与IMP结构相似，能反馈抑制嘌呤核苷酸的从头合成，从两方面减少嘌呤核苷酸的合成。

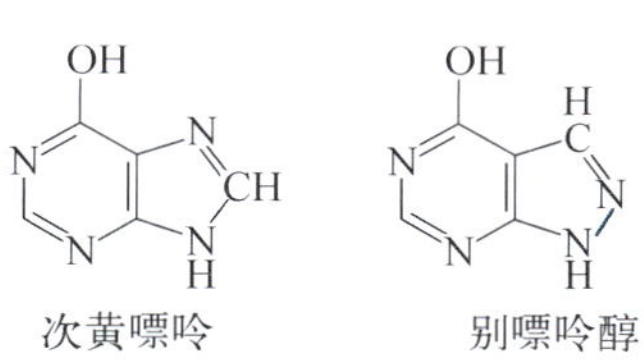

图8-14　别嘌呤醇与次黄嘌呤结构比较

重症联合免疫缺陷症

腺苷脱氨酶基因缺陷是导致重症联合免疫缺陷症的主要原因。该基因缺陷使ADA活性下降或消失，引起其催化底物

AMP、dAMP和dATP堆积，而dATP是核糖核苷酸酶的抑制剂，导致dGDP、dCDP和dTTP生成减少，从而影响DNA的合成。正常胸腺组织中ADA活性很高，ADA基因缺陷患者因DNA合成减少，T细胞分化障碍，最终T、B细胞出现免疫缺陷，即重症联合免疫缺陷症(severe combined immunodeficiency, SCID)。SCID是世界上第一例基因治疗成功的病例。

二、嘧啶核苷酸的分解代谢

嘧啶核苷酸通过核苷酸酶及核苷酶的作用，产生的嘧啶碱可进一步分解为小分子可溶性物质。胞嘧啶脱氨基转变成尿嘧啶。尿嘧啶还原、水解和开环，生成β-脲基丙酸(β-ureidopropionate)，最终分解为NH_3、CO_2及β-丙氨酸(β-alanine)。胸腺嘧啶降解成β-脲基异丁酸(β-ureidoisobutyrate)，最终生成β-氨基异丁酸(β-aminoisobutyrate)(图8-15)，后者可直接随尿排出或进一步分解。与嘌呤碱的分解不同，嘧啶碱的分解特点是，嘧啶环破裂被彻底降解为易溶于水的小分子物质。嘧啶碱的降解代谢主要在肝内进行。

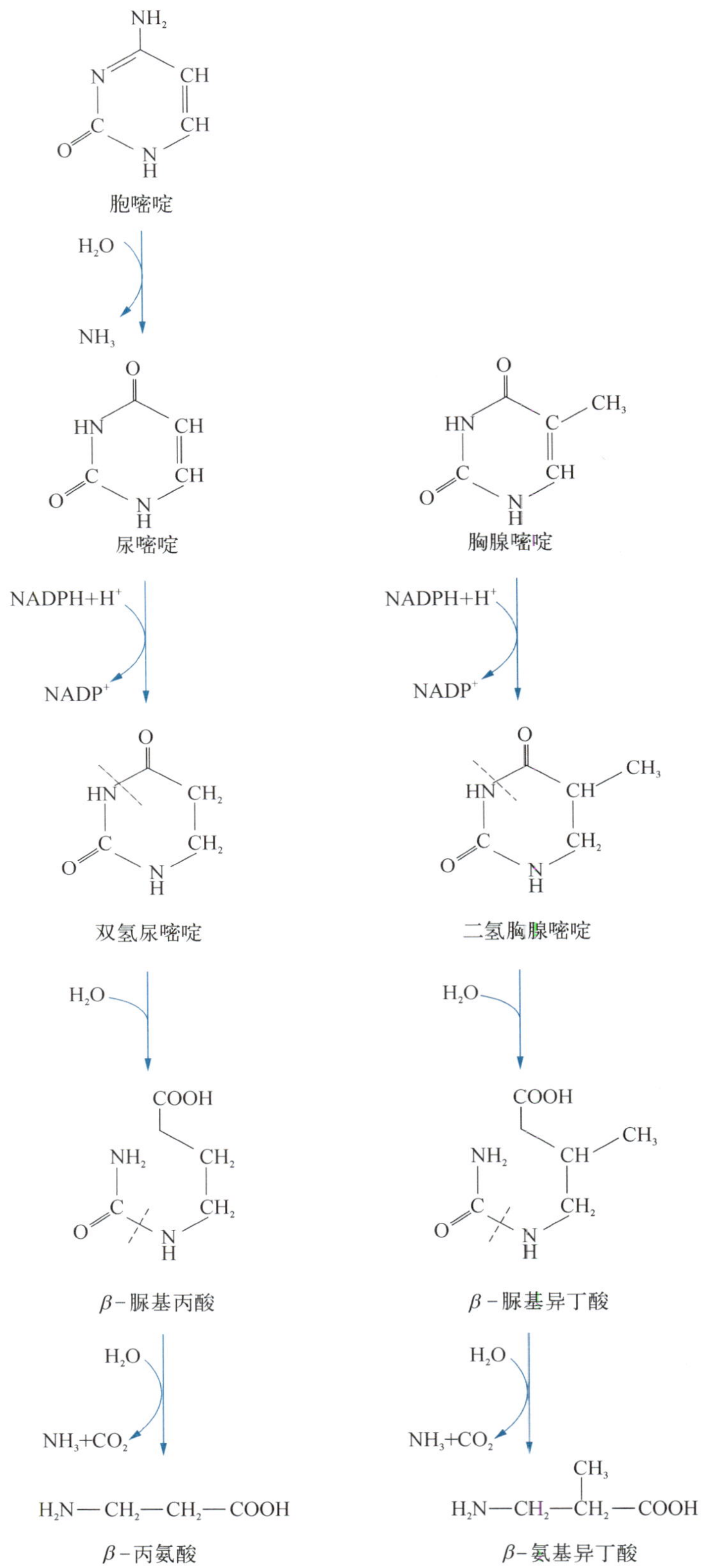

图8-15 嘧啶碱的分解代谢

第四节 核苷酸的抗代谢物

核苷酸的抗代谢物是一些嘌呤、嘧啶、氨基酸或叶酸等的类似物。它们主要通过竞争性抑制或“以假乱真”的方式干扰或阻断嘌呤或嘧啶核苷酸的合成代谢，从而进一步阻断核酸及蛋白质的生物合成。肿瘤细胞的核酸及蛋白质合成十分旺盛，所以抗代谢物可以用于肿瘤的化学治疗。

一、嘌呤类似物

嘌呤类似物有6-巯基嘌呤(6-mercaptopurine, 6-MP)、6-巯基鸟嘌呤、8-氮杂鸟嘌呤等，其中以6-MP在临床上应用较多。

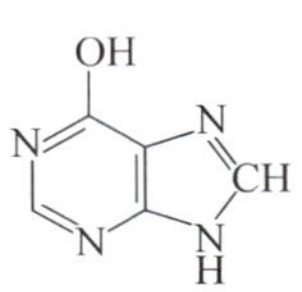

次黄嘌呤

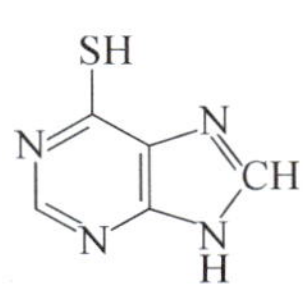

6-巯基嘌呤

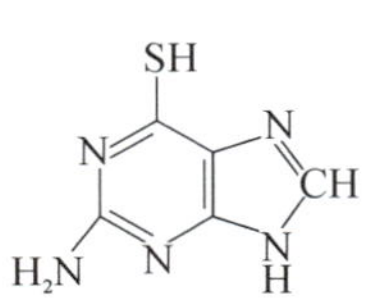

6-巯基鸟嘌呤

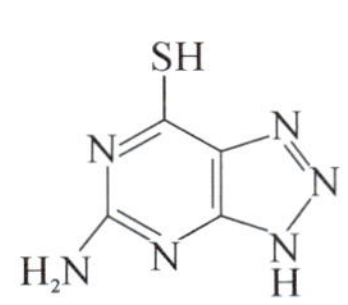

6-杂氮鸟嘌呤

6-MP的化学结构与次黄嘌呤相似，唯一不同的是分子中C_6上由巯基取代了羟基。6-MP在体内可以与磷酸核糖作用生成6-MP核苷酸，以此抑制IMP向AMP及GMP的转变。6-MP还能竞争性抑制次黄嘌呤-鸟嘌呤磷酸核糖转移酶的活性，使PRPP分子中的磷酸核糖不能向鸟嘌呤及次黄嘌呤转移，从而阻断补救合成途径。此外，6-MP核苷酸与IMP结构相似，还可以反馈抑制PRPP酰胺转移酶，干扰磷酸核糖胺的形成，阻断嘌呤核苷酸的从头合成（图8-16）。

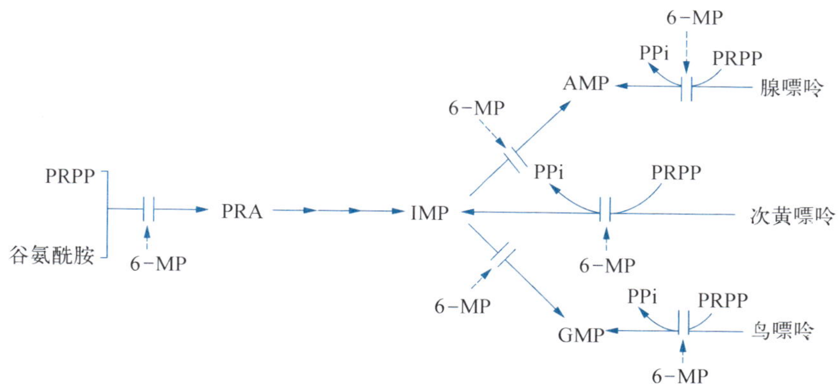

图8-16　6-PM的作用机制

二、嘧啶的类似物

嘧啶的类似物主要有5-氟尿嘧啶（5′-fluoro uracil，5-FU），它的结构与胸腺嘧啶相似。5-FU本身并无生物学活性，必须在体内转变成一磷酸脱氧核糖氟尿嘧啶核苷（FdUMP）及三磷酸氟尿嘧啶核苷（FUTP）后，才能发挥作用。FdUMP与dUMP的结构相似，是胸苷酸合酶的抑制剂，可阻断dTMP的合成。FUTP以FUMP的形式参入RNA分子，取代UMP，从而破坏RNA的结构与功能。

三、氨基酸类似物

氮杂丝氨酸（azaserine）及6-重氮-5-氧正亮氨酸（diazanorleucine）为氨基酸类似物，它们的化学结构与谷氨酰胺相似，可干扰谷氨酰胺在核苷酸合成中的作用，从而抑制核苷酸的合成。

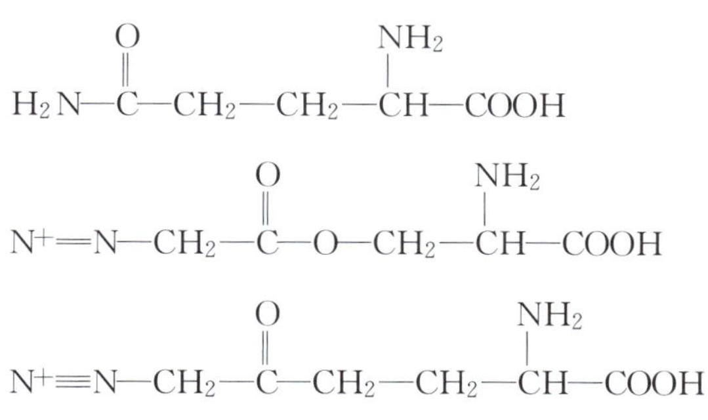

谷氨酰胺

杂氮丝氨酸（重氮乙酰丝氨酸）

6-重氮-5-氧正亮氨酸

四、叶酸类似物

氨蝶呤（aminopterin）及甲氨蝶呤（methotrexate，MTX）都是叶酸的类似物，能竞争性抑制二氢叶酸还原酶，使叶酸不能还原成二氢叶酸及四氢叶酸，使得嘌呤核苷酸合成所需一碳单位得不到供应，从而抑制嘌呤核苷酸的合成。dUMP不能利用一碳单位甲基化生成dTMP，进而影响DNA合成。MTX在临床上常用于白血症等癌瘤的治疗。

另外，某些改变了核糖结构的核苷类似物，如阿糖胞苷和环胞苷也是重要的抗癌药物。阿糖胞苷能抑制CDP还原生成dCDP，也能影响DNA的合成。

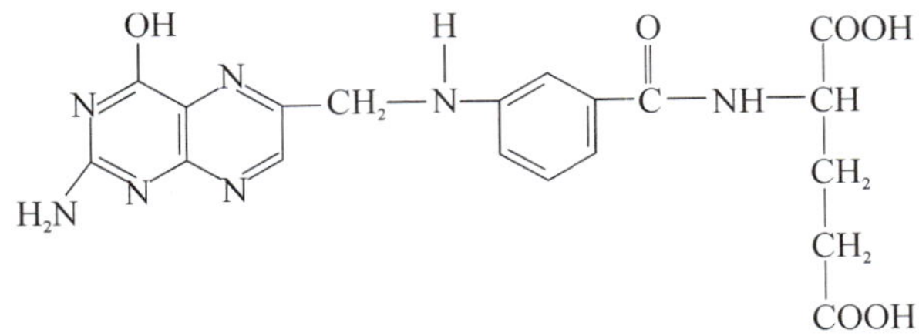

叶酸

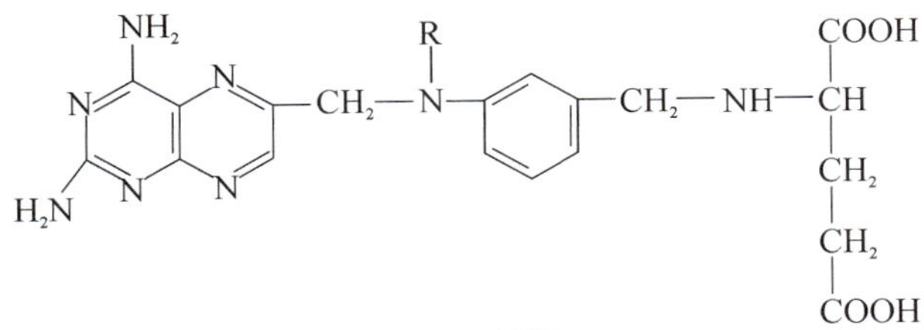

R═H 氨蝶呤
R═CH_3 甲氨蝶呤

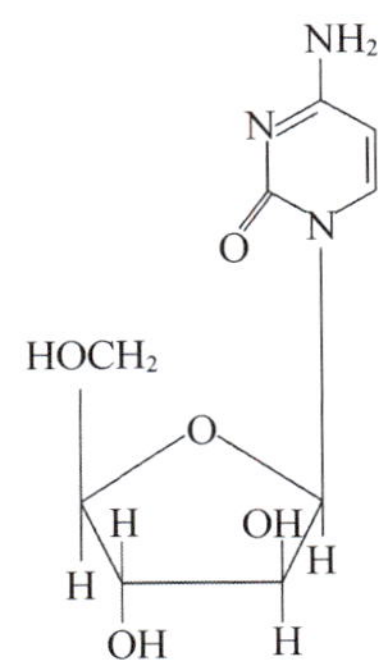

阿糖胞苷

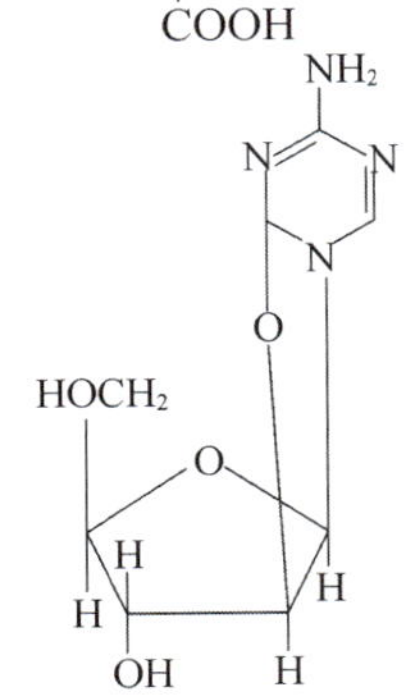

环胞苷

小 结

核苷酸在体内分布广泛,具有多种生物学功能,包括作为DNA和RNA的合成原料、体内能量的利用形式及参与细胞信号传递等。核苷酸不属于营养必需物质,人体内的核苷酸主要由机体细胞自身合成。体内核苷酸的合成有两条途径:一是利用磷酸核糖、氨基酸、一碳单位及CO_2等简单物质为原料,经过一系列酶促反应合成核苷酸的从头合成途径;二是利用体内游离的碱基或核苷,经过简单反应合成核苷酸的补救合成(或重新利用)途径。嘌呤核苷酸从头合成是在磷酸核糖分子上逐步合成嘌呤环,先合成IMP,再由IMP转变为AMP和GMP。嘧啶核苷酸的从头合成则是先合成含嘧啶环的乳清酸,再与磷酸核糖结合生成UMP,再由UTP转变为CTP。脱氧核苷酸是在相应二磷酸核苷(NDP)水平上直接还原生成,dTMP则是由dUMP甲基化生成。核苷酸的合成在体内受到精细的反馈调节。

嘌呤碱在人体内分解的终产物是尿酸,血中尿酸增高可引起痛风症。嘧啶碱的分解特征是嘧啶环破裂,降解为易溶于水的小分子物质,包括NH_3、CO_2及β-丙氨酸或β-氨基异丁酸。

核苷酸的抗代谢物是一些嘌呤、嘧啶、氨基酸、叶酸和核苷的类似物,它们主要以竞争性抑制方式干扰、阻断核苷酸合成,从而影响核酸和蛋白质合成,因而可用于一些疾病的治疗。

【复习思考题】

1. 试从原料、合成特点、反馈调节等方面,比较体内嘌呤核苷酸和嘧啶核苷酸的合成过程。
2. 简述5-氟尿嘧啶,6-巯基嘌呤、氨甲蝶呤、阿糖胞苷、别嘌呤醇等药物作用的生化机制。

(雷霆雯)

第九章

物质代谢的联系与调节

学习要点

掌握：① 物质代谢的特点；② 三大营养物质代谢的相互关系；③ 物质代谢调节的方式及关系。
熟悉：① 不同组织器官中物质代谢的特点；② 器官水平物质代谢的调节。
了解：① 肥胖时整体水平的物质代谢；② 代谢组学的概念及其研究方法。

生物体与外界环境之间不断进行的物质交换称为物质代谢。物质代谢是生物体的基本特征，也是机体一切生命活动的物质和能量源泉。生命体都是由糖类、脂类、蛋白质、核酸四大类基本物质和一些小分子物质构成的，其中以某一类代谢物，如葡萄糖、甘油三酯、氨基酸、核苷酸等为主线进行的一系列酶促化学反应及其调节过程通常称为代谢途径(metabolic pathway)。虽然这些物质化学性质不同，功能各异，但它们在生物体内的代谢过程并不是彼此孤立、互不影响的，而是互相联系、互相制约、彼此交织在一起的。此外，为了保证机体中物质代谢能够顺利进行，生命能够健康延续，并能适应千变万化的体内、外环境，机体还存在着复杂完善的代谢调节网络，以保证各种代谢井然有序、有条不紊地进行。所以物质代谢、能量代谢与代谢调节是生命存在的三大要素。

第一节　物质代谢的特点

一、整体性

人体从外界摄取的食物往往是含多种成分的混合物。所以，食物中的这些混合成分经消化吸收到体内后的代谢就不可能彼此孤立、各自为政，而是同时进行的，而且各物质代谢之间和各条代谢途径之间彼此互相联系，或相互转变，或相互依存，或相互制约，从而构成统一的整体。此外，代谢物来源也表现为一定的整体性：体内各种代谢物无论是从外界摄入的还是体内产生的，均混合在一起构成各自的代谢池，分布于全身各处进行代谢。例如，来自食物蛋白质消化吸收的氨基酸、体内蛋白质降解产生的氨基酸和机体自身合成的非必需氨基酸混在一起，共同构成氨基酸代谢池参与代谢。

二、复杂性

物质代谢的复杂性主要体现在代谢途径结构和功能属性两方面。

1. 代谢途径结构的复杂性　物质代谢由若干不同的代谢途径所构成。生物体内存在多种形式的代谢途径，除了典型的直线途径以外，还包括分支途径、循环途径、反馈途径、交叉途径等形式，从而使物质代谢的结构具有复杂性。

2. 代谢途径功能属性的复杂性 在物质代谢中，由于物质代谢与能量代谢相偶联，合成代谢与分解代谢相偶联，代谢反应与调节反应相偶联，不同物质代谢途径之间相偶联，使整个机体的物质代谢表现出不同于单一代谢途径的新的功能属性。例如，物质代谢可根据内外环境因素的改变，“自动地”对代谢过程进行相应的调节、处理和整合，以适应环境的变化，这一功能属性称为自适应(self-adaption)。

三、可调节性

在物质代谢中，各种物质代谢及能量代谢错综复杂。为了保证体内各种物质代谢有条不紊，保证机体能获得适当的物质流和能量流并适应内外环境的变化，保证机体内环境的相对恒定及动态平衡，机体形成了一套由神经、体液、细胞内酶、细胞间隔等组成的调控系统，不断调节各种物质代谢途径的强度、方向和速度等。代谢的可调节性普遍存在于生物界，是生物的重要特征。

四、特异性

物质代谢具有组织细胞特异性和发育阶段特异性。这是由于构建不同器官的组织细胞的种类和数量不同，各种组织细胞的分化又存在差异，因此细胞中酶的种类和含量各有不同，从而使各组织细胞、器官具有不同的代谢特点。例如，酮体在肝内生成，在肝外组织被利用；支链氨基酸主要在肌肉组织中分解，芳香族氨基酸主要在肝中降解等。

五、个别代谢物的重要性

在物质代谢中，各种代谢物并非均等参与代谢反应，个别代谢物如 ATP、NAD^+、NADPH、乙酰 CoA、6-磷酸葡萄糖等在物质代谢途径中处于更为重要的地位。

1. ATP 是生物体能量贮存与利用的共同形式 无论是合成代谢还是分解代谢，无论是代谢反应还是调节反应，无论是物质代谢还是能量代谢，都有 ATP 的参与。

2. NAD^+ 是体内大多数与能量生成相关的不需氧脱氢酶共同的辅酶 在生物体内，无论是在有氧条件下还是在无氧条件下，无论是在胞质中还是在线粒体中，NAD^+ 均可作为受氢体，接受由不需氧脱氢酶催化底物脱氢后释放的 2H，生成 $NADH+H^+$。

3. NADPH 为大多数代谢物的合成提供还原力(reduction potential) 以 $NADP^+$ 为辅酶的脱氢酶有6-磷酸葡萄糖脱氢酶、6-磷酸葡萄糖酸脱氢酶以及胞质中的异柠檬酸脱氢酶、苹果酸酶等，它们催化底物脱氢生成的 $NADPH+H^+$ 可为合成脂酸、胆固醇、脱氧核苷酸等化合物提供还原力。

4. 乙酰 CoA 是糖、脂、蛋白质三大物质代谢共同的枢纽点 在体内，乙酰 CoA 是糖、脂、蛋白质三大物质进入三羧酸循环彻底氧化分解供能的必经节点。一方面，乙酰 CoA 的生成可来自糖的有氧氧化，也可由脂肪酸 β-氧化和酮体的氧化利用产生，还可来源于氨基酸的分解代谢。另一方面，乙酰 CoA 可作为原料，参与脂肪酸合成、酮体生成和胆固醇合成等代谢。

5. 6-磷酸葡萄糖是各条糖代谢途径的中间转换点 6-磷酸葡萄糖在糖代谢中的地位十分重要，糖的无氧氧化和有氧氧化、糖原的合成代谢和分解代谢、糖异生以及磷酸戊糖途径都需经 6-磷酸葡萄糖这一节点进行转换。

第二节 物质代谢的相互联系

一、糖、脂、蛋白质及核酸代谢之间的相互联系

体内糖、脂、蛋白质及核酸的代谢不是彼此独立，而是相互关联的。它们通过共同的中间代谢物，即两种

代谢途径汇合时的中间产物，经三羧酸循环和生物氧化等联成整体。此外，它们之间还可以相互转变，当一种物质代谢障碍时可引起其他物质代谢的紊乱，如糖尿病时，糖代谢的障碍可以起脂代谢、蛋白质代谢甚至水盐代谢的紊乱。

（一）糖与脂代谢的相互联系

糖可以大量转变为脂肪，但脂类中仅甘油和含奇数碳原子的脂肪酸经β-氧化途径产生的丙酰 CoA 可以转变成糖（图 9-1）。脂肪酸经β-氧化途径生成的乙酰 CoA 在动物体内不能转变成糖，因为动物体内不存在乙醛酸循环。在植物或微生物中存在乙醛酸循环，2 分子乙酰 CoA 通过乙醛酸循环缩合成 1 分子琥珀酸，再进入三羧酸循环转变成草酰乙酸，由草酰乙酸脱羧生成丙酮酸，即可异生为糖。

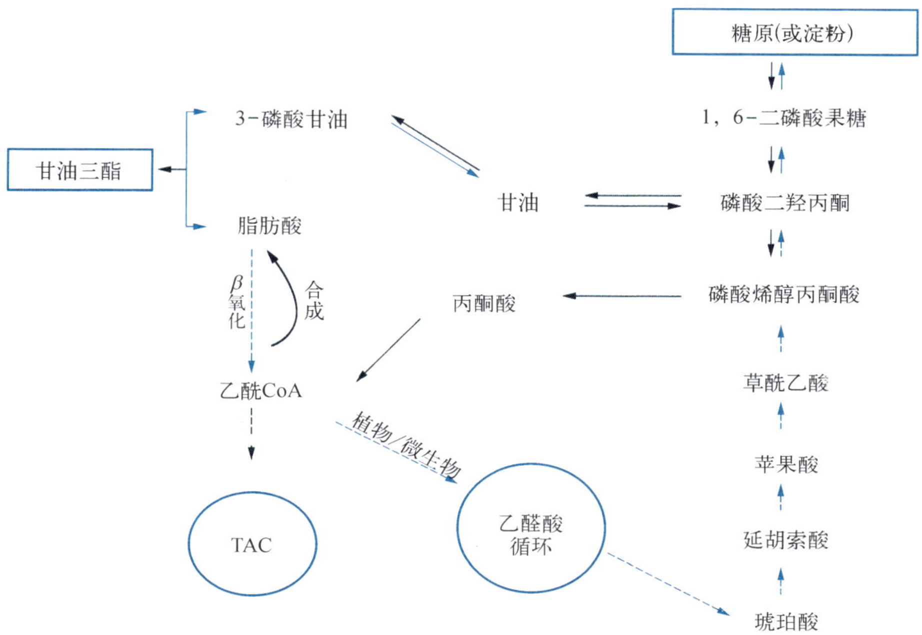

图 9-1 糖与脂代谢相互转变关系

（蓝色箭头表示脂转变为糖的途径；黑色箭头表示糖转变为脂的途径）

糖还可以转变为胆固醇，但胆固醇不能转变为糖。糖能为磷脂合成提供原料，甘油磷脂中的甘油部分也可以转变成糖。甘油磷脂的合成需要甘油和脂肪酸，鞘磷脂的合成也需要脂肪酸，其合成材料均来自糖代谢。

此外，糖代谢的正常进行是脂肪分解代谢顺利进行的前提，因为脂肪酸氧化的产物乙酰 CoA 必须与草酰乙酸缩合成柠檬酸后进入三羧酸循环，才能被彻底氧化，而草酰乙酸主要靠糖代谢产生的丙酮酸羧化生成。因此，在饥饿、糖供给不足或糖代谢紊乱时，脂肪被大量动员分解产生甘油和脂肪酸。此时，三羧酸循环所需草酰乙酸相对不足，过量的脂肪酸被转运至肝。脂肪酸β-氧化生成的乙酰 CoA 不能及时经三羧酸循环彻底氧化分解而转变成酮体，也因糖代谢的障碍不能被有效利用，从而引起高酮血症（hyperketonemia）和酮症酸中毒（ketoacidosis），是糖尿病患者常见的并发症之一。

> 糖尿病（diabetes mellitus，DM）是由于胰岛素分泌不足，和（或）周围组织细胞对胰岛素敏感性降低而引起的以高血糖为主要特征，伴有脂肪、蛋白质代谢紊乱的内分泌代谢性疾病。DM 主要分为Ⅰ型和Ⅱ型，此外还有特殊型（如β细胞功能遗传缺陷）及妊娠糖尿病。Ⅰ型 DM 的发病原因主要是因为胰岛β细胞被破坏，导致胰岛素分泌不足或绝对缺乏，而Ⅱ型 DM 则主要是因为周围组织细胞对胰岛素敏感性降低或产生抵抗，导致依赖胰岛素的代谢过程受阻。Ⅰ型糖尿病患者临床特点主要有：年龄多小于 40 岁，起病急，三多一少（多食、多饮、多尿，体重下降）明显，体型消瘦，血浆胰岛素水平低下，酮症倾向明显，对胰岛素有依赖性等。Ⅱ型糖尿病患者临床特点主要有：年龄多大于 40 岁，起病较缓，三多一少症状不明显，体型正常或肥胖，血浆胰岛素水平稍低、正常或升高，酮症倾向不明显，对胰岛素没有依赖性等。

(二) 糖与氨基酸代谢的相互联系

糖只能转变成非必需氨基酸,但大多数氨基酸(除亮氨酸和赖氨酸外其他 18 种编码氨基酸)可以通过脱氨基作用生成相应的 α-酮酸,然后循糖异生途径转变为糖(图 9-2)。所以糖不能替代食物蛋白质以维持组织细胞生长、更新与修补的重要作用。

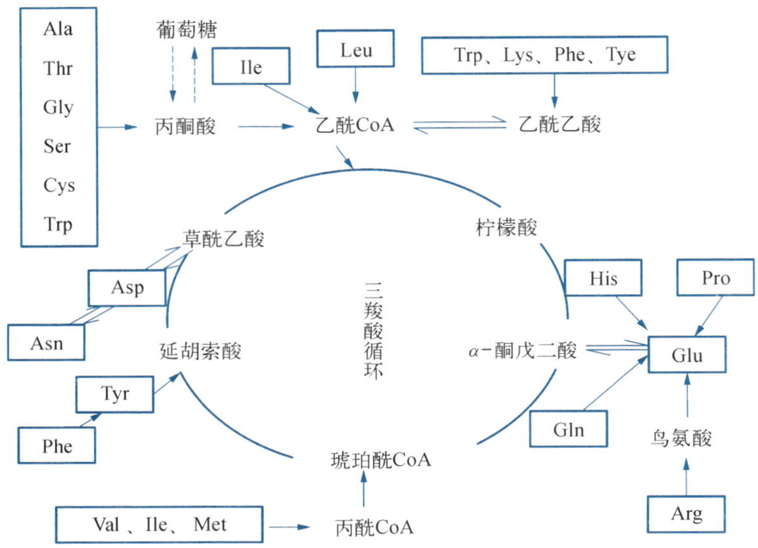

图 9-2　糖与氨基酸互变关系图

(蓝色框内为氨基酸)

(三) 脂与氨基酸代谢的相互联系

脂肪分解产生甘油和脂肪酸,但仅甘油部分可通过 α-酮酸途径转变成某些非必需氨基酸(能转变成氨基酸的 α-酮酸有丙酮酸、α-酮戊二酸、草酰乙酸等,α-酮酸被氨基化后即生成氨基酸),脂肪酸可以通过 β-氧化生成乙酰辅酶 A 进入三羧酸循环产生 α-酮戊二酸和草酰乙酸,进而通过转氨作用生成相应的谷氨酸和天冬氨酸,但必须消耗三羧酸循环的中间物质而受限制,如无其他来源补充,反应将不能进行下去。因此脂肪酸不易转变为氨基酸。而 20 种氨基酸分解后均能转变为乙酰 CoA,经丙二酸单酰 CoA 途径合成脂肪酸,再缩合生成脂肪、甘油磷脂、鞘磷脂或胆固醇。

(四) 糖、脂、蛋白质与核酸代谢的相互联系

氨基酸和糖均可以转变成核苷酸,但脂类仅甘油部分可以转变成核苷酸(图 9-3)。

嘌呤核苷酸的合成需要谷氨酰胺、甘氨酸、天冬氨酸和某些氨基酸分解代谢产生的一碳单位;尿嘧啶和胞嘧啶核苷酸的合成需要谷氨酰胺和天冬氨酸,胸腺嘧啶核苷酸的合成除需天冬氨酸和谷氨酰胺外,还需一碳单位。此外,所有核苷酸的合成都需要磷酸戊糖途径提供的 5-磷酸核糖。除脱氧胸苷酸外,脱氧核苷酸的合成还需 $NADPH+H^+$ 提供还原力。

脂类物质降解产生的甘油可通过转变为糖或氨基酸,然后参与核苷酸的合成,但脂肪酸经 β-氧化生成的乙酰 CoA 则不能转变成核苷酸。

总之,糖、脂肪、氨基酸和核苷酸四大类物质之间可以在一定程度上实现相互制约、相互转变(图 9-3)。

二、能量代谢的相互联系

物质代谢通常伴随能量代谢,物质流的改变通常伴随能量流的改变,这是生物体内物质代谢的特点之一。一般来说,物质的分解代谢通常伴随能量的释放和 ATP 的生成,而合成代谢则通常伴随能量的消耗或 ATP 的分解。

糖、脂肪、蛋白质三大物质在体内的氧化分解是生物体能量的主要来源。通常情况下,糖是机体的"燃烧材料",人体所需能量的 50%～70%由糖提供。脂肪是机体的"储能材料",脂肪含水少、储量大,当能量摄取超过利用时,多余能量主要以脂肪形式加以贮存。蛋白质是机体的"建筑材料",其主要功用是维持组织细胞的生长、更新、修补和执行各种生命活动,蛋白质氧化分解提供的能量可占总能量的 18%,只有当机体能源物

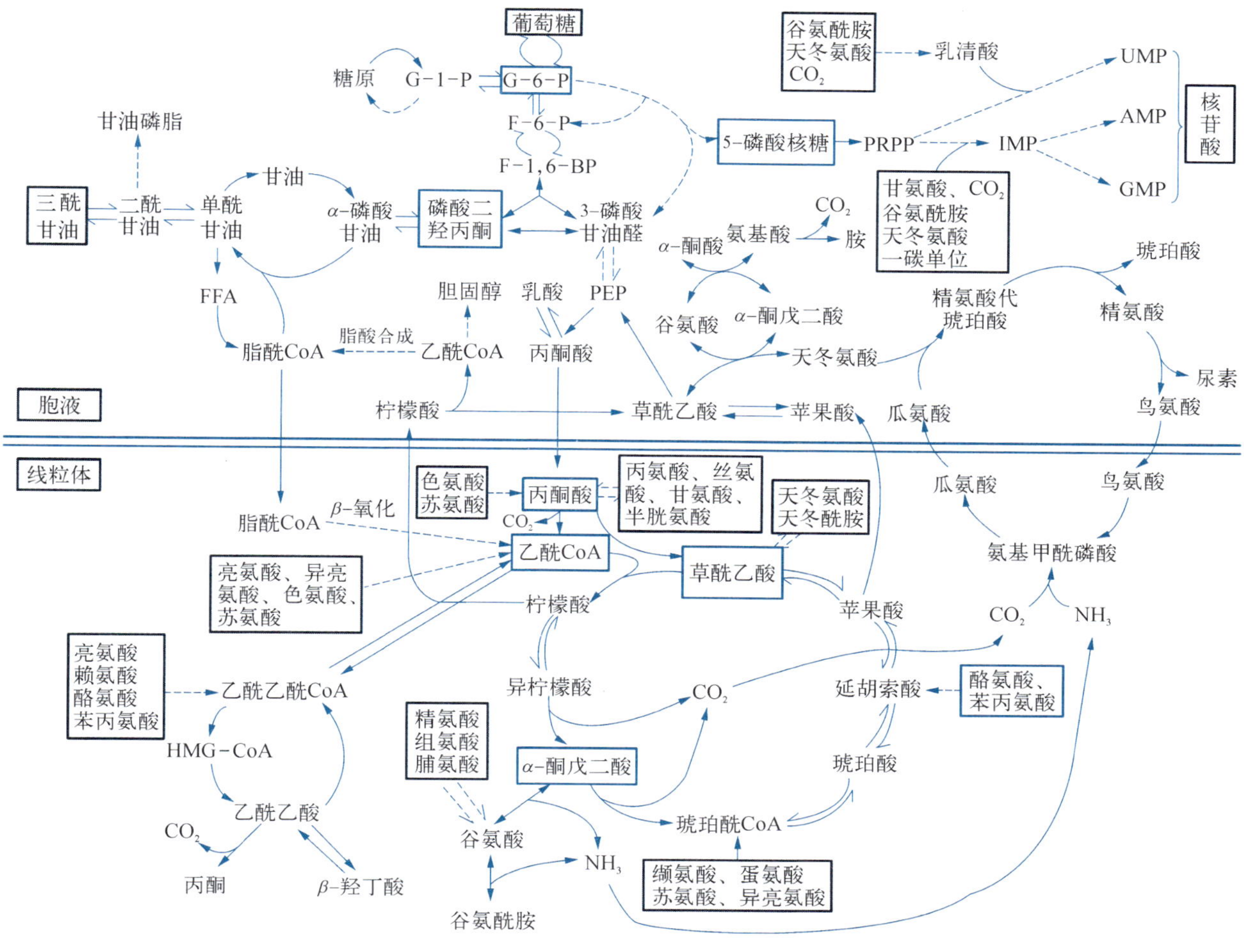

图 9-3 糖、脂、蛋白质及核苷酸四大物质代谢的联系(————表示多步酶促反应)

(黑色框为糖、脂、蛋白质及核苷酸四大物质,蓝色框为几大物质相互转变的交叉点)

质糖类、脂类严重消耗时,蛋白质才表现为大量分解供能。但机体会尽可能节省蛋白质的消耗,因为蛋白质的氧化供能可由糖、脂肪所代替。

糖、脂肪、蛋白质三大物质通过物质代谢的氧化分解过程,可分为三个阶段。首先,糖、脂肪、蛋白质分解产生各自的基本单位;然后,这些基本单位按各自不同的分解途径分解生成共同的中间产物——乙酰 CoA;最后,乙酰 CoA 进入三羧酸循环和氧化磷酸化彻底氧化分解,并释放能量生成 ATP(图 9-4)。由此可见,糖、脂肪、蛋白质三大物质最终都要通过三羧酸循环和氧化磷酸化的共同通路才能彻底氧化分解。因此,从供能角度看,三大物质可以互相代替并相互制约。当任一物质的氧化分解占优势时,就会抑制和节省其他供能物质的降解。

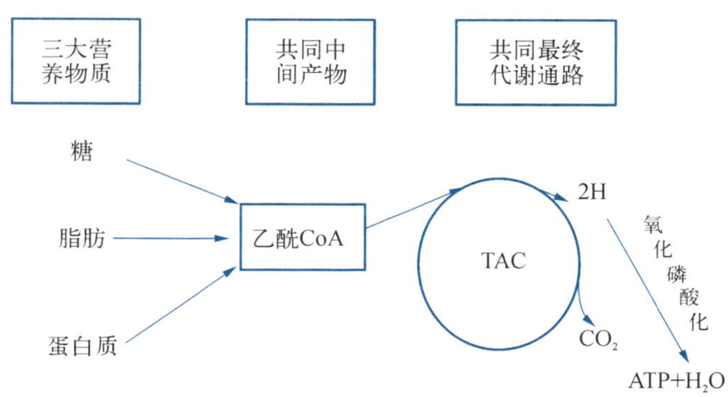

图 9-4 三大营养物质在能量代谢上的联系

第三节 组织、器官水平的代谢特点

由于不同组织器官物质代谢过程的差异,生物体为了适应外环境的变化并维持内环境的相对稳定,常常需要将不同组织器官中的物质代谢过程进行联系、协调和整合，从而形成了组织、器官水平(organ level)的物质代谢。器官水平的物质代谢通常利用体液(主要是血液)的物质转运过程相互偶联，并通过体液因素(主要是激素)进行调节，在不同组织器官之间形成了复杂的物质代谢。在生理功能上，不同器官代谢过程的整合主要是为了维持生物体内葡萄糖代谢的平衡，以便为脑和红细胞提供稳定的葡萄糖供应。此外，不同器官代谢过程的整合使得在能源物质充足时，能够被贮存；而在能源物质短缺或需求过多时能够被有效地动员或补充。

由于生物体在生长发育过程中，组成各组织器官的细胞分化不同，形成不同的形态结构，特别是细胞内各种代谢酶的种类和含量存在差异，使不同组织器官中物质代谢不完全相同，其代谢各具特色。

1. 肝　肝细胞中所表达的代谢酶，无论是种类还是含量，都是生物体内最丰富的。因此，肝是体内物质代谢的中枢或“生化工厂”。肝不仅在糖、脂、蛋白质、水、无机盐及维生素等物质代谢中发挥重要作用，还在胆汁酸代谢及非营养物质(包括激素和胆色素)的代谢中发挥独特的作用。例如，肝可通过糖原合成、糖原分解和糖异生作用，以维持血糖浓度的相对恒定。由于肝中表达的已糖激酶主要为Ⅳ型同工酶，即葡萄糖激酶，该酶对葡萄糖的亲和力低，故肝糖原的合成通常不是直接利用葡萄糖，而是经过三碳途径(或间接途径)合成，而肌糖原的合成则是直接途径。肝糖原可以直接分解生成自由葡萄糖以补充血糖，而骨骼肌中由于缺乏葡萄糖-6-磷酸酶，只能进行糖的无氧氧化或有氧氧化分解代谢，不能直接转变为自由葡萄糖。又如，酮体的代谢，肝细胞线粒体中有较强的合成酮体的酶类，但缺乏利用酮体的酶类，故有“肝内生酮肝外用”之说。肝内脂肪、胆固醇、磷脂合成非常活跃，但合成之后很快以 VLDL 形式释放入血，不能在肝细胞中贮存。否则，脂类在肝细胞中大量贮存会造成脂肪肝。胆汁酸的生成、尿素的合成、激素的灭活等都是肝特有的功能。

2. 心肌　心肌细胞富含线粒体，三羧酸循环与氧化磷酸化酶类丰富，且心肌细胞中的乳酸脱氢酶为 LDH_1，故心肌所需能量可来自酮体、乳酸、脂肪酸及葡萄糖等，并以有氧氧化途径为主。

3. 脑　作为机体的神经中枢，其能量需求和耗氧量大，耗氧量占全身耗氧的20%～25%。通常情况下，脑所需能量主要来自葡萄糖的有氧氧化。由于脑中无糖原贮存，其所需葡萄糖均由血糖供应。所以，血糖恒定对维持脑的正常功能十分重要。饥饿时，血糖浓度降低，脑利用酮体氧化供能加强，可减少对葡萄糖的依赖。

4. 骨骼肌　骨骼肌细胞富含线粒体和氧化呼吸链，且骨骼肌血管内皮细胞表面富含脂蛋白脂肪酶，故骨骼肌通常以分解脂肪酸氧化供能为主，也能利用酮体。剧烈运动时则以糖的无氧氧化分解供能为主，以提供能量的急需。骨骼肌能直接利用葡萄糖合成糖原，但肌糖原不能直接分解为自由葡萄糖。

5. 红细胞　成熟红细胞无线粒体，能量全靠葡萄糖的酵解途径产生，每天消耗 30 g 葡萄糖。红细胞中糖酵解途径特有 2,3-二磷酸甘油酸支路，该途径产生的 2,3-二磷酸甘油酸，能调节血红蛋白携氧功能。

6. 脂肪组织　脂肪组织细胞是合成及贮存脂肪的主要细胞。当摄取的糖量超过机体的消耗时，大量的糖可在脂肪细胞内转变为脂肪并贮存。需要时(如饥饿)，脂肪进行动员，释放出脂肪酸和甘油供全身各组织器官利用。脂肪细胞因缺乏甘油激酶而不能代谢甘油。

7. 肾皮质　肾皮质是除肝以外能进行糖异生和生成酮体的组织器官。肾皮质不仅能生成酮体，还能利用酮体，这点与肝不同。肾皮质的糖异生作用在长期饥饿时加强，几乎与肝细胞糖异生能力相当，故对维持空腹血糖恒定尤为重要。

不同组织器官的物质代谢中间物及代谢终产物，通过血液循环、神经系统及激素的调节联系成统一整体。其主要代谢特点见表9-1。

表9-1　不同组织器官中物质代谢的特点

器官	主要功能	主要代谢途径	主要代谢物	主要代谢产物	特异性酶
肝	代谢枢纽	糖异生，脂酸 β-氧化，糖有氧氧化，酮体生成等	葡萄糖，脂肪酸，乳酸，甘油，氨基酸	葡萄糖，VLDL，HDL，酮体	葡萄糖激酶，葡萄糖-6-磷酸酶，甘油激酶，磷酸烯醇式丙酮酸羧激酶
脑	神经中枢	糖有氧氧化，糖酵解，氨基酸代谢	葡萄糖，酮体，氨基酸等	乳酸，CO_2，H_2O	

续表

器官	主要功能	主要代谢途径	主要代谢物	主要代谢产物	特异性酶
心脏	泵出血液	有氧氧化	脂肪酸，葡萄糖，酮体，VLDL	CO_2，H_2O	脂蛋白脂酶，丰富的呼吸链
脂肪组织	储存及动员脂肪	酯化自由脂肪酸，脂解作用	葡萄糖，脂肪，脂蛋白	游离脂酸，甘油	脂蛋白脂酶，激素敏感脂肪酶
肌肉	肌肉收缩	有氧氧化，糖酵解	脂肪酸，葡萄糖，酮体	乳酸，CO_2，H_2O	脂蛋白脂酶，丰富的呼吸链
肾	排泄、糖异生	糖异生，酮体生成	脂肪酸，葡萄糖，乳酸，甘油	葡萄糖	甘油激酶，磷酸烯醇式丙酮酸羧激酶
红细胞	运输氧	糖酵解	葡萄糖	乳酸	无线粒体

第四节 物质代谢的调节

正常情况下，体内千变万化的物质代谢和错综复杂的代谢途径都能有条不紊地进行，并且代谢途径的强度、方向和速率能适应体内外环境的不断变化，以保持机体内环境的相对恒定和动态平衡，就是因为体内存在着完善、精细、复杂的调节机制。

物质代谢调节普遍存在于生物界，生物进化程度愈高其代谢调节愈精细愈复杂。根据调节层次的不同，可将生物体的物质代谢调节分为细胞水平、激素水平及整体水平三个层次，统称为三级水平物质代谢调节。其中，细胞水平物质代谢调节是基础，激素水平及整体水平的调节最终是通过细胞水平的物质代谢调节实现的。

一、细胞水平的物质代谢调节

细胞水平物质代谢调节的方式主要包括细胞内酶体系的代谢区室调节和关键酶的调节。

1. 酶体系的代谢区室调节　细胞内一系列酶促反应组成的代谢途径相互联系、相互影响，从而构成了细胞水平的物质代谢。组成每条代谢途径的酶体系在细胞内都有一定区域或亚细胞分布（表 9-2，图 9-5），称为代谢区室（metabolon）。酶体系在细胞内代谢区室隔离的意义在于使相关联而又不同的代谢途径间既有联系又不互相干扰，保证物质代谢中的各条代谢途径按各自方向顺利进行。例如，脂肪酸合成酶系定位于胞质，而脂肪酸 β-氧化酶体系则分布于线粒体。脂肪酸合成原料（底物）之一——乙酰 CoA 正好是脂肪酸 β-氧化的产物，如果两条途径共处于同一区室，则会造成乙酰 CoA 的无意义循环。

表 9-2　细胞水平物质代谢中不同酶体系的代谢区室

代谢途径	酶体系分布	代谢途径	酶体系分布
糖无氧氧化	胞质	脂肪酸 β-氧化	胞质和线粒体
糖有氧氧化	胞质和线粒体	酮体生成与利用	线粒体
磷酸戊糖	胞质	胆固醇合成	胞质和内质网
糖原合成	胞质	磷脂合成	内质网
糖原分解	胞质	尿素合成	线粒体和胞质
糖异生	线粒体和/或胞质	三羧酸循环和氧化磷酸化	线粒体

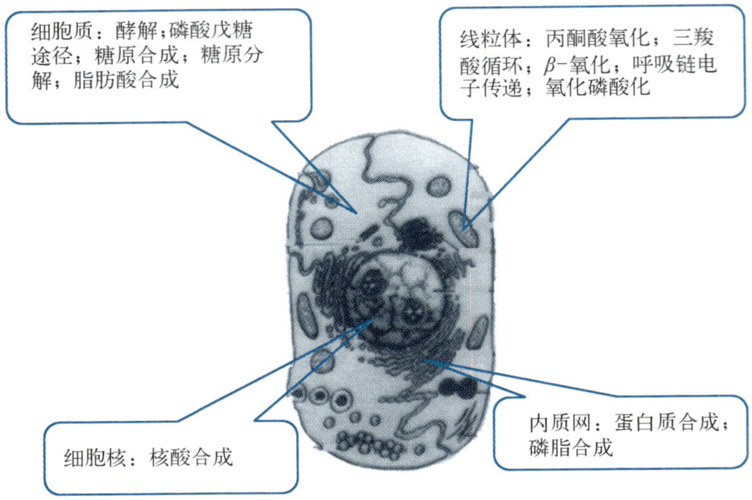

图 9-5 代谢途径与酶体系的区域化

2. 关键酶的调节 在代谢途径中决定反应的速度和方向的酶称为关键酶(key enzyme)。它有三个特点：① 它催化的反应速度最慢，所以又称限速酶。其活性决定代谢的总速度。② 它常常催化单向反应，其活性能决定代谢的方向。③ 它的活性除受底物控制外还受多种代谢物或效应剂的调节。在细胞水平的物质代谢调节中，关键酶的调节起着举足轻重的作用，其具体调节方式又可分为酶结构的调节和酶含量的调节。

(1) 酶结构的调节 酶结构的调节是指通过改变酶蛋白分子的结构以实现酶活性改变的一种关键酶调节方式，故又把酶结构的调节归为酶活性的调节(详见第三章)。细胞内关键酶结构的调节方式又可分为分为变构调节、共价修饰调节两种方式。

① 酶的变构调节 这是一种最原始和最基本的细胞水平物质代谢调节方式。关键酶的变构效应剂可以是酶的底物，也可以是酶的产物或酶体系的终产物，或其他中间代谢物。它们在细胞内浓度的改变能灵敏地反映代谢途径的强度和能量供需状况，通过对物质代谢中关键酶活性的变构调节，从而调节网络中代谢的强度、速率和方向，保持能量的供需平衡。表 9-3 列举了细胞水平物质代谢中变构激活剂或变构抑制剂对关键酶活性的调节。

表 9-3 细胞水平物质代谢中常见关键酶的变构调节

代谢途径	变构酶	变构激活剂	变构抑制剂
糖无氧氧化和有氧氧化	己糖激酶		G-6-P
	葡萄糖激酶(肝)		长链脂酰 CoA
	6-磷酸果糖激酶-1	AMP，ADP，1，6-双磷酸果糖，2，6-双磷酸果糖	ATP，柠檬酸
	丙酮酸激酶	AMP，1，6-双磷酸果糖	ATP，丙氨酸(肝)
	柠檬酸合酶	AMP	ATP，长链脂酰 CoA
	异柠檬酸脱氢酶	AMP，ADP	ATP
糖原分解	糖原磷酸化酶	AMP，Pi，G-1-P	ATP，G-6-P
糖异生	丙酮酸羧化酶	乙酰 CoA，ATP	AMP
	果糖 1，6-二磷酸酶-1	ATP	AMP，2，6-双磷酸果糖
脂肪酸合成	乙酰 CoA 羧化酶	柠檬酸，异柠檬酸	长链脂酰 CoA，ATP
氨基酸脱氨基作用	*L*-谷氨酸脱氢酶	ADP，GDP	ATP，GTP
嘌呤核苷酸合成	PRPP 酰胺转移酶	PRPP	IMP，AMP，GMP

② 酶的共价修饰调节 细胞水平物质代谢中关键酶的共价修饰调节通常与细胞外的调节因素相偶联。实际上，器官水平及整体水平的物质代谢调节最终是通过对细胞水平物质代谢的调节来实现的。因此，通过对物质代谢中相关关键酶的共价修饰调节，就可以将细胞水平物质代谢的调节与器官水平及整体水平的物质代谢调节偶联起来，最终实现生物体的整体调节以适应内外环境的变化。酶活性的共价修饰调节以酶蛋白的磷酸化与脱磷酸化修饰最为重要。常见关键酶的磷酸化或脱磷酸化修饰调节见表 9-4。

表 9-4 细胞水平物质代谢中常见关键酶的共价修饰调节

代谢途径	关键酶	
	磷酸化(激活)/脱磷酸化(抑制)	磷酸化(抑制)/脱磷酸化(激活)
糖原合成与分解	糖原磷酸化酶 糖原磷酸化酶 b 激酶	糖原合酶
糖无氧氧化		磷酸果糖激酶-2
糖有氧氧化		丙酮酸脱氢酶复合体
糖异生	果糖双磷酸酶-2	
脂肪合成与分解	激素敏感性脂肪酶	乙酰 CoA 羧化酶
胆固醇合成	HMG-CoA 还原酶激酶	HMG-CoA 还原酶

细胞水平物质代谢中同一关键酶的活性可受共价修饰与变构调节的双重调节，两种调节方式相互协作、相辅相成。例如，骨骼肌细胞中的糖原磷酸化酶 b 无活性，可被 AMP 变构激活，转变成活性较低的磷酸化酶 b；后者更易被糖原磷酸化酶 b 激酶催化磷酸化修饰，形成活性更强的磷酸化酶 a，且不易受磷蛋白磷酸酶催化脱磷酸，从而增强了磷酸化酶 a 的稳定性。只有当 ATP 或 G-6-P 增多，使有活性的磷酸化酶 a 变构转变为无活性的磷酸化酶 a，才能被磷蛋白磷酸酶催化脱磷酸重新转变成无活性的磷酸化酶 b。

(2) 酶含量的调节　在细胞水平物质代谢中，酶含量的调节也是在不同环境因素(如营养摄取)和生理状况(如激素分泌)下，某些酶的合成或降解速率发生适应性变化，引起细胞内酶含量发生相应增减，借此调节体内的物质代谢。因此，酶含量的调节也是一种生物体物质物质代谢整体调节在细胞内的体现。

二、激素水平物质代谢的调节

激素(hormone)是调节器官水平物质代谢的主要因素，是生物进化至多细胞高等生物才出现的更高级和更复杂的调节方式。激素调节的一个重要特点是具有高度的组织细胞特异性和效应特异性。按激素受体在细胞的部位不同，可将激素分为膜受体激素和胞内受体激素两大类。

1. 作用于膜受体的激素调节　激素的靶受体通常是存在于细胞质膜上的跨膜蛋白质。这类激素的种类很多，化学结构也不尽相同。有蛋白质及多肽类激素、氨基酸衍生物类及脂类衍生物类。由于激素种类及相应的靶受体类型不同，故调节机制也不尽相同，但共同的作用规律是：激素与相应的膜受体特异识别结合形成激素-受体复合物，通过影响存在于膜内侧的信号转导蛋白或酶的催化活性，改变胞内第二信使的浓度，调节某种蛋白激酶的活性，将调节信号逐级传递放大，最终产生一系列的代谢及生理效应。

2. 作用于胞内受体的激素调节　胞内受体激素主要包括糖皮质激素、盐皮质激素、性激素、甲状腺激素、1,25-$(OH)_2$-维生素 D_3 及视黄酸等疏水性激素，可透过细胞膜进入胞内，与胞质中的特异受体结合形成激素-受体复合物，然后再进入核内；或直接进入细胞核与核内特异受体识别结合。在核内，激素-受体复合物二聚化，与 DNA 分子上的激素反应元件结合，促进(或抑制)相应结构基因的表达以调节细胞内蛋白质或酶的含量，从而实现激素对物质代谢的调节。

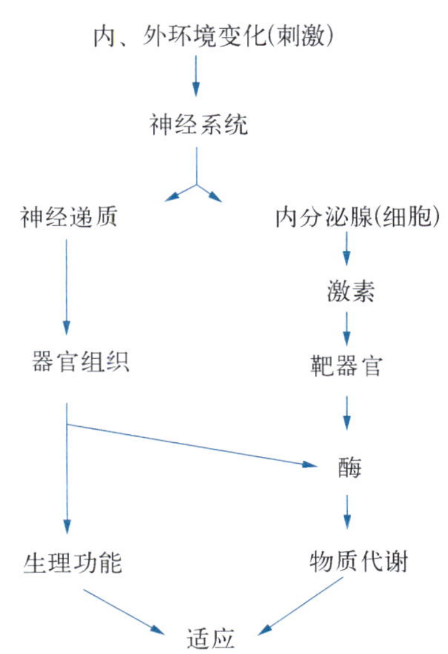

图 9-6 整体水平的物质代谢调节

三、整体水平的物质代谢调节

整体水平(system level)的物质代谢是指由神经系统、内分泌系统和全身各器官、组织和细胞参与构成的物质代谢。神经系统通过释放神经递质，可直接影响组织细胞中的物质代谢；或通过影响内分泌系统的活动，改变激素的分泌，间接地对各器官、组织和细胞进行整体物质代谢的综合调节，即通过"神经-激素-酶"调节轴进行调节(图 9-6)。

由于整体水平的物质代谢非常复杂，这里仅举几个例子作简要的介绍。

(一) 饥饿状态时整体水平的物质代谢调节

包括短期饥饿状态和长期饥饿状态两种情况。

1. 短期饥饿状态　在不能进食1～3 d后，血糖趋于降低而引起胰岛素分泌减少和胰高血糖素分泌增加，这两种激素的增减可引起一系列的代谢改变：肌肉蛋白质分解加强；糖异生作用增加；脂肪动员加强；酮体生成增多；组织对葡萄糖的利用降低。主要能量来源于储存的蛋白质和脂肪，其中脂肪约占能量来源的85%以上。

2. 长期饥饿状态　长期饥饿时不同器官对能源物质氧化利用的改变称为饥饿适应(adaptation to starvation)。长期饥饿的前几周，脂肪动员进一步加强，肝生成大量酮体，血中酮体水平明显升高，脑组织细胞开始利用酮体以及葡萄糖供能；饥饿持续2～3周，脑组织细胞对酮体的氧化利用约占其所需能源的2/3；肌肉以脂酸为主要能源，以保证酮体优先供应脑组织；肌肉蛋白分解减少，负氮平衡有所改善，乳酸和丙酮酸成为肝糖异生的主要来源；肾糖异生作用明显增强，几乎和肝相等。

(二) 应激状态时整体水平的物质代谢

应激(stress)状态是指在一些异乎寻常的刺激(如创伤、剧痛、冻伤、缺氧、中毒、感染以及剧烈情绪激动等)作用于机体后所作出的一系列反应。应激状态伴有神经及体液的变化，包括交感神经兴奋引起肾上腺髓质和皮质激素分泌增多，血中胰高血糖素及生长激素水平增高，胰岛素水平降低，从而引起机体一系列生理活动和物质代谢改变，其结果是氧摄入增多，物质分解代谢增加而合成代谢受抑制。

应激时，肾上腺素、去甲肾上腺素及胰高血糖素分泌增加，促进肝糖原分解并抑制糖原合成。同时，肾上腺皮质激素和胰高血糖素又可使糖异生作用加强以增加血糖来源。此外，胰岛素水平降低，组织细胞摄取和利用葡萄糖减少，也可促使血糖浓度进一步升高。肾上腺素、胰高血糖素及糖皮质激素等分泌增加而胰岛素的分泌减少，还可促进脂肪大量动员，血液中自由脂肪酸升高，可作为心肌、骨骼肌和肾等组织器官能量的主要来源。且肝生酮作用增强，肝外组织利用酮体也增加，节省对葡萄糖的氧化利用。肾上腺皮质激素分泌增加和胰岛素分泌减少可引起骨骼肌蛋白质分解代谢加强，氨基酸释出增多，一方面为肝糖异生提供原料，另一方面氨基酸分解代谢加强则导致肝合成尿素增加。

(三) 肥胖时整体水平的物质代谢

肥胖(obesity)是体内脂肪组织积累过多引起的一种疾病，其发病过程复杂，与遗传、环境、膳食结构及体力活动等多种因素相关。目前，临床上将以中心性肥胖合并高血压、高血糖、高血脂和低HDL胆固醇等为主要临床表现的症候群称为代谢综合征(metabolic syndrome, MS)。

> 体重指数(body mass index, BMI)是诊断肥胖最常用的指标之一，其定义为：体重(kg)/身高的平方(m^2)。如BMI值等于或大于25，可认为超重；如大于30则可诊断为肥胖。除了经过训练的运动员以外，BMI可应用于所有成年人。
>
> 肥胖是热量摄入与消耗之间慢性失衡的结果。1 kg脂肪组织大约相当于7 650 kcal热量，即1 000 g×9 kcal(每克三酰甘油释放的热量)×0.85(脂肪组织中三酰甘油比例)。因此，如果某人每天积累100 kcal热量，则一年内将增重约4.8 kg。反之，如每天减少摄入500 kcal热量，则每周将会减重约0.5 kg。但过快的减重会导致水和肌肉蛋白的丢失，最有效的减重方案是在维持健康饮食的情况下，每天减少摄入500～1 000 kcal的热量。

食欲和进食行为是影响人体体重的重要因素之一。而正常的食欲、进食和热量平衡受到神经系统和内分泌系统的复杂调节。神经系统的食欲中枢和各种反射活动参与了食欲、进食、消化和吸收过程的调节。调节食欲和进食行为的激素包括胃、肝、胰腺、脂肪组织及消化道分泌的多种激素，分为短期调节激素和长期调节激素两大类。短期调节激素主要包括生长激素释放肽(growth hormone-releasing peptide)和胆囊收缩素(cholecystokinin, CCK)。生长激素释放肽由胃黏膜细胞分泌，有刺激食欲的作用；而CCK由小肠上段细胞分泌，可引起厌食和饱胀感而抑制进食。长期调节激素主要包括胰岛素和瘦蛋白(leptin)，二者都有抑制进食并促进热量消耗的作用。

肥胖者常导致高胰岛素血症和骨骼肌的胰岛素抵抗。此时，骨骼肌细胞不能上调与甘油三酯合成相关的酰基转移酶活性以适应自由脂肪酸摄入的增加，细胞内中间代谢物浓度增高抑制了骨骼肌细胞对葡萄糖的摄取和糖的无氧氧化，从而需要分泌较高浓度的胰岛素以保证对葡萄糖的氧化利用。虽然胰岛素抵抗的机制尚未完全阐明，但肥胖者伴胰岛素抵抗可能与脂肪细胞因子(adipokine)(包括瘦蛋白、抵抗素、脂联素、内肥素等)分泌不平衡以及从脂肪组织释放入血的自由脂肪酸增多有关。

第五节　代谢组学

代谢物是生物体在其生命活动过程中形成的小分子中间物或终产物，其种类繁多，浓度改变迅速。各种理化因素、病理生理因素和药理毒理因素对生物体的影响，最终都会导致代谢物谱的改变。因此，通过定量检测生物体在病理生理刺激或遗传变异情况下，动态的、多参数的代谢应答改变，获得生物体特定的代谢模式(metabolic profile)，从而实现对基因表达、物质代谢及代谢调节过程进行整体分析和理解的一门学科，称为代谢组学(metabonomics)。

代谢组学的研究思路，最早是由伦敦帝国学院的 J. Nicholson 教授提出，并将其应用于毒理学研究。2007 年，科学家首次完成了人类代谢物组草图的分析，相关信息可在人类代谢物组数据库(http://www.hmdb.ca)中检索到。目前，该数据库已收集了超过 7 900 种人类小分子代谢物。

通过代谢组学分析获得的代谢物谱，更能迅速并准确地反映机体生命活动的变化，是判断细胞、组织器官或生物体的基因表达调控、物质代谢调节及病理生理效应的有效指标之一，也是分析和理解生物体物质代谢组成结构与生理功能的重要途径。

一、代谢组学的研究方法

代谢组学分析研究的生物样本包括血液、尿液、组织或细胞提取液、细胞培养液等，研究技术方法主要包括样本中代谢物的分离、检测和数据的统计学分析处理。

1. *样本中代谢物的分离*　常用的分离技术方法有气相色谱法(gas chromatography, GC)、高效液相色谱法(high performance liquid chromatography, HPLC)和毛细管电泳法(capillary electrophoresis, CE)。

2. *样本中代谢物的检测*　质谱法(mass spectrometry, MS)具有较高的检测灵敏度和特异性，是定量检测和鉴定代谢物最常用的技术方法。核磁共振法(nuclear magnetic resonance, NMR)是唯一一种不需分离代谢物即可进行检测的技术方法。其他检测方法还有电化学法、放射标记法等。

3. *数据的统计学处理*　常用的统计分析处理方法包括主成分分析法(principal components analysis, PCA)和偏最小二乘回归法(partial least squares regression, PLSR)等。

二、代谢组学的应用

代谢组学研究在基础医学、药学和临床医学领域中应用十分广泛。

1. *疾病诊断*　代谢组学分析可从整体上反映机体的物质代谢及其变化。通过比较生理与病理状态下机体代谢组学的改变，可发现与疾病相关的有诊断价值的代谢模式。

2. *新药开发和药理毒理学研究*　药物毒副反应的判定是新药开发过程中十分重要的环节。化学药物所致机体生理功能的改变，常常导致血液或尿液中代谢模式的改变。除了单一化学药物以外，在复方中药制剂药理毒理作用的研究中，代谢组学分析也是一种有效的分析方法。此外，代谢组学分析也常用于寻找新的药物作用靶点。

3. *功能基因组学研究*　代谢组学是一种确定基因突变引起个体表型改变的极好的工具。通过与已知基因突变所致代谢紊乱进行比较，可以推测未知基因的功能。

4. *营养基因组学研究*　一般来说，体液代谢物组受年龄、性别、机体组成成分、遗传因素以及病理因素等内源性因素的影响，而主要的外源性因素是药物和食物。代谢物组学分析所获得的代谢指纹，可以反映在上述因素综合影响下个体代谢的平衡状态,因而是营养基因组学研究的工具之一。

小 结

生物体与外界环境之间不断进行的物质交换,即物质代谢。物质代谢具有整体性、复杂性、可调节性、组织器官特异性及个别代谢物的重要性等特点。在生物体内,各种物质代谢途径之间可通过共同枢纽性中间产物进行相互联系和转变。糖、脂、蛋白质等营养素在供应能量上可相互代替,互相制约,但不能完全互相转变,因为有些代谢反应是不可逆的。由于组成各组织器官的细胞分化不同,使各组织器官有独特的代谢方式。

物质代谢途径之间的联系还受到体内完善、精密而又复杂的调节机制的调控。根据调节层次的不同,可将生物体的物质代谢分为细胞水平、激素水平和整体水平三个层次。细胞水平的物质代谢调节主要是通过改变细胞内关键酶的活性来实现的。激素水平的物质代谢调节的主要因素是激素,此调节方式是生物进化至多细胞高等生物才出现的更高级和更复杂的调节方式。整体水平的物质代谢调节是指由神经系统、内分泌系统和全身各器官、组织和细胞参与构成的物质代谢调节。

代谢组学是通过动态的、多参数的定量检测生物体各种状态的代谢应答改变,获得生物体特定的代谢模式,从而实现对基因表达、物质代谢及代谢调节过程进行整体分析和理解的一门学科。

【复习思考题】

1. 试以糖尿病为例,讨论体内三大营养物质及主要器官的代谢改变。有哪些措施可以改善病情?
2. 人体可通过哪些方式调控物质代谢?

(刘友平)

第三篇

生命信息的传递与调控

生命信息是指生物体储存在DNA(或RNA)分子中的遗传信息和调节整体生命活动所需要的细胞间的信息。因此,生命信息的传递一是指遗传信息从亲代传递到子代以及遗传信息表达为各种执行生物学功能的RNA和蛋白质的过程,还包括生物体对外界环境信号的应答,细胞间的联系和对话。

生命活动以物质和物质的变化为基础,还依赖于生命信息的传递与调控。遗传物质从亲代传递到子代,才能保持物种完整的遗传特征,遗传信息的表达,才能使遗传特征得以表现,而细胞间的信号传导,是生命活动能统一协调进行的保障。从基因水平及信号传导异常来认识、诊断和治疗疾病已成为目前医学领域关注的重要课题。

在本篇中,将主要介绍以下两大部分知识:一部分是围绕遗传中心法则依次分章介绍DNA复制、反转录、RNA生物合成、蛋白质生物合成每一过程及特点,相关基本概念,影响基因表达的调控因素等。在这些知识的基础上,介绍了基因工程的基本知识。另一部分内容是介绍细胞信号传导的基本原理,包括参与信号传导的相关分子及作用机制,主要信号通路等。这些知识,是学习生命科学的学生必须掌握的。

生命信息的传递及调控知识是当今生命科学进展迅速的领域,新观点、新概念、新发现很多,需要通过本篇学习打好基础,以利于接受不断更新的知识。

第十章

DNA 生物合成

学习要点

掌握：① 半保留复制的概念及意义；② 半不连续复制的概念及原因、冈崎片段的概念；③ 逆转录的概念；④ 参与 DNA 复制的酶类及蛋白质因子的名称及作用；⑤ DNA 损伤修复方式。

熟悉：① 原核 DNA 聚合酶的分类及作用；② 逆转录的过程；③ DNA 损伤的概念。

了解：① DNA 复制的过程；② 端粒及端粒酶的概念和作用。

DNA 是生物体的主要遗传物质，在细胞分裂前通过 DNA 的复制，子代细胞最终能获得和亲代细胞完全相同的遗传信息。此外，在某些 RNA 病毒中存在反转录酶，它能以病毒的 RNA 为模板合成 DNA，这是生物体合成 DNA 的另一种方式，称为反转录(reverse transcription)。体内外可能导致 DNA 发生损伤，生物体内有一系列的修复机制能及时识别 DNA 的损伤并加以修复。本章主要讨论三个方面的问题，即 DNA 复制、反转录和细胞内 DNA 损伤修复的主要机制。

第一节　DNA 复制

DNA 复制(DNA replication)是指以亲代 DNA 为模板合成子代 DNA 的过程。原核生物和真核生物 DNA 复制的基本原理和过程大致相同，细节上有所差别。由于对 DNA 复制机制的认识更多来源于对原核生物的研究，真核生物复制过程中很多细节尚未完全阐明，所以本章主要讨论原核生物 DNA 的复制过程。

一、DNA 复制的基本特征

虽然不同生物由于基因组大小不同、结构也存在差异，复制上各有特点，但所有生物基因组在复制过程中都表现出以下基本特征：

(一) DNA 半保留复制

在研究 DNA 复制方式的初期，人们提出了三种可能的方式，即全保留、半保留和混合式(图 10-1)。最终通过实验证实 DNA 复制的方式是半保留复制。

1953 年，James Watson 和 Francis Crick 在提出 DNA 双螺旋结构模型后就推测出 DNA 复制的方式为半保留复制(semiconservative replication)，即 DNA 复制时亲代 DNA 的两条链解开，以每条链作为模板按碱基互补配对规则合成新链，从而形成两个子代 DNA 分子，每一个子代 DNA 分子包含一条亲代链和一条新合成的链(图 10-2)。

1958 年，Matthew Messelson 和 Franklin Stahl 通过实验证实了半保留复制假说。他们将细菌放在以

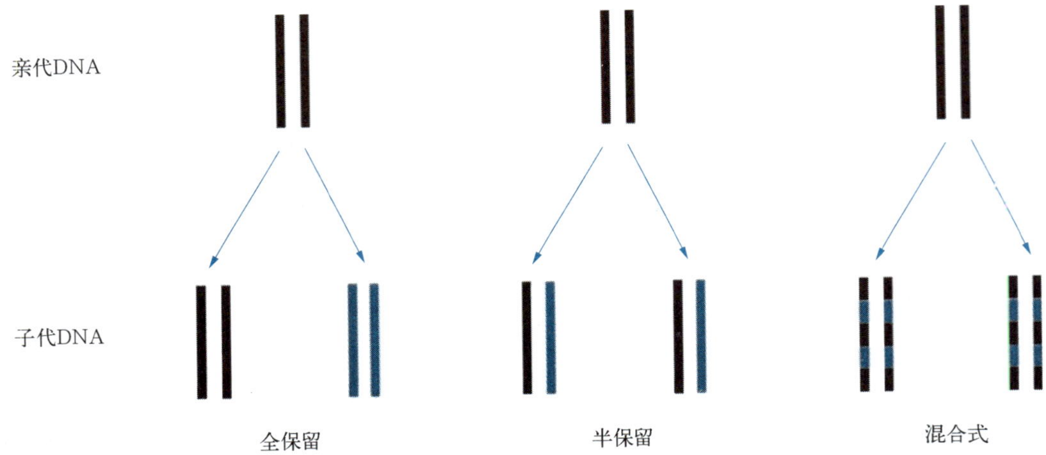

图 10-1 DNA 复制的三种可能方式

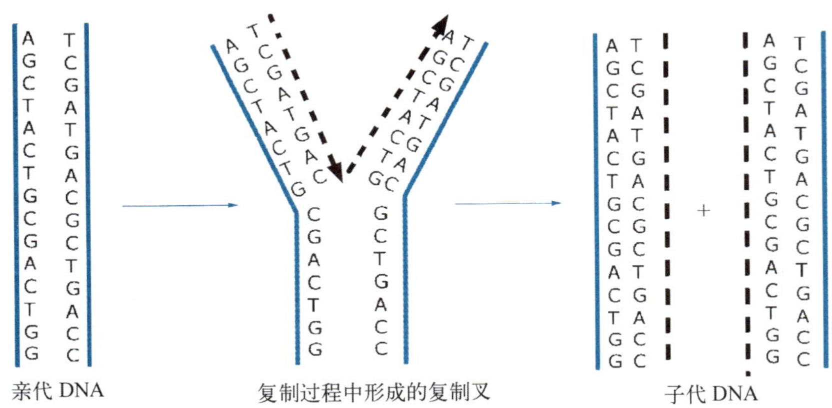

图 10-2 DNA 半保留复制示意图

$^{15}NH_4Cl$为唯一氮源的培养液中培养若干代,得到所有氮均为^{15}N的 DNA 分子,因其密度较高,通过密度梯度离心法分离,^{15}N-DNA 的条带位于离心管靠下的位置。然后,将含^{15}N-DNA 的细菌转入普通的$^{14}NH_4Cl$ 的培养液中培养,提取子一代及子二代的 DNA 进行密度梯度离心法分析,结果如图 10-3 所示:

实验结果显示,培养一代后的 DNA 分子其密度介于^{15}N-DNA 和^{14}N-DNA 之间,说明复制产生的两个 DNA 分子中都有一条链是^{15}N-DNA 单链,另一条是^{14}N-DNA 单链,即杂合的 DNA。培养第二代,得到等量的杂合 DNA 和^{14}N-DNA。继续培养,杂合 DNA 的含量将呈几何级数减少,这一实验结果证实了 DNA 的复制方式为半保留复制。这种方式使亲代 DNA 所含的信息以极高的准确度传递给子代 DNA 分子,体现了生物遗传过程的相对保守性。

(二) DNA 的双向复制

复制总是在 DNA 分子上的特定位点开始,这一位点称为复制起始点(replication origin)。原核生物只有一个复制起始点,真核生物有多个复制起始点,这样能加快真核生物基因组 DNA 复制的速度。复制起始点的结构多呈十字形,富含 AT 序列,易于 DNA 双链解开,启动复制过程。

DNA 双链从复制起始点解开,复制沿两个方向同时进行,称为双向复制(bidirectional replication)。解开的两条模板单链和尚未解旋的 DNA 双链模板形成叉状结构,称为复制叉(replication fork),又称为生长叉(growing fork),如图 10-4 所示。习惯上,将含有一个复制起始点的一个完整 DNA 分子或 DNA 分子上的某段区域看作一个独立复制单元,称为复制子(replicon)。质粒、细菌染色体和噬菌体等通常只有一个复制起始点,因而其 DNA 分子只构成一个复制子;真核生物染色体有多个复制起始点,所以含有多个复制子。

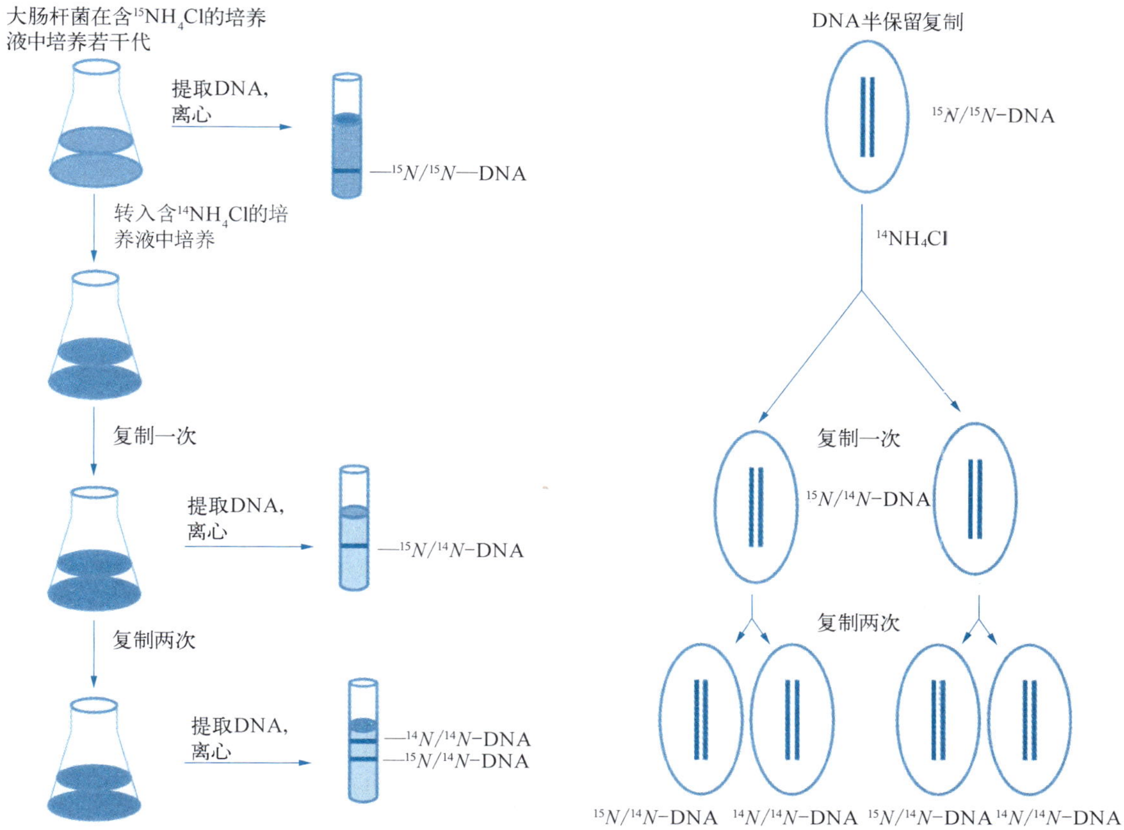

图 10－3 DNA 半保留复制的实验验证

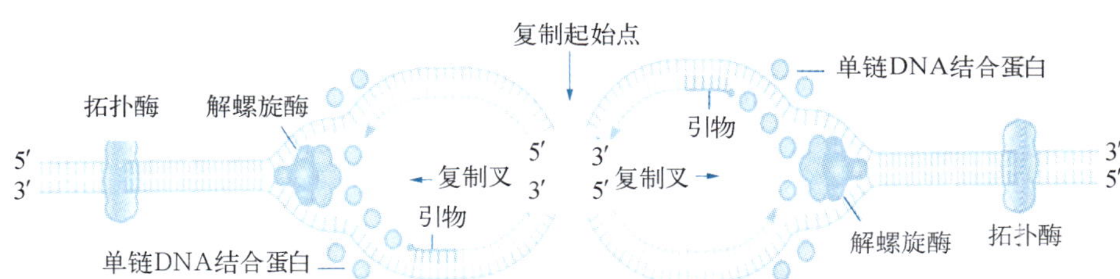

图 10－4 DNA 的双向复制和复制叉

（三）DNA 复制的半不连续性

一个 DNA 分子在复制过程中会产生两条 DNA 新链。新链和模板链之间是反向平行的关系，新链的合成方向是 5′→3′，所以在复制过程中一条新链的合成方向与复制叉前进的方向相同，能连续合成；而另一条新链的合成方向与复制叉前进方向相反，不能连续合成，这种复制方式称为半不连续复制（discontinous replication）。能连续合成的链称为前导链（leading strand），不能连续合成的链称为后随链（lagging strand）。后随链在合成过程中需要将 DNA 解开一定的长度才能合成新链，所以其复制方式是先合成一些短的 DNA 片段，然后再通过连接酶将其连接形成完整的长链（图 10－5）。1968 年，日本学者 Reji Okazaki 利用电子显微镜和放射自显影技术观察到了后随链复制过程中会出现一些较短的 DNA 片段，后人将其命名为冈崎片段（Okazaki fragment）。真核生物中冈崎片段的长度为 100～200 bp，而原核生物

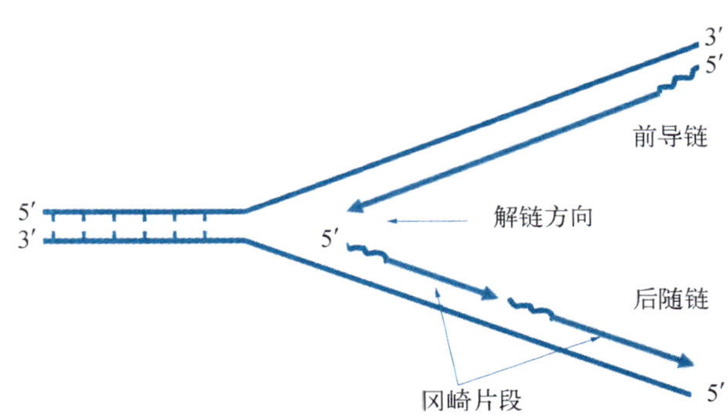

图 10－5 DNA 的半不连续复制

中为 1 000～2 000 bp。

(四) DNA 复制需要引物

DNA 新链的合成必须从已有核酸片段的 3′端开始,这是由于 DNA 聚合酶不能将两个游离的脱氧单核苷酸直接连接起来。因此,在 DNA 复制过程中先要以模板链中某一段区域为模板生成一段核酸单链,在其 3′- OH 末端上由 DNA 聚合酶催化逐个加入脱氧单核苷酸,使新链延长,这一单链片段称为引物(primer)。

(五) DNA 复制的高保真性

DNA 是生物体主要的遗传物质,DNA 复制需具有高度准确性才能使子代细胞获得与亲代完全相同的遗传性状,这对于保持物种的稳定性具有非常重要的意义。要确保 DNA 的复制保真性,主要通过以下三种机制:① 在半保留复制过程中,DNA 聚合酶对底物有严格的选择性,新链的合成要严格遵守碱基互补配对规则;② DNA 聚合酶具有 3′→5′方向核酸外切酶的活性,能及时识别错配的碱基并将其切除;③ 细胞内存在 DNA 损伤修复系统,能对 DNA 分子出现的异常改变及时加以纠正。当然,由于生物特别是真核生物基因组中碱基数目庞大,仅通过以上机制,基因组 DNA 复制过程中还是会出现一定比例的碱基错配,复制的误差率为 10^{-11}～10^{-7}。这一现象,使子代在继承亲代遗传性状的同时,还会出现一些个体差异,这是生物进化的基础。

二、DNA 复制体系

(一) 模板

复制过程要以亲代 DNA 链作为模板,亲代 DNA 分子必须要解链成为单链分子才能指导新链的合成。

(二) 原料

以 4 种 dNTP,即 dATP、dGTP、dCTP、dTTP 为原料。在模板的指导下,遵循碱基互补配对规则,沿 5′→3′方向,dNTP 通过 DNA 聚合酶催化形成的磷酸二酯键逐个连接到引物或延长中新链的 3′- OH 上。

(三) 主要酶类及蛋白质因子

目前,在大肠埃希菌中发现与 DNA 复制相关的蛋白质大约有 30 种,在真核生物中的相关蛋白质则更多。主要有 DNA 聚合酶、拓扑异构酶、解螺旋酶、单链 DNA 结合蛋白、引物酶和 DNA 连接酶。

1. DNA 聚合酶　DNA 聚合酶全称是依赖 DNA 的 DNA 聚合酶(DNA-dependent DNA polymerase, DDDP),简称 DNA - pol,是 1958 年由 Arthur Kornberg 在大肠埃希菌中首次发现。目前在原核及真核生物中都发现了多种类型的 DNA 聚合酶,它们主要表现出以下三种催化活性:① 5′→3′方向的聚合酶活性,催化 3′,5′磷酸二酯键的形成,使 DNA 链沿 5′→3′方向延长;② 5′→3′核酸外切酶活性,能从 5′→3′方向水解核酸单链,在 DNA 复制中主要用于对引物的水解;③ 3′→5′核酸外切酶活性,能从 3′→5′方向将复制过程中错配的核苷酸水解,具有校正修复的功能。

原核生物的 DNA 聚合酶分为三型:DNA - pol Ⅰ、DNA - pol Ⅱ和 DNA - pol Ⅲ。DNA - pol Ⅰ是所有生物 DNA 聚合酶的原型,具有上述三种催化活性,在 DNA 复制过程中主要用于填补引物切除后留下的空隙。DNA - pol Ⅰ由一条含 928 个氨基酸残基的多肽链构成,分子质量为 109 kDa。用蛋白酶能将其水解为大小两个片段,大片段保留了 5′→3′方向的聚合酶活性和 3′→5′核酸外切酶活性,称为 Klenow 片段(Klenow fragment),是基因工程中常用的一种工具酶;小片段具有 5′→3′核酸外切酶活性。DNA - pol Ⅱ也只有一条多肽链,分子质量 120 kDa,具有 5′→3′方向的聚合酶活性和 3′→5′核酸外切酶活性,研究发现当复制叉停留在 DNA 受损部位时,重新开始复制则需要 DNA 聚合酶Ⅱ,DNA - pol Ⅲ是 DNA 复制中起主要作用的酶,分子质量大约为 1 MDa,由十种亚基组成的不对称二聚体。其中两个 β 亚基能使 DNA 聚合酶稳定的结合在 DNA 模板上,在复制叉高速解链的过程中也不至于脱落。DNA - pol Ⅲ活性高于其他 DNA 聚合酶,每分钟大约能催化 10^5 次聚合反应(图 10 - 6)。

在真核生物中发现的 DNA 聚合酶大约有 15 种,其中主要有 α、β、γ、δ、ε 五种。在链的延长过程中起主要作用的是 DNA 聚合酶 δ,它参与冈崎片段的延长及前导链的合成;DNA 聚合酶 β 主要参与 DNA 的损伤与修复;DNA 聚合酶 ε 主要参与 DNA 的校正修复;DNA 聚合酶 γ 主要参与线粒体 DNA 的复制(表 10 - 1)。

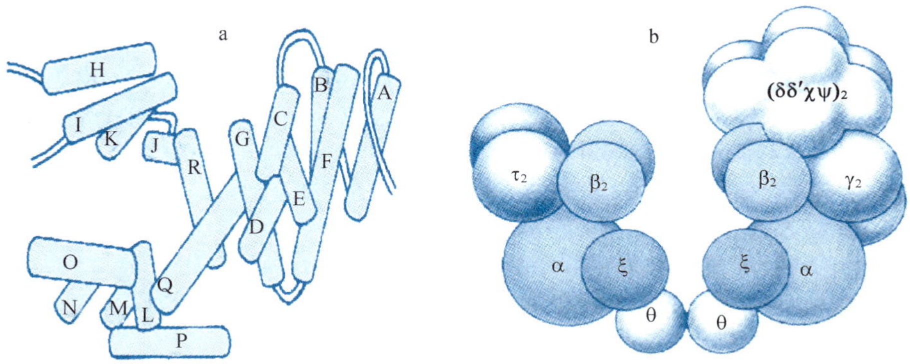

图 10-6　大肠埃希菌 DNA-pol 分子结构模型

(a) DNA-pol Ⅰ的多肽链由 18 个 α-螺旋区组成;(b) DNA-pol Ⅲ为不对称的二聚体

表 10-1　原核与真核生物 DNA 聚合酶的比较

原　核　生　物	真　核　生　物	功　　　能
DNA-pol Ⅰ	α	填补缺口
DNA-pol Ⅱ	ε	DNA 的校正修复
	β	DNA 的损伤修复
	γ	线粒体 DNA 的合成
DNA-pol Ⅲ	δ	催化链的延长

2. *拓扑异构酶*　DNA 拓扑异构酶(DNA topoisomerase),简称为拓扑酶,可改变 DNA 分子的拓扑性质。拓扑是指物体或图像作弹性位移而又保持物体不变的性质,所有 DNA 的拓扑性相互转换均需 DNA 链暂时断裂和再连接。复制过程中 DNA 分子每复制 10 bp,未解开的双螺旋就会绕其长轴旋转一周,产生正超螺旋。随着复制叉的不断前行,DNA 分子将变得更加正超螺旋化,DNA 链将会出现缠绕、打结等现象,复制也无法继续进行。这时就需要拓扑酶来发挥作用,它能在 DNA 复制过程中消除 DNA 复制时局部双链解开产生的应力,将 DNA 转变为负超螺旋,理顺 DNA 链。

拓扑酶的作用特点是既能切断 3′,5′磷酸二酯键,从而使 DNA 超螺旋在解旋过程中不至于缠绕打结,又能在适当的时候重新形成 3′,5′磷酸二酯键,封闭切口。原核及真核生物的拓扑酶均分为Ⅰ型和Ⅱ型。拓扑酶Ⅰ能切断 DNA 双链中的一股,使 DNA 在解链过程中不至于发生缠绕打结,适当时候又能封闭切口,其作用不需要消耗 ATP;拓扑酶Ⅱ则可切断处于正超螺旋的 DNA 双链,通过切口消除应力使超螺旋松弛,利用 ATP 提供的能量使松弛的 DNA 转变为负超螺旋,双链切口也会被拓扑酶Ⅱ重新封闭(图 10-7)。

3. *解螺旋酶*　大肠埃希菌中的 DnaB 蛋白又称为解螺旋酶(helicase),主要作用是利用 ATP 提供的能量解开 DNA 双螺旋,形成单链作为 DNA 复制的模板。在大肠埃希菌中发现的与复制相关的蛋白质被命名为 DnaA,DnaB,DnaC……DnaX 等,DNA 解链除了需要 DnaB 蛋白,还需要 DnaA 蛋白和 DnaC 蛋白的协同作用。

4. *单链 DNA 结合蛋白*　单链 DNA 结合蛋白(single-stranded DNA binding protein, SSB)对单链 DNA 有较高亲和力,能特异地结合到解开的 DNA 单链模板上,保持单链模板的稳定性。复制中的两条单链模板是由一个双链 DNA 分子解链后形成的,两者为互补链,碱基完全配对,因此很容易重新结合形成双链结构。另外,出现的单链 DNA 分子有可能会被细胞内的核酸酶误认为是损伤的 DNA 而被水解。通过 SSB 及时结合到解开的单链模板上,能避免以上两种情况的发生,从而保持单链模板的稳定。在真核生物中,还有一种叫复制蛋白 A(replication protein A, RPA)的物质也会结合到单链模板上,保持模板的稳定。

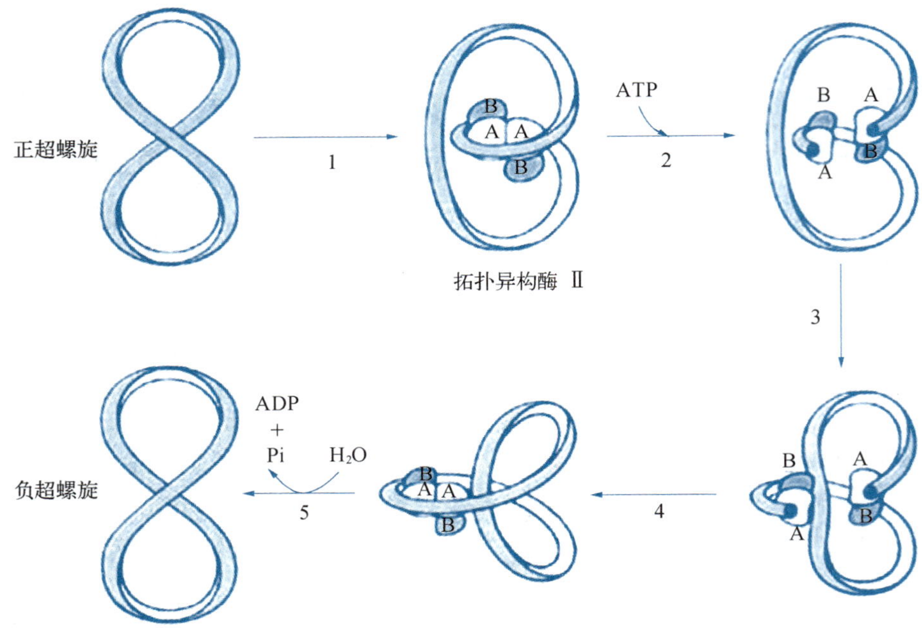

图 10-7 DNA 拓扑异构酶Ⅱ作用示意图

5. 引物酶　引物为一小段 RNA 片段，其长度为 10～200 个核苷酸残基。引物的形成需由引物酶(primase)催化完成，原核生物中的引物酶又称为 DnaG 蛋白，真核生物 DNA 聚合酶 α 的一个亚基就具有引物酶的活性。

6. DNA 连接酶　双链 DNA 分子中一条单链上的断裂部位，称为切口(nick)，它不涉及核苷酸的缺失或双链的断开。DNA 连接酶(DNA ligase)能利用 ATP 提供的能量，将双链 DNA 分子中出现的单链切口连接起来。DNA 复制过程中后随链的合成是不连续的，因此，冈崎片段之间会存在很多的切口，这些切口的连接需要 DNA 连接酶来发挥作用，最后才能复制出完整的双链子代 DNA 分子。

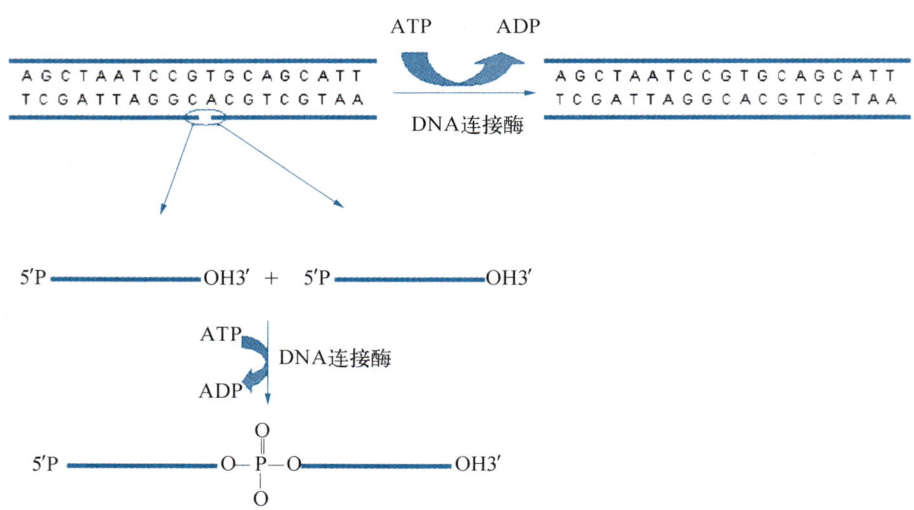

图 10-8 DNA 连接酶的作用示意图

DNA 连接酶不仅在复制中发挥作用，在 DNA 损伤修复、重组等生理过程中也是必不可少的，是基因工程中一种重要的工具酶。

DNA 复制过程中还需要其他多种蛋白质的参与，以上介绍的六种是最主要的，其名称和功能总结如表 10-2。

表 10-2 参与原核生物 DNA 复制的主要酶类和蛋白质

名称	作用
DNA 聚合酶	合成 DNA 链、切除引物、校正修复
拓扑异构酶	理顺 DNA 链
解螺旋酶(DnaB 蛋白)	解开双螺旋
单链 DNA 结合蛋白	稳定单链模板
引物酶(DnaG 蛋白)	合成引物
DNA 连接酶	连接冈崎片段

三、DNA 的复制过程

原核生物和真核生物单个复制子的复制过程大致相似，为了便于理解人为将其分为起始、延长、终止三个阶段，原核生物和真核生物 DNA 复制起始和终止阶段差异较大。在此主要介绍原核生物 DNA 的复制过程。

(一) 起始

起始是复制过程中较复杂的一个阶段，需要多种蛋白质参与(表 10-3)。这一阶段是在复制起始点附近将 DNA 双链解开，形成复制叉，催化引物的生成。

表 10-3 参与大肠埃希菌 DNA 复制起始的主要蛋白质分子

名称	作用
DnaA 蛋白	辨认复制起始点
DnaB 蛋白(解螺旋酶)	解开双螺旋
DnaC 蛋白	协助解螺旋酶
DnaG 蛋白(引物酶)	合成引物
SSB(单链 DNA 结合蛋白)	稳定单链模板

1. *DNA 复制起始点的识别和解链* 解链过程需要 DNA 与蛋白质，蛋白质与蛋白质之间相互作用。蛋白质和复制起始点的相互作用能提供小范围的单链 DNA，这对于新生 DNA 的合成来说是非常重要的。大肠埃希菌 DNA 第 82 等分位点上有一个长为 245 bp 的 固定复制起始点，称为 *oriC*。这段 DNA 分子上有 3 组串联重复序列和 2 对反向重复序列。大肠埃希菌 DNA 解链过程主要由 DnaA、DnaB、DnaC 三种蛋白共同参与完成，DnaA 蛋白能识别 *oriC* 中的反向重复序列并与之结合，多个 DnaA 蛋白聚合形成 DNA 蛋白复合体，这一结构能促使反向重复序列解链。解螺旋酶(DnaB 蛋白)在 DnaC 蛋白协同下结合到 DNA 分子上，逐步置换出 DnaA 蛋白，促使 DNA 分子进一步解开双链。单链 DNA 结合蛋白(SSB)及时结合到解开的两条单链上，保持单链模板的稳定。

解链过程会使 DNA 分子正超螺旋化，应力不断增加，为了使 DNA 链不会发生缠绕、打结，使复制得以顺利进行，需要拓扑异构酶来发挥作用。

2. *引发* 解链以后，引物酶(DnaG 蛋白)进入到 DnaB、DnaC 蛋白与起始点相结合的复合物上，从而形成含有解螺旋酶、DnaC 蛋白、引物酶和 DNA 复制起始点区域所组成的复合结构，称为引发体(primosome)，见图 10-9。引物酶根据模板的碱基序列，从 5′→3′方向催化 NTP 聚合，生成短片段的 RNA 引物。

3. *复制叉形成* 随着 RNA 引物的生成和 DNA-pol Ⅲ 的加入，在复制起始点两侧形成两个复制叉。复制叉由以下 4 种成分组成：① 亲代 DNA 通过解螺旋酶解开的局部片段；② 引物酶合成的 RNA 引物；③ DNA 聚合酶催化合成的新生子代 DNA 链；④ 结合了 SSB 的单链 DNA。复制叉的形成标志着复制起始阶段的完成，复制即将进入链的延长阶段。

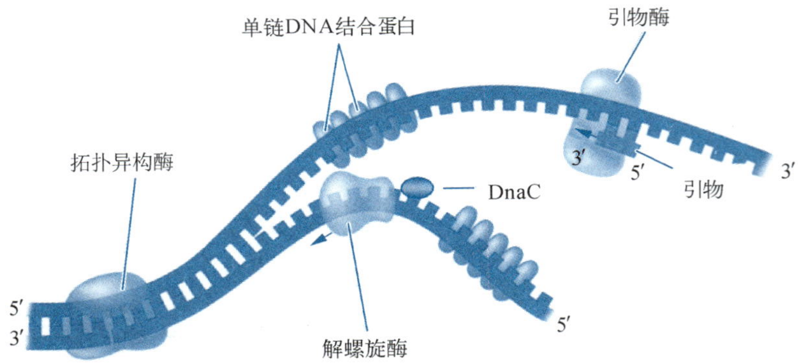

图 10-9　引发体的形成

(二) 延长

复制叉形成以后,在复合体中 DNA-pol 的催化下,沿 5′→3′方向将 dNTP 以 dNMP 的方式逐个连接到引物或延长中的子链上(图 10-10)。由于 DNA 分子是反向平行结构,新链的合成方向都是 5′→3′方向,所以一条新链的合成方向与解链方向相同能连续合成,称为前导链;另一条新链的合成方向与解链方向相反,只能是解开一段复制一段,不能连续合成,称为后随链。后随链的形成,是当 DNA 模板解开足够长度后,先由引物酶催化合成一小段 RNA 引物,然后 DNA-pol Ⅲ催化合成冈崎片段。当后一个冈崎片段合成到前一个冈崎片段的 RNA 引物处,延长反应停止。

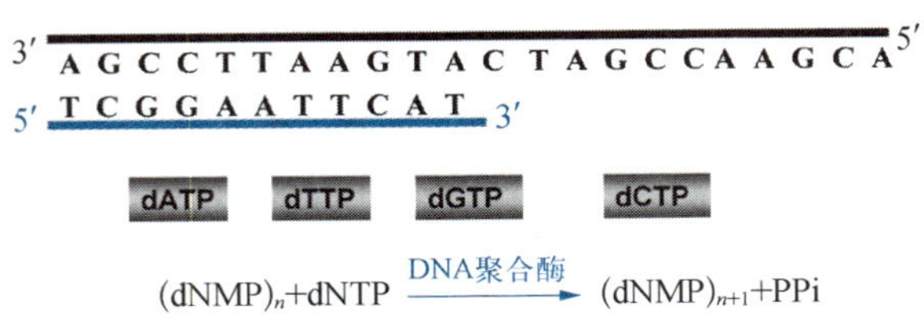

图 10-10　复制的基本化学反应

复制过程中,链的延长主要依靠 DNA-pol Ⅲ的作用,其两个 β 亚基环形结合在 DNA 模板上,形成“夹钳”(clamp)样结构,使 DNA 聚合酶牢固地结合在 DNA 模板上。前导链的合成先于后随链,后随链的模板链会折叠或绕成环状(图 10-11)。

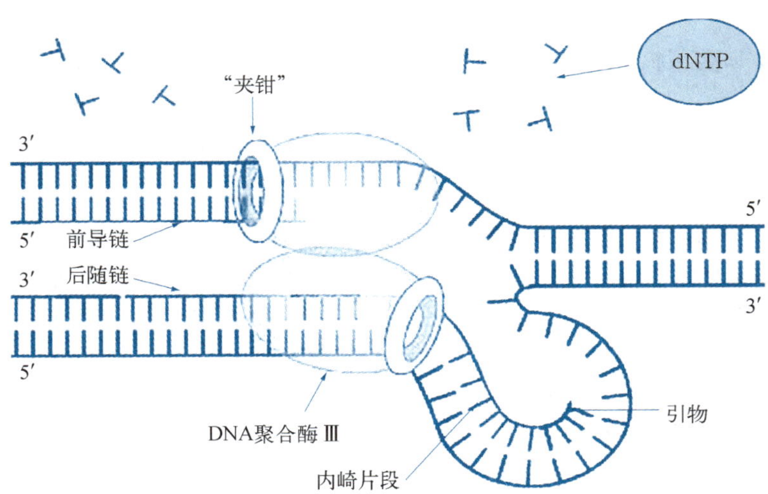

图 10-11　DNA 复制链的延长

DNA 复制的速度相当迅速,大肠埃希菌基因组含有 3×10^6 bp,其复制起始点只有一个,在营养充足、生长条件适宜的条件下,每秒钟大约可掺入 2 500 个核苷酸,复制一代大约需要 20 分钟。真核基因组大小约为 3×10^9 bp,如果也是只有一个复制起始点,将需要较长时间才能完成复制。实际上,真核生物每个染色体上都有多个复制起始点,其基因组的复制也能在短时间内完成。

（三）终止

大肠埃希菌基因组复制的终点是在复制起始点对侧的终止区域内，由于原核基因 DNA 是环状结构，大肠埃希菌复制起始点在 82 等分位点，终止点在 32 等分位点，刚好把环状 DNA 分为两个半圆。从复制起始点开始，通过双向复制，两个复制叉在终止点汇合，形成两个环状 DNA 分子，分别被分配到两个子代细胞中。

由于复制具有半不连续性，后随链上会出现很多不连续的冈崎片段，每个冈崎片段的前端都有一小段 RNA 引物。在链的延长过程中，当后一个冈崎片段合成到前一个冈崎片段的 RNA 引物处时，由 DNA - pol Ⅰ接替 DNA - pol Ⅲ，以其 5′→3′核酸外切酶活性切除 RNA 引物并以 5′→3′方向聚合酶活性将缺口填补起来。DNA - pol 只能将 DNA 延长，冈崎片段之间的切口最终需由 DNA 连接酶催化连接，才能形成完整的双链 DNA(图 10 - 12)。

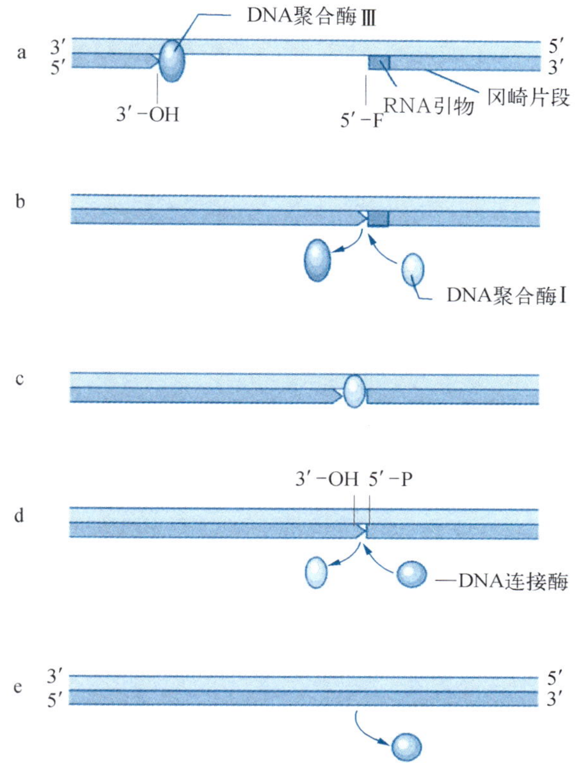

图 10 - 12 DNA 复制的终止阶段

(a) 在 DNA 聚合酶Ⅲ的作用下合成冈崎片段；(b) 冈崎片段合成到前一个冈崎片段的 RNA 引物处时，由 DNA 聚合酶Ⅰ接替 DNA 聚合酶Ⅲ；(c) DNA 聚合酶Ⅰ切除 RNA 引物并填补缺口；(d) DNA 连接酶连接单链切口；(e) DNA 连接酶脱离，合成出完整的双链 DNA

（四）端粒和端粒酶

真核生物染色体 DNA 是线性的，复制完成后两条新链 5′端引物被切除，DNA 聚合酶无法填补留下的缺口。如果这一问题无法解决，真核 DNA 将随着复制次数的增加长度逐渐缩短。实际上这一情况不会发生，因为在真核生物染色体末端存在一种特殊的结构，称为端粒(telomere)。端粒在维持染色体的稳定性和 DNA 复制的完整性方面有重要作用，它是由许多富含 TG 的重复序列及相关的蛋白质组成的复合体，像帽子一样盖在染色体两端，使染色体 DNA 末端膨大成粒状，因而得名(图 10 - 13)。端粒 DNA 的 3′端由数百个 TG 重复序列组成，四膜虫的重复序列为—TTGGGG—；人的重复序列为—TTAGGG—。

20 世纪 80 年代中期发现了端粒酶(telomerase)，其结构由三部分组成：人类端粒酶 RNA(human telomerase RNA，hTR)、人类端粒酶协同蛋白 1 (human telomerase associated protein 1，hTP1)和人端粒酶反转录酶(human telomerase reverse transcriptase，hTRT)，见图 10 - 14。端粒酶能以自身携带的 RNA 为模板，反转录合成端粒 DNA。端粒酶作用的机制称为爬行模型(inchworm model)，其作用是：① 端粒酶 RNA(AnCn)辨认并结合母链 DNA(TnGn)；② 反转录延长母链并反折，延伸至足够长度后，端粒酶脱离母链，代之以 DNA 聚合酶；③ 反折的母链同时起模板和引物的作用，在 DNA 聚合酶的催化下完成链的延长(图 10 - 15)。

端粒 DNA 的长度由端粒结合蛋白(telomere binding protein，TBP)调控，一定量的 TBP 与端粒结合后可抑制端粒酶的活性。适度的端粒酶活性对于细胞的正常增殖非常重要。端粒重复序列的长度随着细胞分裂次数的增加和年龄的增加而缩短，继而引起染色体稳定性下降，引起细胞衰老。研究发现，体外培养的细胞随着传代次数的增加，端粒长度逐渐缩短。生殖细胞端粒长于体细胞，胚胎细胞端粒长于成年细胞。此外，在增殖活跃的肿瘤细胞中发现端粒酶的活性增高。因此，对于端粒和端粒酶的研究，在解释衰老及肿瘤等疾病发病机制方面有重要意义。

DNA 还存在其他复制方式，比如噬菌体 DNA 复制方式为滚环复制(rolling circle replication)、真核生物线粒体 DNA 为 D-环复制(D-loop replication)等。

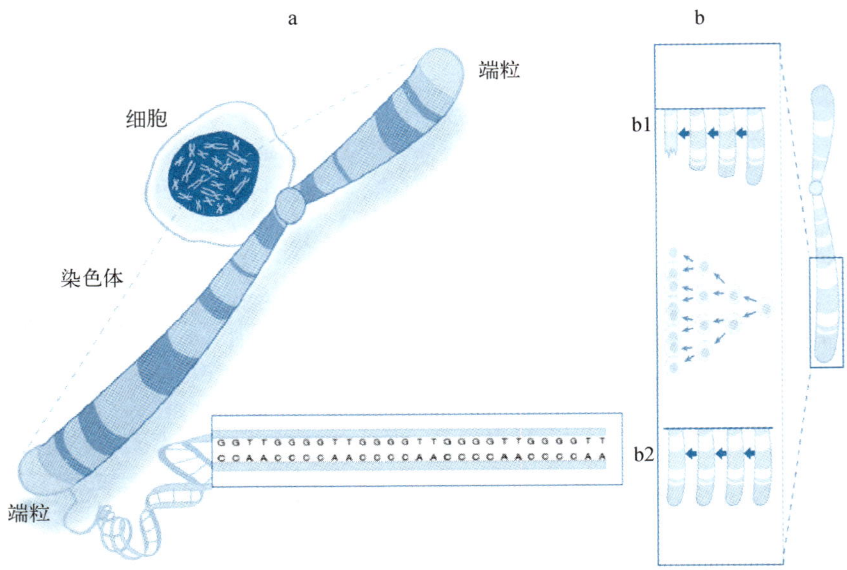

图 10-13 端粒结构及作用示意图

(a) 染色体两端帽子样结构的端粒;(b) 端粒对染色体的保护作用(b1 没有端粒酶的保护,随着细胞的分裂染色体长度在缩短;b2 有端粒酶,在细胞分裂过程中染色体保持结构的稳定)

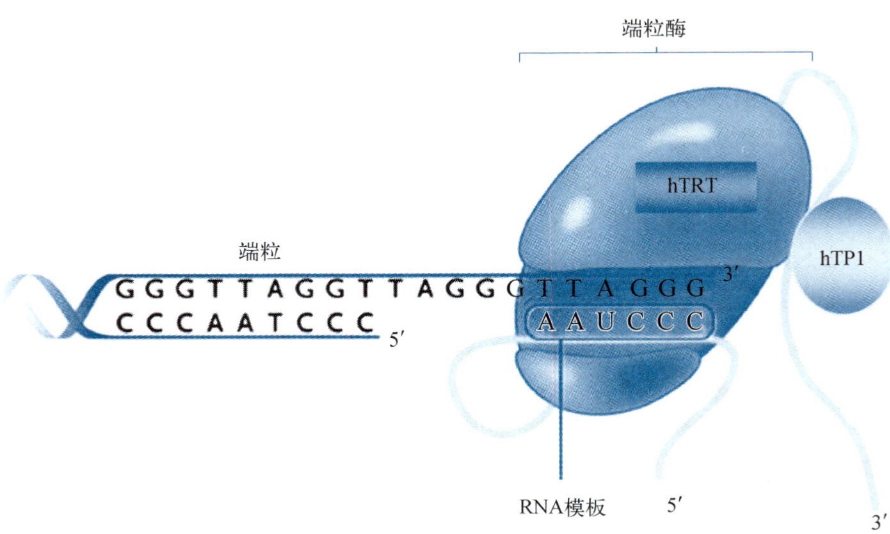

图 10-14 人端粒酶结构示意图

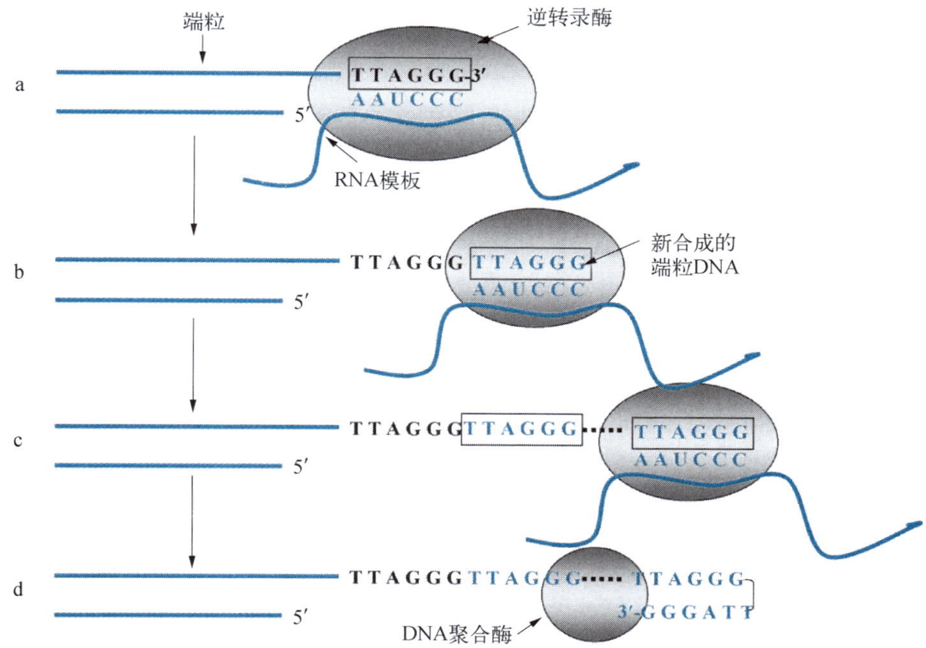

图 10－15　端粒酶作用的“爬行模型”

(a)～(c) 以端粒酶中的 RNA 为模版在反转录酶的催化下合成端粒 DNA；(d) 端粒 DNA 延长足够长度后，反折成非标准配对的发夹结构，端粒酶脱离，DNA 聚合酶结合上去催化 DNA 链延长

第二节　逆 转 录

自然界大多数生物都以双链 DNA 作为遗传物质，但也有某些噬菌体和病毒以 RNA 为遗传物质。RNA 病毒能以逆转录的方式合成 DNA，因此称其为逆转录病毒(retrovirus)。

一、逆转录的概念及过程

逆转录又称“反转录”，是指在逆转录酶的作用下，以 RNA 为模板合成 DNA 的过程，因其与转录过程刚好相反，故称为逆转录。逆转录酶(reverse transcriptase)是 1970 年由 Howard Temin 和 David Baltimore 在 RNA 病毒中发现的，该酶有三种催化活性：① 依赖 RNA 的 DNA 聚合酶活性(RNA dependent DNA polymerase，RDDP)；② RNA 酶 H 活性(Rnase H)；③ 依赖 DNA 的 DNA 聚合酶活性。

逆转录病毒感染宿主细胞后，以病毒的 RNA 为模板，4 种 dNTP 为原料，在逆转录酶 RDDP 的作用下合成 DNA 互补链，这条以 RNA 为模板生成的 DNA 链称为互补 DNA(complementary DNA，cDNA)，它与模板形成 RNA/DNA 的杂化双链。然后，通过逆转录酶 Rnase H 的活性将杂化双链中的 RNA 水解。最后，以剩下的 DNA 单链作为模板，合成第二条 DNA 互补链，从而形成双链 DNA 分子(图 10－16)。RNA 病毒在细胞内复制产生的双链 DNA 被称为前病毒(provirus)，它保留了 RNA 病毒的全部遗传信息。前病毒既可以在细胞内独立繁殖，也可以整合到宿主细胞的 DNA 分子中，随着宿主细胞的 DNA 一块进行复制和表达，最终在宿主细胞中表达出病毒的遗传信息。

二、逆转录的意义

1. *逆转录的发现，是对分子生物学中心法则的补充和发展*　传统的中心法则认为 DNA 处于生命活动的中心位置，具有储存和表达遗传信息的功能，而 RNA 主要在遗传信息的表达过程中发挥作用。逆转录作

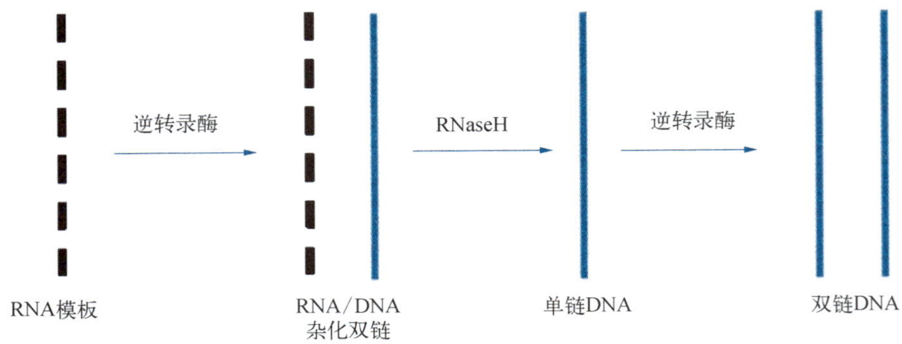

图 10-16　逆转录反应过程

用说明，在某些生物体内 RNA 同样具有储存和表达遗传信息的功能。

2. *逆转录的发现，对病毒致癌机理的研究有极大的推动作用*　从 Rous 发现了鸡肉瘤病毒是引起鸡肉瘤的病因到现今，人们逐渐认识到很多肿瘤的发生与相应病毒的感染有关。这些病毒多为逆转录病毒，病毒致癌的理论认为，病毒通过逆转录的方式在宿主细胞中表达出病毒癌基因的相关信息，从而导致细胞恶性转化。

3. *逆转录酶是基因工程等分子生物学技术中常用的工具酶*　在基因工程中以逆转录的方式来获取目的基因是一种重要的方法(见第十四章)。

第三节　DNA 损伤与修复

在遗传信息传递过程中，DNA 复制的保真性是维持物种稳定的主要因素。然而，在长期的生命过程中，生物体时刻受到来自体内、外环境中各种因素的影响，DNA 的改变不可避免。各种因素所导致的 DNA 组成和结构任何异常的改变就称为 DNA 损伤(DNA damage)，如果这一损伤能导致细胞、病毒或细菌的基因型发生稳定的、可遗传的变化，就称为突变(mutation)。DNA 损伤主要包括 DNA 结构的扭曲和点突变，DNA 结构的扭曲会造成对复制、转录的干扰；而点突变则会扰乱正常的碱基配对，通过 DNA 序列的改变对后代产生损伤效应。小范围的 DNA 损伤通常可通过 DNA 修复纠正，而程度广泛的损伤可引起细胞的程序性死亡。

一、DNA 损伤

(一) DNA 损伤的因素

引发 DNA 损伤的因素很多，可分为外因(环境因素)和内因(生理因素)。外因包括物理、化学及生物因素；内因主要指 DNA 在复制过程中产生的错误、DNA 损伤修复过程中出现的错误、碱基的自发突变等。

1. *物理因素*　电离辐射既可以直接作用于生物大分子导致化学键断裂，分子结构遭到破坏；又可以通过在细胞内激发产生自由基等方式间接损伤 DNA 分子。在紫外线的照射下，DNA 分子中同一条链上相邻的胸腺嘧啶碱基(T)间可发生共价连接，形成胸腺嘧啶二聚体结构(TT)。其他嘧啶碱基之间也可在紫外线照射下形成类似的二聚体(图 10-17)。二聚体的形成会使 DNA 产生弯曲和扭结，影响 DNA 双螺旋结构，使复制和转录受阻。

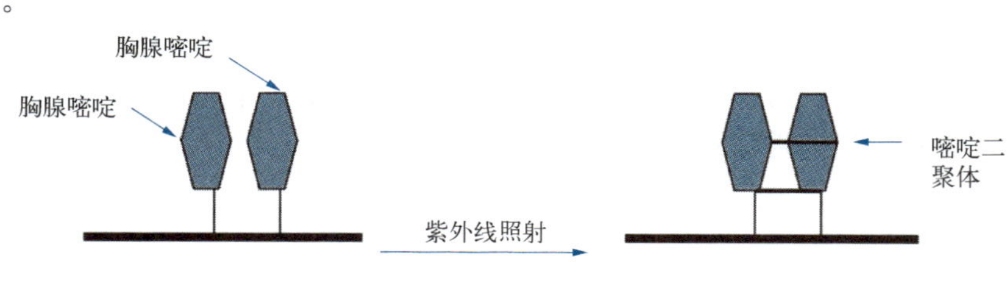

图 10-17　嘧啶二聚体的形成

2. 化学因素　能引起 DNA 损伤的化学物质种类繁多，按其作用机制的不同可分为自由基、碱基类似物、碱基修饰物和嵌入染料。例如，碱基类似物 5-溴尿嘧啶和 2-氨基嘌呤可替代正常碱基掺入到 DNA 分子中，引起特异的碱基转换突变。烷化剂作为碱基修饰剂能通过修饰 DNA 链中碱基的某些基团，改变其配对性质，进而改变 DNA 结构。例如，亚硝酸盐对碱基有脱氨基的作用，能使腺嘌呤脱氨后变为次黄嘌呤，不再与胸腺嘧啶配对，转而与胞嘧啶配对。临床上肿瘤治疗的很多化疗药物正是通过诱导 DNA 损伤，如碱基改变、DNA 链断裂等，阻断 DNA 的复制，从而抑制肿瘤细胞的增殖。

3. 生物因素　病毒产生的毒素和代谢产物有可能会诱发基因突变。

（二）DNA 损伤的类型

DNA 分子中的碱基、核糖和磷酸二酯键都是 DNA 损伤可作用的靶点，其中碱基是最主要的作用位点。根据 DNA 分子结构改变方式的不同，突变的类型可分为碱基的错配（mismatch）、缺失（deletion）、插入（insertion）和重排（rearrangement）等几种类型。

1. 错配　DNA 分子碱基的错配又称为点突变（point mutation），指的是 DNA 分子中单个或几个碱基的变化，从而使 DNA 的结构发生改变。如果碱基的改变会产生新的密码子，编码的氨基酸信息发生改变，这样的突变称为错义突变；若某个碱基的改变使代表某种氨基酸的密码子突变为终止密码，从而使肽链合成提前终止，这样的突变称为无义突变。发生碱基错配的原因可能是复制过程中核苷酸的掺入错误或复制酶的校对作用失灵、化学诱变剂的作用等。

2. 缺失和插入　缺失是指 DNA 分子中一个或多个碱基的丢失；插入是指在 DNA 分子中插入一个或多个碱基。由于密码子具有连续性的特点，缺失和插入都会导致 mRNA 阅读框移位，翻译产物的结构和功能发生明显的改变，称为框移（移码）突变（frameshift mutation）。

3. 重排　DNA 分子内较大片段的交换，称为重组或重排。

二、DNA 损伤的修复

在长期的进化过程中，无论是低等生物还是高等生物都形成了自己的 DNA 损伤修复系统，能及时纠正和修复细胞内发生的 DNA 损伤。发生 DNA 损伤的细胞其转归很大程度上取决于 DNA 损伤修复的结果，如能正确修复，DNA 结构和功能恢复正常，细胞保持正常的功能；如损伤得不到有效修复，则会启动细胞凋亡过程，清除受损的细胞。修复的方式主要有直接修复、切除修复、重组修复和 SOS 修复等。

（一）直接修复

直接修复（direct repair）是最简单的一种 DNA 损伤修复方式，通过直接作用于受损的 DNA，恢复其原有结构。光修复系统就是一种直接修复的方式。大多数生物细胞中都含有一种光修复酶（photolyase），此酶在 300～600 nm 波长下被活化，能直接识别和结合于 DNA 链上出现嘧啶二聚体的部位，通过酶的催化作用打开二聚体，恢复 DNA 的正常结构（图 10-18）。

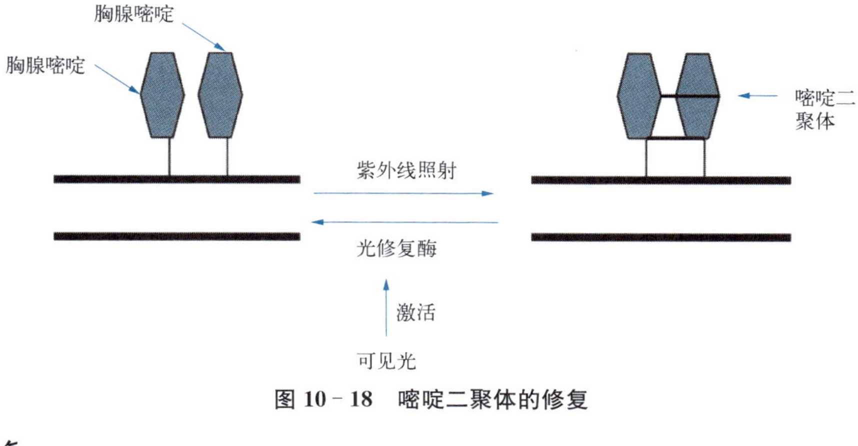

图 10-18　嘧啶二聚体的修复

（二）切除修复

切除修复（excision repair）是生物界普遍存在及最重要的一种修复方式，通过相应酶的作用将不正常的碱基或核苷酸切除并替换。碱基切除的基本过程为由一类特异的DNA糖基化酶识别及水解损伤的DNA片段,DNA聚合酶填补水解后留下的空隙,最后由DNA连接酶将DNA分子上的切口连接起来,恢复DNA分子的正常结构。核苷酸的切除修复过程和碱基切除修复相似,也要由相应的酶发挥作用(图10-19)。虽然,原核生物和真核生物切除修复过程需要的酶系统不完全相同,但其工作原理基本相似。目前,大肠埃希菌中切除修复的过程研究得较为清楚。紫外线的照射会导致大肠埃希菌DNA分子形成嘧啶二聚体,引起DNA分子损伤。此时,大肠埃希菌中的UvrA(uitra-voilet resistant, Urv)和UvrB蛋白复合物能辨认并结合到DNA分子上,利用水解ATP产生的能量在DNA链上移动,到运损伤部位后利用ATP提供的能量使DNA构象改变。然后,UvrC蛋白取代复合物中的UvrA蛋白,UvrC蛋白具有切除作用,能在损伤处两侧切断单链。通过DNA-pol Ⅰ填补水解后留下的空隙,DNA连接酶将切口连接起来,恢复DNA的正常结构。

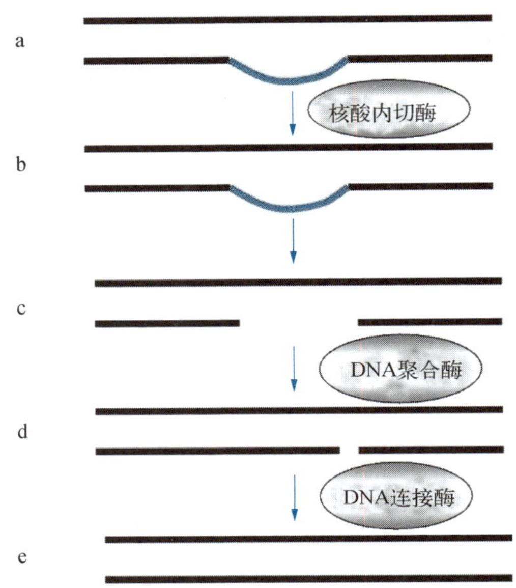

图 10-19 核苷酸的切除修复

(a) DNA一条链上出现损伤;(b) 核酸内切梅识别损伤部位;(c) 核酸内切酶切除损伤部位;(d) DNA聚合酶填补缺口;(e) DNA连接酶连接切口

遗传性着色性干皮病(xeroderma pigmentosus, XP)是一种常染色体隐性遗传性疾病,患者对光线极度敏感而导致皮肤损伤,甚至发生皮肤癌。其发病机制与DNA损伤修复缺陷有关,特别是胸腺嘧啶二聚体的损伤。目前发现XP的发病机制与基因突变有关,这些基因以其缩写命名为XP基因,表达产生XPA、XPB、XPC……XPG等蛋白,均参与核苷酸修复途径。其中,XPA和XPC与识别和切除有关;XPB和XPD具有解螺旋的作用,此外还可作为亚基参与$T_F Ⅱ_H$的组成。基因突变会导致患者对紫外线造成的DNA损伤不能修复,最终可能引起皮肤癌。

(三) 重组修复

重组修复(recombination repair)是指依靠重组酶系将一段未受损的DNA移到损伤部位,提供正确的模板进行修复的过程。光修复和切除修复是快速的修复系统,在DNA损伤数分钟后就开始工作,但当DNA损伤范围较广时,上述修复机制未能及时修复,DNA已进入复制过程,细胞就需依靠重组修复使损伤减轻。损伤的DNA分子在复制过程中两条链同样会作为模板,但其中一条模板链上的损伤部位不能指导碱基配对,在子链上将出现缺口。通过RecA(recombination, Rec)蛋白的作用,使未受损的母链上的同源序列交换到子链上,从而填补缺口。母链上出现的空缺在DNA-pol Ⅰ催化下被填补,DNA连接酶将切口连接起来,恢复DNA的正常结构。如此,复制一次以后,损伤的DNA分子所占的比例为1/2,不断复制以后,比例将越来越低,对机体的影响可以忽略不计(图10-20)。

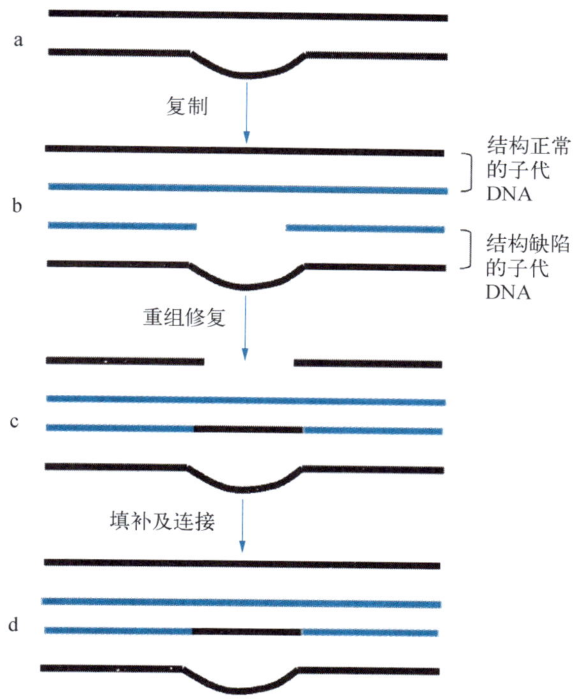

图 10-20 重组修复作用过程

(a) DNA 一条链上出现损伤;(b) 损伤的 DNA 链作为模板复制产生的新链结构有缺陷;(c) 未受损的母链上的同源序列交换到子链上,从而填补缺口;(d) 以合成的子链作为模板将模板链上的缺口重新填补起来

(四) SOS 修复

SOS 修复最初是在大肠埃希菌中发现的一种应急的 DNA 损伤修复机制。当 DNA 分子损伤范围较广难以继续复制,危及细菌生存时,会诱导细菌表达出一种特殊的 DNA 聚合酶,它不需要模板就能掺入核苷酸,使细菌 DNA 的复制得以继续进行,细胞得以暂时存活。然而,由于这样的复制错误较多,会产生广泛的突变。

小 结

DNA 复制的方式是半保留复制,在 DNA 聚合酶的作用下以亲代 DNA 分子为模板,沿 5′→3′方向合成新的 DNA 分子。DNA 的复制还具有双向复制、半不连续复制、需要引物、高保真性等特点。两条新链的合成情况不同,一条合成方向与复制叉移动方向相同能连续复制,称为前导链;另一条合成方向与复制叉移动方向相反不能连续复制,称为后随链。后随链存在不连续的 DNA 片段,称为冈崎片段。复制过程需要有多种蛋白质的参与,其中最重要的是 DNA 聚合酶,原核生物有 DNA-pol Ⅰ、DNA-pol Ⅱ和 DNA-pol Ⅲ三种;真核生物中主要的有 α、β、γ、δ、ε 五种,在复制中发挥不同的作用。对原核生物 DNA 复制过程的认识已较为清楚,人为分为起始、延长和终止三个阶段。起始阶段主要通过拓扑异构酶、解螺旋酶、单链 DNA 结合蛋白及引物酶的作用催化形成引发体;延长过程主要是在模板链的指导下,由 DNA 聚合酶催化合成新链;终止阶段需要将引物切除,填补引物切除留下的空缺,并由 DNA 连接酶将冈崎片段连接起来,最终形成完整的双链 DNA。真核生物 DNA 复制主要发生在细胞周期的 S 期,其单个复制子的复制过程和原核生物相似,复制终止阶段需要有端粒酶的参与,最终才能保持染色体结构的稳定和完整。

在某些 RNA 病毒中存在反转录酶,能以病毒 RNA 为模板合成 DNA,称为反转录。通过反转录作用,病毒的遗传信息能整合到宿主细胞染色体DNA上,这与病毒致癌的机制有关。反转录酶在基因工程中也有广泛应用,例如目的基因、探针的制备等过程。反转录作用的发现是对分子生物学中心法则的补充和发展,使人们认识到在某些生物体内RNA同样具有储存和表达遗传信息的功能。

多种理化因素的作用及复制过程中出现的错误均可导致DNA分子发生损伤,也称为突变。突变的类型可分为碱基的错配、缺失、插入和重排等几种类型。在长期的进化过程中,生物形成了自己的DNA修复系统,能及时纠正和修复细胞内发生的DNA损伤。修复的方式主要有直接修复、切除修复、重组修复和SOS修复等。

【复习思考题】

1. DNA复制的基本特征有哪些?
2. 参与原核生物DNA复制的酶和蛋白质因子有哪些?其作用分别是什么?
3. 子代细胞为何能获得与亲代细胞相同的遗传性状,其机制是什么?

(杨银峰)

第十一章

RNA 的生物合成

学习要点

掌握: ① 转录模板与 RNA 聚合酶的特点：不对称转录、模板链及编码链、启动子概念；原核生物 RNA 聚合酶的亚基组成；真核生物的 RNA 聚合酶Ⅰ、Ⅱ、Ⅲ的专一性；② 原核生物转录过程的特点：转录空泡，Pribnow 盒(TATA 盒)，σ 亚基及 ρ 因子的作用；③ 真核生物 mRNA 的转录后加工：包括首、尾修饰，mRNA 的剪接。

熟悉: ① 原核生物转录的起始；② 真核生物的 RNA 聚合酶亚基组成，羧基末端结构域的特点及功能；③ 真核生物的转录的起始，Hogness 盒，转录因子，转录起始前复合物(PIC)。

了解: ① 拼板理论；转录延长及转录终止；② tRNA 和 rRNA 的转录后修饰；③ 核酶及 RNA 复制。

RNA 的生物合成是生物体以 DNA 或 RNA 单链为模板，以三磷酸核糖核苷(NTP)为原料，在一系列相关蛋白因子参与下，由聚合酶催化合成 RNA 分子的复杂过程。其中以 DNA 为模板合成 RNA 的过程称为转录(transcription)，以 RNA 为模板合成 RNA 的过程称为 RNA 复制(RNA replication)。哺乳动物细胞转录的初级产物为 RNA 前体(RNA precursor)，还需要经过一系列加工和修饰后表现出生物学功能。生物体内 RNA 的分类及主要生物功能见第二章。RNA 是目前已知的唯一同时具有贮存、传递遗传信息和催化(核酶)三重功能的生物大分子。在 RNA 转录产物的合成、加工修饰以及剪接过程中出现的任何错误均可能导致疾病的发生。

第一节　转 录 概 述

转录和复制都是由聚合酶催化的核苷酸或脱氧核苷酸的聚合过程，转录是 DNA 指导下 RNA 的生物合成，复制是 DNA 指导下 DNA 的生物合成，两者有许多相似之处：例如，都以 DNA 为模板，都需要依赖 DNA 的聚合酶，聚合过程都是核苷酸之间生成 3′,5′-磷酸二酯键，都是从 5′端至 3′端方向延伸形成新链，并都严格遵从碱基配对规律。但转录和复制在相似之中又有区别(表 11－1)。

表 11－1　复制和转录的区别与联系

	复　制	转　录
模板	DNA 为模板，两股链均复制	DNA 为模板，模板链转录
原料	dNTP	NTP
酶	DNA 聚合酶(DNA－pol)	RNA 聚合酶(RNA－pol)

续表

	复　制	转　录
产物	子代双链 DNA(半保留复制)	mRNA,tRNA,rRNA 等
配对	A-T,G-C	A-U,T-A,G-C
引物	需要 RNA 引物	不需要引物
合成模式	半保留、半不连续性	非对称性、连续性
聚合酶校读功能	有	无

可见,转录是在依赖 DNA 的 RNA 聚合酶(DNA dependent RNA polymerase, DDRP)催化下,以 DNA 双链中的一股单链作为模板按照碱基互补配对的规律指引核苷酸的聚合。

一、转录的模板

RNA 转录与复制类似,也需要 DNA 作为模板。但复制是为了保存物种的全部遗传信息,DNA 两条链需要同时作为模板复制出基因组 DNA 的全长序列。而转录时,在细胞庞大的基因组中,依照不同的发育时序、生理条件和代谢需要,有些基因发生转录,有些不发生或在不同时序和条件下发生转录。DNA 两条链中仅有一条链可用于转录,另一条链不转录。转录所合成的 RNA 中的核苷酸的排列顺序与模板 DNA 的碱基排列顺序具有互补关系(如: A-U, G-C, T-A, C-G)。

此外,在一个包含许多基因的双链 DNA 分子中,不同基因的模板链并不一定位于同一条链上。某一基因转录时,以 DNA 双链分子中的一条为模板,按照碱基配对规则合成 RNA 链,作为模板的这条 DNA 链称模板链(template strand),或负链(也称反义链 antisense strand)。另一条与模板链互补的 DNA 链不具模板功能,但其碱基序列与新合成的 RNA 链一致(只是 T 被 U 取代),即新合成的 RNA 链实际上与这条链的碱基序列相同,这条链称为编码链(coding strand),或称正链、有义链(sense strand)。为表示方便,基因数据库(gene bank)中常用编码链序列表示基因序列。对于同一条 DNA 单链而言,某个基因可能以它作为模板链,而另一个基因则可能以它作为编码链(图 11-1)。这种转录方式称为不对称转录(asymmetric transcription)。

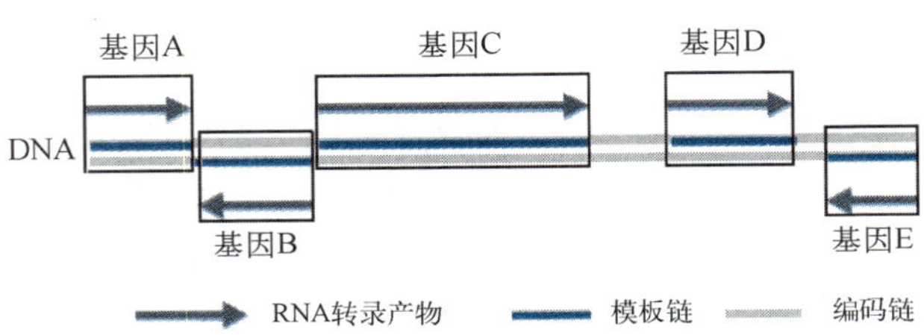

图 11-1　不对称转录(蓝色线表示转录链或模板链)

二、RNA 聚合酶

催化转录的酶是 RNA 聚合酶(RNA-polymerase, RNA-pol),也称依赖 DNA 的 RNA 聚合酶。RNA 聚合酶无需引物即可直接启动 RNA 链的合成。它以 DNA 作为模板,需 Mg^{2+} 和 Zn^{2+} 等金属离子参与,四种核糖核苷三磷酸(ATP、GTP、CTP、UTP)作为底物,催化完成下述反应:

$$\mathrm{NTP}+(\mathrm{NMP})_n \xrightarrow[\mathrm{Mg^{2+}}]{\text{DNA 模板}} (\mathrm{NMP})_{n+1}+\mathrm{PPi}$$

(N 代表: A、G、C、U)

在 RNA 聚合反应中,前一个核苷酸分子的 3′-OH 与后一个核苷三磷酸分子的 5′-α 磷酸基团发生亲核反应,反应的结果是释放出 1 分子焦磷酸,形成 3′,5′-磷酸二酯键,焦磷酸进一步水解产生 2 分子无机磷酸,水解产生的能量推动反应进行。聚合反应沿 5′→3′方向进行。RNA 聚合酶和双链 DNA 结合时活性最高,但是只以双链 DNA 中的一股 DNA 链作为模板。新加入的核苷酸以 Watson-Crick 碱基配对原则与模板的碱基互补。

RNA 聚合酶广泛存在于原核生物与真核生物中,原核生物只有一种 RNA-pol,真核生物的 RNA-pol 有三种,分别催化转录不同种类的 RNA 合成。

（一）原核生物的 RNA 聚合酶

原核生物中只有一种 RNA 聚合酶，它兼有催化合成 mRNA、tRNA 和 rRNA 的功能。原核生物 RNA 聚合酶具有很高的保守性，在组成、相对分子质量及功能上都很相似。例如大肠埃希菌（*E. coli*）RNA 聚合酶，由四种亚基（α、β、β′、σ）组成五聚体蛋白质（$\alpha_2\beta\beta'\sigma$），其中 $\alpha_2\beta\beta'$4 个亚基组成核心酶（core enzyme）。核心酶加上 σ 亚基成为全酶（holoenzyme）。此外，在大肠埃希菌的 RNA 聚合酶中还存在一种相对分子质量较小的 ω 亚基，它是 RNA 聚合酶活性以及细胞生存所必需的。研究发现，ω 亚基可保护 β′亚基、帮助 β′亚基折叠并协助 RNA 聚合酶组装等。在不同种类的细菌中，α、β 和 β′亚基的大小比较恒定，而 σ 亚基的大小有较大差异。大肠埃希菌 RNA 聚合酶各亚基的大小和功能列于表 11 - 2 中。

表 11 - 2　大肠埃希菌 RNA 聚合酶各亚基的性质和功能

亚 基	基 因	相对分子质量(kDa)	亚基数目	功　　能
α	rpo A	37	2	与启动子上游元件和活化因子结合
β	rpo B	151	1	催化中心，催化形成磷酸二酯键
β′	rpo C	155	1	与模板 DNA 结合，双螺旋解链
σ	rpo D	70	1	识别启动子，促进转录起始
ω	rpo Z	10	1	尚不完全清楚

α 亚基决定转录基因的种类和转录类别，能与调控蛋白、DNA 相互作用控制转录的速度。β 和 β′是酶的催化亚基。抗结核菌药物利福霉素（rifamycin）及利福平（rifampicin）能抑制细菌 RNA 聚合酶。其作用机制是该药物与 β 亚基结合，阻止 RNA 链的转录。

核心酶参与整个转录过程。σ 亚基与核心酶的接合不紧密，容易脱落。体外转录实验（含有模板、酶和底物 NTP 等）证明核心酶已经能够催化 NTP 按模板的指引合成 RNA。但合成的 RNA 没有固定的起始位点。若加入含有 σ 亚基的全酶，则转录能在特定的起始点开始，说明 σ 亚基是细菌基因的转录起始因子，其功能是辅助核心酶识别并结合启动子区域的特定寡聚核苷酸序列，形成转录起始复合物（preinitiation complex，PIC）。此外 σ 因子的辅助作用还能降低 RNA 聚合酶核心酶与一些非启动子区域 DNA 的亲和力，同时增强核心酶与启动子区域 DNA 的亲和力。已发现多种 σ 亚基，并根据其分子质量大小命名区别。如最常见的 σ^{70}（分子质量为 70 kDa）是辨认典型的转录起始位点的蛋白因子。

每一个大肠埃希菌细胞约含有 7 000 个 RNA 聚合酶分子。RNA 聚合酶的转录速度在 37℃约为每秒 50 个核苷酸，与多肽链的合成速度（每秒 15 个氨基酸）大致相当，但远比 DNA 的复制速度（每秒 800 bp）慢。RNA 聚合酶缺乏 3′→5′外切酶活性，所以它没有校读（proofreading）功能。RNA 合成的错误率约为 10^{-6}，较 DNA 合成错误率（10^{-10}～10^{-9}）要高很多，但 RNA 可通过转录后加工校正错误。

（二）真核生物细胞的 RNA 聚合酶

真核生物的基因组远比原核生物庞大，其 RNA 聚合酶也更为复杂。迄今所研究的真核生物细胞核中都含有三种 RNA 聚合酶，即Ⅰ、Ⅱ、Ⅲ型，又称 A、B、C 型。RNA 聚合酶Ⅰ位于细胞核的核仁，催化合成 45S rRNA 前体，RNA 聚合酶Ⅱ催化合成所有 mRNA 前体和大多数核小 RNA（snRNA），RNA 聚合酶Ⅲ位于核仁外，催化合成 tRNA、5S rRNA、U6 snRNA 和不同的胞质小 RNA（scRNA）等小分子转录产物。在真核生物细胞的线粒体中存在另一种 RNA 聚合酶（Mt 型），它负责合成线粒体内的 RNA。真核生物 RNA 聚合酶Ⅰ、Ⅱ、Ⅲ都是由多亚基组成，并具有核心亚基。其中的核心亚基与大肠埃希菌 RNA 聚合酶的核心酶的一些序列同源。但真核生物 RNA 聚合酶中没有细菌 RNA 聚合酶中 σ 因子的对应物，因此必须借助各种转录因子才能识别或选择启动部位，并结合到启动子上。

真核生物的 RNA 聚合酶Ⅱ含有 12 个亚基。最大的两个亚基分别为 150 kDa 和 190 kDa，与细菌的 β 亚基和 β′亚基具有同源性。与原核生物不同的是，真核生物最大亚基的羧基末端有一段由 Tyr - Ser - Pro - Thr - Ser - Pro - Ser 7 个氨基酸组成的共有序列重复片段，这是一段以羟基氨基酸为主体组成的重复序列，称为羧基末端结构域（carboxyl-terminal domain，CTD）。所有真核生物的 RNA 聚合酶Ⅱ都具有 CTD，只是不同生物种属共有序列的重复程度不同。哺乳动物 RNA 聚合酶Ⅱ有 52 个 CTD 重复序列，其中 21 个与上述 7 个氨基酸共有序列完全一致。CTD 上的 Tyr、Ser 和 Thr 可被蛋白激酶作用发生磷酸化,体内外实验证实 CTD 的磷酸化与去磷酸化在转录从起始过渡到延长过程中有重要作用。

利用 α-鹅膏蕈碱(α-amanitine)的抑制作用可将真核生物三类 RNA 聚合酶区分开：RNA 聚合酶Ⅰ对鹅膏蕈碱不敏感,RNA 聚合酶Ⅱ可被低浓度 α-鹅膏蕈碱(10^{-9}～10^{-8} mol/L)所抑制,RNA 聚合酶Ⅲ只被高浓度 α-鹅膏蕈碱(10^{-5}～10^{-4} mol/L)所抑制。α-鹅膏蕈碱是一种八肽化合物,对真核生物有较大毒性,但对细菌的 RNA 聚合酶只有微弱的抑制作用。真核生物 RNA 聚合酶的种类和性质列于表 11-3。

表 11-3　真核生物 RNA 聚合酶的种类和性质

酶 的 种 类	功　　能	对 α-鹅膏蕈碱敏感性
RNA 聚合酶Ⅰ	合成 45S rRNA 前体,经加工产生 5.8S rRNA、18S rRNA 和 28S rRNA	不敏感
RNA 聚合酶Ⅱ	合成所有 mRNA 前体(hnRNA)和大多数核内小 RNA(snRNA)	敏感
RNA 聚合酶Ⅲ	合成小 RNA,包括 tRNA、5S rRNA、U6 snRNA 和 scRNA	中等敏感
RNA 聚合酶 Mt	合成线粒体内的 RNA	对 α-鹅膏蕈碱不敏感,对利福平敏感

三、启动子

启动子(promoter)是 RNA 聚合酶识别、结合并起始转录的一段 DNA 序列。RNA 聚合酶在起始过程中首先识别 DNA 模板上的启动子。

1. *原核生物启动子的 DNA 序列相对简单*　RNA 聚合酶保护实验表明,DNA 结构基因上游一段40～60 bp 的区域,由于 RNA 聚合酶的结合,而不受 DNA 外切酶的水解。这段 RNA 聚合酶识别并结合的 DNA 区域即是转录起始部位,称为启动子。原核生物启动子序列包含三个不同的功能部位：

(1) 转录起始点(transcription start site, TSS 或 initiator)是 DNA 分子上开始转录的 5′-端第一个核苷酸的位置。以此位点开始,顺转录方向(称下游,downstream)的碱基序号以正数表示;反转录方向(称上游,upstream)的碱基序号以负数表示。从起始点转录出的第一个核苷酸通常为嘌呤核苷酸,即 A 或 G,其中 G 更为多见。转录是从起始点开始向模板链的 5′方向,编码链的 3′方向进行。目前在大肠埃希菌的 4.2×10^6 个碱基对中已经发现了 4×10^3 个转录起始位点。

(2) 识别部位(recognition site)是 RNA 聚合酶 σ 亚基识别启动子的部位,其中心位于起始点上游 −35 bp 处,称−35 区,该区具有高度保守的共有序列(consensus sequence)TTGACA。

(3) 结合部位(binding site)是启动子上与 RNA 聚合酶核心酶结合的部位,其长度约为 7 bp,中心位于起始点上游−10 bp 处,称−10 区。该区碱基序列也具有高度保守性,其共有序列为 TATAAT,故也称 TATA 盒(TATA box)。该序列是 D. Pribnow 首次发现,所以又称为 Pribnow 盒。在−10 区段 DNA 富含 A-T 配对碱基,缺少 G-C 配对碱基(图 11-2),故 T_m 值较低,双链比较容易解开,有利于 RNA 聚合酶的作用,从而促使转录起始。

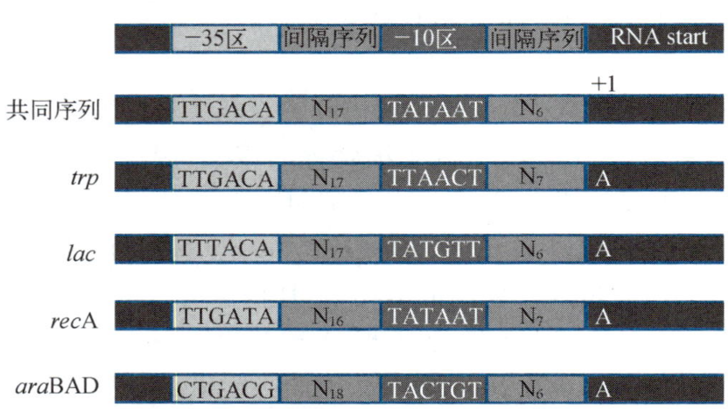

图 11-2　典型的原核生物启动子 DNA 序列

2. *真核生物有较为多样化的启动子*　真核生物的启动子有三类,即 rRNA 启动子(Ⅰ型),mRNA 启动子(Ⅱ型),tRNA 启动子(Ⅲ型)。它们的识别、启动过程既很相似,又各有特点。真核生物基因的转录起始点上游序列比原核生物多样化。转录起始时,RNA 聚合酶不直接结合于模板,而需要众多转录因子参与识别结合,启动转录。

(1) 真核生物具有高度保守的上游启动序列：一个真核基因按功能可分为两部分,即调节区和结构区(结构基因)。结构基因 DNA 序列指导 RNA 转录;调节区由两类元件组成,一类决定基因的基础表达,包括启动子;另一类元件决定组织特异性表达或对外环境变化及刺激的应答,两类元件共同调节基因的表达。

与原核生物相似,真核生物启动子也具有两个高度保守的共有序列。在−30 bp 区附近有一段 A - T 富集区域,其共有序列是 TATAA,也称为 TATA 盒或 Hogness 盒,是转录因子结合的部位,通常被认为是启动子的核心序列。人类基因的 TATA 盒由 34 kDa 的 TATA 结合蛋白(TATA-binding protein, TBP)结合。此外,有少数基因缺乏 TATA 盒,而是由起始序列/起始子(initiator sequence, Inr)或者下游启动子元件(dowstream promoter element, DPE)与 RNA 聚合酶Ⅱ直接作用起始转录。Inr 元件横跨起始位点(从−3 到+5),由通用保守序列 $TCA_{+1}G/TTT/C$(A_{+1} 为转录起始的第一个碱基)构成,与其结合的蛋白会诱导 RNA 聚合酶Ⅱ和转录因子 TFⅡD 结合。同时具有 TATA 盒和 Inr 元件的启动子对转录的启动能力比只有其中一种元件的启动子更强。DPE 具有保守的 A/GGA/TCGTG 序列,位于+1 起始位点下游约 25 bp 处。与 Inr 类似,DPE 序列也能被 TFⅡD 的 TATA 结合蛋白辅助因子(TBP-associated factors, TAFs)亚基结合。对 200 多个真核基因启动子的研究,发现大约 30%含有 TATA 盒和 Inr,25%含有 Inr 和 DPE,15%含有上述三种元件,剩下 30%只含有 Inr。

在多数真核生物启动子中,−70 bp 附近处有一共有序列 CAAT,称 CAAT 盒。在不同启动子中,CAAT 盒的位置也不完全相同。有些启动子上游还含有 GC 盒。CAAT 盒与 GC 盒多位于−110～−40 bp 之间,称为启动子近端元件,它们可影响转录起始的频率。

此外真核生物基因调节区还存在启动子远端元件,包括增强子、抑制子、沉默子,激素反应元件(hormone response elements)、对热激以及金属离子敏感的调节元件等(相关概念请参考基因表达调控一章内容)。通常位于转录起始位点上游远端,有些还位于起始位点下游甚至是结构基因序列中,能增加或减慢转录的速度,以及决定基因表达的组织特异性。

总之,这些 DNA 分子中包括启动子在内的特殊的调节序列,只调节与其相连接的靶基因的表达,而对不与其相连的其他基因则不起作用,这些序列被称为顺式作用元件(cis-acting element)。一个典型的真核生物基因上游序列示意如图 11 - 3。

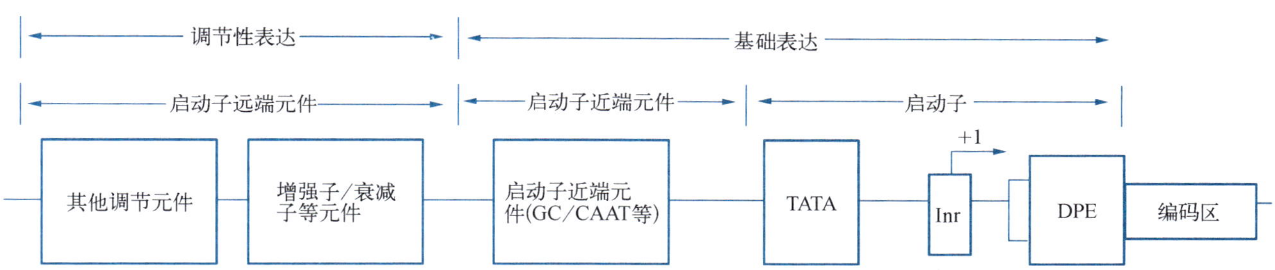

图 11 - 3 真核生物基因上游典型序列

(2) 转录因子识别真核生物启动子:真核生物中,一些蛋白质因子可以直接或间接结合 RNA 聚合酶,通过识别 DNA 序列中的顺式作用元件而调节转录启动,这类转录起始所需要的蛋白质因子称为转录因子(transcriptional factors, TF)。真核生物的启动子由转录因子而不是 RNA 聚合酶识别,这是真核与原核转录起始的明显区别。多种转录因子和 RNA 聚合酶在起始点上形成转录起始前复合物(PIC)从而启动和促进转录。所有 RNA 聚合酶 II 转录起始都需要的转录因子称为通用转录因子(general transcription factors, GTF),包括 TFⅡA、TAⅡB、TFⅡD、TFⅡE、TFⅡF、和 TFⅡH,它们在生物进化中高度保守。

需说明的是:转录的起始点往往不是翻译的起始点。转录产物序列分析表明,其 5′端 1～3 位往往不是 AUG 起始密码子,起始密码多在转录起始点稍后才出现。

四、终止子

提供转录终止信号的一段位于基因或操纵子末端的 DNA 序列称为终止子(terminator)。原核生物 RNA 转录终止子有两类,即不依赖于 ρ 因子的终止子和依赖于 ρ 因子的终止子。真核生物的转录终止与转录后加工修饰有关。

(一) 终止序列能形成一定的三维结构促使 RNA 合成反应终止

原核生物两类转录终止信号有共同的序列特征，在转录终止之前有一段回文结构，回文序列是一段方向相反，碱基互补的序列，在这段互补序列之间由几个碱基隔开。不依赖 ρ 因子的终止序列中富含 G－C 碱基对，其下游有 6～8 个连续的 A[图 11－4(a)]；而依赖 ρ 因子的终止序列中 G－C 碱基对含量较少，其下游没有固定的序列特征。这种具有共同序列特征的终止序列转录生成的 RNA 可形成茎-环(stem-loop)二级结构，即发夹结构(hairpin structure)[图 11－4(b)]，这样的二级结构可能与 RNA 聚合酶某种特定的空间结构相嵌合，阻碍了 RNA 聚合酶进一步发挥作用。此外，发夹结构 3′端的几个 U 与 DNA 模板上的 A 碱基配对很不稳定，容易使新合成的 RNA 链从横板上解离下来，终止转录。

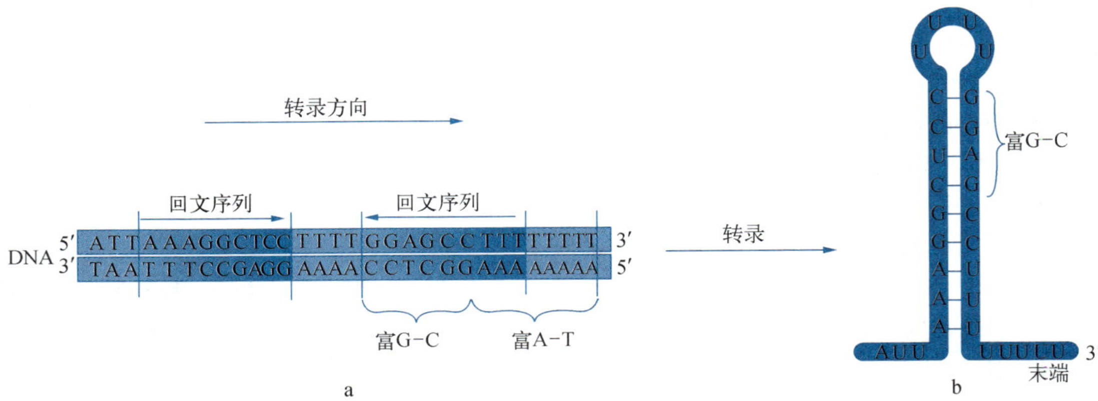

图 11－4 原核生物终止序列的转录

(二) ρ 因子作为终止蛋白能终止 RNA 的合成

ρ 因子是一种分子质量约为 46 kDa 的蛋白质，通常以六聚体形式存在，具有依赖于 RNA 的 NTPase 的活力，能破坏新生成的 RNA－DNA 复合体。由此推测，ρ 因子结合在新产生的 RNA 链上，借助水解 NTP 获得的能量推动其沿着 RNA 链移动(图 11－5)。RNA 聚合酶遇到终止子序列时发生暂停，使 ρ 因子得以追上酶，ρ 因子与酶相互作用，释放 RNA，并使 RNA 聚合酶与该因子一起从 DNA 上脱落下来。ρ 因子还具有

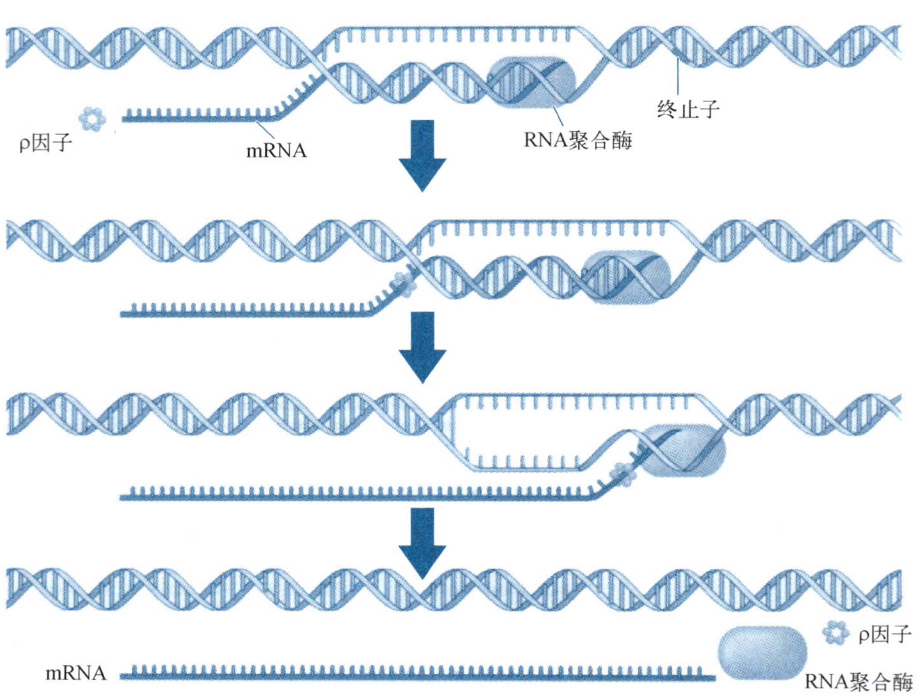

图 11－5 ρ 因子终止转录的机制

RNA-DNA 解螺旋酶(helicase)的活力。

不同的终止子的作用有强弱之分，有的终止子几乎能完全停止转录；有的则只部分终止转录，一部分 RNA 聚合酶能越过这类终止序列继续沿 DNA 移动并转录。如果一串结构基因群中间有这种弱终止子的存在，则前后转录产物的量会有所不同，这也是终止子调节基因群中不同基因表达产物比例不同的一种方式。

第二节　转录过程

转录反应可以分为 3 个阶段：转录的起始(包括模板的识别)、转录的延伸和转录的终止。在同一个转录模板上，可以有多条 RNA 同时合成，提高转录效率。

一、原核生物的转录过程

20 世纪 60 年代初，Jacob 和 Monod 发现了细菌基因表达的主要形式——操纵子(operon)，即 1 个启动子控制连在一起的多个结构基因的转录。

(一) 原核生物的转录起始

在起始阶段，RNA 聚合酶的 σ 因子首先识别启动子的识别部位，核心酶则结合在启动子的结合部位。DNA 双链分子的局部区域发生构象改变，结构变得松散，特别是在 RNA 聚合酶的核心酶结合的 -10 区 Pribnow 盒附近，双链暂时打开约 17 个碱基对，使 DNA 模板链暴露，酶与模板结合，第一个核苷三磷酸 GTP 加入。

转录起始不需引物，起始点处相邻两个与模板配对的核苷酸在 RNA 聚合酶催化下以 3′,5′-磷酸二酯键相连。这也是 DNA 聚合酶和 RNA 聚合酶分别催化 dNTP 和 NTP 聚合作用最明显的区别。起始生成 RNA 的第一位核苷酸为嘌呤核苷酸，即 5′-端总是 G 或 A，以 G 更常见。当 5′-GTP(5′-pppG-OH-3′)与第二位(5′-pppN-OH-3′)聚合生成磷酸二酯键后，仍保留其 5′端三个磷酸，也就是第 1,2 位核苷酸聚合后，生成 5′-pppGpN-OH-3′。这一结构是四磷酸二核苷酸，它的 3′端有游离羟基，可以继续加入 NTP 使 RNA 链延长下去。RNA 链上这种 5′端结构一直保留并与转录后修饰有关。

转录起始的第一个磷酸二酯键生成后，σ 因子即从转录起始复合物上脱落，核心酶连同四磷酸二核苷酸，继续结合于 DNA 模板上并沿 DNA 链向前延伸，进入延长阶段。实验证明，σ 因子若不脱落，RNA 聚合酶则停留在起始位置，转录不继续进行。

(二) 原核生物的转录延伸

在起始阶段第一个磷酸二酯键形成后，σ 因子脱离 DNA 模板及 RNA 聚合酶。RNA 聚合酶核心酶沿着 DNA 模板向下游移动，与模板链互补的核苷酸逐一进入反应体系。在 RNA 聚合酶的催化下，核苷酸之间以 3′,5′-磷酸二酯键相连进行延长反应，合成方向为 5′→3′方向，合成的 RNA 从 3′末端处逐步延伸。RNA 聚合酶具有内在的解旋酶活性，可以打开 DNA 双螺旋结构。由于 RNA 聚合酶分子大，覆盖着解开的 DNA 双链(约 40 bp)和 DNA-RNA 杂化双链的一部分(约 12 bp)，而且新合成的 RNA 链与模板之间形成的 RNA-DNA 杂交链呈疏松状态，使 RNA 很容易脱离 DNA，DNA 模板链与编码链之间又重新形成双股螺旋。此时，酶-DNA-RNA 形成的复合物称为转录复合物(transcription complex)(也称转录空泡 transcription bubble)。随着 RNA 聚合酶的移动，转录空泡也相应行进并贯穿延长过程的始终，见图 11-6。

(三) 原核转录终止

当 RNA 聚合酶在 DNA 模板上停顿下来不再前进，转录产物 RNA 链从转录复合物上脱落，就是转录的终止。原核生物的转录终止依据是否需要蛋白质因子的参与分为依赖 ρ 因子与非依赖 ρ 因子两大类，具体过程上节已有详细描述。

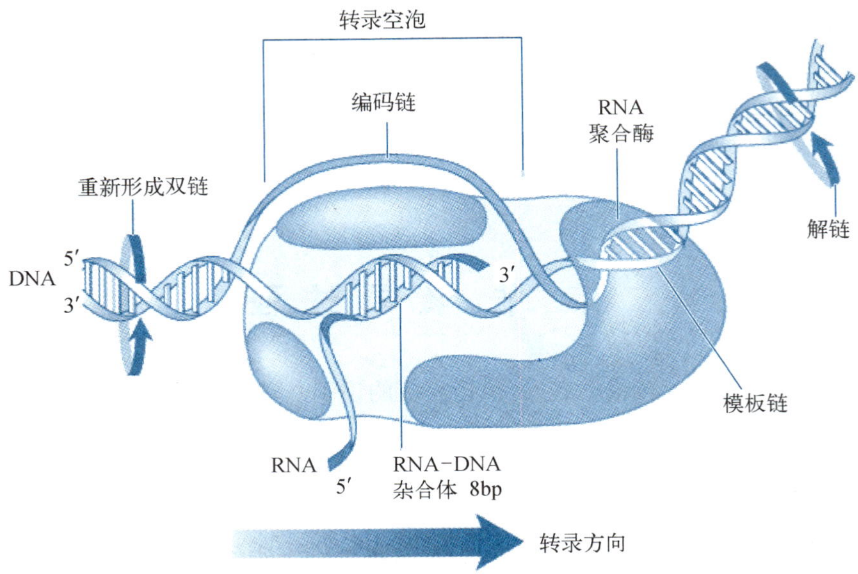

图 11-6 大肠埃希菌 RNA 转录过程中转录空泡的形成及转录延伸

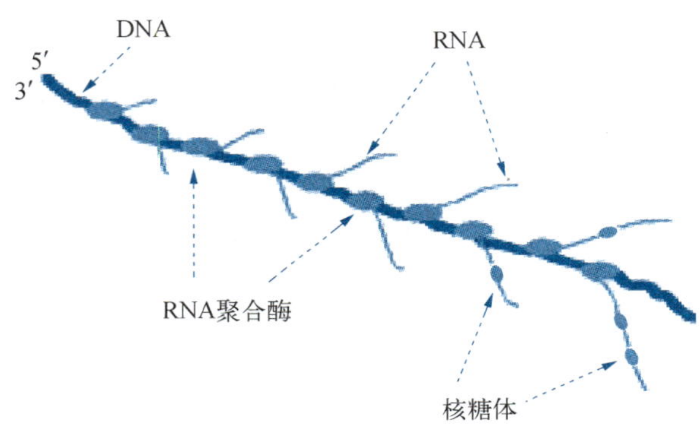

图 11-7 电子显微镜下原核生物的转录现象

在电子显微镜下观察原核生物的转录，可看到羽毛状的图形(图 11-7)。这种图形说明同一 DNA 模板上有多个转录复合体同时进行着 RNA 合成。还可观察到在新合成的 RNA 链上结合了多个核糖体，即多聚核糖体(polysome)，这是一条 mRNA 链上多个核糖体正在进行蛋白质的翻译。可见，在原核生物中，转录尚未完成，翻译已经开始。真核生物没有这种转录和翻译同步的现象，因为真核生物转录是在细胞核内，而翻译是在胞浆中进行。

二、真核生物的转录过程

真核生物与原核生物的转录过程的主要区别是：① 真核生物的 RNA 聚合酶主要有三种：RNA 聚合酶Ⅰ、Ⅱ和Ⅲ，分别催化合成 rRNA 前体，mRNA 前体和包括 tRNA 在内的一些小 RNA 的合成。② RNA 聚合酶不直接结合模板，而由转录因子识别转录起始部位。③ 转录起始上游区段比原核生物多样化(包括启动子，增强子等顺式作用元件)。④ 转录终止与转录后修饰密切相关。

(一) 真核生物的转录起始

真核生物 RNA 聚合酶不与 DNA 分子直接结合，而需依靠众多的转录因子协助。这种能直接或间接识别、结合 DNA 或 RNA 分子，从而调节基因表达的蛋白质因子称为反式作用因子(trans-acting factor)。其中，直接或间接结合 RNA 聚合酶的反式作用因子，称为转录因子。转录因子之间又需互相辨认、结合，以准确地控制基因是否转录、何时转录。对应 RNA 聚合酶Ⅰ、Ⅱ和Ⅲ的转录因子分别称为 TFⅠ、TF Ⅱ和 TF Ⅲ。研究得较深入、已知种类较多的是 TFⅡ，包括有 TFⅡA、TFⅡB、TFⅡD、TFⅡE、TFⅡF、和 TFⅡH。其中 TFⅡD 是目前已知唯一能识别并结合 TATA 盒的蛋白质，即含有 TATA 结合蛋白(TATA-binding protein，TBP)亚基。TFⅡD 还有其他一些亚基称为 TATA 结合蛋白辅助因子(TBP-associated factors，TAFs)。TBP 能够结合 10 bp 的 DNA 片段，而完整的 TFⅡD 转录因子能覆盖 35 bp 甚至更大的区域。TBP-TAF TFⅡD 复合体结合 TATA 盒通常被认为是启动子上转录复合体形成的第一个阶段。单一的 TBP 能够支持基因的基础表达。各转录因子在转录中的功能见表 11-4。

表 11-4 RNA 聚合酶Ⅱ转录所需的转录因子

转录因子	功能
TFⅡD(TBP)	特异识别 TATA 盒
TFⅡA	稳定 TFⅡB 与 TFⅡD 对启动子的结合
TFⅡB	结合 TFⅡD,并结合 RNA 聚合酶Ⅱ—TFⅡF 复合体
TFⅡE	结合 TFⅡH,具有 ATP 酶和解旋酶的活性
TFⅡF	紧密与聚合酶Ⅱ结合,也与 TFⅡB 结合,阻遏聚合酶和非特异的 DNA 序列结合
TFⅡH	有解旋酶活性,使 DNA 解开双链;使聚合酶Ⅱ最大亚基的 CTD 磷酸化,磷酸化的聚合酶Ⅱ离开启动子区向下游移动,进入延长阶段

拼板理论

对不同基因转录特性的研究中发现了数以百计,且数量还在不断增加的转录因子。人类基因估计有 2.5 万~3 万个,为了保证转录的准确性,不同基因需要不同的转录因子,这是可理解的。转录因子是蛋白质,也需要基因为它们编码。如此扩展下去,约 3 万个基因岂不是远不够用?现在公认的拼板理论认为:一个真核生物基因的转录需要 3~5 个转录因子,转录因子之间互相结合,生成有活性、有专一性的复合物,再与 RNA 聚合酶搭配,且有针对性地结合,转录相应的基因。转录因子的相互辨认与结合,恰似儿童玩具七巧板,搭配得当就能拼出多种不同的图形,以满足不同基因转录的需要。此外包括上游因子、可诱导因子及它们相应的反式作用因子也有相类似的作用规律。按照拼板理论,人类基因虽数以万计,但需要的转录因子可能约 300 个就能满足表达不同基因的需要。目前不少实验都支持这一理论。

真生物转录起始形成 RNA 聚合酶-DNA 复合物,但在 DNA 双链解螺旋之前,必须先依靠 TF 之间、TF 与其他反式作用因子之间的相互识别、结合,然后与模板、RNA 聚合酶Ⅱ形成转录起始复合物。以 TFⅡ-D 首先结合 TATA 盒为核心,逐步形成转录起始复合物并启动转录的顺序如下图 11-8:

一般来说,起始位点的上游序列决定了转录频率。这些区域的突变会降低转录频率 10~20 倍。典型的上游元件包括 GC 序列和 CAAT 盒,每个元件都会结合特定的蛋白。这些蛋白通过其含有的特定 DNA 结合结构域(DNA binding domains,DBD)与上游元件结合,比如转录因子 Sp1 结合 GC 序列,CTF(或者 C/EPB,NF1,NFY)结合 CAAT 盒等。转录起始的频率正是由这些蛋白质-DNA 相互作用以及转录因子特异结构域(与 DBD 结构域不同——称为激活域 activation domains)与转录机器(RNA 聚合酶Ⅱ,通用转录因子 TFⅡA,B,D,E,F 和其他辅助调节因子等)之间的复合作用所决定的。RNA 聚合酶Ⅱ以及其他转录因子的 TBP 与 DNA 的相互作用保证了转录起始的准确性。

(二) 真核生物的转录延伸

与原核生物不同,真核生物基因组 DNA 在双螺旋结构的基础上与多种蛋白质组成核小体高级结构,所以转录延长过程可以观察到核小体移位和解聚现象。真核生物的 RNA 聚合酶Ⅱ在转录过程中与其他辅助蛋白因子一起结合在 DNA 模板链上形成的转录泡能覆盖大约 20 个碱基对。

(三) 真核生物的转录终止

目前真核生物的转录终止信号还了解得不多。已经知道 mRNA 的合成和 3′-末端的形成依赖于 RNA 聚合酶Ⅱ的一个亚基(carboxyl terminal domain,CTD)上的特异结构。真核生物 mRNA 多聚腺苷酸(poly A)尾,是转录后才加进去的,因为在模板链上没有相应的多聚脱氧胸苷酸(poly dT)。但是转录并不是在 poly A 的位置上终止,而是超出数百乃至上千个核苷酸后才停顿。已发现在模板链编码区或开放阅读框的 3′-端,常有一组共有序列 AATAAA,再下游还有相当多的 GT 序列。这些序列称为转录终止的修饰点。RNA 聚合酶越过修饰点后继续转录,生成的 mRNA 前体在修饰点处(保守序列 AAUAAA 的 3′-端 15 个碱基对处)被 RNA 内切酶切断,随即加入 poly A 尾及 5′-帽子结构。断端下游的 RNA 虽继续转录,但很快被 RNA 酶降解。

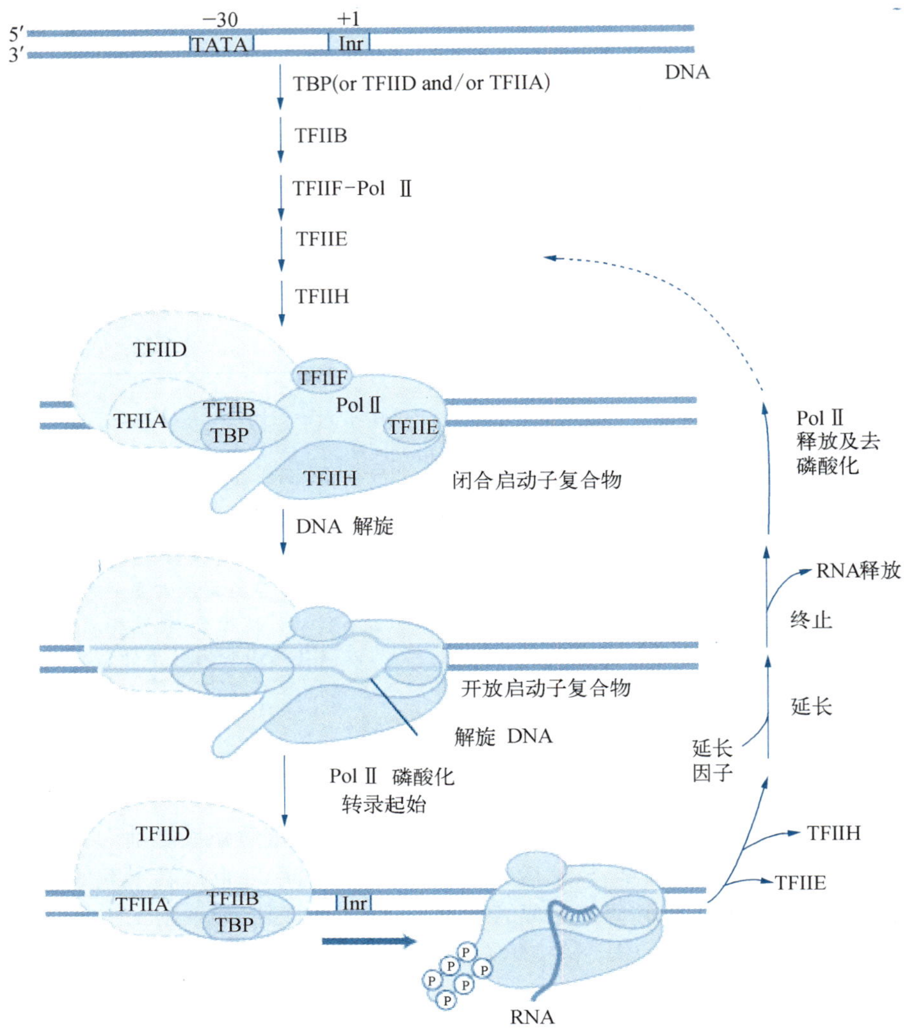

图 11-8 真核生物转录起始复合物的形成及转录过程

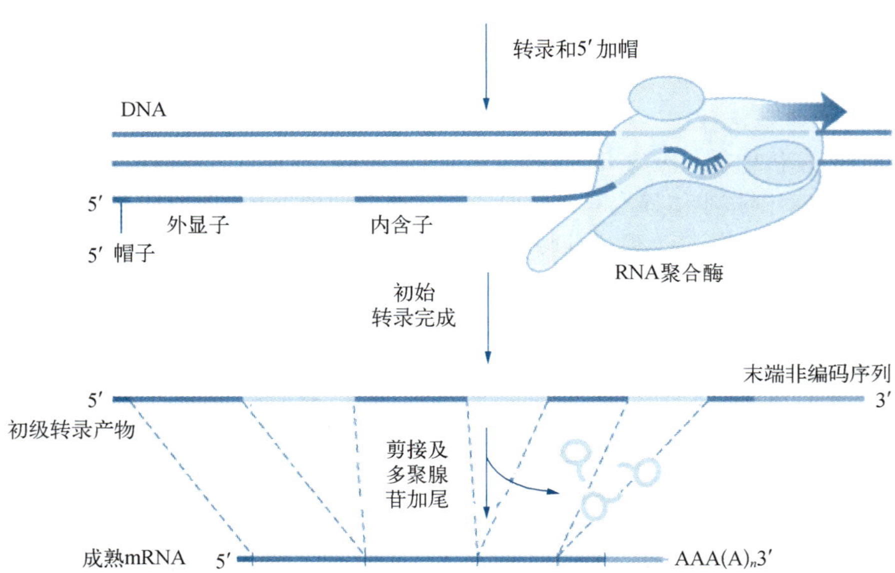

图 11-9 真核生物的转录终止及修饰

第三节 RNA 转录后加工及非编码 RNA 的合成

原核生物没有核膜的区隔，转录和翻译是偶联进行的，其 mRNA 初级转录物无需加工就可作为翻译的模板，但 tRNA 和 rRNA 都要经过一系列加工才能成为有活性的分子。在真核生物细胞内，由 RNA 聚合酶合成的初级转录物(primary transcript)是没有生物活性的，几乎所有的初级 RNA 转录物都要经过加工修饰。包括：RNA 链的裂解、5′端与 3′端的切除和特殊结构的形成、核苷的修饰和糖苷键的改变以及拼接和编辑等过程，才能转变为成熟的 RNA 分子。此过程总称为转录后加工(post - transcriptional processing)。RNA 加工主要在细胞核内进行，也有少数反应在胞质中进行。

各种 RNA 的转录后加工有自己的特点，但加工的类型主要有以下几种：① 剪切(cleavage)及剪接(splicing)：剪切是指剪去部分序列；剪接是指剪切后又将某些片段连接起来。② 末端添加(terminal addition)：例如 tRNA 的 3′末端添加- CCA 三个核苷酸。③ 修饰(modification)：在碱基及核糖分子上发生化学修饰反应，例如 tRNA 分子中稀有碱基的形成(尿苷变成假尿苷)。④ RNA 编辑(RNA editing)：某些 RNA，特别是 mRNA 从 DNA 模板上获得的遗传信息，经 RNA 编辑后会发生改变，产生不同的遗传信息。

一、原核生物中 RNA 的加工

绝大部分原核生物的基因是多顺反子。原核生物细胞内没有核膜，染色质存在于胞质中，转录与翻译的场所之间没有明显的屏障。转录尚未完成，翻译已开始。mRNA 的寿命因此短暂，例如大肠埃希菌 mRNA 半寿期仅为几分钟。其 mRNA 一经转录通常立即进行翻译(除少数例外)，一般不进行转录后加工。因此原核生物中 RNA 的加工一般只限于 rRNA 和 tRNA，成熟的 tRNA 和 rRNA 都要经过一系列加工才能成为有活性的分子。

(一) 原核生物 rRNA 前体的加工

原核细胞的 rRNA 来自更长的前体——前核糖体 RNA(pre-ribosomal RNAs, pre-rRNAs)。典型的大肠埃希菌基因组共有 7 个 rRNA 的转录单位，它们分散在基因组各处。每个转录单位含有 16S、23S 及 5S 三种 rRNA 以及一个或几个 tRNA 的基因。各基因原初转录产物是 30S 的 rRNA 前体，前体分子两端的序列以及 rRNA 之间的内含子序列在加工中去除。

原核生物 rRNA 前体的加工还包括部分碱基和核糖的甲基化修饰，尤其常见的是核糖 2′- OH 甲基化。16S rRNA 含有约 10 个甲基，23S rRNA 约 20 个甲基。5S rRNA 中则无甲基化修饰成分。

不同细菌 rRNA 前体的加工过程并不完全相同，但基本过程类似(图 11 - 10)。

(二) 原核生物 tRNA 前体的加工

原核生物 tRNA 前体分子的加工基本相同，主要由酶切除 tRNA 前体分子 5′和 3′端的一些核苷酸序列。原核生物 tRNA 前体分子没有内含子，当一个前体分子中包含两个以上不同的 tRNA 时，则通过酶的切割将它们分离。tRNA 前体分子加工时，5′端核苷酸序列的切除由内切酶 RNase P 完成。RNase P 在生物中广泛存在，由蛋白质和 RNA 组成，其中 RNA 组分为酶活性所必需，并且在细菌中无需蛋白质组分参与即可进行精确的加工。因此 RNase P 是催化性 RNA。

tRNA 前体的加工包括：① 由核酸内切酶(RNaseP，RNaseF)在 tRNA 5′-末端切除(cutting)多余的核苷酸；② 由核酸外切酶(RNaseD)从 3′-端逐个切去附加序列，即修剪(trimming)；③ 在核苷酰基转移酶催化下，tRNA 3′-端加上- CCA_{OH}，这是 tRNA 前体加工过程的特有反应；④ 核苷酸碱基的异构化修饰，包括甲基化、脱氨、转位及还原反应。

细菌 tRNA 前体的加工如图 11 - 11 所示。

细菌 tRNA 前体存在两类不同的 3′-端序列。一类其自身具有—CCA_{OH}，位于成熟 tRNA 序列与 3′-端附加序列之间，当附加序列被切除后即显露出该末端结构。另一类其自身并无—CCA_{OH}序列，当切除前体

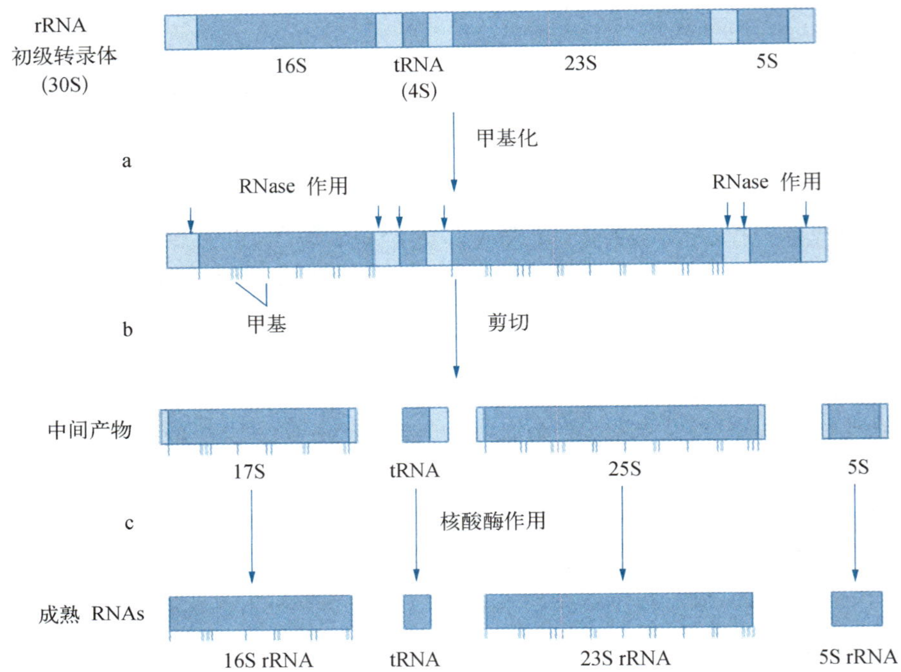

图 11－10 大肠埃希菌 rRNA 前体的加工

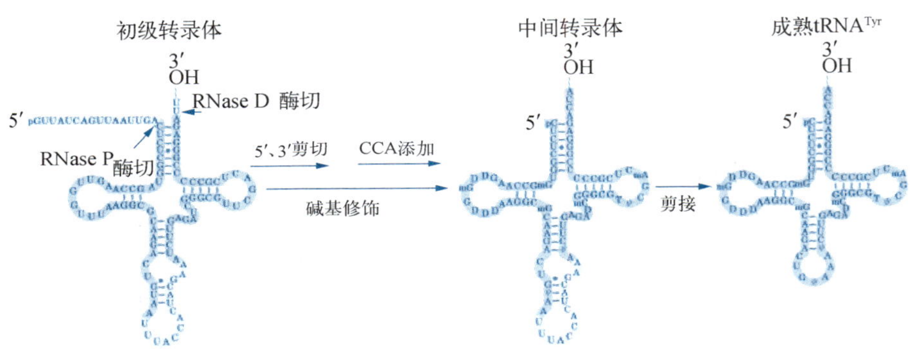

图 11－11 tRNA 前体分子的加工

3′-端附加序列后，必须另外加入—CCA_{OH}序列。

成熟的 tRNA 分子中存在众多的修饰成分，tRNA 修饰酶具有高度特异性；每一种修饰核苷都有催化其生成的修饰酶。例如 tRNA 假尿嘧啶核苷合酶催化尿苷的糖苷键发生移位反应，由尿嘧啶的 N1 移位至 C5。

二、真核生物中的 RNA 加工及部分非编码 RNA 合成

（一）真核生物 mRNA 前体的加工

真核生物编码蛋白质的基因以单个基因作为转录单位，其转录产物为单顺反子 mRNA。而 mRNA 的初级转录物是核不均一 RNA（heterogeneous nuclear RNA，hnRNA），也称为 mRNA 前体（precursor mRNA）。hnRNA 通常只包含一个基因的序列，而且这些编码多肽链的序列是不连续的，这些不连续的片断都称为外显子(exon)，外显子之间的非编码序列称为内含子(intron)。mRNA 前体的加工主要包括三个步骤，首先是合成 5′帽结构，其次由核酸内切酶切除 3′端的一段序列，代之以由 polyA 聚合酶催化形成的 3′多聚腺苷酸(poly A)尾，最后是通过剪接去除内含子，拼接外显子，形成成熟的 mRNA。

1. *真核生物 mRNA 的 5′-端加帽(capping)过程* 转录产物第一个核苷酸往往是 5′-三磷酸鸟苷(5′- pppGp - 3′)，在 RNA 成熟过程中，经磷酸酶催化水解，脱去一个磷酸，生成 5′- ppGp - 3′。然后在鸟苷

酸转移酶催化下，与另一分子 GTP 反应，以通过不常见的 5′-5′三磷酸键相连，在新生 RNA 的 5′末端形成 GpppGp。5′-帽子结构常出现于核内 hnRNA，说明 5′-帽子结构是在核内修饰完成，而且先于 mRNA 的剪接过程。5′-帽子结构的功能与翻译过程有关，它能在翻译过程中起识别作用以及对 mRNA 起稳定作用，防止被 5′→3′外切酶降解，并提高翻译起始的效率。

不同生物体内，由于甲基化程度的不同，可以形成几种不同形式的帽子结构(图 11-12)。

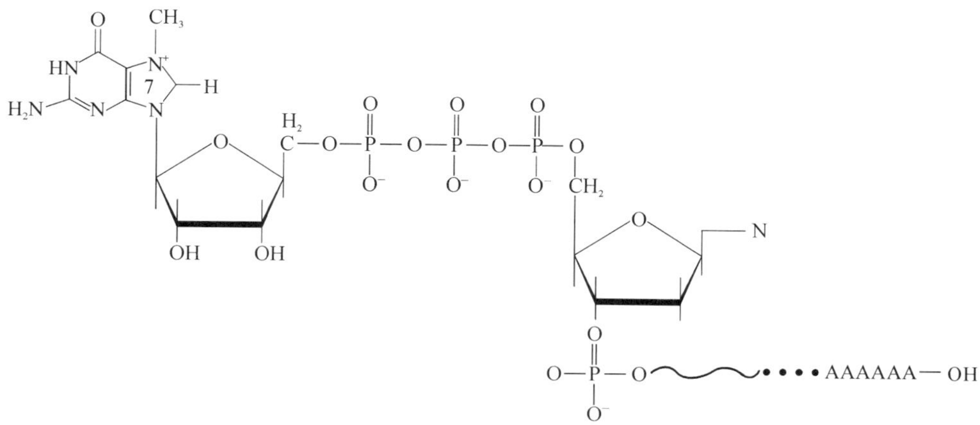

图 11-12 mRNA 帽子结构的详细结构式

2. *真核生物的 mRNA3′-末端加 polyA 尾* 除组蛋白外，真核生物 mRNA 在 3′-端通常都有 8～250 个腺苷酸残基构成多聚腺苷酸(polyA)的尾部结构。核内 hnRNA 分子中 3′-端就具有多聚腺苷酸，推测这一过程也应在核内完成。在胞质中也有该反应的酶体系，说明在胞质中 polyA 加尾还可以继续进行。加尾过程涉及多个步骤，需要一种多聚腺苷酸聚合酶(poly(A) polymerase，PAP)和若干多亚基蛋白质组成的多酶复合体参与断裂点识别、切割和 poly(A)长度控制。PolyA 尾的形成不是简单地加入 A，而是先由 U7-snRNP 协助识别 hnRNA 3′-末端转录终止修饰点上游 10～30 核苷酸处的 AAUAA 保守序列，然后特异的核酸内切酶(RNase Ⅲ)催化切除切割位点的下游20～40 核苷酸处富含 G 和 U 的序列，最后由多聚腺苷酸聚合酶催化加入 polyA。

PolyA 的长度很难确定。随着 polyA 长度的缩短，mRNA 的寿命也缩短，并且其作为翻译模板的活性下降。因此推测，polyA 的长短和有无是维持 mRNA 的翻译模板活性，以及影响 mRNA 自身稳定性的重要因素。

3. *mRNA 的剪接是真核生物 mRNA 成熟过程中所特有的加工方式*

(1) 核酸杂交实验表明，hnRNA 与 DNA 模板可以完全配对，而成熟的 mRNA 与模板 DNA 杂交出现部分的配对双链区和相当多鼓泡状突出的单链区。20 世纪 70 年代末提出了断裂基因的概念：真核生物结构基因由若干编码区和非编码区相互隔开，但又连续镶嵌而成，去除非编码区再连接后的序列即是可连续翻译出完整蛋白质的编码序列，这些基因称为断裂基因(split gene)。如前所述，编码蛋白质的序列称外显子，不编码蛋白质的序列称内含子。由于内含子是插在外显子之间，所以又称插入序列或居间序列。

(2) 核小 RNA(small nuclear RNA，snRNA)在 mRNA 剪接中的作用：snRNA 是一类核内小分子 RNA，由 100～300 个核苷酸组成。因分子中碱基以尿嘧啶含量丰富，故 snRNA 以 U 命名。目前已发现有 U1、U2、U3、U4、U5、U6 和 U7 等 snRNA 类别。核小 RNA U3 存在于核仁，不参与 hnRNA 的剪接；U7 参与 polyA 的生成。U1、U2、U4、U5、U6 分别与核内蛋白质组成小分子核糖核蛋白体(small nuclear ribonucleoprotein，snRNP)，snRNP 与 hnRNA 结合，使内含子形成套索，并拉近上下游外显子距离，形成剪接体(splicesome)，剪接体是 mRNA 剪接的场所。

(3) 内含子通过剪接作用被切除：hnRNA 中内含子与外显子的分界部位存在短的保守序列。大部分内含子是以 GU 开始，以 AG 结束，即剪接的 GU-AG 规则，并在内含子中离 3′剪切点 20～50 bp 处有一个 A 是保守的，称分支点。

剪接作用机制如下：① U1 snRNA 的 5′端序列与内含子 5′端保守序列互补结合，U2 snRNA 与内含子中的分支点区互补结合，见图 11－14(A)。② U1、U2 snRNA 结合后，U4、U5、U6 加入，形成完整的无活性剪接体。此时内含子(以 I 表示)弯曲成套索状，外显子(E1)和外显子(E2)被拉近。③ 释放 U1 和 U4，结构重排，U2 和 U6 形成催化中心，催化完成两次转酯反应。最终，2 个外显子相连，而内含子则被切除掉，形成成熟 mRNA。见图 11－13(B)。

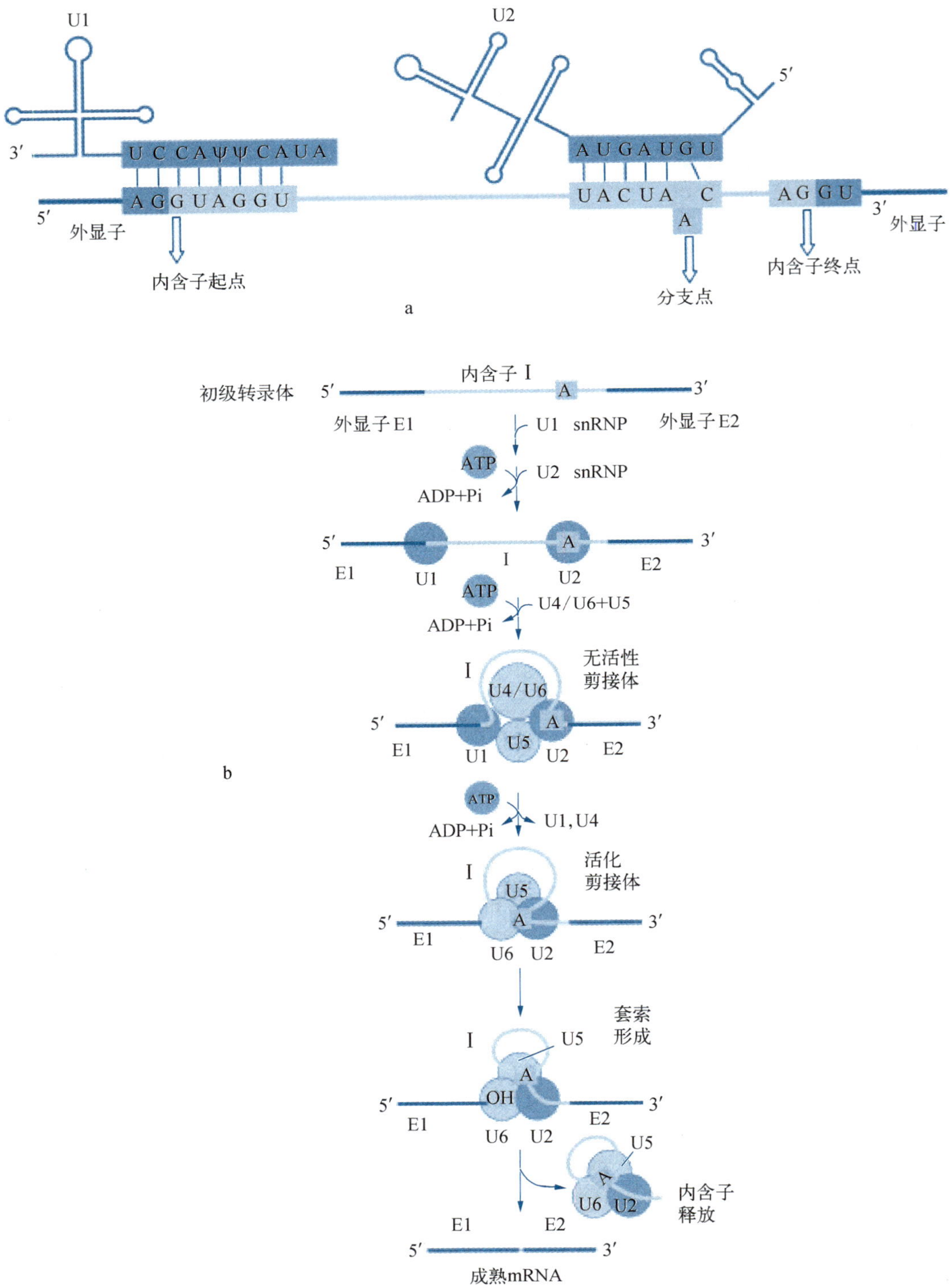

图 11－13 hnRNA 剪接机制

（4）mRNA 的选择性剪接

对人类基因组大规模测序发现，人类基因组所含有的基因数目远少于原来的估计，也远少于细胞中蛋白质的数目。这说明基因表达的复杂性远超过人们的想象。目前已知增加蛋白质种类和数目的方式有：DNA 重组，RNA 编辑和 mRNA 选择性剪接等。mRNA 选择性剪接是产生众多蛋白质的主要机制。

已经发现 mRNA 的选择性剪接形式有多种：① 通过选择外显子上不同的 5′或 3′剪接点进行选择性剪接；② 针对 5′末端和 3′末端的选择性剪接；③ 内部外显子可被选择保留或切除；④ 多个外显子可进行不同组合的可变拼接；⑤ 内含子可选择保留在 mRNA 中等。这些不同的剪接形式形成了不同的剪接组合，产生了不同的剪接产物。有时候不同剪接组合产生的产物数目极其惊人。例如果蝇的 Dscam 基因经选择性剪接产生的产物达 38 000 余种，超过果蝇整个基因组数目的两倍。

4. *真核生物 mRNA 会发生核苷酸的甲基化作用*　原核生物 mRNA 分子中不含稀有碱基，但真核生物的 mRNA 中则含有甲基化核苷酸。除了 hnRNA 5′-帽子中含有 2～3 个甲基化碱基外，在分子内部还有 1～2 个 6-甲基腺嘌呤（m^6A）存在于非编码区。m^6A 的生成是在 hnRNA 剪接作用之前发生。

5. *RNA 编辑（RNA editing）*　真核基因中内含子的发现使中心法则的共线性原则发生动摇，通过 RNA 的选择性剪接，从一个基因可以产生不同的蛋白质产物，但这些都并没有改变基因（DNA）直接产物 RNA 的序列。RNA 编辑是在生成 mRNA 分子后，通过添加、去除或置换核苷酸，翻译生成不同于模板 DNA 所编码的氨基酸序列，从而改变来自 DNA 模板的遗传信息。这个过程是由被称为编辑体（editosome）的酶复合体催化完成的。RNA 编辑广泛存在于多种生物基因的转录后加工过程中，同基因的选择性剪接一样，使一个基因序列有可能产生几种不同的蛋白质。其方式除了碱基插入，还有缺失和取代等，以插入最为普遍。荷兰学者 R. Benne 首次报道原生动物锥虫线粒体细胞色素氧化酶的第二个亚基（cox Ⅱ）的成熟 mRNA 中有 4 个 U，但其 DNA 编码序列中没有相应的 T，它们显然是在转录后插入的核苷酸。哺乳动物的载脂蛋白 B（apoB）mRNA 存在 C→U 转变，由原来的密码子 CAA 变为终止密码子 UAA，使翻译提前终止，产物由原来的分子量为 500 000 的 apoB 100（存在于肝脏）变成分子量为 240 000 的 apoB 48（在小肠）。RNA 编辑大大增加了 mRNA 的遗传信息容量。

（二）真核生物 rRNA 前体的加工

在真核生物核糖体中有 18S、28S、5.8S 和 5S 四种 rRNA。5S rRNA 来源于 RNA 聚合酶Ⅲ催化合成的单独的转录产物，独立成体系，在成熟过程中加工甚少，不进行修饰和剪切。45S rRNA 前体由 rRNA 基因编码，其 rRNA 基因成簇排列在一起，组成一个转录单位，彼此被间隔区分开（注意该间隔不是内含子）；由 RNA 聚合酶Ⅰ转录产生一个长的 rRNA 前体，前体分子中的一百多个核苷酸被甲基化，然后经一系列酶促反应使前体分子断裂，产生 18S、28S 和 5.8S rRNA（图 11-14）。

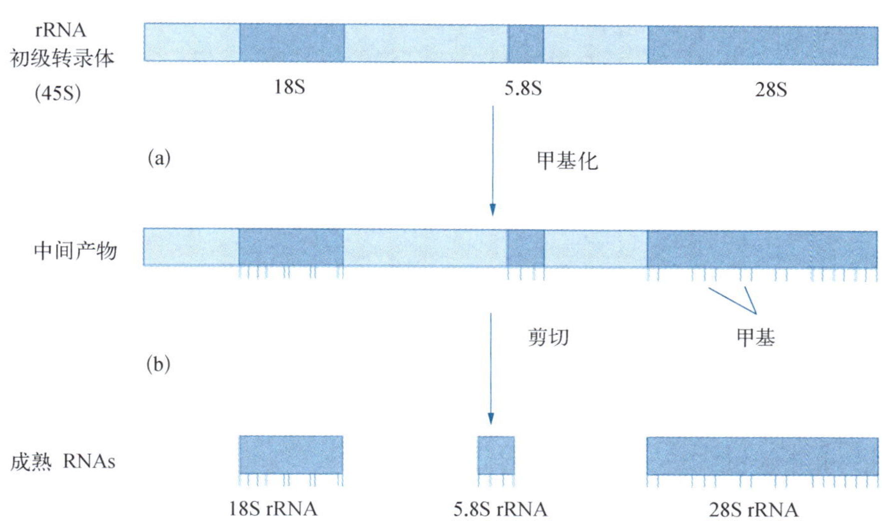

图 11-14　脊椎动物 rRNA 前体加工

RNase Ⅲ以及其他核酸内切酶在 RNA 加工中也起重要作用。rRNA、tRNA 和 mRNA 的前体加工均可采用自我剪接的方式,由具有催化活性的 RNA(即核酶)催化完成。

(三)真核生物 tRNA 前体的加工

真核生物 tRNA 基因由 RNA 聚合酶Ⅲ催化转录,转录产物为 4.5S 或稍大的 tRNA 前体,相当于 100 个左右的核苷酸。成熟的 tRNA 分子为 4S,约 70~80 个核苷酸。

与原核生物类似,真核生物的 RNase P 可切除 5′-端的附加序列,3′-端附加序列的切除需要多种核酸内切酶和核酸外切酶的作用。真核生物 tRNA 前体的 3′-端不含 CCA 序列,成熟 tRNA 3′-端的 CCA 是由 tRNA 核苷酸转移酶催化添加的。

真核生物 tRNA 的转录后加工还包括各种稀有碱基的生成:① 甲基化:tRNA 甲基转移酶催化某些嘌呤生成甲基嘌呤,如 A→mA,G→mG。② 还原反应:某些 U 还原为二氢 U(DHU)。③ 核苷内转位反应:如 U→ψ。④ 脱氨反应:如 A 脱氨成为Ⅰ。

(四)RNA 的自我剪接和催化功能

RNA 转录后加工的研究促成核酶(ribozyme)的发现。1982 年美国科学家 Thomas Cech 及其同事发现四膜虫编码 rRNA 前体的 DNA 序列含有内含子序列。通过体外实验发现,从细菌中纯化得到的 RNA 聚合酶转录了来自四膜虫的编码 rRNA 前体的 DNA,在无任何来自四膜虫的蛋白质存在的情况下,rRNA 前体能准确地从 6.4kb 前体中剪切去除 414 个核苷酸的内含子,产生成熟的 26S rRNA 分子。这种由 RNA 分子催化切除自身内含子的反应称为自剪接。随后在其他单细胞生物体、线粒体、叶绿体的 rRNA 前体,一些噬菌体的 mRNA 前体及细菌 tRNA 前体也发现这类自剪接的内含子,并称之为Ⅰ型内含子(group Ⅰ intron)。Ⅰ型内含子以鸟嘌呤核苷或鸟嘌呤核苷酸作为辅因子(cofactor),这种辅因子是游离的,并不是Ⅰ型内含子 RNA 链的组成部分,也不是能量分子。鸟嘌呤核苷或鸟嘌呤核苷酸的 3′-羟基与内含子的 5′-磷酸参与转酯反应,这种转酯反应与 mRNA 前体内含子剪接的转酯反应类似。某些线粒体和叶绿体的 mRNA 前体和 tRNA 前体具有另一类自身剪接的内含子,称为Ⅱ型内含子(group Ⅱ intron),这类内含子的剪接与 mRNA 前体内含子剪接类似,但是没有剪接体参与。以上这些有自剪接功能的 RNA 均具有催化功能,即属于核酶。最有特征的核酶包括自身剪接的Ⅰ型内含子(group Ⅰ intron)、RNase P 和锤头状核酶。

(五)真核生物部分非编码 RNA 的合成与加工

非编码 RNA(noncoding RNA, ncRNA)一般分为组成型和调控型两类。组成型非编码 RNA 包括 rRNA、tRNA,以及一些具有自我剪接功能的内含子 RNA,其合成加工在上文中已有叙述。这里介绍一些调控型 ncRNA 在真核细胞内的合成。

1. 长链非编码 RNA (long noncoding RNA, lncRNA)的基因位于基因组中不同位置,即 lncRNA 可以从不同的 DNA 序列中转录合成。转录起始的位置可位于蛋白质编码基因内、假基因内或者位于蛋白质编码基因之间。据估计大部分 lncRNA 可能具有自身的基因。

反义 lncRNA(antisense lncRNA)的转录起始于蛋白质编码基因内,转录的方向与蛋白质基因相反,并且覆盖外显子。这是由于在蛋白质编码基因内启动蛋白质基因转录的启动子为主要启动子(major promoter),而在一些蛋白质编码基因中还存在次要启动子(minor promoter)。次要启动子结合 RNA 聚合酶Ⅱ启动 lncRNA 基因的转录。一些 lncRNA 的转录起始于蛋白质编码基因的内含子内,并且转录的终止不覆盖外显子,这类 lncRNA 被称为内含子 lncRNA (intronic lncRNAs)。

基因间 lncRNA (intergenic lncRNA)又称为 lincRNA (large intervening noncoding RNA)是为与蛋白质编码基因之间的独立的转录单位。

2. 微 RNA (microRNA)也由 RNA 聚合酶Ⅱ转录产生,其详细合成加工过程在基因表达调控章节中叙述。

内源性的 siRNA 主要是从胞内的双链 RNA 加工而成的,其来源包括:lncRNA 分子内互补区形成的双链 RNA;由于基因的序列存在重叠,当两个距离靠近且转录方向相反的基因转录时,其转录产物在重叠区可形成局部双链 RNA;与主要启动子方向相反的次要启动子的转录产物可以与 mRNA 互补结合,形成双链 RNA 分子。Dicer 识别双链 RNA,并将其切割成约 22nt 的短双链 RNA,其中一条链与 Argonaute2 蛋白结合组装成 RNA 诱导沉默复合物(RISC)。

第四节 RNA 复制——RNA 依赖的 RNA 合成

一、RNA 复制与 RNA 复制酶

绝大多数生物的基因组是 DNA，只有少数病毒基因组是 RNA。以 RNA 作为遗传物质的病毒称为 RNA 病毒。除逆转录病毒外，RNA 病毒在宿主细胞内以病毒的单链 RNA 为模板合成 RNA，这种 RNA 依赖的 RNA 合成称为 RNA 复制(RNA replication)。从感染 RNA 病毒的细胞中可以分离出由病毒 RNA 编码的 RNA 复制酶，又称 RNA 依赖的 RNA 聚合酶(RNA - dependent RNA polymerase，RDRP)。RNA 复制酶以病毒 RNA 为模板，在有 4 种核苷三磷酸和镁离子存在时合成与模板互补的 RNA。用 RNA 复制产物去感染细胞，能产生正常的 RNA 病毒。病毒的全部遗传信息，包括合成病毒外壳蛋白质(coat protein)和各种有关酶的信息均贮存在复制的 RNA 之中。

大多数 RNA 噬菌体的 RNA 复制酶由 4 个亚基组成(分子量为 210kDa)，其中一个亚基(分子量 65kDa)是由噬菌体 RNA 复制酶基因编码的，是复制酶的活性单位。另外 3 个亚基是延长因子 Tu、延长因子 Ts 和 S1 蛋白(核糖体 30S 小亚基的一种蛋白质)都由宿主细胞自身的基因编码，参与宿主细胞蛋白质合成。这 3 种蛋白质可能在协助复制酶定位和结合病毒 RNA 的 3′端的过程中起作用。RNA 依赖的 RNA 合成的化学反应过程、机制与依赖于 DNA 的 RNA 合成是相同的，合成的方向也是从 5′到 3′，RNA 复制酶同样不具有校读功能。RNA 的复制酶只特异性地识别并复制病毒 RNA，而对宿主 RNA 不进行复制。

二、RNA 病毒的种类与基因组复制的主要特点

一般来说，大多数 RNA 病毒的基因组是单链 RNA 分子，少数病毒的基因组是双链 RNA 分子。RNA 病毒基因组包含病毒的全部遗传信息，基因组 RNA 复制是以病毒全长 RNA 分子为模板在真核细胞中合成一套同样的 RNA 分子。为完成这个复制过程，病毒需要利用宿主的转录、翻译系统识别、转录病毒基因组序列，并翻译出多种与复制有关的酶和蛋白质。例如，合成能够特异性识别并复制病毒 RNA 的 RNA 聚合酶。不同种类 RNA 病毒基因组复制的方式各有不同的特点。

1. *单链 RNA 病毒* 单链 RNA 病毒分为正链单链 RNA 病毒和负链单链 RNA 病毒。正链 RNA 病毒基因组携带有编码复制酶(RNA 依赖的 RNA 聚合酶)的基因，病毒 RNA 一旦进入宿主细胞，可直接作为 mRNA，附着到宿主细胞核糖核蛋白体上，翻译出蛋白质，包括结构蛋白和 RNA 聚合酶。然后在病毒 RNA 聚合酶催化下以 RNA 为模板复制病毒 RNA，最后病毒 RNA 和结构蛋白装配成成熟的病毒颗粒。噬菌体 Qb 和脊髓灰质炎病毒(poliovirus)是这种类型的代表。脊髓灰质炎病毒是一种小 RNA 病毒，它感染细胞后，病毒 RNA 即与宿主核蛋白体结合，产生一条长的多肽链，在宿主蛋白酶的作用下水解成 6 个蛋白质，其中包括 1 个复制酶，4 个外壳蛋白和 1 个功能还不清楚的蛋白质。在生成复制酶后，病毒 RNA 才开始复制。

严重急性呼吸综合征(severe acute respiratory syndrome，SARS)的致病原— SARS 病毒属于冠状病毒科，也是一种正链单链 RNA 病毒，全长 29 725 个核苷酸，具有 11 个开放读码框(ORF)，主要编码 RNA 依赖的 RNA 聚合酶、4 种结构蛋白及 5 种未知蛋白。

负链单链 RNA 病毒基因组进入宿主细胞后不能直接作为 mRNA 翻译蛋白质，而是要先以负链 RNA 为模板利用病毒体自身所携带的 RNA 依赖的 RNA 聚合酶复制出与负链 RNA 互补的正链 RNA，再以此正链 RNA 为模板合成病毒蛋白质和互补的负链基因组 RNA。狂犬病病毒(rabies virus)和马水疱性口炎病毒(vesicular - stomatitis virus)都是这类 RNA 病毒。

2. *双链 RNA 病毒* 如呼肠孤病毒(reovirus)，这类病毒以双链 RNA 为模板，在病毒复制酶的作用下通过不对称的转录，合成出正链 RNA，并以正链 RNA 为模板翻译成病毒蛋白质。然后再合成病毒负链 RNA，

形成双链 RNA 分子。

3. 致癌 RNA 病毒　主要包括白血病病毒(leukemia virus)和肉瘤病毒(sarcoma virus)，它们的复制需经过 DNA 前病毒阶段，由逆转录酶催化。

此外，真核细胞中还发现了带 RNA 基因组的亚病毒，它们需要辅助病毒才能完成其基因组的复制。

小　结

生物界 RNA 的合成有两种方式，一种是以 DNA 为模板，RNA 聚合酶和相关蛋白参与合成 RNA 的过程，即转录。一个转录体系包含模板、NTP、DNA 依赖的 RNA 聚合酶(RNA-Pol)和多种辅助因子。另一种则是以 RNA 为模板指导 RNA 的合成，也叫 RNA 复制。

转录是不对称转录，即转录模板是双链 DNA 中的一股链。不同的基因可选择不同的单链作为模板。作为模板的链称反义链或模板链。与其互补的链称有义链或编码链。

转录产物包括 rRNA、mRNA 和 tRNA 及一些具有特殊功能的小分子 RNA。各类 RNA 合成的生物化学过程基本相同。原核生物和真核生物的转录过程因 DNA 结构特点、酶的种类、调节方式等的不同而存在差别。

RNA 生物合成的原料为 4 种核苷三磷酸(NTP)。合成 RNA 的碱基与模板 DNA 的碱基依据碱基互补原则相互配对(G－C，T－A，C－G，A－U)。催化 RNA 生物合成的酶是依赖 DNA 的 RNA 聚合酶。RNA 聚合酶催化的聚合反应无需引物。原核生物 RNA 聚合酶全酶由亚基($\alpha_2\beta\beta'\sigma$)组成，σ 亚基起识别引导作用，与核心酶($\alpha_2\beta\beta'$)组成全酶。真核生物的 RNA 聚合酶主要分为三种：RNA Pol Ⅰ、RNA Pol Ⅱ和 RNA Pol Ⅲ，它们分别催化 rRNA、mRNA 和包括 tRNA 在内的一类小 RNA 的合成。

RNA 的合成可分为 3 个阶段：起始、延伸和终止。启动子是 RNA 聚合酶识别、结合和开始转录的一段 DNA 序列。转录所生成的 RNA 需经过修饰、剪接等一系列加工过程才成为成熟的、具有特定生物学功能的 RNA。

反转录病毒以外的 RNA 病毒以依赖 RNA 的 RNA 聚合酶进行 RNA 复制。

【复习思考题】

1. RNA 转录有哪些特点？与 DNA 复制有何区别和联系？
2. 原核生物与真核生物 RNA 聚合酶的组成及其作用？
3. 原核生物与真核生物中的启动子结构特点及功能。
4. 真核生物 mRNA 转录后加工包括哪些内容？
5. 选择性剪接与 RNA 编辑的区别是什么？

(刘　戟　陈利弘)

第十二章

蛋白质的生物合成

学习要点

掌握：① 蛋白质生物合成的概念；② 遗传密码的特点；③ 蛋白质合成体系，三种 RNA 的特点和作用。

熟悉：① 蛋白质合成的基本过程——起始、延长和终止；② 氨基酸的活化、核蛋白体循环的概念及基本过程。

了解：① 蛋白质合成的能量消耗；② 蛋白质合成后的加工修饰；③ 蛋白质合成与医学关系。

蛋白质生物合成(protein biosynthesis)也称为翻译(translation)，是指在多种因子辅助下，核糖体结合信使核糖核酸(mRNA)模板，通过转移核糖核酸(tRNA)识别该 mRNA 的三联体密码子和转移相应氨基酸，进而按照模板 mRNA 信息一次连续合成蛋白质肽链的过程。该过程的本质是将 mRNA 分子中 A、G、C、U 四种核苷酸序列编码的遗传信息转换成蛋白质一级结构中 20 种氨基酸的排列顺序。

第一节　蛋白质合成体系

蛋白质的生物合成体系包括：原料氨基酸、模板 mRNA、转运工具 tRNA、装配机核蛋白体(rRNA 和核蛋白体蛋白质构成)、多种蛋白质因子、酶类以及 ATP、GTP 等供能物质与必要的无机离子等。

一、mRNA 是蛋白质合成的模板

mRNA 分子含有从 DNA 转录出来的遗传信息，是蛋白质合成的模板。mRNA 包括 5′-非翻译区(5′-untranslated region, 5′- UTR)、开放阅读框(open reading frame, ORF)和 3′-非翻译区(3′-untranslated region, 3′- UTR)。

在 mRNA 阅读框架内，每相邻 3 个核苷酸组成 1 个三联体的遗传密码(genetic coden)，编码一种氨基酸。mRNA 分子由 A、G、C、U 四种核苷酸组成，而每个密码子含有 3 个核苷酸，所以四种核苷酸可组合成 64(4^3)个三联体的遗传密码(表 12 - 1)。其中，UAA、UAG、UGA 这 3 组密码不编码任何氨基酸，只作为肽链合成的终止信号，为终止密码(termination coden)；其余 61 组密码编码蛋白质的 20 种氨基酸，称为有意义密码(sense coden)；AUG 既编码甲硫氨酸，又可作为肽链合成的起始信号，称为起始密码(initiation coden)。从 mRNA5′端的起始密码子 AUG 到 3′端终止密码子之间的核苷酸序列称为开放阅读框。

表 12-1　通用遗传密码表

第一碱基(5′)	第二碱基 U	第二碱基 C	第二碱基 A	第二碱基 G	第三碱基(3′)
U	苯丙氨酸 UUU	丝氨酸 UCU	酪氨酸 UAU	半胱氨酸 UGU	U
	苯丙氨酸 UUC	丝氨酸 UCC	酪氨酸 UAC	半胱氨酸 UGC	C
	亮氨酸 UUA	丝氨酸 UCA	终止密码 UAA	终止密码 UGA	A
	亮氨酸 UUG	丝氨酸 UCG	终止密码 UAG	色氨酸 UGG	G
C	亮氨酸 CUU	脯氨酸 CCU	组氨酸 CAU	精氨酸 CGU	U
	亮氨酸 CUC	脯氨酸 CCC	组氨酸 CAC	精氨酸 CGC	C
	亮氨酸 CUA	脯氨酸 CCA	谷氨酰胺 CAA	精氨酸 CGA	A
	亮氨酸 CUG	脯氨酸 CCG	谷氨酰胺 CAG	精氨酸 CGG	G
A	异亮氨酸 AUU	苏氨酸 ACU	天冬酰胺 AAU	丝氨酸 AGU	U
	异亮氨酸 AUC	苏氨酸 ACC	天冬酰胺 AAC	丝氨酸 AGC	C
	异亮氨酸 AUA	苏氨酸 ACA	赖氨酸 AAA	精氨酸 AGA	A
	甲硫氨酸 AUG	苏氨酸 ACG	赖氨酸 AAG	精氨酸 AGG	G
G	缬氨酸 GUU	丙氨酸 GCU	天冬氨酸 GAU	甘氨酸 GGU	U
	缬氨酸 GUC	丙氨酸 GCC	天冬氨酸 GAC	甘氨酸 GGC	C
	缬氨酸 GUA	丙氨酸 GCA	谷氨酸 GAA	甘氨酸 GGA	A
	缬氨酸 GUG	丙氨酸 GCG	谷氨酸 GAG	甘氨酸 GGG	G

遗传密码具有如下特点：

1. 方向性(directionality)　mRNA 分子中遗传密码阅读方向是从 5′到 3′，也就是说起始密码子总是位于 mRNA 开放阅读框的 5′端，而终止密码子在 mRNA 的 3′端。

2. 连续性(commalessness)　mRNA 分子中各个三联体密码连续排列，翻译时从 5′端特定起始点开始，每 3 个碱基为一组向 3′方向连续阅读，无间隔，无重叠。如果 mRNA 阅读框架内插入或缺失一个或两个碱基，则可引起框移(移码)突变(frameshift mutation)，使下游翻译出的氨基酸序列完全改变(图 12-1)。

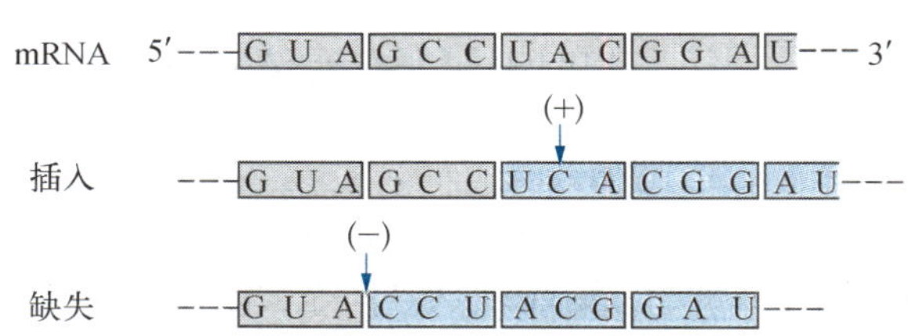

图 12-1　阅读框密码子的连续性及插入/缺失后果

3. 简并性(degeneracy)　除甲硫氨酸和色氨酸只对应 1 个密码子外，其他氨基酸都有 2、3、4 或 6 个密码子编码，这称为遗传密码的简并性。比较编码同一氨基酸的密码子可发现：mRNA 密码的第一、二位碱基多相同，而第三位碱基可以不同，即密码的特异性是由前 2 位碱基决定的，如甘氨酸的密码是 GGU、GGC、GGA、GGG，第三位碱基的突变并不影响所翻译氨基酸的种类，这种突变类型称为同义突变(synonymous mutation)。

4. 摆动性(wobble)　翻译过程中，mRNA 密码子与 tRNA 的反密码子通过碱基配对来识别结合，而“摆动性”即指有时出现的不严格遵从碱基配对规律的情况。摆动配对常见于密码子的第三位碱基与反密码子的第一位碱基间(表 12-2)。摆动配对的意义在于：① 配合密码子的简并性，一种 tRNA 能识别 mRNA 的 1～3 种简并性密码，使密码子与反密码子的相互识别更灵活；② 摆动配对的碱基间形成的是特异、低键能的氢键连接，有利于翻译时 tRNA 迅速与密码分离。

表 12-2　密码子与反密码子配对的摆动现象

tRNA 反密码子第 1 位碱基	I	U	G	A	C
mRNA 密码子第 3 位碱基	U,C,A	A,G	U,C	U	G

5. 通用性(universality)　蛋白质生物合成的整套遗传密码，基本上通用于生物界所有物种，这也揭示了所有的生命都进化于相同的祖先。但近年研究发现，动物的线粒体和植物的叶绿体中有自己独立的密码系统，与通用密码子有一定差别。如在通用密码中 AUA 编码异亮氨酸，而在线粒体内编码甲硫氨酸。

二、核蛋白体是蛋白质合成的场所

核蛋白体也称核糖体。核蛋白体由大、小两个亚基组成，每个亚基都由多种核蛋白体蛋白质(ribosomal protein, rp)和 rRNA 组成。rp 多是参与蛋白质生物合成过程的酶和蛋白质因子。rRNA 是核糖体两个亚基的主要部分和核心区域，其分子含有很多局部双螺旋结构区，进一步折叠成复杂三维构象作为亚基结构骨架，使各种 rp 附着结合，装配成完整亚基。

原核生物核蛋白体至少有六个功能部位：① 容纳 mRNA 的部位；② 结合氨基酰 tRNA 的氨基酰位(aminoacyl site，A 位)；③ 结合肽酰 tRNA 的肽酰位(peptidyl site，P 位)；④ tRNA 排出位(exit site，E 位)；⑤ 转肽酶所在的部位；⑥ 转位酶位点。A 位和 P 位横跨核蛋白体的两个亚基，E 位主要是大亚基成分。真核生物核蛋白体结构与原核相似，但组分更复杂(表 12-3)。

表 12-3　核蛋白体的组成

	原核生物			真核生物		
	核蛋白体	小亚基	大亚基	核蛋白体	小亚基	大亚基
S 值	70S	30S	50S	80S	40S	60S
rRNA		16S-rRNA	23S-rRNA 5S-rRNA		18S-rRNA	28S-rRNA 5.8S-RNA 5S-rRNA
蛋白质		21 种	36 种		33 种	49 种

三、tRNA 是转运氨基酸的工具

氨基酸掺入到多肽链中之前，必须先满足两个基本条件：第一，每个氨基酸的羧基端必须被活化以利于肽键的形成；第二，每个氨基酸要与 mRNA 建立起联系需要先找到中介物，或者说“氨基酸语言”与“核酸语言”需要找到翻译者。氨基酸与特异的 tRNA 结合能使这两个条件都得到满足。tRNA 分子上至少有 4 个位点保证其实现转运氨基酸的功能：① 3′端的 CCA 氨基酸结合位点；② 氨基酰 tRNA 合成酶识别位点；③ 核蛋白体识别位点；④ 反密码子位点：通过碱基互补配对识别 mRNA 的密码子。原核细胞中约有 30～40 种不同的 tRNA 分子，而真核生物中有 50 种甚至更多，因此一种氨基酸可以和 2～6 种 tRNA 特异地结合，装载同一氨基酸的所有 tRNA 称为同工接受体(isoacceptor)。

(一) 氨基酰-tRNA 合成酶与氨基酸的活化

1. 氨基酰-tRNA 合成酶(aminoacyl-tRNA synthetase)　氨基酰-tRNA 合成酶对氨基酸与 tRNA 分子的正确结合起着主要作用。氨基酰-tRNA 合成酶对底物氨基酸和 tRNA 都有高度特异性，通过分子中相分隔的活性部位既能识别特异的氨基酸，又能辨认携带该种氨基酸的特异 tRNA 分子，催化二者相互结合。与同一氨基酸结合的 tRNA 均被相同的氨基酰-tRNA 合成酶所催化，因此只需 20 种氨基酰-tRNA 合成酶就能催化氨基酸以酯键连接到各自特异的 tRNA 分子上。

此外，氨基酰-tRNA 合成酶还具有校正活性(proofreading activity)，也称编辑活性(editing activity)，即酯酶的活性。它能把错配的氨基酸水解下来，再换上与反密码子相对应的氨基酸。氨基酰-tRNA 合成酶根据氨基酸侧链基团的差异对相似的氨基酸进行识别结合或者校读。以异亮氨酰-tRNA 合成酶为例，缬氨酸和异亮氨酸结构相似,但异亮氨酸多了一个甲基使得它与异亮氨酰-tRNA合成酶活性部位的结合力更强;另一方面,缬氨酸的R基团略小于异亮氨酸,更易于进入异亮氨酰-tRNA合成酶的水解部位,一旦发生缬氨酸的错误结合,即会被水解掉。

2. 氨基酸活化　即指氨基酸的α-羧基与tRNA的3′端CCA—OH以酯键连接形成氨基酰-tRNA的过程。这一反应由氨基酰-tRNA合成酶催化完成,分两步进行。第一步是氨基酰-tRNA合成酶识别氨基酸及ATP,催化氨基酸的羧基与ATP上磷酸之间形成酯键,生成氨基酰-AMP的中间复合物,同时释放出一分子PPi。第二步是氨基酰-AMP的中间复合物与tRNA作用生成氨基酰-tRNA,并重新释放出AMP(图12-2)。每活化一分子氨基酸需要消耗2个高能磷酸键。总反应式为:

$$\text{氨基酸}+\text{tRNA}+\text{ATP} \longrightarrow \text{氨基酰-tRNA}+\text{AMP}+\text{PPi}$$

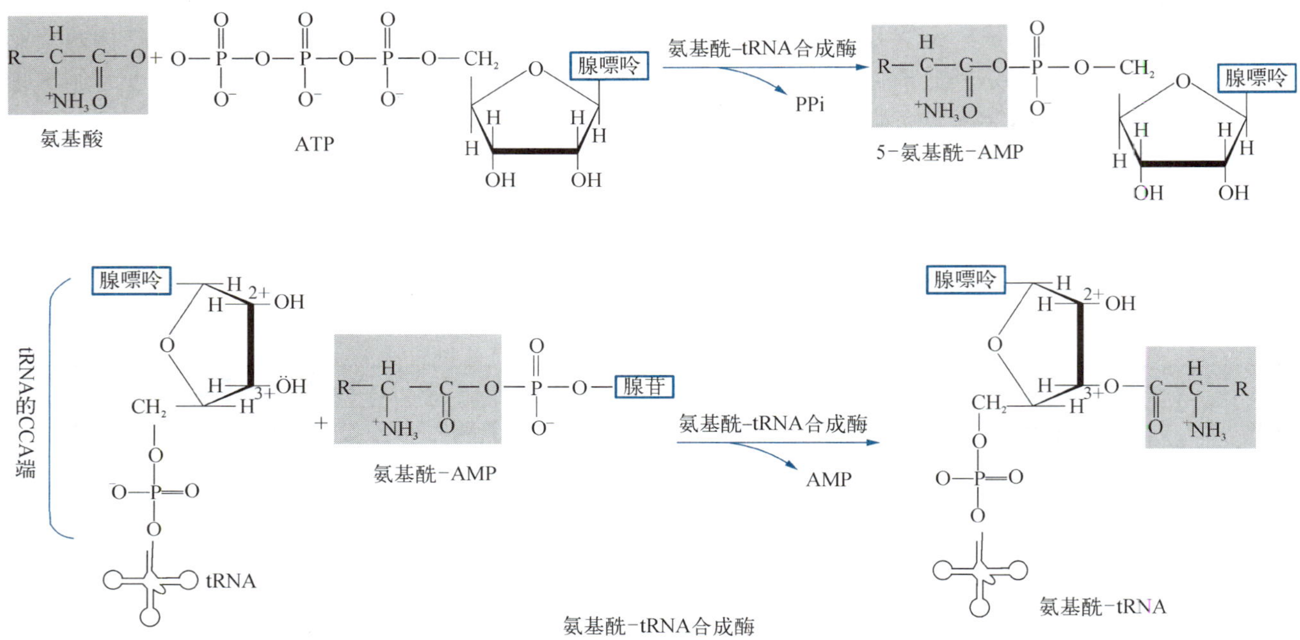

图12-2　氨基酸的活化

分两步,上图:$\text{氨基酸}+\text{ATP} \xrightarrow{\text{氨基酰-tRNA合成酶}} \text{氨基酰-AMP}+\text{PPi}$

下图:$\text{氨基酰-AMP}+\text{tRNA} \xrightarrow{\text{氨基酰-tRNA合成酶}} \text{氨基酰-tRNA}+\text{AMP}$

(二)氨基酰-tRNA的表示方法

如用三字母缩写代表氨基酸,各种氨基酰-tRNA可以用氨基酸三字母名-$\text{tRNA}^{\text{氨基酸三字母名}}$表示,如Asp-$\text{tRNA}^{\text{Asp}}$,Ser-$\text{tRNA}^{\text{Ser}}$,Gly-$\text{tRNA}^{\text{Gly}}$等。

密码子AUG可编码甲硫氨酸(Met),同时作为起始密码。在真核生物中甲硫氨酸的氨基酰-tRNA分为两种:起始Met-$\text{tRNAi}^{\text{Met}}$(initiator-tRNA)和延长Met-$\text{tRNAe}^{\text{Met}}$(elongation-tRNA)。

原核生物的起始密码只能辨认甲酰化的甲硫氨酸,即N-甲酰甲硫氨酸(N-formyl methionine, fMet),因此起始位点的甲酰化甲硫氨酰-tRNA表示为fMet-$\text{tRNAi}^{\text{fMet}}$。$N$-甲酰甲硫氨酸中的甲酰基从$N^{10}$-甲酰四氢叶酸(THFA)转移到甲硫氨酸的$\alpha$-氨基上,由转甲酰基酶催化。

第二节　蛋白质生物合成过程

为便于叙述,翻译过程被人为地分为起始(initiation)、延长(elongation)和终止(termination)三个阶段。

多肽链从N端向C端不断延长，直到终止密码前一位三联体，翻译出肽链的C端氨基酸。在此，我们重点讲述原核生物的翻译，真核生物的翻译过程与原核生物相似，但步骤顺序略有不同，所需的成分也有区别。

一、翻译的起始

翻译的起始阶段是指mRNA、起始氨基酰-tRNA分别与核蛋白体结合而形成翻译起始复合物(translational initiation complex)的过程。参与这一过程的多种蛋白质因子称为起始因子(initiation factor, IF)，原核生物有三种起始因子，即IF-1、IF-2和IF-3(表12-4)。真核生物拥有更多的起始因子，为了区别原核生物，称为真核起始因子eIF(eukaryotic initiation factor)。

表12-4　原核与真核生物翻译的重要起始因子及生物学功能

	起始因子	生物功能
原核生物	IF-1	占据A位防止结合其他氨基酰-tRNA，并阻止大小亚基的结合
	IF-2	是GTP连接蛋白，促进起始fMet-tRNAi^{fMet}与30S小亚基结合
	IF-3	结合30S小亚基，使之与50S大亚基分开；提高P位对起始tRNA的特异性
真核生物	eIF-1	参与协助识别起始密码子
	eIF-2	单体GTP结合蛋白，促进起始Met-tRNAi^{Met}与40S小亚基结合
	eIF-2B	鸟苷酸交换因子(GEF)，将eIF-2上的GDP交换成GTP
	eIF-3	最先与40S小亚基结合，促进大小亚基分离
	eIF-4A	eIF-4F复合物成分，有解旋酶活性，有利用mRNA扫描
	eIF-4B	结合mRNA，促进mRNA扫描定位起始AUG
	eIF-4E	eIF-4F复合物成分，结合mRNA的5′端帽子结构
	eIF-4G	eIF-4F复合物成分，连接eIF-4E、eIF-3和PABP等组分
	eIF-5	水解GTP，促进各种起始因子从核糖体释放，进而结合大亚基
	eIF-6	促进无活性的80S核蛋白体解聚生成40S小亚基和60S大亚基

(一) 原核生物的翻译起始过程

1. 核蛋白体大小亚基分离　翻译开始时，IF-3、IF-1与小亚基结合，促进大小亚基分离。

2. mRNA与核蛋白体小亚基定位结合　mRNA上有多个密码子AUG，小亚基从中识别真正的起始密码子AUG，然后与mRNA结合，并使AUG对应核蛋白体的P位。这种识别依赖于5′-非翻译区的特异序列：① 起始密码子AUG上游约10个碱基左右的位置，通常含有一段6 bp的嘌呤序列(—AGGAGG—)，称为Shine-Dalgarno序列(简称SD序列)，它与小亚基16S-rRNA 3′端的一段富含嘧啶的短序列(—CCUCCU—)互补，从而使mRNA与小亚基结合。因此，SD序列又称为核蛋白体结合位点(ribosomal binding site, RBS)。② mRNA上紧接SD序列之后的一小段核苷酸序列，又可被核蛋白体小亚基蛋白rpS-1辨认结合(图12-3)。这样原核生物通过核酸-核酸、核酸-蛋白质之间的辨认结合，为起始位点的正确识别提供了双重保障。

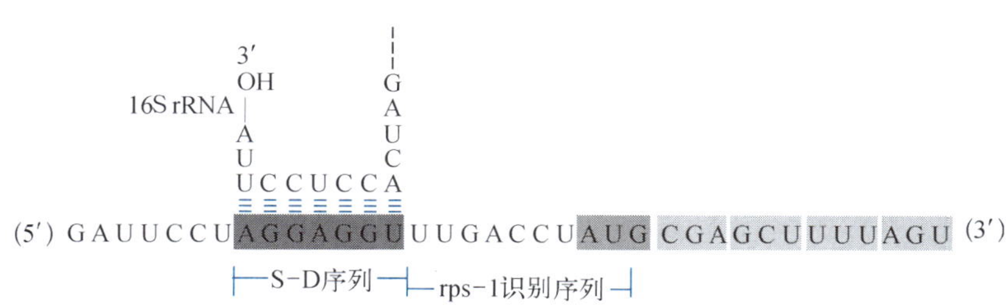

图12-3　原核生物mRNA与核蛋白体小亚基的辨认结合

3. 起始fMet-tRNAi^{fMet}与核蛋白体结合　IF-2首先与GTP结合，再结合fMet-tRNAi^{fMet}。在IF-2的帮助下，fMet-tRNAi^{fMet}识别结合mRNA的起始密码AUG，从而进入核蛋白体P位。起始时IF-1结合在A位，阻止氨基酰-tRNA的进入，还可能阻止30S小亚基与50S大亚基的结合。

4. 核蛋白体大亚基的结合　当如上mRNA、fMet-tRNAi^{fMet}与小亚基结合后，50S大亚基再结合上来生成完整的核蛋白体，同时IF-2水解GTP，提供能量促使3种IF释放，形成由完整核蛋白体、mRNA、起始

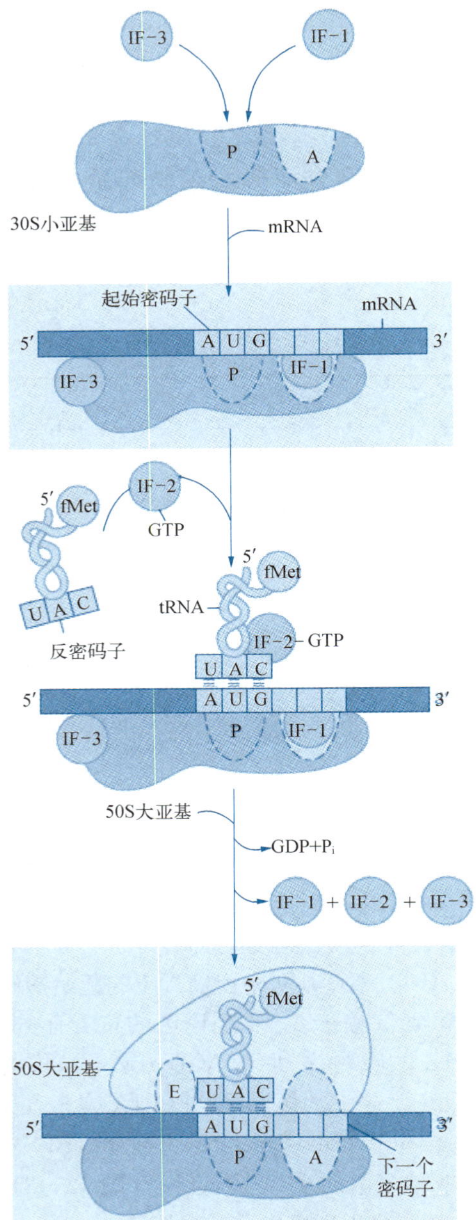

图 12-4 原核生物翻译起始复合物形成

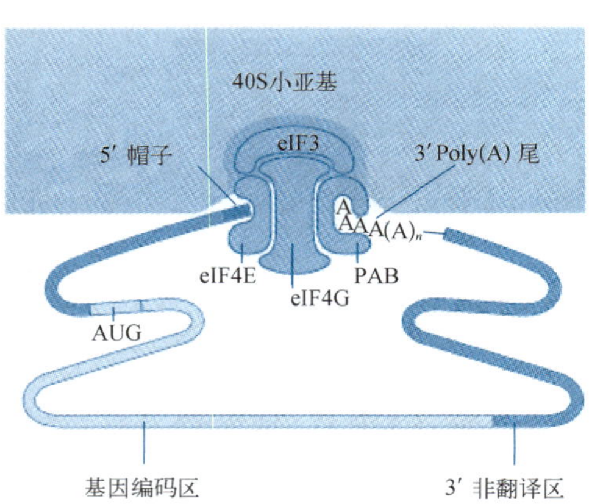

图 12-5 真核生物核糖体小亚基在 mRNA 上的定位及翻译起始复合物

氨基酰-tRNA 组成的翻译起始复合物(图 12-4)。

此时,fMet-tRNAi^{fMet}占据 P 位,而 A 位留空,并对应 mRNA 上 AUG 后的第二组三联体密码,准备下一个氨基酰-tRNA 的进入。

(二) 真核生物的翻译起始过程

真核生物的翻译起始过程与原核生物相似,但各组分结合顺序不同,所需的成分也有区别:

(1) 真核生物翻译起始因子更多,功能更为复杂,但目前只知道部分因子的功能(表 12-4)。

(2) 翻译起始复合物各部分的结合顺序不同:在 eIF-2B(具有 GTP-GDP 交换因子功能)的作用下,eIF-2 首先与 GTP 结合,再与 Met-tRNAi^{Met}形成三聚体,共同结合于核蛋白体小亚基,并使 Met-tRNAi^{Met}进入小亚基的 P 位,水解 GTP 释放出 eIF-2-GDP,形成 43S 前起始复合物。最后此 43S 前起始复合物通过特定方式与 mRNA 结合。

eIF-2 是蛋白质合成起始的控制点之一,含 α、β 和 γ 亚基。当细胞处于压力应激状态(如糖源不足、病毒感染或者蛋白质错误折叠)时,为减少合成蛋白质所消耗的能量,eIF-2α 的第 51 位丝氨酸发生磷酸化,紧密结合到 eIF-2B 上使其失活,进而破坏 GTP-GDP 交换,eIF-2-GTP 无法再生,43S 前起始复合物的形成和蛋白质合成均被阻断。

eIF-2B 突变可能导致白质消融性脑病(vanishing white matter, VWM),此病影像学检测表现为大脑神经细胞消失,脑脊髓液取而代之。目前 VWM 的发病机制还不甚明确,推测突变后的 eIF-2B 功能下降,使 eIF-2-GTP 再生减慢,导致蛋白质合成水平下降。

(3) 核蛋白体小亚基在 mRNA 上定位方式不同:mRNA 的 3′端与 polyA 结合蛋白(polyA binding protein, PABP)结合,而 mRNA 的 5′端与 eIF-4F 复合物结合。eIF-4F 复合物包括 eIF-4E、eIF-4A 和 eIF-4G 等组分。其中 eIF-4E 结合 mRNA 5′端帽子;eIF-4A 具有解旋酶活性,通过水解 ATP 释能来打开 5′端的螺旋双链;eIF-4G 像"脚手架",连接复合物其他组分以及 PABP,eIF-3 与核蛋白体小亚基。这样将 mRNA 的首尾和上述 43S 的前起始复合物结合起来(图 12-5)。

eIF-4G 的活性调节是某些疾病发生的重要节点。在脆性 X 综合征(fragile-X syndrome)、遗传性的精神障碍、前列腺癌或其他癌症疾病中,都发现 eIF-4G 功能异常。

(4) 核蛋白体小亚基确定起始密码子的机制不同:与原核生物的 mRNA 有多个起始点不同,真核细胞 mRNA 通常只有一个起始位点,大多数情况下一条 mRNA 只是一个特定蛋白的模板。真核细胞的核糖体小亚基沿 mRNA 扫描查找起始点,即起始复合物形成后,通过消耗 ATP 供能,eIF-4A 解旋打开引导区的双链,小亚基从 mRNA 的 5′端向 3′端移动,直到找到起始 AUG 与 Met-tRNAi^{Met}的反密码配对。通常以最靠近 5′端的 AUG 作为起始密码子,但精确定位依赖于一些特定序列。例如 Kozak 共有序列(Kozak consensus sequences):GCC(A/G)CCAUGG(下划线标注为起始密码子)，在 AUG 附近的 -3 位 A 或 G 和 +4 位 G 导致 43S 复合物通过遗漏扫描机制忽略下一个 AUG，而最终使小亚基与 mRNA 准确定位结合形成 48S 复合物。

二、肽链的延长

肽链的延长是指在 mRNA 密码序列的指导下，依次添加氨基酸从 N 端向 C 端延伸肽链的过程。原核生物肽链延长需要的蛋白因子称为延长因子(elongation factor，EF)，真核生物的延长因子称为 eEF (eukaryotic elongation factor，eEF)(表 12-5)。

表 12-5 肽链合成的延长因子

原核 EF	真核 eEF(EF 同源物)	生 物 功 能
EF-Tu	eEF-1α	结合 GTP，携带氨基酰-tRNA 进入 A 位
EF-Ts	eEF-1βγ	GTP 交换蛋白，使 GDP 交换成 GTP
EF-G	eEF-2	单体 G 蛋白，具有 GTPase 活性，水解 GTP，发挥转位酶作用，促进肽酰-tRNA 由 A 位移至 P 位

由于肽链延长的过程是在核蛋白体上连续循环进行的，故称为核蛋白体循环(ribosomal cycle)。每次循环分三个阶段：进位(entrance)、成肽(peptide bond formation)和转位(translocation)。循环一次，肽链增加一个氨基酸残基，直至肽链合成终止。真核生物肽链延长过程和原核基本相似，只是反应体系和因子组成不同。

(一) 进位

进位就是与 mRNA 密码子所对应的氨基酰-tRNA 进入核蛋白体的 A 位，又称注册(registration)，这一过程在原核细胞需要延长因子 EF-T 的参与。

EF-T 由 Tu 和 Ts 两个亚基构成。进位时，EF-T 先与 GTP 结合，放出 Ts，形成有活性的 Tu-GTP，此复合物可与氨基酰-tRNA 结合，并将其带入核蛋白体 A 位，使密码子与反密码子配对结合；然后，Tu 使 GTP 水解释能，驱动 Tu-GDP 从核蛋白体释出；最后 Ts 将 GDP 置换出去，与 Tu 结合重新形成 Tu-Ts 二聚体，进入新一轮循环，继续催化下一个氨基酰-tRNA 进位(图 12-6)。

在真核生物中，eEF-1α 因子负责将氨基酰-tRNA 带到核糖体 A 位，并同样需要 GTP 高能键的断裂。GTP 水解后，活性的再生需要 eEF-1β、γ 因子(与 EF-Ts 同源)的参与。

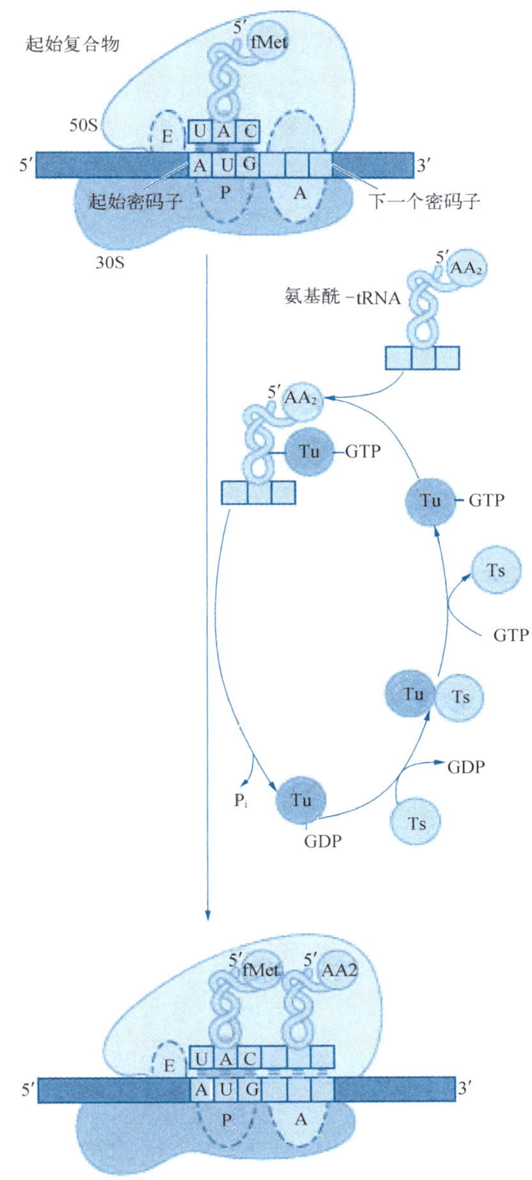

图 12-6 原核生物翻译延长第一步：进位

(二) 成肽

成肽就是转肽酶(peptidyl transferase)催化肽键形成的过程，这个转肽酶实际上即核糖体本身 23S rRNA。进位后，核糖体的 A 位和 P 位各结合了一个氨基酰-tRNA，转肽酶将 P 位的氨基酰转移到 A 位的氨基酰上：首先水解 P 位上氨基酰-tRNA 的酯键，将氨基酰的 α-羧基释放出来，再与 A 位上氨基酸的 α-氨基形成肽键。此过程为成肽反应，在 A 位上进行，无需能量供应(图 12-7)，因为氨基酰-tRNA 的酯键水解可以释放能量，促使肽键形成。

(三) 转位

第一个肽键形成以后，空载的 tRNA 留在 P 位，二肽

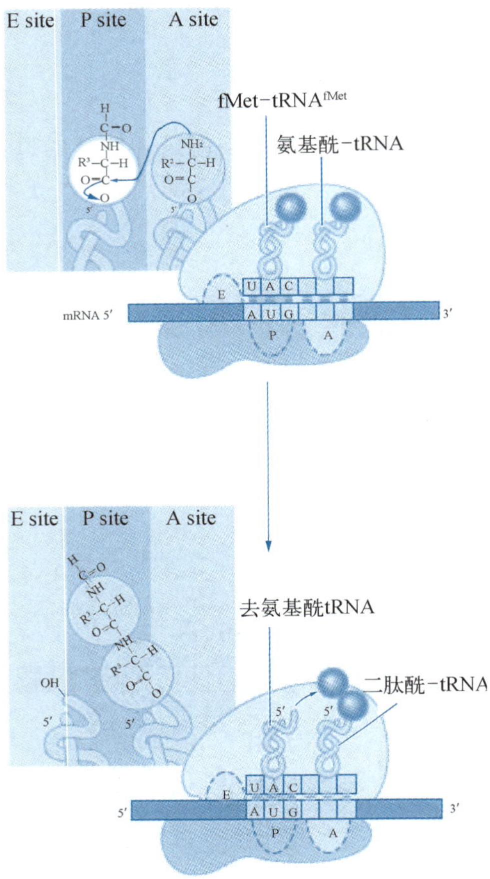

图 12-7 原核生物翻译延长第二步：成肽

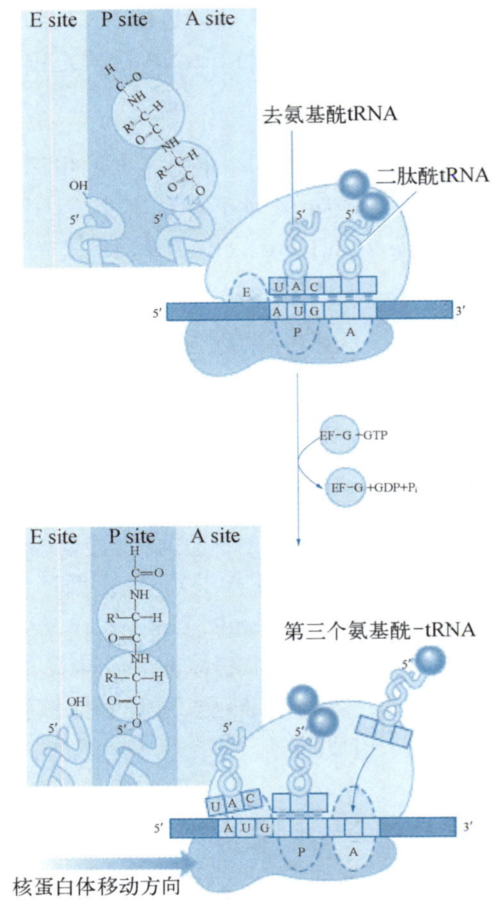

图 12-8 原核生物翻译延长第三步：转位

酰-tRNA 占据核蛋白体 A 位。要装配添加下一个氨基酸，就必须让核蛋白体的 A 位空出来，使下一个密码子进入，因此需要转位。转位即指核蛋白体向 mRNA 的 3′端移动一个密码的距离，P 位的空载 tRNA 进入 E 位并由此排出，A 位上的二肽酰-tRNA 移至 P 位，A 位空出并对应下一组三联体密码(图 12-8)；真核细胞核蛋白体没有 E 位，转位时卸载的 tRNA 直接从 P 位释放。转位后，进行第二轮循环，进位-成肽-转位，这样每循环一次，肽链将增加一个氨基酸残基，不断从 N 端向 C 端延长。

在原核生物，转位依赖于延长因子 EF-G 和 GTP。EF-G 有转位酶(translocase)活性，可结合并水解 1 分子 GTP，促进核蛋白体向 mRNA 的 3′端移动。真核生物与 EF-G 同源的是 eEF-2 因子，它们功能接近，都是依赖 GTP 水解的转位酶。

三、翻译的终止

翻译的终止包括三个部分：① mRNA 上终止密码子的识别；② 肽链从肽酰-tRNA 中释出；③ mRNA、核蛋白体大小亚基分离。

终止密码子不能被任何一种 tRNA 的反密码子所识别，只能被一些蛋白因子识别。这些蛋白质因子称为终止因子(termination factor)，又称释放因子(release factor，RF)。原核生物有三种 RF，即 RF-1、RF-2 和 RF-3，真核生物有两种，其生物功能见表 12-6。

表 12-6 原核与真核生物翻译终止因子及功能

	起始因子	生物功能
原核生物	RF-1	特异识别终止密码 UAA、UAG
	RF-2	识别 UAA、UGA
	RF-3	具有 GTP 酶活性，可结合并水解 1 分子 GTP，促进 RF-1 和 RF-2 与核糖体的结合

续表

起始因子		生　物　功　能
真核生物	eRF－1	能识别三种终止密码子
	eRF－3	携带一个随后水解的 GTP，促进 eRF－1 与核糖体的结合

对于原核生物，mRNA 的终止密码进入核蛋白体 A 位时，释放因子 RF－1 或 RF－2 可在 RF－3－GTP 的帮助下识别结合终止密码，并激活核糖体的转肽酶活性，水解肽酰- tRNA 的酯键，将多肽链从 P 位上释放出来。继而 mRNA、tRNA 及 RF 从核蛋白体脱离，紧接着在 IF－3 和 IF－1 的作用下，核蛋白体大小亚基解离，开始新一轮核蛋白体循环（图 12－9）。真核生物翻译终止过程与原核生物相似，eRF－1 在 eRF－3 的帮助下识别三种终止密码子，激发终止反应。

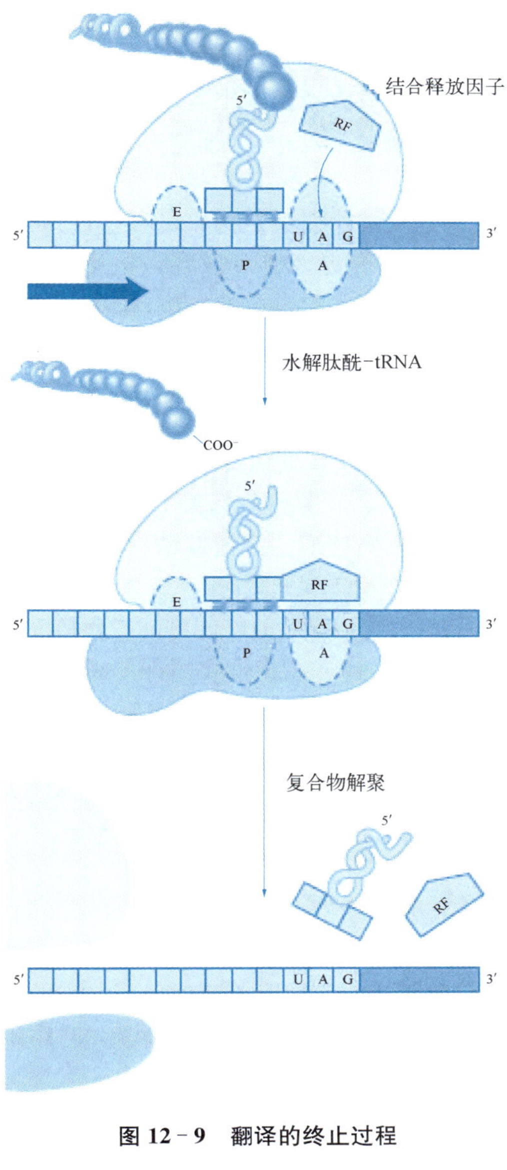

图 12－9　翻译的终止过程

以上叙述的是单个核糖体合成肽链的情况。实际上蛋白质的合成速率极快，在 37℃每个埃希氏菌细胞能在 5 秒内合成 20 个氨基酸残基的多肽链。蛋白质合成高速率的机制是 mRNA 上会附着有许多核糖体同时翻译，这种多个核糖体与 mRNA 的聚合物称为多聚核糖体（polyribosome 或 polysome）。当一个核糖体与 mRNA 结合并开始翻译，沿 mRNA 向 3′端移动一定距离（约 80 个核苷酸）后，第二、三个核糖体相继结合到 mRNA 的翻译起始位点。

这样在一条 mRNA 上常结合有多个核糖体，呈串珠状排列，同时进行多条肽链的合成。原核生物 mRNA 转录后不需加工即可作为模板，转录和翻译偶联进行。因此在电子显微镜下看到，原核 DNA 分子上连接着长短不一正在转录的 mRNA 分子，每条 mRNA 再附着多个核蛋白体进行翻译，显示为羽毛状现象。与原核细胞不同，真核细胞的转录发生在核内，翻译发生在细胞质，因此只能观察到一个 mRNA 分子上附着有多个核糖体，为单个多聚核糖体（图 12－10）。

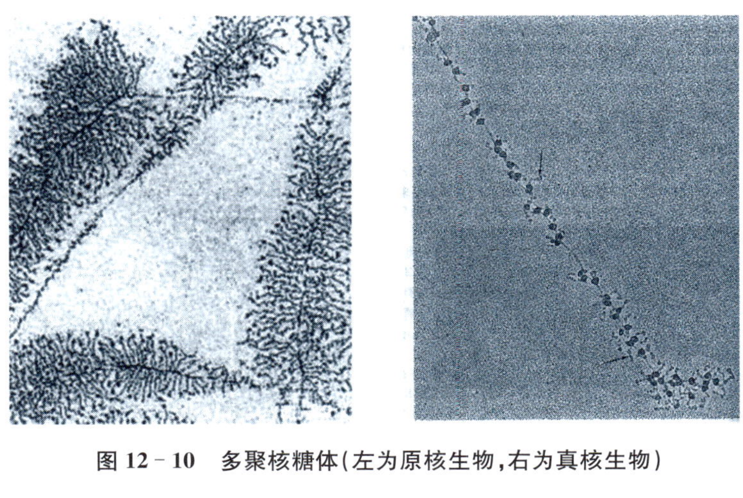

图 12－10　多聚核糖体（左为原核生物，右为真核生物）

蛋白质生物合成是耗能过程。首先每分子氨基酸活化生成氨基酰- tRNA 消耗 2 个高能磷酸键；其次在肽链延长阶段，进位和转位各消耗 1 个高能磷酸键；因此肽链每增加 1 个肽键要消耗 4 个高能磷酸键。为了保持蛋白质生物合成的高度保真性，任何错误的氨基酸连接都需要消耗能量水解清除，因此每增加一个肽键实际消耗可能多于 4 个高能磷酸键。所以蛋白质的合成是一个昂贵的过程。据估计，在快速成长的细菌中，多至 90％的 ATP 是用来合成蛋白质的。

第三节 蛋白质合成后加工与输送

从核蛋白体释放出的新生多肽链一般不具备蛋白质生物活性,必须经过分子折叠及不同的加工修饰过程才转变为具有天然功能构象(native conformation)的成熟蛋白,该过程称为翻译后加工(posttranslation processing)。主要包括多肽链折叠为天然的三维构象、肽链一级结构的修饰、肽链空间结构的修饰等。另外,在核蛋白体上合成的蛋白质还需要靶向输送到特定细胞部位,发挥各自的生物学功能。

一、新生肽链的折叠

蛋白质折叠(folding)的信息全部储存于肽链自身的氨基酸序列中,即蛋白质的空间构象由一级结构所决定。蛋白质分子的折叠过程实际就是大量非共价键形成的过程。虽然从热力学角度来看,蛋白质多肽链折叠成天然空间构象是一种释放自由能的自发过程。然而,除了核糖核酸酶可自动折叠,细胞中大多数天然蛋白质折叠都需要其他酶和蛋白质的协助,主要包括如下几种大分子。

1. *分子伴侣(molecular chaperone)* 分子伴侣是细胞内一类可识别肽链的非天然构象,促进蛋白质形成正确空间结构的保守蛋白质。刚合成的蛋白质以未折叠的形式存在,其中的疏水性片段容易相互作用而自发折叠,分子伴侣的作用体现在:封闭蛋白质的疏水表面,防止错误折叠或者蛋白质的聚集;稳定折叠过程中的蛋白质中间产物;保持蛋白质以未折叠的状态进行穿膜运输;识别错误折叠的蛋白质并帮助其恢复正确的折叠。

分子伴侣至少有两大家族:热激蛋白 70(heat shock protein, HSP70)和伴侣素(chaperonins)即热激蛋白 HSP60 家族。两个蛋白家族的辅助折叠过程都需要消耗 ATP。当多肽链在核糖体合成时,HSP70 与之结合并保护多肽链的疏水表面,保持蛋白质在全链合成及折叠形成前不发生聚集。如果有些蛋白质在 HSP70 存在时不能完成折叠过程,则被传送给 HSP60。HSP60 分子具有长圆柱形的多亚基结构,形成中心疏水腔,为蛋白质提供完成正确折叠的微环境。

2. *蛋白质二硫键异构酶(protein disulfide isomerase, PDI)* 多肽链的几个半胱氨酸间可能出现错配二硫键,影响蛋白质正确折叠。二硫键异构酶在内质网腔活性很高,可在较大区段肽链中催化错配二硫键断裂并形成正确二硫键连接,最终使蛋白质形成热力学最稳定的天然构象。

3. *肽-脯氨酰顺反异构酶(peptide prolyl cis-trans isomerase, PPI)* 脯氨酸为亚氨基酸,多肽链中肽酰-脯氨酸间形成的肽键有顺反异构体,空间构象明显差别。天然蛋白质多肽链中肽酰-脯氨酸间肽键绝大部分是反式构型,仅 6%为顺式构型。肽-脯氨酰顺反异构酶可促进上述顺反两种异构体之间的转换,在肽链合成需形成顺式构型时,可使多肽在各脯氨酸弯折处形成准确折叠。

二、一级结构的修饰

1. *肽链 N 端 Met 或 fMet 的切除* 翻译时新生肽链 N 末端第一个氨基酸总是甲硫氨酸(真核生物)或 *N*-甲酰甲硫氨酸(原核生物)。但天然蛋白质并非如此,细胞内有脱甲酰基酶或氨基肽酶可以除去 *N*-甲酰基、N 端甲硫氨酸或 N 端一段序列。

2. *特定氨基酸的共价修饰* 肽链合成后,氨基酸残基的共价修饰主要包括磷酸化、甲基化、乙酰化、羟基化、羧基化及糖基化等,这些修饰对于维持蛋白质的正常生物学功能是必需的。如某些凝血因子中谷氨酸残基的 γ-羧基化,使凝血因子侧链产生负电基团结合 Ca^{2+};组蛋白分子的精氨酸可进行乙酰化修饰,从而改变染色质的结构影响基因表达;胶原蛋白前体的赖氨酸、脯氨酸残基发生羟基化,使成熟胶原形成链间共价交联结构。

3. *二硫键的形成* 两个半胱氨酸的氧化可生成二硫键维系蛋白质的空间构象。如核糖核酸酶合成后,肽链中 8 个半胱氨酸残基构成了 4 对二硫键,此 4 对二硫键对它的酶活性是必需的。二硫键也可以在链间形成，使蛋白质分子的亚单位聚合。

4 多蛋白的加工　真核生物 mRNA 的某些翻译产物为大分子多肽前体，经不同的切割加工，可产生一个以上功能不同的蛋白质或多肽，此类原始肽链称为多蛋白（polyprotein）。例如鸦片促黑皮质素原（proopio-melano-cortin，POMC）经不同的水解加工可生成至少 10 种不同的肽类激素，包括促肾上腺皮质激素（Adrenocorticotropic hormone，ACTH）、α-促黑激素（α-melanocyte-stimulating hermone，α-MSH）、β-促黑激素（melanocyte-stimulating hermone，β-MSH）、γ-促黑激素（γ-melanocyte-stimulating hermone，γ-MSH）、α-内啡肽（α- endorphin）、β-内啡肽（β-endorphin）、γ-内啡肽（γ-endorphin）、β-脂酸释放激素（β-lipotropin，β-LT）、γ-脂酸释放激素（γ-lipotropin，γ-LT）等活性物质。

5. 蛋白质前体中不必要肽段的切除　无活性的酶原转变为有活性的酶，常需要去掉一部分肽链，如胰蛋白酶原需要水解生成胰蛋白酶。

三、空间结构的修饰

1. 亚基聚合　两条以上的有完整三级结构的肽链（亚基）通过非共价聚合形成寡聚体（oligomer），这种聚合过程往往有一定顺序，前一步骤常可促进后一步骤的进行，如血红蛋白分子 $\alpha_2\beta_2$ 亚基的聚合。

2. 辅基连接　对于结合蛋白来讲，如糖蛋白、脂蛋白、色蛋白、金属蛋白及各种带辅基的酶类等，需要在合成后结合相应辅基才有活性。

3. 脂肪酰化　某些蛋白质，如 Ras 蛋白、G 蛋白等，翻译后需要在肽链特定位点共价连接一个、多个疏水性强的脂链，包括脂肪酸链、多异戊二酸等。这些蛋白通过脂链嵌入疏水膜脂双层，定位成为特殊质膜内在蛋白，才成为具有生物功能的蛋白质。

四、蛋白质的靶向输送

真核生物的蛋白质在胞质核糖体合成后有三个去向：保留在胞质；进入细胞核、线粒体或其他细胞器；分泌至体液，然后输送到其他靶器官和靶细胞。这种定向输送的过程称为蛋白质的靶向输送（protein targeting）。后两种输送情况，蛋白质都必须通过复杂的转运机制穿过膜性结构才能到达靶部位。但无论哪一种跨膜运输，都有以下几个特点：第一，被输送的新生肽链存在信号序列，第二，通过一些游离的蛋白因子或锚定在膜上的受体蛋白识别结合信号序列，从而将新生肽链引导至膜上，第三，膜上存在多亚基蛋白复合体，构成新生肽链的跨膜通道，第四，跨膜运输通常需要消耗能量。对此我们不再详述，下面简单介绍蛋白质的信号序列。

所有靶向输送的蛋白质结构中均存在分选信号，主要为 N 端特异氨基酸序列，可引导蛋白质转移到细胞的适当靶部位，这类序列称为信号序列（signal sequence），是决定蛋白靶向输送特性的最重要元件。对于大多数蛋白，在输送到靶部位后，信号序列被切掉。

多数靶向输送到溶酶体、质膜或分泌到细胞外的蛋白质 N 端都有保守的氨基酸序列称为信号肽（signal peptide），长度一般在 13～36 个氨基酸残基。有如下三个特点：① N 端常常有 1 个或几个带正电荷的碱性氨基酸残基，如赖氨酸、精氨酸；② 中间为 10～15 个氨基酸残基构成的疏水核心区，主要含疏水中性氨基酸，如亮氨酸、异亮氨酸等；③ C 端多以侧链较短的甘氨酸、丙氨酸结尾，紧接着是被信号肽酶（signal peptidase）裂解的位点（图 12-11）。所有靶向输送到细胞核的蛋白质都含有一个核定位序列（nuclear localization sequence，NLS）。与其他信号序列不同，NLS 可位于核蛋白的任何部位，不一定在 N 端，而且 NLS 在蛋白质

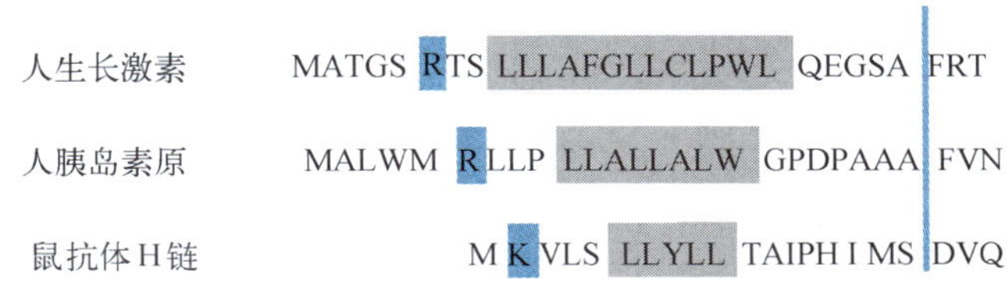

图 12-11　碱性氨基酸；　疏水氨基酸；红线标注处为剪切位点

进核后不被切除。因此,在真核细胞有丝分裂结束核膜重建时,胞质中具有 NLS 的细胞核蛋白可被重新导入核内。

第四节 蛋白质生物合成的干扰和抑制

蛋白质生物合成的阻断剂很多,其作用部位也各有不同,或作用于翻译过程,直接影响蛋白质的生物合成(如多数抗生素),或作用于复制(如多数抗肿瘤药物)、转录过程,对蛋白质的生物合成间接产生影响。各种阻断剂的作用对象亦有所不同,如链霉素、氯霉素等主要作用于细菌,故可用作抗菌药物;细菌毒素与植物毒素等作用于哺乳类动物,通过抑制蛋白质合成而致病。下面重点讨论某些干扰和抑制翻译过程的毒素、抗生素和其他生物活性物质的作用。

一、毒素类蛋白质合成阻断剂

抑制人体蛋白质合成的毒素,常见者为细菌毒素与植物毒素。细菌毒素有多种,如白喉毒素、绿脓毒素、志贺氏毒素等,它们多在肽链延长阶段抑制蛋白质的合成。

1. *白喉毒素* 白喉毒素(diphtheria toxin, DT)是白喉杆菌产生的毒蛋白,它对人体及其他哺乳动物的毒性极强。白喉毒素由 A、B 两个亚基组成。A 亚基起催化作用,B 亚基帮助 A 亚基进入细胞。B 亚基可与细胞表面的特异受体结合,结合后使毒素 A、B 两亚基之间的二硫键还原,A 亚基即释出进入细胞。进入胞质的 A 亚基可使辅酶Ⅰ(NAD^+)与真核生物延长因子 eEF-2 产生反应,造成 eEF-2 失活,抑制蛋白质的合成。

除白喉毒素外,现知绿脓杆菌的外毒素 A 也与白喉毒素一样,以相似机制起作用。由于毒素强大的细胞杀伤作用,人们想到利用其毒性进行肿瘤治疗。通过基因重组构建免疫毒素,可特异性的结合和攻击肿瘤细胞,而对正常组织的杀伤较小。以重组白喉毒素为例,我们简述其抗肿瘤的作用机制。

如前所述,白喉毒素起杀伤作用的是 A 亚基,B 亚基是帮助 A 亚基进入细胞,因此只需将 B 亚基换成对肿瘤细胞有特异性的单克隆抗体,就可实现定向攻击。也就是说,某些特异性受体或蛋白通常仅在肿瘤细胞表达,因此可以在重组白喉毒素时,加入针对这些受体或蛋白的抗体,帮助 A 亚基进入肿瘤细胞,造成 eEF-2 失活,从而抑制其蛋白质的合成,达到治疗作用。

2. *植物毒素* 某些植物毒蛋白(foxoprotein)也是肽链合成的阻断剂。比如,南方红豆所含的红豆碱(abrin)与蓖麻籽所含的蓖麻蛋白(ricin)都可与真核生物核糖体 60S 大亚基结合,切除 28 SrRNA 的 4324 位腺苷酸发生脱嘌呤基反应,引起 60S 大亚基失活,抑制肽链延长。

二、抗生素类阻断剂

抗生素为一类微生物来源的药物,可特异性的杀灭或抑制细菌而对哺乳动物影响不大。这种选择性抑制的基础在于原核生物与真核生物的蛋白质合成虽相似但存在差异。抗生素可以通过直接阻断细菌蛋白质生物合成而起抑菌作用。例如链霉素(streptomycin)能与原核生物核蛋白体小亚基结合,改变其构象,引起读码错误,使毒素类细菌蛋白失活。部分抗生素抑制蛋白质生物合成机制见表 12-7。

表 12-7 抗生素抑制蛋白质生物合成的原理

抗 生 素	作 用 点	作 用 原 理	应 用
四环素族	原核核蛋白体小亚基	抑制氨基酰-tRNA 与小亚基结合	抗菌药
链霉素、卡那霉素	原核核蛋白体小亚基	改变构象引起读码错误、抑制起始	抗菌药
氯霉素、林可霉素	原核核蛋白体大亚基	抑制肽基转移酶、阻断肽链延长	抗菌药
红霉素	原核核蛋白体大亚基	抑制转位酶(EF-G)、妨碍转位	抗菌药
梭链孢酸	原核核蛋白体大亚基	与 EFG-GTP 结合,抑制肽链延长	抗菌药

续表

抗　生　素	作　用　点	作　用　原　理	应　用
放线菌酮	真核核蛋白体大亚基	抑制肽基转移酶、阻断肽链延长	实验研究
嘌呤霉素	真核、原核核蛋白体	氨基酰- tRNA 类似物，进位后引起未成熟肽链脱落	抗肿瘤药

三、干扰素的作用

干扰素(interferon, IFN)是真核细胞感染病毒后分泌的一类具有抗病毒作用的蛋白质，它可抑制病毒繁殖，保护宿主细胞。干扰素分为 α-(白细胞)型、β-(成纤维细胞)型和 γ-(淋巴细胞)型三大族类，每族类各有亚型，分别有各自的特异作用。干扰素抗病毒的作用机制有两方面：一是干扰素在某些病毒等双链 RNA 存在时，能诱导 eIF - 2 蛋白激酶活化，此酶活化后使真核生物 eIF - 2 磷酸化失活，使病毒蛋白质合成启动受抑制；二是干扰素先与双链 RNA 共同作用活化 2′- 5′寡聚腺苷酸合成酶，使 ATP 以 2′- 5′磷酸二酯键连接，聚合为 2′- 5′寡聚腺苷酸(2′- 5′A)。2′- 5′A 再活化一种核酸内切酶 RNase L，后者使病毒 mRNA 发生降解，阻断病毒蛋白质合成。干扰素作用机制见图 12 - 12。

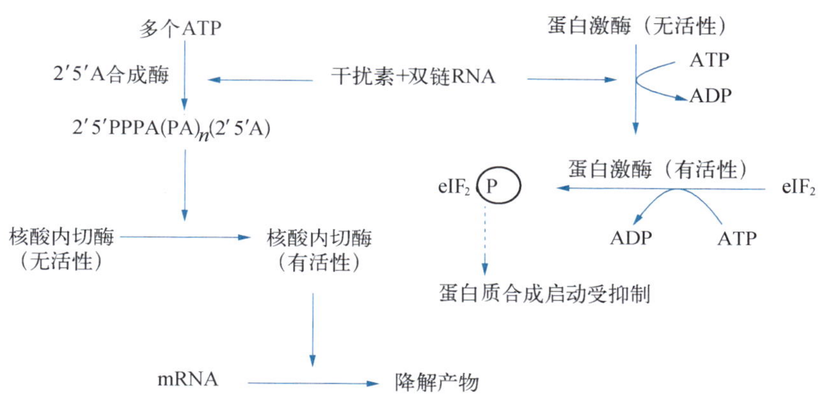

图 12 - 12　干扰素抗病毒作用的分子机制

干扰素除了抑制病毒蛋白质的合成外，几乎对病毒感染的所有过程均有抑制作用，如吸附、穿入、脱壳、复制、表达、颗粒包装和释放等。此外，干扰素还有调节细胞生长分化、激活免疫系统等作用，因此有十分广泛的临床应用。

小　结

蛋白质的生物合成是指在 RNA 和一系列蛋白质因子的作用下，以 mRNA 为模板，以氨基酸为原料合成蛋白质多肽链及其加工修饰、定位的过程。

mRNA 是蛋白质合成的模板，携带的密码子具有方向性、连续性、通用性、简并性、摆动等特点；tRNA 携带转运氨基酸，识别密码子，氨基酰- tRNA 合成酶帮助 tRNA 特异识别结合相应的氨基酸，生成氨基酰- tRNA(氨基酸的活化)；rRNA 和蛋白质一起构成核蛋白体，是多肽链合成的装配机，有受位(A 位)、肽位(P 位)、排出位(E 位)等 6 个重要功能部位。

原核生物的起始过程形成由 mRNA、起始氨基酰- tRNA 和核糖体大小亚基组成起始复合物。延长阶段每增加一个氨基酸，按进位、成肽、转位三个步骤重复。当核糖体 A 位出现 mRNA 的终止密码子后，肽链被水解释放，合成终止。反应各阶段都要蛋白质因子的参与。真核生物的翻译过程大致相似，但涉及的蛋白质因子更多，反应更复杂。

多肽链的翻译后加工使无活性的新生肽链转变为有天然构象和生物功能的蛋白质，分子伴侣家族可促进天然蛋白质折叠。蛋白质合成后需要进行靶向运输,该过程根据蛋白质N末端特异的信号序列进行分选。蛋白质合成的抑制剂与医学密切相关,某些抗生素和细菌毒素对蛋白质生物合成有抑制作用。

【复习思考题】

1. 三种RNA在蛋白质合成过程中的作用。
2. 简述遗传密码的主要特点。
3. 简述核蛋白体循环的主要过程。

(王晗彦)

第十三章

基因表达调控

学习要点

掌握: ① 基因表达和基因表达调控的概念及特征;② 操纵子的基本概念,乳糖操纵子组成及其转录调控机制;③ 顺式作用元件和反式作用因子的概念以及分类。

熟悉: 真核生物基因表达调控的结构基础及特点。

了解: ① 增强子、衰减子的概念、组成和特点;② 转录因子 DNA 结合结构域和转录活化结构域的模体类型。

生物体的基本特征之一是适应环境(包括内环境和外环境)的变化,这种适应在最大程度上是通过基因表达调控来实现的。基因表达变化的过程已经在细菌和病毒中得到了详细的研究,基因表达调控一般涉及转录起始点紧邻区域的 DNA 与特定结合蛋白的相互作用,调控结果对某些基因表达可能是正向的(促进),也可能是负向的(抑制)。真核生物的基因表达调控基本模式与原核生物相似,但具体调控机制更为复杂,并受多种因素影响。

基因表达调控是在分子生物学、细胞生物学以及分子遗传学等研究基础上逐步发展完善起来的。对基因表达调控的深入研究可以帮助认识许多生命现象的基本问题,如受精卵全体性的实现(发育调控)、组织细胞的差异分化以及生物体如何快速适应内外环境改变等。

第一节　基因表达调控的基本原理和特征

一、基因表达与表达调控的概念

(一) 基因与基因组

基因(gene)是编码蛋白质或 RNA 等具有特定功能产物的遗传信息基本单位,绝大多数基因由一段 DNA 序列组成(对以 RNA 为遗传物质的逆转录病毒而言,基因则为一段 RNA 序列)。在结构上,基因的组成包括编码序列(外显子)、编码区前后对基因表达具有调控功能的序列和单个编码序列间的间隔序列(内含子)。

基因组(genome)是指一个生物体全部遗传信息的总和。原核生物(如细菌)的基因组就是单个染色体及质粒所含的全部基因;真核生物的基因组由细胞核基因组和细胞质基因组构成。细胞核基因组又称染色体基因组(chromosomal genome),是由来自两个亲本的不同配子所组成,是真核生物主要的遗传物质基础。高等真核生物还含有线粒体 DNA 和(或)叶绿体 DNA,其基因组分别称为线粒体基因组和叶绿体基因组,它们均属于细胞质基因组。与染色体基因组不同,细胞质基因组均为母系遗传,即在生殖细胞融合时由母本(卵细胞)的细胞质提供全部基因。

(二) 基因表达与表达调控的概念

基因表达(gene expression)是基因所携带的遗传信息表现为表型的过程。包括基因转录成互补的 RNA 序列。对于结构基因,mRNA 继而翻译成多肽链,并装配加工成最终的蛋白质产物。

基因表达调控(gene expression regulation)是指位于基因组内的基因如何被表达成为有功能的蛋白质(或 RNA)、在什么组织中表达、什么时候表达、表达多少等。在内、外环境因子的作用下,基因表达在多层次受多种因子调控。生物体通过特定的蛋白质- DNA、蛋白质-蛋白质之间的相互作用来控制基因表达的开放、关闭及表达水平。基因表达调控的主要目的是为了满足生物体自身发育的需求和适应环境的变化。基因表达调控的过程需在严格、有序的控制下进行,若此调控过程出现异常或失控,则往往会导致疾病的发生。通常来说,生物物种的级别越高,基因表达的调控机制越复杂、越精细。尽管原核生物和真核生物在基因组结构和细胞结构上存在很大的差异,但是它们在基因表达调控上都具有很多共性。

二、基因表达的一般特征

(一) 基因表达的时间和空间特异性

1. 时间特异性(temporal specificity)　根据功能需要,某些特定基因的表达严格按时间顺序发生,即基因表达具有时间特异性。甲胎蛋白(alpha fetal protein, AFP)基因在胎儿肝细胞中呈高表达,而在正常成人肝细胞中,AFP 基因的表达水平极低,几乎检测不到。但当肝细胞发生转化形成肝癌细胞时,AFP 基因被重新激活,呈现高表达状态。因此,AFP 的水平上升可以作为肝癌早期诊断的一个重要指标。

多细胞生物基因表达的时间特异性又表现为阶段特异性。受精卵含有发育为成熟个体的全部遗传信息,在个体发育分化的各个阶段,各种基因严格有序地表达。如编码人血红蛋白的珠蛋白基因有多个,分别在胚胎、胎儿、初生婴儿和成人的各时间段差异表达,其表达时序及主要产物先后分别为 $\zeta_2\varepsilon_2$、$\alpha_2\varepsilon_2$、$\alpha_2\gamma_2$、$\alpha_2\delta_2$ 及 $\alpha_2\beta_2$。通常在胚胎发育早期,基因开放的数量最多,随着发育、分化的进行,细胞中多数基因关闭,少数基因开放。胚胎发育不同阶段、不同部位的细胞中开放的基因及其开放的程度不一样,合成蛋白质的种类和数量都不相同,显示出基因表达调控在空间和时间上极高的有序性,从而逐步生成形态与功能各不相同,但相互协调、巧妙有序的组织脏器。

2. 空间特异性(spatial specificity)　在多细胞生物的个体发育过程中,不同基因产物在个体中按不同组织空间顺序出现,称之为基因表达的空间特异性。例如红细胞能大量表达血红蛋白,但是肌细胞则大量表达肌红蛋白而不表达血红蛋白。又如编码酮体合成的酶仅在肝细胞中表达,而利用酮体的酶则在肝外组织细胞中表达。同工酶(如乳酸脱氢酶)各亚基的编码基因在不同组织器官表达水平有显著差异,使得不同组织中出现不同的同工酶谱(见第三章第六节)。细胞特定的基因表达状态,决定了这个组织细胞特有的形态和功能。基因表达伴随时间顺序所表现出的这种分布上的差异,实际上是由细胞在器官的分布决定的,所以空间特异性又称细胞或组织特异性。

(二) 基因表达的方式

生物体所处的内外环境(包括温度、湿度、酸碱度、营养物质供给等条件)随时在变化,因此生物体要能适应这些变化,就需要通过改变自身基因的表达,以调整相应功能蛋白质的种类和数量,从而改变自身的代谢、活动来适应这些变化。根据基因表达随环境变化的情况,可以大致把基因表达分成两类:

1. 组成性表达(constitutive expression)　组成性表达是指基因在所有情况下都以相同速度进行表达。这种表达可以看成是细胞基本的基因表达方式。构成细胞基本组分的基因和细胞基本代谢相关基因通常以这种方式表达,使细胞的基本功能得以维持。组成型基因表达并不是绝对不变的,其表达也是受一定机制的调控,只是表达量变化相对较小。

生物体内有一类基因,对所有细胞生存提供基本功能,因而在所有细胞中表达。产物在不同的细胞中保持一定的浓度,不易受环境条件的影响,这类基因称为管家基因(housekeeping gene)。管家基因多以组成型表达方式表达。

2. 适应性表达(adaptive expression)　相对组成性表达而言,另一些基因的表达水平易受时空和环境的改变而变化。某些基因在通常情况下不表达或表达程度很低，但在诱导物的作用下，该基因的表达被启动或增强，这种表达方式称之为诱导表达(induction expression)，这种基因称为可诱导基因；相反，基因表达水平随环境条件变化而降低的现象称为阻遏(repression)，相应的基因被称为可阻遏基因。诱导和阻遏现象在生物界普遍存在，是生物体适应环境的基本途径。

在一定机制控制下，功能上相关的一组基因，无论其为何种表达方式，均需协调一致、共同表达，即为协调表达，对这种表达的调节称为协调调节。多细胞生物体生长发育的全过程包括细胞的分化等都充分体现了基因的协调表达和调节的特性。

改变基因表达的情况以适应环境，在原核生物、单细胞生物中尤其显得突出和重要，因为细胞的生存环境经常会有剧烈的变化。例如环境中有充足的葡萄糖时，细菌就可以利用葡萄糖作能源和碳源，不必去合成利用其他糖类的酶类。当外界缺乏葡萄糖时，细菌就要适应环境中存在的其他糖类(如乳糖、半乳糖等)，开放能利用这些糖的酶类基因以满足生长需要。

即使是内环境保持相对稳定的高等哺乳类生物，也经常要改变基因的表达来适应环境。例如与适宜温度下生活相比较，在适应冷或热环境下生活的动物，其肝脏合成的蛋白质图谱就有明显的不同。所以，基因表达调控是生物适应环境、维持生长和增殖、维持细胞分化和个体发育所必需的。

三、基因表达调控的基本原理

(一) 基因表达调控的分子基础

1. 顺式作用元件(*cis*-acting element)　细胞内某个特定基因是否表达、表达多少均与调节序列(regulatory sequence)密切相关。一个基因的调节序列和结构基因通常位于同一个 DNA 分子中的相邻部位，这种调节方式称为顺式调节(*cis*-regulation)，相应的 DNA 调节序列称为顺式作用元件(*cis*-acting element)。调节序列一般位于被调控结构基因的上游，具有特定的核苷酸序列。根据调节序列与结构基因的相对位置关系，顺式作用元件分为启动子(promoter)、增强子(enhancer)及沉默子(silencer)等。

启动子位于转录起始位点上游，是 RNA 聚合酶识别、结合和启动转录的 DNA 序列。根据启动子转录活性高低，又分为强启动子和弱启动子。

增强子是真核生物基因中最重要的调控序列之一，其作用是增强基因的启动子效率。增强子能够在相对于启动子的任何方向和任何位置(上游或者下游)发挥作用，但多数仍位于启动子上游。增强子距离所调控基因的距离可近可远，近者几十 bp，远者可达几万 bp。通常数个增强子序列排成簇，有时增强子也可位于内含子之中。不同的增强子结合不同的调节蛋白，具有种属或组织细胞特异性。

沉默子与增强子作用相反，能抑制上游或下游基因的转录。它的作用不受自身距离与方向的限制，对同源与异源基因具有相同抑制效应。

2. 反式作用因子(*trans*-acting factor)　能直接或间接作用于 DNA、RNA 等核酸分子，对基因表达发挥不同调节作用的各类蛋白质因子，统称为反式作用因子。刺激转录的称为正调控反式因子；抑制转录的称为负调控反式因子。RNA 聚合酶本质上亦属于反式作用因子。与原核细胞明显不同，真核细胞 RNA 聚合酶不仅具有多样性，且各自需要多种调节蛋白，才能与启动子识别结合并启动转录。

大多数反式作用因子为 DNA 结合蛋白，其功能是与顺式作用元件特异结合并启动转录，这些反式作用因子又称为转录因子(transcription factors, TFs)。有些转录因子是 RNA 聚合酶结合启动子所必需的，并决定转录产物的类型(tRNA、mRNA 及 rRNA)，称为基本转录因子(general transcription factors, GTF)；其他转录因子为个别基因转录所需，决定该基因的时间、空间特异性表达，称为特异转录因子(special transcription factors)，特异转录因子多数起转录激活作用，少数起转录阻遏作用。前者被称为转录激活因子(transcription activator)，后者称为转录阻遏因子(transcription repressor)。转录激活因子通常是一些增强子结合蛋白(enhancer binding protein, EBP)，而转录抑制因子有些是沉默序列或增强子结合蛋白。

还有一些反式作用因子并不直接与 DNA 结合，而是通过蛋白-蛋白相互作用，形成二聚体(dimer)或多聚体(polymer)，影响转录因子、激活因子或阻遏因子的构象而间接调节转录；若其作用与转录激活因子具协同效应则称为共激活因子(coactivator)。

(二) 基因表达调控的基本方式

基因表达调控的分子基础是 DNA -蛋白质相互作用,即顺式作用元件与反式调节因子之间的特异识别及结合。这种结合一般是非共价结合,被反式作用因子识别的特异 DNA 序列通常呈对称或不完全对称结构。反式作用因子利用特定的空间结构来特异性地识别和结合在顺式作用元件上。DNA 双螺旋结构的大沟是反式作用因子最容易与其发生相互作用的部位。局部双螺旋 DNA 的大沟和小沟暴露的碱基侧缘不同,当反式作用因子落入 DNA 的大沟或小沟时,其 DNA 结合域的局部氨基酸残基侧链就会与 DNA 中的某些碱基通过氢键、疏水作用力等非共价形式相互作用,形成 DNA -蛋白质复合物。

有些反式作用因子在结合顺式作用元件前,需要形成二聚化或多聚化后才能结合 DNA。二聚化是指两个蛋白质分子单体通过一定结构域结合成二聚体,它是调节蛋白结合 DNA 时最常见的形式。二聚化可形成同二聚体(homodimer)或异二聚体(heterodimer)。一般来说,异二聚体比同二聚体具有更强的 DNA 结合能力。有时,由于反式作用因子结构不同,二聚化后可能丧失结合 DNA 的能力。反式作用因子的二聚化或多聚化在原核和真核细胞都有存在。

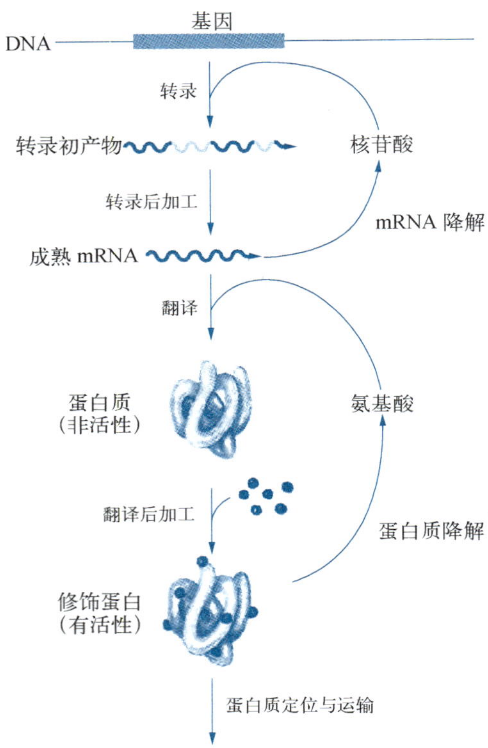

图 13-1　基因表达调控的多层次

(三) 基因表达的多层次调控

无论是原核生物还是真核生物,基因表达的调控都体现在基因表达的全过程中,即在转录和翻译两个阶段都有控制其表达量的机制,因此基因表达的调控是多层次的复杂过程。基因表达的最终产物是具有生物活性的蛋白质或 RNA,由于蛋白质合成的高能耗,如果细胞要最大化节省能量,基因表达调控是必需的。细胞内蛋白质总量的变化至少可在七个层次上被调节:初始转录产物(mRNA 前体)的合成、mRNA 的转录后修饰、mRNA 的降解、蛋白质的合成、蛋白质的翻译后修饰、蛋白质的分泌和定向运输、蛋白质降解。(图 13-1)

原核基因的转录和翻译在胞质中几乎同步进行,其调节模式通常为操纵子形式,即一个 DNA 调控区引导下游几个相关基因表达,一个多顺反子(见第二章)mRNA 同时编码几条多肽链的生成,因此原核生物的基因调控主要环节集中在转录水平。真核生物由于基因组庞大,DNA 高级结构复杂、转录产物需要加工修饰、转录与翻译的分隔进行等诸多因素,基因表达的调控更复杂、精细。该过程包括了染色质活化、转录起始、转录后修饰、转录产物的转运、翻译起始、翻译后修饰等多个步骤。因而真核生物基因表达调控呈现出多层次和统一协调的特点。

尽管基因表达调控具有多层次性,但转录起始调节是基因表达调控最重要和关键的一个环节。

第二节　原核生物的基因表达调控

相对真核生物来说,原核生物因无细胞核,亚细胞结构及基因组结构也比真核生物简单得多,基因的转录和翻译可以在同一空间内完成,并且时间上的差异也不大。因此,原核生物的基因表达调控机制也相对简单。目前获得的大多基因调控机制都来源于对细菌(如 *E. coli*)的研究。

一、原核基因表达调控的主要特征

(一) RNA 聚合酶的特异性由 σ 因子决定

原核生物只有一种 RNA 聚合酶,全酶由核心酶和特异因子 σ(亚基)组成(见第十二章)。在转录起始时，需要σ因子，在转录延长的过程中只需要核心酶参与，但不同的σ因子决定特异基因的转录激活，生成不同类型的转录产物(mRNA、rRNA 或 tRNA)。

（二）操纵子调控模型的普遍性

除个别基因外，原核生物的功能相关基因大多成簇地串联排布于局部 DNA 某区段，共同组成一个转录单位—操纵子(operon)。如乳糖操纵子(*lac* operon)、阿拉伯糖操纵子(*ara* operon)、色氨酸操纵子(*trp* operon)等。典型操纵子含有一个启动子序列和数个结构基因(一般为 2～6 个，有的操纵子可多达 20 个结构基因甚至更多)。在转录起始位点的上游－10 启动子区，通常有高度保守 TATAAT 序列，即 TATA 盒(或 Pribnow 盒)；－35 区有保守 TTGACA 序列，为 RNA 聚合酶识别与结合位点。在同一启动子序列的控制下，可转录出多顺反子 mRNA(polycistronic mRNA)。

（三）原核基因调控以负性调节为主

诱导和阻遏是原核基因转录调控的基本规律，但主要采用负性调节的方式。在绝大多数的原核操纵子系统中，阻遏蛋白是调控启动序列活性的重要因素。当阻遏蛋白与操纵序列结合或解聚时，就会发生特异基因的阻遏或去阻遏。原核基因调控的最普遍方式为：特异阻遏蛋白抑制基因转录的开放，而诱导物通过结合阻遏蛋白而解除阻遏。

基因表达调控的操纵子学说

1961 年，法国巴斯德研究所的 J. L. Monod 和 F. Jacob 在研究 *E. coli* 乳糖代谢的调节机制时成功建立了第一个操纵子调控模型——*lac* operon，并进一步提出基因按功能应分为结构基因、调节基因和操纵基因，即操纵子学说。这一学说能普遍诠释原核生物基因表达的调节机制，开创了基因表达机制研究的新领域，是生物学的一个划时代的突破。由此贡献，他们荣获了 1965 年度的诺贝尔生理医学奖。1969 年，J. R. Beckwith 从大肠埃希菌的 DNA 中分离出来乳糖操纵子，证实了乳糖操纵子理论。

二、原核生物的操纵子调控模式

操纵子是原核生物基因表达的基本单位，在原核生物基因表达中具有普遍性。1961 年，F. Jacob 和 J. L. Monod 在研究 *E. coli* 的乳糖代谢调节时，发现有些基因不是作为合成蛋白质的模板发挥作用，而只是起到调节或操纵作用，提出了原核生物基因表达调控的操纵子模型，成功解释了 *E. coli* 利用不同糖源的调节机制。下面以乳糖操纵子为例来说明原核生物基因的基本调控机制。

（一）乳糖操纵子的结构

E. coli 的乳糖操纵子由三个结构基因和一个调节序列两部分组成。三个结构基因 *lacZ*，*lacY* 和 *lacA* 分别编码 β－半乳糖苷酶(β-galactosidase)、乳糖通透酶(lactose permease)和半乳糖苷乙酰基转移酶(galactoside O-acetyltransferase)，它们都是细胞利用乳糖所必需的酶；调节序列包括：(1) 上游远端的阻遏基因(inhibitor gene，I)，含 *Lac* 阻遏蛋白(repressor)编码序列及其启动子。(2) *Lac* 启动子(P_{lac})区，其 5′端为 cAMP－CAP 结合位点；中间为 RNA 聚合酶结合位点；(3) 近端靠近转录起始点的操纵基因(Operator，O)，为阻遏蛋白结合位点。其中 P_{lac} 和 *lacO* 有部分重叠。乳糖操纵子结构见图 13－2。

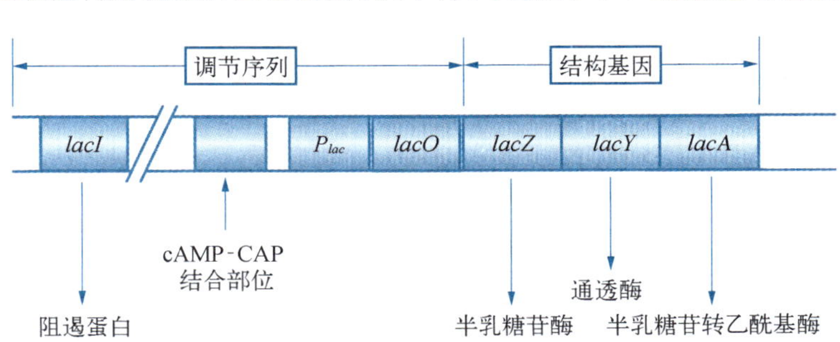

图 13－2　乳糖操纵子的基本结构

（二）乳糖操纵子的基因表达调节

1. 阻遏蛋白的负性调控　乳糖操纵子上游 *lacI* 的编码产物为阻遏蛋白(M_w. 37 kDa)，活性形式为四聚体。当环境中存在葡萄糖时，*lacI* 呈现组成性表达，阻遏蛋白四聚体结合到 *lacO* 上。由于 P_{lac} 和 *lacO* 序列有部分重叠，因此 RNA 聚合酶不能有效地结合到启动子，下游结构基因的转录基本处于关闭状态(图 13－3 ①)。这种阻遏机制保证了在通常情况下乳糖操纵子仅处于基础表达状态，只以转录开放时千分之一

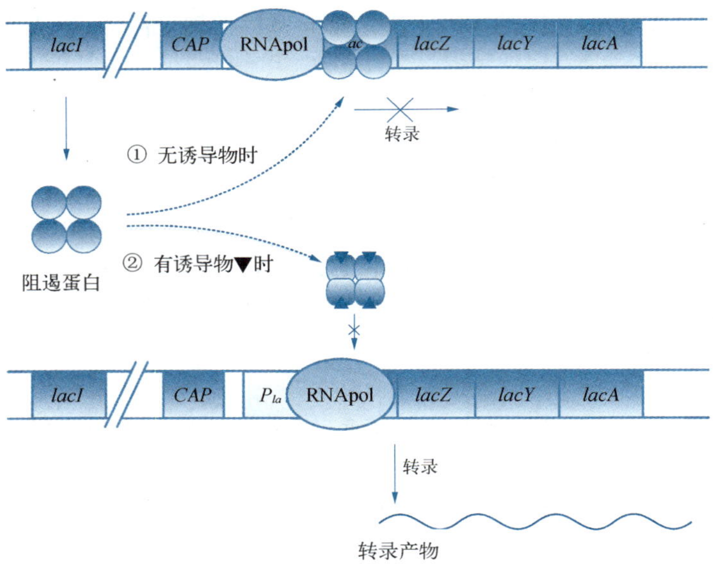

图 13－3 乳糖操纵子的负性调控机制

的效率进行表达，使得平均每个 *E. coli* 细胞仅有 5～6 个通透酶和半乳糖苷酶分子。

当环境中出现乳糖时，乳糖在通透酶的作用下被转运进入细胞内，在 β－半乳糖苷酶的作用下，乳糖分子可异构为别乳糖(allolactose)。别乳糖可与阻遏蛋白特异结合并导致后者构象改变，使其失去与 *lacO* 结合的能力，这样，RNA 聚合酶就可以有效地与启动子结合开始转录(图 13－3②)。*lac* 操纵子的表达产物为细胞利用乳糖所需要的三种酶，使细菌可以利用乳糖作为碳源。乳糖/别乳糖在该调控体系里起诱导剂(inducer)的作用。

2. CAP 介导的正性调控　*lac* 操纵子的启动子 P_{lac} 序列为 TTTAC(A/T)ATGTT，与典型的 TTGAC(A/T) ATAAT 启动序列相比，属于弱启动子。即使在 *lacO* 开放的条件下，RNA 聚合酶的启动效率仍不高，需要另一个正性调控的方式来提高转录的启动效率。

在 P_{lac} 上游－61 bp 区有一个分解代谢物基因活化蛋白(catabolite gene activation protein，CAP)的结合位点。CAP 是一个同源二聚体，具有分别与 DNA 和环腺苷酸(cyclic AMP，cAMP)结合的结构域。当 CAP 与 cAMP 结合并形成二聚体结合到 CAP 位点时，可促进 RNA 聚合酶与 P_{lac} 的结合活性，使转录效率增强约 50 倍。该正性调控的分子机制为：结合到启动子上游的 CAP 分子通过蛋白质-蛋白质相互作用与 RNA 聚合酶的 α 亚基结合，加速了 RNA 聚合酶在启动子上的募集(图 13－4)。

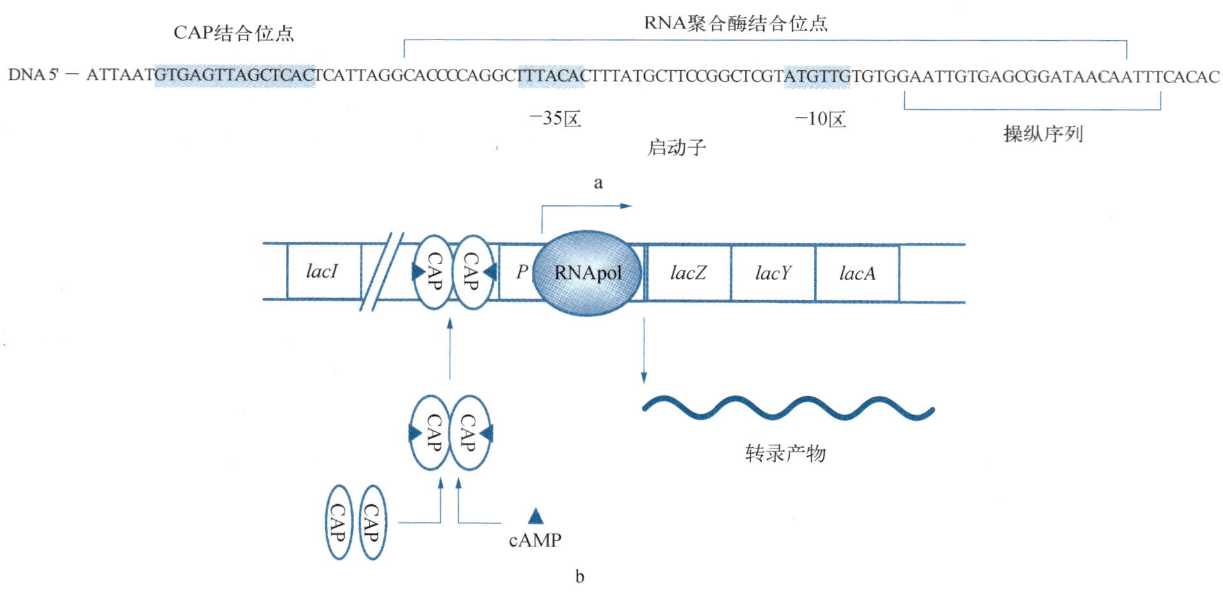

图 13－4 乳糖操纵子 CAP 的正性调控作用

(a) 乳糖操纵子的部分 DNA 序列，含有 CAP 结合位点、启动子和操纵序列；(b) CAP－cAMP 的结合增强了乳糖操纵子的表达

3. 阻遏蛋白和 CAP 共同参与的协同调控　阻遏蛋白介导的负性调控和 CAP 介导的正性调控共同担负着原核生物体系内糖源的协调利用。

细胞中 cAMP 的浓度受葡萄糖代谢的调节。当环境中既没有葡萄糖也没有乳糖时，阻遏蛋白介导的负性调控占主导，此时乳糖操纵子的转录基本关闭。当细菌处于富含葡萄糖环境时，葡萄糖的分解抑制了腺苷酸环化酶的活性，cAMP 的生成减少，使得细胞内 cAMP－CAP 复合物的浓度不足以激活 P_{lac}，此时即使存在乳糖的诱导作用，*lac* 转录效率仍不高。只有在葡萄糖耗尽时，升高的 cAMP 浓度才能形成足够的 cAMP－CAP 复合物并激活 RNA 聚合酶，促进 *lac* 操纵子的高表达，细菌因此转而开始主要利用乳糖。这种协调合作的调控方式保证了细菌优先利用葡萄糖作为碳源，只有当葡萄糖完全耗尽后，才开始利用乳糖作为碳源(图 13－5)。

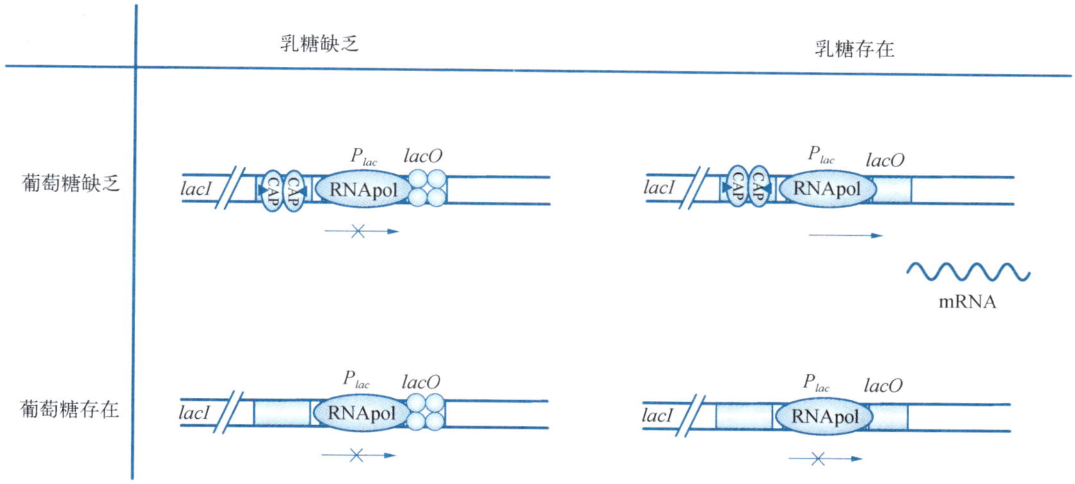

图 13－5　阻遏蛋白和 CAP 共同参与的协同调控

(三) 色氨酸操纵子的转录衰减调控模式

在细菌中，参与合成氨基酸的酶基因通常都是以操纵子的形式存在的。其中色氨酸操纵子(*trp* operon)是该类阻遏型操纵子的代表，其表达调控有两个层次。

1. **trp 操纵子的结构**　*trp* 操纵子含有五个结构基因，依次为 *trp*E、*trp*D、*trp*C、*trp*B 和 *trp*A，分别编码色氨酸合成相关的五种酶。5－上游的调节序列包括一个阻遏蛋白基因(*trp*R)，一个启动子(P)，一个操纵序列(O)和一个前导肽(leader)编码区，其中 P 和 O 部分序列重叠。该系统对不同浓度的色氨酸反应迥然，酶分子合成速率相差很大(1～700 倍)。该多顺反子 mRNA 的半衰期仅有约 3 min，这有利于细胞迅速应答色氨酸的需求变化。

2. **阻遏蛋白介导的粗调节**　*trp* 操纵子的上游远端的 *trpR* 编码阻遏蛋白，后者以同二聚体形式存在。但与 *lac* 操纵子不同，该阻遏蛋白不能单独结合操纵序列 O，而只有与色氨酸结合后才能发挥阻遏活性。因此，色氨酸不是诱导物，而是辅阻遏剂(corepressor)。当细胞内色氨酸充足时，色氨酸与阻遏蛋白结合，引起阻遏蛋白构象变化并与操纵序列结合，从而阻止下游结构基因的转录(图 13－6)。

3. **衰减子介导的精细调节**　即使 *trp* 操纵子开始转录，大多数转录体并不能全长合成，常在第一个基因(*trp*E)起始密码子前自行终止，这是由于 *trp* 操纵子还受转录-翻译偶联的前导序列与衰减子的精细调节。

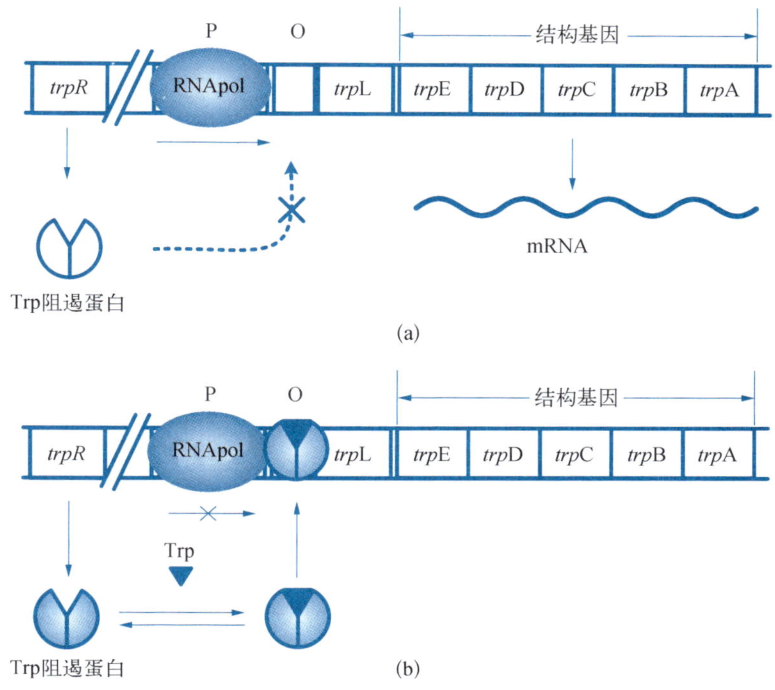

图 13－6　阻遏蛋白介导的 *trp* 操纵子粗调节

(a) 色氨酸含量低时，阻遏蛋白的二聚体不能结合在操纵序列上，*trp* 操纵子转录开放；(b) 色氨酸含量高时，Trp 与阻遏蛋白结合使得操纵序列处于关闭状态，*trp* 操纵子转录关闭

trp 操纵子的启动子与第一个基因

*trp*E 起始密码子间，有一 161nt 的前导序列(*trp*L)，其 3′-为终止密码(UAA)。该序列 5′-端为前导肽(含 14 个氨基酸残基)编码区，随后有四个短序列(分别为 1、2、3、4)，其中序列 1 与前导肽编码区 3′-序列重叠。前导序列具下列特征：前导肽编码区与序列 1 重叠序列中，有两个连续的色氨酸密码子(UGG)，它是核糖体和 $tRNA^{Trp}$识别与结合位点，也是决定继续转录和翻译的关键部位；随后四个短序列长短不等(8～20 nt)，并可两两配对，形成不同结合的茎环结构，如1～2、2～3 和 3～4；其中 3～4 茎环即衰减子(attenuator)。之后是 8 个连续尿苷酸(polyU)，其结构与不依赖 ρ 因子的转录终止子类似，RNA 聚合酶转录至此其活性减弱并终止[图 13－7(a)]。

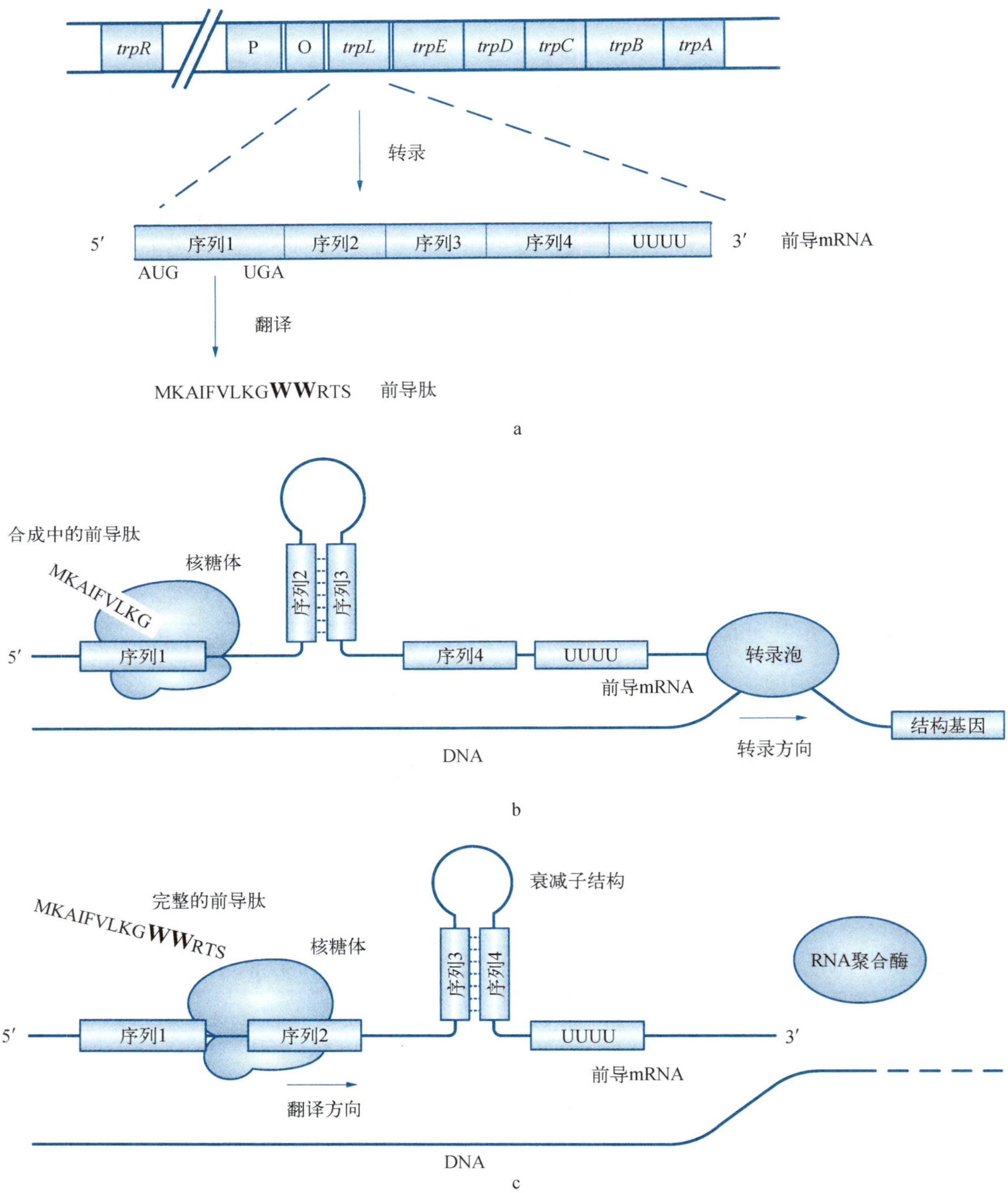

图 13－7 衰减子介导的 *trp* 操纵子转录精确调控

(a) 色氨酸操纵子的前导序列和前导肽；(b) 当细胞中色氨酸浓度较低时，衰减子失效，结构基因正常转录；(c) 当细胞中色氨酸浓度较高时，阻碍 RNA 聚合酶结合启动子，抑制转录起始

该系统转录衰减的频率取决于环境中色氨酸的浓度。只有当色氨酸浓度很低时，前导序列才允许RNA聚合酶通过衰减子，并继续沿下游滑动。RNA聚合酶转录至前导序列时，核糖体立即结合，几乎同步进行前导肽的翻译。前导肽和序列1重叠区对色氨酸浓度很敏感，它是决定形成2～3茎环或3～4茎环的关键。当色氨酸浓度低时，核糖体移至重叠区，因$tRNA^{Trp}$相应短缺而停滞不前，但前方RNA聚合酶在继续转录2～3序列并形成茎环结构，阻止3～4茎环（衰减子）的形成，故该操纵子能继续转录。当色氨酸浓度高时，核糖体与足量$tRNA^{Trp}$紧随RNA聚合酶之后顺利翻译前导肽，进入序列2，2～3茎环不能形成，而RNA聚合酶则继续转录，有利于衰减子形成，从而阻止下游相关酶基因的转录。[图13-7(b)，图13-7(c)]

三、原核生物的翻译水平基因表达调控

基因表达调控主要发生在转录水平上（尤其是转录起始），原核生物和真核生物均是如此，这样的调控显然更符合生物界的“经济”原则。但是，即使转录产物已合成，仍可以在翻译水平进行适当调控，作为转录水平调控的补充，能够在一定程度上使个别基因之间的表达程度有所差别。如*lac*多顺反子的转录初产物总在一个水平上，但最终编码的三个酶蛋白水平却相差较大，这往往需要在翻译水平进行调控，以满足细胞的不同需要。

（一）原核生物翻译水平的调控方式

翻译水平调控有多种方式，如类似于阻遏蛋白结合到操纵序列阻止RNA聚合酶结合启动子一样，某些阻遏蛋白也可直接结合到mRNA的靶区（含有AUG起始密码序列），从而抑制mRNA与核糖体结合，阻断翻译的起始；此外，mRNA的寿命或稳定性是决定翻译产物量的重要因素，mRNA自身的二级结构也可以影响翻译的进行；还有细胞内氨基酸的缺乏也会使蛋白质合成受到抑制。

（二）SD序列影响翻译起始效率

在原核生物mRNA的3′非翻译区有一特异、保守的SD序列（见第十二章）。在翻译起始阶段，首先需要在各种起始因子的帮助下，核糖体与模板mRNA及氨基酰tRNA结合，形成翻译起始复合物，其中最重要的一步是核糖体小亚基与mRNA的识别结合，该过程依赖于SD序列与16S rRNA 3′端的互补序列的配对结合。

由于16S rRNA上与SD的互补序列是固定的，而不同mRNA的SD序列顺序和位置却不固定，与16S rRNA的结合效率也不同，因而造成翻译起始的效率有差异。SD序列与16S rRNA之间配对的碱基数目越多，亲和力越高，核糖体与mRNA结合的效率就越高。

（三）mRNA的稳定性是蛋白质翻译产物量的决定因素

原核生物mRNA的转录和翻译在同一细胞空间里几乎同步进行，蛋白质合成往往在mRNA刚开始转录时就被引发了。细菌mRNA通常很不稳定，其平均半衰期只有1.5分钟，且多数细菌mRNA在转录开始1分钟后就开始降解，而每过大约2分钟，体系中出现新生蛋白质的速度就下降50%。

mRNA的稳定性除了受生理状态和环境因素影响外，还与其一级和二级结构有关。mRNA稳定性主要通过各种识别蛋白（确定mRNA是否需要调节的蛋白，如CsrA）和核酸酶降解来进行调节。在*E. coli*中，mRNA的降解由核酸内切酶（如RNase E）引发，先切成几段，然后再由3′外切酶进行快速水解。原核mRNA的3′端通常含有不依赖ρ因子的发夹样“终止子”结构，可防止核酸酶攻击，有助于其稳定。与真核mRNA的3′-poly(A)尾不同，原核生物3′端没有或只有少量poly(A)，且其作用是加速其降解而非稳定作用。

（四）核糖体蛋白的自身反馈抑制

某些mRNA编码的蛋白质产物本身可对翻译过程产生反馈调节，如核糖体蛋白（ribosomal protein，RP）合成的自身调节就是一个典型范例。核糖体含有70余种蛋白质，其中RP是主要成分，共50多种，其余的是聚合酶亚基及其辅助因子。这些蛋白质合成的协同调控才能使细胞适应其生长条件。RP在核糖体中直接与rRNA结合，并具有一定的调控作用。RP在mRNA上的结合序列通常与它们同rRNA所结合的序列有很高同源性，且具有相似的二级结构，区别在于与rRNA的结合能力大于mRNA。当细胞内有游离的

rRNA 存在时,新合成的核糖体蛋白就首先与它结合,进而启动核糖体的装配完成,使翻译继续进行;但当 rRNA 的合成减少或停止时,游离的核糖体蛋白就开始结合其自身的编码 mRNA,从而阻断其自身的翻译(同时也阻断了同一顺反子 mRNA 编码的其他核糖体蛋白的翻译)。这样,核糖体蛋白及 rRNA 的合成几乎同时停止。

(五) 反义 RNA 的调控作用

原核生物的某些 RNA 分子也具有调节基因表达的功能,如反义 RNA(antisense RNA)。在一些细菌和病毒中存在一类调节基因,能够转录产生反义 RNA。所谓"反义",是相对于被调控基因的转录产物 RNA 的序列,即"正义"而言的。反义 RNA 的作用原理是通过碱基配对与 mRNA 结合,形成二聚体,从而阻断后者与核糖体的结合,从而抑制 mRNA 的翻译。反义 RNA 主要在翻译水平起作用,同时也影响相应基因的复制和转录。

第三节 真核生物的基因表达调控

相比于原核生物,真核生物的细胞结构更复杂,而最主要的区别在于:因细胞核的存在,使基因表达的两个主要过程(转录和翻译)分别在细胞核和细胞质中进行。同时,多数真核生物是由多细胞组成的有机体,各自具有不同功能,但又能在整体上形成协调统一,这就使得基因表达处在一个纷繁复杂的控制系统中,表达通路各环节都受到严格的调控。

一、真核基因表达调控的结构基础

(一) 真核基因的结构特征

真核基因组织结构的复杂性、非编码序列的重要性,反映了真核基因与原核基因组织结构及其表达调控的显著差异。

1. *真核基因组结构庞大* *E. coli* 基因组 DNA 长度仅为 4×10^6 bp,约有 4 000 个基因,人类基因组 DNA 约有 3.0×10^9 bp,基因数量为 2 万~2.5 万。在人类基因组 DNA 中,大部分(约 53%)是非基因序列,包括大量转座子和重复序列;编码蛋白的基因约占 30%,而其中真正的编码序列(外显子)仅占约 1.5%,其余则是内含子及末端非翻译序列;其他各种非翻译基因(主要为功能 RNA 的编码序列)约占 17%。此外,绝大部分真核 DNA 与组蛋白等结合形成核小体基本结构,并在空间上进一步浓缩聚积成染色体,使得真核基因的表达过程变得更加复杂。

2. *真核基因的转录产物为单顺反子* 与原核基因不同,一般真核基因转录产物为单顺反子,即一个基因编码一条多肽链或 RNA 链,每个基因转录有各自的调节元件。真核基因的转录产物含有更多的非翻译序列,如 5′帽结构、前导序列、内含子和 3′- poly(A)等。

3. *真核基因为断裂基因* 真核基因一般由编码序列(外显子)与非编码序列(内含子)间隔排列,因而称为断裂基因(split gene)。不同基因的内含子数目不同,少则一个,多则数十个。初级转录产物需要经剪接去除内含子后才能形成连续的开放阅读框架(ORF),并进一步加工后变为成熟的 mRNA,这大大增加了基因表达调控的复杂性。单个外显子常与蛋白质特定功能结构域相关,经不同组合可生成新的编码蛋白质,同时内含子的插入也大大降低了突变对生物性状改变的概率,增加了遗传的稳定性,因此断裂基因是生物进化的必然结果。

(二) 转录因子及其特殊结构域

参与转录调控的反式作用因子又称转录因子,是在转录过程中所必需的蛋白质因子(见第十一章)。它们能够直接或间接地识别或结合顺式作用元件,参与调控特定基因的表达。对应于 RNA 聚合酶Ⅰ、Ⅱ和Ⅲ介导的不同类型基因的转录,参与的转录因子也有所不同(表 13-1)。

表 13-1　真核 RNA 聚合酶的主要转录因子及其作用

RNA 聚合酶类型	转录因子	转录因子的作用
RNA 聚合酶Ⅰ	上游结合因子 1 (UBF1)	与核心元件(CE)及上游控制元件(UCE)特异结合
	选择性因子 1(SL1)	在 UBF1 后与两个元件无序列特异性结合
RNA 聚合酶Ⅱ	见表 11-4	
RNA 聚合酶Ⅲ	TFⅢA	在 5S rRNA 起始时需要，与内部控制区结合
	TFⅢB	与 TFⅢC 相互作用，结合到 A 盒的上游
	TFⅢC	与 B 盒结合

细胞在发育、生长和分化过程中，转录因子依赖各自的特殊结构域与靶基因特异顺式元件、其他调节蛋白相互作用，严格地控制基因表达的时空秩序。通过 X 线衍射和核磁共振等方法，目前已对大量转录因子局部结构域的空间构象进行了解析，发现多数都具有相同或相似的结构域/模体(motif)。

大多数转录因子都含有三个共同的结构域：DNA 结合域(DNA binding domain)、转录活化域(transcriptional activation domain)和与其他蛋白因子结合的结构域(protein binding domain)。常见的结构域模体类型有：螺旋-转角-螺旋、同源异形域、锌指、亮氨酸拉链、碱性螺旋-环-螺旋、溴结构域等。

1. DNA 结合域的模体

(1) 螺旋-转角-螺旋(helix-turn-helix，HTH)：*lac* 操纵子的阻遏蛋白是第一个发现具有该模体的调节蛋白，之后在很多真核反式作用因子中发现其普遍性。在该模体中，两个 α-螺旋通过一段连接肽(含 4 个氨基酸残基)形成的“转角”连接，其中一个 α-螺旋称为识别螺旋，富含碱性氨基酸残基，可与 DNA 大沟外侧的磷酸基团形成盐键(图 13-8)。HTH 模体通常以二聚体形式存在，而且两个 α-螺旋的碱性区之间的距离大约与 DNA 双螺旋的一个螺距相近，使两个 α-螺旋的碱性区刚好分别嵌入 DNA 双螺旋的大沟内(图 13-8)。

发现很多真核生物中转录因子的同源异形域(homeodomain)实际是 HTH 的进化产物，具有类似的结构和功能。

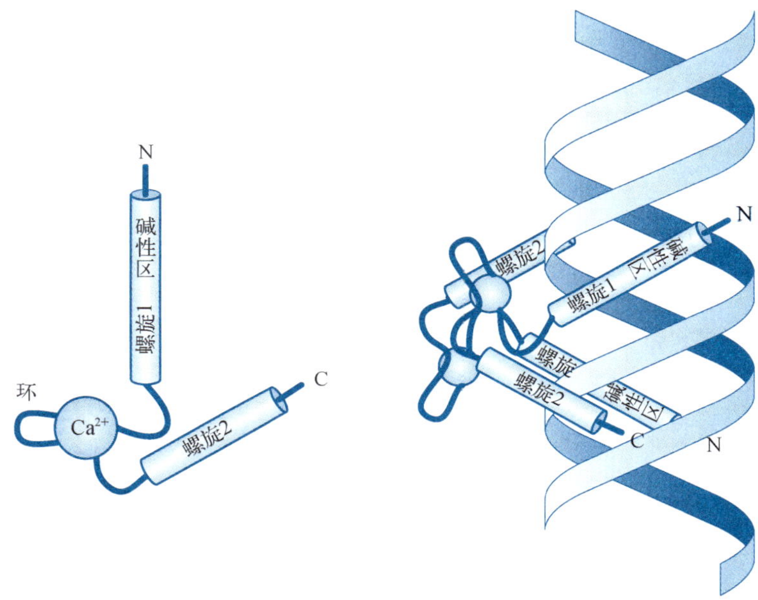

图 13-8　螺旋-转角-螺旋模体

(2) 锌指(zinc finger)：真核细胞很多转录因子是含锌的金属蛋白，此类 DNA 结合蛋白含 25～30 个保守的组氨酸(His)-半胱氨酸(Cys)残基，与 Zn^{2+} 结合形成独特的指状结构，称为“锌指”。锌指模体由 N 端的 2 个反向平行的 β-折叠和 C 端的 1 个 α-螺旋组成，在锌指的 N 端有两个相近的 Cys，在 C 端有一对相邻的 His(或者 Cys)，它们在空间上形成一个空穴，Zn^{2+} 位于其中，以配位键与这 4 个氨基酸残基连接，中间肽段则突起形成手指状，α-螺旋上的碱性氨基酸结合在 DNA 的大沟中(图 13-9)。

真核细胞 DNA 结合蛋白中，锌指是最普遍的一类模体，已发现超过 1 200 种锌指蛋白，典型锌指蛋白都含有重复数不等(2～37 个)的锌指模体。DNA 结合结构域上连续排列的成串锌指几乎连成一线，使得含锌指模体的转录因子与 DNA 结合得非常牢固。由于氨基酸组成差异，不同的锌指将结合在相应的特异 DNA 序列上。

2. 转录活化域的特殊模体　最常见的是转录激活因子的某些特殊模体。

(1) 亮氨酸拉链(leucine zipper)：与球形结构的 HTH 不同，转录激活因子为卷曲螺旋或纤维状蛋白质，以同二聚体或异二聚体形成螺旋，两个 N 端碱性 α-螺旋插入 DNA 大沟并与特异 DNA 序列相互作用，参与

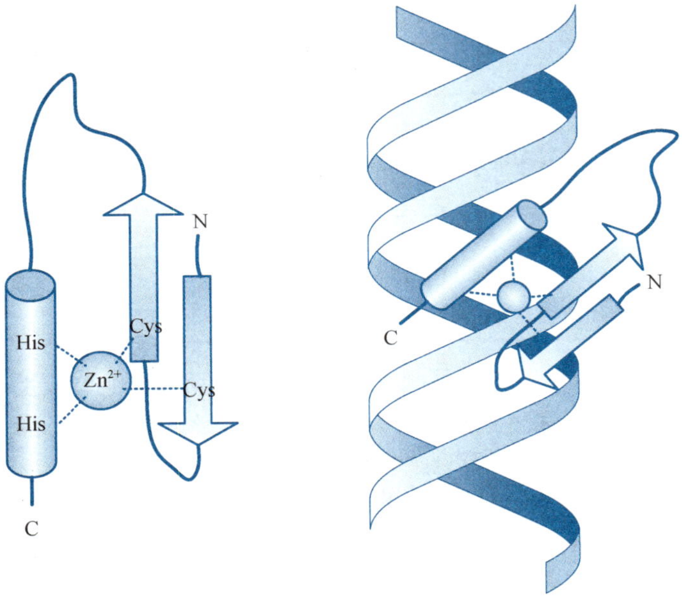

图 13-9 锌指模体

转录调节。该结构的特点是：在C端的氨基酸序列中，每间隔6个氨基酸残基是一个疏水性的亮氨酸残基。当C端形成α-螺旋结构时，肽链每旋转两周就出现一个亮氨酸残基，并且都位于α-螺旋的同一侧。这样的两个肽链能以疏水力结合成二聚体，形同拉链一样，故因此得名(图13-10)。亮氨酸拉链可形成结合DNA的二聚体结构域。若蛋白质不形成二聚体，则碱性区对DNA的亲和力明显降低。

(2) 碱性螺旋-环-螺旋(basic helix-loop-helix, bHLH)：参与多细胞生物的发育过程中基因调控的转录因子中，常出现bHLH模体。这些蛋白都有一个约50个氨基酸残基的保守区，这对该蛋白质DNA结合活性和二聚化都很重要。该区域N端和C端分别形成亲水性和疏水性α-螺旋(各含约15个氨基酸残基)，中间由一个可变长度的肽环连接。bHLH经诱导契合，促使N端碱性区(含大量正电荷)随机卷曲成α-螺旋与DNA大沟适应；C端的疏水α-螺旋则通过与另一亚基的相同部位相互作用连接成二聚体。(图13-11)

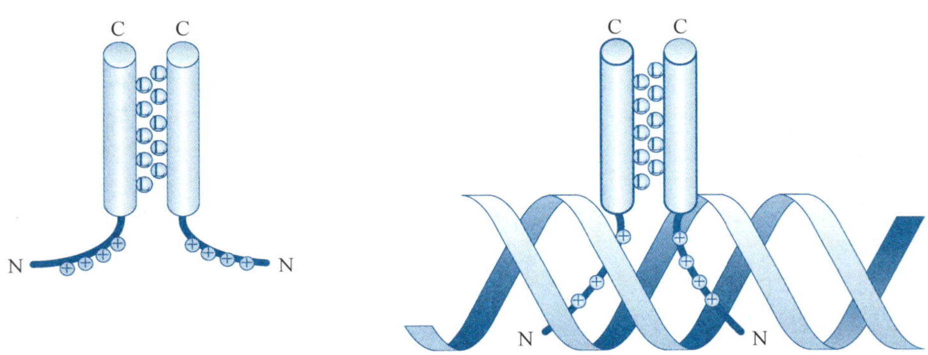

图 13-10 亮氨酸拉链模体

3. 蛋白质相互作用模体 除了DNA结合域外，转录因子还含有一些其他特殊结构域，用于结合RNA聚合酶、其他调节蛋白，甚至同一转录因子的不同亚基。近年发现很多新的转录因子结构域，其中以溴结构域(bromodomain)最引人关注，首次发现于果蝇的*brahma*(*brm*)基因，因brahma与bromo(溴)谐音而得名(实际上它并不含溴元素)。已知溴结构域蛋白家族成员超过50种。它们主要介导蛋白-蛋白相互作用，参与多种生物功能的调节。

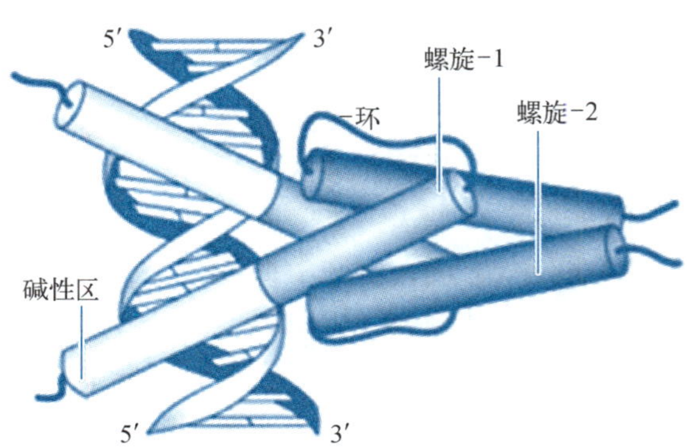

图 13-11 碱性螺旋-环-螺旋模体

其他参与转录因子的蛋白-蛋白相互作用的模体还包括：富谷氨酰胺结构模体、富脯氨酸结构模体和酸性结构域等。从名字可以反映出这些结构域中氨基酸残基的组成特点。

(三) 顺式作用元件与反式作用因子的相互作用

真核生物的顺式作用元件主要有启动子、增强子和沉默子等(见第一节)。

在基因表达调控过程中，不仅需要顺式作用元件与转录因子的特异识别结合，而且还需要转录因子的活化。转录因子的激活机制主要有以下几种。

(1) 利用共价修饰来调节转录因子的活性。磷酸化/去磷酸化是最为常见的活化调节方式，糖基化也是转录因子激活的方式之一。

(2) 与配体结合可以激活转录因子。许多胞内(主要为核内)激素受体是无活性的转录因子，它们与配体激素结合后活化，之后与特异的激素作用元件(HRE)结合并调控特定基因的表达。

(3) 许多转录因子在与其他蛋白质形成复合物后，才具有活性。转录因子-蛋白质复合物的形成和解离是许多转录因子活化调节的重要方式。

二、真核基因转录前的染色质水平调控

(一) 染色质活化

真核生物的细胞核基因组 DNA 与组蛋白组成了核小体，并以染色质的形式存在。染色质核小体是基因转录的屏障，它阻止转录调节蛋白直接与启动子相互作用。转录前首先需要活化，即改变染色质结构域，才可能在启动子部位装配转录前起始复合物。非活化染色质和转录活化染色质在结构和性质上有很大的差别，它们将直接影响到基因表达的频率或程度。

基因活化蛋白通过改变启动子和调节序列区域的染色质结构来促进转录起始，这一过程被称为染色质重塑(chromatin remodeling)，又称为核小体重塑(nucleosome remodeling)。染色质重塑需要 ATP 依赖性酶蛋白复合体，这些复合体通过与基因活化蛋白间的反应结合到转录调节区域，水解 ATP，除去或替换核小体。此外，如果核小体间的 DNA 产生过多的负超螺旋，也可使核小体脱落，有利于与转录调节蛋白结合。

活化的染色质因结构变得更松散而不稳定，常出现一些对核酸酶(如 DNase Ⅰ)高度敏感的位点，称为超敏感位点(hypersensitive site)。超敏感位点通常位于被活化基因的 5′-侧翼区 1 kbp 内，但有时也会出现在更远的 5′-侧翼区或 3′-侧翼区。许多超敏感位点是核小体相对缺少的区域，使得调节蛋白容易与之结合。

(二) 组蛋白修饰

核小体核心组蛋白上某些氨基酸就可被共价修饰，修饰的类型有多种，如乙酰化、甲基化、磷酸化、泛素化等。

组蛋白 N 端的乙酰化修饰与基因表达的增强相关。被乙酰化的 N 端携带的正电荷减少，使组蛋白八聚体与 DNA 的结合松动，有利于基因转录。被乙酰化的 N 端携带的正电荷减少，使组蛋白八聚体与 DNA 结合的稳定性降低，核小体排列的紧密程度下降，为转录因子、RNA 聚合酶等与转录相关的蛋白质因子结合到 DNA 提供了可能。组蛋白乙酰化是由组蛋白乙酰基转移酶(histone acetyltransferase, HAT)催化。乙酰化作用是可逆的，逆过程由组蛋白去乙酰基酶(histone deacetylase, HDAC)催化。

除乙酰化修饰外，组蛋白 N 端还常发生甲基化修饰，甲基化发生在精氨酸和赖氨酸残基上。组蛋白甲基化反应由不同的甲基转移酶催化。组蛋白上精氨酸甲基化常伴随转录的激活，而赖氨酸残基的甲基化则因赖氨酸所在的位置不同而有差异。

核小体上组蛋白的 N 端尾部从 DNA 缠绕的核小体中伸出，在几个特定位置上的氨基酸能被各种修饰酶所修饰。组蛋白尾部的这些修饰为其效应蛋白提供了结合位点。由于核心组蛋白 N 端上不同形式的修饰具有不同的作用，可以被阅读，因此被称为组蛋白密码(histone code)。这些密码能影响与组蛋白 DNA 复合物相互作用的蛋白质以及后续的基因表达调控。

(三) DNA 甲基化修饰

在染色质中，甲基化作用不仅发生在组蛋白上，而且也发生在 DNA 上。真核 DNA 中大多数甲基化的位点为胞嘧啶，哺乳动物平均约 5%胞嘧啶被甲基化，且主要在 CpG 岛(CpG island)，即基因组中长度为 300～3 000 bp 的富含 CpG 二核苷酸的一些区域，主要存在于基因的 5′端。启动子区中 CpG 岛的去甲基化状态是基因转录所必需的。通常 CpG 岛甲基化程度与基因的表达水平呈反比关系，即 DNA 甲基化对转录表现为抑制活性。在特异表达某些基因的组织中，活性基因附近的甲基化程度远低于 30%；而哺乳动物异染

色质内的 DNA 约有 80%的 CpG 被甲基化。

DNA 的甲基化修饰是个动态的过程。甲基化酶(或甲基转移酶)和去甲基化酶分别催化胞嘧啶的 5′-位进行甲基化和去甲基化。

DNA 甲基化修饰调控基因表达的一个典型例证是基因组印迹(genomic imprinting)。基因组印迹是指源于父母双方同一等位基因的选择性差异表达现象。来自父系和母系的等位基因在通过精子和卵子传递给子代时,源于亲代的甲基化印迹被全部消除,在配子形成过程中产生新的甲基化修饰模式,使得等位基因具有不同的表达特性。

三、真核基因表达转录水平的调控

与原核生物一样,转录水平调控也是真核生物基因表达的主要调控点。真核生物绝大多数是多细胞生物,尽管各种细胞都携带完全相同遗传信息,但它们的基因表达程度和次序却不尽相同。各类细胞中特异基因的次序和精确调控,也正是个体生长和发育分化的重要前提。

真核生物中编码蛋白质的基因不仅种类繁多,且结构复杂,其基因表达调控的方式也与原核生物有明显的差异:原核生物基因转录多采用负性调控机制;真核细胞具有正、负两种调节机制,但以正性调节为主。

(一) 转录起始调节

由于真核 RNA 聚合酶Ⅱ不具备单独识别、结合启动子的能力,或结合能力很低,转录的起始需要一系列转录因子在启动子附近进行有序组装,形成起始前复合物(preinitiation complex, PIC)后才能开始。

PIC 的组装大致过程为:由基本转录因子 TFⅡD 的组成成分 TATA 盒结合蛋白(TATA box-binding protein, TBP)识别 TATA 盒或起始子(initiator, Inr),并有 TBP 相关因子(TBP associated factor, TAF)参与结合,形成 TFⅡD/启动子复合物;继而在 TFⅡA～F 等基本转录因子的参与下,RNA 聚合酶Ⅱ与 TFⅡD、TFⅡB 聚合,最终形成功能性的 PIC。在几种基本转录因子中,TFⅡD 是唯一具有位点特异的 DNA 结合蛋白,在上述有序的组装过程中起关键性作用。这样形成的起始前复合物尚不稳定,也不能有效启动 mRNA 转录。在迂回折叠的 DNA 构象中,结合了增强子的转录激活因子与起始前复合物中的 TBP 接近或通过特异的 TAF 与 TBP 联系,形成稳定的转录起始复合物。此时,RNA 聚合酶Ⅱ才能真正启动 mRNA 转录。三种真核 RNA 聚合酶均需 TBP,但其启动子的部位和类型有所不同。TAF 是细胞特异的,与转录激活因子共同决定组织特异性转录。

一旦转录起始,RNA 聚合酶Ⅱ的羧基末端结构域(carboxyl-terminal domain, CTD)发生磷酸化,伴随着核心组蛋白 H2B 泛素化和甲基化。上述修饰促使 RNA 聚合酶Ⅱ与启动子解离,并加速转录延长因子和加工因子的复位。RNA 聚合酶Ⅱ脱离启动子,TBP 及其相关因子 TAF 仍与 TATA 盒牢固结合,这有助于 RNA 聚合酶Ⅱ和其他转录因子重新复位并再形成 PIC,如此反复启动转录(图 13-12)。

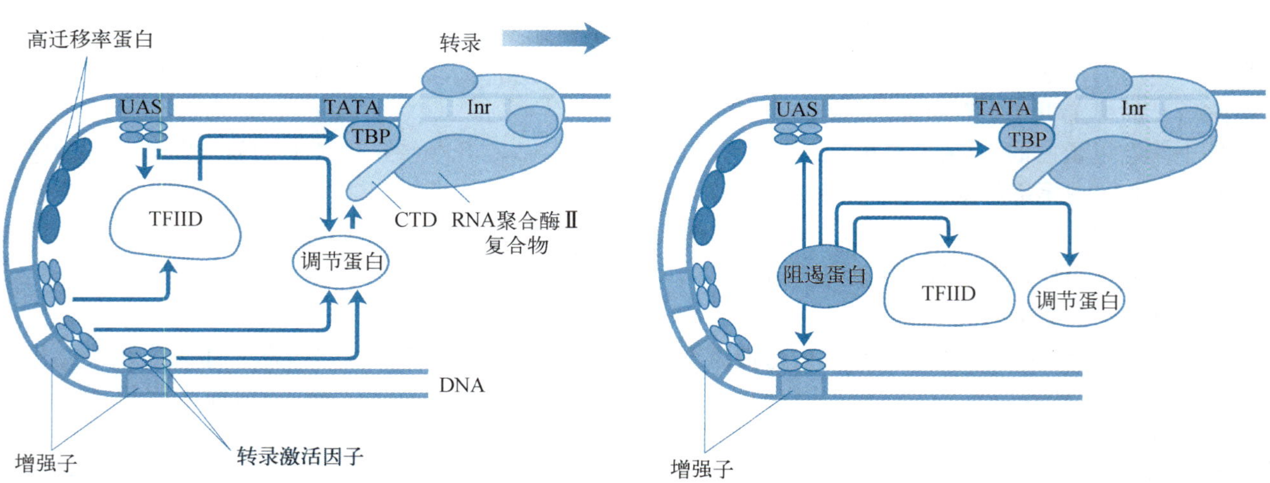

图 13-12 真核生物启动子及调节蛋白的相互作用

（二）转录后修饰调节

RNA 聚合酶Ⅱ催化合成的初级转录产物为核不均一 RNA（hnRNA），或称为前体 mRNA（precursor mRNA）。这些前体 mRNA 需要一系列的加工修饰后才能成为成熟的 mRNA，并移出至胞质作为翻译的模板。

1. 基本转录后修饰　所有真核 mRNA 前体都需要三种基本转录后修饰：5′-加帽、3′-多聚腺苷酸加尾和剪接（详见第十一章）。

mRNA 的稳定性将直接影响到基因表达最终产物的数量。原核生物 mRNA 半衰期通常很短，而真核生物 mRNA 的半衰期相差很大，有的可长达数十小时，而有的则只有几十分钟或更短。5′-加帽和 3′-加尾修饰均可防止 mRNA 免于核酸外切酶的降解，从而增加 mRNA 的稳定性。

5′-帽子结构还可以通过与相应的帽子结合蛋白（cap binding protein，CBP）结合而提高翻译的效率，并参与 mRNA 从细胞核向细胞质的转运。此外，3′-多聚腺苷酸尾与 5′-帽子结构的协同作用还影响着翻译的启动。

尽管多数真核生物的前体 mNRA 经剪接后仅形成一种成熟的 mRNA 分子，并由此翻译出一条肽链。但是许多前体 mRNA 可以通过选择性剪接（alternative RNA splicing）生成不同的成熟 mRNA，因而翻译出不同的多肽链（详见第十一章）。这些蛋白质的功能可以完全不同，显示了基因调控对生物多样性的决定作用。就人类而言，约有 1/3 以上的基因通过此方式产生多种蛋白质。能进行选择性剪接的前体 mRNA 分子中含有选择性剪接加工信号，而且往往有多种途径可供选择。一种细胞偏好何种选择性剪接/加工途径取决于选择性剪接加工因子——RNA 结合蛋白的特异性。选择性剪接可以被正负调节分子所调控。

2. RNA 编辑（RNA editing）　RNA 编辑（概念见第十一章）可导致 RNA 序列与基因原编码的遗传信息不同，使单一基因转录前体产生多种功能不同的蛋白质。常见的 RNA 编辑方式有 U 插入、C→U 替换和 A→I 替换。RNA 编辑总是发生在转录前体双链区域，由编辑体复合物催化。RNA 编辑见于所有类型的 RNA 前体（mRNAs、tRNAs 和 rRNAs），不依赖模板，常表现出组织特异性，是病毒至高等动物普遍存在的一种加工调节机制，这样既扩大了遗传信息又使生物能更好地适应生存环境。

（三）mRNA 的出核转运

约有 1/5 的核内成熟的 mRNAs 分子跨核膜被转运进入胞质，而留在核内的 mRNAs 约在 1 h 内被降解。mRNA 通过核膜输出的过程是一个主动的过程，需运送载体与核孔复合物（nuclear pore complex，NPC）相互作用才能使其穿过核孔。目前，调控 mRNA 分子从核内输出至细胞质的机制尚不清楚，但可以肯定的是，核内的 mRNA 加工过程没有完成或加工不完全的 mRNA 分子将不能被输出到核外。

（四）RNA 干扰

在线虫、果蝇、植物和哺乳动物等高等生物的基因表达调控中，普遍存在着由一类特殊的小分子 RNA 介导的转录后沉默机制——RNA 干扰（RNA interference，RNAi）。在某些因素的诱导下，细胞内可以产生一类长度为 19～25 bp 的小分子 RNA，称为微小 RNA（micro-RNA，miRNA），其前体长 70～90 nt，具有内部互补序列并形成发夹样结构，在 Dicer 的作用下加工生成。Dicer 是由核酸内切酶和解旋酶等组成的，能够特异性地识别双链 RNA 并将其切割为短的双链 RNA。这些 miRNA 进一步与 Dicer 结合形成了 RNA 诱导的沉默复合物（RNA-induced silencing complex，RISC）。RISC 通过 Dicer 的解旋酶活性将双链 RNA 变成两条互补的单链 RNA，然后单链 RNA 与互补的靶 RNA 分子结合，Dicer 的核酸内切酶再将靶 RNA 分子切断，使其不能够进行表达，达到基因沉默的目的。

RNA 干扰是在 miRNA 原理上发展起来的一项研究特定基因功能的技术。RNAi 技术则是将预先设计好的小分子干扰 RNA（small interfering RNA，siRNA）导入细胞后达到高效和特异性抑制靶 mRNA 表达的目的，这种方法又称为基因沉默，它是研究功能基因组的一种新工具，是基因敲除（knockout）的补充手段（图 13－13）。

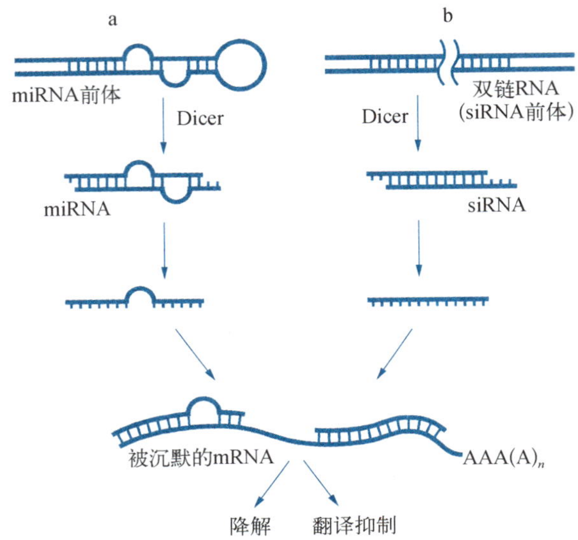

图 13-13 RNA 干扰介导的基因沉默
(a) miRNA;(b) siRNA

RNA 干扰的发现和应用

RNA 一度被认为是 DNA 和蛋白质之间的“过渡”,但越来越多的证据表明,RNA 在生命过程中扮演的角色远比我们早先设想的更为重要。

1995 年,Guo 和 Kemphues 曾利用反义 RNA 技术特异性地阻断新小杆线虫 *par-1* 基因的表达,同时在对照实验中给线虫注射正义 RNA 以期观察到基因表达的增强。但得到的结果是二者都同样地抑制了 *par-1* 基因的表达,这与传统上对反义 RNA 技术的解释相反。1998 年,华盛顿卡内基研究院的 Andrew Fire 和马萨诸塞大学医学院的 Craig Mello 通过大量的工作揭开了这个悬疑之谜。反义 RNA 和正义 RNA 形成的 dsRNA(double strand RNA, dsRNA)都可以激活高效的基因沉默机制,降低了靶 mRNA 的表达。这一现象被称为 RNA 干扰。

RNA 干扰的发现使人们对 RNA 调控基因表达的功能有了全新的认识,更因为可以简化或代替基因敲除成为研究基因功能的有力工具而格外引人注意。在 2002 年度 Science 评选的十大科学成就中 RNAi 名列榜首。Andrew Fire 和 Craig Mello 也因在此方面作出的开创性贡献而荣获了 2006 年度诺贝尔生理医学奖。

随着对微 RNA 的研究不断深入,人们逐步认识到:微 RNA 世界一点都不小(“tiny RNA world” may not be so tiny after all)。人们推测:微 RNA 可能代表了一个新层次上的基因表达调控方式。

四、真核基因表达翻译水平的调控

翻译水平的调控主要是集中在翻译的起始阶段,包括两个水平的调控:一是全局调控,这种调控主要涉及蛋白质合成数量的整体变化,对所有 mRNA 的翻译都有影响;二是转录体专一性调控,这种机制只作用于单个转录体或一小群编码相关蛋白的转录体。

(一) UTR 结合蛋白介导的翻译抑制

真核 mRNA 分子的非翻译区(untranslated region, UTR)既包括 5′端的帽子结构和 3′端的 poly(A)尾,也包括在 5′端和 3′端的其他非编码序列。已知蛋白质的生物合成不仅与其 mRNA 的编码序列有关,而且还受到 5′端和 3′端非翻译区结构的调控。

真核细胞对 mRNA 分子上 AUG 密码子作为翻译起始点的选择主要取决于 AUG 与 5′端帽子结构之间的距离。核糖体小亚基首先结合在 mRNA 5′端帽结构的下游,开始扫描、搜寻起始密码子 AUG。与原核细胞一样,真核细胞也存在翻译抑制蛋白。有些 UTR 结合蛋白作用到 mRNA 的 5′端,抑制翻译的起始;而另一些则识别 mRNA 3′-UTR 的特异位点,干扰 3′端 poly(A)尾与 5′端帽子结构之间的联系,抑制翻译起始。

（二）翻译起始因子的磷酸化调控翻译速率

研究发现，真核翻译起始因子-2(eIF2)的磷酸化修饰程度与蛋白质合成的速率显著呈反比。在翻译起始复合物的形成过程中，结合GDP的eIF-2从48S复合物上释放出来后是处在失活的状态，它需要在鸟苷酸交换因子的作用下以GTP置换GDP并重新活化。但是细胞内环境条件产生变化时，尤其在应激状态下，如生长因子或营养成分缺失、病毒感染、温度的突然增加时会活化某些特殊蛋白激酶，他们可催化eIF-2的磷酸化。磷酸化的eIF-2将会紧密地与eIF-2B结合在一起，不能释放出GDP。这样，eIF-2将不会被循环利用，导致了蛋白质合成速度的迅速下降。同时，哺乳类细胞eIF-2的活化还能够影响细胞由生长期进入G_0期的进程。

eIF-4F在翻译中的调控作用也是通过其亚基的可逆磷酸化来实现的。但与eIF-2不同，其磷酸化程度与蛋白质翻译的速率呈正比。

（三）翻译产物总量及活性的调节

新合成蛋白质的半寿期($t_{1/2}$)长短是决定蛋白质生物学功能的重要影响因素。因此，通过对新生肽链的水解和运输的调节，可以控制蛋白质在特定部位或亚细胞结构内维持合适的水平。此外，许多蛋白质需要在合成后经过特定的修饰才具有活性和功能。通过对蛋白质的可逆磷酸化、甲基化、酰基化等修饰，可以达到调节蛋白质功能的作用，是基因表达的快速调节方式。

小　结

基因表达是指基因转录及翻译的过程。基因的表达根据生长、分化和发育的需要，或者随着环境的变化而具有时间特异性和空间特异性。

基因表达在转录水平的调控主要取决于顺式作用元件与反式作用因子的相互作用，是涉及蛋白质与DNA以及蛋白质与蛋白质相互作用的复杂过程。

基因表达调控是在多级水平上进行的复杂事件。其中，转录起始是基因表达的基本控制点。基因转录激活调节基本要素包括DNA调节序列、调节蛋白以及这些因素对RNA聚合酶活性的影响。除了转录起始水平的调节，其他水平，如基因激活、转录后加工、翻译及翻译后加工对原核和真核生物的基因表达均有调节作用。

操纵子是原核生物基因表达调控的基本单位。乳糖操纵子由于阻遏蛋白结合于操纵序列而关闭转录，诱导剂别乳糖可结合阻遏蛋白使其失去阻遏能力，故可以诱导乳糖操纵子的转录开放。正调控蛋白CAP的结合可进一步提高乳糖操纵子的转录效率。色氨酸操纵子存在一种特殊的衰减调控作用，可使RNA的转录提前终止。

真核生物基因表达调控可发生在多层次上。组蛋白的共价修饰和DNA甲基化引起的染色质结构改变可以影响基因的转录。真核基因顺式作用元件按功能特性分为启动子、增强子及沉默子。各种转录因子是转录水平的主要调控分子，其结构特征是有DNA结合结构域和转录调节结构域，不同功能转录因子都具有特殊的局部结构(模体)。所有基因的转录调节都涉及包括RNA聚合酶在内的转录起始复合物的形成。真核生物RNA转录后的加工修饰复杂，可受很多因素调节。翻译起始蛋白的活性、mRNA分子稳定性、mRNA的5′-非翻译区以及3′-非翻译区结构都会影响蛋白质合成的速度。

RNA干扰是细胞在mRNA水平的翻译抑制。

【复习思考题】

1. 什么是顺式作用元件和反式作用因子？
2. 何谓操纵子，乳糖操纵子有哪些表达调节机制？
3. 原核和真核基因表达调控有哪些异同点？

（傅　强）

附录：糖代谢中英文名词对照

中英文名词对照索引(按拼音字母排序，重要的写出缩写)

B

β-半乳糖苷酶(β-galactosidase)
半乳糖苷乙酰基转移酶(galactoside O-acetyltransferase)
别乳糖(allolactose)

C

CpG 岛(CpG island)
操纵基因(Operator，O)
操纵子(operon)
超敏感位点(hypersensitive site)
沉默子(silencer)
沉默复合物(RNA-induced silencing complex，RISC)

D

DNA 结合域(DNA binding domain)
断裂基因(split gene)
多顺反子 mRNA (polycistronic mRNA)

F

反式作用因子(trans-acting factor)
反义 RNA (antisense RNA)
非翻译区(untranslated region，UTR)
分解代谢物基因活化蛋白(catabolite gene activation protein，CAP)
辅阻遏剂(corepresser)

G

共激活因子(coactivator)
管家基因(housekeeping gene)

H

核小体重塑(nucleosome remodeling)
核孔复合物(nuclear pore complex，NPC)

J

基本转录因子(general transcription factors，GTF)
基因(gene)
基因组(genome)
基因组印迹(genomic imprinting)
基因表达(gene expression)
基因表达调控(gene expression regulation)
基因敲低(knock down)
甲胎蛋白(alpha fetal protein，AFP)
碱性螺旋-环-螺旋(basic helix-loop-helix，bHLH)

K

空间特异性(spatial specificity)

L

亮氨酸拉链(leucine zipper)
螺旋-转角-螺旋(helix-turn-helix，HTH)

M

帽子结合蛋白(cap binding protein，CBP)

P

Pribnow 盒 (或 TATA 盒)

Q

启动子(promoter)
启始子(initiator，Inr)
起始前复合物(preinitiation complex)
起始复合物(initiation complex)
前体 mRNA(precursor mRNA)

R

RNA 编辑 (RNA editing)
RNA 干扰(RNA interference，RNAi)
染色质重塑(chromatin remodeling)
乳糖通透酶(lactose permease)

S

色氨酸操纵子(*trp* operon)
时间特异性(temporal specificity)
适应性表达(adaptive expression)
衰减子(attenuator)
顺式调节(*cis*-regulation)
顺式作用元件(*cis*-acting element)

羧基末端结构域(carboxyl-terminal domain，CTD)

T

TATA 盒(或 Pribnow 盒)
TATA 盒结合蛋白(TATA box-binding protein，TBP)
TBP 相关因子(TBP associated factor，TAF)
特异转录因子(special transcription factors)
调节序列(regulatory sequence)
同源异形域(homeodomain)

W

微小 RNA(micro-RNA，miRNA)

X

小分子干扰 RNA(small interfering RNA，siRNA)
锌指(zinc finger)
溴结构域(bromodomain)
选择性剪接(alternative RNA splicing)

Y

诱导表达(induction expression)
诱导剂(inducer)

Z

增强子(enhancer)
增强子结合蛋白(enhancer binding protein，EBP)
转录活化域(transcriptional activation domain)
转录因子(transcription factors，TFs)
转录激活因子(transcription activator)
转录阻遏因子(transcription repressor)
组成性表达(constitutive expression)
阻遏(repression)
阻遏基因(inhibitor gene，I)
组蛋白乙酰基转移酶(histone acetyltransferase，HAT)
组蛋白去乙酰基酶(histone deacetylase，HDAC)
组蛋白密码(histone code)

第十四章

基因工程

学习要点

掌握：① 基因重组、基因工程、克隆的概念；② Ⅱ型限制性核酸内切酶的识别和切割特点；③ 基因工程的基本过程。

熟悉：① 质粒的特点；② 基因重组与医学的关系。

了解：① 基因工程中的工具酶和载体的种类、特点；② 不同宿主细胞的特性和选择。

第一节　基因工程的相关概念

基因是物种遗传的物质基础，其本质是 DNA，具有保守性、变异性和流动性。所谓基因重组(genetic recombination)是指一段 DNA 在细胞内或细胞间，甚至在不同个体或物种之间进行交换，并能在新的位置上复制或转录，乃至翻译，是造成基因型变化的核酸的交换过程。包括发生在生物体内的天然重组和在体外环境中用人工手段使不同来源 DNA 进行的重新组合，其中基因的人工重组又称基因工程(genetic engineering)或重组 DNA 技术(recombinant DNA technology)。

在自然条件下的 DNA 重组是经常发生的，它们是生物变异和进化的基础。随着对 DNA 重组研究的不断深入以及分子生物学、分子遗传学等学科的发展，人们开始设想是否可以在体外对 DNA 进行重组？1972 年，美国斯坦福大学的 P. Berg 首次成功地在体外将两种不向来源的 DNA 进行了重组，他将猿猴病毒 SV40 DNA 和 λ 噬菌体 DNA 在体外进行切割和连接，成功获得了同时包含 SV40 DNA 和 λ 噬菌体 DNA 的重组 DNA 分子。P. Berg 因此获得了 1980 年诺贝尔化学奖。1973 年，S. Cohen 和 H. Boyer 等首次在体外实现了功能基因的重组，他们将抗四环素质粒 pSC101 和抗链霉素质粒 pR6－5 在体外进行重组形成重组质粒，转化重组质粒的大肠埃希菌能在同时含有四环素和链霉素的培养基上生长，即重组质粒能在宿主细胞中自我复制并表达双亲质粒的遗传性状。这一实验宣告了基因工程的诞生，由此建立和发展起来的重组 DNA 技术现已广泛地应用于生命科学的各个领域。

基因工程主要过程包括：获得目的 DNA 片段并与载体 DNA 进行连接形成重组 DNA 分子，然后将该重组 DNA 导入宿主细胞进行复制与扩增，获得大量的该重组 DNA 的克隆。所谓克隆(clone)是指通过无性繁殖过程所产生的与母代完全相同的子代群体。这是狭义的基因工程。广义的基因工程则指按照设计，通过改造基因或基因组而改变生物的遗传学特性，除了狭义的基因工程，还包括重组 DNA 的表达、重组蛋白分离纯化等。

第二节　基因工程中常用工具酶和载体

一、基因工程中常用工具酶

在基因工程中，常需要一些工具酶进行基因操作。比如：扩增DNA分子的DNA聚合酶；对目的基因和载体进行准确切割的限制性内切酶；以及在此基础上将酶切片段连接形成重组DNA分子的DNA连接酶等。表14-1中列举了一些常见的工具酶。本节将重点讲解限制性内切酶和DNA连接酶，其他的酶将在后面的内容中阐述。

表14-1　重组DNA技术中常用工具酶

酶	功　　能
限制性核酸内切酶	识别特异序列，切割DNA
DNA连接酶	催化DNA中相邻的5′磷酸基和3′羟基末端之间形成的磷酸二酯键，使DNA切口封合或使两个DNA分子或片段连接
DNA聚合酶 Ⅰ	① 合成双链cDNA的第二条链；② 缺口平移制作高比活探针；③ DNA序列分析；④ 填补3′末端
反转录酶	① 合成cDNA；② 替代DNA聚合酶Ⅰ进行填补、标记或DNA序列分析
多聚核苷酸激酶	催化多聚核苷酸5′羟基末端磷酸化或标记探针
末端转移酶	在3′羟基末端进行同质多聚物加尾
碱性磷酸酶	切除末端磷酸基

（一）限制性内切酶

基因工程中使用的酶有多种，限制性内切酶是其中非常重要的一种工具酶。1978年的诺贝尔生理学或医学奖颁给了发现限制性核酸内切酶并将其应用于分子遗传学中的Daniel Nathans、Werner Arber和Hamilton Smith，当时《基因》期刊中写道：限制酶将带领我们进入合成生物学的新时代。

限制性核酸内切酶(restriction endonucleases)是指能够识别双链DNA分子内的特定核苷酸序列，并在识别位点切割DNA双链的一类核酸酶。它们主要是从原核生物中分离纯化出来的。细菌体内限制性核酸内切酶与甲基化酶一起构成自身防御的"限制-修饰系统"，防止外源DNA侵入。细菌自身的DNA由于被细菌的一些酶进行了甲基化修饰而不会被切割，而外源DNA由于没有特定的甲基化修饰而被限制性核酸内切酶识别并从中段切割，限制性核酸内切酶由此得名。到目前为止，已分离出可识别230种不同序列的核酸内切酶2 300种以上。

1. 限制性核酸内切酶的命名　限制性核酸内切酶命名的第一个字母(大写斜体)取自产生该酶的细菌的属名，第二、第三个字母(小写斜体)来源于该细菌的种名，第四个字母(大写或小写，有时无)代表此细菌的菌株。例如，从Bacillus amylolique faciens H中提取的限制性内切酶称为*Bam* H，在同一品系细菌中得到的识别不同碱基顺序的几种不同特异性的酶，可以编成不同的号，如*Bam* HⅠ、*Bam* HⅡ，*Hind* Ⅱ、*Hind* Ⅲ，*Hpa*Ⅰ、*Hpa*Ⅱ，*Mbo*Ⅰ、*Mbo*Ⅱ等。

2. 限制性核酸内切酶的类型　根据限制酶的结构、辅因子的需求、切割位点与作用方式，可将限制酶分为三种类型，分别是Ⅰ型酶、Ⅱ型和Ⅲ型酶。它们具有各自不同的特性。

Ⅰ型酶和Ⅲ型酶同时具有修饰及识别切割的作用，即：既能催化宿主DNA的甲基化，又催化非甲基化的DNA的水解。所不同的是，Ⅰ型酶，例如：*Eco* B、*Eco* K，通常的DNA切割位点距离其识别位点可达数千个碱基之远。而Ⅲ型酶，例如：*Eco* PⅠ、*Hin* fⅢ，切割位点与识别序列距24～26个碱基，识别位点为短的不对称序列。

Ⅱ型酶只具有认知切割的作用，修饰作用由其他酶进行。由于Ⅱ型酶具有特定的识别位点和切割位点，是遗传工程上实用性较高的限制酶种类，例如：*Eco* RⅠ、*Hind* Ⅲ。

3. Ⅱ型限制性核酸内切酶的作用特点　Ⅱ型限制性核酸内切酶有严格的识别序列和切割位点，以内切的方式水解双链DNA的磷酸二酯键，产生的DNA片段5′端为磷酸基，3′端为羟基。Ⅱ型限制性核酸内切酶识别序列长度一般为4～6个碱基，常呈反向对称结构，或称回文结构(palindrome sequence)。经典回文结构的一条链的核苷酸序列(5′→3′)与互补链是一致的。例如*Eco* RⅠ所识别的GAATTC序列(图14－1)，如果将互补序列沿假定的中心轴旋转180°，则两序列完全相同，所以这种序列又称反转重复序列(inverted repeat)。

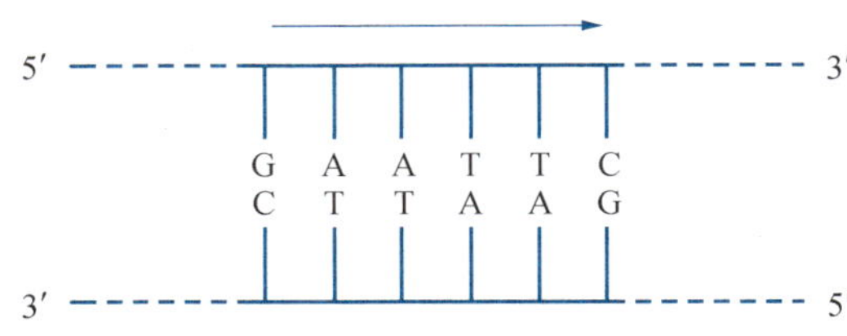

图14－1　EcoRⅠ所识别的回文序列

多数Ⅱ型限制性内切酶错位切割双链DNA，产生5′或3′突出末端，称为黏性末端(sticky end)[图14－2(a)、图14－2(b)]，另一些Ⅱ类酶对两条链的切割在回文序列正中间，形成平整末端(blunt end)[图14－2(c)]。

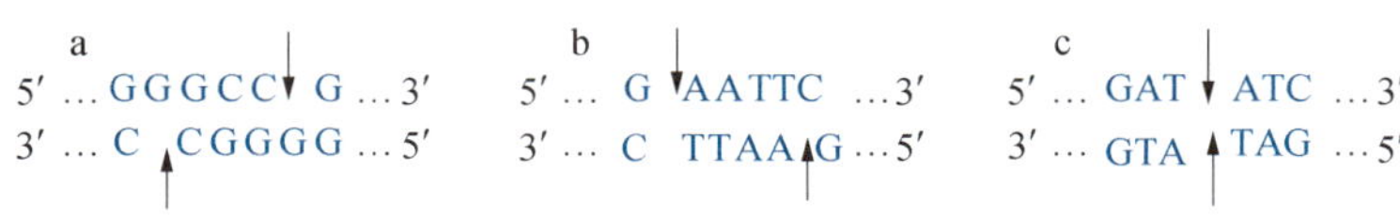

图14－2　限制性核酸内切酶不同酶切末端

不同的酶具有各自的识别序列和切割位点。有些限制性内切酶虽然识别序列不完全相同，但切割DNA双链后，产生相同的黏性末端，这样的酶彼此互称同尾酶(isocaudarner)，所产生的相同黏性末端称为配伍末端(compatible end)。例如，BamHⅠ(G^GATCC)和BglⅡ(A^GATCT)在切割不同序列后可产生相同的5′黏性末端，即配伍末端(—GATC—)。配伍末端可共价连接，但连接后的序列有时就不能再被两个同尾酶中的任何一个酶识别和切割了。

有些来源不同的酶有相同的碱基识别顺序，这种能识别同一序列(切割位点可同或不同)但来源不同的两种酶互称同工异源酶(isoschizomer)或同裂酶。这些酶虽然有相同的识别顺序，但它们的切点并一定完全一样。例如，同工异源酶XmaⅠ和SmaⅠ虽能识别相同序列(GGGCCC)，但切割位点不同，前者的切点在识别序列第一个核苷酸后(G^GGCCC)，形成带有CCGG黏性末端的DNA片段，而后者的切点则在序列的中间(GGG^CCC)，形成平端。当然，也有识别顺序和切点都相同的酶，例如，*Bam* HⅠ和*Bst* Ⅰ能识别并在相同位点切割同一DNA序列(G^GATCC)。同工异源酶为DNA操作增加了酶的选择余地。

(二)DNA连接酶

DNA连接酶(DNA ligase)的作用是催化两个相邻的3′－OH和5′－磷酸基团形成3′,5′－磷酸二酯键，从而使DNA片段或单链断裂形成的缺口连接起来。在重组DNA技术中所使用的DNA连接酶有两种来源：一种是由T4噬菌体的DNA编码、通过感染大肠埃希菌而生产的T4 DNA连接酶；另一种是由大肠埃希菌染色体编码的DNA连接酶。T4 DNA连接酶需要Mg^{2+}作为辅助因子并由ATP提供能量，其对平端和黏端都能连接；大肠埃希菌DNA连接酶需要NAD^{+}作为辅因子，其连接平端的效率极低。两者比较，T4 DNA连接酶的用途更广、更常用。

二、载体

基因克隆的重要环节是把一个外源基因导入生物细胞，并使它得到扩增。然而一个外源DNA片段是很难进入受体细胞的，即使进入细胞，一般也不能进行复制和功能的表达。这是因为片段一般不带有复制子系统，也不具备在新的受体细胞中进行功能表达的调控系统，这样进行基因克隆是极为困难的。因此在基因工程操作中，常常把外源DNA片段利用运载工具送入生物细胞。我们把携带外源基因进入受体细胞的这种工具叫做载体。载体(vector)是为携带目的外源DNA片段，实现外源DNA在受体细胞中的无性繁殖或表达有意义的蛋白质所采用的一些DNA分子。根据其来源分为质粒载体、噬菌体载体、病毒载体、噬粒载体、黏粒载体、人工染色体载体等。经过人工构建的载体，不但能与外源基因相连，导入受体细胞，而且还能利用本身的调控系统使外源基因在新的细胞中复制。

各类型载体的来源不同，在大小、结构、复制等方面的特性差别很大，但作为基因工程的载体，以下三方面是它们共有的特性和基本要求：① 至少有一个复制起点(origin of replication，ori)，在宿主细胞中能独立自主地复制，并能使克隆的外源DNA片段得到同步扩增。载体按功能分为克隆载体和表达载体。克隆载体用于外源DNA片段的克隆和在受体细胞中的扩增；表达载体则用于外源基因的表达；有的载体兼具克隆和表达两种功能。表达载体除了复制起点，还需有调控外源基因有效转录和翻译的序列。② 至少有一个选择标志，用于鉴定区分受体细胞中有无载体存在，且容易从宿主细胞中分离纯化。③ 具有可供外源DNA插入的限制性内切酶的单一酶切位点。插入区域不影响载体自身扩增，同时插在其中的外源基因可以像载体的正常组分一样进行复制和扩增。多数载体中都构建有一段特异性核苷酸序列，在这段序列中包含了多个限制性内切酶的单一切点，可供外源基因插入时选择，这样的序列叫多克隆位点(multiple cloning sites，MCS)。除了这些共有特性外，各类载体在复制和(或)表达能力、可容纳外源DNA的大小、适宜宿主细胞、操作简便度等方面均具有自己独特的生物学特性，可以根据基因工程的需要，有目的地选择合适的载体。本节简要介绍最广泛使用的质粒载体和病毒载体。

(一) 质粒载体

质粒(plasmid)是染色体以外能够自主复制的双链闭合环状DNA分子，它广泛存在于细菌和酵母在内的多种微生物细胞中。质粒分子的大小为1～200 kb不同质粒的分子质量差异显著，小质粒约为10^6，仅能编码2～3种中等大小的蛋白质分子；而最大的质粒相对分子质量可达10^8以上。质粒作为一种裸露的、比病毒更简单的、有自主复制能力的DNA分子，在生命起源的研究中，具有重要的意义。以天然质粒为基础，加以人工改造和组建的质粒，已成为基因工程中最广泛使用的载体。比如：在基因克隆中广泛使用的pBR322质粒。pBR322质粒是按照标准的质粒载体命名法则命名的(图14-3)。"p"表示它是一种质粒；而"BR"，则是分别取自该质粒的两位主要构建者F. Bolivar和R. L. Rodriguez姓氏的头一个字母，"322"系指实验室编号，以与其他质粒载体如pBR325，pBR327，pBR328等相区别。

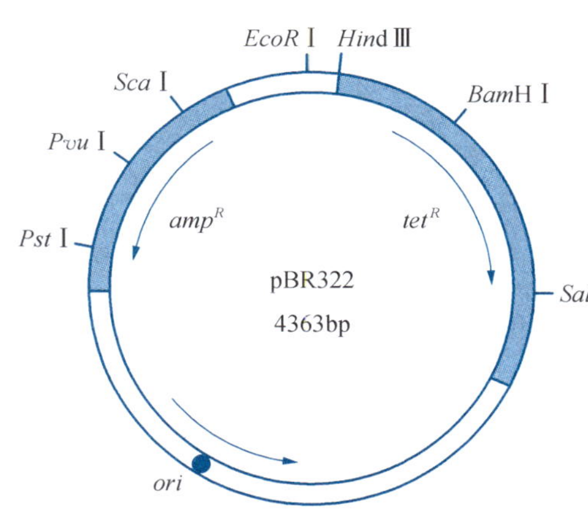

图14-3　pBR322质粒图谱

1. *质粒的大小*　用于基因工程的质粒要求分子质量要小，易于操作。比如pBR322质粒总长度为4363 bp。为了导入宿主细胞以及避免在的纯化过程中发生DNA链的断裂，克隆载体的分子大小最好不要超过10 kb。那么如果使用pBR322质粒构建重组分子，即便克隆一段大小达5.5 kb的外源DNA，其重组体分子的大小也仍然在要求范围之内。

2. *质粒的复制性*　质粒能自主复制，即本身是复制子，而且为多拷贝。质粒的复制分为松弛型复制和严紧型复制两类。严紧型复制质粒分子质量较大，质粒的复制需要蛋白质合成和DNA聚合酶Ⅲ，与细菌的复制密切相关，拷贝数只有1～5个。松弛型复制质粒分子质量较小，复制过程需要DNA聚合酶Ⅰ，与细菌蛋白质的合成无关，拷贝数10～200个。用氯霉素抑制细菌蛋白质合成，细菌内质粒拷贝数可扩增到1 000个以上。

一种质粒究竟是属于严谨型还是松弛型并不是绝对的，这往往同宿主的状况有关。同一质粒在不同的宿主细胞中可能具有不同的复制类型,这说明质粒的复制不仅受自身的制约,同时还受到宿主的控制。

3. *质粒的不相容性*　在没有选择压力的情况下,两种亲缘关系密切的不同质粒,不能在同一宿主细胞中稳定地共存,这一现象称为质粒的不亲和性,也称质粒的不相容性。也就是说,这些亲缘关系较近的不同质粒进入同一细胞后,必定有一种质粒在细胞的增殖过程中被逐渐排斥(稀释)掉。现在基因工程中使用的质粒都是经过人工改造过的,大多都带有一个来自 pMB1 质粒的复制子或与之亲缘关系十分接近的 ColE1 复制子。因此作为载体的质粒一般是不相容的。

4. *质粒的接合性*　有些质粒在自然界内可以从一个细菌传递到另一个细菌,如某些抗药性质粒。这些质粒称为接合性质粒或传递性质粒。接合性质粒上都有接合基因。缺少接合基因不能在自然界自由传递的质粒则叫做非接合性质粒。用作载体的质粒都是非接合性质粒。

5. *质粒的酶切位点*　质粒具有一种或多种单一的限制性核酸内切酶位点,且在此位点上插入外源基因片段,不致影响本身的复制功能。以 pBR322 质粒为例,共有 24 个限制性核酸内切酶对其有单一酶切位点。

6. *质粒的选择标记*　质粒基因组中有选择性标记,为寄主细胞提供易于检测的表型特征。质粒可以"友好"地借居在宿主细胞中,也只有在宿主细胞中,质粒才能完成自己的复制,同时将其编码的一些非染色体控制的遗传性状进行表达,赋予宿主细胞一些额外的特性,包括抗性特征、代谢特征、修饰寄主生活方式的因子以及其他方面的特征等。其中对抗生素的抗性是质粒最重要的编码特性之一。此外,由质粒 DNA 编码的基因还包括芳香族化合物降解基因、糖酵解基因、产生肠毒素基因、重金属抗性基因、产生细菌素的基因、产生硫化氢的基因以及寄主控制的限制与修饰系统的基因等十余种。pBR322 质粒是常用的载体质粒,它具有最常用的双抗生素抗性插入失活筛选标记和蓝白菌落筛选标记。pBR322 质粒的双抗生素抗性包括抗四环素基因和抗氨苄青霉素基因。

(二) 病毒载体

病毒载体常用于将外源 DNA 导入真核细胞中并使其表达。病毒载体由各种病毒 DNA 衍生而来,常见的有反转录病毒、腺病毒、腺相关病毒、单纯疱疹病毒、EB 病毒等病毒载体,其中反转录病毒和腺病毒载体是两种最常用的病毒载体。反转录病毒是一类以单链 RNA 分子为基因组的包装病毒,感染后病毒基因组反转录成双链 DNA 整合到宿主基因组中并表达出蛋白质。腺病毒是含有线性双链 DNA 基因组的非包装病毒,其 DNA 不整合到宿主细胞基因组中,而是以附加体的方式在宿主细胞核中复制。病毒载体构建时常把细菌质粒 ori 放置其中,使病毒载体及其所携带的目的 DNA 能方便地在细菌中繁殖和克隆,然后再转入真核细胞。

第三节　基因工程的基本过程

基因工程的基本过程如图 14－4 所示,包括目的 DNA 和适宜载体的分离获取(分)、目的 DNA 和载体的酶切及纯化(切)、酶切后目的片段与载体的连接(接)、重组 DNA 转入受体细胞(转)以及重组体的筛选与鉴定(筛)。

一、目的基因的获取

要对基因进行研究和应用必须先获得该基因,在基因工程中,被获取或扩增的特定基因 DNA 片段称作"目的基因"。基因工程操作中获得目的基因的方法大体有如下几种:

1. *化学合成法可直接合成目的 DNA*　该方法通常用于小分子肽类基因的合成。其前提是已知某种基因的核苷酸序列,或能根据氨基酸序列推导出相应核苷酸序列。一般先合成两条完全互补的单链,经退火形成双链,然后克隆于载体 DNA。

2. 从基因组 DNA 文库中获取目的 DNA 基因组 DNA 文库(genomic DNA library)是指包含某一个生物细胞或组织全部基因组 DNA 序列的随机克隆群体,以 DNA 片段的形式贮存了所有的基因组 DNA 信息。构建基因组 DNA 文库的简要过程如下:分离细胞或组织染色体 DNA,经限制性内切酶切割或机械剪切成大小不等的片段。将这些片段克隆于适当载体并转入受体菌扩增,使每个细菌内都携带一种重组 DNA 分子的多个拷贝。这种存在于受体菌内由载体所携带的所有基因组 DNA 片段的集合,就代表了基因组 DNA 文库。随后,采用原位杂交等方法从基因组 DNA 文库中筛选和鉴定出带有目的基因的克隆,经扩增后,将目的 DNA 分离、回收,从而获得目的基因。

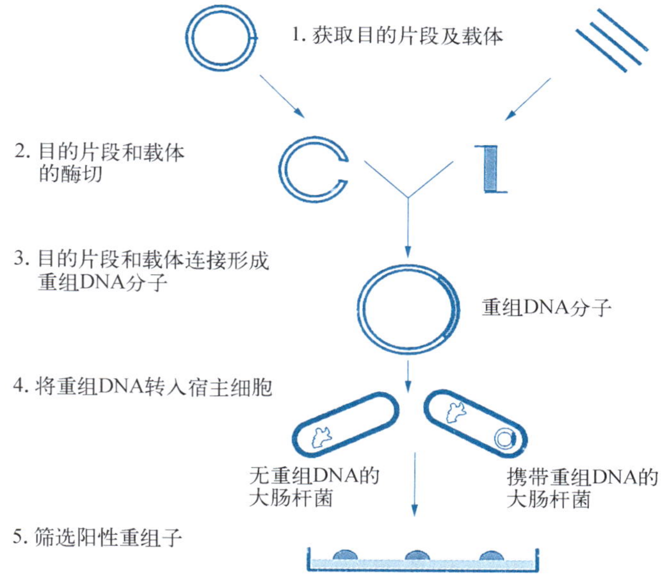

图 14-4 基因工程的基本过程

3. 从 cDNA 文库中获取目的 DNA cDNA 文库(cDNA library)是指包含某一组织或细胞在一定条件下所表达的全部 mRNA 经反转录而合成的 cDNA 序列的随机克隆群体,它以 cDNA 片段的形式贮存了全部的基因表达信息。构建 cDNA 文库的简要过程如下:以 mRNA 为模板,利用反转录酶合成单链 cDNA,进而复制成双链 cDNA 片段,然后与适当载体连接后转入受菌体,扩增为 cDNA 文库。继而采用原位杂交等方法从 cDNA 文库中筛选出目的 cDNA。cDNA 如果克隆到适宜的表达质粒或噬菌体表达载体即构成 cDNA 表达文库,则可利用免疫学方法筛选目的 cDNA。

4. 经 PCR 获取目的 DNA PCR 是一种高效特异地的体外扩增 DNA 的方法。使用 PCR 克隆目的 DNA 的前提条件是:已知待扩增目的基因或 DNA 片段两端的序列,并根据该序列合成适宜引物(见第 18 章)。

5. 通过特异杂交系统获取某些目的基因 利用酵母单杂交系统可获得 DNA 结合蛋白的编码基因,利用酵母双杂交系统可获得特异性相互作用蛋白质的编码基因。

二、使用限制性核酸内切酶对目的片段和载体切割

获得目的片段 DNA 和根据实验需求选定适宜载体后,需利用适当的限制性内切酶将其酶切,以便于目的基因的插入。为了防止载体的自连接,可用碱性磷酸酶处理线性化载体。有时,还可对载体进行其他修饰,如:加同聚物尾、加 T 变成 T 载体等。一般尽可能选择相同的限制性内切酶切割目的片段 DNA 和载体,如果不能采用相同的内切酶而导致目的片段 DNA 和载体具有不匹配的模端,则要采取补平末端等方法完成后续的连接。

三、重组 DNA 的构建

将目的 DNA 与载体在体外连接时,需要 DNA 连接酶(通常采用 T4 DNA 连接酶)的催化,形成 3′,5′-磷酸二酯键。依据目的 DNA 和线性化载体末端的特点(黏端或平端),可采用不同的连接方法。

(一) 黏端连接

DNA 片段与线性化载体的相同黏端之间很容易按碱基配对关系退火形成氢键,在 DNA 连接酶作用下,其末端以磷酸二酯键相连,形成环状重组 DNA 分子。

1. 单一相同黏端连接会产生载体自连 如果目的 DNA 序列两端和线性化载体两端为同一限制性内切酶(或同工酶,或同尾酶)切割所致,那么所产生的黏端完全相同。这种单一相同黏端连接时,会有三种连接情况:载体自连、载体与目的 DNA 连接以及 DNA 片段自连(图 14-5)。可见,这种连接存在如下缺点:容

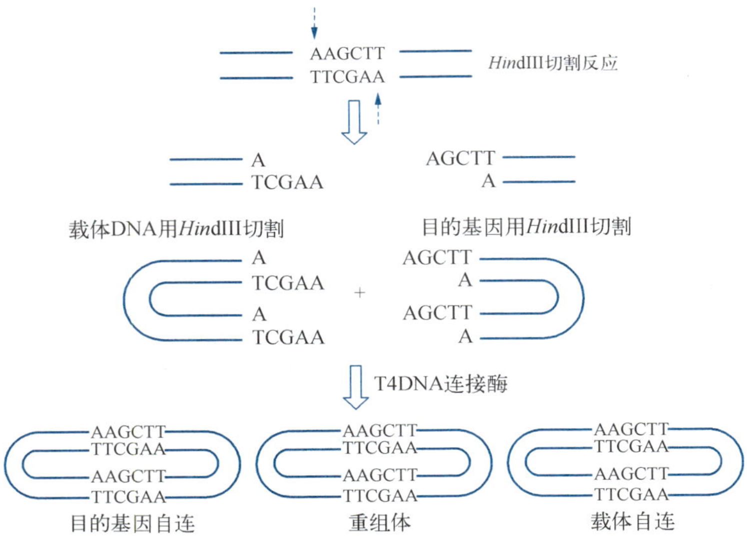

图 14-5 单一相同黏性末端连接

易出现载体自身环化、目的DNA双向插入载体(即正向和反向插入)和多拷贝现象,从而给后续筛选增加了困难。采用碱性磷酸酶预处理线性化载体DNA,使之去磷酸化,可有效减少载体自身环化。目的DNA如果反向插入载体,虽然不影响基因克隆,但却影响外源基因的表达。

2. *定向克隆可有效避免载体自连和DNA片段的反向插入* 使目的基因按特定方向插入载体的克隆方案称为定向克隆(directed cloning)。该方案采用两种限制性内切酶分别切割载体和目的DNA,使载体和目的DNA的两端形成两个不同的黏端,从而实现外源DNA定向插入载体的目的。当然,定向克隆也可通过一端为平端,另一端为黏端的连接方式来实现。定向克隆有效避免了载体自连以及DNA片段的反向插入和多拷贝现象。

3. *通过其他措施产生黏性末端进行连接* 常用的制造黏性末端的方法有:① 人工接头法。人工接头是指化学合成的含有一种或一种以上限制性内切酶切点的平端双链寡核苷酸片段。如果目的DNA末端为平端,便可在T4 DNA连接酶的作用下,将人工接头加在目的DNA的平端上,然后用人工接头中相应的限制性内切酶进行切割产生黏端,进而连接到用相同限制性内切酶线性化的载体上。② 加同聚物尾法。加同聚物尾是指用末端脱氧核苷酰转移酶将某单一脱氧核苷酸(如dC)逐一加到目的DNA 3′端的羟基上,形成某一脱氧核苷酸的同聚物尾(如同聚dC尾);同时又将与之互补的另一脱氧核苷酸(如dG)加到载体DNA 3′端的羟基上,形成与目的DNA末端同聚物尾互补的同聚物尾(如同聚dG尾)。两个互补的同聚物尾均为黏性末端,因而可高效率地连接到一起。③ PCR法。针对目的DNA的5′端和3′端,设计一对特异引物,在每条引物的5′端分别加上不同的限制性内切酶位点,然后以目的DNA为模板,经PCR扩增便可得到带有引物序列的目的DNA,进而用相应限制性内切酶切割PCR产物,产生黏端,随后便可与带有相同黏端的线性化载体进行有效连接。另外,在使用某些Taq-DNA聚合酶进行PCR扩增时,扩增产物的3′端可加上一个单独的腺苷酸残基(A)而成为黏端,这样的PCR产物可直接与带有3′-T的线性化载体(T载体)连接,此即T-A克隆。

(二) 平端连接

如果目的DNA序列两端和线性化载体两端均为平端,那么二者之间也可在DNA连接酶的作用下进行连接,其连接方式也至少有三种情况,即载体自连、载体与目的DNA连接以及DNA片段自连,但连接效率都较低。为了提高连接效率,可采用提高连接酶用量、延长连接时间、降低连接时的温度、增加DNA片段与载体的摩尔比等措施。平端连接同样存在载体自身环化、目的DNA双向插入和多拷贝现象等缺点。

(三) 黏-平末端的连接效率介于黏端和平端连接之间

除了上述黏端连接和平端连接外,目的DNA和载体之间还可通过一端为黏端、另一端为平端的方式进行连接。以该方式连时,目的DNA为定向插入载体(即定向克隆)。该连接方式的连接效率介于黏端和平端连接之间。可采用提高平端连接效率的措施来提高该方式的连接效率。

四、重组DNA转入宿主细胞

获得新的重组DNA分子后,下一步就是将这些分子转入宿主细胞中,随着细胞的繁殖和分裂,其携带的重组DNA分子也得到了扩增。宿主细胞(host cells)是重组分子进行繁殖的场所。理想的宿主细胞通常是

DNA 或蛋白质降解系统缺陷株，或重组酶缺陷株，因而具有较强地接纳外源 DNA 的能力，保证外源 DNA 能长期、稳定地遗传或表达。

在以获得大量 DNA 克隆为目的时，多选用大肠埃希菌作为克隆体系的宿主菌。大肠埃希菌大部分基因的染色体定位及序列已经确定，为分离外源 DNA 提供了相对简单的遗传环境。这种安全宿主菌能接受任何生物体来源的外源 DNA，复制速度快，每个细菌可携带数百个拷贝的克隆基因。此外，大肠埃希菌培养条件简单、经济，便于大多数实验室采用。

在以目的片段的表达产物为研究对象时，根据宿主细胞的不同，重组 DNA 的表达体系分为原核表达体系和真核表达体系。

(1) 原核表达体系：原核表达体系主要以细菌作为宿主细胞，包括大肠埃希菌、乳酸菌、枯草杆菌、沙门菌、苏云金杆菌等，其中应用最为广泛和最成熟的是大肠埃希菌表达体系。

大肠埃希菌表达体系的主要优势包括：① 有多种工程菌株可供选择，且工程菌的遗传背景和生理特性清楚；② 大肠埃希菌繁殖能力强，操作简便、省时；③ 大规模发酵成本低，生产潜力大；④ 表达水平一般较真核系统高，且下游工艺简单、易于控制。大肠埃希菌表达体系的不足之处在于：① 大肠埃希菌缺乏转录后加工机制，无法切除内含子序列，故针对来自真核细胞的基因，只能选择 cDNA，不能使用基因组 DNA；而且真核基因 mRNA 无结合细菌核糖体的 SD 序列，cDNA 起始密码子上游的非编码序列必须删除；② 大肠埃希菌缺乏真核细胞所特有的翻译后加工修饰系统（如糖基化、磷酸化等），因此，针对这些需经修饰的蛋白质，无法用大肠埃希菌表达体系获得有活性的产物；③ 细菌本身产生的内毒素等热源不易去除干净，从而给产品纯化增加了难度；④ 蛋白的高水平表达常形成包涵体，提取和纯化步骤繁琐，而且蛋白复性较困难，容易出现肽链的错误折叠等问题。

(2) 真核表达体系：真核表达体系复杂多样，常用的有酵母表达体系、哺乳动物细胞表达体系和昆虫表达体系。各种表达体系各有其优缺点，应根据具体需要进行选择。

1) 酵母表达体系：该体系兼具原核和真核表达体系的优点，是最为成熟的真核细胞表达体系。① 酵母是最简单的真核生物，其在某些方面与原核细胞类似，繁殖速度快，培养和发酵等操作也较为简单，利于工业化生产；② 多种酵母的遗传背景较清楚，基因表达调控机制研究得较为透彻；③ 酵母具有真核细胞的特点，能识别内含子，能对蛋白质进行一定程度的翻译后修饰，并且有分泌功能，从而方便了蛋白的纯化；④ 不产生毒素，安全性较好。然而，酵母表达体系也有其缺点，主要包括：① 重组蛋白可发生过度糖基化，从而丧失蛋白的正常功能活性；② 不能对目的蛋白进行复杂修饰。

2) 哺乳动物细胞表达体系：该体系的主要优势在于：① 目的基因既可是基因组 DNA，也可是 cDNA，转录后能进行加工；② 目的基因的表达可受到更严格地调控，能使目的蛋白精确地折叠成正确构象，能正确进行糖基化、磷酸化、寡聚体的形成等加工，因而表达产物在分子结构、理化特性和生物学功能方面最接近天然的高等生物蛋白质。所以，如果要表达结构复杂和需要精确修饰的功能性蛋白，通常需使用哺乳动物细胞表达体系；③ 可使蛋白进行分泌表达，从而有利于蛋白的分离纯化；④ 所表达的目的蛋白不易被降解，且对宿主细胞的影响较小。当然，与大肠埃希菌和酵母表达体系相比，哺乳动物细胞表达体系的不足主要在于：① 宿主细胞繁殖速度慢，培养条件要求高；② 目的蛋白表达水平低；③ 整个操作过程复杂、费时、成本高，难以大规模生产。

3) 昆虫细胞表达体系：昆虫细胞与哺乳动物细胞类似，具有蛋白的翻译后加工、修饰以及转移外源蛋白的能力。与哺乳动物细胞相比，昆虫细胞生长速度快，易于培养，能较高水平地表达外源蛋白，可以胞内表达，也可以进行分泌性表达。目前，昆虫细胞表达体系主要有杆状病毒表达体系和果蝇表达体系等。

将重组 DNA 导入宿主细胞有转化、转染和感染几种方法。

（一）将外源 DNA 转入细菌的过程称转化

重组 DNA 分子经常需要导入细菌中，随着细菌的生长、分裂以产生重组 DNA 克隆。细菌细胞直接吸收裸露 DNA 分子的过程叫做转化（transformation）。在转化时需先预处理使细胞呈可接受外源 DNA 状态，这时候的细胞称为感受态细胞（competent cells）。转化的方法有化学法、电转化等。

(二)将外源 DNA 直接转入动物细胞的过程称转染

将基因转入真核细胞称转染(transfection),有化学、物理和生物学多种策略。为与质粒转染相区别,通常习惯将裸病毒 DNA(非包装病毒)导入细胞称为转导(transduction)。常用的转染方法包括脂质体介导的转染、基因枪、直接微注射、电击等。

根据转染的外源 DNA 在真核细胞中的存在状态,可将哺乳动物细胞表达体系分为瞬时、稳定和诱导表达体系。在瞬时表达体系中,载体 DNA 不能整合到宿主细胞基因组中,其随细胞分裂而逐渐丢失,目的蛋白的表达时限短暂。这种转染称为瞬时转染(transient transfection)。在稳定表达体系中,载体 DNA 因整合到宿主细胞基因组中而稳定存在于细胞内,目的蛋白能持久、稳定地表达。这种转染称为稳定转染(stable transfection)。在诱导性表达体系中,目的基因的转录需经外源小分子诱导。

(三)采用包装病毒将外源 DNA 转入细胞的过程称感染

借助噬菌体或病毒将外源 DNA 导入宿主细胞的方法称为感染(infection)。用噬菌体载体构建的重组 DNA 分子能通过两种不同的方法转入细菌细胞中:转染及体外包装后感染。用噬菌体 DNA 进行转染相当于转化,唯一的差别是参与其间的是噬菌体 DNA 而非质粒,但噬菌体 DNA 转染效率很低。以噬菌体载体构建的重组 DNA 分子,可通过包装形成病毒颗粒,然后以感染的方式将重组 DNA 转入受体菌。采用病毒载体构建的重组 DNA 分子,一般先经包装细胞包装成病毒颗粒,然后通过感染的方式将 DNA 导入真核细胞(通常是哺乳动物细胞)。这些经包装细胞包装出来的病毒一般为复制缺陷病毒,故通常只能一次性感染宿主细胞。

五、筛选与鉴定重组 DNA

通过连接反应构建重组分子的反应产物是个混合体系,其中可能含有未连接的载体、DNA 片段、自身环化载体、甚至错误的连接产物,因此必须通过适当的筛选和鉴定策略,从众多的克隆中筛选出含目的基因的克隆。

(一)根据重组载体的标志作筛选

载体携带的标志中最常见的是抗药性标志,因此利用质粒的抗性基因可以筛选转化菌。

1. 利用抗性基因筛选重组子 将含有某抗生素抗性基因(如抗氨苄青霉素 ampR、抗四环素 tetR、抗卡那霉素 kanR)的载体导入宿主细胞后,将细胞在含有相应抗生素的培养基中培养,无载体导入的细胞将被杀死,生长的细胞即是含有载体的细胞。利用这种特性可对转化菌进行阳性选择。但是由于除阳性重组子外,自身环化的载体以及非目的 DNA 插入载体形成的重组子均能转化细胞并形成菌落,所以本法仅是阳性重组子的初步筛选。

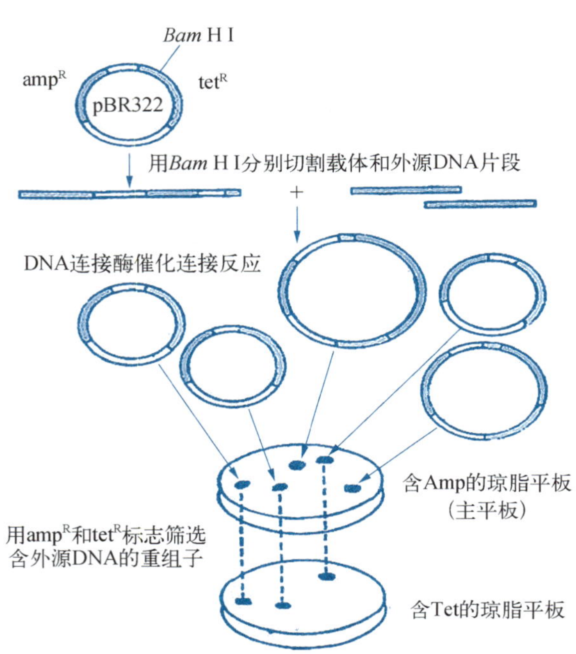

图 14-6 抗性插入失活筛选法

2. 用插入失活表达筛选重组子 如果外源目的序列是插入在载体的抗药性基因中间使这抗药性基因失活,这个抗药性标志就会消失(插入失活筛选重组子)(图 14-6)。利用这种特性也可将转化子鉴定出来,这是一种阴性选择策略。

3. 利用 α-互补原理筛选重组子 有些质粒载体带有大肠埃希菌编码 β-半乳糖苷酶 N 端 146 个氨基酸残基的 *lacZ* 基因,编码区内部含有多克隆位点。当这类载体转入能表达 β-半乳糖苷酶 C 端的宿主细胞后,宿主编码的 C 端片段与质粒编码的 N 端片段互补,才能形成有活性的 β-半乳糖苷酶,这种现象称为 α-互补(α-Complementation)。α-互补的 Lac^+ 细菌在 X-gal 底物存在时能将其分解、形成蓝色菌落。然而,当外源 DNA 插入质粒的多克隆位点后,*lacZ* 基因失活,不再产生具有 α-互补能力的 N 端片段,因此带有重组质粒的细菌呈白色菌落。只需挑选白色菌落便可得到重组子(图 14-7)。

4. 标志补救是筛选转化酵母的常用方法 酵母敏感的抗生素较少，因此经常利用载体与宿主细胞营养缺陷突变的互补来进行选择。例如，*S. cerevisiae* 酵母菌株因 trp1 基因突变不能在缺少色氨酸的培养基上生长。如果载体质粒带有功能性 trp1 基因，转化子则能在色氨酸缺陷的培养基上生长。其他常用的酵母质粒选择性标记包括 ura3(尿嘧啶)、leu2(亮氨酸)和 his3(组氨酸)。

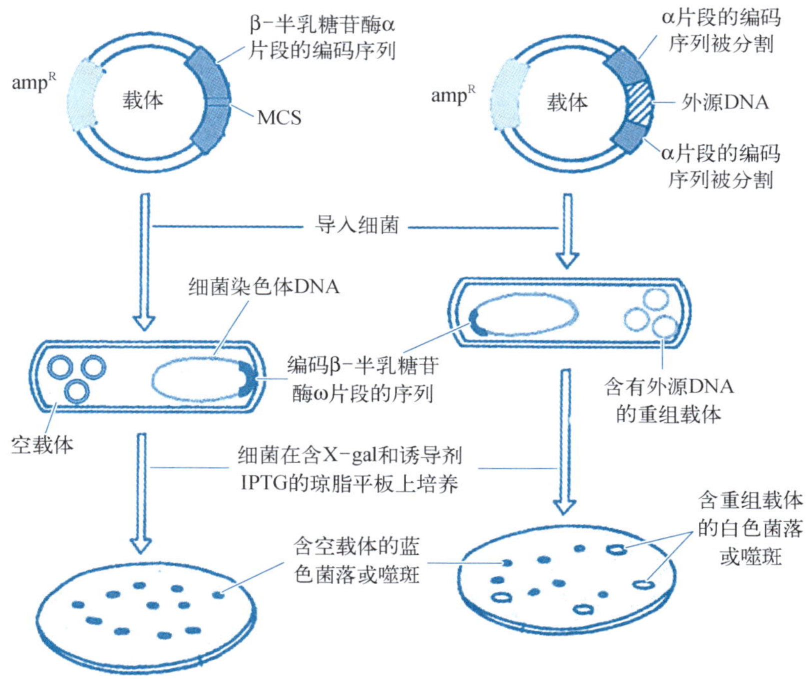

图 14-7 α-互补筛选重组子

(二) 限制性内切核酸酶法

外源片段通过特定的酶切位点插入载体，因此采用合适的限制酶进行消化，释放出线性化载体和插入片段，再经琼脂糖凝胶电泳分离，通过与标准 DNA 分子标志进行比较，可大致测得克隆片段的大小，判断克隆片段的大小是否为目的基因。如果预先知晓克隆片段内部存在的其他限制性位点和载体的酶切位点，通过特异限制酶消化，根据酶切位点在插入片段内部的不对称分布检查插入片段的方向。

(三) PCR 法

通常载体的序列是已知的，因此根据克隆位点两侧序列设计引物，采用 PCR 扩增插入 DNA 的片段，结合序列分析，能可靠地证实插入片段的方向、序列和阅读框的正确性，极其适合表达载体的鉴定。

(四) 核酸杂交法

利用标记的核酸做探针与转化细胞的 DNA 进行分子杂交，可以直接筛选和鉴定目的序列克隆(具体方法请参见第 18 章)。

(五) 免疫学方法

利用特定抗体与目的基因表达产物特异性结合的作用进行筛选。此法不是直接筛选目的基因，而是通过与基因表达产物的反应指示含有目的基因的转化细胞，因而要求实验设计要使目的基因进入受体细胞后能够表达出其编码产物。抗体可用特定的酶，常用过氧化物酶、碱性磷酸酶等标记，结合酶标抗体处，酶可催化特定的底物分解而呈现颜色，从而指示出含有目的基因的细胞集落位置。免疫学方法特异性强、灵敏度高，适用于从大量转化细胞集合体中筛选很少几个含目的基因的细胞克隆。

(六) 核苷酸序列测定

所得到的目的序列或基因的克隆，都要用其核酸序列测定来最后鉴定。已知序列的核酸克隆要经序列测定确证所获得的克隆准确无误；未知序列的核酸克隆要测定序列才能确知其结构、推测其功能，用于进一步的研究。因此核酸序列测定是分子克隆中必不可少的鉴定步骤。

第四节 基因工程在医学领域的应用

以重组 DNA 为核心的现代生物技术的创立和发展，为生命科学注入了新的活力，它所提供的实验方法和手段极大地促进了传统生物学科如动物学、遗传学、生理学、生物医学等的发展。同时,生物技术目前也已被广泛地应用于医药、食品、化学、农业及环保等领域,为这些行业带来了一场新的技术革命。

一、重组 DNA 技术在发展蛋白质/多肽类药物与疫苗中的应用

1973 年克隆实验首次成功发表后,人的生长抑制素首次通过重组 DNA 得以表达,从而使生物工程学成为现实。接着是用于糖尿病治疗的人胰岛素的成功表达。天然的胰岛素通常从猪或牛的胰脏组织中提取,来源少、产量低、价格高,远远不能满足患者的需要。将胰岛素基因导入大肠埃希菌,利用基因工程的方法可以大量生成胰岛素,从而解决了对胰岛素的需求,这成为第一个商品化的生物工程产品。现在,重组 DNA 技术生产的蛋白质已广泛用于包括癌症、动脉粥样硬化、自身免疫性疾病、中枢神经系统紊乱、心绞痛、感染、创伤和遗传病等多种疾病的治疗。

抵御感染性疾病的疫苗是现代药物开发和完成的一个成功例子。传统的疫苗大多采用病原微生物及其代谢产物,经过人工减毒、脱毒、灭活等方法制成。但是,传统疫苗存在多种缺点,例如某些微生物不能在实验室培养,或只能生产少量抗原,难以制造疫苗;又如,现用的乙肝疫苗中以乙型肝炎患者的血液为原料,因此这类疫苗的来源有限、价格昂贵并且存在多种安全隐患。使用 DNA 重组生物技术,把天然的或人工合成的遗传物质定向插入细菌、酵母菌或哺乳动物细胞中,使之充分表达,经纯化后而制得疫苗。这类疫苗消除了以往灭活疫苗和减毒疫苗导致的潜在的感染危险,并且基因工程生产的疫苗纯度高、价廉,生产过程比现在应用的经典技术快,疫苗安全可靠,且可进行大规模生产。乙肝病毒(HBV)疫苗是第一个成功的亚单位疫苗,并已商品化,常用作抗 HBV 接种。

二、重组 DNA 技术在真核细胞转基因和基因打靶中的应用

1. *采用受精卵显微注射可获得转基因小鼠* 转基因小鼠(transgenic mouse)的建立大多采用显微注射(microinjection)直接将目的 DNA 注射到受精卵的雄原核,再将注射过 DNA 的受精卵植入假孕母鼠的输卵管内,使之发育成幼仔。出生的动物中,10%～30%为转基因杂合子,在一个等位基因的位点进行了 DNA 的整合。经子代杂合子交配,后代中可筛选到纯合子。因为通过该法所获得的是添加基因的动物,故称转基因动物;转基因动物携带的外源基因称转移基因(transgene)。转基因动物体内的外源基因整合的位置、发生概率都是随机的,也未去除或替换固有基因。

2. *基因打靶可修饰或替换固有基因* 基因打靶(gene targeting)是利用同源重组原理,使靶基因发生定向整合、修饰而失活或置换,以观察目的基因的功能。通过同源重组失活或剔除某一基因,称基因敲除(gene knock-out);通过同源重组使突变基因被置换,称基因敲入(gene knock-in)。基因打靶的产生和发展建立在胚胎干细胞技术和同源重组技术成就的基础之上,它的迅速发展给现代生物学和医学研究带来了革命性的变化,并直接引发了现代生物学和医学研究各个领域中许多突破性的进展,成为后基因组时代研究基因功能最直接和最有效的方法之一。现在的发展趋势是:通过条件基因剔除技术在时间和空间上对基因剔除进行调控;发展满足大规模基因功能研究需要的随机基因剔除技术;通过定位引入技术在基因组上引入精细突变以研制精确模仿人类疾病的动物模型。目前,通过基因打靶技术建立的人类重大疾病小鼠模型等,在基因功能研究方面具有其他方法所难以比拟的直接性和有效性。

三、基因治疗

基因治疗(gene therapy)是在基因水平上治疗疾病的方法,包括基因置换、基因修正、基因修饰、基因失活、引入新基因等。基因治疗有多种策略,在大多数的基因治疗研究中,“正常”的基因可插入基因组替换“异常”的致病基因。目前基因治疗仍处于实验阶段。1990 年开始进行第一例基因治疗获得成功,但仍面临许多问题有待解决。虽然如此,基于重组 DNA 技术的基因治疗手段仍然为人类攻克传统方法难于治愈的自身疾病带来了巨大的希望(具体请见第二十章“基因诊断与基因治疗”)。

小　结

基因重组是指一段DNA在细胞内或细胞间，甚至在不同个体或物种之间进行交换，并能在新的位置上复制或转录，乃至翻译。基因重组包括天然重组和人工重组，其中基因的人工重组又称基因工程或重组DNA技术。基因工程基本过程包括目的基因的制备、载体的选择与修饰、重组DNA的构建、重组DNA导入受体细胞、重组体的筛选与鉴定以及重组DNA在宿主细胞中的表达。在基因工程技术中，需要使用Ⅱ型限制性内切酶、DNA聚合酶、DNA连接酶等多种工具酶。获取目的基因的策略包括从基因组DNA文库和cDNA文库中筛选、人工合成、PCR扩增等。载体本身也是DNA分子，它可供目的基因插入并将其带入宿主细胞进行复制或表达，常用载体有质粒载体、噬菌体载体、病毒载体、噬粒和黏粒载体、人工染色体载体等。目的基因与载体连接的方式主要有黏端连接、平端连接和黏-平末端连接。将重组DNA导入宿主细胞的方法主要有转化、转染和感染等。筛选与鉴定重组体的常用方法包括借助载体上的固有遗传标志进行筛选、利用噬菌体的包装特性进行筛选、根据目的基因的序列特异性进行筛选以及亲和筛选等。重组DNA的表达体系分为原核和真核表达体系，两种表达体系各具优势和不足。常用的原核表达体系是大肠埃希菌表达体系，常用的真核表达体系有酵母表达体系、哺乳动物细胞表达体系和昆虫表达体系。基因工程技术已经在医学领域中得到了广泛应用。

【复习思考题】

1. 若想获得某基因的原核表达(已知其cDNA序列)，请简述基本的操作过程。
2. 请搜集2个我们生活中应用重组DNA技术的例子并加以简单原理说明。

（陈　姗）

第十五章

细胞信号转导

学习要点

掌握：① 细胞间信息分子的分类，受体的概念及分类，常见的第二信使，G蛋白的概念、结构特征及作用方式；② G蛋白偶联型受体介导的cAMP-PKA途径、IP_3/DAG-PKC途径的基本过程和主要配体；③ 酪氨酸蛋白激酶通路。

熟悉：① PKA的作用及调节机制；② Ras-MAPK信号途径的基本过程；③ 类固醇激素和甲状腺素的作用机制。

了解：① 常见的蛋白质或酶在细胞内信号转导中的作用；② 信号转导分子的作用机制；③ PI3K/PKB途径、TGF-β受体介导的信号途径、cGMP-蛋白激酶途径、JAK-STAT途径的基本过程；④ 细胞信号转导途径的交互联系；⑤ 细胞信号转导异常与疾病的相关性。

生命活动包括物质代谢、能量代谢、遗传信息传递等受到多种环境因素影响。生物细胞对外界的刺激或信号发生反应，并据以调节细胞代谢、增殖、分化、功能活动和凋亡的过程，称为细胞信号转导（cellular signal transduction）。这一过程对细胞之间的相互作用和机体的和谐统一起重要作用。细胞内存在多种信号转导通路，各通路间彼此联系和相互作用，形成了一套复杂而有序的调节网络（network）。学习和了解细胞信号转导的有关知识将有助于了解细胞整个生命活动调控方式及在分子水平认识各种疾病的发病机制，探寻新的诊断与治疗手段是很必要的。

第一节　细胞信号转导的基本原理

细胞信号转导过程包括：特定的细胞释放信息物质→信息物质经扩散或血循环到达靶细胞（target cell）→与靶细胞的受体特异性结合→受体对信号进行转换并启动靶细胞内信使系统→靶细胞产生生物学效应。细胞信号转导过程是通过多种分子之间的有序作用而实现的，不同的分子以特定的方式与其所处信号转导途径中的上游分子和下游分子相互作用。认识这些分子的基本类型和基本特征，是了解细胞信号转导的必备基础。

一、细胞信号转导的相关分子

（一）细胞间信息分子

生物体内许多化学物质的主要功能是在细胞间和细胞内传递信息。在细胞外的，能与靶细胞的受体结合并将受体激活和引起细胞内信号转导级联反应的信号分子，称为细胞间信息物质，又称为第一信使（primary messenger）。第一信使实际就是配体，有激动剂和拮抗剂两大类。其化学性质是离子或蛋白质等。

1. 细胞间信息分子的类型　根据化学结构可将细胞间信息分子分为：肽、蛋白质、氨基酸及其衍生物、类固醇激素、脂类衍生物和气体分子(NO、CO)等。根据溶解性又可将信息分子分为脂溶性和水溶性两类。脂溶性信号分子，如甾类激素和甲状腺激素，可直接通过细胞膜进入靶细胞，与胞内受体结合形成激素-受体复合物，调节基因表达。水溶性信号分子，如神经递质、细胞因子和水溶性激素，不能穿过靶细胞膜，只能与膜受体结合，经信号转换机制，通过胞内信号转导分子，引起细胞的应答反应。从产生和作用方式来看可将细胞间信息分子分为神经递质、内分泌激素、细胞因子和气体分子等四类。

2. 细胞间信息分子作用靶细胞的方式　根据产生信息分子的细胞与其所作用的靶细胞间的距离远近，信息分子的作用方式可分为四种类型：① 内分泌(endocrine)型是由特定内分泌细胞分泌信息分子(如激素)，进入血循环，作用于全身远端器官；② 旁分泌(paracrine)型是由细胞所分泌的信息分子(如生长因子、细胞因子)，局部作用于邻近细胞；③ 自分泌(autocrine)型是由细胞自身分泌信息分子至胞外，再反作用于自身受体；④ 突触传递(synaptic transmission)型是突触前神经元分泌神经递质到突触间隙，作用于突触后神经元；是化学突触传递神经信号(neuronal signal)的重要方式。上述各类化学信号分子必须通过靶细胞受体才能发挥作用，而气体分子直接以扩散的方式进入细胞内部发生作用，不需要受体参加(图 15 - 1)。

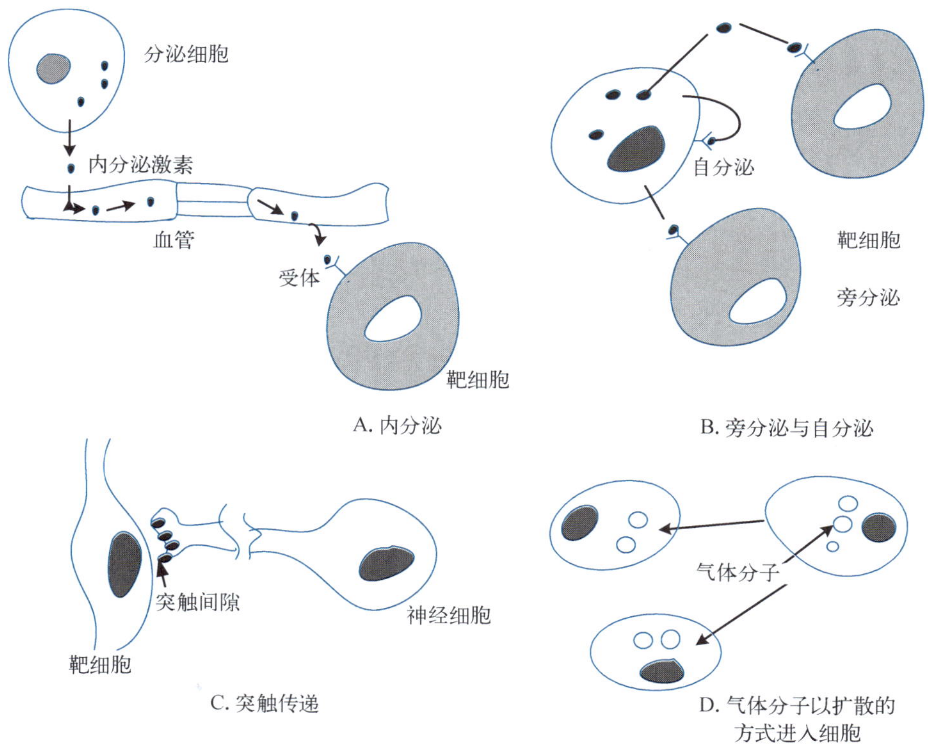

图 15 - 1　细胞间信息分子作用方式图

(二) 受体

受体(receptor)是细胞膜或细胞内的一些天然分子，多为糖蛋白。受体能够识别和结合有生物活性的化学信号物质，从而启动一系列信号转导，最后产生相应的生物学效应。与受体相结合的信息分子称为配体(ligand)。

1. 受体的类型　根据受体在细胞中所处部位不同，可将其分为细胞膜表面受体(membrane receptor)和细胞内受体(intracellular receptor)。细胞膜表面受体按照其信号转导机制和受体分子的结构特点，又可分成离子通道型受体、G 蛋白偶联型受体、催化型受体和酶偶联型受体等四类。

(1) 离子通道型受体(ionotropic receptor)：当该受体与配体结合时，可诱导受体的构象变化，开放离子通道，允许特殊离子流经通道，从而改变细胞膜的电位梯度。如位于神经肌肉接头的乙酰胆碱受体属于这类受体。

(2) G 蛋白偶联型受体(G-protein coupled receptor)：当受体与配体结合后，可激活 G 蛋白，进而再激活或抑制某种酶,产生特殊的第二信使分子,或影响离子通道,改变膜电位。这类受体包括肾上腺素受体、5-羟色胺受体及胰高血糖素受体等。

(3) 催化型受体(catalytic receptor):催化型受体是指受体本身是一种具有跨膜结构的酶蛋白。其多肽链分为3个结构区:细胞外区是配体结合部分、细胞内区具有特定酶活性,跨膜区是连接两个部分的一次跨膜疏水结构。该类受体包括具有酪氨酸蛋白激酶(如EGF受体和胰岛素受体)、丝氨酸/苏氨酸蛋白激酶(如转化生长因子β受体)、鸟苷酸环化酶的酶活性。一些生长因子与其受体结合后可诱导受体发生二聚体化(dimerization),激活其胞内区的激酶活性,使受体的胞内区自身磷酸化。这类自身磷酸化的位点,可被细胞内的某些特异的酶或接头蛋白所识别,后者可与之结合而被激活,从而诱发生物学效应。

(4) 酶偶联型受体(enzyme linked receptor):该类受体本身无内在的催化活性,但是,它直接与一个具有酪氨酸蛋白激酶活性的胞质蛋白相偶联。当配体和受体结合后会使受体二聚体化,后者再与胞质内的酪氨酸蛋白激酶结合并激活之。属于这类受体的有多种细胞因子受体(如干扰素受体,促红细胞生成素受体)。

(5) 细胞内受体:固醇类激素、甲状腺素、维生素D3及维甲酸类等脂溶性信号分子的受体多位于细胞质或细胞核内。这类受体多为反式作用因子,配体与受体结合成复合物,在核内可识别DNA上的调控区段,并与之结合,调节基因的转录。

2. 受体的作用特点 受体与配体的结合有以下特点:

(1) 高度特异性:受体与配体的结合具有高度特异性,这种特异的识别和结合对保证机体调控的精确性十分重要。受体与配体的特异性结合是由两者的分子结构所决定的。

(2) 高度亲和力:受体与配体间的亲和力极强。体内信号分子的浓度非常低,通常$\leqslant 10^{-8}$ mol/L,但却具有显著的生物学效应。这就保证了很低浓度的信号分子即可充分起到调节作用。

(3) 饱和性:由于受体的数目是有限的,当配体浓度升高至一定程度,受体全部被配体占据时,再提高配体浓度也不能增加细胞效应,即达到饱和。受体的饱和性是细胞对外源环境变化的自身保护作用。这种保护作用也可通过动态调节细胞受体的数目来实现。

(4) 可逆性:受体与配体主要以非共价键结合,二者的结合是可逆的。当细胞接收细胞外信号发生生物学效应后,都需迅速恢复正常状态。这是保证信号转导及时终止的方式之一。

(5) 特定的作用模式:受体在细胞内的分布具有组织特异性,配体与其特异性的受体结合后,可产生特定的生理效应。

(三) 细胞内信号转导分子

细胞外的信号经过受体转换进入细胞内,通过细胞内一些蛋白质和小分子活性物质进行传递,这些能够传递信号的分子称为信号转导分子(signal transducer)。根据化学性质及作用方式可将细胞内的信号转导分子分为三大类。

1. 小分子化学物质 配体与受体结合后并不进入细胞内,但间接激活细胞内其他可扩散,并能调节细胞转导蛋白活性的小分子或离子,这些小分子物质称为第二信使(secondary messagenger)。例如cAMP、cGMP、Ca^{2+}、二酯酰甘油(1,2-diacylglycerol, DAG)、三磷酸肌醇(1,4,5-inositol triphosphate, IP_3)、神经酰胺(ceramide, Cer)、花生四烯酸及其代谢产物等。

第二信使一般具有三个特点:① 不位于能量代谢途径的中心;② 在细胞中的浓度或分布可以迅速改变;③ 作为变构效应剂作用于相应的靶分子。

2. 酶 细胞内的许多信号转导分子都是酶分子,依据其转导信号的方式,作为信号转导分子的酶主要有两大类:

(1) 催化第二信使生成和转化的酶:包括腺苷酸环化酶(adenylic acid cyclase, AC)、鸟苷酸环化酶(guannylic acid cyclase, GC)、磷脂酶C(phospholipase C, PLC)等。

(2) 蛋白激酶与蛋白磷酸酶:蛋白质的磷酸化与去磷酸化是信号转导过程中最重要的调控方式,负责这一修饰调节的是蛋白激酶(protein kinase)与蛋白磷酸酶(protein phosphatase)。蛋白激酶是催化ATP的γ-磷酸基团转移至底物蛋白的特定氨基酸残基上的一大类酶。最主要的两类蛋白激酶分别是酪氨酸蛋白激酶(tyrosine protein kinase, PTK)和丝氨酸/苏氨酸蛋白激酶(serine/threonine protein kinase, PS/TK),其中酪氨酸蛋白激酶较为多见。蛋白磷酸酶催化磷酸化的蛋白分子发生去磷酸化，与蛋白激酶共同构成了蛋白质活性的开关系统。

3. 调节蛋白　在信号转导途径中，有许多信号转导分子是没有酶活性的蛋白质，它们不能催化第二信使产生，不能修饰其他蛋白，而是通过分子间的相互作用被激活、或激活下游分子。这些信号转导分子主要包括G蛋白和接头蛋白。

(1) G蛋白：G蛋白是鸟苷酸结合蛋白(guanine nucleotide binding protein, G-protein)的简称，亦称GTP结合蛋白。其特点是结合GTP时成为活化形式，作用于下游分子使其激活；G蛋白本身具有GTP酶活性，可将结合的GTP水解成为GDP，回到非活化状态。目前已知的参与细胞信号转导的G蛋白有两大类：

1) 异三聚体G蛋白：G蛋白偶联型受体主要与这一类G蛋白相互作用。它存在于细胞膜上，由α、β和γ三种亚基组成。α亚基具有与受体结合并受其活化调节以及激活下游效应分子的作用，且具有GTP酶活性。G蛋白在未被激活前，α亚基与GDP相结合，α、β及γ结合成一体处于无活性状态三联体GDP-αβγ；一旦配体与受体结合后，受体构象的变化可诱导G蛋白中的α亚基与GDP脱离而与GTP相结合，并与βγ分离，呈活性状态α-GTP，α-GTP可激活下游的效应分子，如AC(图15-2)。不同的α亚基激活不同的效应分子，据此对G蛋白进行分类(表15-1)。如G_s(激动型G蛋白)的α亚基可激活AC，激活的AC可使细胞内cAMP水平升高；反之，G_i(抑制型G蛋白)的α亚基可抑制AC，细胞内cAMP水平下降。

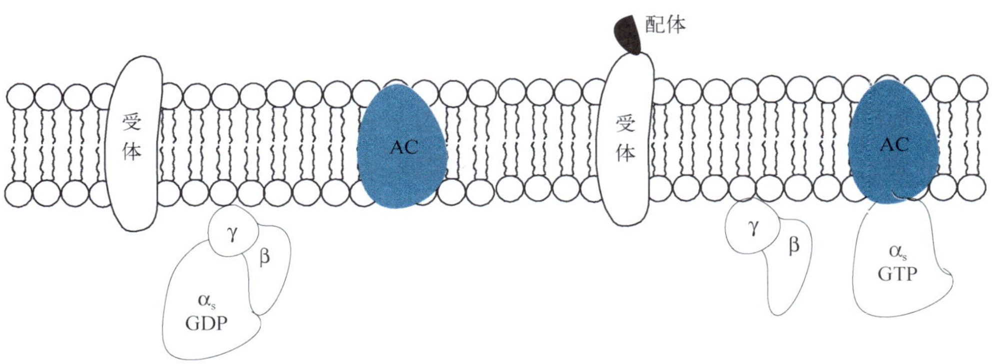

图15-2　G蛋白的两种构型

表15-1　G蛋白的分类及功能

G蛋白的类型	效应器功能	产生的第二信使
G_s	激活腺苷酸环化酶	cAMP↑
G_i	抑制腺苷酸环化酶	cAMP↓
G_q	活化PLC_β	IP_3、DG↓
G_o	关闭Ca^{2+}通道	膜电位↓
G_t	激活cGMP PDE	cGMP↓

G蛋白的发现

自从Sutherland提出激素作用的第二信使学说以后，人们普遍认为这些激素的受体对腺苷酸环化酶(AC)的激活是一种直接偶联关系。直到1969年，Rodbell M首先证明了AC本身不是外源信号的受体，接着发现GTP为AC活化所必需。1971年，Gilman A分离到一细胞株，该株细胞含有正常的肾上腺素受体和AC，但是却不能在肾上腺素作用下发生cAMP的升高。经细胞膜成分重组，他们发现一种新的GTP结合蛋白为此信号转导所必需，并最终纯化了该蛋白，进而证明了G蛋白是受体与AC之间的信号中介分子。随后越来越多的G蛋白被相继发现，掀起了G蛋白研究的浪潮，并公认通过G蛋白调节效应体系的受体是最广泛的一种膜受体。Gilman和Rodbell分享了1994年诺贝尔生理学或医学奖。

2) 小G蛋白(small G protein)：此类G蛋白为单链蛋白，相对分子质量比G蛋白三聚体的相对分子质量要小得多，其结构域中含有GTP酶活性作用部位。目前发现的小G蛋白有60多种，与信号转导有关的典型代表有Ras、Rho等。

(2) 接头蛋白(adaptor)：又称为衔接蛋白。接头蛋白介导蛋白质信号转导分子之间或蛋白质信号转导分子与脂类分子间相互作用。其相互作用的分子基础是蛋白质分子具有的特异结构域，这种结构域又称为信号域(signal domain)。这些结构域大部分由50～100个氨基酸残基构成，它们在不同的信号转导分子中具有很高的同源性，而与之对应的结合位点存在于别的蛋白质分子中，通常是由3～6个氨基酸序列组成的模体(motif)。目前已知的结构域已有近50种，例如：Src家族PTK中的SH2结构域(Src homolog 2 domain，SH2)，含高度保守的FLVRES(Phe-Leu-Val-Arg-Glu-Ser)基序，能识别和结合蛋白质分子中磷酸化的酪氨酸及其相邻的3～6个氨基酸残基所构成的模体，即SH2结合位点。SH3结构域(Src homology 3 domain，SH3)能与富含脯氨酸的模体结合。血小板-蛋白激酶C同源结构域(pleakstrin homology domain，PH)：可以与磷脂类分子PIP_2、PIP_3等结合，介导蛋白质定位于细胞膜上。

二、信号转导分子的作用机制

细胞内每一条信号转导通路都是由多种信号转导分子组成的，不同分子间有序地进行相互作用，上游分子引起下游分子的数量、分布或活性状态变化。信号转导分子的相互作用构成了信号转导的基本机制。

(一) 第二信使的浓度和分布的变化

细胞内的酶促反应可以生成第二信使，具有酶活性的信号转导分子被其上游分子激活后，催化产生其下游的第二信使，使其浓度迅速增加。这是信号转导的一种重要方式。如AC被激活后催化ATP生成cAMP，GC激活后催化GTP生成cGMP，PLC激活后催化磷脂酰肌醇4,5-二磷酸(phosphatidylinositol 4,5-bisphosphate，PIP_2)水解生成IP_3和DAG。受体、蛋白激酶、IP_3等信号分子可作用于钙离子通道，使其开放，增加细胞质中的钙离子浓度，使钙离子在细胞内的浓度和分布发生改变，介导信号向下游传递。

(二) 通过别构调节改变蛋白信号转导分子的活性

许多蛋白质信号转导分子可以通过自身构象的变化而在有活性和无活性两种状态之间进行转换，这些分子经上游分子作用而激活，激活后又可激活其下游分子，这是细胞内传递信号的一种重要方式。变构调节是这些蛋白质信号转导分子激活和失活的控制因素。如cAMP作为别构效应剂与PKA结合，PKA构象发生改变从而被激活，激活后的PKA催化下游底物分子的磷酸化。

(三) 蛋白信号转导分子的可逆磷酸化作用

细胞内的许多蛋白质信号分子能够通过共价修饰而发生构象的改变，从而使蛋白质分子在有活性和无活性两种状态之间转换。蛋白质分子的磷酸化与去磷酸化被认为是细胞信号的最重要的分子开关。催化型受体胞内区具有内在激酶活性，例如生长因子受体，它们与配体结合后，受体发生二聚化及自身磷酸化，形成被SH2结合的位点，含有SH2结构域的信号转导蛋白才能与之结合，启动胞内的信号转导。

(四) 信号转导体的形成及作用

在信号转导过程中，上游分子与下游分子的相互作用并不总是一对一地进行。有时需要几种分子结合在一起，才能发生相互作用，或产生更强的作用。几种信号转导分子结合形成的复合体称为信号转导复合物(signalling complex)或信号转导体(signalsome)。接头蛋白的功能是特异性的介导信号转导蛋白分子之间或信号蛋白与脂类分子之间的相互结合，因此，接头蛋白往往是信号转导体的核心部分。

第二节 膜受体介导的信号转导途径

膜受体主要有四种类型，每种类型都有许多种受体，而同一类型的受体所介导的信号转导途径有许多共同之处。

一、离子通道型受体及其信号转导

离子通道型受体是一类自身为离子通道的受体，其配体主要为神经递质，引起的细胞应答主要是去极化与超极化。该类受体是由寡聚体形成的孔道，每个单体都有 4 个跨膜区段。如乙酰胆碱受体是由 5 个同源性很高的亚基构成，包括 2 个 α 亚基、1 个 β 亚基、1 个 γ 亚基和 1 个 δ 亚基，每个亚基都是一个四次跨膜蛋白，跨膜部分为 4 个 α-螺旋结构，其中一个是亲水性 α-螺旋（含较多的极性氨基酸），5 个亚基的亲水性 α-螺旋共同在膜中形成一个亲水性的通道，乙酰胆碱的结合部位位于 α 亚基上。乙酰胆碱受体可以三种构象存在（图 15-3）。2 分子乙酰胆碱的结合可以使之处于通道开放构象，通道开放构象持续的时间十分短暂，在几十毫微秒内又回到关闭状态，然后乙酰胆碱与之解离，受体恢复到初始状态，做好重新接受配体的准备。

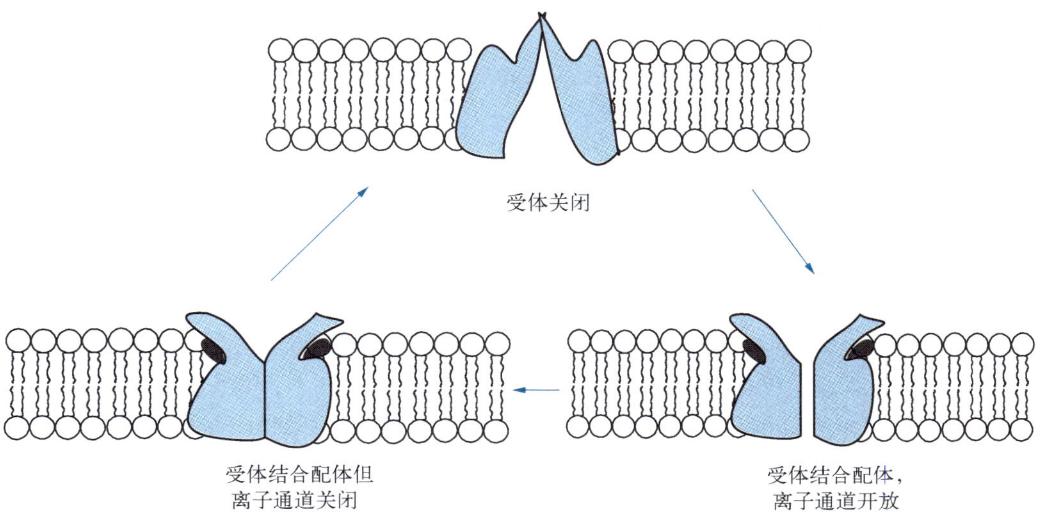

图 15-3 乙酰胆碱受体结合配体时的构象变化

二、G 蛋白偶联型受体介导的信号转导

肾上腺素、胰高血糖素和多巴胺等激素以及神经递质如 5-羟色胺的受体为 G 蛋白偶联型受体。此类受体介导的跨膜信号转导，需要转导体——G 蛋白的介导。由 G 蛋白偶联型受体介导的细胞信号通路主要包括：cAMP 信号途径和磷脂酰肌醇信号途径。

（一）受体的结构特点

G 蛋白偶联型受体在结构上均为单体蛋白，氨基端位于细胞膜外表面，羧基端在胞膜内侧，完整的肽链反复跨膜 7 次，因此又称为 7 次跨膜受体（图 15-4）。由于肽链反复跨膜，在膜外侧和膜内侧形成了几个环状结构，它们分别负责接受外源信号的刺激和细胞内的信号传递，其细胞质部分可以与三聚体 G 蛋白相互作用。

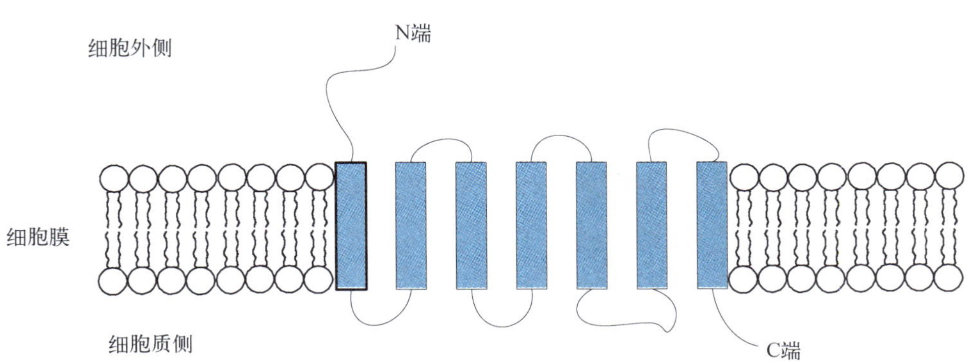

图 15-4 G 蛋白偶联型受体示意图

G 蛋白偶联型受体与细胞外信号分子结合后，通过与之偶联的 G 蛋白来调节下游效应分子如酶、离子通道等。G 蛋白接受来自信号分子-受体复合物的信息，再传递给效应酶，产生第二信使或使第二信使的分布发生变化。第二信使通过别构作用激活相应的靶分子(主要是蛋白激酶)。蛋白激酶通过磷酸化作用激活一些与代谢相关的酶、转录因子以及一些与细胞运动相关的蛋白，从而产生各种细胞应答效应。

(二) cAMP-蛋白激酶途径

胰高血糖素、肾上腺素和促肾上腺皮质激素等第一信使与其相应的膜受体结合后，通过 G 蛋白的介导可作用于腺苷酸环化酶，引起细胞内第二信使 cAMP 水平的变化，从而激活或抑制依赖 cAMP 的蛋白激酶 A，产生一系列生物学效应。

1. cAMP 的生成与降解　胞外信号分子与靶细胞受体结合，通过 Gs 或 Gi 传递给腺苷酸环化酶，使其激活或抑制。激活的腺苷酸环化酶催化 ATP 生成 cAMP。使细胞内 cAMP 浓度在短时间内迅速增加，启动胞内信号通路。胞外刺激信号消失，胞内 cAMP 被磷酸二酯酶(phosphodiesterase, PDE)催化水解生成 5′-AMP，将信号灭活。

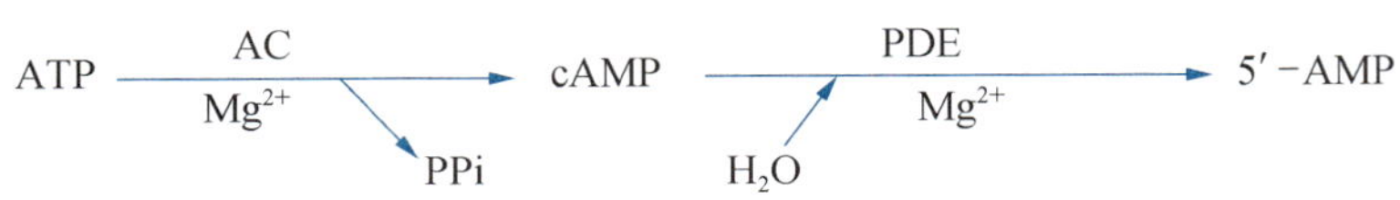

2. 蛋白激酶 A　cAMP 的作用通过蛋白激酶 A(cAMP-dependent protein kinase, PKA)实现。PKA 催化其靶蛋白的丝氨酸或苏氨酸残基的羟基磷酸化，其磷酸基由 ATP 供给。PKA 为四聚体，含 2 个调节亚基(R)及 2 个催化亚基(C)。以四聚体的形式存在时，PKA 处于无活性状态；当其 R 亚基与 cAMP 结合并与 C 亚基解聚后，游离的 C 亚基方具催化活性。每个 R 亚基可结合 2 分子 cAMP，见图 15-5。

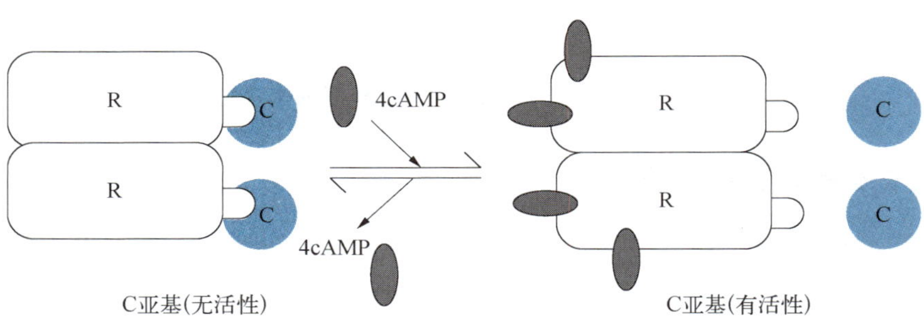

R：调节亚基　C：催化亚基

图 15-5　cAMP 激活 PKA 示意图

PKA 通过磷酸化作用激活或抑制各种效应蛋白，从而调节细胞的物质代谢和基因表达。

调节代谢：PKA 可通过磷酸化作用调节关键酶的活性，对不同的代谢途径发挥调节作用。如激活磷酸化酶 b 激酶、激素敏感性脂肪酶、胆固醇酯酶，促进糖原、脂肪、胆固醇的分解代谢；抑制乙酰 CoA 羧化酶、糖原合成酶 I 等，抑制脂肪合成和糖原合成。

调节基因表达：在 DNA 调控区中有一类为 cAMP 反应元件(cAMP response element, CRE)，它可接受某些转录因子的调节。这类转录因子的活性则受 PKA 的激活。如转录因子 cAMP 反应元件结合蛋白(cAMP response element binding protein, CREB)可被进入核内的 PKA 磷酸化而激活，活化的 CREB 与 DNA 上的 CRE 结合(CRE 的同源核苷酸序列为：5′-TGACGTCA-3′)，从而激活受 CREB 调控的基因表达(图 15-6)。

(三) IP_3/DAG-PKC 途径

有些胞外信号分子(如抗利尿激素、去甲肾上腺素、促甲状腺素释放激素)与受体结合后激活 Gq，进而激活磷脂酶 C_β(PLC_β)，促进质膜上的磷脂酰肌醇二磷酸(PIP_2)水解，生成两种重要的第二信使——DAG 和 IP_3(图 15-7)。因产生两种第二信使，所以又把该途径称为双信号途径。

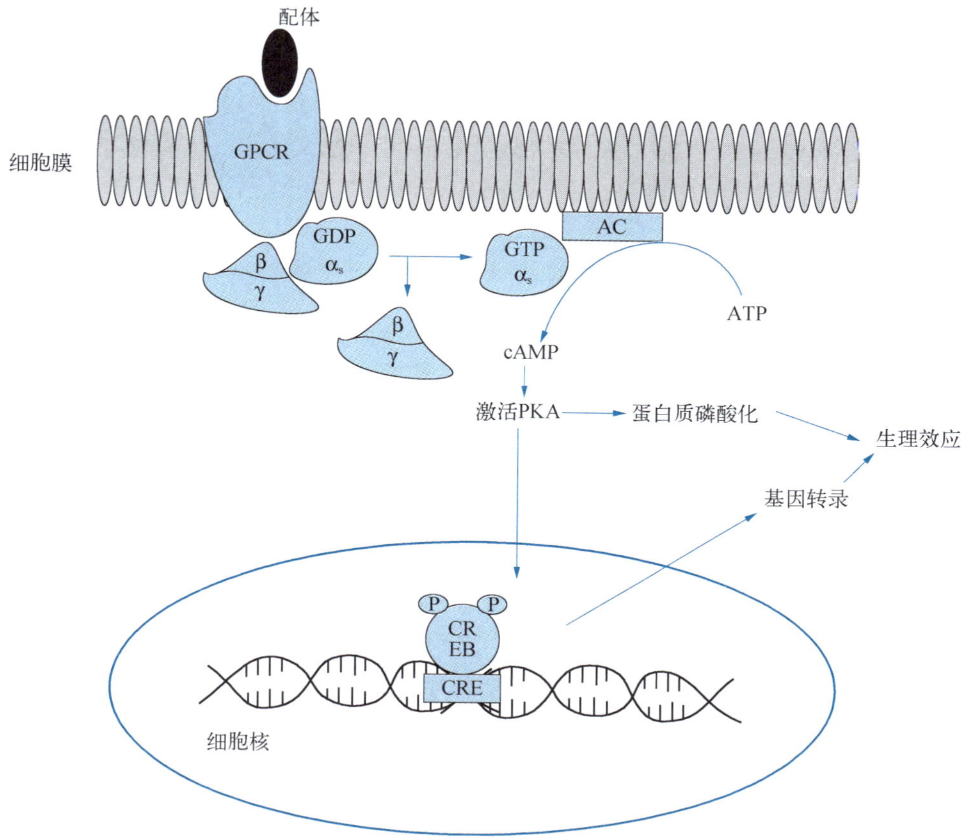

图 15-6　cAMP 信号传递模型

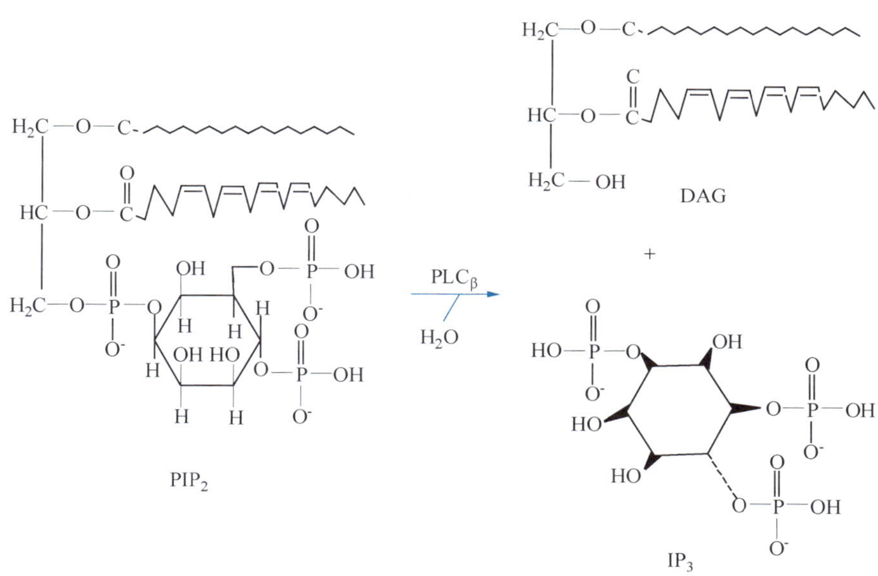

图 15-7　磷脂酶 C 催化 PIP_2 水解生成 DAG 和 IP_3

1. 三磷酸肌醇和二酯酰甘油　IP_3 系水溶性小分子，它在胞质中可识别内质网上的 IP_3 受体，并与之结合，继而诱导内质网 Ca^{2+} 通道的开放，将内质网中的 Ca^{2+} 释放入胞质中(图 15-8)。DAG 系脂溶性小分子，它一生成后即留在质膜上，作为第二信使，它可与 Ca^{2+} 一起激活 PKC。

2. 钙离子　胞质中 Ca^{2+} 浓度在 0.01～1 μmol/L，比细胞外液中 Ca^{2+} (约 2.5 mmol/L)低得多。细胞的肌浆网、内质网和线粒体可作为细胞内 Ca^{2+} 的储存库。当细胞外液的 Ca^{2+} 通过钙通道进入细胞，或者亚细胞器内储存的 Ca^{2+} 释放到胞质中时，都会使胞质内 Ca^{2+} 水平急剧升高，随之引起某些酶活性和蛋白功能的

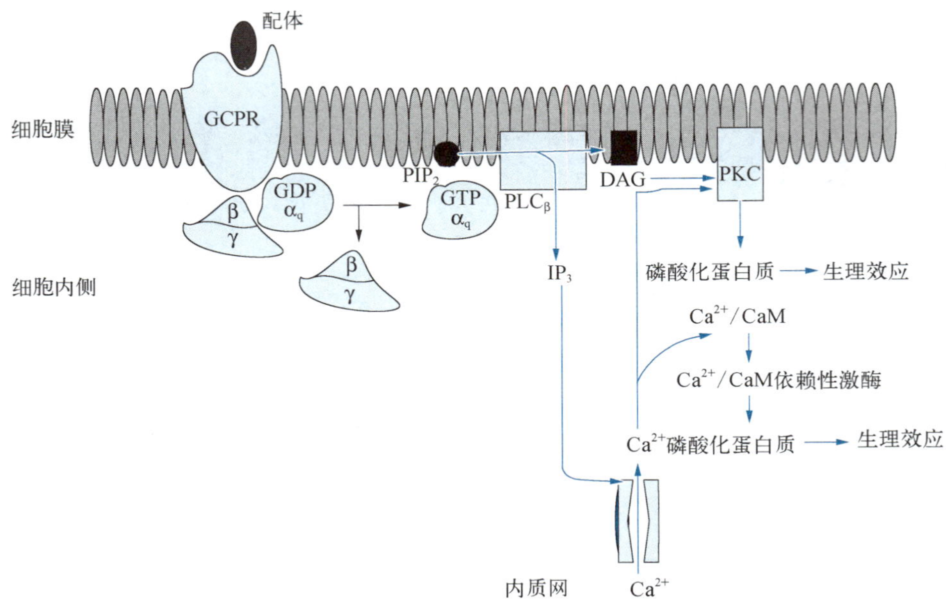

图 15－8 IP_3/DAG－PKC 途径及 Ca^{2+}/钙调蛋白依赖的蛋白激酶途径

改变，从而调节各种生命活动。因而 Ca^{2+} 也被视为细胞内重要的第二信使。

3. 蛋白激酶 C 蛋白激酶 C(protein kinase C, PKC)由一条多肽链组成，含有一个催化结构域和一个调节结构域。在三维空间结构上，调节结构域常与催化结构域的活性中心部分贴近或嵌合，掩盖了活性中心。一旦调节结构域与 DAG、磷脂酰丝氨酸及 Ca^{2+} 结合，诱导构象变化，调节结构域与活性中心部位脱离，使活性中心暴露而发挥 PKC 的催化作用。

与 PKA 类同，活化的 PKC 可使效应蛋白中的丝氨酸/苏氨酸残基磷酸化，从而对机体的代谢、基因表达、细胞分化和增殖起作用。

调节代谢：PKC 作用的底物包括膜受体、膜蛋白和多种酶。通过磷酸化作用激活质膜上的 Ca^{2+} 通道，促进 Ca^{2+} 流入胞质内，提高胞质中 Ca^{2+} 浓度；PKC 也能通过磷酸化作用激活肌浆网的 Ca^{2+}－ATP 酶，降低胞质中的 Ca^{2+} 浓度，使 Ca^{2+} 进入肌浆网而调节多种生理活动处于动态平衡。

调节基因表达：PKC 能使立早基因的反式作用因子磷酸化，加速立早基因的表达。立早基因(immediate－early gene, IEGs)是一组在受到外界刺激后迅速并且短暂激活的基因，多数为细胞原癌基因(如 *c－fos*、*c－jun* 等)。立早基因的表达产物主要包括转录因子，DNA 结合蛋白和细胞骨架蛋白等，其表达产物经磷酸化修饰后，最终活化晚期反应基因并导致细胞增生或核型变化。

(四) Ca^{2+}/钙调蛋白依赖的蛋白激酶途径

G 蛋白偶联受体可直接或通过 PKA 激活细胞膜上的钙通道，促进 Ca^{2+} 流入细胞质，或通过 IP_3 促使细胞质钙库释放 Ca^{2+}。胞质中 Ca^{2+} 浓度升高后，除了可与 DAG 协同激活 PKC 以外，还可以形成信号转导的另一途径，即 Ca^{2+}/钙调蛋白依赖的蛋白激酶途径(图 15－8)。

钙调蛋白(calmodulin, CaM)是一条多肽链组成的单体蛋白，有 4 个 Ca^{2+} 结合位点。当胞质 Ca^{2+} 浓度大于 0.5 μmol/L 时，CaM 可与 4 个 Ca^{2+} 结合，其空间构象发生改变而被活化。Ca^{2+}/钙调蛋白复合物的下游信号转导分子是一些蛋白激酶，这些激酶统称为钙调蛋白依赖性激酶(calmodulin dependent protein kinase, CaMK)。钙调蛋白依赖性激酶的作用是使效应蛋白质的丝氨酸和(或)苏氨酸残基磷酸化，使之激活或失活。这些激酶可激活各种效应蛋白，可在肌肉收缩和运动、物质代谢、神经递质的合成、细胞分泌和分裂等多种生理过程中起作用。

三、催化型受体介导的信号转导

许多生长因子受体属于催化型受体，如转化生长因子－β(transforming growth factor-β, TGF－β)受体具有丝氨酸/苏氨酸蛋白激酶活性，心钠素(atrial natriuretic factor, ANF)受体具有鸟苷酸环化酶活性。而大多数生长因子，如表皮生长因子(epidermal growth factor, EGF)、血小板衍生生长因子(platelet-derived growth factor, PDGF)和胰岛素等的受体本身具有酪氨酸蛋白激酶活性。

(一) 酪氨酸蛋白激酶受体介导的信号转导途径

胰岛素、生长因子类的膜受体本身含有酪氨酸蛋白激酶结构域，因此，将这类受体又称为受体型酪氨酸蛋白激酶(receptor tyrosine kinase, RTK)。当信息分子与受体结合时，RTK 被激活，进而激活细胞内一系列信息传递的级联反应，引发相应的生物学效应或基因表达。RTK 在细胞的生长、增殖、分化等过程中起着重要的调节作用，并与肿瘤的发生有密切的关系。

1. 受体的分子结构特点及作用方式　这类受体的结构共同点是整个分子可分成三个结构区，即胞外区，含配体结合位点；胞内区，具有 RTK 活性；连接区，连接胞外区和胞内区的疏水跨膜 α 螺旋肽段。当受体与生长因子结合时，受体单体接近、发生二聚体化，其中的 RTK 被活化，两个单体受体分子彼此可使对方的酪氨酸残基磷酸化而激活，此一过程称自身磷酸化(autophosphorylation)(图 15-9)。二聚体化及自身磷酸化是酪氨酸蛋白激酶受体激活的主要方式。

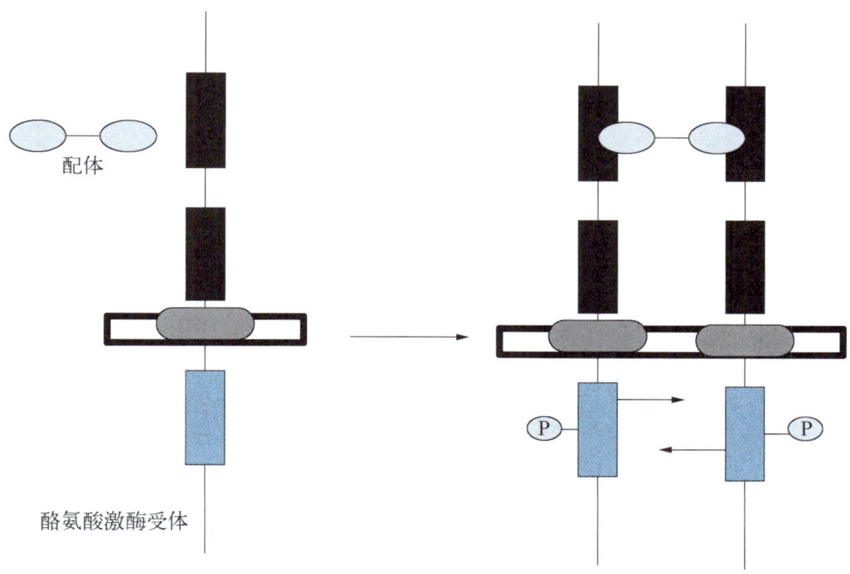

图 15-9　酪氨酸蛋白激酶受体型的自身磷酸化及二聚体化

2. Ras-MAPK 信号途径　丝裂原活化蛋白激酶(mitogen-activated protein kinase, MAPK)是一组能被不同的细胞外信号分子激活的丝氨酸/苏氨酸蛋白激酶。MAPK 途径的基本组成是一种从酵母到人类都保守的三级激酶模式，包括 MAPK 激酶激酶(MAP kinase kinase kinase, MAPKKK)、MAPK 激酶(MAP kinase kinase, MAPKK)和 MAPK。MAPKKK 有许多种，如 Raf、MEKK 家族、MLK 家族、TAK、ASK 家族等。MAPKK 亦有多种，如 MEK 家族、MKK 家族等。MAPK 至少有 12 种，分属于 Erk(extracellular-regulated protein kinase)家族、p38 MAPK 家族、JNK(c-Jun N-terminal kinase)家族。MAPK 途径是酪氨酸蛋白激酶偶联受体介导的最复杂的信号转导途径之一。在不同的细胞中，该途径的成员组成及诱导的细胞应答有所不同。目前了解最清楚的是 Ras-MAPK 途径。

表皮生长因子(EGF)是一多肽，具有促进创伤后表皮愈合等作用。EGF 受体(EGFR)是一典型 RTK，分子质量约 170 kDa。该受体的信号转导过程如图 15-10 所示：① EGF 与受体结合后，受体形成二聚体改变构象，RTK 活性激活，胞内区数个酪氨酸残基在激酶催化下发生自身磷酸化；② 磷酸化的 EGFR 产生了可被 SH2 结构域所识别和结合的位点，含有 1 个 SH2 结构域和 2 个 SH3 结构域的生长因子结合蛋白(growth factor binding protein, Grb2)作为衔接分子结合到受体上；③ Grb2 活化 SOS(son of sevenless)分子。SOS 是鸟嘌呤核苷酸交换因子(guanine nucleotide exchange factor, GEF)家族成员，是小 G 蛋白的活性调节分子,含有可以被 Grab2 的 SH3 识别和结合的模体结构。当 Grab2 结合到磷酸化的受体后,它的两个 SH3 结构域即可与 SOS 结合,使之活化;④ SOS 活化 Ras 蛋白。被 Grab2 激活的 SOS 可以结合 Ras 蛋白,促进 Ras 释放 GDP 和结合 GTP。Ras 是一种小 G 蛋白,结合 GTP 时被激活,然后将 GTP 水解成 GDP 而失活;⑤ 活化的 Ras 引起 MAPK 级联活化。活化的 Ras 作用于其下游分子 Raf,使之活化。Raf 蛋白是 MAPK 磷酸化级联反应的第一个分子(属于 MAPKKK),具有丝氨酸/苏氨酸蛋白激酶活性,可激活 MEK(属于 MAPKK),磷酸化的 MEK 再作用于 ERK1(属于 MAPK),至此完成了 MAPK 的三级磷酸化及激活过程;⑥ 转录因子磷酸化。活化的 ERK 转位至细胞核。一些转录调控因子是 ERK 的底物,在其作用下发生磷酸化,进而影响靶基因的表达水平,调节细胞生长和分化状态。

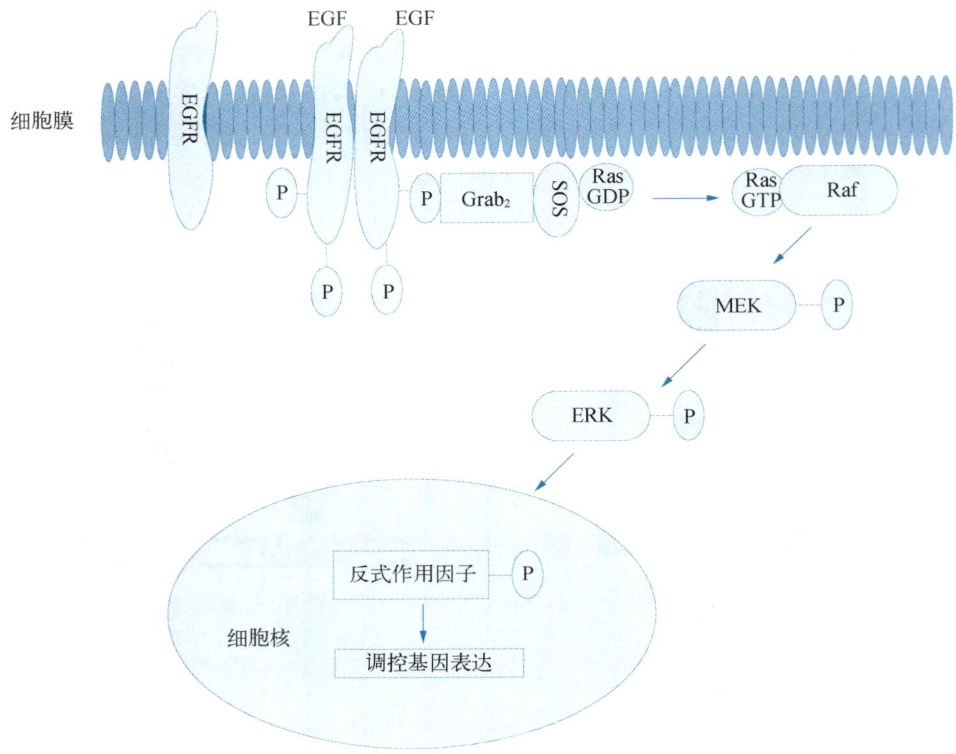

图 15-10 EGFR 介导的信号转导途径

Ras-MAPK 途径是 EGFR 的主要信号通路。此外,许多 RTK 也可以激活这一信号通路,甚至 G 蛋白偶联受体也可以通过一些调节分子作用于这一通路。由于 EGFR 的胞内段存在着多个酪氨酸磷酸化位点,因此除 Grab2 外,还可募集其他含有 SH2 结构域的信号转导分子,形成 PLC-IP_3/DAG-PKC 通路、PI-3K 等信号通路,再通过 PKC、蛋白激酶 B 作用于各种转录调节分子。

3. PI3K/PKB 信号途径 磷脂酰肌醇-4,5-二磷酸(PIP_2)除可被 PLC_β催化水解成双信使 IP_3和 DAG 外,还可被磷脂酰肌醇-3-激酶(phosphoinositide 3-kinase, PI3K)催化生成磷脂酰肌醇-3,4,5-三磷酸(PIP_3)。PI3K 由一个催化亚基和一个调节亚基组成。调节亚基有 SH2 结构域,生长因子受体被激活后,PI3K 借助 SH2 结构域与 RTK 结合并被活化。RTK 激活后还可以通过 Ras 激活 PI3K。G 蛋白偶联受体激活后也可激活 PI3K。目前认为,在多种生长因子受体激活的 PI3K 过程中,蛋白激酶 B(protein kinase, PKB)是 PI3K 主要的下游信号分子。PKB 是一种丝/苏氨酸蛋白激酶,因与 PKA、PKC 家族同源而得名。PKB 还是原癌基因 c-akt 的产物,故又称为 Akt。能够利用 PI3K/PKB 通路传递信号的细胞外信号分子主要是生长因子,如 PDGF、EGF、IGF 及胰岛素等。

PI3K 催化反应的产物 PIP_3 作为第二信使可将磷脂酰肌醇依赖性激酶(phosphoinositide dependent kinase, PDK)激活;然后,激活的 PDK 通过磷酸化作用活化 PKB。PKB 可磷酸化多种蛋白,最后调节细胞骨架重组、蛋白质和糖原合成等细胞反应。

(二) 转化生长因子受体介导的信号转导途径

转化生长因子 β(TGFβ)超家族已知有 30 多种,它们参与调节增殖、分化、迁移和凋亡等多种细胞反应。

TGFβ 的受体属于跨膜丝氨酸/苏氨酸蛋白激酶受体。受体分为Ⅰ型和Ⅱ型。与配体结合后,Ⅰ型和Ⅱ型受体聚合,Ⅱ型受体使Ⅰ型受体胞内区丝氨酸/苏氨酸残基发生磷酸化而激活,进而使一类重要的转录因子 Smad 发生丝氨酸磷酸化。磷酸化的 Smad 分子形成同源寡聚体或异源寡聚体后进入细胞核(图 15-11),调节相应基因的转录速度,最后影响细胞的分化。

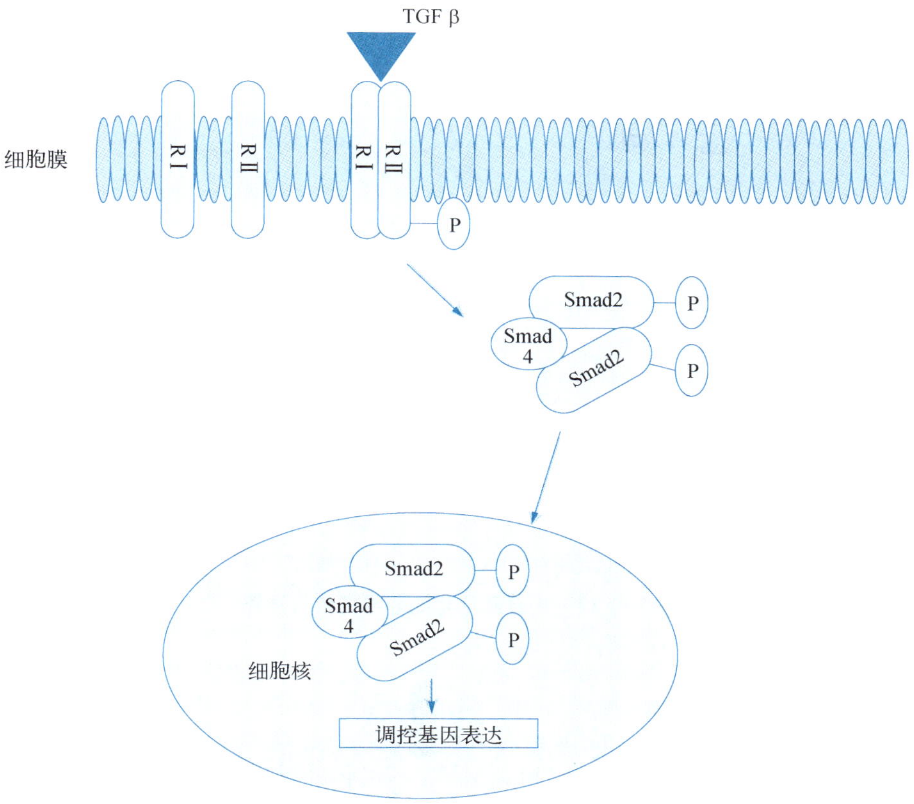

图 15-11　TGFβ 受体介导的信号转导途径

Smad 家族是最早被证实的 TGFβ 受体激酶的底物,细胞内至少有 9 种 Smad 分子存在,各自负责 TGFβ 家族不同成员的信号转导。

(三) cGMP-蛋白激酶途径

具有鸟苷酸环化酶活性的受体又称为受体鸟苷酸环化酶(receptor guanylate cyclase, RGC),它与 cGMP 一起构成细胞信号传递中的另一条重要的环核苷酸类第二信使系统。

1. cGMP 的生成与降解　在生物系统中,cGMP 的浓度由鸟苷酸环化酶(GC)与磷酸二酯酶(PDE)的相反作用而调控。即:

$$GTP \xrightarrow[Mg^{2+}\ \searrow PPi]{GC} cGMP \xrightarrow[Ca^{2+}或Mg^{2+}]{PDE\quad (H_2O)} 5'-GMP$$

2. 鸟苷酸环化酶　GC 主要有两类:膜结合鸟苷酸环化酶(membrane guanylate cyclase, mGC)和胞质可溶性鸟苷酸环化酶(soluble guanylate cyclase, sGC)。mGC 为跨膜蛋白,是一类催化型受体。其结构为单链糖蛋白,胞外区可结合配体,跨膜区为 1 个疏水的 α 螺旋片段,胞内区具有鸟苷酸环化酶活性。

心房分泌的心钠素(ANF)可作用于血管平滑肌及肾小管,其受体即为 mGC。ANF 与 mGC 结合后,使鸟苷酸环化酶活化，产生第二信使 cGMP。cGMP 继而激活 cGMP 依赖的蛋白激酶 G(cGMP-dependent protein kinase，PKG)。蛋白激酶 G 为一单体酶蛋白，分为调节区和催化区。当调节区与 cGMP 结合后，酶蛋白空间构象发生变化，催化区表现催化活性，使效应蛋白的丝氨酸/苏氨酸残基磷酸化，产生生物学效应——血管舒张，排钠利尿(图 15－12)。

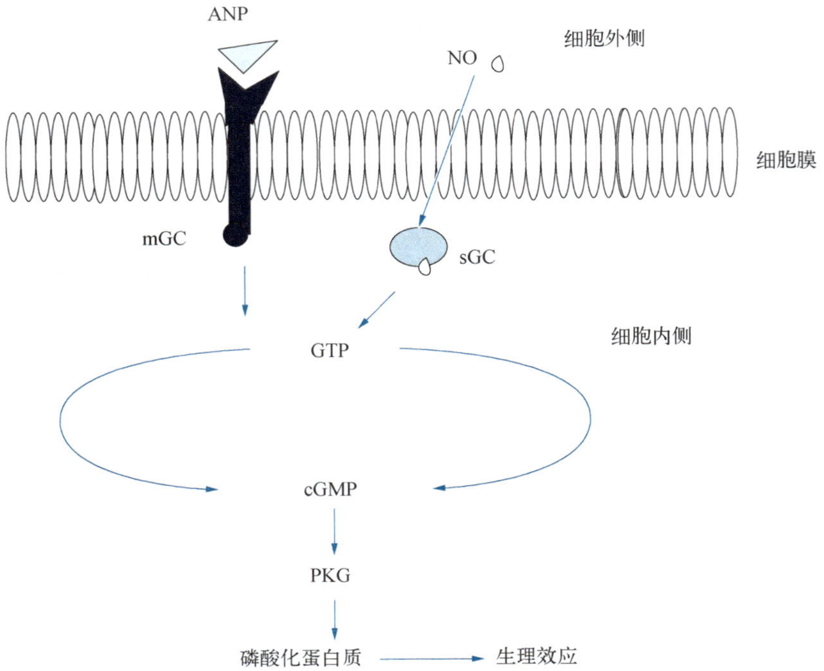

图 15－12　鸟苷酸环化酶介导的信号通路

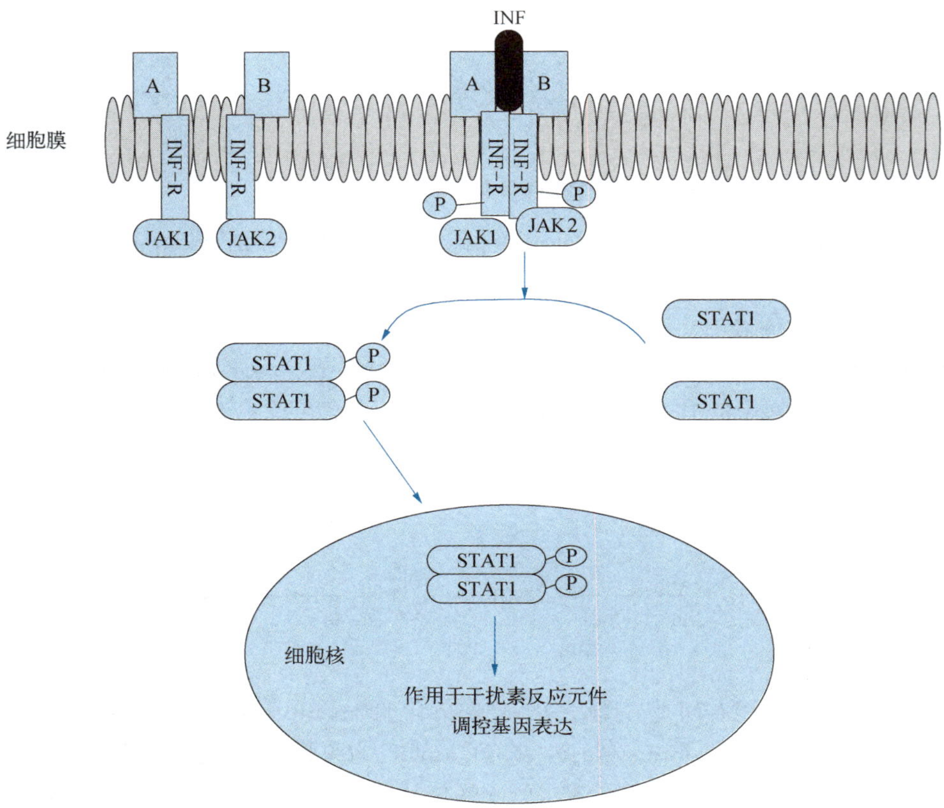

图 15－13　干扰素受体介导的信号通路

sGC 的配体是一氧化氮(nitric oxide，NO)。乙酰胆碱、缓激肽及 ATP 等物质可引起细胞内 Ca^{2+} 浓度增加，继而激活细胞内一氧化氮合酶(nitric oxide synthase，NOS)。NOS 催化 L－Arg 合成 NO。NO 通过自分泌或旁分泌方式激活 sGC，继而催化细胞内 cGMP 增高，使 PKG 激活，调节心血管系统、免疫系统和神经系统的功能。舌下含服的硝酸甘油可产生中间代谢产物 NO。NO 作为第一信使，进入细胞后也可激活 sGC，继而催化细胞内 cGMP 增高(图 15－12)。

四、酶偶联受体介导的信号转导途径

许多细胞因子(cytokine)，如白细胞介素(interleukin，IL)、干扰素(Interferon，IFN)及红细胞生成素(erythropoietin)等的受体本身并无激酶活性。当配体与受体结合时，受体发生二聚体化，并与胞质中一种具有激酶结构的接头蛋白 JAK(Janus kinase)结合。JAK 具有酪氨酸蛋白激酶活性，可使受体及 JAK 本身磷酸化，磷酸化的受体/JAK1/JAK2 复合体进而与一类转录因子信号转导及转录激活蛋白(signal transducer and activator of transcription，STAT)的 SH2 结构域结合，使 STATs 发生磷酸化、二聚体化而激活。活化的 STATs 二聚体进入核内，结合 DNA 的调控序列，诱导相应基因的表达(图 15－13)。

第三节　胞内受体介导的信号转导途径

甲状腺素、固醇类激素、维生素 D_3 及维甲酸类等脂溶性信息分子可以穿过细胞膜，进入细胞内与胞内受体结合，发挥其调节作用。目前已知的细胞内受体不下百余种，为一超家族，在细胞的生长、发育、分化过程中起重要作用。

胞内受体的结构中均有三个功能结构(区)域：N 端为一可变区，不同胞内受体变异较大，内含转录激活区；中间有一 DNA 结合区，可与靶 DNA 上的激素反应元件结合；C 端含有配体结合区，可与配体结合。胞内受体分为三种类型：

Ⅰ型为类固醇激素受体，其配体为固醇类激素，如雌激素等。这类胞内受体在与配体结合前位于胞质内，与一种抑制蛋白即热休克蛋白(heat shock protein，Hsp)结合，处于静止状态。当与相应配体结合后，受体构象发生改变而与抑制蛋白解离，从而使受体 DNA 结合区暴露而活化，进入细胞核内，作用于 DNA 上相应的反应元件，调控下游靶基因的表达。

Ⅱ型为非类固醇激素受体，其配体有甲状腺激素、维生素 D_3 及维甲酸。这类受体在与配体结合前，在核内结合于 DNA 上相应的反应元件，使转录处于阻抑状态。一旦有相应的配体与受体结合，则受体活化，作用于与启动子结合的基本转录因子及 RNA 聚合酶Ⅱ，促进相应基因的表达。

Ⅲ型则为配体未明的一类核受体，称为孤儿受体(orphan receptors)。

第四节　细胞信号转导途径的交互联系

机体或细胞内有多条信号转导途径。各条信号转导途径不是孤立的，而是交联对话(cross talk)，构成一错综复杂的调节网络，精细调节机体的各种生命活动。信号转导途径的交联对话表现为：

1. 一个信号分子可作用于多条信号转导途径　乙酰胆碱既可激活离子通道型受体(N 型)又可激活 G 蛋白偶联型受体(M 型)；血管紧张素Ⅱ除了激活 G 蛋白偶联型受体介导的信号通路外，还能激活细胞内 Ras－MAPK 信号通路和 JAK－STAT 信号通路。

2. 一条信号转导途径中的成员，可参与另一条信号转导途径　如 G 蛋白偶联型受体介导的 IP_3/DAG－PKC 途径中产生的 Ca^{2+} 既可以和 DAG 共同激活 PKC，也可以激活 CaM，参与 Ca^{2+}/钙调蛋白依赖的蛋白

激酶途径。

3. 不同的信号转导途径可介导相同的生物学效应　趋化因子是一类能够诱导特定细胞趋化运动的分子。趋化因子可以通过不同的信号转导途径传递信号，如激活 cAMP - PKA 途径、调节细胞内 Ca^{2+} 浓度、Ras - MAPK 途径，还可以激活 JAK - STAT 途径。这些信号途径不同，但所有趋化因子诱导产生的生物学效应都是相同的：即细胞趋化运动。

4. 信号转导途径间既有相互协同又有相互制约　如 EGF 激活 Ras - MAPK 途径，MAPK 可使雌激素受体的 N 端转录激活区磷酸化从而使其激活。又如佛波酯(phorbol ester)能激活 PKC，活化的 PKC 能催化 EGF 受体第 654 位苏氨酸(Thr)磷酸化，此磷酸化受体降低了 EGF 受体对 EGF 的亲和力和它的 RTK 活性。

第五节　细胞信号转导异常与疾病的发生

机体平衡状态的维持是健康的保证，这种平衡状态的维持需要机体所有细胞的功能处于精确的调控之下。基因变异、感染及其他有害刺激可以导致细胞对外源信号反应的失控，有的信号转导分子的活性会受到抑制，有的持续处于活化状态，从而使细胞失去对环境的适应能力，产生疾病。许多疾病的发生和发展与细胞信号转导异常都有直接或间接的关系。

一、代谢异常疾病

结构基因的突变可导致蛋白质结构与功能的变化，而细胞内大部分信号转导分子都是蛋白质，因此，基因突变常常是导致信号转导异常的重要原因。甲状腺激素抵抗综合征是由于信号转导途径异常而引起代谢异常疾病的一个典型例子。

甲状腺激素抵抗综合征(resistance to thyroid hormone，RTH)是由于靶器官对甲状腺激素的反应性降低，而产生的以血清游离 3,5,3 -三碘甲腺原氨酸(triiodothyronine，T_3)和(或)游离甲状腺素(thyroxine，T_4)升高，伴有不适当(升高或正常)的促甲状腺素(thyroid stimulating hormone，TSH)水平为基本特征的一组疾病。甲状腺激素受体(thyroid hormone receptor，TR)为胞内受体，有 α 型和 β 型两种，分别由独立基因编码。目前已发现编码 β 型受体的基因突变使外周组织对甲状腺激素抵抗，但迄今尚未发现 α 型受体基因突变与甲状腺激素抵抗综合征有关。有缺陷的甲状腺激素受体不能与 T3 结合，难以调节含甲状腺激素反应元件的基因转录。患者的临床表现取决于突变受体的数量，可从轻微的甲状腺激素不足到严重的甲状腺功能减退，甚至影响生长发育。

二、细胞功能紊乱性疾病

许多毒素和抑制剂能够直接与信号转导分子结合，通过抑制酶活性、或抑制蛋白质之间的相互作用、或抑制蛋白质的变构调节作用而引起信号转导的异常，从而导致细胞功能紊乱。如霍乱外毒素可导致严重腹泻，其原因是该毒素进入小肠上皮细胞以后直接作用于 Gs 的 α 亚基，使其发生 ADP -核糖化修饰。α 亚基受到修饰后，其固有的 GTP 酶活性丧失，不能恢复到 GDP 结合形式，使 Gs 处于持续活化状态，细胞中 cAMP 含量持续升高。cAMP 的效应之一是通过 PKA 作用于小肠上皮细胞的氯离子通道，使其持续开放，氯离子外流，同时水钠丢失引起腹泻。

三、肿瘤

基因表达的调控异常，可以导致信号转导分子在细胞内水平的变化。过高或过低的水平都会导致信号转导分子传递信号的活性异常，最终往往会引起细胞生长异常或分化障碍。

正常细胞的生长与分化受到精细的网络调节，细胞癌变最基本的特征是生长失控及分化异常。近年来人们认识到绝大多数的癌基因表达产物都是细胞信号转导系统的组成成分，它们可以从多个环节干扰细胞信号转导过程，导致肿瘤细胞恶性增殖与分化异常。某些癌基因可以编码生长因子样的活性物质，例如，sis 癌基因的表达产物与 PDGF β 链高度同源，int - 2 癌基因蛋白与成纤维细胞生长因子结构相似。此类癌基因激活可使生长因子样物质生成增多，以自分泌或旁分泌方式刺激细胞增殖。在人神经胶质母细胞瘤、骨肉瘤和纤维肉瘤中均可见 sis 基因异常表达。

小　结

细胞信号转导是指生物细胞对外界的刺激或信号发生反应，并据以调节细胞代谢、增殖、分化、功能活动和凋亡的过程。

信号转导过程需要细胞间信息物质、受体、细胞内的信号转导分子的有序参与。按照产生和作用方式可将细胞间信息物质分为神经递质、内分泌激素、细胞因子和气体分子等四类。受体可分为细胞膜表面受体和细胞内受体。水溶性信号分子不能穿过靶细胞膜，只能与膜受体结合，经信号转换机制，通过胞内信号转导分子，引起细胞的应答反应；脂溶性信号分子可直接通过细胞膜进入靶细胞，与胞内受体结合形成激素-受体复合物，调节基因表达。细胞膜表面受体又分为离子通道型受体、G 蛋白偶联型受体、催化型受体和酶偶联型受体。受体与配体结合的特点是：高度特异性、高度亲和力、饱和性、可逆性及特定的作用模式。细胞内信号转导分子包括小分子化学物质，即第二信使、酶和调节蛋白。细胞内每一条信号转导通路都是由多种信号转导分子组成的，不同分子间有序地进行相互作用，上游分子引起下游分子的数量、分布或活性状态的变化是细胞信号转导的分子机制。

细胞膜表面受体主要有四类，每种类型都有许多种受体，而同一类型受体所介导的信号转导途径有许多共同之处。离子通道型受体是一类自身为离子通道的受体，其配体主要为神经递质，引起的细胞应答主要是去极化与超极化。G 蛋白偶联型受体介导的信号转导需要 G 蛋白的介导，该信号通路的特点是通过第二信使作用于相应的蛋白激酶，调节物质代谢和基因转录。该信号通路包括 cAMP - PKA 途径和 IP_3/DAG - PKC 途径。酪氨酸蛋白激酶型受体与配体结合后，发生二聚体化及自身磷酸化，经历蛋白激酶级联活化等信号转换，调控生理过程。TGFβ 受体等丝氨酸/苏氨酸蛋白激酶型受体通过直接磷酸化具有转录因子活性的 Smad 家族，调节靶基因表达。鸟苷酸环化酶是一种催化型受体，其介导的信号途径需要 cGMP 作为第二信使，ANP 和 NO 等通过这条途径引起生物学效应。干扰素受体等不具有催化活性的细胞因子受体，结合配体后通过 JAK - STAT 通路调节生理效应。

胞内受体是一类转录调节因子，受脂溶性化学信号调控。根据配体类型，胞内受体分为类固醇激素受体、非类固醇激素受体和孤儿受体 3 大类。胞内受体结合配体后，与靶基因的激素反应元件相结合，调节基因转录。

细胞内各种信号转导途径并非孤立、各自为政，而是交叉联系，构成错综复杂的调节网络。

正常的信号转导是正常代谢与功能的基础，信号转导环节的异常则可导致疾病的发生。

【复习思考题】

1. 参与细胞信号转导的分子有哪些?
2. 简述 G 蛋白偶联受体介导的信号通路。
3. 试以表皮生长因子(EGF)为例，阐述其信号转导过程。
4. 固醇类激素是如何调控基因表达的?

（李红梅）

第四篇

医学专题篇

本篇介绍的内容，是与医学有着密切关系的生物化学知识，纳入前三篇中的任何一篇均不太适宜，故专列“医学专题篇”介绍。

血液和肝脏是人体两个重要的器官，对体内物质代谢发挥着极其重要的作用。血液中的红细胞参与 O_2 与 CO_2 的运输，粒细胞有防御外源微生物入侵的功能；血液中存在种类繁多、功能复杂的蛋白质，参与物质运输、维持胶体渗透压、调节免疫系统等生命活动。肝脏是人体最大的“化工厂”，除对三大营养物质代谢发挥重要作用外，维生素、激素、胆色素、胆汁酸及外源物质生物转化也在肝脏进行。本篇将用两章分别介绍“血液生化”和“肝胆生化”。此外，“癌基因、抑癌基因与生长因子”参与细胞增殖、分化与调控，与疾病有密切关系；“基因诊断与基因治疗”是分子生物学理论、技术与方法在医学中的应用，对医学发展有重要意义。这些知识，均在本篇中分章介绍。“常用分子生物学技术”一章侧重介绍目前在医学科研和疾病诊断中常用的一些分子生物学方法和原理，对学生全面了解生物化学学科进展是很有必要的。

第十六章

肝胆生物化学

学习要点

掌握：① 肝脏生物转化的概念、特点、反应类型及酶系；② 胆汁酸的种类、胆汁酸的代谢、关键酶及其调节，胆汁酸肠肝循环的生理意义；③ 胆色素的正常代谢途径，游离胆红素和结合胆红素的性质，胆素原的肠肝循环，黄疸及三类黄疸的区别。

熟悉：① 肝脏在物质代谢中的作用；② 影响肝脏生物转化作用的因素；③ 胆汁酸的生理功能；

了解：① 肝脏的形态结构和化学组成特点；② 常用肝功能检查项目及意义。

肝脏是人体最大的实质性器官，成人肝重约 1 500 g，约占体重的 2.5%。肝脏独特的结构和化学组成特点，赋予肝脏复杂多样的生物学功能，使得肝脏成为代谢最为活跃的器官，它不仅和糖、脂类、蛋白质、维生素和激素代谢密切相关，而且还具有分泌、转化和排泄等重要功能，被称为人体最大的“化工厂”，人体“物质代谢的中枢”。

第一节　肝脏的形态结构和化学组成

一、肝脏的形态结构上的特点

1. *肝脏具有双重输入和输出渠道*　肝脏具有肝动脉和门静脉双重血液供应：肝动脉向肝细胞输送氧和一些营养物质，门静脉为其提供从消化道吸收的大量营养物质，为肝内物质代谢创造有利条件；肝脏有肝静脉和胆道系统双重输出渠道：肝静脉与体循环相连，将肝脏的代谢产物运输到其他组织利用或排出体外；胆道和肠道相通，可将肝脏分泌的胆汁排入肠道，并将代谢废物排出，有利于非营养物质代谢转变及排泄。

2. *肝脏富含血窦*　肝动脉和门静脉的血液通过门管区的小叶间动脉和小叶间静脉注入肝血窦。血窦使肝细胞与血液接触的面积增大，血窦内血流速度缓慢，延长了血液与肝细胞接触的时间，为物质交换提供了有利的环境。

3. *肝细胞含有丰富的细胞器*　肝脏富含线粒体，保证活跃代谢有充分的能量供应；肝脏富含核糖体和内质网，为蛋白质和脂类的合成提供场所；肝脏内质网富含生物转化酶类，使得肝脏成为生物转化最为重要的场所；肝脏富含高尔基体和溶酶体，与物质的转运、排泄有密切的关系。

肝脏这些独特的结构特点为肝脏具有多种代谢功能提供了结构基础。

二、肝脏的化学组成特点

肝脏富含蛋白质，其含量约占其干重的一半，是肝脏的主要化学成分。肝脏所含蛋白质一部分参与构成各种微细结构的生物膜,另一部分属于酶类。肝细胞含有丰富的酶体系,有些甚至是肝细胞所独有的,如合成酮体和尿素的酶系几乎仅存于肝细胞中。肝脏完备而独特的酶系统保障了肝脏执行复杂多样的功能。

肝脏形态结构和化学组成的特点决定了肝脏作为人体物质代谢最为活跃的器官而存在。

第二节 肝脏在物质代谢中的作用

一、肝脏在糖代谢中的作用

肝脏在糖代谢中最为重要的作用是通过肝糖原的合成、分解与糖异生作用来维持血糖浓度的相对恒定,确保全身各组织,特别是脑组织、红细胞和视网膜的能量来源。

饱食后,大量的糖消化吸收进入血液,血糖浓度增高,肝细胞可大量摄取葡萄糖合成糖原储存,饱食后肝糖原可重达肝重的5%~6%,总量75~100 g。故当大量的葡萄糖进入肝脏后,可合成糖原储存,一部分还可转化脂肪,并以极低密度脂蛋白的形式自肝脏运出。

空腹时,肝糖原能在葡萄糖6-磷酸酶催化下直接分解补充血糖。肌肉内不含此酶,因此尽管肌肉组织中含有丰富的糖原,但其糖原分解形成6-磷酸葡萄糖后不能生成葡萄糖而仅能产生能量,故肌糖原不能直接调节血糖浓度。但肝糖原储存量是有限的,当长期没有糖类摄入时,例如在饥饿10多个小时之后,储存的肝糖原绝大部分已被消耗,调节血糖的能力随之减弱,此时依靠糖异生作用来维持血糖浓度恒定。

肝功能严重受损时,肝糖原的合成、分解和糖异生作用均降低,血糖难以维持恒定,浓度波动较大,进食后易出现一过性高血糖,饥饿时又易发生低血糖,糖耐量异常。

二、肝脏在脂类代谢中的作用

肝脏在脂类的消化、吸收、分解、合成、改造和运输等代谢中均起重要作用。

1. *参与脂类的消化吸收* 肝脏合成并分泌胆汁酸,以胆汁酸盐的形式随胆汁排入肠道促进脂类的消化、吸收。肝功能受损肝细胞分泌胆汁酸能力下降或胆道阻塞胆汁排出障碍时,均可出现脂类消化吸收障碍,产生厌油腻、脂肪泻等临床症状。

2. *脂肪酸分解、合成、改造的主要场所* 肝细胞富含催化脂肪酸合成和氧化的酶系,所以肝脏是脂肪酸合成和分解最主要的场所。仅有肝脏富含合成酮体的酶,是产生酮体的主要器官。饥饿或糖氧化利用障碍时,脂库动员脂肪,脂肪酸释放入血进入肝内代谢,在肝内经β-氧化产生大量的乙酰CoA,进一步合成酮体,这样肝脏将长链的脂肪酸改造成短链的酮体供给肝外组织利用。酮体是肝内向肝外输出脂类能源的一种方式。在血糖浓度过低时,心、脑、肾和骨骼肌等重要器官可以利用酮体供能,以维持生命。肝还是三酰甘油合成的重要器官,饱食后,肝脏合成脂肪酸并酯化形成三酰甘油,由VLDL转运出肝贮存于脂库。若肝脏合成三酰甘油的量超过VLDL的转运能力,三酰甘油沉积在肝内形成脂肪肝。

3. *合成磷脂、脂蛋白的主要场所* 肝内磷脂合成非常活跃,特别是卵磷脂。肝利用三酰甘油、胆固醇及其酯、磷脂、载脂蛋白合成高密度脂蛋白(HDL)和极低密度脂蛋白(VLDL)。脂蛋白是脂类的运输形式。肝功能受损时,VLDL的合成减少,可使肝内脂肪不能输出而在肝细胞中堆积,引起脂肪肝。另外,从脂库动员出来的脂肪酸也要与肝脏合成的血浆白蛋白结合后才能运输。

4. *胆固醇代谢的主要器官* 肝脏是胆固醇合成的主要场所,其合成量占体内合成总量的3/4以上,是血浆胆固醇的主要来源。肝脏合成VLDL将胆固醇和酯转运至其他组织,供组织利用;肝脏合成卵磷脂胆固醇酰基转移酶(LCAT)分泌入血将血浆胆固醇转化为胆固醇酯以利于运输,因此当肝功能障碍时,血浆胆固醇与胆固醇酯的比值升高。

肝脏是胆固醇排泄的主要器官。肝将胆固醇转化为胆汁酸,随胆汁排出,是清除胆固醇的最主要途径。

三、肝脏在蛋白质代谢中的作用

肝脏在蛋白质的合成代谢和分解代谢均起重要作用。

1. 蛋白质合成的重要器官　肝内蛋白质的合成代谢极为活跃且合成量大，占总蛋白量的(40%)；肝内蛋白更新快，肝组织蛋白质的半寿期为 10 d，而肌肉组织中蛋白质半寿期则为 180 d。肝脏内合成蛋白的种类多，除合成自身所需蛋白质外，还合成多种分泌蛋白质。如血浆蛋白中，除 γ-球蛋白外，白蛋白、凝血酶原、纤维蛋白原及血浆脂蛋白所含的多种载脂蛋白(Apo A,B,C,E)等均在肝脏合成，见表 16-1。

表 16-1　多种血浆蛋白质的合成场所及主要生理功能

名　称	合成场所	生理功能
白蛋白	只在肝内合成	维持血浆胶体渗透压
α_1、α_2-球蛋白	主要在肝内合成	形成 α-脂蛋白，运输脂类
β-球蛋白	较大部分在肝内合成	形成 β-脂蛋白，运输脂类
γ-球蛋白	只在肝外合成	形成多种免疫球蛋白，具有抗体作用
纤维蛋白原	只在肝内合成	与凝血有关
凝血酶原	只在肝内合成	与凝血有关

肝脏合成白蛋白的能力极强，合成量多，几乎占肝脏合成蛋白质总量的 1/4。血浆白蛋白是维持血浆胶体渗透压的重要因素，故肝功能严重受损，白蛋白合成障碍，血浆胶体渗透压下降常出现水肿。正常人血浆白蛋白(A)和球蛋白(G)的比值为 1.5～2.5。肝功能严重损害时，白蛋白合成减少，致血浆 A/G 值变小，甚至小于 1，称为白蛋白倒置。因此 A/G 的比值作为临床肝功能检测的重要指标。白蛋白还是许多脂溶性物质(如脂肪酸、胆红素、类固醇激素、脂溶性维生素、药物)等的非特异性运输载体。

胚胎期的肝脏可合成一种相对分子质量和结构与白蛋白相似的甲胎蛋白(α-fetoprotein, AFP)，胎儿出生后合成受到阻遏，因此正常人血浆中几乎没有这种蛋白质。原发性肝癌患者，癌细胞中编码甲胎蛋白的基因去阻遏，此时血浆中可检测出这种蛋白质，故甲胎蛋白的检测对原发性肝癌的诊断有一定的意义。

凝血因子仅在肝脏合成，若肝功能严重障碍，凝血机制障碍，可出现凝血时间延长甚至引起不同部位的出血。

2. 蛋白质分解代谢中的作用　肝脏也是蛋白质清除的重要器官。肝细胞的特异受体可识别某些血浆浆蛋白，经内吞作用被肝细胞溶酶体降解。

肝脏是氨基酸分解、合成尿素解除氨毒的主要场所。肝细胞富含参与氨基酸代谢的酶类，肝脏中转氨基、脱氨基、脱羧基及个别氨基酸代谢均很活跃，肝是除支链氨基酸外的所有氨基酸分解和转变的重要场所。

肝细胞富含丙氨酸氨基转移酶(ALT)，当肝细胞受损时，细胞膜通透性增大，ALT 释放入血，血清中 ALT 活性升高，因此检测血清中 ALT 活性是临床肝功能检测的重要指标之一。

氨是氨基酸分解代谢的重要产物。肝脏富含尿素合成酶系，通过鸟氨酸循环合成尿素是机体解除氨毒最为主要的途径。当肝功能严重衰竭时，尿素合成障碍，血氨升高，干扰脑细胞的能量代谢，导致脑细胞功能障碍，是肝性脑病的重要生化机制之一，被称为氨中毒学说。

肝脏也是胺类物质生物转化的重要器官。肠道细菌作用于氨基酸产生的芳香胺类等有毒物质，被吸收入血，主要在肝细胞中进行转化以减少其毒性。严重肝脏疾病患者，这些芳香胺不能及时转化清除，可通过血脑屏障进入脑组织，经 β-羟化生成苯乙醇胺和 β-羟酪胺，它们的结构类似于儿茶酚胺类神经递质，并能抑制后者的功能，称为“假神经递质”，是肝性脑病发生的另一生化机制，被称为假性神经递质学说。

芳香族氨基酸的分解代谢主要在肝脏进行，而支链氨基酸的分解代谢主要在骨骼肌中进行，因此，肝功能严重障碍时，芳香族氨基酸分解受阻致血中芳香族氨基酸与支链氨基酸浓度比值升高，由于这两类氨基酸经同一种载体转运通过血脑屏障进入脑组织，故芳香族氨基酸大量进入脑组织内转变为假性神经递质，导致脑细胞功能障碍，这是肝性脑病发生的另一机制，被称为氨基酸失衡学说，是假性神经递质学说的补充和发展。

肝脏还可利用一些氨基酸合成各种含氮化合物如嘌呤衍生物、嘧啶衍生物等。

肝脏可将氨基酸含碳部分彻底氧化产生二氧化碳和水，并释放能量以供生理活动需要，也可经糖异生为葡萄糖，或转变成脂肪、酮体。

四、肝脏在维生素代谢中的作用

肝脏在维生素的吸收、运输、储存、转化中起重要作用。

肝脏合成分泌胆汁酸盐可协助脂溶性维生素的吸收。如肝细胞功能损伤或胆道梗阻时，胆汁酸盐合成量不足或胆汁不能进入肠道，导致脂溶性维生素吸收障碍，从而发生与脂溶性维生素缺乏相关的缺乏病。如维生素 K 参与肝细胞中凝血酶原及凝血因子Ⅶ、Ⅸ及Ⅹ的合成，吸收障碍会有出血倾向；

肝脏合成维生素 D 结合蛋白和视黄醇结合蛋白，以利于维生素 D 和维生素 A 在血液中的运输。

肝脏也是脂溶性维生素和维生素 B_{12} 储存的场所。例如肝脏贮存的维生素 A 约占体内维生素 A 总量的 95%。

肝脏参与多种维生素的转化。如将维生素 B_1 转变成焦磷酸硫胺素(TPP)；维生素 B_6 转变成磷酸吡哆醛；维生素 PP 转变为辅酶Ⅰ(NAD^+)和辅酶Ⅱ($NADP^+$)等。同时，肝还可将维生素 A 原(β-胡萝卜素)转化成维生素 A；使维生素 D_3 羟化为 25-OH-D_3，有利于活性维生素 D_3 的生成。

五、肝脏在激素代谢中的作用

多种激素在发挥其调节作用后，主要在肝脏内被分解转化，从而降低或失去活性，这称之为激素灭活(inactivation of hormone)。

肝功能障碍时，激素灭活作用减弱，血中相应的激素水平就会升高，导致某些临床症状。如雌激素水平升高，可出现男性乳房发育、肝掌和蜘蛛痣；肾上腺皮质激素和醛固酮水平升高，引起高血压，同时由于醛固酮升高导致水、钠潴留出现组织水肿；血中抗利尿激素水平升高，使重症肝病患者出现水肿或腹水。

第三节　肝脏的生物转化作用

一、生物转化作用的概念

在生命活动过程中，人体内不可避免地会从体内产生和体外摄取一些非营养性物质，它们既不能作为构成组织细胞的原料，又不能供应能量，其中许多物质对机体有一定的生物活性或潜在毒性作用，长期蓄积则对人体有害，必须及时清除以保证各种生理功能的正常进行。机体将非营养性物质进行化学转变、增加其极性(水溶性)，使其易随胆汁或尿液排泄，这种体内变化过程称为生物转化(biotransformation)。肝脏是生物转化作用的主要器官，其他组织如肾、胃肠道、肺、皮肤及胎盘等也有一定的生物转化功能。

体内的非营养性物质根据来源的不同分为内源性和外源性物质两类：内源性物质为体内代谢产生的各种生物活性物质如激素、神经递质及胺类等，有些则是有毒的代谢产物如氨、胆红素等。外源性物质为外界摄取，如食品添加剂(防腐剂、色素等)、药物、毒物、环境化学污染物以及蛋白质在肠道的腐败产物(如胺和酚类物质)等，这些物质均是脂溶性的，必须经过生物转化增大水溶性才能排出体外。

生物转化的生理意义在于机体对非营养性物质进行改造，使其溶解度增加，有利于这些物质排出体外。在大多数情况下，通过生物转化，对生物活性物质、药物等使其生物活性降低或消失，或使有毒物质降低或失去其毒性，对机体是一种保护作用。但是，生物转化作用并不都是解毒作用。有些物质经过生物转化后不但没有降低毒性，反而增加其毒性。因此不能简单地将生物转化称为“解毒作用”。

二、生物转化的反应类型

生物转化过程包括多种化学反应可归纳为两相反应。第一相反应包括氧化、还原和水解反应，通过这些反应引入或暴露极性基团，或暴露其与结合物结合的位点。有的物质经过第一相反应极性增强，水溶性明显增加可迅速排出体外，但有许多物质即使经过第一相反应后，极性的改变仍不大，必须与某些极性更强的物质(如葡萄糖醛酸、硫酸、氨基酸等)结合，进一步增加溶解度，或者甲基化、乙酰化等改变反应性，才能排出。肝内的这种结合反应被称为生物转化的第二相反应。肝内参与生物转化的酶类见表 16-2。

表 16-2　参与肝生物转化的酶类

酶　类	辅酶或结合物	细胞内定位
第一相反应		
氧化酶类		
单加氧酶系	NADPH+H^+、O_2、P_{450}	内质网
胺氧化酶	黄素辅酶	线粒体
脱氢酶类	NAD^+	胞质或线粒体
还原酶类		
硝基还原酶	NADH+H^+ 或 NADPH+H^+	内质网
偶氮还原酶	NADH+H^+ 或 NADPH+H^+	内质网
水解酶类		胞质或线粒体
第二相反应		
葡萄糖醛酸转移酶	活性葡萄糖醛酸(UDPGA)	内质网
硫酸基转移酶	活性硫酸(PAPS)	胞质
谷胱甘肽转硫酶	谷胱甘肽(GSH)	胞质与内质网
乙酰基转移酶	乙酰 CoA	胞质
酰基转移酶	甘氨酸	线粒体
甲基转移酶	S-腺苷甲硫酸(SAM)	胞质与内质网

(一) 第一相反应

1. 氧化反应　氧化反应是生物转化中最常见的反应类型。肝细胞的微粒体、线粒体及胞质中含有参与生物转化的不同氧化酶系，催化不同类型的氧化反应。

(1) 单加氧酶系：单加氧酶系(monooxygenase)存在于微粒体中，在生物转化的氧化反应中占有重要的地位。它是需细胞色素 P_{450} 的氧化酶系(cytochrome p450 monooxygenase，CYP)。该酶系至少由两种组分：一是细胞色素 P_{450}，一是还原性 NADPH-细胞色素 P_{450} 还原酶(以 FAD 为辅基)。该酶能直接激活分子氧，使一个氧原子加到底物分子上形成羟化物，故称单加氧酶系，亦可称为羟化酶。由于在反应中一个氧原子掺入到底物中，另一个氧原子被 NADPH 还原生成水，故又称混合功能氧化酶(mixed function oxidase)。其反应过程见图 16-1。目前发现人类基因组至少编码了 14 个家族的单加氧化酶，该酶有多种同工酶，且特异性较差，可催化多种有机物质进行不同类型的氧化反应。

单加氧酶系生理意义：参与药物和毒物的转化，是肝中非常重要的代谢药物和毒物的酶系统。人类摄取的药物大约有 50%以上通过该酶系代谢转化。该酶系的羟化不仅增加药物或毒物的水溶性有利于排泄，而且还参与体内物质的羟化过程。如胆汁酸和类固醇合成中的羟化作用，维生素 D_3 羟化为其活性形式是 1,25-$(OH)_2$-D_3。又如苯胺在单加氧酶系催化成对氨基苯酚。

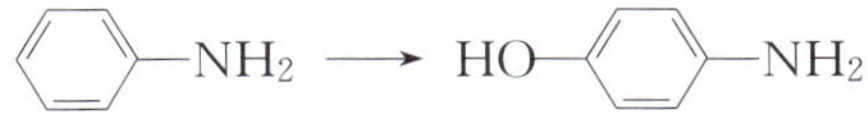

苯胺　　对氨基苯酚

加单氧酶系的特点：该酶系特异性差，多种不同的底物可由同一种单加氧酶系催化。酶还可诱导生成，如服用苯巴比妥类药物和许多其他药物可使滑面内质网增生，4～5 d 内可使加单氧酶系含量增加 4～5 倍。长期服用此类药物的患者，对异戊巴比妥，氨基比林等多种药物的转化及耐受能力亦同时增强。

(2) 单胺氧化酶系：此酶存在于肝细胞线粒体中，可催化胺类氧化脱氨基生成相应的醛，后者进一步在胞质中醛脱氢酶催化下氧化成酸。从肠道吸收的腐败产物如组胺、尸胺、酪胺和体内许多生物活性物质如5-羟色胺、儿茶酚胺类均可由此酶催化丧失活性。

$$\underset{\text{胺}}{RCH_2NH_2} + O_2 + H_2O \longrightarrow \underset{\text{醛}}{RCHO} + NH_3 + H_2O_2$$

$$\underset{\text{胺}}{RCHO} + NAD^+ + H_2O \longrightarrow + \underset{\text{醛}}{RCOOH} + NADH + H^+$$

$$NADPH + H^+ + O_2 + RH \xrightarrow{\text{加单氧酶}} NADP^+ + H_2O + ROH$$

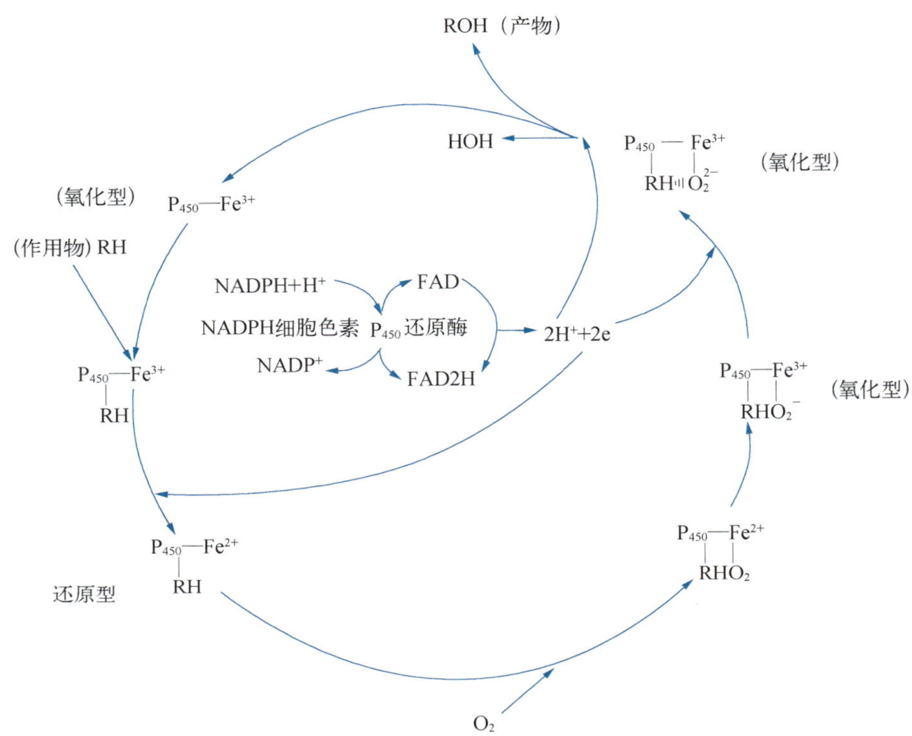

图 16-1 单加氧酶系作用

(3) 脱氢酶系：醇脱氢酶及醛脱氢酶存在于胞质及线粒体中，均以 NAD+为辅酶，使醇或醛氧化生成相应的醛或酸。其通式如下：

$$RCH_2OH \xrightarrow[NAD^+ \to NADH+H^+]{\text{醇脱氢酶}} RCHO \xrightarrow[NAD^+ \to NADH+H^+]{\text{醛脱氢酶}} RCOOH$$

乙醇是人们常用的饮料和调味品，人类摄入的乙醇30%由胃，70%经小肠上段迅速吸收，其中有约5%在上消化道黏膜细胞代谢，85%～98%在肝脏进行代谢，约2%～10%通过肾和肺排出体外，这是由于肝细胞胞质内富含高亲和力的醇脱氢酶(alcohol dehydrogenase ADH)。醇脱氢酶将乙醇氧化成乙醛，乙醛再经线粒体乙醛脱氢酶(acetaldehyde dehydrogenase ALDH)氧化成乙酸。乙酸可进一步氧化供能或参与脂肪酸的合成。此外，乙醇还可通过肝细胞微粒体乙醇氧化系统(microsomal ethanol oxidizing system, MEOS)氧化，MEOS是乙醇-P_{450}加单氧酶。它有多种同工酶，其中与乙醇亲和力最高的是细胞色素P_{450}的氧化酶2E1(CYP2E1)，其催化的产物是乙醛。这条途径需NADPH和氧的参与，该系统只有血液中乙醇浓度很高时才发挥催化作用，适量饮酒时仅有10%～20%的乙醇通过这条途径代谢。大量饮酒除经ADH氧化外，还可诱导MEOS。乙醇的持续摄入或慢性乙醇中毒时，可诱导CYP2E1含量增加5～10倍，乙醇总量的50%可由此系统代谢。虽然乙醇诱导MEOS可加快血液中乙醇的清除，但此时产生乙醛的速度超过乙醛脱氢酶代谢的速度，导致乙醛堆积，增加肝损伤的危险。同时乙醛还可入血液引起其他组织的损伤。此外，乙醇经 MEOS 代谢不但不能使乙醇氧化产生 ATP，还可增加对 NADPH 和 O_2 的消耗，产生自由基，引发肝损伤和肝硬化。ADH 与 MEOS 的区别见表 16-3。

表 16-3　乙醇 ADH 与 MEOS 之间的比较

	ADH	MEOS
肝细胞内定位	胞质	微粒体
底物与辅酶	乙醇、NAD^+	乙醇、NADPH、O_2
对乙醇的 K_m 值	0.05～4 mmol/L	11 mmol/L
乙醇的诱导作用	无	有
与乙醇氧化相关的能量变化	氧化磷酸化供能	耗能

2. 还原反应　肝微粒体中存在着由 NADH 或 NADPH 供氢的还原酶，主要有硝基还原酶类和偶氮还原酶类，还原的产物为胺类。如硝基苯在硝基还原酶催化下加氢还原生成苯胺，偶氮苯在偶氮还原酶催化下还原生成苯胺。此外，催眠药三氯乙醛也可在肝脏被还原生成三氯乙醇而失去催眠作用。

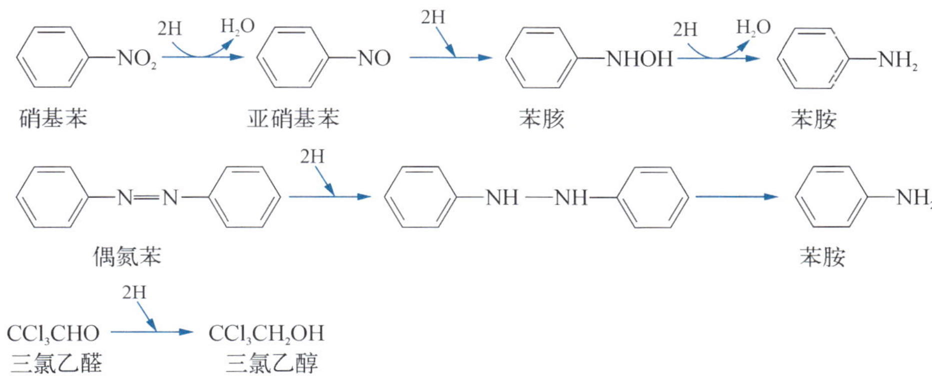

3. 水解反应　肝细胞中有各种水解酶，如酯酶、酰胺酶及糖苷酶等，分别水解酯键、酰胺键及糖苷键，它们分别催化酯类、酰胺类、糖苷类化合物的水解，以减低或消除其生物活性。人肝脏中水解酶类可催化乙酰水杨酸、乙酰苯胺、普鲁卡因、利多卡因及简单的脂肪族酯类的水解而失去药理作用。

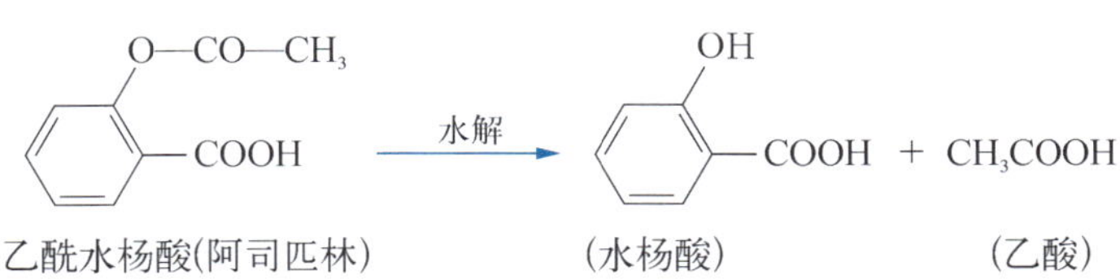

(二) 结合反应

非营养性物质在代谢过程中可以直接发生结合反应，也可先经过上述氧化、还原或水解等第一相反应后再进行结合反应(第二相反应)，在一般情况下，通过结合反应，一方面可使非营养性物质分子上某些功能基团失去活性以及丧失毒性；另一方面，大多数非营养性物质通过结合反应，可使其极性增强，脂溶性降低，加速由体内的排泄过程。

结合反应往往属于耗能反应，它在保护有机体不受外来异物毒害、维持内环境稳定方面具有重要意义。结合反应可在肝细胞的微粒体、胞质和线粒体内进行。不同形式的结合反应由肝内特异的酶系所催化。常见的结合剂有葡萄糖醛酸结合、硫酸根、乙酰基、甘氨酰基、甲基和谷胱甘肽等，其中以与葡萄糖醛酸结合最为重要。结合反应的主要类型见表 16-4。

表 16-4　结合反应的主要类型

结合反应	结合基团供体	酶　类	酶定位	底　　物
与葡萄糖醛酸结合	尿苷二磷酸葡萄糖醛酸(UDPGA)	葡萄糖醛酸转移酶	微粒体	含羟基、巯基、氨基、羧基化合物
硫酸结合反应	3′-磷酸腺苷 5′-磷酸硫酸(PAPS)	硫酸转移酶	胞质	酚、醇、香胺类化合物

续表

结合反应	结合基团供体	酶　类	酶定位	底　物
乙酰基结合反应	乙酰 CoA	乙酰基转移酶	胞质	芳香胺、胺、氨基酸
甲基结合反应	*S*-腺苷甲硫氨酸(SAM)	甲基转移酶	胞质	含羟基、氨基、巯基化合物
甘氨酸结合反应	甘氨酸	酰基转移酶	线粒体	酰基 CoA
谷胱甘肽结合反应	谷胱甘肽(GSH)	谷胱甘肽转移酶	胞质	胰岛素、环氧化物

1. *葡萄糖醛酸结合反应*　与葡萄糖醛酸结合是最为重要和普遍的结合方式。结合后其毒性降低，且易排出体外。由糖醛酸循环产生尿苷二磷酸葡萄糖醛酸(unridine diphosphate glucuronic acid, UDPGA)为葡萄糖醛酸的活性供体。肝细胞微粒体中有葡萄糖醛酸转移酶(UDP glucuronyl transferase, UGT)，能将葡萄糖醛酸基转移到毒物或其他活性物质的羟基、氨基及羧基上，形成葡萄糖醛酸苷。胆红素、类固醇激素、吗啡、可卡因、苯巴比妥类药物等是含羟基、巯基、氨基或羧基的非营养性物质，均可在肝脏微粒体与葡萄糖醛酸结合进行转化，从而排出体外。临床上，用葡萄糖醛酸类制剂(如葡萄糖醛酸内酯)治疗肝病，其原理即增强肝脏的生物转化功能。

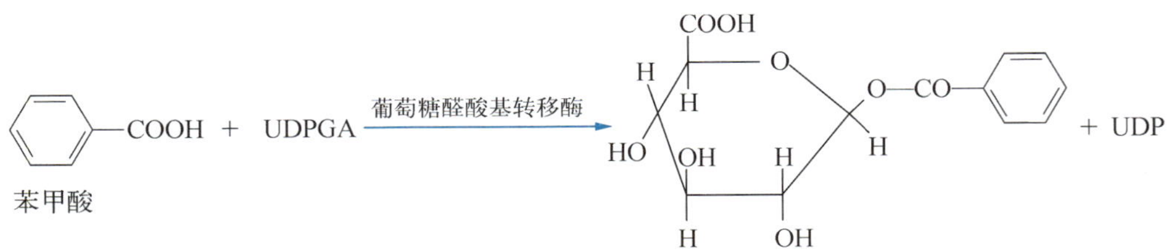

苯甲酸β葡萄糖酸(酯型)

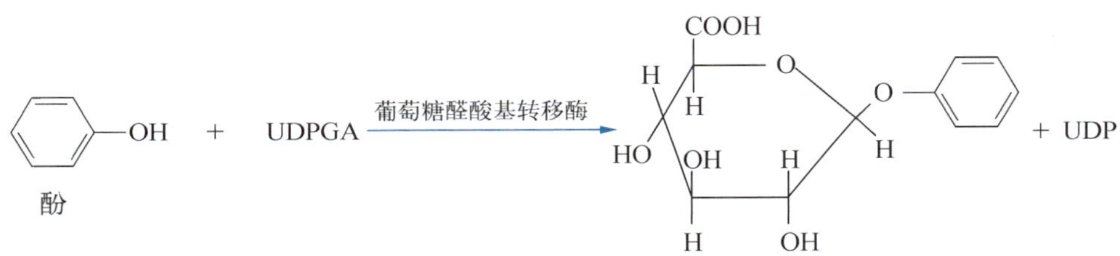

苯甲酸β葡萄糖酸(醚型)

2. *硫酸结合反应*　3′-磷酸腺苷 5′-磷酸硫酸(PAPS)为活性硫酸供体，在肝细胞胞质中有硫酸转移酶，能催化将 PAPS 中的硫酸根转移到类固醇、酚类的羟基上，生成硫酸酯。这也是一种常见的结合反应。如雌酮可通过此反应形成硫酸酯而灭活。严重肝病患者，肝生物转化功能下降，血中雌激素过多，出现“蜘蛛痣”或“肝掌”。

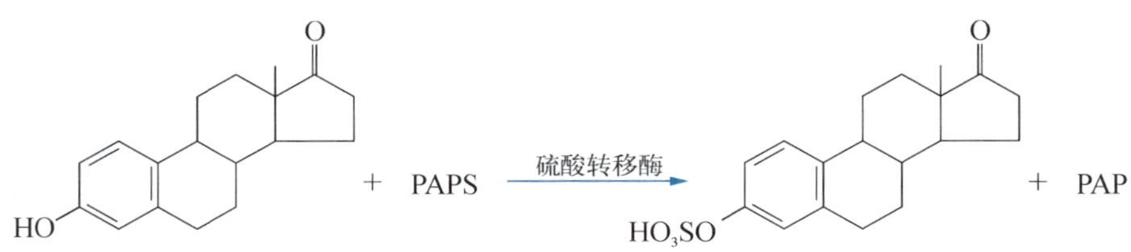

雌酮　　雌酮硫酸酯　3′磷酸腺苷　5′磷酸

3. *乙酰基结合反应*　在乙酰基转移酶的催化下，由乙酰 CoA 作乙酰基供体，与芳香族胺类化合物结合生成相应的乙酰化衍生物。如磺胺类药物及抗结核药异烟肼在肝脏经乙酰化而失去作用。

对氨基苯磺酰胺　　对乙酰氨基苯磺酰胺

4. *甲基结合反应*　肝细胞胞质及微粒体中具有多种转甲基酶，含有羟基、巯基或氨基的化合物可进行甲基化反应，甲基供体是 *S*-腺苷甲硫氨酸(SAM)。例如，尼克酰胺可甲基化生成 N 甲基尼克酰胺。

5. 甘氨酸结合反应　某些毒物、药物的羧基与 CoA 结合形成酰基 CoA 后，再在酰基转移酶催化下与甘氨酸结合，生成相应的结合产物。如马尿酸的生成。

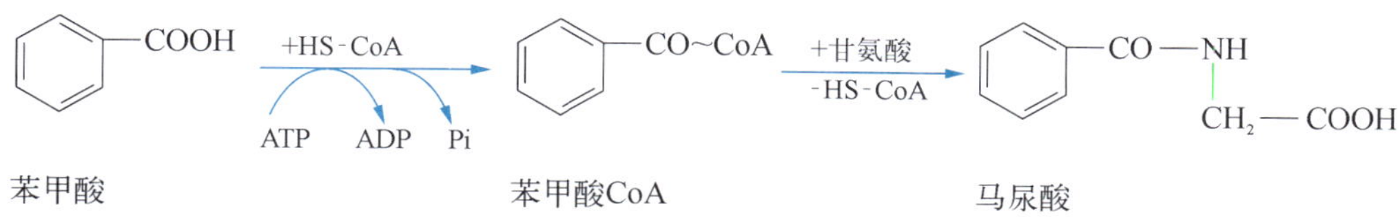

三、生物转化反应的特点

（一）生物转化反应的连续性

一种物质的生物转化过程往往较为复杂，常需要连续通过第一相和第二相反应，使极性逐步增强，才能顺利排出体外。如乙酰水杨酸在体内首先被水解为水杨酸，少量排出体外，大部分再在肝脏进行结合或被氧化后再结合排出体外。

（二）生物转化反应类型的多样性

同一类或同一种物质在体内可进行多种不同的反应，产生不同的产物。例如乙酰水杨酸水解生成水杨酸，水杨酸既可与甘氨酸反应，又可与葡萄糖醛酸结合，还可以进行氧化反应。

（三）解毒与致毒的双重性

生物转化后，多数物质毒性减弱或消失，但有些物质的毒性反而增强了。如黄曲霉素 B1，它本身并无致癌作用，但经单加氧酶转化后，形成了环氧化物，便能与核酸分子中的鸟嘌呤碱基结合而致癌。

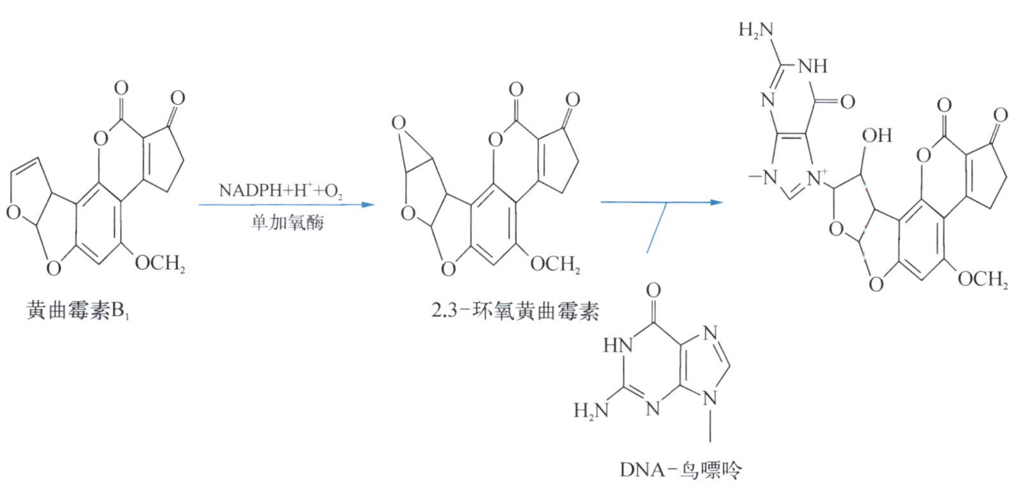

四、影响生物转化的因素

生物转化作用常受年龄、性别、疾病、遗传和诱导物等体内外因素的影响。

（一）年龄因素

新生儿肝脏酶体系还不完善，缺乏药物代谢酶，所以新生儿对药物比较敏感，易产生药物中毒。新生儿肝微粒体酶系发育不完全，葡萄糖醛酸转移酶在出生后才逐渐增加，8 周才达到成人水平。而 90%的氯霉素是与葡萄糖醛酸结合后解毒的，故新生儿易发生氯霉素中毒；老年人对药物的生物转化能力减弱，对一些药物较敏感且不良反应较大。因此在临床上对新生儿及老年人的用药剂量要严加控制，许多药物使用时都要求儿童和老人慎用或禁用。

(二) 性别因素

性别对生物转化也有影响。如氨基比林在男性体内的半衰期为 13.4 h,而女性为 10.3 h。这可能与不同性激素对某些生物转化酶的影响不同有关。

(三) 疾病因素

生物转化主要在肝脏进行,一般来说肝功能严重不全时,肝脏生物转化能力减弱,药物的灭活速度较低,使药物作用延长或加强甚至中毒,药物的治疗剂量与毒性剂量之间的差距缩小,因此对肝病患者用药应慎重。应注意药物选择,掌握剂量,避免使用对肝脏有损伤作用的药物,以免增加肝脏负担,加重病情。

(四) 遗传因素

遗传因素可显著影响生物转化酶的活性。遗传变异导致个体之间生物转化酶类结构差异或合成量的差异,是导致药物效应个体差异和"特异质反应"的决定因素。目前已知许多生物转化酶存在遗传多态性,如细胞色素 P_{450} 酶、谷胱甘肽转移酶、*N*-乙酰转移酶等。

(五) 诱导物的影响

一些生物转化酶系的生物合成受多种作用物诱导,所以长期服用某类药物可使有关酶活性增强,加速自身代谢的同时亦可增强经由该酶代谢的其他药物的转化能力。例如长期服用苯巴比妥可诱导肝微粒体单加氧酶系的合成,是机体对苯巴比妥类催眠药产生现耐药性的原因之一。苯巴比妥还能诱导葡萄糖醛酸转移酶的合成,故临床上用苯巴比妥治疗新生儿的高胆红素血症。

由于多种物质常由同一酶系催化,因而同时服用多种药物使药物间对酶产生竞争性抑制作用,从而使这些药物的转化速率降低导致某些药物药效增强甚至引起中毒。如保泰松能抑制香豆素类抗凝药和磺酰脲类降糖药的代谢,并可将其从血浆蛋白结合部位置换出来,从而明显增强其作用及毒性,可引起出血或血糖过低。

第四节 胆汁酸代谢

一、胆汁与胆汁酸

肝细胞分泌胆汁沿胆道系统进入十二指肠。从肝脏初分泌的胆汁称为肝胆汁,清澈透明,固体含量少,呈金黄色。肝胆汁流入胆囊后,由于胆囊不断吸收其中的水分和无机盐,胆囊壁又不断分泌许多黏蛋白掺入,致使胆汁浓缩成为暗褐色黏稠不透明的胆囊胆汁。

胆汁中的固有成分有胆汁酸、胆固醇、胆色素、药物及毒物等。胆汁中的各种胆汁酸均以钠盐或钾盐形式存在,所以一般将胆汁酸(bile acids)与胆汁酸盐(bile salts)当做同义词使用。胆汁既是一种消化液(胆汁酸盐促进脂类的消化、吸收),也是一种排泄液(胆汁将体内某些代谢产物及生物转化产物如胆固醇、胆色素及药物、毒物等异物排入肠道,再随粪便排出体外)。胆汁的成分见表 16-5。

表 16-5 胆汁中主要化学成分

	肝胆汁	胆囊胆汁		肝胆汁	胆囊胆汁
水	96～97	80～86	总脂类	0.1～0.5	1.8～4.7
总固体(%)	3～4	14～20	胆固醇	0.05～0.17	0.2～0.9
无机盐	0.2～0.9	0.5～1.1	磷脂	0.05～0.08	0.2～0.5
胆汁酸盐	0.5～2	1.5～10	比重	1.009～1.013	1.026～1.032
黏蛋白	0.1～0.9	1～4	pH	7.1～8.5	5.5～7.7
胆色素	0.05～0.17	0.2～1.5			

二、胆汁酸的种类

（一）按来源可分为两类

1. *初级胆汁酸* 在肝细胞中以胆固醇为原料转化生成的胆汁酸称为初级胆汁酸，包括胆酸、鹅脱氧胆酸及其与甘氨酸和牛磺酸的结合产物。

2. *次级胆汁酸* 以初级胆汁酸为原料在肠道受细菌作用生成的脱氧胆酸和石胆酸，以及脱氧胆酸和石胆酸在肝中与甘氨酸和牛磺酸结合的产物称为次级胆汁酸。

（二）按结构可分为两类

1. *游离胆汁酸* 包括胆酸、脱氧胆酸、鹅脱氧胆酸和少量的石胆酸；

2. *结合胆汁酸* 是上述各种游离胆汁酸在肝脏分别与甘氨酸或牛磺酸结合的产物，主要有甘氨胆酸、牛磺胆酸、甘氨鹅脱氧胆酸和牛磺鹅脱氧胆酸。

人胆汁中的胆汁酸以结合型为主。在结合型胆汁酸中，甘氨胆汁酸与牛磺胆汁酸的比例约为3∶1，见表16－6，图16－2。

表16－6 胆汁酸的种类

按来源分类	来 源	按结构分类	
		游离型胆汁酸	结合型胆汁酸
初级胆汁酸	在肝脏以胆固醇作为原料形成	胆 酸	甘氨胆酸 牛磺胆酸
		鹅脱氧胆酸	甘氨鹅脱氧胆酸 牛磺鹅脱氧胆酸
次级胆汁酸	以初级胆汁酸作为原料经肠菌转化	脱氧胆酸	甘氨脱氧胆酸 牛磺脱氧胆酸
		石胆酸	甘氨石胆酸 牛磺石胆酸

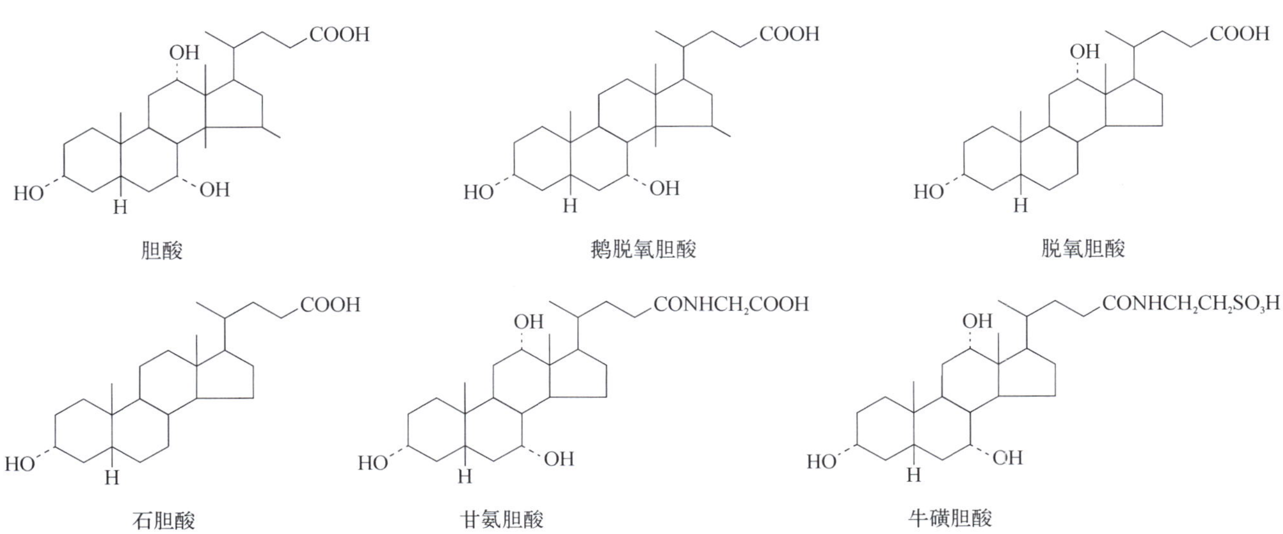

图16－2 胆汁酸的结构

三、胆汁酸的生理功能

（一）促进脂类的消化吸收

胆汁酸分子内部既含有亲水基团（如羟基、羧基等），又含有疏水性基团（如甲基、烃基等），故在立体构象上胆汁酸具有亲水和疏水两个侧面(图 16-3),能降低油/水两相之间的表面张力。胆汁酸的这种结构特性使其成为较强的乳化剂,使脂类在水中乳化成直径很小的细小微团(3～10 μm),增大消化酶与脂接触的面积,促进脂类的消化;细小微团可借助表面胆汁酸盐的极性基团穿透肠黏膜细胞表面的水层,从而有利于脂类的吸收。

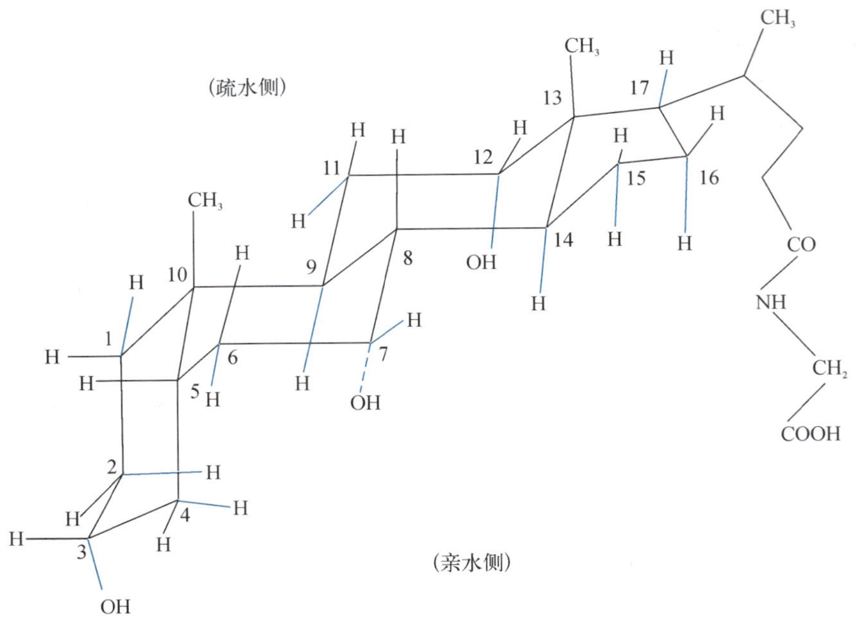

图 16-3 胆汁酸的立体结构示意图

(二) 胆固醇的主要排泄形式

正常人每天大约有 1 g 胆固醇排出体外,而其中大约有一半是转化为胆汁酸从粪便排出。

(三) 抑制胆固醇结石的形成

胆固醇不溶于水,必须与胆汁酸盐和卵磷脂形成可溶微团,才能通过胆道转运至肠道排出体外。如因疾病使胆汁酸、卵磷脂与胆固醇的比值降低(小于 10∶1),则可使胆汁中的胆固醇析出沉淀,形成结石。

四、胆汁酸代谢

(一) 初级胆汁酸的生成

肝细胞以胆固醇为原料合成初级胆汁酸,是体内胆固醇清除的主要途径。正常人每日约合成胆固醇 1～1.5 g,其中 0.4～0.6 g 在肝内转变成胆汁酸。胆固醇转变为初级胆汁酸的过程很复杂,催化各步反应的酶类主要分布在微粒体和胞质。胆固醇首先经 7α-羟化酶催化生成 7α-羟胆固醇,后者再经固醇核的还原、羟化、侧链氧化断裂、加辅酶 A 形成胆酰 CoA 和鹅脱氧胆酰 CoA,两者再水解脱去 CoA 形成胆酸和鹅脱氧胆酸这两种初级游离型胆汁酸。胆酰 CoA 和鹅脱氧胆酰 CoA 分别脱去 CoA 并与甘氨酸或牛磺酸结合形成的初级结合型胆汁酸(图 16-4)。

7α-羟化酶是胆汁酸合成限速酶。它是一种典型的单加氧酶,需要氧、NADPH 和细胞色素 P_{450} 的参与,维生素 C 作为羟化酶的辅酶对其具有促进作用。其受其产物胆汁酸反馈抑制。口服消胆胺可吸附胆汁酸减少肠道的重吸收,减轻对 7α-羟化酶的抑制,促使胆固醇转变为胆汁酸,从而降低血液中胆固醇。高胆固醇膳食在抑制 HMGCoA 还原酶合成的同时,可诱导 7α-羟化酶基因表达。这两个酶的协同作用维持体内血清胆固醇的水平。糖皮质激素、生长激素可提高 7α-羟化酶的活性。甲状腺素可诱导该酶的基因表达,故甲亢患者血清胆固醇含量降低,甲低患者血清胆固醇含量偏高。

(二) 次级胆汁酸的生成

结合型初级胆汁酸以胆汁酸盐的形式随胆汁排入肠道,促进脂类消化吸收的同时,在回肠和结肠上段经肠道细菌作用,水解脱去甘氨酸和牛磺酸而成为初级游离型胆汁酸,后者继续在肠道细菌作用下,7 位脱羟基转变成次级胆汁酸，其中胆酸转变为脱氧胆酸，鹅脱氧胆酸转变成为石胆酸。脱氧胆酸和石胆酸即为次级游离型胆汁酸，这两种胆汁酸在肠道被重吸收入肝后再与甘氨酸或牛磺酸结合形成次级结合型胆汁酸。

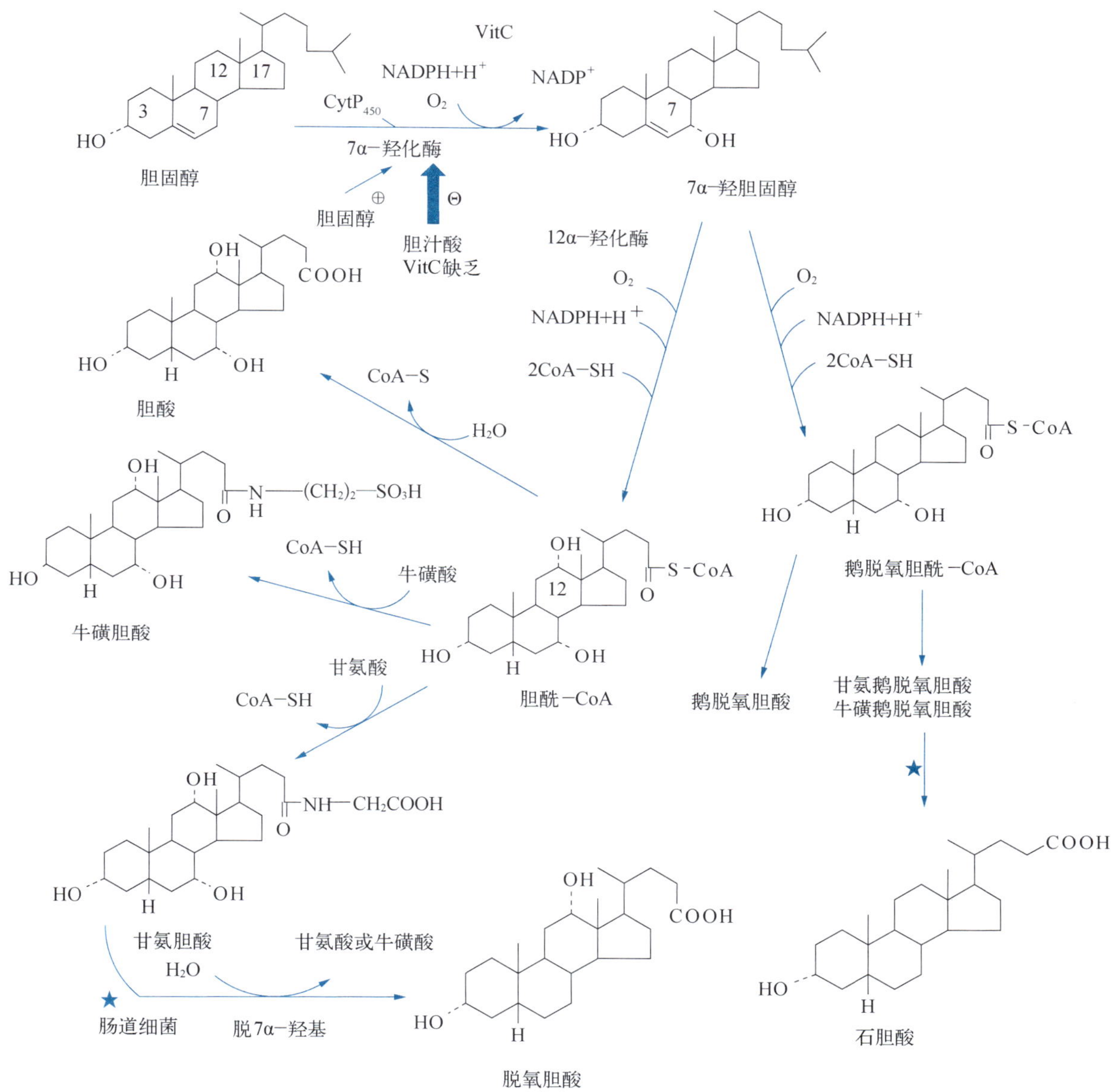

图 16-4　胆汁酸的生物合成

（三）胆汁酸的肠肝循环及其生理意义

进入肠道的各种胆汁酸（初级、次级、游离型和结合型），95%以上可由肠道重吸收，其中结合型的胆汁酸在回肠部位主动重吸收，游离型胆汁酸在肠道其他部位被动重吸收，重吸收的胆汁酸经门静脉入肝，肝细胞将游离型胆汁酸转变为结合型胆汁酸，并与肝细胞重吸收和新合成的结合胆汁酸一起随胆汁再次排入肠道，这样形成了胆汁酸的肠肝循环（图 16-5）。未被重吸收的胆汁酸（主要为石胆酸）随粪便排出，每天排出量 0.4～0.6 g，与肝合成胆汁酸量相当。

胆汁酸肠肝循环的生理意义：① 使有限的胆汁酸最大限度的反复利用，满足脂类消化吸收的需要。为满足脂类的消化吸收机体每日需 12～32 g 胆汁酸，而体内的胆汁酸池共 3～5 g，即使全部排入小肠，也难以满足饱餐后脂类乳化的需求。然而，由于每次餐后都可以进行 2～4 次肠肝循环，可使有限的胆汁酸发挥最大限度的乳化作用，使食物中脂类的消化吸收得以顺利进行。② 胆汁酸的肠肝循环还可维持胆汁中胆汁酸的相对浓度，避免胆固醇浓度过高溶解度下降析出结晶沉积下来形成胆固醇结石。

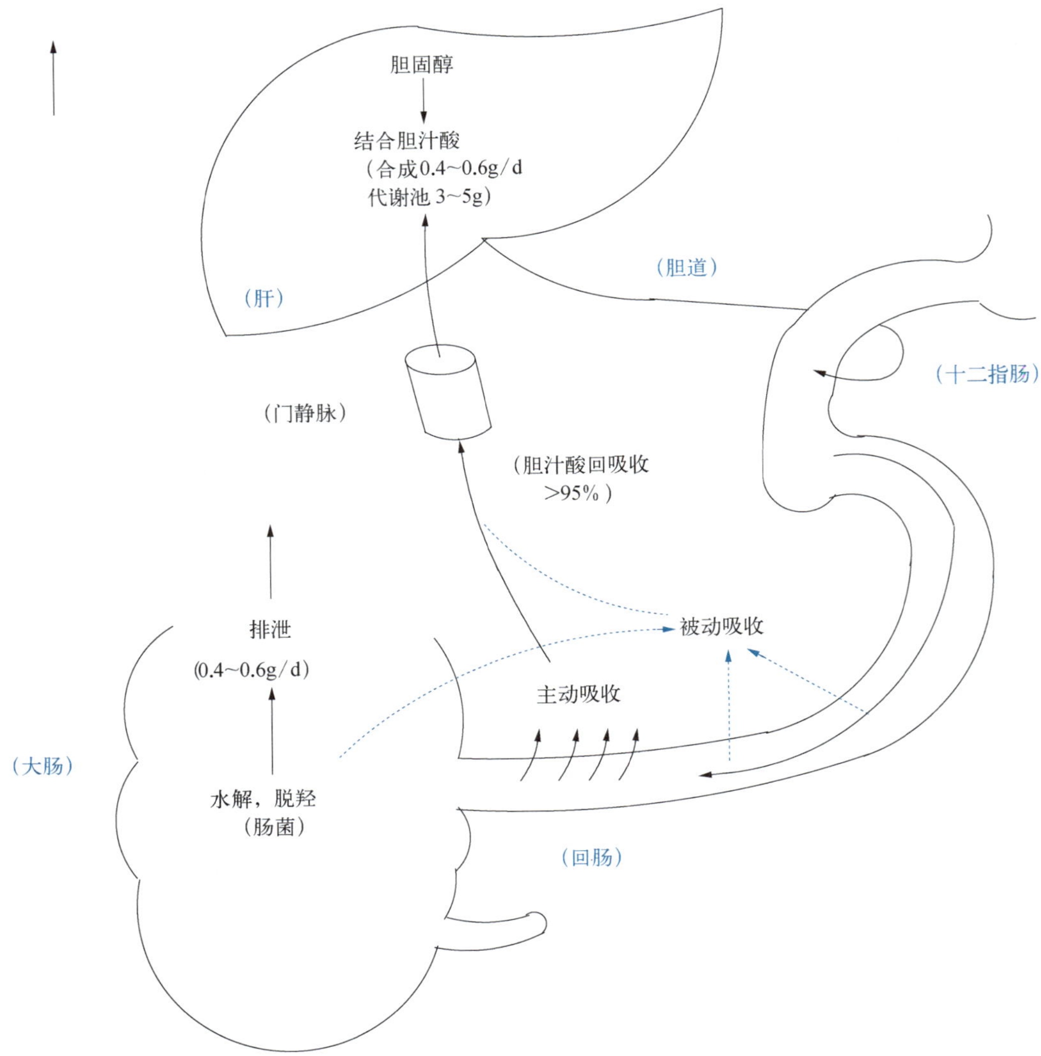

图 16-5 胆汁酸的肠肝循环

第五节 胆色素代谢

胆色素(bile pigments)是铁卟啉化合物在体内的主要分解代谢产物，包括胆红素(bilirubin)、胆绿素(biliverdin)、胆素原(bilinogens)和胆素(bilins)。正常时主要随胆汁从粪便排出体外，其中胆红素是胆汁中的主要色素，呈橙黄色，胆色素代谢异常时可导致高胆红素血症——黄疸。胆红素过量具有毒性，可引起大脑等组织细胞不可逆损害，但适宜的胆红素对人体呈现有益的一面。研究表明，胆红素是人体内强有力的内源性抗氧化剂，可有效清除超氧化物和氧化自由基，保护多种细胞膜免受氧化损伤。肝是胆红素代谢的主要器官，有关胆红素的知识对于认识肝胆疾病具有重要意义。

一、胆色素的正常代谢途径

(一) 胆红素的来源与生成

1. 胆红素的来源　胆红素是铁卟啉化合物在体内分解代谢产生。体内铁卟啉化合物有血红蛋白、肌红蛋白、细胞色素、过氧化氢酶和过氧化物酶等。大约80%以上的胆红素来源于衰老红细胞破坏所释放的血红蛋白分解，其余则部分来自造血过程中某些红细胞的过早破坏（无效造血）、部分来自其他含血红素蛋白（如细胞色素等）的分解。

2. 胆红素的生成　体内红细胞的寿命平均为120 d，衰老的红细胞被肝、脾、骨髓等单核吞噬系统破坏，释放出血红蛋白。正常成人每小时有$(1\sim2)\times10^8$个红细胞被破坏，释放出约6 g血红蛋白。血红蛋白分解为珠蛋白和血红素。珠蛋白可降解为氨基酸再次利用，血红素则由单核吞噬系统降解生成胆红素。

在单核吞噬系统细胞微粒体的血红素加氧酶（heme oxygenase，HO）催化下，血红素分子中的α-次甲基桥（=CH—）的碳原子两侧断裂，生成CO、铁和胆绿素，此步反应需O_2和NADPH的参与（图16-6）。这一反应是胆红素生成的限速步骤，血红素加氧酶是胆红素生成过程的限速酶。现已发现血红素加氧酶有三种同工酶，即诱导型的血红素加氧酶-1（HO-1）、组成型的血红素加氧酶-2（HO-2）和血红素加氧酶-3（HO-3），其中血红素加氧酶-1的分布广泛，可受血红素、缺氧等多种底物的诱导而使其表达增加，所以与血红素加氧酶-2和血红素加氧酶-3相比，血红素加氧酶-1在应激状态下对胆红素生成的影响更大。

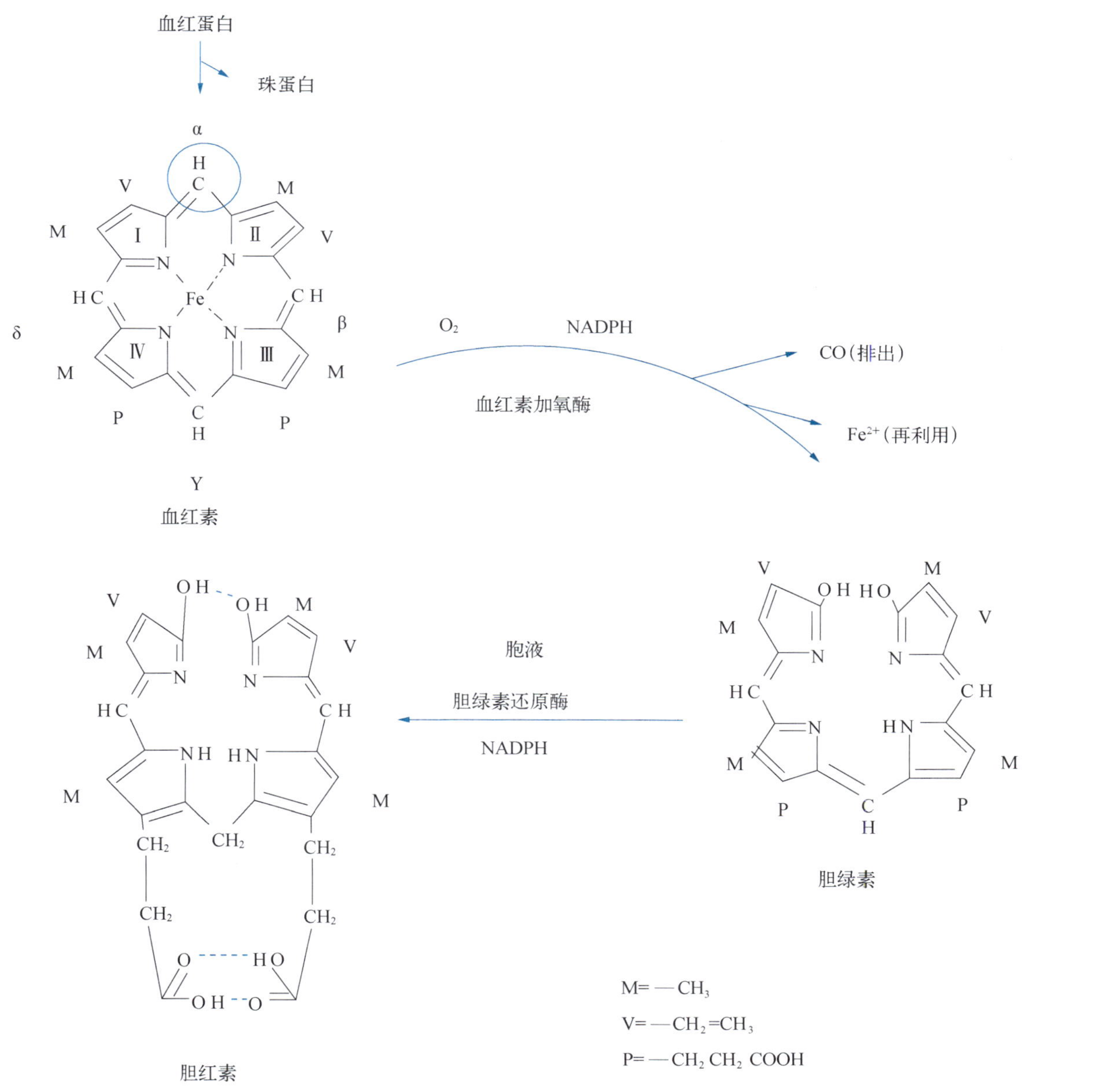

图16-6　胆红素的生成

释放的铁可进入铁代谢池再次利用，一部分 CO 可从呼吸道排出。胆绿素进一步在胞质中胆绿素还原酶的催化下，由 NADPH 提供氢还原生成胆红素。由于该酶活性较高，反应迅速，故正常人无胆绿素堆积。大约 1 g 血红蛋白产生 35 mg 胆红素，正常人每天有 250～300 mg 胆红素产生。

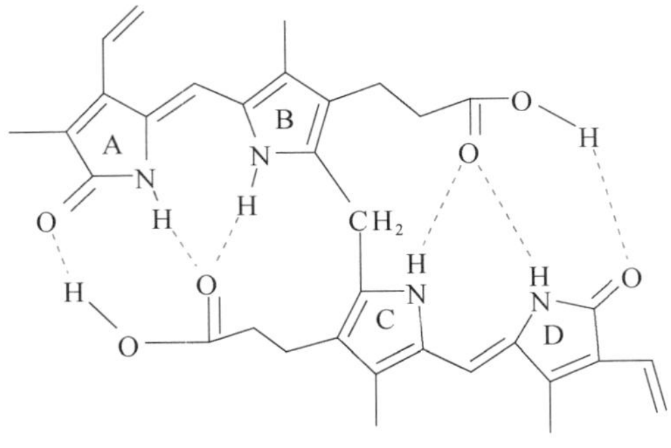

图 16－7 胆红素的空间构型(示意图)

虽然胆红素分子中含有羟基、亚氨基和丙酸基等亲水基团，理应溶于水，但这些基团在分子内部形成 6 个氢键，使其极性基团隐藏于分子内部，非极性基团位于外侧(图 16－7)，使胆红素成为非极性的脂溶性物质，易透过生物膜和血脑屏障导致毒性的发生。

(二) 胆红素在血液中的运输

在单核吞噬系统内生成的胆红素是亲脂的，能自由透过细胞膜进入血液。在血液中它主要与血浆白蛋白结合形成胆红素-白蛋白复合物形式运输。这种结合增加了胆红素在血浆中的溶解度，有利于运输，同时又限制其透过生物膜对组织细胞产生毒性。由于未经肝脏转化，胆红素的丙酸基仍然存在，故称游离胆红素(free bilirubin)或未结合胆红素(unconjugated bilirubin)。正常人每 100 ml 血浆中胆红素浓度为 0.1～1 mg，主要为未结合胆红素，故又将未结合胆红素称为血胆红素(hemo bilirubin)。胆红素-白蛋白复合物分子量大，不能经肾小球滤过而随尿排出，故尿液中无未结合胆红素。

每分子白蛋白有高亲和力和低亲和力两个结合位点。每 100 ml 血浆中所含白蛋白其高亲和力位点可紧密结合约 25 mg 胆红素。若血清胆红素超过这个量，就只能与白蛋白的低亲和力位点疏松结合，很容易分离进入组织。正常情况下，血浆中的白蛋白足以结合全部胆红素。胆红素与白蛋白的结合是非特异性、非共价键的可逆地结合。若白蛋白含量明显降低、结合部位被其他物质占据或降低胆红素对结合部位的亲和力，均可促使胆红素向组织细胞转移。某些有机阴离子如磺胺药、脂肪酸、水杨酸、胆汁酸等可与胆红素竞争性地结合白蛋白分子上的高亲和力位点，干扰胆红素与白蛋白的结合，从而导致胆红素游离出来，穿透生物膜对组织细胞造成损伤。过多的游离胆红素穿透血脑屏障进入脑组织与脑部基底核的脂类结合，干扰脑细胞的正常功能，称为胆红素脑病(bilirubin encephalopathy)或核黄疸(kernicterus)。因此对有黄疸倾向的患者或新生儿应该避免使用上述药物以免发生核黄疸而对大脑产生不可逆性损伤。

(三) 胆红素在肝细胞内的转变

胆红素-白蛋白复合物随血流运行至肝脏，在肝细胞内进一步代谢。在肝细胞内的代谢过程分为三个阶段：摄取、结合(转化)、排泄。

1. 摄取 胆红素-白蛋白复合物随血液运行至肝细胞表面，胆红素与白蛋白分离，胆红素迅速被肝细胞摄取。胆红素可以自由透过肝血窦肝细胞膜表面进入肝细胞。所以肝细胞对胆红素的摄取量取决于肝细胞对胆红素后续处理能力。

胆红素进入肝细胞后，与胞质中两种配体蛋白——Y 蛋白(protein Y)和 Z 蛋白(protein Z)结合形成复合物，避免胆红素返回入血液，并以此形式转运至肝细胞滑面内质网。Y 蛋白比 Z 蛋白对胆红素的亲和力强，且含量丰富，占人肝细胞胞质蛋白总量的 3%～4%，是肝细胞内主要的胆红素配体蛋白。婴儿在出生 7 周后，体内 Y 蛋白的水平才能达到成年人的水平，故此时可发生新生儿生理性黄疸。甲状腺素可竞争性的与 Y 蛋白结合，影响肝细胞对胆红素的摄取。

2. 结合(转化) 胆红素-配体蛋白复合物被转运到滑面内质网，在葡萄糖醛酸基转移酶的催化下与配体蛋白分离，胆红素接受 UDP－葡萄糖醛酸提供的葡萄糖醛酸基，生成胆红素葡萄糖醛酸酯。由于胆红素分子中含有 2 个羧基，每分子胆红素可结合 2 分子葡萄糖醛酸。胆红素葡萄糖醛酸二酯是主要的结合产物，仅有少量胆红素葡萄糖醛酸一酯生成(此外，尚有少量胆红素与硫酸结合，生成硫酸酯)。这些胆红素称为结合胆红素或肝胆红素(图 16－8)。通过结合反应肝细胞将脂溶性、有毒的未结合胆红素转化成了无毒的水溶性的结合胆红素，这是肝脏生物转化的第二相反应结合反应，故这一阶段称为结合作用。这也是肝脏典型的生物转化作用方式，故又称为转化作用。

UDP葡萄糖 $\xrightarrow[2NAD^+ \rightarrow 2NADH+2H^+]{\text{UDP葡萄糖脱氢酶}}$ UDP葡萄糖醛酸(UDPGA)

胆红素+UDP葡萄糖醛酸 $\xrightarrow{\text{UDP葡萄糖醛酸基转移酶}}$ 胆红素葡萄糖醛酸一酯+UDP

UDP葡萄糖醛酸+胆红素葡萄糖醛酸一酯 $\xrightarrow{\text{UDP葡萄糖醛酸基转移酶}}$ 胆红素葡萄糖醛酸二酯+UDP

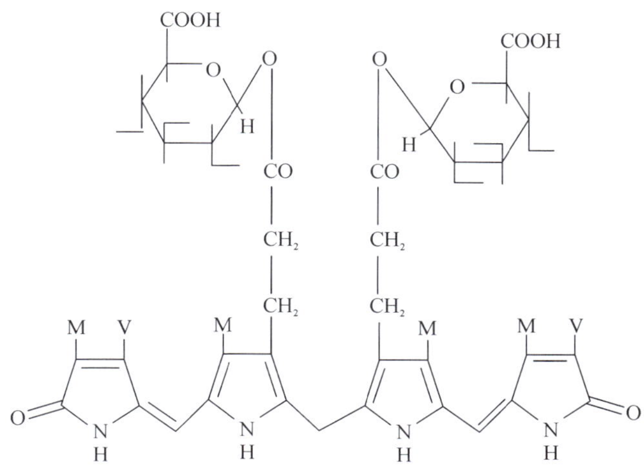

图 16-8　葡萄糖醛酸胆红素的结构

M：$-CH_3$；V：$-CH_2=CH_2$

UDP-葡萄糖醛酸基转移酶可被许多药物如苯巴比妥等诱导合成，因此，临床上可用苯巴比妥消除新生儿黄疸。

3. 排泄　结合胆红素由肝细胞排泄入肝内毛细胆管，随胆汁排入肠道。毛细胆管中结合胆红素的浓度远高于肝细胞中的浓度，故肝细胞排出胆红素是一个逆浓度梯度的耗能过程，被认为是肝细胞代谢胆红素的限速步骤。定位于肝细胞胆小管膜的多耐药性相关蛋白 2(multidrug resistance-like protein 2，MRP-2)是肝细胞向胆小管分泌结合胆红素的转运蛋白。结合胆红素溶于水，易溶于胆汁，由胆道排出。故正常时血中、尿中无结合胆红素，只有当胆道阻塞，毛细胆管因压力过高而破裂时，其逆流入血，在血、尿中出现。

苯巴比妥等药物同样可以诱导肝细胞排泄结合胆红素。可见肝细胞对胆红素的摄取、结合转化、排泄构成相互协调的功能体系，保证了血浆胆红素不断被清除。

由胆红素代谢过程可见，体内胆红素可分为未结合胆红素和结合胆红素两种形式。结合胆红素、未结合胆红素与重氮试剂的反应方式不同，未结合胆红素因其侧链丙酸基上的羧基和其他极性基团在分子内形成氢键，使分子卷曲而封闭其作用部位，因此不能直接与重氮试剂起反应。必须先加入乙醇或尿素等破坏分子内氢键，才能与重氮试剂产生紫红色反应，称为间接反应阳性，所以未结合胆红素又称间接胆红素(indirect-reacting bilirubin)。结合胆红素分子中的侧链丙酸基与葡萄糖醛酸结合，无分子内氢键生成，分子处于比较伸展的状态，不需加乙醇等试剂，能直接与重氮试剂起紫红色反应，故称直接反应阳性，为此结合胆红素也称直接胆红素(direct-reacting bilirubin)。两种胆红素的区别见表 16-7。

表 16-7　两种胆红素的区别比较

	未结合胆红素	结合胆红素
同义名称	游离胆红素、血胆红素、间接胆红素、肝前胆红素	肝胆红素、直接胆红素、葡萄糖醛酸胆红素
来源	单核吞噬系统内衰老的细胞破裂释放的血红蛋白分解产生	由未结合胆红素在肝细胞内经生物转化生成，故又称肝胆红素。
结构	6,7 位丙酸基未与其他基团结合，故称未结合胆红，也叫游离胆红素	6,7 位丙酸基与其他基团结合，且多葡萄糖醛酸结合，故称结合胆红素，也叫葡萄糖醛酸胆红素

续表

	未结合胆红素	结合胆红素
在血液中的含量	血液中胆红素总量 0.1～1 mg/100 ml,其中未结合胆红素约为 80%。故又称血胆红素	占血液胆红素总量的 20%以下
溶解性	脂溶性	水溶性
通过细胞膜的能力及毒性	大	小
在血浆中存在的形式	胆红素与清蛋白形成复合物	
能否透过肾小球随尿液排出	不能	能
与重氮试剂反应*	间接反应阳性,故又称间接胆红素	直接反应阳性,故又称直接胆红素
胆汁中	无	有

*重氮试剂反应又称范登伯反应(van den Bergh's test)。

(四) 胆红素在肠道中的转变及胆素原的肠肝循环

肝脏转化生成的结合胆红素随胆汁排入肠道后,在回肠下段和结肠受肠道细菌作用,水解脱去葡萄糖醛酸,并被逐步还原生成中胆素原、d-尿胆素原和粪胆素原。这些物质统称为胆素原。肠中生成的胆素原大部分(80%～90%)随粪便排出,在肠道下段,这些无色胆素原接触空气分别被氧化为相应的 l-尿胆素、d-尿胆素和粪胆素,三者合称胆素。胆素呈黄褐色,是粪便的主要色素。成人每天排出量依血红蛋白分解情况而定,一般为 40～280 mg。

肠道中 10%～20%的胆素原可被肠黏膜细胞重吸收,经门静脉入肝。其中大部分以原型的形式随胆汁再次排入肠道,形成胆素原的肠肝循环。少量胆素原进入体循环运行至肾随尿排出,称为尿胆素原。正常人每日随尿排出 0.5～4 mg 的胆素原,胆素原接触空气后被氧化成尿胆素,后者是尿的主要色素。临床上将尿胆红素、尿胆素原、尿胆素称之为尿三胆。

二、血清胆色素代谢异常——高胆红素血症(黄疸)

正常人血清中胆红素含量很少,其总量不超过 17.1 μmol/L(1 mg/dl),其中间接胆红素约占 4/5,余为直接胆红素。凡能引起胆红素生成过多,或肝细胞对胆红素处理能力降低(摄取、结合、排泄发生障碍)或胆红素肝外排泄受阻的因素,都可使血中胆红素浓度升高,称高胆红素血症。胆红素是橙黄色的,血清中含量增高可扩散进入组织,因其与弹性蛋白有较高亲和力,可将巩膜、皮肤等富含弹性蛋白的部位染黄,称为黄疸。若血清总胆红素浓度为 1～2 mg/dl 时,肉眼不易观察到黄染,称为隐性黄疸;当血清总胆红素浓度超过 34.2 μmol/L (2 mg/dl)时,黄染则十分明显,称为显性黄疸。

临床上根据发病原因的不同将黄疸分溶血性黄疸、肝细胞性黄疸和阻塞性黄疸三种类型。

(一) 溶血性黄疸

溶血性黄疸(hemolytic jaundice),又称肝前性黄疸,是由于红细胞大量破坏,在单核-吞噬细胞系统生成胆红素过多,超过肝细胞的摄取、转化和排泄能力,造成血清未结合胆红素浓度增高。此时,血中结合胆红素的浓度改变不大,尿胆红素阴性。由于肝对胆红素的摄取、转化和排泄增多,从肠道吸收的胆素原增多,造成粪、尿胆素原增多,重氮反应试验间接反应阳性。某些疾病(如恶性疟疾、过敏等)、药物和输血不当等多种因素均可引起红细胞大量破坏导致溶血性黄疸。

(二) 肝细胞性黄疸

肝细胞性黄疸(hepatocellular jaundice)又称肝原性黄疸,由于肝细胞受损,肝细胞处理胆红素的能力降低造成血清胆红素浓度升高。肝细胞性黄疸时,不仅由于肝细胞摄取、转化胆红素障碍会导致血清未结合胆红素升高,还由于肝细胞的肿胀,压迫肝内毛胆管,使肝细胞排泄障碍而致部分结合胆红素逆流入血,造成血清结合胆红素浓度增高。通过肠肝循环到达肝的胆素原也可经损伤的肝组织进入体循环,并从尿中排出。所以,临床检验可以发现血清未结合胆红素和结合胆红素都增高,尿胆红素阳性,尿胆素原可增高。肝细胞性黄疸常见于肝实质性疾病,如各种肝炎、肝硬化和肝肿瘤等。

（三）阻塞性黄疸

阻塞性黄疸(obstructive jaundice)又称肝后性黄疸，由于各种原因引起的胆汁排泄受阻，使胆小管和毛细胆管内压力增大，通透性增加，致使结合胆红素逆流入血，造成血清结合胆红素浓度升高。血清未结合胆红素无明显改变。由于结合胆红素可以从肾排出体外，所以尿胆红素阳性；胆管阻塞使胆红素排入肠道减少，生成胆素原减少，粪胆素原、尿胆素原降低。胆道完全阻塞的患者粪便可呈灰白色或陶土色。阻塞性黄疸常见于胆管炎症、肿瘤、结石或先天性胆管闭锁等疾病。

三种黄疸血、尿、便的改变情况见表16-8。

表16-8　三种类型黄疸血、尿、便的改变

	正　常	溶血性黄疸	肝细胞性黄疸	阻塞性黄疸
原因		红细胞大量破坏，血红蛋白分解增多	肝细胞损伤伴肝内毛细胆管淤阻	胆道梗阻，胆汁逆流入血
血清胆红素				
浓度	<1 mg/dl	>1 mg/dl	>1 mg/dl	>1 mg/dl
未结合胆红素	0.2～0.8 mg/dl	显著增高	增高	不变
结合胆红素	<0.2 mg/dl	不变或微增	增高	显著增高
范登伯试验	直接阴性	直接阴性	直接阳性	直接强阳性
	间接弱阳性	间接强阳性	间接阳性	间接弱阳性
尿三胆				
胆红素	无	无	有	有
胆素原	0.5～4 mg/24 h	增高	不一定	降低或无
尿胆素	少量	增高	不一定	降低或无
粪胆素原	40～280 mg/24 h	增高	降低或正常	降低或无
粪便颜色	黄色	深黄色	可变浅	变浅或灰白色

第六节　常用的肝功能检验项目及其意义

肝脏是人体物质代谢最为活跃的器官，具有多种代谢功能。临床上常用的肝功能检查方法一般是根据肝脏的某种代谢功能而设计。通过血、尿、便的化学成分改变来了解肝脏疾病，以协助疾病诊断和治疗，观察疾病的转归和预后。

临床上分析肝功能检查结果时，要评价肝功能是否正常，需要考虑以下几个问题：① 肝功能检查也有其局限性，因为肝脏储备能力很大，具有很强的再生和代偿能力，因此，肝功能检查正常，不等于肝细胞没有受损。反之，当肝功能检查异常，必然反映肝脏有广泛的病变。② 目前还没有一种实验能反映肝功能的全貌，因此，临床上要根据病因、病史、有无传染源、症状、体征及同时做几项肝功能检查来综合分析，才能作出正确的诊断与治疗。③ 某些肝功检验指标并非肝脏所特有的，肝外器官的病变也可导致假阳性的出现。如转氨酶、乳酸脱氢酶在心脏和骨骼肌病变时，亦可以发生变化，所以在分析肝功能检验结果时，要注意排除肝外疾病或因素。

常用的以某种代谢功能为依据的肝胆功能检查有如下几种：

一、代谢功能检验

肝脏是糖、脂、蛋白质代谢最为活跃的器官，肝损伤时相关代谢功能受损会引起相关指标发生改变。肝细胞受损时蛋白质、糖、脂相关指标的检测及其意义见表16-9。

表 16-9 肝脏代谢功能检测指标及其意义

类别	检测指标	临床意义
蛋白质代谢功能实验	血清总蛋白	严重肝炎及肝硬化时减少
	A/G	慢性肝病和肝硬化时减少
	免疫球蛋白	慢活肝、肝硬化时增高
	血中尿素氮测定	严重肝功能不全时降低
	血氨测定	急、慢性肝炎,重症肝炎、肝硬化时增高
	纤维连接蛋白	肝纤维化时增高
	甲胎蛋白	原发性肝癌时显著增高
	癌胚抗原	转移性肝癌时阳性率高
糖代谢	空腹血糖	肝功能不全时降低
	葡萄糖耐量试验	肝病时异常
脂类代谢	血清总胆固醇	阻塞性黄疸和肝内胆汁淤积时升高,重症肝炎和肝硬化时明显降低
	血清胆固醇酯	慢性肝炎时呈中度降低
	血磷脂	阻塞性黄疸和胆汁淤积性肝硬化时升高
	血清三酰甘油	阻塞性黄疸及脂肪肝时升高;在肝实质损伤时游离脂及酸升高
	血胆汁酸	肝炎、肝硬化、肝癌时升高

二、血清中酶学测定

肝细胞内酶的种类及含量非常丰富。当肝细胞坏死或受损时,细胞膜通透性增加,肝细胞内的酶进入血液使血液中这些酶的活性增加,因此对血清相关酶活性的检测可以反映肝细胞的功能。目前血清酶学检测按其与肝胆疾病的关系分为三类。

(1) 反映肝实质细胞损伤为主的酶类:主要有丙氨酸氨基转移酶(ALT)、天冬氨酸氨基转移酶(AST)等。

(2) 反映胆汁淤积为主的酶类:主要有 γ-谷氨酰转移酶(γ-GT)、碱性磷酸酶(ALP)、乳酸脱氢酶(LDH)等。

(3) 反映肝纤维化为主的酶类:主要有单胺氧化酶(MAO)、透明质酸酶(HA)等。

三、肝脏分泌与排泄功能实验

肝脏通过肝细胞的摄取、转化、排泄等一系列过程对体内一些异源性物质加以分泌和排泄,当肝功能降低时,体内蓄积有毒物质,导致机体中毒。常用的指标有血清总胆红素、直接胆红素、间接胆红素、尿三胆(尿胆红素、尿胆素原、尿胆素)等反映胆色素代谢功能实验,溴酚酞(BSP)试验或吲哚氰绿(ICG)试验来观察肝脏对外源性染料清除能力,以反映肝脏的生物转化功能。

小结

肝脏是人体物质代谢最为活跃的器官,在糖、脂类、蛋白质、维生素和激素代谢中均起重要作用。肝通过生物转化作用将非营养物质进行改造,增高其溶解度,促使其排出体外。

胆汁酸是在肝细胞内由胆固醇转化而来,是肝清除体内胆固醇的主要形式。7α-羟化酶是胆汁酸合成的限速酶,胆汁酸对其具有反馈抑制调节。肝细胞合成初级胆汁酸,经肠道细菌作用生成次级胆汁酸。不管初级还是次级胆汁酸都有游离型和结合型,结合型胆汁酸是游离型胆汁酸在肝内与甘氨酸或牛磺酸结合形成。大部分胆汁酸经肠肝循环而被再利用,以满足对脂类消化吸收的生理需要。

胆色素是铁卟啉化合物在体内的主要分解产物,包括胆红素、胆绿素、胆素原和胆素。胆红素主要由血红蛋白分解产生。在血液中主要以胆红素-白蛋白复合物运输至肝，被肝细胞摄取、转化为结合胆红素并排泄入胆汁，随胆汁排入小肠。在肠道中，胆红素被还原成胆素原。胆素原大部分随粪便排出，被氧化为黄褐色的胆素。少量的胆素原被肠黏膜细胞重吸收，经门静脉入肝。其中大部分以原型的形式再次排入肠道，形成胆素原的肠肝循环，少量进入体循环入肾随尿排出被氧化成尿胆素。正常人血清中胆红素含量很少。凡能引起胆红素生成过多，肝细胞处理能力降低或肝外排泄受阻的因素，都可使血中胆红素浓度升高，称高胆红素血症。大量橙黄色的胆红素可扩散入组织引起黄疸。临床上常见有溶血性黄疸、肝细胞性黄疸和阻塞性黄疸。各种黄疸均有其独特的生化检查指标。

【复习思考题】

1. 什么是生物转化，有何生理意义？
2. 何谓胆汁酸的肠肝循环？有何生理意义？
3. 试比较三种类型黄疸发生的原因及血、尿、便的改变情况。

（杨金蓉）

第十七章

血液的生物化学

学习要点

掌握：① 非蛋白氮(NPN)的概念；② 血浆蛋白的分类；③ 成熟红细胞糖代谢特点；④ 血红素生物合成的原料、细胞定位及限速酶。

熟悉：① 血液的组成成分；② 血浆蛋白的性质与功能；③ 血红素生物合成过程及调节。

了解：① 成熟红细胞的脂代谢特点；② 血红蛋白的合成及调节；③ 白细胞代谢特点。

血液(blood)是在心脏和封闭的血管内循环流动的一种红色不透明黏稠液体，它与淋巴液、组织间液一起组成细胞外液，是体液的重要组成部分。

成年人血液总量约占体重的8%左右，婴幼儿比成人血容量大。若一次失血少于总量的10%，对身体影响不大，若大于总量的20%以上，则可严重影响身体健康，当失血超过总量的30%时将危及生命。血液在沟通内外环境及机体各部分之间、维持机体内环境的恒定及多种物质的运输、免疫、凝血和抗凝血等方面都具有重要作用。同时由于血液取材方便，通过血中某些代谢物浓度的变化，可反映体内的代谢或功能状况，因此与临床医学有着密切的关系。

成人血液的相对比重为1.050～1.060，血浆相对比重为1.025～1.030，血清相对比重为1.024～1.029，红细胞的相对比重约为1.090。全血的相对比重取决于血细胞数和血浆蛋白的浓度，血浆的相对比重主要取决于血浆蛋白的含量，红细胞的相对比重与其所含血红蛋白量成正比。血液的pH为7.40±0.05，静脉血因含较多的CO_2其pH比动脉血稍低；血浆渗透压在37 ℃时为7.7×10^5 Pa。

本章将从生物化学角度阐述血液的组成及功能、血浆蛋白、血细胞代谢等问题。

第一节　血液的组成成分和功能

一、血液的组成成分

血液也称全血，由血浆(plasma)和红细胞、白细胞及血小板等有形成分组成。血浆为浅黄色半透明液体，是离体血液加入抗凝剂离心使有形成分沉降后，所得到的上清液，其颜色与胆红素有关。血清(serum)是血液自然凝固后血凝块收缩所析出的淡黄色透明液体。凝血过程中，血浆中的纤维蛋白原转变成纤维蛋白析出，故血清中不含纤维蛋白原。在临床医疗工作中，经常要采取全血、血浆、血清三种血液标本，在制备时应注意区别。

血液中的化学成分含量是相对恒定的，仅在有限范围内变动。机体的生理变化和病理变化往往引起血液成分的改变，所以血液成分的检测具有重要的临床意义。

正常人血液化学成分可简要概括为下列三类：

（一）水

正常人全血含水 81%～86%，血浆中含水达 93%～95%。血液中的水分具有重要的生理功能。水是血浆和血细胞内所含各种物质的溶剂，参与血液与其他体液间的物质交换。水的比热大，可以吸热、散热，有助于调节体温。

（二）气体

O_2 和 CO_2 通过血液运输，它们是血液中的气体成分。

（三）可溶性固体

血液中的可溶性固体分为有机物与无机盐两大类。其中有机物包括：蛋白质（血红蛋白、血浆蛋白质及酶与蛋白类激素）、非蛋白含氮化合物、糖及其他有机物和维生素、脂类（包括类固醇激素）。无机物主要为各种离子，如 Na^+、K^+、Ca^{2+}、Mg^{2+} 等重要的阳离子，以及 Cl^-、HCO_3^-、HPO_4^{2-} 等阴离子，这些电解质在维持血浆晶体渗透压、酸碱平衡和肌肉的兴奋性等方面起着重要的作用。

二、血液中的非蛋白含氮化合物

血液中除蛋白质以外的含氮物质称为非蛋白含氮化合物。主要有尿素（urea）、肌酐（creatinine）、肌酸（creatine）、尿酸（uric acid）、氨基酸、肽、氨及胆红素（bilirubin）等，这些非蛋白含氮化合物所含的氮称为非蛋白氮（non-protein nitrogen，NPN）。正常成人血中 NPN 含量为 14.3～25.0 mmol/L。非蛋白含氮化合物大多是蛋白质和核酸等物质代谢的终产物，主要通过肾脏随尿排出体外。当肾功能障碍影响排泄时会导致其在血中浓度升高，这也是血中 NPN 升高最常见的原因。此外，当肾血流量下降，体内蛋白质摄入过多，消化道出血或高热、糖尿病等导致体内蛋白质分解代谢增强等也会使血中 NPN 升高，临床上将血中 NPN 升高称之为氮质血症。临床上可通过测定血中 NPN 含量以了解肾功能。

尿素是非蛋白含氮化合物中含量最多的一种物质，正常人尿素氮（blood-urea-nitrogen，BUN）约占血液 NPN 含量的 1/3～1/2（3.2～7.1 mmol/L），疾病时常因尿素氮升高而导致 NPN 升高，故临床上测定血中的尿素氮也能反映肾功能情况。

血尿酸是体内嘌呤化合物分解代谢的终产物。临床上采用尿酸酶法测定。正常人血清中尿酸含量为：男性 0.15～0.38 mmol/L，女性 0.10～0.30 mmol/L。当机体肾排泄功能障碍或嘌呤化合物分解代谢过多如痛风、白血病、中毒性肝炎等疾病均可使血中尿酸升高。

肌酸是肝细胞利用精氨酸、甘氨酸和 S-腺苷甲硫氨酸（SAM）为原料而合成的，主要存在于肌肉和脑组织中，正常人血中含量为 228.8～533.8 μmol/L。肌萎缩等广泛性肌病时，血中肌酸增多，尿中排出也增加。肌酸和 ATP 反应生成磷酸肌酸是体内 ATP 的储存形式。肌酐是由肌酸脱水或由磷酸肌酸脱磷酸脱水而生成的产物，是肌酸代谢的终产物，正常人血中肌酐的含量为 88.4～176 μmol/L。肌酐全部由肾排泄，且食物蛋白质的摄入量不影响血中肌酐的含量，故临床检测血肌酐含量较尿素更能正确地了解肾功能。

正常血氨浓度为 5.9～35.2 μmol/L，氨在肝中合成尿素，当肝功能障碍时，血氨升高，血中尿素含量则下降。

第二节　血 浆 蛋 白 质

血浆蛋白是血浆中各种蛋白质的总称，既有单纯蛋白又有结合蛋白，还有种类各异的抗体。血浆蛋白种类可达数千种，目前有了解的约 500 多种，已被分离的有 200 多种。各种蛋白质的含量也极不相同。

一、血浆蛋白质的组成及分类

血浆蛋白质（plasma protein）是血浆中除水分外含量最多的一类化合物，正常人血浆蛋白总浓度为 60～

80 g/L。血浆蛋白质的分类是一个较复杂的问题,随着分离方法的进展和对血浆蛋白质功能了解的增多,可从不同的角度进行归纳分类。通常可按来源、分离方法和生理功能等将血浆蛋白进行分类。

按不同的来源可将血浆蛋白质分为两大类。一类为血浆功能性蛋白质,是由各种组织细胞合成后分泌入血浆,并在血浆中发挥其生理功能,包括抗体、补体、凝血酶原、生长调节因子、转运蛋白等。这类蛋白质的量和质的变化反映了机体代谢方面的变化;另一类则是在细胞更新或遭到破坏时溢入血浆的蛋白质。如血红蛋白、淀粉酶、转氨酶等。这些蛋白质在血浆中的出现或含量的升高往往反映了有关组织的更新、破坏或细胞通透性改变。

分离蛋白质的实验方法常用的有中性盐盐析法、电泳法和超速离心法。用不同浓度的中性盐(如硫酸铵、硫酸钠或氯化钠等)进行盐析,可将血浆蛋白质分为清蛋白(albumin, A)、球蛋白(globulins, G)、纤维蛋白原(fibrinogen)等几部分。正常成人血浆中清蛋白含量为 35～52 g/L,球蛋白含量 16～35 g/L,两者比值为 1.5～2.5(A/G=1.5～2.5),纤维蛋白原正常含量为 2～4 g/L。

电泳法因支持物不同,对血浆蛋白质的分离程度有较大差别。临床常采用简单快速的醋酸纤维素薄膜电泳分离血浆蛋白,按泳动速率快慢分为清蛋白、α_1、α_2、β 和 γ 球蛋白及纤维蛋白原六种成分,血清标本中因不含纤维蛋白原而只分离出五种组分(表 17-1)。各组分实际上仍是多种蛋白质的混合物。用分辨率更高的聚丙烯酰胺凝胶电泳和免疫电泳等方法还能分离出更多的血浆蛋白质种类。

表 17-1　血清蛋白醋酸纤维素薄膜电泳各区带浓度百分比及含量参考值

	清蛋白	α_1-球蛋白	α_2-球蛋白	β-球蛋白	γ-球蛋白
浓度百分比(%)	57～68	1～5.7	4.9～11.20	7～13	9.8～18.2
含　量(g/L)	35～52	1.0～4.0	4.0～8.0	5.0～10.0	6.0～13.0

超速离心法是根据血浆蛋白质在一定密度的盐溶液中因密度大小不同而进行分离,如血浆脂蛋白的分离常采用此法。

由于血浆蛋白质种类繁多,结构复杂,有些蛋白质的化学结构和功能尚未完全阐明,所以按上述的分类方法很难对其进行恰当的分类。目前也主张按照血浆蛋白的功能分为以下几类:① 凝血系统蛋白质;② 纤溶系统蛋白质;③ 免疫球蛋白;④ 补体系统蛋白质;⑤ 血浆蛋白酶抑制剂;⑥ 运输载体类蛋白质;⑦ 脂蛋白;⑧ 未知功能血浆蛋白质。

二、血浆蛋白质的特点与功能

(一) 血浆蛋白质的特点

1. *绝大多数血浆蛋白质在肝脏合成*　除 γ-球蛋白是由浆细胞合成,少数是由内皮细胞合成,大多数血浆蛋白质是由肝细胞合成的。

2. *合成场所一般位于膜结合的多核糖体上*　进入血浆前,合成的血浆蛋白先以蛋白质前体出现,经翻译后的修饰加工如信号肽的切除、糖基化、磷酸化等而转变为成熟蛋白。血浆蛋白质自肝脏合成后分泌入血浆的时间为 30 min 到数小时不等。

3. *血浆蛋白质绝大多数是糖蛋白*　含有 N 或 O 连接的寡糖链,根据其含糖量的多少可分为糖蛋白(glycoprotein)和蛋白聚糖(proteoglycan)。糖蛋白中糖的含量<40%,蛋白多糖中含糖量可达 90%～95%。现认为糖蛋白中的糖链具有许多重要的作用,如血浆蛋白质合成后的定向转移,细胞的识别功能;此外糖链还可使一些血浆蛋白质的半寿期延长。目前知道仅有少数几种蛋白质如前清蛋白、清蛋白、视黄醇结合蛋白和 C-反应蛋白是不含糖的。

4. *许多血浆蛋白质都具有多态性*　多态性是孟德尔式或单基因遗传的性状,即指同一群体中两种或两种以上变异并存的现象。如运铁蛋白、铜蓝蛋白、结合珠蛋白和免疫球蛋白等均具有多态性,这对遗传研究及临床工作均有重要的意义。

5. *在循环过程中,每种血浆蛋白均有自己的半衰期*　正常成人的清蛋白和结合珠蛋白的半衰期分别为 20 d 和 5 d 左右。

6. 在一些组织损伤及急性炎症时，某些血浆蛋白质的含量会升高，这些蛋白质称为急性时相蛋白质(acute phase protein, APP) 包括C-反应蛋白、a_1抗胰蛋白酶、结合珠蛋白、a_1酸性蛋白和纤维蛋白原等。白细胞介素-1是单核吞噬细胞释放的一种多肽，它能刺激肝细胞合成许多急性时相蛋白。这些急性时相蛋白在人体炎症反应时发挥一定的作用，如a_1抗胰蛋白酶能使急性炎症反应时释放的某些蛋白酶失活。但是有些蛋白质如清蛋白与运铁蛋白等则在急性炎症反应时含量下降。

(二) 血浆蛋白质的功能

血浆蛋白质种类多，表现的功能也是多种多样的，虽然其中有不少蛋白质的功能尚未完全阐明，但大多数蛋白质的特殊功能已有了解，现概述如下：

1. 维持血浆胶体渗透压 血浆胶体渗透压由血浆蛋白质产生，其大小取决于蛋白质的浓度和分子大小。清蛋白是血浆中含量最多的蛋白质，由肝细胞合成，成人每日合成清蛋白约12 g，占肝脏合成分泌蛋白质总量的50%。清蛋白分子质量小(约为69 kDa)，含585个氨基酸，等电点为4.7。血浆胶体渗透压中75%是由清蛋白产生，故清蛋白的主要功能是维持血浆胶体渗透压。血浆胶体渗透压只占总渗透压的极小部分，但是对血管内外的血浆和组织液的交换和分布影响极大。任何病因引起的血浆总蛋白质含量减少，或血浆总蛋白量正常但清蛋白浓度明显降低，如营养不良引起血浆蛋白合成原料减少；严重肝病导致合成能力降低；肾脏疾病、大面积烧伤等使血浆蛋白质丢失过多；甲状腺功能亢进、发热等造成蛋白质分解过多等均可导致血浆胶体渗透压下降，使组织液潴留于组织间隙而产生水肿。

2. 调节体液的H^+浓度 正常血浆的pH为7.4±0.05，而血浆蛋白质的等电点大多在pH4.0～7.3，因此血浆中的蛋白质多数以负离子的形式存在，以弱酸或部分弱酸盐的形式与蛋白质组成缓冲对，结合细胞代谢所产生的H^+，参与维持血液pH的相对恒定。

3. 凝血、抗凝血和纤溶作用 血液凝固是有许多因素参与的连锁反应。已知参与血液凝固过程的凝血因子至少有13种，除因子Ⅳ为Ca^{2+}外，其余均为糖蛋白，且大部分由肝脏合成。血液凝固后再次溶解的现象称为纤维蛋白溶解。人体血液中所含有的参与纤溶或影响纤溶的成分称之纤维蛋白溶解系统(fibrinolytic system)，简称纤溶系统，其作用是将纤维蛋白溶解酶原转变为纤维蛋白溶解酶(纤溶酶)，及纤溶酶降解纤维蛋白或纤维蛋白原。纤溶系统包括三类：① 纤溶酶原、纤溶酶；② 激活剂；③ 抑制剂。激活剂属于丝氨酸蛋白酶，而抑制剂都是蛋白酶的抑制剂，其化学本质也都是蛋白质。纤溶系统是维持人体生理功能所必需的，当该系统功能亢进时易发生出血现象，功能下降时则导致血栓形成，因此具有重要的生理病理意义。

4. 免疫作用 机体受抗原刺激后，由浆细胞产生的具有免疫作用的球状蛋白，称为免疫球蛋白(immunoglobulin, Ig)，又称为抗体。免疫球蛋白能识别特异性抗原并与之结合，形成抗原抗体复合物，从而阻断了抗原对机体的危害作用。免疫球蛋白在电泳时主要出现于γ-球蛋白部分，血浆γ-球蛋白几乎全是Ig，但也有一小部分Ig可出现于α-或β-球蛋白部分。免疫球蛋白按其免疫化学特征分为五大类，即IgG、IgA、IgM、IgD及IgE(按正常人血浆中所含浓度递减顺序排列)，它们在分子结构上有共同特点，即都由一个四链单位构成单体。补体系统是一类以酶原形式存在的蛋白酶的总称。不包括抑制剂或灭活剂在内，该体系包含有C_1～C_9、B因子、备解素等17种蛋白质。补体能协助抗体完成免疫功能。抗原抗体复合物能激活补体系统，产生溶菌和溶细胞现象。

5. 抑制蛋白质分解，对机体起到保护作用 血浆中含有蛋白酶抑制剂，均为糖蛋白，电泳迁移率都属α-球蛋白。其功能是抑制血浆中的蛋白酶、凝血酶系、纤溶酶、补体成分以及白细胞在吞噬或破坏时释放出的组织蛋白酶等活性，防止对组织结构蛋白质(如弹性蛋白、胶原蛋白)或其他蛋白质的水解，从而对机体起到保护作用，可调节体内的一些重要生理过程，因而与临床关系密切。

6. 运输作用 血浆中有些难溶于水或易从尿中丢失，易被酶破坏及易被细胞摄取的小分子物质，往往与血浆中一些蛋白质结合在一起运输，这些血浆蛋白质称为载体蛋白，如载脂蛋白、前清蛋白与清蛋白、皮质激素结合蛋白、甲状腺素结合蛋白、类固醇激素结合蛋白、结合珠蛋白、血红素结合蛋白、运铁蛋白、铜蓝蛋白等。载体蛋白通过专一性地结合不同物质发挥不同的作用：① 结合、运输血浆中某些物质，将所携带的物质运到作用部位，防止从肾滤过而丢失；② 某些专一载体蛋白为结合的物质提供特异的微区环境，保护维生素

A 之类易受氧化的物质不被氧化;③ 载体蛋白可起生理增溶剂的作用,运输类固醇激素、脂肪酸及胆红素之类难溶于水的化合物;④ 结合运载某些药物等,具有解毒和帮助排泄的作用;⑤ 对组织细胞摄取被运输物质起调节作用,如游离型甲状腺素易被组织细胞摄取,但与载体蛋白结合后,可防止组织过多摄取,结合型与游离型之间的平衡对组织细胞的摄取量起着调节作用。

7. 营养作用　在生命活动过程中,组织细胞中的蛋白质,经常不断地进行新陈代谢。血浆蛋白质在体内分解产生的氨基酸可参与氨基酸代谢池,用于组织蛋白质的合成,或转变成其他含氮化合物,参与维持机体蛋白质的动态平衡。此外,蛋白质还能分解供能。

第三节　红细胞代谢

血液中最主要的细胞是红细胞。哺乳类动物的红细胞在成熟过程中要经历一系列的形态变化和代谢的改变。早幼红细胞具有分裂繁殖的能力,细胞中含有细胞核、内质网、线粒体等细胞器,与一般体细胞一样,具有合成核酸和蛋白质的能力,可通过有氧氧化获得能量。到网织红细胞已无细胞核,不能进行核酸的生物合成,但尚含少量的线粒体与 RNA,仍可合成蛋白质。成熟红细胞除细胞膜和细胞质外,无其他细胞器结构,因此不能进行核酸和蛋白质的生物合成,以糖酵解为主要供能途径,所产生的能量维持红细胞膜和血红蛋白的完整性及正常功能,使红细胞在冲击、挤压等机械力和氧化物的影响下仍能保持活性。此外,在酵解过程中还可产生一种高浓度的小分子有机磷酸酯——2,3-二磷酸甘油酸(2,3-biphosphoglycerate,2,3-BPG),并通过它对血红蛋白的运氧功能进行调节。

一、成熟红细胞的代谢特点

(一) 糖代谢

成熟红细胞缺乏全部细胞器,仅由细胞膜与细胞质构成,其能量代谢相比核幼稚红细胞阶段或其他组织细胞较低,但成熟红细胞的糖代谢很活跃,人体内循环中的红细胞每天约从血浆中摄取 25 g 葡萄糖进入细胞内代谢。成熟红细胞中还保留的代谢通路主要是葡萄糖的酵解和磷酸戊糖途径以及红细胞特有的 2,3-二磷酸甘油酸支路。

1. 糖酵解与能量代谢　糖酵解是红细胞获取能量的基本途径。红细胞摄取的葡萄糖 90%～95%经糖酵解通路被利用,5%～10%通过磷酸戊糖途径进行代谢。红细胞中生成的 ATP 主要用于下述几个方面以维持红细胞的形态、结构、功能和生命。

(1) 维持红细胞膜上"钠泵"的正常功能:在消耗 ATP 的情况下,方能维持红细胞内高 K^+ 和低 Na^+ 状态,从而保持红细胞特定的双凹盘状形态。当 ATP 缺乏时,钠泵功能受阻,Na^+ 进入细胞增多,可使细胞膨胀而易于溶血。

(2) 维持红细胞膜上钙泵(Ca^{2+}-ATP 酶)的正常功能:使红细胞内保持低钙状态。缺乏 ATP 时,钙泵不能正常运行,血浆中的 Ca^{2+} 通过被动扩散进入细胞内,过多的 Ca^{2+} 沉积在红细胞膜上,使膜丧失其柔韧性,变得僵硬而不易变形。当红细胞通过直径比它更小的毛细血管腔(如脾窦)时,容易被破坏引起溶血。

(3) 维持红细胞膜脂质的不断更新:红细胞通过主动摄取和被动交换不断地与血浆进行脂质交换,此过程需要消耗 ATP。当缺乏 ATP 时,膜脂质更新受阻,红细胞膜变形能力降低,易被破坏。

(4) 活化葡萄糖,启动糖酵解:糖酵解的起始阶段是在消耗 ATP 的情况下使葡萄糖磷酸化,当红细胞内 ATP 缺乏时,糖酵解不能启动,ATP 水平将更低。

(5) 为成熟红细胞中谷胱甘肽和 NAD^+ 等的生物合成提供所需能量。

2. 2,3-BPG 支路　2,3-BPG 支路是人类和哺乳动物红细胞糖代谢中的一个特点,在糖酵解过程中生成的 1,3-二磷酸甘油酸(1,3-BPG)有 15%～50%可经二磷酸甘油酸变位酶催化转变为 2,3-BPG,后者再由 2,3-BPG 磷酸酶催化其脱磷酸变成 3-磷酸甘油酸，重新回到酵解通路，并进一步分解生成乳酸。构成了红细胞中所特有的 2,3-BPG 侧支循环即 2,3-BPG 支路(图 17-1)。由于二磷酸甘油酸变位酶活性大于 2,3-BPG 磷酸酶，所以 2,3-BPG 可以积聚起来，比糖酵解中其他有机磷酸酯中间产物浓度高出数十倍甚至数百倍(表 17-2)。

表 17-2 红细胞中糖酵解中间产物的浓度(μmol/L)

中间产物	动脉血	静脉血	中间产物	动脉血	静脉血
6 磷酸葡萄糖	30.0	24.8	2-磷酸甘油酸	5.0	1.9
6 磷酸果糖	9.3	3.3	磷酸烯醇式丙酮酸	10.8	6.6
1,6-二磷酸果糖	0.8	1.3	丙酮酸	87.5	143.2
磷酸丙糖	4.5	5.0	2,3-BPG	3 400	4 940
3-磷酸甘油酸	19.2	16.5			

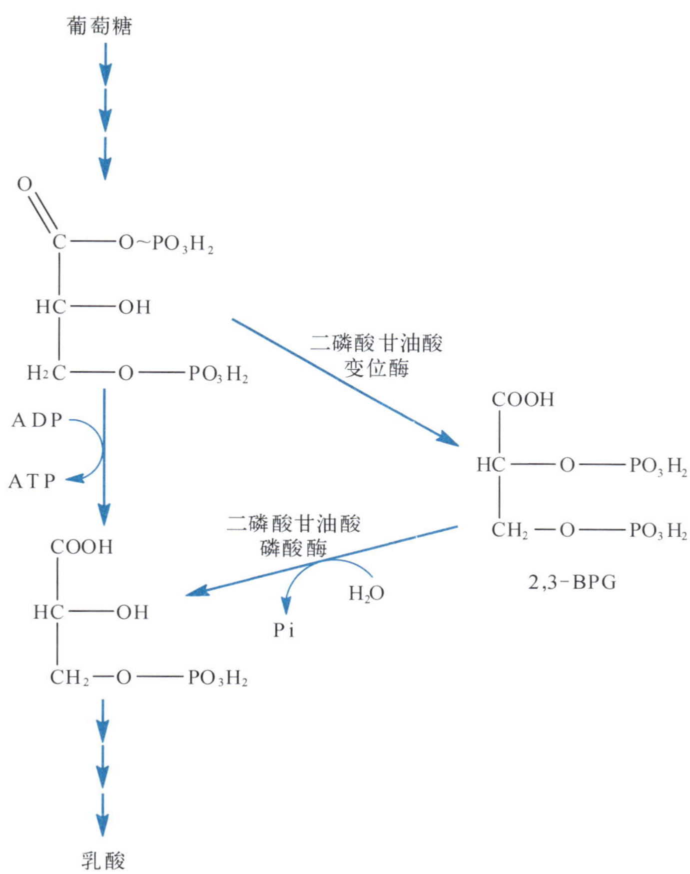

图 17-1 2,3-BPG 支路

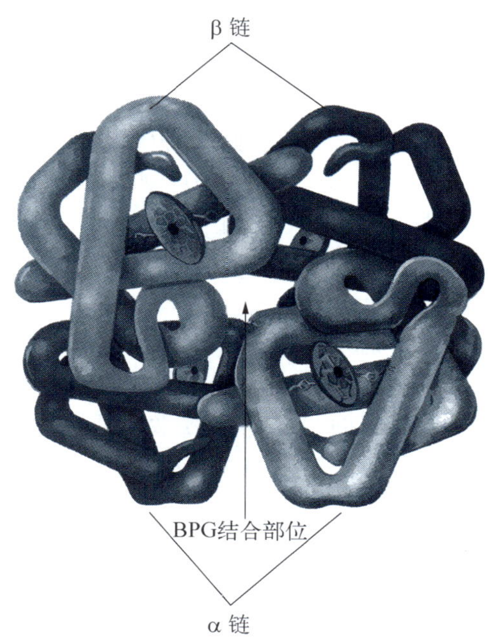

图 17-2 Hb 结合 BPG 的部位

2,3-BPG 支路的生理意义有两方面：一是调节血红蛋白的运氧功能。支路中生成的 2,3-BPG 因羧基及磷酸根的解离带有高密度的负电，这种结构特点能使其紧密结合到血红蛋白分子 4 个亚基的对称中心空穴内，主要与两条 β 链面向空穴带正电的基团上(图 17-2)，从而降低了血红蛋白对氧的亲和力，促进 Hb 放出 O_2，有利于组织细胞的需要。二是有利于糖酵解不断进行。该支路是一耗能的过程，通过不断消耗 ATP，使 ATP、1,3-BPG 不致堆积，从而维持糖酵解的正常进行。

3. 磷酸戊糖途径与谷胱甘肽的代谢　红细胞中具有很重要的氧化还原系统，如 NAD^+/NADH、$NADP^+$/NADPH、GSSG/GSH，它们可对抗氧化剂，保护细胞膜蛋白、血红蛋白及酶蛋白等的巯基，使其不被氧化，为维持红细胞的正常功能发挥了很重要的生理作用。磷酸戊糖途径和谷胱甘肽代谢紧密相连，保护着红细胞免受氧化剂的损害。

红细胞中的葡萄糖有 5%～10%通过磷酸戊糖途径进行代谢，产生 NADPH。NADPH 是重要的还原当量，其作用主要是参与谷胱甘肽循环，维持谷胱甘肽的还原状态。红细胞中因代谢会产生很多氧化剂，如过氧化氢(H_2O_2)、超氧离子($O_2^- \cdot$)、羟自由基($OH \cdot$)等，这些氧化剂在细胞内积聚，将会使细胞内的蛋白质如 Hb、膜蛋白和酶蛋白等的巯基氧化而受到损伤。正常情况下，细胞内的谷胱甘肽过氧化物酶通过催化 GSH 氧化成 GSSG，使氧化剂还原成 H_2O，消除了氧化剂对蛋白质(主要是巯基)的氧化作用，维持了红细胞结构和功能的完整。在谷胱甘肽还原酶的作用下，NADPH 则可使 GSSG 再还原为 GSH(图 17-3)。

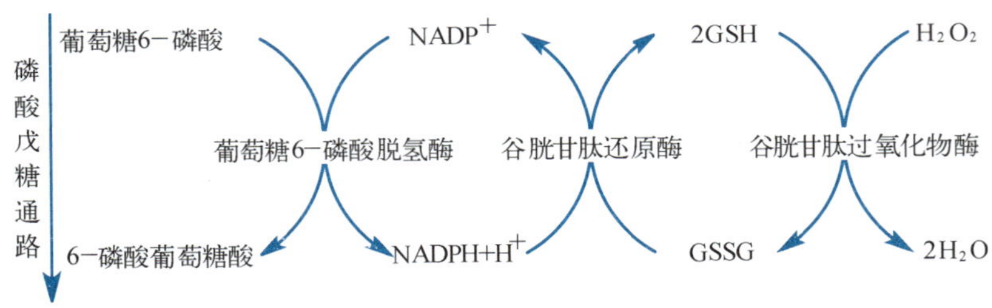

图 17-3 NADPH 生成和谷胱甘肽的氧化还原代谢

葡萄糖 6-磷酸脱氢酶缺陷的患者，经磷酸戊糖途径生成 NADPH 受阻，GSH 减少，含巯基的膜蛋白和酶得不到保护，红细胞容易破坏发生溶血。

此外，NAD^+/NADH 也是红细胞中的另一种形式的还原当量，NADH 主要来自糖酵解及糖醛酸途径。

红细胞中因氧化剂的产生会导致部分血红蛋白氧化为高铁血红蛋白(methemoglobin, MHb)。MHb 分子中为 Fe^{3+}，失去携氧能力，如血中 MHb 生成过多而又不能及时还原，则出现紫绀等症状。红细胞中存在着 NADH-高铁血红蛋白还原酶及 NADPH 高铁血红蛋白还原酶，可使 MHb 还原为 Hb，此外 GSH 及抗坏血酸也能还原 MHb，所以正常情况下红细胞内只有少量血红蛋白(1%～2%)被氧化成 MHb，从而保证了血红蛋白的正常功能。

(二) 脂代谢

成熟红细胞由于缺乏完整的亚细胞结构，所以不能从头合成脂肪酸。成熟红细胞中的脂类几乎都位于细胞膜。红细胞通过主动摄取和被动交换不断地与血浆进行脂类交换，以满足其膜脂不断更新及维持其正常的脂类组成、结构和功能。

二、血红蛋白代谢

(一) 血红蛋白的组成

红细胞中最主要的成分是血红蛋白(hemoglobin, Hb)，是血液运输氧气和二氧化碳的物质基础。血红蛋白由珠蛋白(globin)和血红素(heme)缔合而成，珠蛋白由 4 个亚基组成，每个亚基与 1 个血红素相连，故 1 分子血红蛋白含有 4 个血红素。珠蛋白的亚基有 α、β、γ、δ 4 种。正常成人血中的血红蛋白主要是血红蛋白 A(HbA)，由 $\alpha_2\beta_2$ 构成，占血红蛋白总量的 95%～98%。血红蛋白 A_2 由 $\alpha_2\delta_2$ 构成，占血红蛋白总量的 2%～3%。血红蛋白 F 由 $\alpha_2\gamma_2$ 构成，是胎儿和新生儿主要的血红蛋白，出生后逐渐减少，两岁后达成人水平，占血红蛋白总量的 1%以下。珠蛋白的合成过程与一般蛋白质相同，下面着重介绍血红素的合成。

血红素的发现

德国有机化学家 H. Fischer 通过对血液和胆汁中的色素、绿色植物中的叶绿素以及衍生出这些色素的吡咯研究，确定了血红素是一种含铁的卟啉化合物，并于 1929 年成功合成血红素。此外他还确定了全部叶绿素的结构，并且证实了叶绿素和血红素之间在化学结构方面有许多相似之处；叶绿素和血红素的活性核心部分都是由卟啉构成。为此他因“对血红素和叶绿素结构的研究，以及血红素的合成”于 1930 年获诺贝尔化学奖。

（二）血红素的生物合成

血红素是含铁的卟啉化合物，卟啉由四个吡咯环组成，铁原子位于其中，由于血红素有共轭结构，性质较稳定。血红素不但是血红蛋白的辅基，也是其他一些蛋白质，如肌红蛋白（myoglobin）、细胞色素（cytochrome，Cyt）、过氧化氢酶（catalase）、过氧化物酶（peroxidase）等的辅基，这些蛋白质统称血红素蛋白（hemoprotein）。

1. 血红素合成过程　血红素可在生物的大多数组织细胞中合成。参与血红蛋白组成的血红素主要在骨髓的有核红细胞和网织红细胞中合成。核素示踪实验表明，血红素合成的原料是琥珀酰辅酶A、甘氨酸和 Fe^{2+} 等小分子物质，需要磷酸吡哆醛为辅助因子。合成的起始和终末阶段在线粒体中进行，中间过程则在细胞质中进行。合成过程如下：

（1）δ-氨基-γ-酮戊酸的合成：在线粒体内，由甘氨酸与琥珀酰CoA缩合生成δ-氨基-γ-酮戊酸（δ-aminolevulinic acid，ALA）。反应由ALA合酶催化，磷酸吡哆醛为其辅酶。ALA合酶受血红素反馈调节，是血红素合成的限速酶。

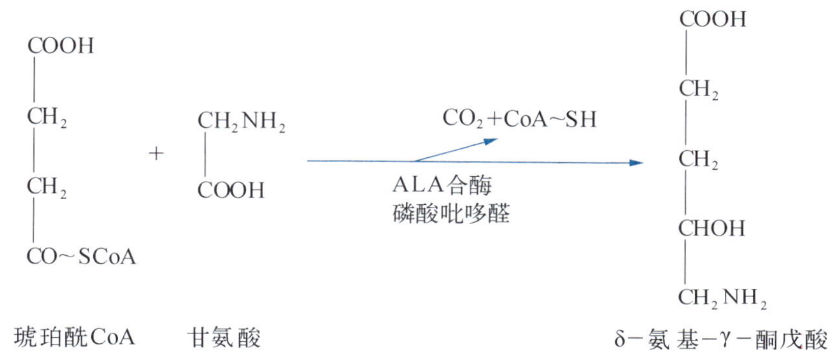

（2）卟胆原的生成：生成的ALA从线粒体转入细胞质，在ALA脱水酶（ALA dehydratase）的催化下，两分子的ALA脱水缩合生成卟胆原（porphobilinogen，PBG），也称胆色素原。

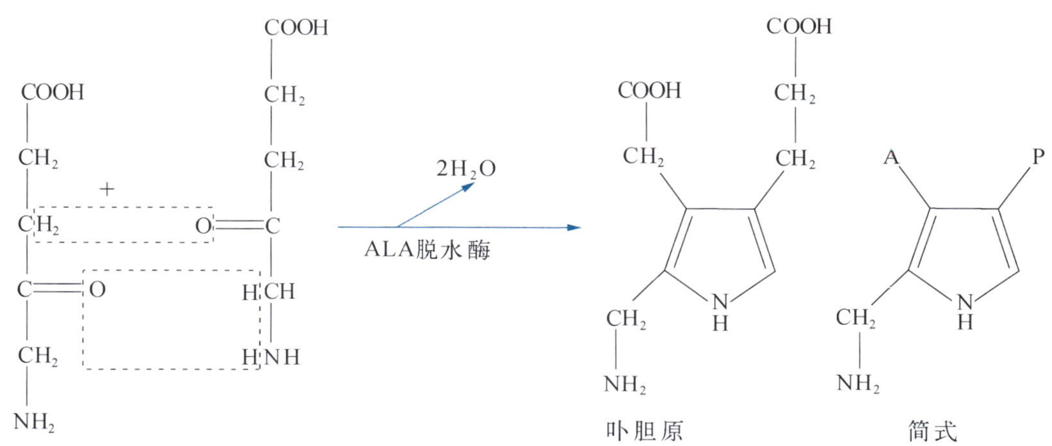

ALA脱水酶为含锌的金属酶，其酶分子上的巯基对铅等重金属十分敏感。在铅中毒时，该酶活性明显被抑制。

（3）尿卟啉原与粪卟啉原的合成：在胞质中，尿卟啉原Ⅰ同合酶（uroporphyrinogen Ⅰ synthase，又称卟胆原脱氨酶，PBG deaminase）催化4分子卟胆原脱氨缩合生成一分子线状四吡咯。后者在尿卟啉原Ⅲ同合酶（uroporphyrinogen Ⅲ synthase）催化下，环化生成尿卟啉原Ⅲ。尿卟啉原Ⅲ同合酶单独存在时并无活性，必须与尿卟啉原Ⅰ同合酶协同作用；反之，若无尿卟啉原Ⅲ同合酶时，线状四吡咯化合物不稳定，可自行环化生成尿卟啉原Ⅰ。由于尿卟啉原Ⅲ同合酶活性很高，在生理状况下，尿卟啉原Ⅰ生成极少,只有当此酶缺陷或不足时,才有大量的尿卟啉原Ⅰ生成。尿卟啉原Ⅰ不能被用来合成血红素,只能从尿中排出。

(4) 尿卟啉原Ⅲ在尿卟啉原Ⅲ脱羧酶(uroporphyrinogen decarboxylase)催化下,4 个乙酸基(A)侧链脱羧,转变为甲基(M),生成粪卟啉原Ⅲ。该步骤反应如图 17-4 所示。

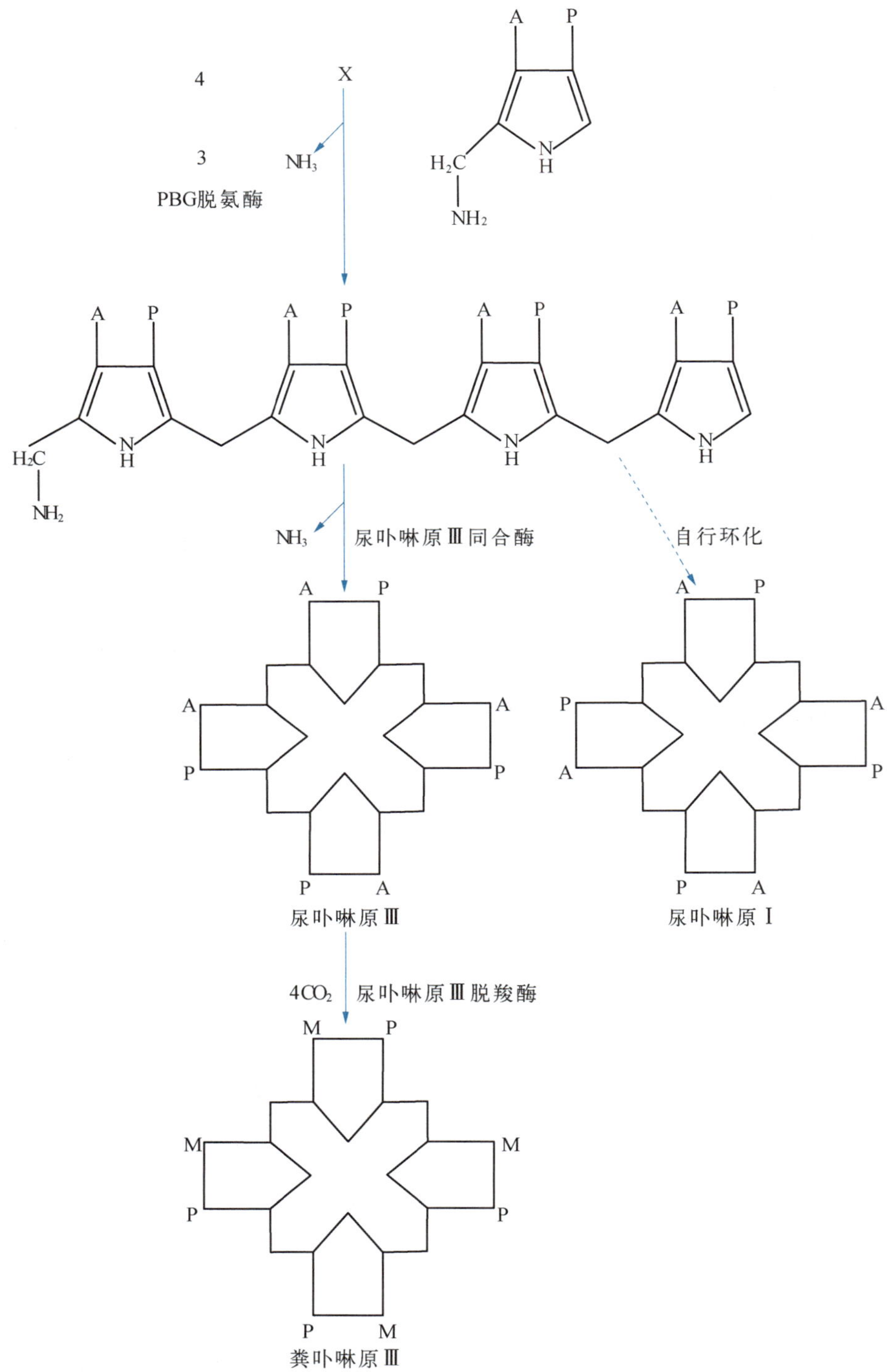

图 17-4 尿卟啉原Ⅲ及粪卟啉原Ⅲ的合成

(5) 血红素的生成:粪卟啉原Ⅲ生成后,自胞质重新返回线粒体。在线粒体粪卟啉原Ⅲ氧化脱羧酶(coproporphyrinogen oxidase)作用下,粪卟啉原Ⅲ的第 2、4 位上的两个丙酸基脱羧脱氢,变为乙烯基而生成原卟啉原Ⅸ。原卟啉原Ⅸ在原卟啉原氧化酶(protoporphyrinogen oxidase)的作用下,其连接吡咯环的 4 个亚甲基脱氢氧化为甲炔基，转变为原卟啉Ⅸ。在亚铁螯合酶（ferrochelatase）又称血红素合成酶的催化下，原卟啉Ⅸ与 Fe^{2+} 螯合生成血红素。

血红素生成后从线粒体转运到胞质，在骨髓的有核红细胞及网织红细胞中与珠蛋白结合为血红蛋白。正常人每天约合成 6 克血红蛋白，相当于 210 mg 血红素。在肝脏或其他组织细胞胞质中，血红素与相应蛋白质结合，合成各种含血红素蛋白。血红素合成的全过程，如图 17－5 所示。

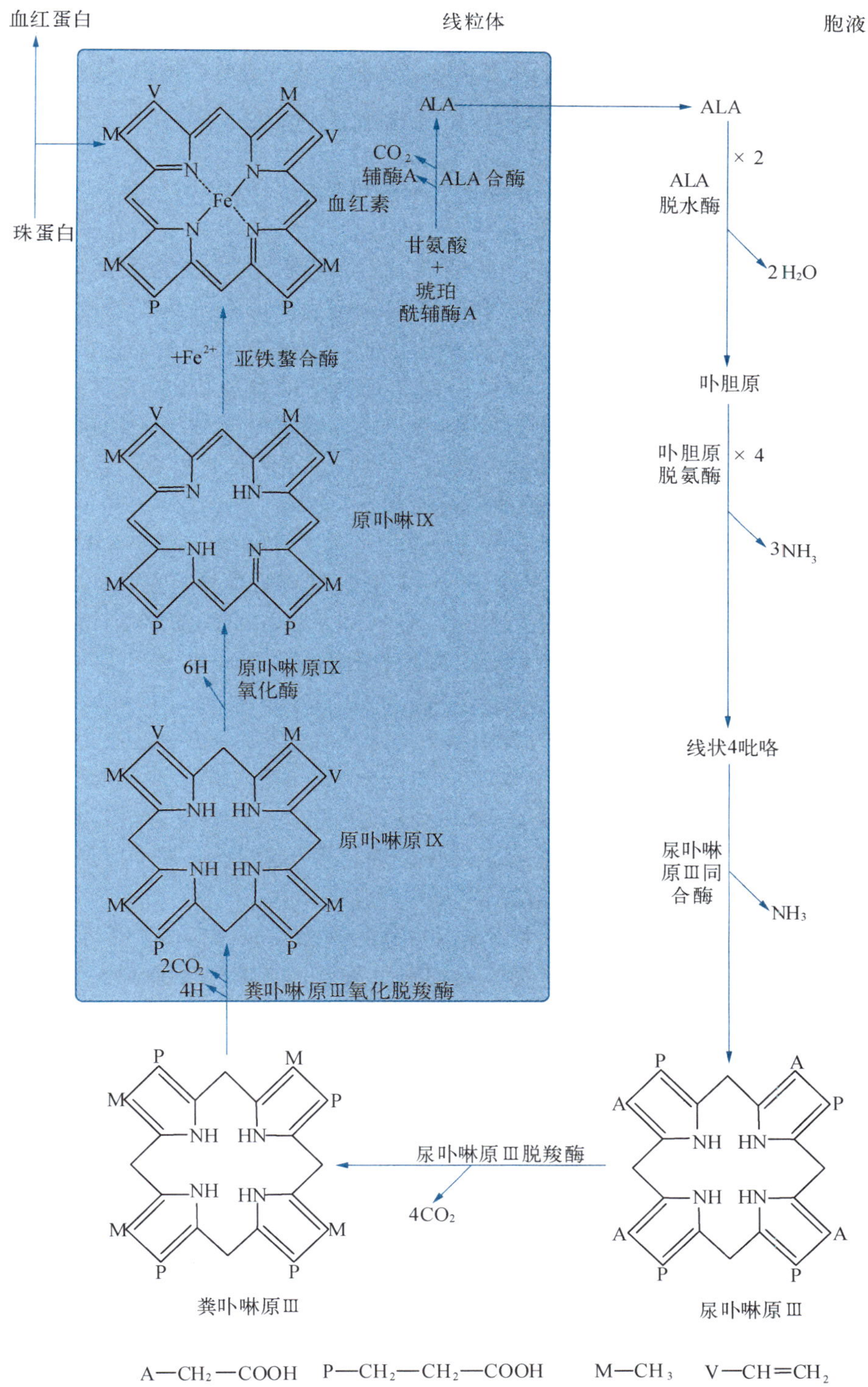

图 17－5 血红素的生物合成

血红素合成特点总结如下：① 体内大多数组织均具有合成血红素的能力，但合成的主要部位在肝脏和骨髓，成熟红细胞因不含线粒体，不能合成血红素。② 合成的亚细胞定位在胞质(中间阶段)和线粒体(起始和终末阶段反应)。③ 合成的原料是甘氨酸、琥珀酰辅酶 A、Fe^{2+} 等简单小分子化合物。其中间产物的转变主要是吡咯环侧链的脱羧基和脱氢反应。各种卟啉原化合物的吡咯环之间无共轭结构，均无色，性质不稳定，易被氧化，对光尤为敏感，这是卟啉病出现光敏反应的原因。

2. 血红素合成的调节　体内血红素的合成受多种因素的调节和影响，大多通过调节 ALA 合酶来实现。

(1) 血红素对 ALA 合酶的反馈抑制作用：ALA 合酶是血红素生物合成的限速酶，该酶在体内代谢转换很快，半寿期约 1 h。一般情况下，血红素合成后能迅速与珠蛋白结合成血红蛋白，细胞内无过多的血红素堆积，但当血红素合成速度大于珠蛋白合成速度时，过多的血红素可被氧化成高铁血红素，后者是 ALA 合酶的强烈抑制剂。

ALA 合酶的辅酶为磷酸吡哆醛。辅酶直接参与甘氨酸和琥珀酰 CoA 的缩合反应。如长期缺乏维生素 B_6，血红素合成会受到影响。

(2) 促红细胞生成素(erythropoietin, EPO)的调节：促红细胞生成素主要由肾脏生成，是一种糖蛋白，由 166 个氨基酸残基组成，分子质量为 34 kDa。EPO 是红细胞生成的主要调节剂，主要作用是刺激有丝分裂，促进红系祖细胞的增殖；激活红系特异基因，诱导其分化；加速有核红细胞的成熟；诱导 ALA 合酶的生成，促进血红素和血红蛋白的合成。EPO 还可促进网织红细胞的释放，并提高红细胞膜的抗氧化能力。EPO 生成量受机体对氧的需要及氧的供应情况的影响，当机体缺氧时. 促红细胞生成素的分泌量增加。输入过量红细胞时 EPO 会下降。再生障碍性贫血患者血中 EPO 浓度较正常人高。目前临床上已有运用基因工程方法制造的促红细胞生成素治疗肾脏疾病所引起的贫血。

(3) 雄激素诱导 ALA 合酶的合成：睾酮在肝内还原生成的 β-氢睾酮，能诱导 ALA 合酶、EPO 的合成，从而促进血红素和血红蛋白的生成。此外，睾酮还可刺激骨髓，促进红细胞的生成。

(4) 重金属对 ALA 脱水酶和亚铁螯合酶的抑制：ALA 脱水酶和亚铁螯合酶对重金属的抑制作用非常敏感，铅中毒时血红素合成受到抑制。此外亚铁螯合酶还需谷胱甘肽等还原剂的协同作用，当还原剂含量减少时也会影响血红素的合成。

(5) 铁卟啉合成代谢异常：血红素合成过程中因酶的缺陷或药物、毒物引起铁卟啉合成障碍，导致卟啉或其前体在体内蓄积所致的一组疾病，称为卟啉症(porphyria)。可分为先天性卟啉症和后天性卟啉症两大类。卟啉为四吡咯环结构，其还原型称为卟啉原，氧化型称为卟啉。先天性卟啉症是由某种血红素合成酶系遗传性缺陷，后天性卟啉症则主要指由于铅中毒或某些药物中毒引起的铁卟啉合成障碍，铅等重金属中毒抑制 ALA 脱水酶和亚铁螯合酶两种酶外，还能抑制尿卟啉合成酶。

(6) 药物的影响：许多药物如巴比妥、灰黄霉素、可待因、吲哚美辛(消炎痛)等对 ALA 合酶的合成也有诱导作用，这是由于这类化合物在体内进行生物转化时需要细胞色素 P_{450}，而细胞色素 P_{450} 的生成需要血红素参与，因此有利于细胞中血红素的生成。

(7) 缺铁性贫血时，血红素合成不足，ALA 合酶活性增强，导致血红素前体在细胞内大量堆积。

(三) 血红蛋白的合成与调节

血红蛋白中珠蛋白的合成与一般蛋白质相同。血红蛋白由一分子珠蛋白与四分子血红素缔合而成。血红素合成的调节已如前述。珠蛋白的合成受血红素的调节。

1. 高铁血红素促进血红蛋白的生物合成　高铁血红素可以抑制蛋白激酶 A(PKA)的激活，进一步抑制真核生物蛋白质合成的起始因子 2 的磷酸化，从而保持 eIF-2 的活性状态，有利于珠蛋白的合成。机制见图 17-6。

2. 叶酸、维生素 B_{12} 缺乏对红细胞成熟的影响　细胞分裂增殖的基本条件是 DNA 合成。叶酸、维生素 B_{12} 对 DNA 合成有重要影响。叶酸和维生素 B_{12} 缺乏时，一碳单位和核苷酸代谢障碍(详见氨基酸代谢和核苷酸代谢)，红细胞中 DNA 合成受阻，细胞分裂增殖速度下降，细胞体积增大，核内染色质疏松，导致巨幼细胞性贫血。

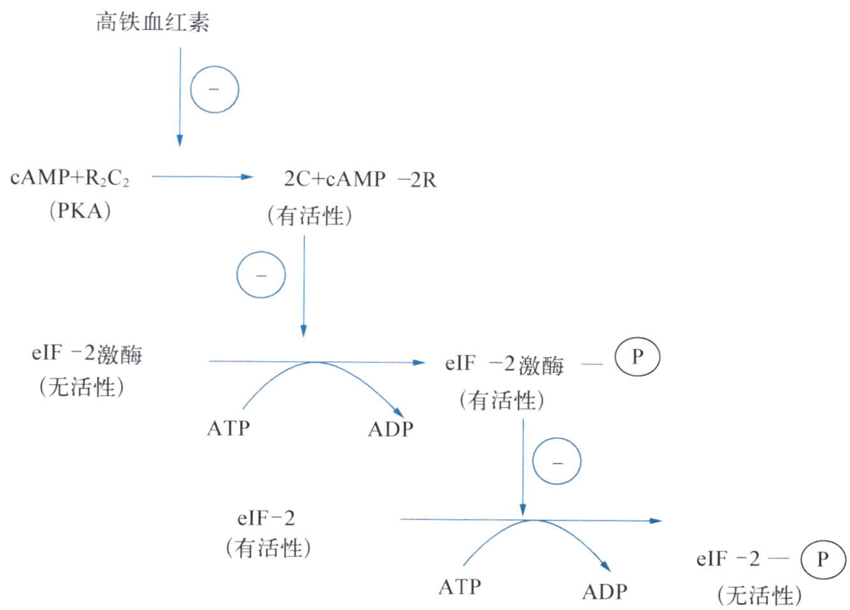

图 17－6　高铁血红素对 eIF－2 的调节

血红蛋白病

血红蛋白病可分为异常血红蛋白病和地中海贫血。异常血红蛋白病是指珠蛋白链上氨基酸顺序发生了改变，如镰状红细胞贫血由珠蛋白的β链基因点突变，引起编码氨基酸从谷氨酸改为缬氨酸，最终导致红细胞结构与功能异常而产生溶血。目前发现的异常血红蛋白已超过800种。地中海贫血则是指珠蛋白链(α或β链)合成速率降低，导致一部分珠蛋白链合成过多，一部分珠蛋白链合成过少或缺失，是最常见的单基因病。常见的地中海贫血有α地中海贫血和β地中海贫血。

第四节　白细胞代谢

人体白细胞包括粒细胞、淋巴细胞和单核吞噬细胞三大类。白细胞的功能主要是对外来病原微生物的入侵起防御作用，白细胞代谢活跃与其功能密切相关。免疫学将详细介绍淋巴细胞，在此只扼要介绍单核吞噬细胞和粒细胞的代谢特点。

一、糖代谢

粒细胞中的线粒体很少，故糖代谢的主要途径是糖酵解。中性粒细胞能利用外源性的葡萄糖和内源性的糖原进行糖酵解，为细胞的吞噬作用提供能量。单核吞噬细胞虽能进行有氧氧化和糖酵解，但后者所占比重较大。中性粒细胞和单核吞噬细胞被趋化因子激活后，可启动细胞内磷酸戊糖途径(中性粒细胞中约有10%的葡萄糖通过磷酸戊糖途径进行代谢)，产生大量的还原型 NADPH。经 NADPH 氧化酶递电子体系可使氧接受单电子还原，产生大量的超氧阴离子。超氧阴离子再进一步转变成 H_2O_2、OH·等自由基，使细菌膜脂质过氧化损伤，从而达到杀菌目的。

二、脂代谢

中性粒细胞不能从头合成脂肪酸。单核吞噬细胞受多种刺激因子激活后，可将花生四烯酸转变成血栓素和前列腺素，在脂氧化酶的作用下，粒细胞和单核吞噬细胞可将花生四烯酸转变为白三烯，它是速发性过敏反应的慢反应物质。

三、氨基酸和蛋白质代谢

氨基酸在粒细胞中的浓度较高，特别是组氨酸脱羧后的代谢产物组胺的含量较高，这是由于组胺参与白细胞激活后的变态反应。成熟粒细胞缺乏内质网，因此蛋白质的合成量极少，而单核吞噬细胞具有活跃的蛋白质代谢，能合成各种细胞因子、多种酶和补体。在白血病时，核苷酸的合成代谢、核酸代谢相关的DNA聚合酶，拓扑异构酶等表达都增高。此外，白血病时体内核酸大量分解，患者尿中尿酸升高。

小　结

血液由血浆和红细胞、白细胞、血小板等有形成分组成。血浆的主要成分是水、无机盐、有机化合物(非蛋白质含氮物质、糖类等)、蛋白质以及O_2、CO_2等气体。血浆蛋白是血浆中含量最多的一类化合物，多在肝中合成，种类繁多，具有多种重要的生理功能。清蛋白是含量最多的血浆蛋白质，对维持血浆胶体渗透压起着很重要的作用。

红细胞是有形成分中最多的一种。成熟红细胞因缺乏细胞器，丧失了很多代谢途径，如不能合成脂肪酸、核酸、蛋白质等，也不能进行糖的有氧氧化，主要保留了糖酵解和磷酸戊糖途径，产生着还原力和低水平的能量，维持红细胞功能的正常。此外，红细胞具特有的2,3-二磷酸甘油酸支路，这些对维持和调节红细胞(膜)和血红蛋白的完整及功能具有重要的作用。

血红素是含铁卟啉化合物，未成熟红细胞能利用甘氨酸、琥珀酰CoA、Fe^{2+}等简单的小分子物质为原料合成血红素。限速酶是ALA合酶，血红素对其具有反馈抑制作用。

白细胞中糖酵解及磷酸戊糖途径代谢很活跃，这与白细胞在机体发生炎症时产生的抵抗力密切相关。

【复习思考题】

1. 简述血浆蛋白质的主要种类和功能。
2. 为什么成熟红细胞获取能量只能靠糖酵解？在红细胞内存在2,3-BPG支路的生理意义是什么？
3. 试述血红素合成的基本过程(原料、器官和细胞定位、阶段名称)及其调节。

(陆红玲)

第十八章

维生素与微量元素

学习要点

掌握：① 维生素的概念；② B族维生素的主要生理功能。
熟悉：① 维生素的概念和分类；② 脂溶性维生素的吸收、储存、运输及转化。
了解：① 各种维生素缺乏症；② 微量元素的生理功能及代谢。

维生素，又名维他命(vitamin)，是维持机体正常生命活动所必需的一类小分子有机化合物。这类物质在体内既不参与机体组织构成，也不能分解供能，然而在物质代谢调节和维持生理功能等方面具有重要作用。维生素在体内不能合成或合成量不足，所以虽然需要量很少，却必须由食物供给。维生素的种类很多，自然界存在的常见维生素大约有十几种，它们的结构差异很大。按照其溶解性，维生素可分为脂溶性(lipid-soluble vitamin)和水溶性(water-soluble vitamin)两大类。水溶性维生素包括B族维生素(维生素 B_1、B_2、B_6、B_{12}、叶酸、泛酸、生物素和维生素PP)和维生素C。

微量元素(microelement)在机体需要量极少或含量极低但与机体多种重要生理功能密切相关。它们摄入过量、不足或者不平衡都会不同程度地引起人体生理异常或者发生疾病。目前确定的微量元素主要包括具有特殊生理功能的必需微量元素和机体非必需异常微量元素两大类。本章主要讨论维生素化学本质、性质、转化，微量元素在体内的含量、分布、吸收代谢以及二者的生理功能。

第一节　脂溶性维生素

脂溶性维生素有维生素A、D、E、K四大类，每一类因其结构的差异又各自有两种以上的同类物质，如维生素A有 A_1 和 A_2 两种亚型。这类维生素均为非极性的疏水分子，它们不溶于水，而溶于脂类及脂肪溶剂。在天然食物中，它们常与脂类共同存在，并随脂类一同吸收入血。血液中的脂溶性维生素与脂蛋白或某些特殊的结合蛋白特异地结合而转运。脂溶性维生素排泄较缓慢，摄入过多，会蓄积中毒。

一、维生素A

(一) 化学本质、性质及转化

维生素A又称抗干眼病维生素，是一类含有 β-白芷酮环的不饱和一元醇。天然维生素A有A1和A2两种类型(图18-1)。A1称为视黄醇(retinol)，1931年Karrer等首次从鱼肝油中得到视黄醇纯品并确定其结构。A2又称3-脱氢视黄醇。维生素A主要存在于动物来源的食物中，如肝、奶、蛋黄等，海鱼肝脏油中含量尤其丰富。动物体内维生素A的活性形式有视黄醇、视黄醛和视黄酸三种类型。其中视黄醇具有维生素

A 的全部活性,另两种只有部分活性。植物中虽然不存在维生素 A,但含有丰富的胡萝卜素,特别是 β-胡萝卜素,它在小肠黏膜 β-胡萝卜素加氧酶的作用下,加氧裂解为 2 分子的视黄醛,大部分在视黄醛还原酶的催化下被还原成视黄醇,小部分被氧化成视黄酸。所以,β-胡萝卜素又称维生素 A 原。

图 18-1 维生素 A 的结构

体内的视黄醇有酯化型和非酯化型两种存在形式。食物中酯化型视黄醇在小肠水解为非酯化型视黄醇,后者被吸收后又重新合成视黄醇酯,以脂蛋白的形式储存于脂肪细胞。血浆中的维生素 A 为非酯化型,它与视黄醇结合蛋白(retinol binding protein,RBP)及前清蛋白(proalbumin,PA)形成维生素 A-RBP-PA 复合物进行转运,到达靶细胞后,被细胞膜上的特异受体识别结合摄取。

(二) 生理功能

1. *构成视觉细胞内感光物质,维持正常视觉功能* 视网膜杆状细胞内含有感受弱光或暗光的视紫红质,由视蛋白与 11-顺视黄醛所构成。当杆状细胞中视紫红质感光时,视色素中的 11-顺视黄醛异构转变为全反视黄醛,与视蛋白分离失色,同时引发细胞膜 Ca^{2+} 离子通道开放,Ca^{2+} 内流,产生神经冲动,传导至大脑后产生视觉。分离后的全反视黄醛,在视黄醛还原酶的催化下首先被还原成全反视黄醇,随着血液循环运输至肝脏异构为 11-顺视黄醇,返回视网膜后重新氧化成 11-顺视黄醛,合成视色素(图 18-2)。

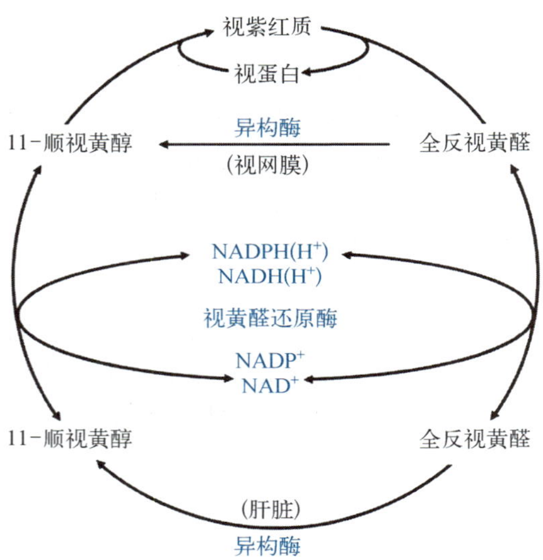

图 18-2 视紫红质的代谢循环

维生素 A 充足时,视紫红质再生迅速,暗适应恢复时间短;若维生素 A 缺乏,一方面 11-顺视黄醛含量下降,视紫红质合成不足,对弱光敏感性降低,日光适应能力减弱,另一方面,视紫红质再生慢且不完全,暗适应恢复时间延长,严重时会发生“夜盲症”。

2. *参与糖蛋白合成* 视黄酸在体内的磷酸化产物视黄醇磷酸(retinlyl phosphate),是寡糖穿越磷脂膜的载体。此外,甘露糖合成糖蛋白前,必须首先在视黄醇磷酸甘露糖合成酶的催化下转变为视黄醇磷酸甘露糖,后者作为甘露糖的活性供体参与 O-糖苷键的形成。

维生素 A 缺乏时,可引起糖蛋白合成异常,低分子量的多糖-脂堆积,上皮基底层增生变厚,表层组织干燥、异常角化等;鼻、咽、喉和其他呼吸道、胃肠和泌尿生殖系内膜角化,削弱了上皮抵抗病原体侵袭的天然屏障作用,易于感染;皮肤上皮过度角化引起毛囊角化症的发生。此外,免疫球蛋白的化学本质为糖蛋白,维生素 A 缺乏时,细胞免疫呈现下降。

3. *抗氧化,预防心血管疾病、肿瘤以及延缓衰老* 维生素 A 能够有效地捕获活性氧,能够防止脂质过氧化,具有抗氧化作用。β-胡萝卜素在氧分压较低的条件下,能直接消灭自由基;视黄酸能诱导 HL-60 细胞及急性早幼粒细胞白血病的分化。临床试验表明视黄酸有延缓或阻止癌前病变,抵抗化学致癌剂的作用。流行病学调查显示维生素 A 的摄入与癌症的发生呈负相关,动物实验也表明摄入维生素 A 可减轻致癌物质的作用。临床上维生素 A 作为上皮组织肿瘤的辅助治疗剂已取得较好效果。此外,大量报道维生素 A 在预防心血管疾病以及延缓衰老均有重要意义。

4. *促进生长、发育及维持生殖功能* 维生素 A 能促进蛋白质的生物合成和骨细胞的分化。当其缺乏时,成骨活动增强,骨质过度增殖。此外,维生素 A 缺乏影响雄性动物精母细胞分化、雌性阴道上皮周期变化，以及胎盘上皮分化。维生素 A 缺乏还会引起诸如催化黄体酮前体形成所需酶的活性降低，抑制肾上腺、生殖腺及胎盘中类固醇的产生。孕期维生素 A 缺乏会直接影响胎儿发育，甚至发生死胎。

5. 维生素 A 过量的危害 由于视黄酸在细胞内可特异地与视黄醇结合蛋白(RBP)相结合，后者与核转录因子结合后，对特定基因表达具有调控作用。长期过量(超过需要量的 10～20 倍)摄取可引起不良反应。动物实验表明维生素 A 过量摄入可引起头痛、恶心腹泻以及肝脾肿大等中毒症状。孕妇摄入过多，易发生胎儿畸形，因而应当适量摄取。

二、维生素 D

(一) 化学本质、性质及转化

维生素 D 又称为抗佝偻病维生素，是类固醇衍生物。主要包括维生素 D_2(麦角钙化醇，ergocalciferol)和维生素 D_3(胆钙化醇，cholecalciferol)。体内的维生素 D 分为内源性和外源性两大类，其中内源性 VD_3 是体内 VD_3 的主要来源。内源性 VD_3 以胆固醇为原料合成，胆固醇在胆固醇脱氢酶的作用下首先脱氢生成 7-脱氢胆固醇，继而在阳光或紫外线的照射下，转变为 VD_3。外源性 VD_3 则主要来自动物性食物，如肝、肾、蛋黄、鱼肝油等中的 VD_3 以及植物麦角固醇为原料转变合成。

维生素 D 在体内的活性形式是 $1,25-(OH)_2-VD_3$。无论是食物中吸收的或是机体自身合成的 VD_3，吸收入血后均必须在 VD 结合蛋白的协助下转运至肝脏，在肝细胞微粒体和线粒体 25-羟化酶催化下，首先生成 $25-OH-VD_3$ 释放入血，循环至肾脏，在肾小管上皮细胞线粒体 1α-羟化酶的作用下，二次羟化生成具有生物学活性的 $1,25-(OH)_2-VD_3$。

(二) 生理功能

活性 VD_3 能够调节钙、磷代谢，主要通过以下机制：(1) 促进小肠黏膜细胞合成钙结合蛋白，增加肠道钙吸收；(2) 增加肾小管对钙磷的重吸收，特别是磷的重吸收，提高血磷浓度，促进骨钙化；(3) 诱导成骨细胞增殖和破骨细胞分化，促进骨质更新。

维生素 D 缺乏或活化障碍造成肠道钙磷吸收减少和低钙血症，进而引起甲状旁腺功能代偿性亢进，甲状旁腺素(PTH)分泌增加，促进骨钙释放，以维持血清钙浓度。与此同时，PTH 抑制了肾小管对磷的重吸收，尿磷排出增加，血磷降低，骨钙化障碍。因此，维生素 D 缺乏可引起钙、磷代谢紊乱而发生佝偻病，成年人发生软骨病。

三、维生素 E

(一) 化学本质、性质及转化

维生素 E 又称为生育酚，是 6-羟基苯骈二氢吡喃的衍生物，广泛分布于动植物性食品中，如植物油、蔬菜、豆类及肉、蛋、奶类和鱼肝油等食物中。维生素 E 主要分为生育酚及生育三烯酚两大类。每类又可根据甲基的数目、位置不同而分成 α、β、γ 和 δ 四种。α 生育酚是自然界中分布最广泛含量最丰富的维生素 E。维生素 E 对热、酸都很稳定，但对活性氧十分敏感，所含的酚羟基极易氧化，因此具有抗氧化作用。

(二) 生理功能

1. 促进生殖维生素 E 能促进性激素分泌，增加男子精子活力和数量，缺乏时则会出现睾丸退化和生精障碍，孕育异常。维生素 E 能增加女性雌性激素分泌，提高生育能力，预防流产。大鼠缺乏维生素 E 时，雌鼠怀孕后胚胎及胎盘萎缩，引起流产。

2. 抗氧化作用机体正常代谢过程经常会产生具有强氧化性的活性氧自由基，如超氧阴离子($O_2^{-\cdot}$)、羟自由基(OH·)以及过氧化物(ROO·)等，它们能够氧化生物膜(如细胞膜、线粒体膜)磷脂双分子结构中的不饱和脂肪酸，引起生物膜脆性增加，功能紊乱。维生素 E 能够与不饱和脂肪酸竞争性地与强氧化物结合，被活性氧自由基氧化为醌式生育酚，从而减少脂质过氧化物生成，保护生物膜的结构与功能，是体内最重要的抗氧化剂之一。醌式生育酚可被维生素 C 还原为酚式结构，重新利用，并不断发挥其抗氧化作用。

3. 抗衰老作用磷脂双分子层是生物膜的基本成分，富含多不饱和脂肪酸。自由基增多或消除障碍时，就会引发多不饱和脂肪酸，发生脂质过氧化反应形成脂褐素(或老年斑)，沉积于体表、脑组织、心脏及肝脏等。随着年龄增长沉积增多时,会引起智力减退、记忆力下降等衰老现象。维生素 E 能抑制脂质过氧化并维护细胞膜结构的完整性,减少脂褐素沉积,延缓衰老。

4. 促进血红素代谢维生素 E 能提高血红素合成关键酶 δ 氨基 γ 酮基戊酸(ALA)合成酶及 ALA 脱水酶的活性,促进血红素合成。新生儿维生素 E 缺乏引起贫血的原因,可能正与血红素合成减少及红细胞寿命缩短有关。所以,孕妇、哺乳期妇女和新生儿应注意适当补充维生素 E。

5. 维生素 E 中毒长期大剂量服用维生素 E 对机体会有潜在毒性,表现为恶心、呕吐、眩晕、视力模糊、胃肠功能及性腺功能紊乱等症状。如果每天长期服用超过 200 毫克大剂量维生素 E,还会诱发血栓性静脉炎、肺栓塞等疾病。

四、维生素 K

(一) 化学本质、性质及转化

维生素 K 又称为凝血维生素,属于 2-甲基萘醌衍生物。天然维生素 K 有 K_1 和 K_2 两种,均为脂溶性,耐热,但遇强酸、强碱、强氧化剂容易破坏。K_1 主要存在于绿叶蔬菜和动物肝中,K_2 可由肠道细菌合成,长期服用抗菌药物可抑制细菌合成维生素 K_2。临床上应用的维生素 K_3 和 K_4 为人工合成,水溶性,性质稳定。维生素 K 的吸收主要在小肠,随 β-脂蛋白转运至肝脏储存。

(二) 生理功能

维生素 K 能够促进肝细胞合成凝血因子Ⅱ、凝血因子Ⅶ、凝血因子Ⅸ及凝血因子 X 等无活性的前体蛋白,同时参与 γ 羧化酶活性的维持,后者能催化多种凝血因子前体蛋白谷氨酸残基羧化,激活凝血因子,参与凝血过程。由于维生素 K 不能通过胎盘,出生后肠道内未形成正常菌群,所以新生儿容易出现维生素 K 缺乏,引起组织脏器出血,通常采用新生儿肌注维生素 K 的方法预防维生素 K 缺乏引起的出血。

此外,维生素 K 参与其他重要组织脏器(如骨、肾、脾、肺和乳腺等)中多种蛋白质前体(如骨骼中骨钙蛋白等)谷氨酸残基的羧化,促进其形成有生物学活性的羧化蛋白。维生素 K 还可增加胃肠蠕动和分泌,延缓糖皮质激素在肝的分解与灭活作用。

第二节 水溶性维生素

一、维生素 B_1

(一) 化学本质、性质及转化

维生素 B_1 又名硫胺素(thiamine),该命名源于其分子中同时含硫和氨基结构,由嘧啶和噻唑通过亚甲基桥连接而成。维生素 B_1 广泛分布于动植物组织,尤以种子外皮和胚芽含量最为丰富,米糠、麦麸、黄豆芽、酵母及瘦肉也是维生素 B_1 的良好来源。成人每日需要量为 1.0~1.5 mg。临床上应用的维生素 B_1 是人工合成的硫胺素盐酸盐。体内维生素 B_1 的活性形式为硫胺素焦磷酸(thiamine pyrophosphate, TPP)。维生素 B_1 易被小肠吸收,入血后在肝脏、肌肉、大脑、心脏等组织(主要在肝脏)细胞内 TPP 激酶的催化下由 ATP 提供焦磷酸生成 TPP(图 18-3)。

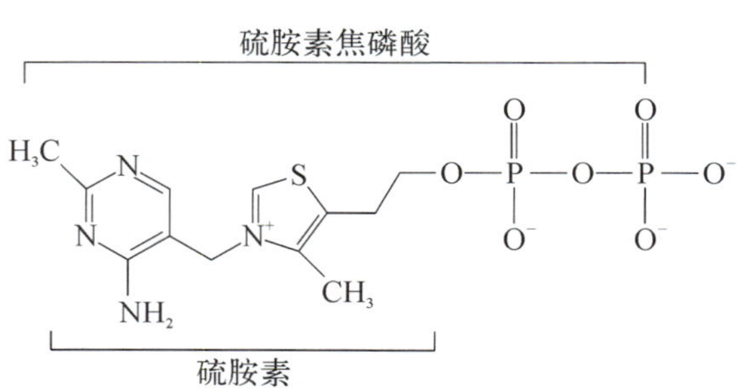

图 18-3 维生素 B_1 及其活性形式

(二) 生理功能

1. TPP 是糖代谢中 α-酮酸氧化脱羧酶的辅酶 TPP 分子中位于噻唑环上硫和氮之间的碳原子十分活

泼，易释放 H^+ 形成亲核基团，促使 α－酮酸脱下的羧基以 CO_2 的形式释放。维生素 B_1 缺乏时，TPP 合成不足，α－酮酸氧化脱羧受阻，造成丙酮酸堆积，抑制糖分解代谢。

2. TPP 参与乙酰胆碱合成，维持神经冲动传导　神经递质乙酰胆碱以乙酰辅酶 A 及胆碱为原料合成。其中乙酰辅酶 A 主要来自丙酮酸的氧化脱羧，维生素 B_1 缺乏时，丙酮酸氧化脱羧受阻，乙酰胆碱合成减少；同时，VB_1 缺乏时，胆碱酯酶活性增强，乙酰胆碱分解增多，神经冲动传导受阻。

3. TPP 是转酮醇酶的辅酶　磷酸戊糖途径中需要转酮醇酶，维生素 B_1 缺乏时，神经髓鞘中磷酸戊糖代谢受到影响，髓鞘合成受阻，导致末梢神经炎（如"脚气病"等）及其他神经病变。高糖饮食及长期食用高度精细加工的米、面时，易出现维生素 B_1 缺乏。

二、维生素 B_2

（一）化学本质、性质及转化

维生素 B_2 又名核黄素（riboflavin），因其结构中核醇和 6，7－二甲基异咯嗪（又称黄素：flavin）而得名。维生素 B_2 分布广泛，在绿叶蔬菜、黄豆、小麦及动物肝、肾、心及酵母中含量丰富，人体肠道细菌可少量合成。成人每日需要量为 1.2～1.5 mg。

（二）生理功能

食物中吸收的维生素 B_2 在小肠黏膜上皮细胞黄素激酶的作用下转变成为黄素单核苷酸（flavin mononucleotide，FMN），进而在焦磷酸化酶的催化下生成黄素腺嘌呤二核苷酸（flavin dinucleotide，FAD），FMN 及 FAD 是体内维生素 B_2 的活性形式（图 18－4）。由于维生素 B_2 分子异咯嗪环上第 1 和第 10 位氮原子与活泼的双键连接，所以这 2 个氮原子能够可逆性地接受或释放氢，因而具有氧化还原性，是体内氧化还原酶（如：琥珀酸脱氢酶、黄嘌呤氧化酶及 NADH 脱氢酶等）的辅基，在氧化过程中，发挥递氢体的作用。机体维生素 B_2 缺乏时，可表现为舌炎、唇炎、口角炎、阴囊皮炎及睑缘炎等。

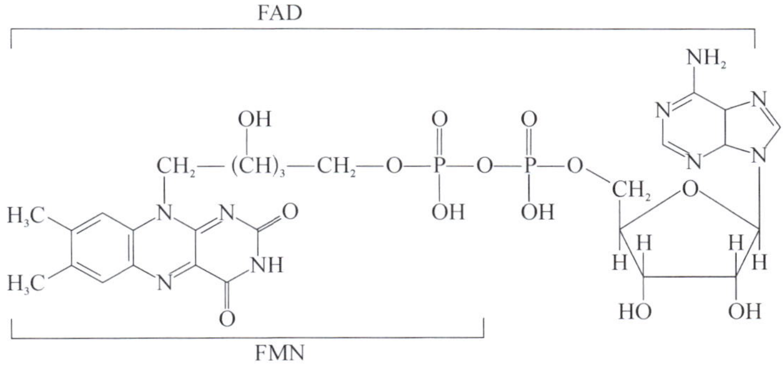

图 18－4　维生素 B_2 及其活性形式（FMN 和 FAD）

三、维生素 PP

（一）化学本质、性质及转化

维生素 PP 又名抗癞皮病因子，属于吡啶衍生物，广泛存在于自然界，肉类、肝、谷物、花生及酵母中含量丰富。机体肝细胞能利用色氨酸为原料合成维生素 PP，但效率较低。而色氨酸属于必需氨基酸，所以人体维生素 PP 主要从食物中摄取。体内维生素 PP 的活性形式为尼克酸（nicotinic acid）及尼克酰胺（nicotinamide），二者可相互转化。

（二）生理功能

尼克酸与核糖、磷酸、腺嘌呤组成体内多种不需氧脱氢酶的辅酶：尼克酰胺腺嘌呤二核苷酸（NAD^+）和尼克酰胺腺嘌呤二核苷酸磷酸（$NADP^+$）（图 18－5），其中尼克酰胺的吡啶环能够可逆地加氢及脱氢。

研究显示尼克酸能够抑制脂肪动员，减少游离脂肪酸（FFA）的释放，进而抑制肝中极低密度脂蛋白（VLDL）的合成，扩张血管，降低血清胆固醇，临床上可用于心绞痛和高胆固醇血症的防治。人类维生素 PP

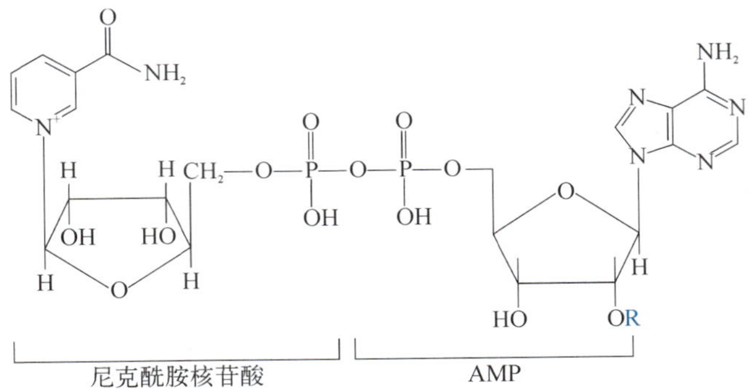

图 18－5　NAD^+ 和 $NADP^+$ 的结构

缺乏症称为癞皮症(pellagra)，主要表现为皮炎、腹泻及痴呆。皮炎对称性发生于体表暴露部位；痴呆是因神经系统变性所致。

尼克酸服用过量(＞2 g/日)时，很快出现血管扩张、脸颊潮红、痤疮及胃肠不适等中毒症状，长期大量服用可能产生肝损害。异烟肼与维生素 PP 的化学结构相似，具有拮抗作用，长期应用异烟肼时注意补充维生素 PP。

四、维生素 B_6

(一) 化学本质、性质及转化

维生素 B_6 是吡啶衍生物，包括吡哆醇(pyridoxine)、吡哆醛(pyridoxal)及吡哆胺(pyridoxamine)三种，它们在体内均以磷酸酯的形式存在。其中磷酸吡哆醛和磷酸吡哆胺可相互转变，二者是维生素 B_6 的活性形式(图 18－6)。

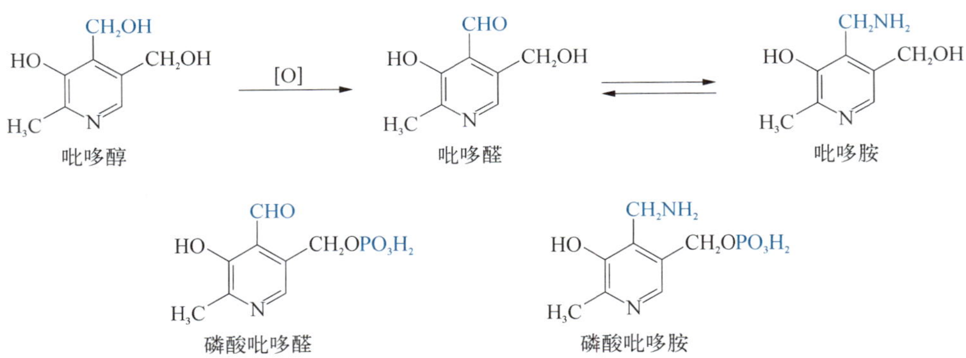

图 18－6　维生素 B_6 及其磷酸酯

(二) 生理功能

1. 是转氨酶的辅酶，参与了转氨基、联合脱氨基和鸟氨酸循环。此外，其还是脱羧酶的辅酶，参与氨基酸脱羧基生成胺类物质的代谢反应。磷酸吡哆醛促进谷氨酸脱羧时，能增加抑制性神经递质 γ-氨基丁酸的生成。临床上常用维生素 B_6 治疗小儿惊厥及妊娠呕吐。

2. 是血红素合成限速酶——δ-氨基 γ-酮戊酸(ALA)合成酶的辅酶，所以维生素 B6 缺乏时有可能造成低血色素小细胞性贫血和血清铁增高。

3. 作为糖原磷酸化酶的重要组成部分，参与糖原分解过程。肌磷酸化酶所含的维生素 B_6 约占全身维生素 B_6 的 70%～80%。

人类未发现维生素 B_6 缺乏的典型病例。异烟肼能与磷酸吡哆醛结合，使其失去辅酶的作用，所以在服用异烟肼时，应补充维生素 B_6。

五、泛酸

（一）化学本质、性质及转化

泛酸(pantothenic acid)又称为遍多酸，是一种由 β 丙氨酸与二羟基二甲基丁酸通过酰胺键缩合而成的酸性维生素。泛素广泛存在于自然界，尤以动物组织、谷物及豆类中含量最为丰富。泛酸在肠内吸收入血，发生磷酸化修饰，继而与半胱氨酸结合，脱羧基生成 4-磷酸泛酰巯基乙胺，后者参与辅酶 A(HSCoA)(图 18-7)和酰基载体蛋白(acyl carrier protein，ACP)的组成，因此 CoA 及 ACP 为可视为泛酸在体内的活性形式。

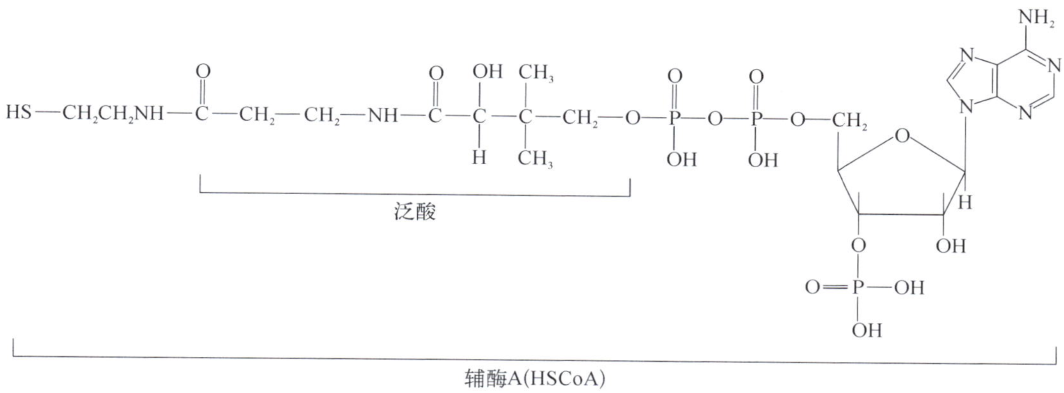

图 18-7 泛酸与辅酶 A 的结构

（二）生理功能

CoA 和 ACP 是体内 70 多种酰基转移酶的辅酶，具有酰基载体的作用，广泛参与体内三大营养物质代谢及生物转化过程中的转乙酰基及转脂酰基反应。

泛酸缺乏症非常少见，但在二战时的远东战俘中曾有“脚灼热综合征”，为泛酸缺乏所致。

六、生物素

（一）化学本质、性质及转化

生物素(biotin)，又称为维生素 H，是由噻吩与尿素缩合而成的双环化合物，属于咪唑衍生物。生物素来源极广，人体肠道细菌也能合成。新鲜鸡蛋蛋清中有一种抗生物素蛋白(avidin)，它能够结合生物素使其失活而阻碍吸收。蛋清加热变性后抗生物素蛋白活性亦随之丧失，因此不再影响生物素的吸收。

（二）理化作用

生物素是体内多种羧化酶(如丙酮酸羧化酶等)的辅酶，具有羧基载体的功能。其侧链羧基能够与酶蛋白赖氨酸残基的 ε 氨基以肽键相连，形成羧基生物素-酶复合物，后者也称为生物胞素(biocytin)。生物素来源极广且能自身合成，因此较少出现缺乏症。但长期使用抗生素破坏肠道菌群后，可引起生物素的缺乏，表现为食欲不振、恶心、呕吐、皮炎、脱屑性红皮病，甚至贫血。

七、叶酸

（一）化学本质、性质及转化

叶酸(folic acid)因绿叶植物中含量较高而得名。由于叶酸分子由蝶酸和谷氨酸通过酰胺键连接形成，故而又称为蝶酰谷氨酸。叶酸分子上的谷氨酸数目视生物种类不同而异，通常植物中含 7 个谷氨酸，动物肝中含 5 个谷氨酸；谷氨酸之间连接成 γ 多肽侧链。参与叶酸分子构成的蝶酸由 2-氨基-4-羟基-6-甲基蝶呤啶与对氨基苯甲酸构成(图 18-8)，由于动物细胞不能合成对氨基苯甲酸，且不能将第 1 个谷氨酸连接到蝶酸上，所以动物叶酸必须由食物提供。

食物中的叶酸在小肠黏膜细胞分泌的蝶酰-L-谷氨酸羧基肽酶催化下水解为谷氨酸和蝶酰单谷氨酸而吸收。小肠、肝脏、骨髓等组织中富含叶酸还原酶，后者催化叶酸逐步还原为四氢叶酸(tetrahydrofolicacid，

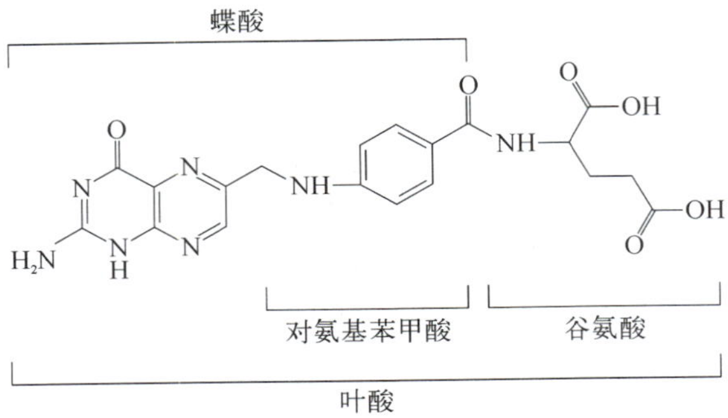

图 18-8 叶酸的组成与结构

FH_4),该还原反应由 NADPH 供氢。FH_4是体内叶酸的活性形式。

(二)理化作用

FH_4是体内一碳单位转移酶的辅酶,在嘌呤核苷酸的从头合成过程中发挥转运一碳单位的作用。叶酸缺乏或活化障碍时,核苷酸合成受阻,进而影响 DNA 合成,骨髓幼红细胞 DNA 合成减少,细胞分裂速度减慢,细胞体积变大,形成巨幼红细胞贫血。

肉类及水果、蔬菜中叶酸含量丰富,肠道细菌也能合成叶酸,所以正常人一般不会出现叶酸缺乏症。孕妇及哺乳期妇女因体内细胞分裂速度加快或因泌乳导致代谢旺盛,应适量补充叶酸。口服避孕药或抗惊厥药可干扰或抑制叶酸的吸收与代谢;抗代谢物甲氨蝶呤因结构与叶酸相似,故而能竞争性抑制二氢叶酸还原酶活性,从而抑制 FH_4合成,一碳单位转运障碍,嘌呤核苷酸合成受阻,因此具有抗肿瘤作用。

八、维生素 B_{12}

(一)化学本质、性质及转化

维生素 B_{12}又称钴胺素(coholamine),属于含钴(Co^{2+})的咕啉衍生物,是唯一含金属元素的维生素。维生素 B_{12}包括两类组分:咕啉环(类似于血红素的卟啉环)和核糖核苷酸。由于维生素 B_{12}钴原子上的结合基团不同,形成了包括氰钴胺素、羟钴胺素、甲钴胺素和 5′-脱氧腺苷钴胺素在内的多种存在形式。其中甲钴胺素和脱氧腺苷钴胺素既是体内维生素 B_{12}的活性形式,也是其在血液中的主要存在形式。而氰钴胺素、羟钴胺素则是药用维生素 B_{12}的主要形式。

食物中的维生素 B_{12}常以蛋白质-VB_{12}复合体的形式存在,在胃中盐酸或肠内胰蛋白酶作用下复合体解离。维生素 B_{12}必须结合来自幽门黏膜的胃液内源因子(intrinsic factor,IF)方能透过肠壁被吸收。两者结合后被肠黏膜吸收后解离,维生素 B_{12}可与蛋白因子转钴胺素Ⅱ(transcoholaminⅡ,TCⅡ)结合在血液中运输。维生素 B_{12}-TCⅡ复合物被肝细胞表面受体识别摄取进入细胞,转变为羟钴胺素、甲钴胺素;进入线粒体后转变为 5′-脱氧腺苷钴胺素。肝细胞内还有 TCⅠ,维生素 B_{12}与 TCⅠ结合后贮存于肝内。

(二)理化作用

1. 维生素 B_{12}是Ⅳ-甲基四氢叶酸转甲基酶的辅酶,催化 N^5-甲基 FH4 中甲基的转移,参与嘌呤核苷酸合成。此外,当 N^5-甲基 FH4 中的甲基转移给同型半胱氨酸时,可催化甲硫氨酸的再生,后者活化形成 S-腺苷甲硫氨酸,能继续为机体代谢提供甲基。与此同时,失去甲基的 N^5-甲基 FH4 重新形成游离的 FH4,继续转运其他形式的一碳单位。

2. 维生素 B_{12}作为某些转位酶的辅酶,参与变构反应。例如 5’-脱氧腺苷钴胺素是 L-甲基丙二酰 CoA 转位酶的辅酶,参与 L-甲基丙二酰 CoA 转变为琥珀酰 CoA 的代谢过程。维生素 B_{12}缺乏,可引起 L-甲基丙二酰 CoA 堆积,由于其结构与丙二酰 CoA 类似,所以干扰脂肪酸的合成。维生素 B_{12}缺乏所致的神经疾病正是由于脂酸合成异常而影响了髓鞘的转换,结果髓鞘质变性退化,造成进行性脱髓鞘。

3. 维生素 B_{12}参与了机体正常造血功能的维持。它与叶酸相互配合,共同增强红细胞 DNA 及蛋白质的生物合成能力,促进红细胞发育和成熟。维生素 B_{12}缺乏,削弱了 FH4 运转一碳单位的能力,与叶酸缺乏的原理类似,影响 DNA 合成,最终影响细胞分裂,产生巨幼红细胞贫血。

B_{12}广泛存在于动物食品中,食用正常膳食者,很难发生缺乏症。B_{12}缺乏偶见于有严重吸收障碍疾患的患者及长期素食者。

九、维生素 C

(一)化学本质、性质及转化

维生素 C 又称为抗坏血酸(ascorbic acid),属于不饱和多羟基内酯化合物。分子中 C2 和 C3 之间烯醇式

羟基极易解离释出 H^+，因而呈酸性。同时因其烯醇式结构，C2 及 C3 羟基上的氢原子可全部脱下生成脱氢抗坏血酸，后者在有供氢体存在时，又能接受 2 个氢原子再转变为抗坏血酸。所以维生素 C 有氧化型和还原型两种形式。

维生素 C 广泛存在于新鲜蔬菜及水果中，植物中含有的抗坏血酸氧化酶能将维生素 C 氧化为二酮古洛糖酸，所以长期储存的水果、蔬菜中维生素 C 的含量会大量减少。人体不能合成维生素 C，必须从食物中摄取。

（二）理化作用

1. 作为递氢体，参与体内氧化还原反应与其他水溶性维生素有不同，维生素 C 没有辅酶功能，但其通过氧化型与还原型产物的相互转变，参与体内氧化还原反应。

（1）维持体内巯基蛋白和巯基酶的还原状态维生素 C 作为供氢体通过维持体内巯基蛋白和巯基酶的还原状态，保护其生物学活性。维生素 C 还可在谷胱甘肽还原酶的催化下，发挥供氢体的作用，促进氧化型谷胱甘肽（GSSG）还原为还原型谷胱甘肽（glutathione，GSH），后者参与胞内脂质过氧化物的清除，保护生物膜的结构和功能（图 18－9）。

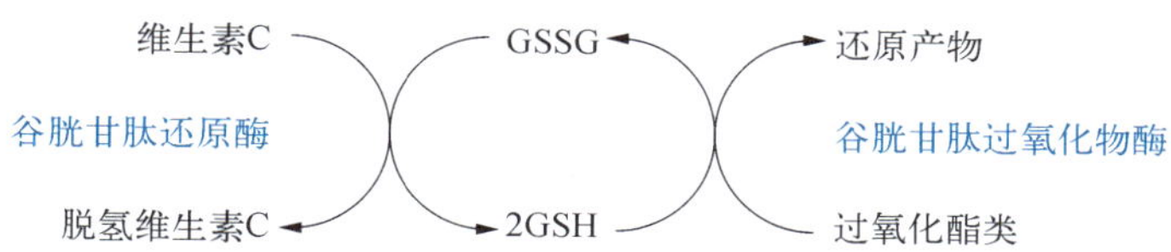

图 18－9　维生素 C 维持体内巯基蛋白和谷胱甘肽的还原状态

（2）参与免疫球蛋白合成，提高机体免疫防御能力高浓度维生素 C 通过促进胱氨酸还原为半胱氨酸，参与免疫球蛋白的生物合成。与此同时，维生素 C 被氧化成脱氢维生素 C，后者协助新生免疫球蛋白肽链上－SH 氧化成－S－S－，维系免疫球蛋白的空间结构。

（3）维生素 C 诱导红细胞中的高铁血红蛋白还原为亚铁血红蛋白，恢复对氧的运输。

（4）重金属离子及某些细菌毒素进入机体时，大剂量维生素 C 对其毒性有缓解作用。

（5）保护维生素 A、维生素 E 及维生素 B_1、维生素 B_{12} 及生物素等免遭氧化。

2. 参与体内的羟化反应

（1）促进胶原蛋白合成，有利于创伤愈合维生素 C 是胶原蛋白脯氨酸羟化酶及赖氨酸羟化酶维持活性所必需的辅助因子，参与胶原蛋白的合成。机体发生机械损伤时，维生素 C 通过促进胶原蛋白合成，参与创伤愈合。缺乏时，胶原蛋白合成障碍，毛细血管壁通透性和脆性增加易破裂出血，称为坏血病。维生素 C 对坏血病有很好的治疗作用，故称为抗坏血病维生素。

（2）维生素 C 通过维持 7α 羟化酶活性，促进胆汁酸的生成。

（3）维生素 C 还参与苯丙氨酸羟化为酪氨酸、酪氨酸羟化为多巴，多巴胺羟化为去甲肾上腺素，色氨酸羟化脱羧生成 5－羟色胺以及对羟苯丙酮酸转变为尿黑酸的代谢。

两类维生素相关知识概括如表 18－1。

表 18－1　维生素相关知识一览表

名　称	来　　源	活性形式	主　要　功　能	缺　乏　症
维生素 A（视黄醇）	动物肝、蛋黄、乳，胡萝卜、玉米等植物含胡萝卜素	11－顺视黄醛	1. 构成视紫红质 2. 维持上皮细胞的正常功能 3. 促进生长发育 4. 抗肿瘤作用	夜盲症等
维生素 D（钙化醇）	动物肝、蛋黄、乳，鱼肝油、皮下胆固醇	$1,25-(OH)_2-D_3$	参与钙、磷代谢调节，促进成骨作用	佝偻病、软骨症
维生素 E（生育酚）	植物油、蔬菜等	α－生育酚	1. 抗氧化，保护生物膜 2. 维持正常的生殖机制 3. 氧化还原反应	生育力减退 流产、早产

续表

名称	来源	活性形式	主要功能	缺乏症
维生素 K（凝血维生素）	肝、绿色蔬菜，肠道细菌合成	2-甲基 1,4-萘醌	1. 参与凝血因子合成 2. 活化凝血酶原 3. 氧化还原反应	凝血障碍 新生儿出血
维生素 B_1（硫胺素）	谷类外皮、豆，肝、瘦肉、酵母	TPP	1. α-酮酸氧化脱羧酶系辅酶 2. 转酮醇酶的辅酶 3. 维持神经系统的正常机能	脚气病 胃肠机能紊乱
维生素 B_2（核黄素）	肝、蛋黄及绿色蔬菜	FMN、FAD	1. 黄素蛋白辅酶 2. 参与氢原子传递	口角炎、舌唇炎
维生素 PP（尼克酸）	花生、豆、肝、酵母	NAD^+、$NADP^+$	脱氢酶辅酶，还原反应的递氢体	癞皮病
维生素 B_6（吡哆醇、吡哆醛、吡多胺）	谷类胚芽、蛋、肝及绿色蔬菜，肠道细菌合成	磷酸吡哆醛、磷酸吡多胺	1. 氨基酸转氨酶的辅酶 2. 氨基酸脱羧酶的辅酶 3. ALA 合酶的辅酶	未发现维生素 B6 缺乏的典型病例
泛酸（遍多酸）	酵母、谷类、豆、肝，肠道细菌合成	HSCoA	辅酶 A 的构成成分，参与转酰基反应	缺乏症非常少见“脚灼热综合征”
生物素	肝、谷类、酵母、菠菜，肠道细菌合成	生物胞素	羧化酶的辅酶，参与羧基传递	皮炎
叶酸	酵母、肝、绿色蔬菜，肠道细菌合成	FH_4	一碳基团转移酶的辅酶，参与一碳单位的转移反应	贫血
维生素 B_{12}	肝、肉、鱼，肠道细菌合成	甲钴胺素 5′-脱氧腺苷钴胺素	参与甲基形成和转移，协助 FH4 转运一碳单位	巨幼红细胞性贫血
维生素 C	新鲜蔬菜、水果		1. 参与氧化还原反应，抗氧化 2. 参与羟化反应，促进胶原蛋白合成、促进胆固醇转变为胆汁酸及芳香族氨基酸代谢	

第三节 微 量 元 素

微量元素(microelement)是指人体中每日需要量在 100 mg 以下或其含量占体重 0.01%以下的元素。目前，动物体内发现的微量元素有 50 多种，主要分为两大类：一类是具有特殊生理功能的必需微量元素，如铁、碘、铜、锌、钴、锰、硒、氟、钼、铬、镍、锶和硅等；另一类是无特殊生理功能，机体非必需的异常微量元素。

微量元素虽然所需甚微，但生理作用却十分重要，下面仅就铁、碘、铜、锌、钴、锰、硒及氟等 8 种微量元素简介如下：

一、铁

1. 体内含量及分布 微量元素中含量最多的是铁，约占体重的 0.005 7%。人体含铁总量约为 4～5 g，成年男性平均铁含量约为 50 mg/kg 体重，女性略低，约为 30 mg/kg 体重。体内的铁约 75%左右存在于铁卟啉化合物，如血红蛋白和肌红蛋白，约 25%左右存在于非铁卟啉类含铁化合物中，如黄素蛋白、铁硫蛋白、运铁蛋白等。

2. 吸收及代谢 铁的吸收主要在十二指肠及空肠上段。络合铁比无机铁容易吸收，无机铁以亚铁离子形式吸收，三价铁离子很难吸收，因此凡能将 Fe^{3+} 还原为 Fe^{2+} 的物质，如谷胱甘肽或者能与铁离子络合的物质，如氨基酸、柠檬酸、苹果酸等均有利于铁的吸收。

血液中铁的运输依赖于运铁蛋白(transferrin，Tf)，正常人血清 Tf 的浓度为 200～300 mg/dl，与 Tf 结合的是 Fe^{3+}。肝脏中铁与特殊载体结合。

成年人铁的丢失主要通过肠黏膜及皮肤脱落的细胞，其次是随汗和尿排出。体内红细胞破坏可放出20～50 mg铁，绝大部分铁在代谢过程中可反复利用或贮存，因而一般情况下铁的丢失量很少。成年人每日铁的吸收量和丢失量相当。成年男性及绝经后妇女每日铁需要量为1 mg，经期妇女每日失铁约1 mg，妊娠期妇女每日需要量约为3.6 mg。

3. 生理功能　铁既是血红蛋白的重要组成成分，也是肌红蛋白、细胞色素酶、过氧化氢酶及过氧化物酶的组成成分，在组织呼吸、生物氧化中起着重要作用。

机体缺铁可使血红蛋白减少，发生营养性贫血。临床表现为食欲减退、烦躁、乏力、面色苍白、心悸、头晕、眼花、免疫功能降低、指甲脆薄、反甲等。儿童还可出现虚胖、肝脾轻度肿大；重度缺乏可在其心尖部听到收缩期杂音，精神不能集中而影响学习。

铁的过量积蓄可发生血色病。

二、碘

1. 体内含量及分布　成人体内含碘20～50 mg，其中大部分(15 mg)主要集中在甲状腺，用于甲状腺素的合成。其余则存在于骨骼、皮肤、其他内分泌腺及中枢神经系统。体内碘的转运以碘-血清蛋白复合物的形式进行。按国际推荐标准，成人每日需碘100～300 mg，儿童则为1mg/ kg体重/日计算。

2. 吸收与代谢　碘的吸收部位主要在小肠，吸收后的碘70%～80%被摄入甲状腺细胞内贮存、利用。机体在碘的利用、更新的同时，每日约有相当于肠道吸收量的碘排出，主要排出途径为尿碘，约占总排泄量的85%，其他是由汗腺排出。

3. 生理功能　碘在人体内的主要作用是参与甲状腺素的组成，因适量的甲状腺素有促进蛋白质合成、加速机体生长发育、调节能量的转换、利用和稳定中枢神经系统的结构和功能等重要作用，故碘对人体的功能极其重要。饮食中长期供应不足或生理需要增加，可引起碘的缺乏，血浆中甲状腺激素水平降低，促使甲状腺增加分泌，引起甲状腺代谢性增生、肥大，出现甲状腺肿，青春期、妊娠期和哺乳期最易发生。缺碘地区可流行地方性甲状腺肿大(俗称“大脖子病”)，严重缺碘不仅可发生黏液性水肿，还可使后代生长停滞、发育不全、智力低下、身材矮小，称为矮小症即克汀病(cretinsm)。若摄入碘过量又可致高碘性甲状腺肿，表现为甲状腺功能亢进及一些中毒症状。

三、铜

1. 体内含量及其分布　成人体内铜的含量约为100～150 mg，所有组织器官都含铜，其中脑、心、肾和肝中含量最多，骨骼和肌肉中也有相当数量。肝脏是铜的“储备库”，需要时动用释放。

2. 吸收和代谢　国际上推荐成人需要量为0.5～2.0 mg/kg体重/日，婴儿和儿童需要量为0.5～1 mg/kg体重/日，孕妇和青少年可略有增加。铜主要在十二指肠吸收，吸收后的铜95%与蛋白质结合成铜蓝蛋白，其余5%与白蛋白结合，在血液中转运。血浆中铜的含量为1～2mg/L。大部分的铜经胆道排泄，少量由尿及汗排出。

3. 生理功能　铜是体内多种酶的辅基，如细胞色素氧化酶等。铜离子在电子传递给氧的过程中是不可缺少的。此外，单胺氧化酶、超氧化物歧化酶也是含铜的酶。铜缺乏时会影响一些酶的活性，如细胞色素氧化酶活性下降，导致能量代谢障碍，出现一些神经症状。铜与铁的吸收和转运有关，缺铜时，小肠吸收的铁减少，血红蛋白的合成减少，导致低色素、小细胞性贫血。但摄入铜过多也会引起中毒现象，如蓝绿粪便、唾液以及行动障碍等。

四、锌

1. 体内含量及其分布　人体内含锌量约为2～3 g。所有器官都含锌，其中皮肤、骨骼、内脏、生殖腺和眼球含量最为丰富。血液中的锌以含锌金属酶形式存在。

2. 吸收和代谢　成人每日需锌15～20 mg。锌主要在小肠吸收，入血后与清蛋白或运铁蛋白结合而运输。许多因素可影响锌的吸收，如谷物中含有较多的6-磷酸肌醇，它能与锌结合成不溶性复合物，影响锌的吸收。锌主要从肠道排出,肾脏和皮肤亦可排出一定数量。

3. 生理功能　锌是机体正常生长发育不可缺少的微量元素,参与了体内许多金属酶活性中心的形成。锌与核酸、蛋白质的合成,与糖类、维生素 A 的代谢以及胰腺、性腺的活动都有密切关系。缺锌必然会引起机体代谢紊乱。“伊朗乡村病”就是因食物中含较多的 6-磷酸肌醇,影响锌的吸收而导致的缺锌疾病。

五、钴

1. 体内含量及其分布　正常人体内含量为 1.1～1.5 mg,广泛分布于全身,以肝、肾、心、脾中含量较多。

2. 吸收和代谢　正常成人每日摄取钴约 300 mg。钴的吸收率一般很低,主要在十二指肠及回肠末端吸收,主要从尿中排泄。

3. 生理功能　体内的钴主要以维生素 B_{12} 的形式发挥作用,是维生素 B_{12} 的重要组成成分,在造血过程中起重要作用。它能促进铁的吸收,加速红细胞再生和合成血红蛋白。此外,钴的辅酶形式影响酶的活性,参与许多重要的生物反应,如增加肝糖原的同化作用,促进氨基酸合成蛋白质过程,刺激含有磷酸、磷脂类物质的合成。对机体的生长、发育、糖和蛋白质的代谢都有重要影响。钴缺乏时,会引起维生素 B_{12} 缺乏,引起巨幼红细胞贫血。由于人体排钴能力很强,很少有钴蓄积的现象发生。

六、锰

1. 体内含量及其分布　正常人体内含锰约 12～20 mg,一生中基本保持恒定。骨和脑垂体中含量最高,大脑灰质、肾、胰、乳腺都有锰的分布,肝线粒体与血液为锰的贮存库。

2. 吸收和代谢　成人每日需 2.5～7 mg。锰的吸收率低,主要在小肠吸收,入血后与血浆中转锰蛋白结合而运输。几乎全从肠道排泄,少量经胰液入小肠重新利用。

3. 生理功能　锰是丙酮酸脱羧酶、RNA 聚合酶及超氧化物歧化酶等的重要组成成分,它能促进和增强许多重要的代谢反应。如参加蛋白质和核酸的合成,维持糖、脂肪的正常代谢,促进生长发育,骨骼形成和造血过程都需要锰。缺锰时,生长发育会受到影响,特别是长骨、肌腱、结缔组织发育不全。锰中毒在工业生产上有过报道,尚无治疗良方,应以预防为主。

七、硒

1. 体内含量及其分布　人体含硒 14～21 mg,指甲含量最多,其次为肾和肝。

2. 吸收和代谢　成人每日供给量为 30～50 mg。硒在十二指肠吸收,入血后与 α 和 β 球蛋白结合,小部分与极低密度脂蛋白结合而运输,主要随尿及汗液排出。

3. 生理功能　硒是谷胱甘肽过氧化物酶的重要组成成分,每分子该酶可与 4 个硒原子结合,GSH-PX 催化 2 分子 GSH 氧化生成 GSSG,同时利用 H_2O_2 使有毒的过氧化物还原成相对无毒的羟化物,保护细胞膜;硒还可加强维生素 E 的抗氧化作用以及参与辅酶 Q 和辅酶 A 的合成,在机体代谢、电子传递链中起重要作用,此外,硒对某些化学致癌物质有拮抗作用。食物中硒的含量有地区性差异。缺硒地区的食管癌、胃癌和直肠癌的死亡率高。但过量的硒对人体有害。高硒区居民可出现脱发、指甲脆、疲劳和激动,有的人还出现胃肠功能紊乱、浮肿、不育等症状。国内学者认为大骨节病及克山病可能与缺硒有关,硒过多也会引起中毒症状。

八、氟

1. 体内含量及其分布　成人体内含氟约 2.6 g,分布于骨、牙、指甲、毛发及神经肌肉中。

2. 吸收和代谢　氟的生理需要量为 0.5～1.0 mg/日/人,主要从胃肠和呼吸道吸收,入血后与球蛋白结合,小部分以氟化物形式运输,血中氟含量约为 20 μmol/L。氟主要从尿中排泄。

3. 生理功能　氟是骨、牙中的正常成分,氟与骨、牙的形成及钙磷代谢密切相关。在日常生活中,饮水是氟的主要来源,水中最适宜的含氟量为 0.7～1.0 mg/L,饮水中含氟量低于 0.5 mg/L 的地区,居民就有可能发生龋齿。饮水中含量超过 1.2 mg/L,容易发生地方性氟中毒,牙齿会产生灰斑、变脆(斑釉病)。

小 结

维生素是维持生命活动所必需的一类小分子有机化合物，机体不能合成，或合成量不足，必须靠食物供给，因维生素缺乏会导致多种疾病发生。根据其溶解性质维生素可分为脂溶性和水溶性两大类。

脂溶性维生素的特点是：都是亲脂性的非极性分子或者衍生物，可伴随脂类的吸收而吸收，若脂类吸收障碍就易产生缺乏症。维生素A动物性食物中较多，β胡萝卜素存在于多种植物中。视黄醇的衍生物视黄醛和视黄酸分别用于视色素和糖蛋白合成。维生素D是类固醇激素前体，1,25-$(OH)_2D_3$是其活性形式，可调节钙、磷代谢，缺乏则导致骨软化。维生素E是体内最重要的抗氧化剂，在细胞膜脂相起作用。维生素K是几种凝血因子合成所必需的，它的功能是作为羧化酶的辅助因子参与凝血因子前体转变为活性凝血因子的羧化反应。除维生素C外，水溶性维生素均属B族维生素，以辅酶形式而发挥作用。硫胺素是α酮酸氧化脱羧酶及磷酸戊糖途径中重要的酶——转酮醇酶的辅酶。核黄素和尼克酸分别是氧化还原反应中重要的辅酶。FMN和FAD为黄素蛋白酶的辅基。而NAD^+和$NADP^+$为许多种脱氢酶的辅助因子。泛酸存在于辅酶A和ACP中，ACP的作用是在许多重要的反应中携带脂酰基。磷酸吡哆醛是氨基酸代谢中转氨基作用中几种酶的辅酶。生物素为羧化酶的辅酶，其中有乙酰辅酶A羧化酶、脂肪合成中的限速酶和糖异生作用中很重要的丙酮酸羧化酶。在核酸合成中，维生素B_{12}和叶酸各有其功能。抗坏血酸是一种抗氧化剂。食物中的水溶性维生素不足可诱发综合的缺乏症状；单一维生素不足导致特征性缺乏症状。

微量元素有50多种，分两大类，其中如铁、碘、铜、锌、钴、锰和硒等，是具有特殊生理功能的必需微量元素；其他如氟等，在含量较低时，可能对人体生理功能具有积极意义，但也具有潜在的毒性。

【复习思考题】

1. 简述脂溶性维生素A、D、E和K族化合物的主要生理功能。
2. 简述水溶性维生素B族化合物的主要生理功能。

第十九章

癌基因、抑癌基因与生长因子

学习要点

掌握： 癌基因、抑癌基因、生长因子的基本概念。

熟悉： ① 癌基因的分类与激活机制；② 抑癌基因的失活机制；③ 生长因子的作用机制。

了解： ① 常见癌基因及其功能；② 常见的抑癌基因及其功能。

肿瘤是由多因素诱发、多基因参与并经多阶段演进而逐渐形成的一种复杂性疾病。其中因癌基因(oncogene)激活和(或)抑癌基因(tumor suppressor gene)失活所导致的细胞增殖失去控制在肿瘤的形成过程中起着至关重要的作用。正常细胞的生长与增殖主要受两类信号的调控：一类信号促进细胞的生长与增殖，并阻止其发生终末分化，该类信号过度激活时则导致肿瘤细胞的恶性生长，现已知多数癌基因起这一作用；另一类信号则抑制增殖，促进分化、成熟、衰老或凋亡，抑癌基因则在这方面发挥作用。机体正是通过对这两类信号进行精确调控而控制细胞的正常生长与增殖。当细胞受到各种致癌因素的作用时，可引起癌基因或抑癌基因的结构或表达调控异常，导致癌基因活性过高或抑癌基因活性过低甚至丧失，最终导致细胞生长增殖的失控而形成肿瘤。癌基因和抑癌基因的作用机制涉及细胞信号转导、基因的表达调控等过程，其编码产物和生长因子之间有着密切的关系，在肿瘤等疾病的发生发展过程中具有重要作用。

第一节　癌 基 因

癌基因是指能引起癌症发生的一类基因。癌基因最早发现于反转录病毒中，随后在正常细胞的基因组中也发现有与病毒癌基因类似的同源基因即原癌基因。

一、癌基因的来源及其鉴定

按照来源不同，癌基因可分为两类，一类来源于病毒，称为病毒癌基因(viral oncogene)；另一类则主要存在于正常细胞中，称为细胞癌基因(cellular oncogene)或原癌基因(proto - oncogene)。

(一) 病毒癌基因

病毒癌基因是一类存在于病毒(主要是反转录病毒)基因组中的，可以使宿主细胞发生癌变的基因。目前已经鉴定的病毒癌基因如：*v-src*(禽劳氏肉瘤病毒癌基因)、*v-myc*(禽粒细胞增生病毒癌基因)、*v-myb*(禽红母细胞增生癌基因)、*v-ras*(大鼠 Rashead 肉瘤病毒癌基因)、*v-sis*(猿猴肉瘤病毒癌基因)和 *v-abl*(Abelson 鼠白血病毒癌基因)等。

最早鉴定的病毒癌基因是禽肉瘤病毒基因组中的 src 基因。1911 年，Rous 用鸡肉瘤组织匀浆的无细胞滤液注射健康鸡，在健康鸡中诱发出肉瘤，并在无细胞滤液中分离出导致鸡肉瘤发生的病毒，命名为罗氏肉瘤病毒（Rous sarcoma virus，RSV）。后来的研究发现，该病毒的基因组中除了有常见的结构基因 *gag*、*pol* 和 *env* 外，还有一个特殊的结构基因 *src*（sarcoma-causing gene，致肉瘤基因）；含有 *src* 基因的 RSV 能使禽类患肉瘤，在体外培养中能使宿主细胞转化，相应的无 *src* 基因的肉瘤病毒并不能在短时期内使宿主细胞恶变，说明 *src* 就是导致肉瘤的基因"元凶"。

事实上，病毒癌基因与细胞中的一些原癌基因是同源的，即它们的基因序列是相似的，例如病毒癌基因 *src* 与正常细胞中存在的原癌基因 *src* 基因片段同源。为了区分，病毒癌基因的名称通常冠以前缀 v-，如 *v-src*，而将原癌基因则冠以前缀 c-，如 *c-src*。

（二）细胞癌基因（原癌基因）

与病毒癌基因不同，细胞癌基因存在于正常细胞的基因组中，在正常情况下这些基因处于静止或低水平（限制性）表达状态，其表达产物对于细胞不仅无害而且对于维持细胞的正常功能具有重要作用，通常参与细胞的生长增殖。但当受到致癌因素作用被活化（基因结构异常或表达水平异常）后可导致细胞发生癌变。由于细胞癌基因在正常细胞中以非激活形式存在，故又称为原癌基因。

细胞癌基因具有如下特点。

（1）广泛存在于生物界中，从酵母到人的细胞普遍存在。

（2）在进化进程中，基因序列呈高度保守性。

（3）它的作用是通过其表达产物（多为蛋白质）来实现的；它们的存在对正常细胞不仅无害，而且对维持正常生理功能、调控细胞生长和分化起重要作用，是细胞发育、组织再生、创伤愈合等所必需。

（4）在致癌因素（如放射线、某些化学物质等）的作用下，一旦被激活（即基因结构或基因表达水平出现异常）后，就成为可导致细胞癌变的"癌基因"。

二、癌基因活化的机制

从正常的原癌基因转变为具有使细胞发生恶性转化功能的癌基因的过程称癌基因的活化。癌基因活化机制具有下列几种形式。

1. *点突变*　基因在放射线或化学致癌物等因素的作用下可发生单个碱基的改变，称为基因的点突变。点突变是癌基因激活的一种主要方式。原癌基因发生点突变后，可能造成基因编码蛋白中氨基酸残基的改变，进而引起编码蛋白的结构和功能的异常，最终导致癌变，这就是原癌基因点突变导致的活化。例如，*H-ras* 原癌基因的活化就是该基因中编码 Ras 蛋白 12 位氨基酸残基的密码子 GGC，在肿瘤细胞中突变为 GTC，造成 Ras 蛋白的第 12 位氨基酸由正常细胞的甘氨酸变为肿瘤细胞的缬氨酸，导致 Ras 蛋白的 GTP 酶活性降低或丧失，不能把 Ras 蛋白结合的 GTP 水解为 GDP，使 Ras 一直处于结合 GTP 的活化状态，使下游信号通路持续激活，引起细胞的无限制生长。大量临床样本检测表明，30%左右的肿瘤组织都带有 *ras* 基因的点突变。

2. *基因扩增*　基因扩增指的是基因拷贝数的增加。原癌基因可以通过基因扩增，即基因拷贝数增加，从而使原癌基因表达的蛋白质的量也随之升高，使细胞发生癌变。例如，常见的癌基因 *myc* 主要就是通过基因扩增而被激活的，该基因的扩增在神经母细胞瘤、膀胱癌、前列腺癌等多种肿瘤中都存在扩增现象。另外，HER2/neu 原癌基因的激活方式也是基因扩增，在乳腺癌、肺癌等多种肿瘤中都检测到该基因的扩增。

3. *染色体易位与基因重排*　染色体易位指染色体的一部分易位到另一染色体上，染色体易位往往导致基因的重排，会导致原来无活性的原癌基因移至强启动子或增强子附近而被活化。例如，Burkit 淋巴瘤细胞中，位于 8 号染色体的 *c-myc* 基因易位到 14 号染色体免疫球蛋白重链基因的调节区附近，使 *c-myc* 基因与具有强转录活性的免疫球蛋白启动子排列在一起并受其调控，导致 *myc* 基因转录水平升高，驱动淋巴细胞大量恶性增殖，引发癌变。

4. *病毒基因插入使原癌基因获得强启动子和/或增强子*　当反转录病毒感染细胞后，病毒基因组所携带的长末端重复序列（LTR 内含较强的启动子和增强子）插入到细胞原癌基因附近或内部，从而使相应的原癌基因过度表达或由不表达变为表达，导致细胞发生癌变。如鸡白细胞增生病毒引起的淋巴瘤，就因为该病毒 DNA 序列整合到宿主正常细胞的 *c-myc* 的基因附近，其 LTR 亦同时被整合，成为 *c-myc* 的启动子，可使

c-*myc* 的表达比正常高 30～100 倍。

三、常见的癌基因家族

按照功能相关性，癌基因可分为不同的癌基因家族。代表性癌基因见表 19-1。

1. *src* 家族　*src* 家族包括 *src*、*yes*、*fyn*、*fgr*、*hck*、*lyn*、*lck*、*blk*、*abl* 等成员。该类癌基因的编码蛋白多具有酪氨酸蛋白激酶活性，定位于胞膜内面或跨膜分布。其中以 *src* 发现最早和最为典型。*v*-*src* 编码 $p60^{src}$ 蛋白，该蛋白质中 416 位的酪氨酸残基是磷酸化的，具有很强的转化活性；*c*-*src* 产物也是分子质量为 60 kDa 的胞质酪氨酸蛋白激酶，是一个重要的细胞信号转导分子，可以被受体酪氨酸蛋白激酶(如 PDGF 受体)活化，进而激活磷脂酰肌醇 3 激酶(PI3K)等信号转导通路，促进细胞增殖。*src* 之外的其他成员则可被非酪氨酸蛋白激酶受体(如 CD4 和 CD8 受体)激活，促进细胞增殖。

2. *ras* 家族　*ras* 家族主要包括 *H*-*ras*、*K*-*ras* 和 *N*-*ras*。*c*-*ras* 产物 *Ras* 蛋白是位于细胞膜胞质面的一种鸟苷酸结合蛋白，能与 GDP 及 GTP 结合。与 GTP 结合的 Ras 蛋白具有促进细胞生长及增殖的功能。同源的病毒癌基因 v-ras 的产物 $P21^{ras}$ 与 Ras 蛋白有相同的功能。

3. *myc* 家族　*myc* 家族主要包括 *c*-*myc*、*N*-*myc* 和 *L*-*myc*。*c*-*myc* 基因编码 49 kDa 蛋白质，位于细胞核内，是一种转录因子。它的羧基端有亮氨酸拉链、螺旋-环-螺旋和碱性区三种模序(motif)，是 DNA 结合区，氨基端有转录激活区。*c*-*myc* 蛋白与 Max 蛋白形成异源二聚体后，再与特异的 DNA 序列(CACGTG)结合，从而活化细胞增殖相关靶基因的转录。同源的病毒癌基因 *v*-*myc* 发现于禽类髓细胞增生病毒中。

4. *sis* 家族　该家族只有 *sis* 基因一个成员。*c*-*sis* 的编码产物为血小板源生长因子(PDGF)的 B 链(PDGF-B)，其形成二聚体后可与靶细胞膜上的 PDGF 受体特异结合，通过信号转导促进靶细胞的生长与增殖。$P28^{sis}$ 蛋白也是以二聚体的形式发挥作用，它能使具有 PDGF 受体的细胞转化成癌细胞。同源的病毒癌基因 *v*-*sis* 发现于猴肉瘤病毒中，产物为 $P28^{sis}$ 蛋白，与原癌基因 *c*-*sis* 的编码产物十分相似，功能也相同。

5. *myb* 家族　*myb* 家族包括 *c*-*myb*、*A*-*myb* 和 *B*-*myb*。*c*-*myb* 的编码产物为定位于细胞核内的转录因子。同源的病毒癌基因 *v*-*myb* 发现于禽成肌细胞病毒(Avian myeloblastosis virus, AMV)，编码产物与 *c*-*myb* 的结构和功能类似。

6. Jun 和 fos　*v*-*jun* 发现于禽类肉瘤病毒 17(ASV17)，可使禽类患纤维肉瘤及转化体外培养的禽类胚胎成纤维细胞，*v*-*fos* 存在于 FBJ 小鼠骨肉瘤病毒中，可使小鼠致骨肉瘤。*c*-*jun* 和 *c*-*fos* 的产物均为转录因子，两者形成的异二聚体称 AP-1。一些生长因子如 PDGF 与靶细胞膜上的特异受体结合后，通过相应的细胞信号转导通路从而使 AP-1 活化，活化的 AP-1 可通过调节相应靶基因的转录进而促进细胞增殖。

表 19-1　常见癌基因及其激活形式

基因名称	常 见 肿 瘤	基因激活形式	编码产物类型
K-*ras*	胰腺癌、肺癌、大肠癌、卵巢癌	点突变、扩增	细胞信号转导分子(鸟苷酸结合蛋白)
H-*ras*	甲状腺癌、肾癌	点突变	细胞信号转导分子(鸟苷酸结合蛋白)
c-*myc*	多种白血病和实体瘤	扩增、染色体易位、病毒基因插入	核内转录因子
N-*myc*	神经母细胞瘤、肺癌	扩增	核内转录因子
erbB2	乳腺癌、胃癌、卵巢癌	扩增	生长因子受体(酪氨酸蛋白激酶受体)
Bcr/*abl*	慢性髓细胞白血病	染色体易位	生长因子受体(酪氨酸蛋白激酶受体)

四、原癌基因的产物与功能

原癌基因编码的蛋白往往参与细胞生长增殖和分化的调控。按照其在细胞信号转导中的作用，癌基因表达产物可分以下四类。

(一) 生长因子

编码产物为生长因子的癌基因包括 *sis*、*int*-*2*、*ks*-*3* 和 *hst*。这类癌基因的持续性激活可以刺激细胞生长并导致恶性转化，它们通过作用于靶细胞的受体，激活相应的胞内信号转导途径，从而发挥其促进细胞生长增殖的效应。原癌基因 *c*-*sis* 的编码产物就是血小板源生长因子(PDGF)的 B 链(PDGF-B)。此外，

int-2、*ks-3* 和 *hst* 的编码产物则是成纤维细胞生长因子(FGF)家族的成员。

(二) 生长因子受体

编码产物为生长因子受体的癌基因包括 *Her1*(*EGFR*, *ErbB1*)、*Her2*(*Neu*, *ErbB2*)、*Her3*(*ErbB3*)、*Her4*(*ErbB4*)、*kit*、*met* 和 *ret* 等。这些癌基因的编码产物为跨膜受体，并且其胞内结构域多具有酪氨酸蛋白激酶活性，当其与生长因子结合后，即可激活其胞内结构域的酪氨酸激酶活性，进而激活下游信号通路而刺激细胞的生长增殖和癌变。

(三) 细胞内信号转导分子

有些癌基因的编码产物为细胞内信号转导分子，这些信号转导分子可以将生长信号从生长因子受体传至核内。该类癌基因又可以分为以下几类：编码产物为非受体型酪氨酸蛋白激酶的 *abl*、*lck* 和 *src*，编码产物为非受体型丝/苏氨酸蛋白激酶的 *akt*、*raf*、*mos* 和 *pim*，编码产物为鸟苷酸结合蛋白的 *ras*、*gsp* 和 *gip*，以及编码产物为其他胞质蛋白的 *crk*、*dbl*、*vav* 等。

(四) 核内转录因子

该类癌基因的编码产物为定位于细胞核内的转录因子，它们通过和特定靶基因启动子区域的 DNA 序列结合从而调节大量下游相关靶基因的表达，进而导致细胞的生长失控和癌变。该类癌基因包括 *c-fos*、*c-jun*、*c-myc*、*c-myb* 和 *ets* 等。这些癌基因通常在细胞受到生长因子刺激时迅速表达，促进细胞的生长与分裂过程。

第二节 抑 癌 基 因

从 20 世纪 80 年代开始，科学家陆续发现了一些与癌基因作用相反的基因，它们对肿瘤形成起阻止或抑制作用，因此被称为抑癌基因，或肿瘤抑制基因(tumor suppressor gene)。正常情况下，这些基因编码的蛋白能抑制细胞的过度生长增殖，或参与 DNA 损伤修复。但当其因突变等机制失活后则可导致细胞癌变。经过近 30 年的不断研究，人们发现抑癌基因的失活与癌基因的激活一样，在肿瘤形成中起着非常重要的作用。但与癌基因明显不同的是，抑癌基因的作用往往是隐性的，而癌基因的作用则是显性的。

一、抑癌基因的发现

抑癌基因的发现最早源于 20 世纪 60 年代 Harris 的杂合细胞致癌性研究。他将癌细胞株与正常细胞融合得到的杂合细胞接种动物，发现并不产生肿瘤，提示正常细胞中的基因能抑制癌细胞致肿瘤作用。用化学物质、致癌病毒等诱发的肿瘤及自发发生的肿瘤的细胞与正常细胞制备杂合细胞也可重复出上述结果，并且与肿瘤的组织起源无关，表明上述结果有普遍意义。将不具致癌性的杂合细胞体外培养传代，可从中分离出具有致癌性的子代细胞。比较两种杂合细胞，发现致癌性的子代杂合细胞丢失了来自正常细胞的一条或几条染色体。将正常的人类细胞的单条染色体逐一融合在肿瘤细胞中，也可分离到无致癌性的杂合细胞。这些结果说明细胞中含有各种不同的抑癌基因，它们是隐性基因，分布在不同的染色体上，可以分别抑制不同组织起源的癌细胞的致癌作用。根据这些结果，将不同的癌细胞株融合也可获得不具有致癌作用的杂合细胞，从而提示癌细胞中存在着由于突变而失去功能的抑癌基因，不同的癌细胞中失活的抑癌基因可能不同，因而不同的癌细胞可有基因互补，产生无致癌性的杂合细胞。

随着分子生物学技术的不断进步，Rb、p53 等一系列抑癌基因得以克隆和鉴定。

二、抑癌基因失活的机制

抑癌基因的失活机制有多种，最为常见的是以下三种方式。

1. 基因突变　如前所述，癌基因的突变会使其编码蛋白的功能或活性增强，进而导致癌变。与此相反，抑癌基因发生突变后，会造成其编码蛋白的功能或活性的丧失或降低，进而导致癌变。最典型的例子就是抑癌基因 p53 的突变,目前已经发现 p53 基因在超过一半以上的肿瘤中发生了突变。当 p53 发生突变后,p53 蛋白的空间构象发生改变,进而影响到转录活化功能及 P53 蛋白的磷酸化过程,这不但失去野生型 P53 抑制肿瘤增殖的作用,而且突变本身又使该基因具备癌基因功能。

2. *杂合性缺失* 人类体细胞属于二倍体(diploid)细胞,其基因组的大多数区域是杂合的(heterozygous),即这些区域往往含有两个不同的等位基因(一个来自父亲,另一个来自母亲)。在某些情况下,会丢失等位基因中的一个拷贝,从而丧失其杂合性,该现象就称为杂合性缺失(loss of heterozygosity,LOH)。杂合性缺失是肿瘤细胞中常见的异常遗传学现象,发生杂合性缺失的区域也往往就是抑癌基因所在的区域。杂合性缺失导致抑癌基因失活的经典实例就是抑癌基因 Rb 的失活。1986 年,将视网膜母细胞瘤的 Rb 基因成功克隆后就发现,Rb 等位基因的一个拷贝往往是通过生殖细胞突变遗传给后代,也就是说,此时后代的体细胞中 Rb 等位基因就呈现为杂合子状态,即:一个为突变失活的不具有抑癌功能的 Rb 等位基因,另一个为仍具有抑癌功能的正常 Rb 等位基因。而当因为某些原因导致正常的 Rb 等位基因丢失即杂合性缺失时,抑癌基因 Rb 则彻底失活,失去其抑癌作用,从而导致视网膜母细胞瘤。

3. *启动子区甲基化异常* 近年来表观遗传学的研究表明,DNA 的甲基化修饰在真核基因的转录调控方面起着非常重要的作用。真核生物基因的启动子区域的 CpG 岛的甲基化修饰对于调节基因转录活性至关重要,甲基化与否,转录活性的差别可达上百万倍。甲基化程度与基因表达呈负相关性。很多经典的抑癌基因如 VHL 等可通过启动子区甲基化的异常而失活。例如,约 70%的散发肾癌患者中因启动子区的甲基化而存在 VHL 基因的失活;在家族性腺瘤息肉所致的结肠癌中,APC 基因启动子区因超甲基化使转录受到抑制,导致 APC 基因失活,进而引起 β-连环蛋白在细胞内的积累,从而促进癌变发生。

三、常见的抑癌基因及其功能

与癌基因相比,目前已经鉴定的抑癌基因的数量相对较少,据不完全统计约有 30 多个。此处对常见的重要抑癌基因 Rb 和 P53 进行简要介绍。

(一) 视网膜母细胞瘤基因(Rb 基因)

Rb 基因是最早发现的肿瘤抑制基因,最初发现于儿童的视网膜母细胞瘤,因此称为 Rb 基因。在正常情况下,视网膜细胞含活性 Rb 基因,控制着成视网膜细胞的生长发育以及视觉细胞的分化,当 Rb 基因一旦丧失功能或先天性缺失,视网膜细胞则出现异常增殖,形成视网膜母细胞瘤。Rb 基因失活还见于骨肉瘤、小细胞肺癌、乳腺癌等许多肿瘤,说明 Rb 基因的抑癌作用具有一定的广泛性。

Rb 基因较大,位于人 13 号染色体 q14,含有 27 个外显子,转录 4.7 kb 的 mRNA,编码蛋白质为 P105,定位于核内。将 Rb 基因导入成视网膜细胞瘤或成骨肉瘤细胞后,可使这些恶性细胞的生长受到抑制,说明 Rb 具有抑制肿瘤生长的作用。Rb 主要是通过与转录因子 E_2F 的结合来调控细胞周期进程和细胞生长增殖。Rb 蛋白有磷酸化和非磷酸化两种形式。在 G0、G1 期,Rb 处于非磷酸化或低磷酸化状态,此时与 E_2F 结合形成复合物,从而使 E_2F 处于失活状态而无法发挥其促进细胞增殖类基因转录表达的功能;在 S 期,Rb 蛋白被高度磷酸化,与 E_2F 解离,E_2F 变成游离状态,进入细胞核,刺激增殖类基因的转录表达,细胞立即进入增殖阶段。因此,当 Rb 基因发生缺失或突变,丧失了结合、抑制 E_2F 的能力,于是细胞增殖活跃,导致肿瘤发生。

(二) p53 基因

p53 基因是迄今为止发现的与人类肿瘤相关性最高的基因。过去一直把它当成一种癌基因,直至 1989 年才知道起癌基因作用的是突变 p53,后来证实野生型 p53 是一种抑癌基因。人类 p53 基因位于 17 p13.1,全长 20 kb,含有 11 个外显子,转录 2.8 kb 的 mRNA,编码蛋白质为 P53。P53 蛋白由 393 个氨基酸残基构成,在体内以四聚体形式存在,半衰期为 20~30 min。P53 蛋白是位于细胞核内的一种转录因子,包含有转录激活结构域、富含脯氨酸区、DNA 结合结构域、寡聚结构域和核定位序列等多个重要的结构域或序列,这也是 P53 发挥其生物学功能的分子结构基础。绝大多数 P53 基因突变都发生在编码其 DNA 结合结构域的序列中。

p53 基因在各种组织中普遍表达,野生型 P53 蛋白的半衰期很短,在细胞内含量低。当细胞受射线辐射或化学试剂等作用导致 DNA 损伤时,p53 表达水平迅速升高,同时 P53 蛋白中包含的一些丝氨酸残基被磷酸化修饰而被活化。活化的 p53 一方面可以通过其富含脯氨酸区与多种蛋白质发生相互作用,另一方面从胞质定位至细胞核内，通过其 DNA 结合结构域与多种受其调控的靶基因启动子区域中的特异序列结合，从而调控这些靶基因的转录。p53 的功能主要就是通过调节相关靶基因的转录而发挥其生物学功能的。例如，p53 的靶基因之一 p21 可阻止细胞通过 G_1－S 检查点，使其停留于 G_1 期；另一靶基因 GADD45 的产物是 DNA 修复蛋白。P21 蛋白与 GADD45 蛋白的共同作用能使 DNA 受损的细胞不再分裂，并且修复损伤而维持基因组的稳定性。如果修复失败，p53 蛋白就会通过激活另外一些靶基因如 bax 的转录而启动程序性死亡即细胞凋亡过程诱导细胞自杀，阻止有癌变倾向突变细胞的生成，从而防止细胞恶变。

第三节　生长因子

一、生长因子概述

生长因子(growth factor)是调节细胞生长与增殖的一类多肽类物质(表 19－2)。生长因子通常为细胞正常生长增殖所必需，如果在细胞的培养基中不添加包含有各种生长因子的新鲜血清，细胞则不能够继续正常生长。

生长因子被合成并分泌出来后，可通过以下三种模式作用于其相应的靶细胞。

(1) 内分泌(endocrine)：生长因子从细胞分泌出来后，通过血液运输到达并作用于远端靶细胞。如：血小板源生长因子源于血小板作用于结缔组织。

(2) 旁分泌(paracrine)：细胞分泌的生长因子作用于邻近的其他类型细胞，对合成、分泌该生长因子的自身细胞不发生作用，因为它缺乏相应受体。

(3) 自分泌(autocrine)：生长因子作用于合成及分泌该生长因子的细胞本身。

生长因子以后两种作用方式为主。

表 19－2　常见的生长因子

生长因子	来　源	功　能
表皮生长因子(EGF)	颌下腺	促进表皮与上皮细胞的生长
促红细胞生成素(EPO)	肾、尿	调节成红细胞的发育
类胰岛素生长因子(IGF)	血清	促进硫酸盐渗入到软骨组织 促进软骨细胞的分裂 对多种组织细胞起胰岛素样的作用
神经生长因子(NGF)	颌下腺	营养交感和某些感觉神经元
血小板源生长因子(PDGF)	血小板	促进间质及胶质细胞的生长
转化生长因子 α(TGF－α)	肿瘤细胞、转化细胞	类似 EGF
转化生长因子 β(TGF－β)	肾、血小板	对某些细胞呈促进与抑制双向作用

二、生长因子的作用机制

生长因子由不同的细胞合成并分泌后，作用于靶细胞上的相应受体，这些受体有的位于细胞膜上，有的位于细胞内部。生长因子与受体结合后，激活细胞内信号传递体系，产生相应的生物学作用。根据受体的分布和对生长因子不同的响应，生长因子的作用机制分为以下三种情况。

(1) 生长因子与具有酪氨酸蛋白激酶(TPK)活性的跨膜受体结合，TPK 被活化，磷酸化相应蛋白质，产生生理效应。

(2) 与膜上受体结合，通过胞内信息传递，产生第二信使，使蛋白激酶活化，再磷酸化相应的效应蛋白质，这些被磷酸化的蛋白质再活化核内的转录因子，引发基因转录，达到调节生长与分化的作用。

(3) 与膜内受体结合，形成生长因子—受体复合物，进入胞核活化相关基因，促进细胞生长。

三、生长因子与疾病

(一)肿瘤

肿瘤的发生与癌基因激活，抑癌基因失活及生长因子密切相关。

许多癌基因表达产物属于生长因子或生长因子受体，有的属于胞内信息传递体或者是核内转录因子。发生突变的原癌基因可能生成上述产物的变异体，他们的生成和过量表达导致细胞生长、增殖失控，引起肿瘤。抑癌基因作为细胞增殖分化的负控因子，当其突变时，则失去了对癌基因的平衡作用，有的抑癌基因突变后可以起到癌基因的作用，如突变的 p53。

(二)心血管疾病

与生长因子密切相关的一些癌基因及抑癌基因的异常表达及结构改变也是许多心血管病的分子病理学基础。

1. *原发性高血压* 高血压的细胞学改变是血管平滑肌细胞及成纤维细胞增生，使血管变窄、变厚，导致外周阻力增加。这种以平滑肌增生为主的疾病与癌基因关系也非常密切。有研究表明，myc 和 fos 原癌基因的激活是平滑肌细胞增生的启动因素之一，原发性高血压大鼠心肌和平滑肌细胞内 myc 原癌基因表达比对照动物高出 50%～100%。此外，作为负调控的抑癌基因的变化也参与高血压病的发生。例如，在原发性高血压大鼠血管平滑肌细胞中野生型 p53 抑癌基因的表达低于正常动物，基因有甲基化倾向，并测出 p53 基因的突变。

2. *动脉粥样硬化* 动脉粥样硬化也是一种以细胞增生和变性为主要特征的疾病。近年来的研究表明，癌基因和抑癌基因与动脉粥样硬化可能有密切关系。动脉粥样硬化斑块损伤的细胞，癌基因表达比正常组织高约 5～12 倍。其中血小板源生长因子(PDGF)表达升高后，通过作用于 PDGF 受体，导致组织细胞的增生，引起血管壁斑块形成。

3. *心肌肥厚* 生长因子在心肌肥厚发生中的作用十分关键，在心肌负荷与心肌反应之间起着中介与信息传递的作用，由此引发许多癌基因(如 *ras*、*myb*、*myc*、*fos*)过量表达，造成心肌肥厚。相关的生长因子包括类胰岛素生长因子(IGF)，转化生长因子(TGF)及成纤维细胞生长因子(FGF)等。

小　结

癌基因是指能引起癌症发生的一类基因。按照来源不同，癌基因分为来源于病毒的病毒癌基因和存在于正常细胞中细胞癌基因或称为原癌基因。正常的原癌基因为正常生命活动所必需。当原癌基因被激活，基因结构发生异常或表达失控，可导致细胞发生恶性转化进而形成肿瘤。原癌基因常见的激活方式包括点突变、基因扩增、染色体易位与基因重排、病毒基因插入使原癌基因获得强启动子和/或增强子。原癌基因编码的蛋白与细胞生长调控的许多因子有关，包括生长因子、生长因子受体、胞内信号转导分子以及核内转录因子。与癌基因的作用相反，抑癌基因，或称肿瘤抑制基因，其编码的蛋白能抑制细胞过度生长增殖从而遏制肿瘤形成，这类基因的失活可导致肿瘤发生。抑癌基因常见的失活方式包括突变、杂合性缺失和启动子区甲基化异常等。生长因子是调节细胞生长与增殖的一类多肽类物质。它主要以内分泌、自分泌和旁分泌三种方式作用于靶细胞，通过作用于靶细胞的受体，激活细胞内信号转导通路，产生促进细胞生长增殖的生物学作用。癌基因、抑癌基因和生长因子在多种疾病的发生发展过程中起重要作用。

【复习思考题】

1. 简述癌基因活化的机制。
2. 根据在细胞信号转导通路中作用的不同，简述癌基因表达的产物及其分类。
3. 简述野生型 p53 基因的抑癌机制。
4. 简述 Rb 基因的生物学功能及其与肿瘤发生的关系。

(卜友泉)

第二十章

基因诊断与基因治疗

学习要点

掌握：① 基因诊断的概念和特点；② 基因治疗的概念及分类。
熟悉：① 基因诊断的常用技术方法；② 基因治疗的总体策略。
了解：① 基因诊断的应用；② 基因治疗的应用概况。

基因是遗传信息的基本单位，主要通过转录和翻译来表达所携带的遗传信息，从而控制生物个体的性状表现。分子生物学和现代医学研究证明，除外伤外，几乎所有的疾病都与基因有关系。引起人类疾病的原因包括内因和外因两大类。内因主要是指遗传因素，即基因结构、表达状况的改变。基因结构的改变包括点突变、插入、缺失，重排、易位、基因扩增、基因结构多态性变异、前病毒插入等。外因是指外在的环境因素，如病原体的侵入等。

总体而言，人类疾病被分为三大类。一是单基因病，即由于单个基因的异常所引起的一类疾病，如地中海贫血、血友病、苯丙酮尿症等。实际上，单基因病是由一对等位基因控制，符合孟德尔遗传方式。由于细胞核内的基因都位于染色体上，而染色体有常染色体和性染色体之分，基因也有显性基因与隐性基因之别，因此位于不同染色体上的致病基因，其遗传方式是不同的。相应的，单基因病又可分常染色体显性遗传病（如短指症等）、常染色体隐性遗传病（如白化病等）、X伴性显性遗传病（如抗维生素D缺乏病等）、X伴性隐性遗传病（如色盲等）、Y伴性遗传病（如耳郭长毛症等）以及线粒体病。二是多基因病，即由多个基因与环境因子共同作用所引起的遗传性疾病。它包括由一个主基因和其他基因加上环境因子共同作用所引起，完全由遗传因素决定的非常罕见。其遗传方式复杂，在很大程度上与数量遗传相似，很难在一个家族中确定正常个体和患病个体。只有通过对大量临床资料分析后，才能确定某个基因在多基因病发生中的作用。临床常见的多基因病有：癌症、高血压、冠心病、糖尿病、先天畸形、消化性溃疡、哮喘、精神分裂症等。三是获得性基因病，即外源性基因侵入机体，在体内通过其编码产物或影响机体相关基因的表达，致使机体产生疾病，如艾滋病等。鉴于此，从基因水平上去探测、分析病因和研究其致病机制则成为可能，将这些研究技术和方法用于临床就是近年出现的基因诊断。

另一方面，基因工程发展非常迅速。1973年，Stanley Cohen等首次在体外成功构建了重组DNA分子，将其导入大肠埃希菌并且稳定复制，宣告了基因工程的诞生。1982年，Richard D. Palmiter等将大鼠生长激素基因导入小鼠受精卵细胞获得了第一只转基因动物。1983年，携带有细菌新霉素抗性基因的重组Ti质粒转化植物细胞获得成功，高等植物转基因技术问世。转基因动植物的成功，表明人类已能按照预先的蓝图对基因进行成功操作。这也就拉开了基因治疗的序幕。

第一节 基因诊断

一、基因诊断的概念和临床意义

(一) 基因诊断的概念

基因诊断(gene diagnosis)是以 DNA 或 RNA 为材料,通过检查基因的存在、缺陷或表达异常,对人体状态和疾病做出诊断。其基本原理是检测 DNA 或 RNA 的结构变化与否,量的多少及表达功能是否正常,以确定被检查者是否存在基因水平的异常变化,以此作为疾病确诊的依据。这也是继细胞学检查、生化指标分析、免疫学诊断之后出现的第四代诊断技术。

(二) 基因诊断的临床意义

基因诊断的本质就是应用现代分子生物学和分子遗传学技术去检测与疾病相关的 DNA 或 RNA,具有特异性高、灵敏度好、稳定性高和适用范围广等特点,因此,基因诊断不仅能对疾病做出早期、确切诊断,而且也能确定个体对疾病的易感性及疾病的分期分型、疗效监测、预后判断等。近年来,随着基因诊断技术的发展和应用,基因诊断的原理和方法不仅适用于遗传性疾病,而且已广泛应用于感染性疾病和肿瘤的诊断以及法医学等领域。随着分子生物学技术和分子遗传学技术的普及,很多大型医院已经配备有相关的仪器,通过与生物公司的合作,一系列适用于临床的试剂盒被陆续开发,临床实验室开始为越来越多的患者提供基因诊断服务。

二、基因诊断的基本策略

实际工作中,需要根据临床资料提示的疾病与基因的关系来确定基因诊断的具体方法,分为直接诊断途径和间接诊断途径。

(一) 直接诊断途径

如果被检测基因符合下列情况之一则可采取直接诊断途径进行检测:一是被检基因的变化与疾病发生有直接因果关系;二是被检基因正常分子结构已被确定;三是被检基因致病的分子机制(突变位点或表达变化)已知。具体包括检测正常基因是否有突变、缺失、插入、扩增以及转录水平是否异常。比如对地中海贫血症、唐氏综合征、杜氏肌营养不良、乳腺癌等疾病的检测。

(二) 间接诊断途径

如果致病基因未知或基因结构不确定、致病突变机制不清或者致病位点不便检测,进行直接诊断则显得十分困难,只能通过与致病基因连锁的某种遗传标志进行连锁分析,间接进行疾病诊断。对于多基因引起的疾病,如常见的肿瘤、高血压等,其发生涉及多个基因与环境相互作用,则需要同时对疾病相关的一组基因进行分析,从而实现诊断的目的。

三、基因诊断常用的分子生物学技术

基因诊断的对象是 DNA/RNA。因此,理论上讲,分子生物学和分子遗传学中所有用来研究和分析基因的技术和方法都可以用于基因诊断。但临床运用中,考虑到标本采集和处理要易于操作、检测步骤要简单、结果要稳定可靠等因素,所以目前常用的诊断技术和方法主要是基于核酸分子杂交和 PCR 技术或几种技术的联合分析。

(一) 核酸分子杂交技术

核酸分子杂交包括 Southern blot、Northern blot、斑点杂交、反向斑点杂交、夹心杂交和原位杂交等(具体参见常用分子生物学技术一章),其中原位杂交是基因诊断中常用技术之一。

1. Southern blot 针对 DNA 的检测,可用于基因的限制性内切酶谱分析,基因突变分析等。

2. Northern blot　针对 RNA 的检测，对组织细胞中的总 RNA 或 mRNA 进行定性和定量分析。

3. *斑点杂交*(dot blot)　既可以检测 DNA 也可以检测 RNA，用于特定基因及其表达的定性和定量分析。方法简单、灵敏，但特异性低。

4. *反向斑点杂交*　主要是针对一种疾病有多个突变类型，将各种突变类型的不同等位基因的特异性寡核苷酸探针点在固相支持膜上，与受标记的患者 DNA 样本杂交。其缺点是无法检出未知的 DNA 序列和突变类型。

5. *夹心杂交*　固相夹心杂交需要两个靠近而不互相重叠的探针，一个作固相吸附探针，另一个作标记检测探针。样品基因组内核酸只有使这两个探针紧密相连才能形成夹心结构。该方法与直接用滤膜进行杂交相比有两个优点：一是样品不需要固定，对粗制样品能做出可靠的检测；二是特异性强，因为只有两个杂交物都杂交才能产生可检测的信号。

6. *原位杂交*　用来检测 DNA 在细胞核或染色体上的分布、特定基因在细胞中表达情况，以及对组织、细胞中某种病菌或病毒等病原体的检测。由于与显微镜的联用，实际上还可以对染色体异常进行检测，如数量畸变，包括整倍体和非整倍体畸变、染色体数目增多、减少和出现三倍体等；结构畸变，包括染色体缺失、易位、倒位、插入、重复和环状染色体等。临床上常见的疾病有常染色体畸变，如 Down(21 三体)综合征、13 三体综合征和 18 三体综合征等，以及性染色体畸变，如 Turner 综合征(XO)和先天性睾丸发育不全等。

荧光原位杂交(FISH)是在放射性原位杂交的基础上发展起来的，通过荧光信号显示检测结果。荧光标记的 DNA 探针与待测 DNA 进行原位杂交，使用荧光显微镜对荧光信号检测。这种方法在基因定位、基因缺失的检测、遗传病的分型以及染色体水平上的研究检测很重要；在临床上也被应用于病毒的检测、肿瘤诊断等。

（二）PCR 及其衍生技术

聚合酶链式反应(PCR)的实质就是一个放大效应。临床标本采集是十分有限的，PCR 技术通过提高待测基因的拷贝数来提高检测的灵敏度，所以是目前基因诊断中最常用的方法。有关 PCR 技术的基本原理及衍生技术见“常用分子生物学技术”一章。以下仅简要介绍在临床检测中常用的几种技术。

1. *常规 PCR*　通过检测单细胞靶基因的数目及结构有无异常进行诊断，如：单基因疾病的诊断。实际应用中，常规 PCR 技术多与核酸分子杂交、多态性分析等联合使用。

2. *多重 PCR*　主要用于多种病原微生物的同时检测或鉴定以及病原微生物、某些遗传病及癌基因的分型鉴定。在同一 PCR 反应管中同时加入多种病原微生物的特异性引物，进行 PCR 扩增，每对引物所扩增的产物序列长短不一。根据不同长度序列的存在与否，就可以同时检测多种病原体。例如：多种肝炎病毒重叠感染的鉴定；具有相似肠道症状的病原菌伤寒、痢疾和霍乱的鉴定；梅毒、淋病及艾滋病的诊断；战伤细菌与生物战剂细菌的检测等。病原微生物的分型如：乙型肝炎病毒的分型、乳头瘤病毒的分型、单纯疱疹病毒的分型。遗传病检测如：杜氏肌营养不良症的分型、肿瘤检测等。

3. RT-PCR　关键步骤是 RNA 的反转录，要求 RNA 模板完整且不含 DNA、蛋白质等杂质。主要用于检测特定基因的表达水平、鉴别和诊断 RNA 病毒，如：遗传病的诊断。

4. *荧光 PCR*　指荧光标记的寡核苷酸引物。PCR 产物用激光分析系统进行分析，从产物大小到核苷酸序列都能够被准确分析。其敏感性大大优于普通 PCR，准确性也高。已广泛用于种植前基因诊断，也就是第三代“试管婴儿”，即检查胚胎是否携带有遗传缺陷的基因。

5. *原位 PCR*　把原位杂交技术的细胞定位能力与 PCR 扩增的敏感性有效结合起来。主要用于鉴定含有靶 DNA 或 RNA 的细胞以及确定靶序列在染色体上或细胞内的位置。

6. *全基因组扩增技术*　从理论上讲，任何基因都能从全基因组扩增产物中检测出，可用于多个突变位点的单基因病、多基因病的诊断及染色体组分析等。

7. Alu PCR　Alu 重复序列(Alu repetitive sequence)是哺乳动物和人基因组中的一种中等重复序列，因该序列中有限制性内切酶 Alu 的酶切位点而得名。人类基因组中的 Alu 重复序列约 300 bp 长，900 000 个拷贝，分布于整个人基因组，平均间隔 3～4 kb 就插入一个。虽然 Alu 重复序列各拷贝间有很大差别，但已确定出了一个相同序列，且重复子中一些区域是极为保守的。利用 Alu 的保守序列作为引物，PCR 方法扩增 Alu 之间未知 DNA 片段的方法称为 Alu PCR。由于 Alu 序列在基因组内分布不是随机的,有些区域比较密集,有些区域较稀疏,所以只有前者才有 PCR 产物。人们用 Alu PCR 产物作为探针与人类染色体标本杂交,结果得到类似 R 带的荧光带型。为了准确定位原位杂交部位所处染色体及其区带,染色体必须显带。但无论是先杂交后显带,还是先显带后杂交,杂交与显带过程都会互相影响效果。故人们在进行基因定位时,只需将目的探针与 Alu PCR 探针同时应用,用不同颜色的荧光标记,就可同时显示杂交信号和染色体带型。

(三) 多态性分析

多态性(polymorphism)是指在一个生物群体中,同时和经常存在两种或多种不连续的变异型或基因型或等位基因,亦称遗传多态性或基因多态性。从本质上来讲,多态性的产生在于基因水平上的变异,一般发生在基因序列中不编码蛋白的区域和没有重要调节功能的区域。对于个体而言,基因多态性碱基顺序终生不变,并按孟德尔方式遗传。根据引起关注和研究的先后,通常分为 3 大类: DNA 限制性片段长度多态性、DNA 重复序列多态性、单核苷酸多态性。

1. DNA 限制性片段长度多态性(restriction fragment length polymorphism, RFLP) 突变、重排、单个核苷酸的插入或缺失可使 DNA 顺序发生改变。其中有些可能造成限制性酶切位点的增加、缺失或易位,致使 DNA 分子的限制性酶切位点数目、位置发生改变。用限制酶切割基因组时,所产生的限制性片段数目和每个片段的长度就不同,这就是限制性片段长度多态性。能导致限制性片段发生改变的酶切位点又称为多态性位点。如 Lener 遗传性视神经病,是由线粒体 DNA(mtDNA)发生突变而引起的。大多数 Lener 病患者第 11 778位的 G→A,这种转换使 *Sfa*NI 酶切位点丧失。在该位点两端设计一对引物,PCR 产物为 340 bp。正常个体的 PCR 产物经 *Sfa*NI 酶切后电泳,出现 190 bp 和 150 bp 两条带,而患者只出现 340 bp 一条带。有的个体出现了 340 bp、190 bp 和 150 bp 三条带,说明该个体存在野生型和突变型两种类型 mtDNA (图 20-1)。

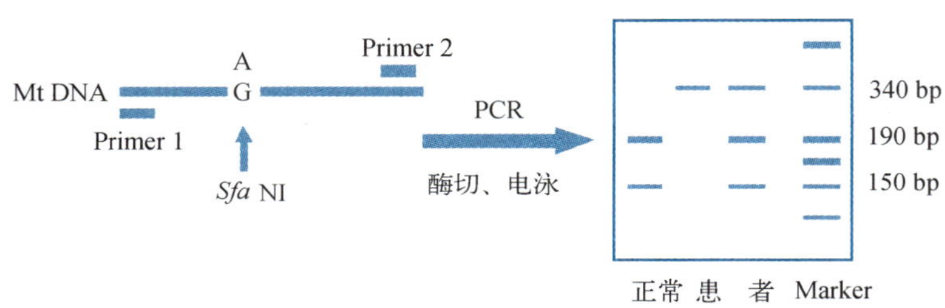

图 20-1 Leber 病患者 DNA 经 PCR 后进行 *Sfa*NI 酶切分析

2. DNA 重复序列多态性 人类基因内或旁侧序列存在许多重复序列(如微卫星 DNA 2~6 个碱基重复序列、小卫星 DNA 6~12 个碱基重复序列等),由于重复单位的数目不同而形成多态性。已发现一些基因结构或表达异常与这些重复序列相关。对这些重复序列的多态性分析也成为基因诊断的重要依据。如果重复序列两侧的 DNA 序列已知,即可根据这些序列设计 PCR 引物,通过 PCR 产物的电泳分析来检测重复序列的多态性。

3. 单核苷酸多态性(single nucleotide polymorphism, SNP) 是指在基因组水平上由单个核苷酸的变异所引起的 DNA 序列多态性。它是人类可遗传变异中最常见的一种,占所有已知多态性的 90%以上。SNP 所表现的多态性只涉及单个碱基的变异,更多的是单个碱基的置换,在 CG 序列上频繁出现。而通常所说的 SNP 并不包括缺失和插入。个体间 SNP 千差万别,通过 SNP 检测能够对未来疾病做出诊断、也用于法医鉴定及个体识别。

4. 单链构象多态性(single strand conformation polymorphism, SSCP) DNA 经变性形成单链后,在中性条件下单链 DNA 会因其分子内碱基之间的相互作用,形成一定的立体构象。相同长度的单链 DNA,如果碱基序列不同,形成的构象也不同,这就形成了单链构象多态性。长度相同而构象不同的单链 DNA 在非变性聚丙烯酰胺凝胶电泳中表现出不同的迁移率。SSCP 常与 PCR 联合应用,称为 PCR SSCP 技术。单链构象多态性主要用来检测未知的点突变,如被广泛用于癌基因和抑癌基因变异的检测、遗传病的致病基因分析等。

(四) 生物芯片

生物芯片(biochip)包括蛋白质芯片和 DNA 芯片两大类。有关基本原理参见“常用分子生物学技术”一章。芯片作为一种先进的、大规模、高通量检测技术,应用于疾病的诊断,其优点有以下几个方面:一是高度的灵敏性和准确性；二是快速简便；三是可同时检测多种疾病。我国遗传性耳聋基因芯片检测技术已获得实际应用。

（五）基因测序

DNA 序列测定是进行基因突变检测的最直接、最准确的方法，不仅可确定突变的部位，而且可确定突变的性质。DNA 序列测定技术用于临床前必须对其可靠性和重复性做好完备的临床试验，并取得相关权威部门的许可。尽管由于时间、价格等原因，该技术还没有在临床上普遍使用，但已有了一些临床上的尝试。

四、基因诊断的应用

（一）遗传性疾病的基因诊断

现已证实，所有遗传性疾病都是由于某种基因的缺失或变异所致。有关人类遗传病的信息可参考 NCBI 网站(http://www.ncbi.nlm.nih.gov)的 OMIM(Online Mendelian Inheritance in Man)。OMIM 包含了所有已知的孟德尔遗传病和 12 000 多个基因信息。对这类疾病进行基因诊断可采取两种策略：直接诊断策略和间接诊断策略。

1. 直接诊断策略　即采用基因突变的诊断方法，通过各种分子生物学技术直接检测导致遗传性疾病发生的各种基因突变。这种策略的前提是被检测基因必须已被克隆，基因的正常序列和结构已被阐明。对 DNA 较小范围的改变，可采用 PCR 技术进行检测；对于较长 DNA 片段的异常，常选择核酸分子杂交技术来进行检测。

2. 间接诊断策略　即采用多态性连锁分析的方法，寻找具有基因缺陷的染色体，并判断被检者是否有这条染色体。在许多情况下，疾病的致病基因尚未被克隆而无法进行直接诊断，但若致病位点已在基因组中被定位，则可以采用间接诊断策略。一般选择尽可能靠近致病位点的基因外探针或利用人类基因组中的一些重复序列作为遗传标记，通过多态性分析对致病的染色体进行标记，从而确定被检者是否带有这一致病染色体。间接诊断必须具有较完整的家系资料，家系中必须具备先证者。

3. 检测方法　遗传性疾病如异常血红蛋白病、血友病、脆性 X 综合征等诊断方法分为 DNA 检测与分析和 RNA 检测与分析。如 Hb D Punjab 是我国常见的一种异常血红蛋白病，它是由血红蛋白 β 链第 121 位密码子由 GAA(谷氨酸)突变为 CAA(谷氨酰胺)所致。该突变同时使限制酶 *Eco*RI 位点消失(GAATTC→CAATTC)，应用 PCR 技术结合限制酶酶谱分析即可快速、简便地鉴定该疾病。具体方法是扩增 β 珠蛋白基因第 3 个外显子的大部分和基因 3′端的 DNA 序列，共长 144 bp。用 *Eco*RI 酶切后，在电泳凝胶上可以观察到正式样本具有 40 bp 和 104 bp 两个片段，其他结果则说明该位点有突变。Hb D Punjab 杂合子扩增 DNA 经 *Eco*RI 酶切后就同时具有 144 bp 和 104+40 bp 两种类型，如图 20-2。

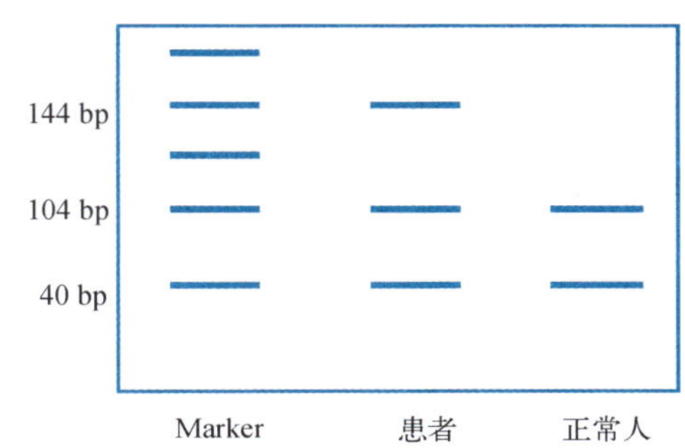

图 20-2　β 珠蛋白基因 PCR 扩增后限制性酶切分析图谱

（二）恶性肿瘤的基因诊断

肿瘤的发生发展是多因素、多基因、多阶段相互协同作用的癌变过程，其关键是人类细胞基因组本身出现异常。目前，肿瘤的基因诊断可采取以下策略。

1. 检测肿瘤相关基因　如癌基因、抑癌基因、肿瘤转移基因、肿瘤转移抑制基因等基因的突变及表达异常。可应用基因突变及表达异常的诊断方法。

2. 检测肿瘤相关病毒的基因　如与鼻咽癌、Burkitt 淋巴瘤有关的 EB 病毒，与宫颈癌有关的人类乳头瘤病毒(human papilloma virus, HPV)，与肝癌有关的乙肝病毒(HBV)、丙型肝炎病毒(HCV)，与成人 T 细胞性白血病、淋巴瘤有关的 HTLV-1 病毒等均可采用病原体的诊断方法。

3. 检测肿瘤标志物基因或 mRNA　仅以临床上对乳腺癌的基因诊断为例进行简要讲述。5%～10%乳腺癌患者有家族遗传性。乳腺癌高危家族中常有抑癌基因 *BRCA*(breast cancer gene)的突变。另一个与乳腺癌相关的重要基因 *HER2* 定位于 17 号染色体长臂 q11.2～12，编码 185 kDa 具有跨膜酪氨酸激酶活性的生长因子受体。对 *HER2* 基因激活的研究表明,原发性乳腺癌中,*HER2* 基因扩增率一般在 20%~30%。*HER2* 与乳腺癌关系的研究表明其有望成为识别乳腺癌一个特殊亚群的标志物。它对乳腺癌的恶性程度、癌细胞的侵袭、淋巴转移及患者预后的判断具有重要价值,并且 *HER2* 还有希望作为基因治疗和药物作用的靶点。因此,临床上通过 *HER2* 基因探针和 17 号染色体着丝粒探针对乳腺癌患者进行基因诊断,如图 20-3。

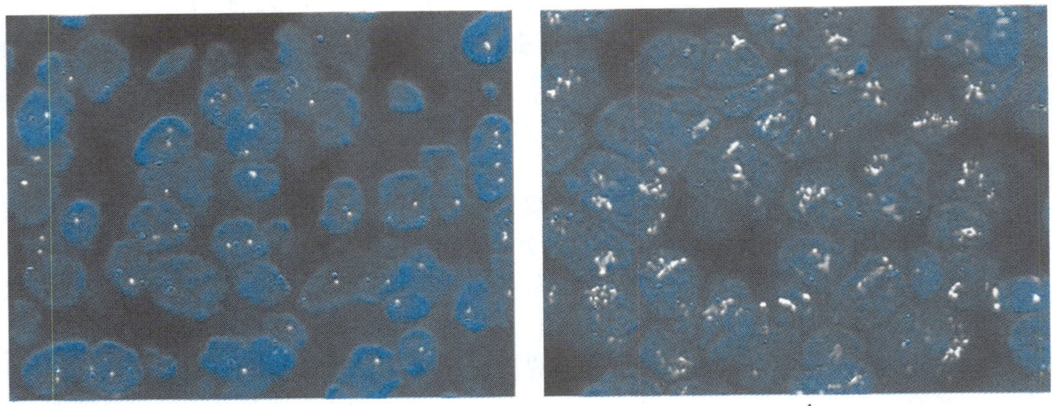

a b

图 20-3 乳腺癌标本 FISH 检测结果。

(a) 为阴性结果;(b) 为阳性结果。

红色: *her-2* 基因;绿色: 17 号染色体着丝粒探针。

(三) 感染性疾病的基因诊断

过去对这类疾病的诊断是通过检测病原体的形态或通过病原体的培养观察其生态、生化特性以及毒性试验等,或检测患者体内特异性抗体等方法做出判断。这些方法存在一定的缺陷。病原体都是生物体,每种生物都有其种族特异的基因。DNA 重组技术的发展,对多种病原体的基因作了大量的分析工作,在常见病原体的特异基因或 DNA 片段的组成特点方面积累了大量的资料。现在可采用核酸分子杂交技术,针对病原体特异的核酸序列设计探针来进行杂交;或应用 PCR 技术扩增病原体基因的保守序列;或将核酸分子杂交技术与 PCR 技术联合应用,能够对大多数感染性疾病做出明确的病原体诊断,而且能诊断出带菌者和潜在性感染,并能对病原体进行分类、分型鉴定。

下面以手足口病的检测为例进行讲述。2008 年我国 31 个省(市)共报告手足口病 488 955 例,其中重症 1 165 例,死亡 126 例。全国共报告实验室检测病例 8 639 例,其中肠道病毒 71 型(EV71)、柯萨奇病毒 A 组 16 型(CA16)和其他肠道病毒核酸阳性分别占 54.01%、14.77%和 31.22%。重症病例和死亡病例中 EV71 核酸阳性的比例分别为 81.59%和 91.29%。EV71 是小 RNA 病毒科,肠道病毒属成员,基因组为单股正链 RNA。EV71 感染可在同一家庭多成员中传播,成人症状一般较轻。而患儿发病中,并发症和死亡率较高。以下为 RT-PCR 法检测各种肠道病毒,如图 20-4、图 20-5 及表 20-1。

1. 人肠道病毒(包括 EV71、CA16)核酸检测通用引物序列

PE2(上游): 5′-TCC GGC CCC TGA ATG CGG CTA ATC C-3′

PE1(下游): 5′-ACA CGG ACA CCC AAA GTA GTC GGT CC-3′

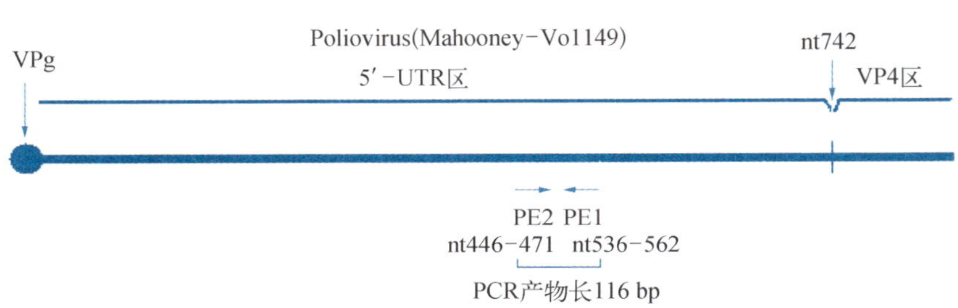

图 20-4 人肠道病毒核酸检测示意图

2. EV71 核酸检测引物序列

EV71－S(上游)：5′－GCA GCC CAA AAG AAC TTC AC－3′

EV71－A(下游)：5′－ATT TCA GCA GCT TGG AGT GC－3′

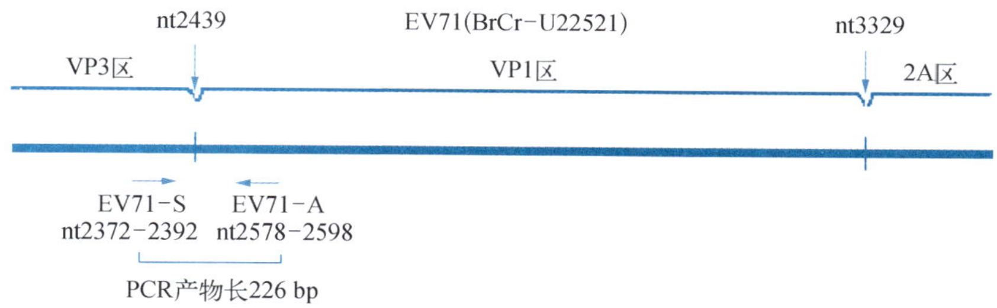

图 20－5　EV71 核酸检测示意图

通过比较标本与阳性对照的 PCR 产物在凝胶上的位置以及大小来解释结果，如表 20－1。

表 20－1　各种肠道病毒 RT－PCR 实验结果解释表

待检标本 RT－PCR 结果	鉴　定　结　论
所有引物(－)	非肠道病毒(NEV)
EV(＋),EV71(－),CA16(－)	非 EV71、CA16 的其他肠道病毒
EV(＋),EV71(＋),CA16(－)	EV71
EV(＋),EV71(－),CA16(＋)	CA16

(四) 基因诊断在法医学中的应用

人类个体的多样性取决于基因组 DNA 核苷酸序列的差异，即 DNA 的多态性。其中，微卫星 DNA 和小卫星 DNA 等是重要的多态性标志。这些重复序列在不同个体间的重复单位数目不同，变化很大。但在不同个体中，重复序列两侧 DNA 片段的碱基组成相同，因此可用同一种限制酶，将不同个体的重复序列从其两侧切下来。由于重复单位数目不同，因而获得的酶切片段长度不同。若以 PCR 扩增这些序列，采用相同的引物可以扩增出不同长度的 DNA 片段。针对重复序列人工合成寡核苷酸短片段作为探针，与经过酶切的人基因组 DNA 进行 Southern 印迹杂交，可以得到大小不等的杂交带，而且杂交带的数目和相对分子质量大小具有个体特异性，就像人的指纹一样，因而把这种杂交带图谱称为 DNA 指纹或基因指纹(gene fingerprinting)。由探针杂交产生的 DNA 指纹具有以下特点：① 一个 DNA 指纹探针可同时检测十几个、甚至几十个位点的变异，因而 DNA 指纹更能反映基因组的特异性；② 具有高度特异性，只有同卵双生子女才会有完全相同的指纹；③ 具有稳定的遗传性，通过家系分析表明，DNA 指纹谱中几乎每一条带都能在双亲之一的指纹谱中找到，而产生新带的概率仅为 0.001%～0.004%之间；④ DNA 指纹图谱具有体细胞稳定性，即从同一个体中不同组织、血液、肌肉、毛发、精液等产生的 DNA 指纹完全一样。因此，DNA 指纹可作为法医

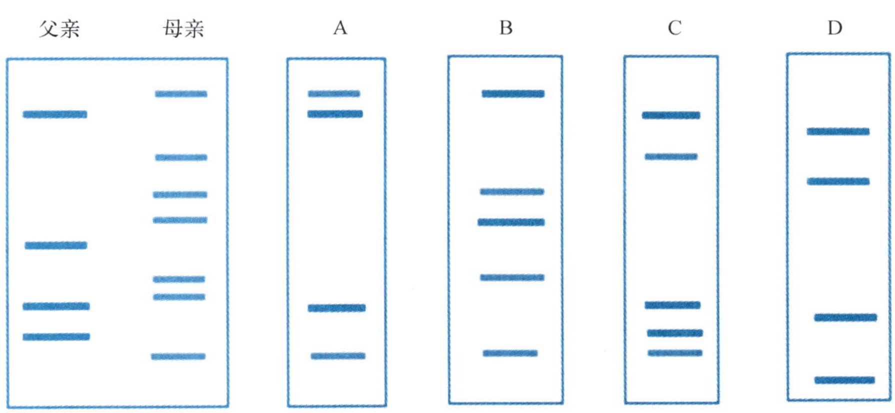

图 20－6　DNA 指纹图谱与亲子鉴定

学鉴定的有力依据。法医学鉴定主要目的是个人识别和亲子鉴定。目前,检测基因组中短串联重复序列(short tandem repeats,STR)遗传特征的PCR-STR技术在个体识别和亲子鉴定中逐渐占据了主导地位,基本上取代了基于Southern印迹杂交的DNA指纹技术。如:假设一对夫妻,生了一对儿女,又领养了一个男孩,妻子还带来与前夫所生的儿子。这一家人的DNA指纹如图20-6所示。由此图可推断出:A和C是亲生儿女;B为妻子和其前夫所生;D为养子。

第二节 基因治疗

随着分子水平上对疾病发病机制认识的深入,基因治疗已成为目前医学分子生物学最重要的研究领域之一。人类基因治疗最初着眼于遗传病。随着基因治疗基础研究的不断突破,现在基因治疗研究不仅用于治疗多种遗传病(如血友病等),也已开展恶性肿瘤、某些传染病(如艾滋病)、心血管疾病和糖尿病等的治疗研究。今后临床基因治疗的研究范围将会进一步扩大。

作为一种新的治疗手段,基因治疗为许多疑难病症的治疗带来了希望,在临床疾病治疗中有着极大的发展潜力。然而,基因治疗还存在着许多问题和困难,其中一些在目前还是难以逾越的障碍。因此,在了解基因治疗的原理和应用前景的同时,也应了解各种基因治疗面临的问题和困难,对基因治疗的现状和发展前景有一个正确的认识。

一、基因治疗的概念与分类

(一)基因治疗的概念

基因治疗(gene therapy)是以基因转移为基础,将某种遗传物质导入患者细胞内,使其在体内表达并发挥作用,从而达到治疗疾病目的的一种方法。基因治疗导入的遗传物质可以是与缺陷基因对应的、在体内表达具有特异功能蛋白的同源基因,以补充、替代或纠正由于基因缺陷所造成的功能异常,也可以是与缺陷基因无关的治疗基因或其他遗传物质。

在基因治疗研究的早期,基因治疗是指将目的基因导入靶细胞后与宿主细胞内的基因组发生整合,成为宿主遗传物质的一部分,目的基因表达产物起到对疾病的治疗作用。随着基因治疗基础研究的发展,治疗研究的技术不断进步,研究内容也不断扩展。不仅可以将外源性正常基因导入到病变细胞中,替代或与缺陷基因共存,产生正常基因表达产物以补充缺失的或失去正常功能的蛋白质;而且可以采用适当的技术抑制细胞内过度表达的基因,达到治疗疾病的目的;还可以将特定的基因导入非病变细胞,在体内表达特定产物,达到治疗疾病的目的;也可以向功能或生物学特性异常的细胞中导入细胞本来不表达的基因,利用其表达产物达到治疗疾病的目的。在这些治疗研究中,所应用的目的基因就像临床上使用的药物一样,在治疗中发挥作用。

(二)基因治疗分类

1. 按靶细胞类型分类　可分为生殖细胞基因治疗(germ cell gene therapy)和体细胞基因治疗(somatic cell gene therapy)。广义的生殖细胞基因治疗以精子、卵子和早期胚胎细胞作为治疗对象。由于当前基因治疗技术还不成熟,以及涉及一系列伦理学问题,生殖细胞基因治疗仍属禁区,仅限于以动物为模型的基因治疗研究。在现有的条件下,基因治疗仅限于体细胞。体细胞基因治疗是将遗传物质导入患者体细胞,以达到治疗疾病的目的,其基因信息不会传至下一代。目前临床上已批准的基因治疗方案都属于体细胞基因治疗。

2. 根据基因治疗实施方案分类　可分为间接体内(ex vivo)基因治疗和直接体内(in vivo)基因治疗(图20-7)。间接体内基因治疗又称回体法,通常是先将合适的靶细胞从体内取出,在体外增殖,并将外源基因导入细胞内使其高效表达,然后再将这种基因修饰过的靶细胞回输患者体内,使外源基因在体内表达,从而达到治疗疾病的目的。该方案技术体系成熟、比较安全,其效果较易控制且比体内基因疗法更为有效,故在临床试验中常常使用。其缺点是技术相对比较复杂、难度大,不容易推广。直接体内基因治疗又称体内法,是将外源基因直接或通过各种载体导入体内有关组织器官，使其进入相应的细胞并进行表达。体内基因转移可以是局部(原位)或是全身性的。体内基因转移时，可以使用特异的靶向传递系统或基因特异性调控系统而实现其靶向性。直接体内基因治疗方法的优点是操作简便，容易推广，不需要像回体法基因治疗那样对靶细胞进行特殊培养，较为安全。其缺点是，靶组织转移效率较低，外源基因稳定整合的水平较低，疗效持续时间短，免疫排斥等。

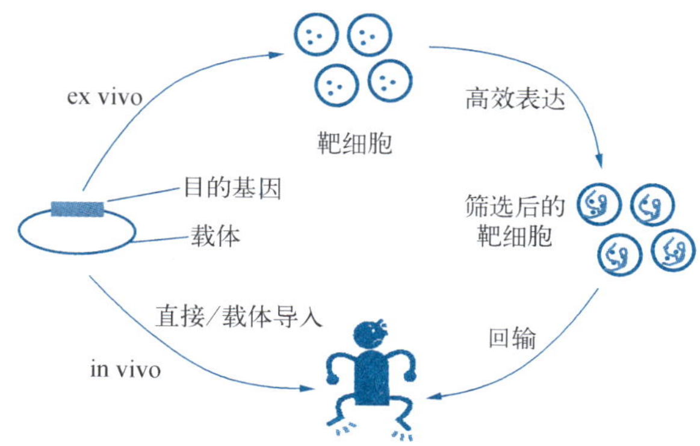

图 20-7　基因治疗的两种途径：间接体内基因治疗和直接体内基因治疗

二、基因治疗的策略

人类体细胞基因治疗的临床实验已经开展了 20 多年。开展基因治疗研究应该具备以下条件：合适的疾病种类，其发病机制及相应基因的结构功能清楚；目的基因已被克隆，且该基因表达调控机制清楚；目的基因具有合适的受体细胞并在体外高效表达；安全有效的载体和转移方法，以及可供利用的动物模型。在此基础上，基因治疗通过在特定的靶细胞中有效表达重组目的基因而得以实现。从分子水平上讲，基因治疗有以下几种策略，下面根据其在临床试验中的运用情况予以介绍。

1. *基因添加*(gene augmentation)　也称基因增补，通过导入外源基因使靶细胞表达其本身不表达的基因。基因添加有两种类型：一是针对特定的缺陷基因导入其相应的正常基因，使导入的正常基因整合到基因组中，而细胞内的缺陷基因并未除去，通过导入的正常基因表达正常产物，从而补偿缺陷基因的功能；二是向靶细胞中导入靶细胞本来不表达的基因，利用其表达产物达到治疗疾病的目的。例如，首例基因治疗患者就是其白细胞代偿性地表达 ADA 蛋白，即属于这一类型。目前的基因治疗多采用此种方法。

2. *“自杀基因”治疗恶性肿瘤*　是将一些病毒或细菌中存在的所谓“自杀基因”导入人体靶细胞，这些基因可产生一种酶，能将对人体原本无毒或低毒的药物前体在人体细胞内转化为细胞毒性物质，从而导致靶细胞的死亡。由于携带该基因的受体细胞本身也被杀死，故称这类基因为“自杀基因”。如果将这种“自杀基因”导入肿瘤细胞，则可达到杀死肿瘤细胞的目的。而正常细胞因不含这种外源基因，故不受影响。常用的“自杀基因”有单纯疱疹病毒胸苷激酶(HSV-tk)、大肠埃希菌胞嘧啶脱氨酶(EC-CD)等基因。目前此种策略已被批准进入临床。

3. *免疫修饰性基因治疗*　是通过导入外源基因使某些细胞具有新的生物学特性，并利用这些新的生物学特性达到治疗疾病的目的。该策略是目前基因免疫治疗中的常用策略，如各种淋巴细胞因子基因的导入和表达、直接注入抗原基因等。此种策略有多种形式，也已被批准进入临床。

广义上来讲，“自杀基因”和免疫修饰性基因治疗策略实际上属于基因添加或基因增补的范畴，其中“自杀基因”疗法导入的是靶细胞中不存在的外源基因，而修饰性基因治疗则导入的是辅助性治疗基因。

4. *基因失活*(gene inactivation)　是指将特定的序列导入细胞内，在转录或翻译水平阻断或抑制某些基因的表达，以达到治疗疾病的目的。包括早期使用的反义核酸、核酶以及 RNA 干扰、microRNA 等多种基于核酸的基因沉默技术。

5. *基因置换*(gene replacement)　是指将特定的目的基因导入特定的细胞，通过体内基因同源重组，以导入的正常目的基因原位替换病变细胞内的致病缺陷基因，使细胞内的 DNA 完全恢复正常状态。基因矫正(gene correction)是将缺陷基因的异常序列进行矫正。基因矫正是对缺陷基因进行精确地原位修复，不涉及基因组的其他任何改变。理论上来讲，基因置换或基因矫正是最为理想的治疗方法，但由于技术原因，目前仍停留在体外细胞实验研究阶段，尚不能达到临床实际应用的水平。

三、基因治疗的基本程序

如前所述，基因治疗可以按照靶细胞种类或实施方案而有多种分类。不同的基因治疗方案其治疗程序也不尽相同。间接体内基因治疗其实质就是基因工程中外源基因的体内表达，只不过表达的目的是为了治疗疾病而已,其基本程序也大同小异。下面仅以间接体内基因治疗为例,介绍其操作的基本程序。

(一) 治疗性基因的获得

选择对疾病有治疗作用的特定目的基因是基因治疗的首要问题。通常应根据疾病的发生机制、治疗的策略而选择合适的治疗性基因。治疗性基因的获得一般均可以通过常规的基因合成或克隆技术实现,具体参见“基因工程”一章。

(二) 载体和基因转移方式的选择

如何选择合适的载体并有效地将外源性治疗基因导入受体细胞,是基因治疗中的一个重要环节。目前用于基因治疗的载体和基因转移系统,主要有非病毒载体和病毒载体两种,应根据实际情况来选择合适的载体并使用相应的基因转移方式。

1. 非病毒载体介导的基因转移方式 基因转移的非病毒方法包括物理和化学方法以及直接注射 DNA。① 物理方法:包括电穿孔法、显微注射法、颗粒轰击法、超声波法等。② 化学方法:包括 DNA -磷酸钙共沉淀法、脂质体法、受体介导的基因转移等,其中以脂质体法的应用最为广泛。

2. 病毒载体介导的基因转移系统 病毒可自然感染细胞,它本身就有一套机制将基因送入细胞核表达,因此为一高效的基因传送系统。在设计任何一种病毒载体时,最重要的就是将病毒本身会致病的基因剔除,同时也要避免由于发生基因重组而产生会致病的病毒。作为载体的病毒,都是经过改建的有复制缺陷的病毒。病毒载体由于充分利用了病毒高度进化所具有的感染和寄生特性,已经被广泛而有效地得到了应用。目前,常被用来做载体的病毒有反转录病毒、腺病毒、腺相关病毒、单纯疱疹病毒和慢病毒等。这些病毒作为基因治疗中的载体各有其优缺点。目前常用的病毒性载体及其特征见表 20 - 2。

表 20 - 2 常用病毒载体的特点

病毒名称	优点	缺点
反转录病毒(retrovirus, RV)	1. 所获病毒滴度相对较高(10^6～10^7 cfu/ml) 2. 宿主细胞类型广泛 3. 能整合入细胞基因组,使外源基因长期稳定表达 4. 对感染细胞毒性较小 5. 外源基因插入总容量约 10 kb 6. 基因转移效率高	1. 只能感染分裂期细胞 2. 随机整合可导致靶细胞基因突变 3. 存在通过同源重组产生具有复制能力病毒的可能 4. 病毒颗粒可被补体途径降解 5. 有与体内病毒发生重组的可能 6. 分裂细胞表面须有特殊受体
腺病毒(adenovirus, AV)	1. 所获病毒滴度非常高(10^{12} cfu/ml) 2. 外源基因可得到瞬时高表达 3. 可感染包括非分裂期细胞在内的多种细胞 4. 外源基因插入容量 7～8 kb 5. 基因转移效率高	1. 容易诱发机体炎症或毒性反应 2. 免疫原性强,可能被体液免疫反应所中和 3. 外源基因不能长期稳定表达 4. 基因组结构过于复杂 5. 感染细胞缺乏特异性
腺相关病毒(adeno-associated virus, AAV)	1. 所获病毒滴度相对不高 2. 可感染包括非分裂期细胞在内的多种细胞 3. 通过整合入细胞基因组,使外源基因长期稳定表达 4. 定点整合入人细胞 19 号染色体 5. 不具致病性,毒性小	1. 外源基因容量相对较小(约 4 kb); 2. 需在腺病毒或疱疹病毒的协助下包装,因此较难获得纯的高滴度病毒颗粒 3. 重组 AAV 往往失去定点整合的特性,随机整合存在产生插入突变的可能性
单纯疱疹病毒(herpes simplex virus, HSV)	1. 所获病毒滴度在 10^4～10^8 cfu/ml 2. 感染癌细胞并导致细胞坏死。 3. 外源基因插入容量大,可达 30 kb 4. 可转移神经细胞	1. 不能整合入靶细胞基因组,因此外源基因不能长期稳定表达 2. 基因组结构过于复杂 3. 容易引起机体免疫反应、炎症和毒性
慢病毒(lentivirus)	1. 所获病毒滴度相对较高(10^6～10^7 cfu/ml) 2. 带有 VSV - G 外壳蛋白的假病毒,宿主细胞类型广泛 3. 可以感染非分裂期细胞 4. 能整合入细胞基因组,使外源基因长期稳定表达 5. 外源基因插入总容量约 10 kb	1. HIV - 1 载体可能导致血清转换为 HIV - 1 阳性 2. 病毒调节蛋白(Tat、Rev 等)的存在可能导致细胞功能失调 3. 随机整合可能导致靶细胞基因突变 4. 存在通过同源重组产生具有复制能力病毒的可能 5. 有与体内病毒发生重组的可能

（三）靶细胞的选择

基因治疗中，选择合适的靶器官或靶细胞，是基因治疗成功的一个重要因素。目前由于技术和伦理等限制因素，基因治疗仅限于体细胞。因为疾病种类不同，基因治疗的靶器官和组织也多种多样，包括骨髓、胃肠道及呼吸系统的上皮细胞、肝脏细胞、肾脏、腹膜间皮组织、肌肉细胞、神经元、眼组织、胰腺、皮肤和血管内皮等。常用的靶细胞或受体细胞种类很多，在实际应用中也需根据疾病发生的器官和位置等多种因素综合考虑、灵活选用。

1. *疾病本身的考虑*　主要包括疾病的发生部位、发病机制和体内的组织屏障等。根据疾病的发生部位不同，既可以选择病变器官本身的细胞，也可以选择病变器官以外的其他细胞作为基因治疗的靶细胞。

2. *靶细胞方面的考虑*　靶细胞应该具备以下特征：一是容易取出和移植；二是容易在体外培养；三是容易实现基因转移；四是应具有较长的寿命。

（四）外源基因表达的筛选和检测

在体外培养的细胞，基因有效导入受体细胞的效率通常都很难达到100%。故必须利用载体中的标记基因对受体细胞进行筛选。在筛选出转染细胞后仍需检测转染细胞中治疗性基因的表达情况，只有稳定表达治疗性基因的细胞在患者体内才能发挥治疗效果。

（五）回输体内

最后，将治疗性基因修饰的细胞以合适的方式回输体内以发挥治疗效果。如淋巴细胞可经静脉回输入血、造血细胞可采用自体骨髓移植的方法、皮肤成纤维细胞可经胶原包裹后埋入皮下组织等。

四、基因治疗的应用概况

早在20世纪60年代初就有人提出了基因治疗的设想，70年代早期有科学家开始尝试将遗传物质导入人体细胞中以治疗疾病，但试验以失败而告终。1980年美国的Cline教授在以色列对1例β-地中海贫血的患者进行了基因治疗，但由于事先未征得批准，结果是以其自身在临床研究领域销声匿迹而告终。1988年，美国国家卫生研究院重组DNA咨询委员会首次批准将标记基因导入肿瘤浸润淋巴细胞的实施方案，其结果对病人无害。从此，基因治疗逐渐解禁。1989年Rosenberg采用免疫基因治疗，给第1批晚期黑色素瘤患者输注NeoR/TIL，患者治疗后肿瘤均不同程度缩小，其中1例存活2年以上，1例存活近1年。这是世界上首次获得批准的临床基因标记试验，为之后的临床基因转移研究确定了许多重要的必备条件。人类基因治疗第一个认可的临床试验报告始于1990年9月。两个患有ADA缺乏症的小孩接受了基因治疗并取得了令人满意的效果。此后，基因治疗研究在全世界广泛开展，许多国家也相继批准了基因治疗的临床试验。截至2008年10月底，ISI Web of Science数据库共收录基因治疗的研究文献34 791篇(数据库更新日期为2008年11月2日)(图20-8)。截至2008年9月，全世界共已批准1472例基因治疗临床试验(数据来源：The Journal of Gene Medicine数据库)(图20-9)。近年来大量的基因治疗研究论文发表和临床试验获批表明，

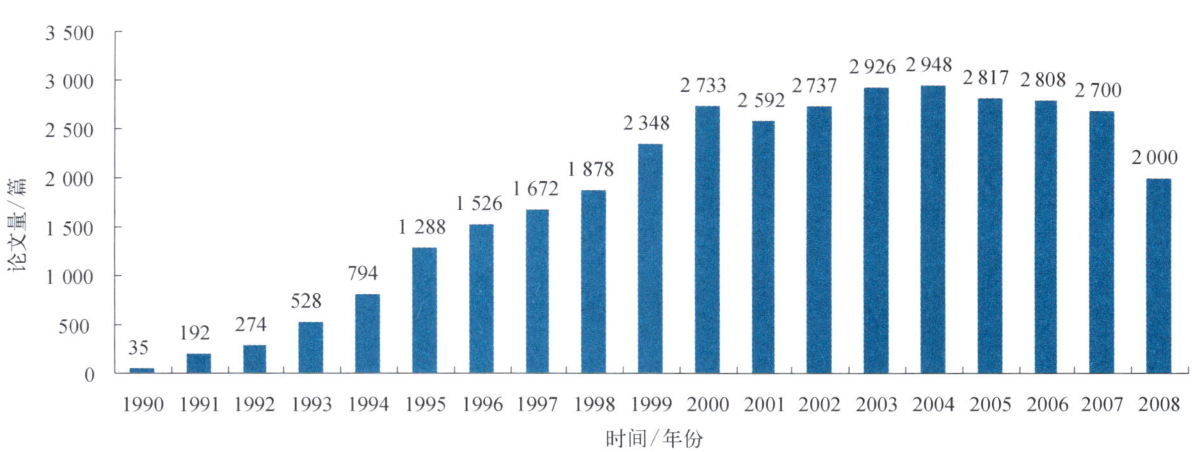

图20-8　1990～2008年Web of Science数据库基因治疗研究文献量变化情况

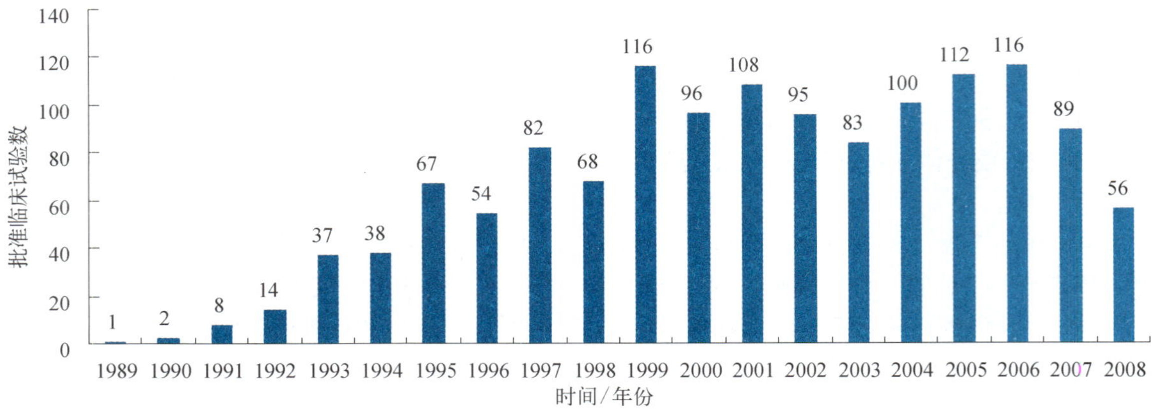

图 20-9　1989～2008 年全世界批准的基因治疗临床试验数变化情况

从国家(地区)分布来看,无论是批准的临床试验数还是研究文献量都说明,美国、英国、德国在基因治疗的研究中领先,其中美国的优势尤其明显,我国排在第 13 位(表 20-3)。

表 20-3　1989～2008 年各国(地区)基因治疗的临床试验数和研究文献量
(仅列出我国和排名靠前的国家)

国家或地区	批准的临床试验数	占总临床试验数比例(%)	文献量(篇)	占总文献量比例(%)
美国	930	63.2	17 492	50.3
英国	178	12.1	2 991	8.6
德国	74	5.0	2 719	7.8
瑞士	46	3.1	632	1.8
法国	39	2.6	2 094	6.0
中国	12	0.8	1 545	4.4

五、基因治疗尚待解决的问题

基因治疗的发展可谓一波三折,经历了“简单乐观—失望怀疑—正确对待”的过程。在基因治疗研究取得重大进展的时候,一系列失败的例子也相继发生。1999 年 9 月,美国一名 18 岁的青年 Jesse Gelsinger 死于缺陷型腺病毒载体的基因治疗临床试验过程中,引起科学界与公众的一片哗然。2000 年开始,法国巴黎内克尔医院对患 SCID 的 17 名小孩实施基因疗法,当时疗效很显著,但在 2003 年有 3 名小孩出现白血病症状,其中 1 名死亡。2007 年 7 月,美国一名 36 岁的妇女 JoleeMohr 因关节炎接受两次腺相关病毒载体的试验性基因治疗注射后死亡。尽管这些基因治疗引起死亡的事件曾经造成了一定的负面影响,但基因治疗的研究和开发并未因此而止步不前。目前,基因治疗临床研究存在的主要问题是安全性、技术性和伦理学考虑。主要表现为:① 安全性问题。无论是非载体系统还是载体系统,基因治疗都会涉及内、外源基因的重组,由此就可能导致细胞基因突变,从而引起细胞恶变。再者,外源基因产物(包括目的基因和载体系统)在患者体内大量出现,可能导致严重的免疫反应。第三,目前基因治疗多采用间接体内法,靶细胞经体外长期培养处理后,其生物学特性可能发生改变。② 技术性问题。一是治疗性基因的可控性。基因治疗时,患者体内导入的治疗性基因必须在适当的组织器官内以适当的水平或方式表达,才能达到治疗的目的。但目前的研究结果还不尽如人意。二是治疗性基因的长期稳定表达。许多情况下,基因治疗都需要治疗性基因在患者体内长期稳定表达,才能达到治疗目的。然而,由于细胞在体内的生存期有限、目的基因的丢失以及机体的免疫排斥等原因,上述目标尚难以实现。三是治疗性基因的转移效率。尽管人们尝试了多种方法来将治疗性基因导入患者体内,但至今没有找到一种既安全又高效的转移方法。四是发病机制的研究。遗传性疾病往往是由单基因或少数几个基因异常所引起的,其发病机制相对容易研究清楚。基因治疗也相对容易。而高血压、糖尿病、肿瘤和某些神经系统疾病通常是多基因和多因素所造成,其发病机理非常复杂,难以研究清楚。基因治疗的复杂性也相应增加。③ 伦理学考虑。基因治疗技术尚没成熟,遵从一定的伦理原则显得十分必要和重要。传统的伦理原则在现阶段对基因治疗仍具有规范作用，但需重新诠释，以适应基因治疗临床应用的特殊性。这些原则包括在实施基因治疗方案前，须向病人说明该治疗方案属试验阶段，它可能的有效性及可能发生的风险；同时保证病人有权选择该方案治疗或中止该方案治疗，以及保证一旦中止治疗能得到其他治疗的权利。严格保护病人的隐私。优后原则，即只有确认其他治疗方法都无效，在迫不得已的情况下经患者同意方可进行基因治疗。

小　结

基因诊断是以 DNA 和 RNA 为诊断材料，通过检查基因的存在、缺陷或表达异常，对人体状态和疾病做出诊断的方法和过程。基因诊断具有特异性高、灵敏度好、稳定性高和适用范围广等特点，不仅能对疾病做出早期、确切诊断，而且也能确定个体对疾病的易感性及疾病的分期分型、疗效监测、预后判断等。基因诊断的基本策略分为直接诊断途径和间接诊断途径，常用技术包括核酸分子杂交、PCR 及其衍生技术、多态性分析、生物芯片和基因测序等。

基因治疗是以基因转移为基础，将某种遗传物质导入患者细胞内，使其在体内表达并发挥作用，从而达到治疗疾病目的的一种方法。按靶细胞类型可分为生殖细胞基因治疗和体细胞基因治疗两类。目前临床上已批准的基因治疗方案都属于体细胞基因治疗。根据基因治疗实施方案可分为间接体内基因治疗和直接体内基因治疗。从分子水平上讲，基因治疗有基因添加、"自杀基因"治疗恶性肿瘤、免疫修饰性基因治疗、基因失活、基因置换等策略。

【复习思考题】

1. 什么是基因诊断？它以基因作为检查对象，因而具有哪些其他诊断学所没有的特点？
2. 什么是基因治疗？基因治疗的分类有哪些？
3. 以间接体内基因治疗为例，在临床上应用时其基本程序有哪些？

（易发平）

第二十一章

常用分子生物学技术

学习要点

掌握：① PCR 的概念、原理；② 分子杂交与印迹技术的概念、分类；③ 生物芯片的概念；④ RNA干扰的概念。

熟悉：① 定量 PCR 技术的基本原理；② 分子杂交与印迹技术的基本原理；③ RNA 干扰的基本原理。

了解：① 常见 PCR 衍生技术的基本原理；② PCR 技术、分子杂交与印迹技术、生物芯片与 RNA 干扰技术的应用。

作为生命科学中发展最为迅速的年轻学科，分子生物学也是一门非常注重实验操作的学科，在其发展历史上，几乎每一次重大理论的发现与突破都离不开新技术、新方法的支撑。分子生物学技术也还是在分子水平上开展生物医学研究的工具，一些技术还广泛用于临床疾病的诊断与治疗等。本章将对一些常用的分子生物学技术的原理及其用途进行简要介绍。

第一节 PCR 技 术

聚合酶链反应(Polymerase Chain Reaction, PCR)技术，是 20 世纪 80 年代发展起来的一种在体外对特定的 DNA 片段进行高效扩增的技术，由时任美国 Cetus 公司的技术人员 Kary Mullis 建立，该技术可以将特定的微量靶 DNA 片段于数小时内扩增至十万乃至百万倍。PCR 技术的创立对于分子生物学的发展具有不可估量的价值，它以敏感度高、特异性强、产率高、重复性好以及快速简便等优点迅速成为分子生物学研究中应用最为广泛的方法。

一、PCR 的基本原理

PCR 技术的基本原理类似于 DNA 的体内复制过程，即以拟扩增的 DNA 分子为模板、以一对分别与模板 5′端和 3′端相互补的寡核苷酸片段为引物、以四种 dNTP 为原料、由 DNA 聚合酶按照半保留复制的机制沿着模板链延伸而合成新的 DNA，不断重复这一过程，即可使目的 DNA 分子得到扩增。

PCR 反应体系的基本成分包括：模板 DNA、引物、四种 dNTP、耐热性 DNA 聚合酶以及含有 Mg^{2+} 的缓冲液。

PCR 的基本反应步骤包括变性、退火和延伸三个基本反应：① 模板 DNA 的变性：模板 DNA 经加热至 95℃左右一定时间后，使模板 DNA 双链变性解离成为单链，以便它与引物结合，为下轮反应作准备；② 模板

DNA 与引物的退火(复性)：模板 DNA 经加热变性成单链后，将反应体系的温度下降至适宜温度(约 55℃左右)，引物与模板 DNA 单链的互补序列配对结合；③ 引物的延伸：与 DNA 模板结合的引物在 DNA 聚合酶的作用下，以 dNTP 为反应原料，靶序列为模板，按碱基配对与半保留复制原理，合成一条新的与模板 DNA 链互补的新链。上述三个步骤称为一个循环，约需 2～4 分钟，每一循环新合成的 DNA 片段继续作为下一轮反应的模板，经多次循环(25～40 次)，约 1～3 小时，即可将引物靶向的特定区域的 DNA 片段迅速扩增至上千万倍(图 21-1)。

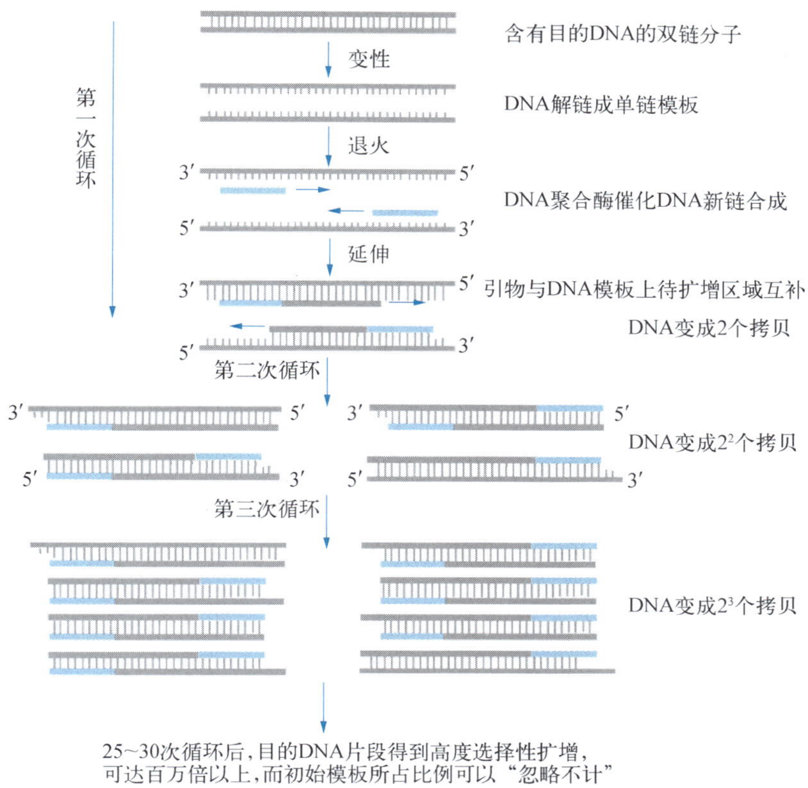

图 21-1　PCR 反应扩增示意图

二、常见的 PCR 衍生技术

近年来，随着分子生物学的快速发展，PCR 技术本身也不断发展，通过和已有的其他分子生物学技术结合，进而形成多种 PCR 衍生技术，以满足各种需要和用途。

(一) 反转录 PCR

反转录 PCR(reverse transcription-PCR，RT-PCR)，也称反转录 PCR，是将 RNA 的反转录反应和 PCR 反应联合应用的一种技术。即首先以 RNA 为模板，在反转录酶的作用下合成互补 DNA (complementary DNA，cDNA)，再以 cDNA 为模板通过 PCR 反应来扩增目的基因。由此可见，常规的 PCR 主要是以 DNA 为模板来进行扩增，而 RT-PCR 通过将反转录和常规的 PCR 技术联合，即可实现对 RNA 模板的间接扩增。

RT-PCR 技术目前已成为基因定性和定量分析的最常用技术之一。譬如真核基因的 cDNA 克隆、对真核基因在 mRNA 水平上的表达分析以及临床上对病毒 RNA 的检测分析等。

(二) 多重 PCR

多重 PCR(multiplex PCR)是指在一个 PCR 反应中同时加入多组引物，同时扩增同一 DNA 模板或不同 DNA 模板中的多个区域，通常每对引物所扩增的产物序列长短不一。因为常规 PCR 一般只用一对引物扩增 DNA 模板中的一个区域，因此多重 PCR 实际上是在一个反应体系中进行多个单一的 PCR 反应，具有信息量多、省时、节约成本等优点，在临床疾病诊断中尤其具有重要价值，可以利用同一份患者样本对多个致病基因进行检测。

(三) 原位 PCR

原位 PCR(in situ PCR)由 Hasse 等于 1990 年建立，它是将 PCR 技术和原位杂交技术两种技术有机结合起来，充分利用了 PCR 技术的高效特异敏感与原位杂交的细胞定位特点。该技术是在福尔马林固定、石蜡包埋的组织切片或细胞涂片上的单个细胞内进行的 PCR 反应，然后用特异性探针进行原位杂交，即可检测出待测 DNA 或 RNA 是否在该组织或细胞中存在。原位 PCR 既能分辨鉴定带有靶序列的细胞，又能标出靶序列在细胞内的位置，对于在分子和细胞水平上研究疾病的发病机制和临床过程及病理的转归有重要实用价值。

三、定量 PCR

定量 PCR(Quantitative PCR, Q - PCR)，也称实时 PCR(real-time PCR)，或实时定量 PCR(Quantitative real-time PCR)，是指在 PCR 反应体系中加入荧光基团，通过监测 PCR 反应管内荧光信号的变化来实时监测整个 PCR 反应进程，并由此对反应体系中的模板进行精确定量的方法。因为该技术需要使用荧光染料，故也称实时荧光定量 PCR 或荧光定量 PCR。

定量 PCR 技术于 1996 年由美国 Applied Biosystems 公司推出，作为一种新型的 PCR 技术，实时定量 PCR 技术克服了常规 PCR 采用终点法定量的缺陷，并具有快速、灵敏度高和避免交叉污染等特点，目前已经广泛应用于生物医学各个领域。

(一) 定量 PCR 的原理

本质上来讲，PCR 是 DNA 聚合酶催化的酶促反应，因此其同样具有酶促反应动力学的特点。一般来讲，PCR 的反应过程可以大致分为三个阶段。

(1) 指数扩增期：在早期阶段，PCR 反应体系中各种成分的量非常充足，PCR 产物的量以 2^n 的指数增长方式迅速增加，称为指数扩增期；

(2) 非指数扩增期：随着 PCR 反应体系中 dNTP 原料、DNA 聚合酶和引物等的不断消耗，PCR 扩增效率降低，扩增产物量的增加速度有所下降，不再呈指数增长方式，称为非指数扩增期或趋向平台期；

(3) 平台期：最后反应体系各种原料几近耗尽，PCR 产物的量不再增加，称为平台期。

扩增产物的量主要取决于三个因素，包括初始模板 DNA 的量、PCR 扩增效率以及循环次数。可用如下数学关系式描述：

$$X_n = X_0(1+Ex)^n$$

其中，n 代表循环数；X_n 为第 n 次循环后的产物量；X_0 为初始模板量；Ex 为扩增效率。

在实时荧光定量 PCR 过程中，由于加入了荧光染料，因此可通过荧光信号强度变化监测产物量的变化，每经过一个循环，仪器自动收集一个荧光强度信号，PCR 过程完成后，以循环数为横坐标，以荧光信号强度为纵坐标，即可绘制出一条扩增曲线(图 21 - 2)。该扩增曲线可分为三个阶段：① 荧光背景信号阶段(即基线期)；② 荧光信号指数扩增阶段(即对数期)；③ 平台期。

定量 PCR 理论中，特别引入了循环阈值的概念。循环阈值(cycle threshold, Ct)是指在 PCR 扩增过程中，扩增产物的荧光信号达到设定的荧光阈值时所经历的循环数。而荧光阈值(threshold)一般是以 PCR 反应的前 15 个循环的荧光信号作为荧光本底信号(baseline)，缺省设置是 3～15 个循环的荧光信号的标准偏差的 10 倍。通俗地理解，荧光阈值实际上就是荧光信号开始由本底信号进入指数增长阶段的拐点时的荧光信号强度。

根据 PCR 的动力学原理，达到 Ct 值时的产物量为：$X_{Ct} = X_0(1+Ex)^{Ct}$

两边同时取对数，则得：$\log X_{Ct} = \log X_0(1+Ex)^{Ct}$

简单运算，则为：$\log X_0 = -Ct \times \log(1+Ex) + \log X_{Ct}$

其中，X_{Ct} 为荧光信号达到阈值线时扩增产物的量，阈值线一旦设定后，它可视为一个常数；Ex 为常变

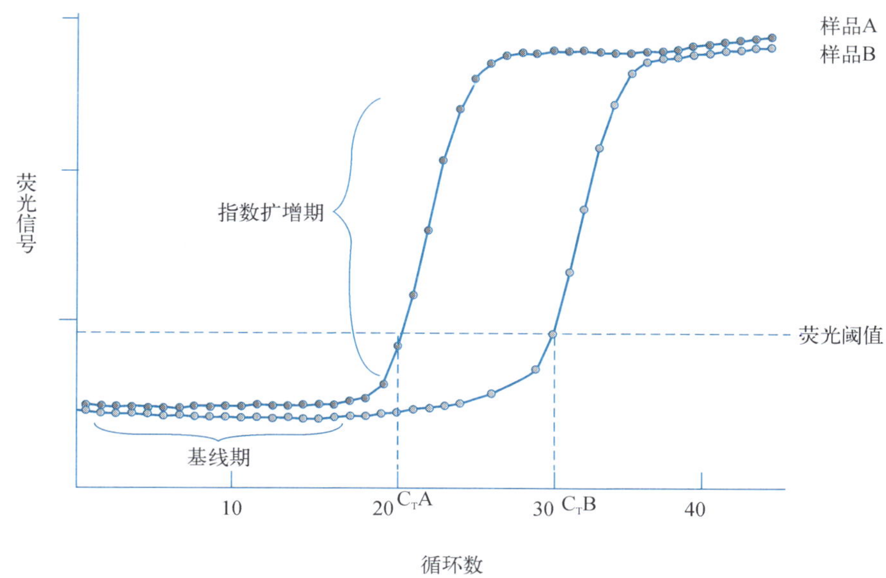

图 21-2　典型的扩增曲线

数,即 Ex 在 PCR 反应中的某一个循环中是一个常数,在不同的循环数中,Ex 的数值不同。

由此可以推出:起始模板量的对数值与其 Ct 值呈线性关系,这就是定量 PCR 的精确定量的重要依据。起始模板量越多,则 Ct 值越小。

综上,实时定量 PCR 技术的基本原理就是它将荧光信号强弱与 PCR 扩增情况结合在一起,通过监测 PCR 反应管内荧光信号的变化来实时检测 PCR 反应进行的情况,因为反应管内的荧光信号强度到达设定阈值所经历的循环数即 Ct 值与扩增的起始模板量存在线性对数关系,所以可以对扩增样品中的目的基因的模板量进行准确的绝对和/或相对定量(图 21-3)。而常规的 PCR 技术只能对 PCR 扩增的终产物进行定量和定性分析,无法对起始模板准确定量,也无法对扩增反应实时监测。

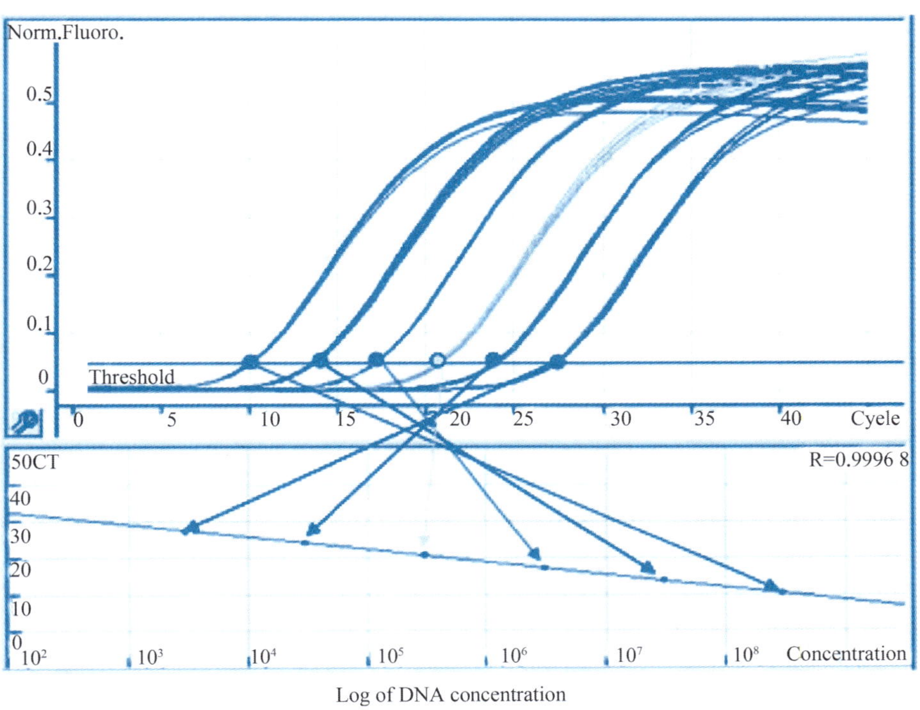

图 21-3　不同模板量的实时荧光 PCR 扩增曲线

(二) 常见的定量 PCR 技术

在实际应用中,一般按照定量 PCR 中是否使用探针,可以区分为不使用探针的非探针类实时定量 PCR 和使用探针的探针类实时定量 PCR。

1. 非探针类定量 PCR　该类定量 PCR 方法和常规 PCR 的主要不同之处在于加入了能与双链 DNA 结合的荧光染料,由此来实现对 PCR 过程中产物量的全程监测。由于其成本低廉,近年来得到很快的发展,技术日臻完善,得到了大量应用。

最常用的荧光染料为 SYBR Green,能结合到 DNA 双螺旋小沟区域。该染料处于游离状态未与 DNA 结合时,荧光信号强度较低,一旦与双链 DNA 结合之后,荧光信号强度大大增强,约为游离状态的 1 000 倍,而荧光信号的强度和结合的双链 DNA 的量成正比。因此,可以将其加入 PCR 反应体系中,用来实时监测 PCR 产物量的多少。

2. 探针类定量 PCR　和非探针类定量 PCR 方法相比,该类定量 PCR 方法不是通过向反应体系中加入荧光染料的产生荧光信号,而是通过使用探针来产生荧光信号。探针除了能产生荧光信号用于监测 PCR 进程之外,因其同样能和模板 DNA 待扩增区域结合,因此大大提高了 PCR 的特异性。

目前,该类定量 PCR 中常用的探针类型包括 TaqMan 探针和分子信标探针等。此处仅以常用的 TaqMan 探针为例介绍。

TaqMan 探针是最早用于实时荧光 PCR 的探针,属于水解类探针,由 Applied Biosystems 公司推出。在 TaqMan 探针法的定量 PCR 反应体系中,包括一对引物和一条 TaqMan 探针。和引物一样,探针也是一寡核苷酸,也能与模板 DNA 特异性地结合,且其结合位点在两条引物之间。探针的 5′-端标记荧光报告基团(reporter, R),3′-端标记荧光淬灭基团(quencher, Q)。常见的用于 5′-端标记的荧光报告基团包括 FAM、HEX、VIC 等荧光染料;用于 3′-端标记的荧光淬灭基团包括 TAMRA 荧光染料和 BHG 系列非荧光染料。在反应初始即当探针完整时,荧光报告基团与荧光淬灭基团的距离较近,导致两个基团之间发生非放射性荧光能量转移,即荧光共振能量转移(fluorescence resonance energy transfer, FRET)现象,此时荧光报告基团在激发因素下发出的激发荧光被荧光淬灭基团所吸收,从而不发出荧光。此时仪器检测不到荧光信号。而在 PCR 扩增时,当 Taq DNA 聚合酶在沿着模板链合成延伸新链的过程中遇到与模板互补结合的探针时,Taq DNA 聚合酶会发挥其 5′→3′外切酶活性,从探针的 5′端对其进行水解,使报告基团与淬灭基团分离,从而破坏了两个基团之间的 FRET,导致荧光报告基团在激发因素下发出的激发荧光不再被荧光淬灭基团所吸收,进而发出荧光。此时仪器将检测到相应的荧光信号(图 21 - 4)。这样每扩增一次,就对应有一个游离的荧光分子(报告基团)形成,藉此实现荧光信号的累积与 PCR 产物的形成完全同步,因此对荧光信号进行检测就可以实时监控 PCR 的过程,准确定量 PCR 的起始拷贝数。

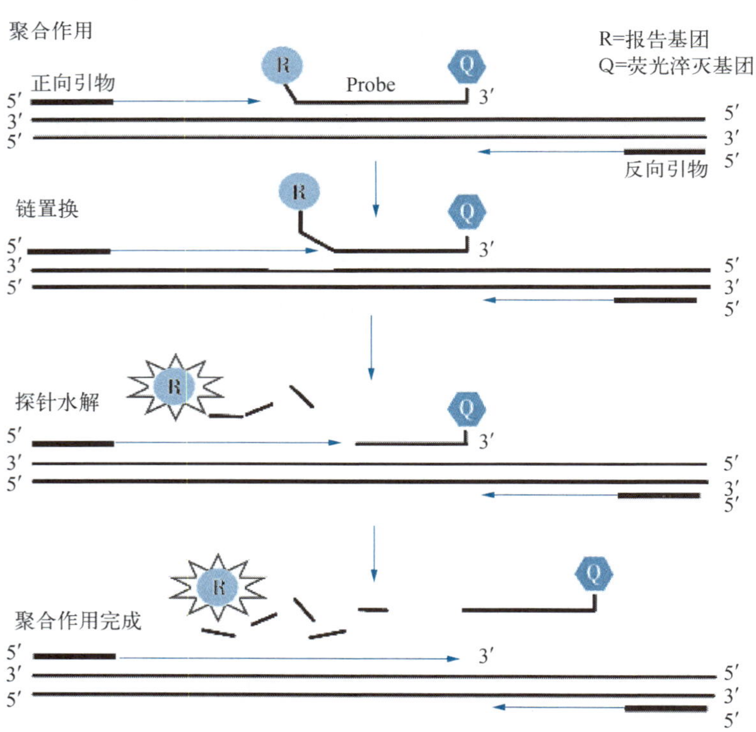

图 21 - 4　TaqMan 探针的荧光信号发生机制

四、PCR 技术的应用

在分子生物学技术中,PCR 技术是一项应用最为广泛和最具生命力的分子生物学技术。此处仅从生物医学研究和诊断应用两个方面做简要介绍。

（一）PCR 在生物医学研究方面的应用

目前，在从事分子水平操作的生物医学研究实验室，几乎无一例外都要用到 PCR 技术。研究者可以利用各种各样的 PCR 技术对 DNA 或 RNA 进行扩增，以进行定性和定量分析。

（二）PCR 在体外诊断方面的应用

PCR 技术最早之所以受到众多商业公司的追捧就是因为其在诊断方面的应用，如今，随着荧光定量 PCR 技术的建立与完善，因其定量精确、特异性高的优势，已经广泛地应用到了医学临床诊断、法医刑侦、检验检疫等各个领域。

在临床诊断方面，主要用于临床疾病早期诊断。PCR 技术不仅可以用于先天性单基因遗传病的检测，也可以用于肿瘤等多基因疾病的检测，还可以用于感染性疾病病原体的检测。不仅可以实现对靶标基因进行突变等定性分析，还可以利用定量 PCR 技术进行精确的定量分析。在器官组织移植时，还可以进行快速的 HLA 分型。另外，PCR 技术还可用于药物疗效观察、预后判断、流行病学调查等。

在法医刑侦方面，通过对犯罪嫌疑人遗留的痕量的精斑、血斑和毛发等样品中的核酸进行选择性的 PCR 扩增，结合 DNA 指纹图谱分析，即可快速锁定案件真凶。同样的道理，PCR 技术也可以用于亲子鉴定。

在动植物检验检疫领域，对于目前进出境要求检疫的各种动植物传染病及寄生虫病病原体的检测，几乎都有商业化的荧光定量 PCR 试剂盒可供使用，较之传统的分离培养病原体的方法相比，荧光定量 PCR 技术更为快捷、灵敏和特异。此外，对于食品、饲料和化妆品等的相关检测，荧光定量 PCR 技术也发挥了重要作用。

第二节　分子杂交与印迹技术

分子杂交和印迹技术也是目前生物医学研究中最为常用的基本分子生物学技术，在生物医学基础研究以及临床诊断应用等方面广泛应用，譬如用于基因克隆的筛选、基因的定量和定性分析及基因突变的检测等。

一、分子杂交与印迹技术简介

在分子生物学操作上，分子杂交与印迹技术实质上是两个不同的技术，下面首先予以单独介绍，然后介绍其关联和区分。

（一）分子杂交技术

1. 分子杂交的概念　分子杂交在分子生物学上一般指核酸分子杂交，是指核酸分子在变性后再复性的过程中，来源不同但互补配对的 DNA 或 RNA 单链（包括 DNA 和 DNA，DNA 和 RNA 和 RNA 和 RNA）相互结合形成杂合双链的特性或现象。而依据此特性建立的一种对目的核酸分子进行定性和定量分析的技术则称为分子杂交技术，通常是将一种核酸单链用核素或非核素标记即探针，再与另一种核酸单链进行分子杂交，通过对探针的检测而实现对未知核酸分子的检测和分析。

2. 分子杂交技术的发展与分类　分子杂交技术最早始于 Hall 等于 1961 年的探索，他将探针与靶序列在溶液中杂交，通过平衡密度梯度离心来分离杂交体，这实际为液相杂交。随后，Bolton 等于 1962 年则设计了一种简单的固相杂交方法，他将变性 DNA 固定在琼脂中来进行。到 20 世纪 70 年代，随着限制性内切酶、印迹技术、核酸自动合成技术的发展和应用，一系列成熟的分子杂交技术才得以建立完善和广泛应用。

分子杂交技术可按作用环境大致分为液相杂交和固相杂交两种类型。

液相杂交所参加反应的核酸和探针都游离在溶液中，是最早建立的分子杂交类型，其主要缺点是杂交后过量的未杂交探针在溶液中除去较为困难，同时误差较高且操作繁琐复杂，因此其应用较少。

固相杂交是将参加反应的核酸等分子首先固定在硝酸纤维素滤膜、尼龙膜、乳胶颗粒、磁珠和微孔板等固体支持物上，然后再进行杂交反应。其中以硝酸纤维素滤膜和尼龙膜最为常用，特称为滤膜杂交或膜上印迹杂交。固相杂交后，未杂交的游离探针片段可容易地漂洗除去，同时还具有操作简便、重复性好等优点，故该法最为常用。

固相杂交技术按照操作方法不同可分为：原位杂交、印迹杂交、斑点杂交和反向杂交等。原位杂交是用标记探针与细胞或组织切片中的核酸进行杂交，包括有菌落原位杂交和组织原位杂交等方法。现在常用的基因芯片技术，在本质上也属于原位杂交。印迹杂交则包括有 Southern 印迹杂交、Northern 印迹杂交等方法。

(二) 印迹技术

1. *基本概念* 印迹或转印(blot 或 blotting)技术是指将核酸或蛋白质等生物大分子通过一定方式转移并固定至尼龙膜等支持载体上的一种方法，该技术类似于用吸墨纸吸收纸张上的墨迹，故称为印迹技术。在实际研究操作中，通常还需首先将待转印的生物分子或样品进行电泳分离后再从胶上转移至印迹膜上，转印完成之后，还要通过多种方法将被转印的物质进行显色以进行各种检测，这些显色检测方法包括染料直接染色或通过和一些标记的抗体或寡核苷酸探针结合而显色。

如果被转印的物质是 DNA 或 RNA，一般使用核酸分子杂交技术进行检测。

如果被转印的物质是蛋白质，一般通过与标记的特异性抗体通过抗原-抗体结合反应而间接显色，故又特称为免疫印迹技术(immuno-blotting)。

2. *常用的转印支持介质* 印迹技术中常用的固相支持载体多为滤膜类支持载体，常用的有尼龙膜(nylon membrane)、硝酸纤维素膜(Nitrocellulose membrane)和 PVDF 膜(PVDF membrane)。

尼龙膜具有很强的核酸结合能力，可达 480～600 $\mu g/cm^2$，且可结合短至 10 bp 的核酸片段，多用于核酸分子的转印。经烘烤或紫外线照射后，核酸中的部分嘧啶碱基可与膜上的正电荷结合，与膜结合的探针杂交后还可经碱变性洗脱下来。尼龙膜韧性较好，具有很好的机械强度，可耐受多次重复杂交试验。

硝酸纤维素膜和 PVDF 膜与核酸的结合能力低于尼龙膜。硝酸纤维素膜的韧性较差，较脆，易破碎，不能重复使用，但其优点是无需活化处理，核酸或蛋白质分子的转印均有使用。PVDF 膜具有很强的蛋白质结合能力，且韧性好，可以重复使用，尤其适用于蛋白质分子的转印。但 PVDF 膜在使用时需要甲醇浸泡处理以活化其表面的正电荷，以便和带负电荷的蛋白质结合。

3. *转印方法及其分类* 转印通常是将电泳分离后的样品从凝胶转印至合适的支持介质上，按照操作方式或原理不同，常用转印方法主要有：毛细管虹吸转移法、电转移法和真空转移法。

虹吸法是容器中的转移缓冲液利用上层吸水纸的毛细管虹吸作用作向上运动，带动凝胶中的生物大分子垂直向上转移到膜上。

电转移法是利用电泳原理，以有孔的海绵和有机玻璃板将凝胶和固化膜夹成“三明治”形状，浸入盛有电泳缓冲液的转移槽中，利用两个平行电极进行电泳，使凝胶中的核酸或蛋白质沿与凝胶平面垂直的方向泳动从凝胶中移出，结合到膜上，形成印迹。是一种快速、简单、高效的转移法，特别适用毛细管虹吸转移法不理想的大片段分子的转移。常用的电转移法有湿转和半干转两种方法，两者的原理相同，只是用于固定胶/膜叠层和施加电场的机械装置不同，湿转是将胶/膜叠层浸入缓冲液槽然后加电压，半干转是用浸透缓冲液的多层滤纸代替缓冲液槽，转移时间较湿转快(只需 15～45 min)。

真空转移法是以滤膜在下、凝胶在上的方式，利用真空泵将转移缓冲液从上层容器中通过凝胶抽到下层真空室中同时带动核酸分子转移到凝胶下面的滤膜上，整个过程只需 1 h 左右。一般而言，核酸样品多用毛细管虹吸转移法，是最经典的印迹方式，也可采用真空转移方法，蛋白质样品多采用电转移方式进行印迹。

另外，按照转印的分子种类不同，则可以区分为用于 DNA 的 Southern 印迹、用于 RNA 的 Northern 印迹和用于蛋白质的 Western 印迹技术。

Edwen Southern 于 1975 年最早提出并建立了印迹技术，当时是以 DNA 为样品建立的，故后人以其姓氏将 DNA 的印迹技术命名为 Southern 印迹(Southern blot)，后来建立的 RNA 和蛋白质的印迹技术则分别被有趣地称为 Northern 印迹(Northern blot)和 Western 印迹(Western blot)技术，甚至还有后来建立的进行翻译后修饰检测的 Eastern 印迹(Eastern blot)技术等多种印迹技术。

(三) 分子杂交技术与印迹技术的关系

由上可以看出，分子杂交与印迹技术实质上是两个完全不同的技术，但在实际研究工作中，由于两者密切相关、通常联合使用，所以也很容易混淆，有必要予以区分。

在很多时候，尤其是研究核酸分子的时候，两者往往联合使用。此时为简便起见，通常根据研究者个人习惯或偏好将其简称为分子杂交技术或印迹技术。譬如，DNA 的印迹技术因为往往和核酸分子杂交技术联用，所以很多人也称其为 DNA 印迹或 DNA 杂交或 DNA 印迹杂交技术。

但有些时候，分子杂交技术或印迹技术又不是联合使用的，这个时候就需要注意术语的正确使用，不能乱用和混淆。譬如，蛋白质的印迹技术就不和分子杂交技术联用而是和免疫酶法检测联用，因此不能称为分子杂交技术，只能称为印迹技术，一般称其为蛋白质印迹或 Western 印迹或免疫印迹技术。与此不同，对于分子杂交中的原位杂交技术而言，它又不和印迹技术联用，因此，只能称其为分子杂交技术而不能称为印迹技术。

二、探针的种类及其制备

在核酸分子杂交技术中，探针是一个必不可少的工具。探针（probe）就是一种用核素或非核素标记的核酸单链，通常是人工合成的寡核苷酸片段。探针具有两方面的作用，首先，探针的标记方便了后续的检测，其次，探针往往需要事先设计且其序列已知，可以通过碱基互补配对原则和待检核酸的特定区域结合，因此，可以通过对探针的检测而获取或判断待检核酸样品的相关信息。

（一）探针的种类

按照标记物的类型，可分为放射性核素标记探针和非核素标记探针。

1. *放射性标记探针*　放射性核素标记探针是应用最多的一类探针。由于放射性核素与相应的元素之间具有完全相同的化学性质，因此不影响碱基配对的特异性和稳定性。其灵敏度极高，在最适条件下，可以检测出样品中少于1 000个分子的核酸。此外，放射性核素的检测具有极高的特异性，假阳性率较低。其主要缺点是存在放射线污染，而且半衰期短，探针必须随用随标记，不能长期存放。目前用于核酸标记的放射性核素主要有^{32}P、^{3}H 和^{35}S 等，其中^{32}P 在核酸分子杂交中应用最多。

2. *非放射性标记探针*　鉴于放射性标记探针在使用中的局限性，促使非放射性标记探针得以迅速发展，现在许多实验中已使用非放射性标记探针取代放射性标记探针，这也极大地推动了分子杂交与印迹技术的迅速发展和广泛应用。非放射性标记探针的优点是，无放射性污染，稳定性好，标记探针可以保存较长时间，处理方便；主要缺点是灵敏度及特异性有时还不太理想。

目前，常用的非放射性标记物主要有三种。

（1）生物素：是最早使用的非放射性标记物。生物素是一种小分子水溶性维生素，对亲和素（也称抗生物素蛋白或卵白素）有独特的亲和力，两者能形成稳定复合物。生物素标记的探针和相应的核酸样品杂交后，可通过连接在亲和素上的显色物质（如酶等）进行检测。

（2）地高辛：地高辛和生物素一样，也是半抗原。其修饰核苷酸的方式与生物素也类似，也是通过一个连接臂和核苷酸分子相连。地高辛标记的探针杂交后的检测原理和方法与生物素标记探针的检测类似。

（3）荧光素：如罗丹明和 FITC 等。荧光素标记探针的敏感性与地高辛和生物素相似。近年来，随着荧光原位杂交技术的迅猛发展，使得荧光素标记探针也得到了充分的开发和应用。

（二）探针的制备

探针的制备大致分为合成、标记和纯化三个步骤。探针的合成与标记可以是先合成再标记，但在不少方法中合成与标记是同时进行的，即边合成边标记。DNA 探针标记结束后，反应体系中依然存在未掺入到探针中去的 dNTP（标记的与未标记的）等小分子，因此还要借助多种 DNA 纯化技术将标记的探针进行纯化后方可使用。

探针的标记大致可以分为化学法和酶法两类方法。

1. *化学法*　是利用标记物分子上的活性基因与探针分子上的基因（如磷酸基因）发生的化学反应将标记物直接结合到探针分子上。不同标记物有各自不同的标记方法，最常用的是^{125}I 标记和生物素标记。采用此种标记方法的探针多为寡核苷酸探针，一般是首先合成寡核苷酸，然后再进行标记，即合成与标记是分开进行的。该类方法一般是研究者直接委托试剂公司进行。

2. *酶法标记*　也叫酶促标记法，将标记物预先标记到核苷酸（NTP 或 dNTP）分子上，然后利用酶促反应将标记的核苷酸分子掺入到探针分子中去。该类标记方法一般都有商品试剂盒可供使用，非常方便。

三、常用的分子杂交与印迹技术

如前所述，分子杂交与印迹技术的种类多种多样，此处限于篇幅，仅选择常用的几种分子杂交与印迹技术予以介绍，其中重点介绍分别用于 DNA、RNA 和蛋白质分子检测的 Southern 印迹、Northern 印迹和 Western 印迹技术(图 21－5)。

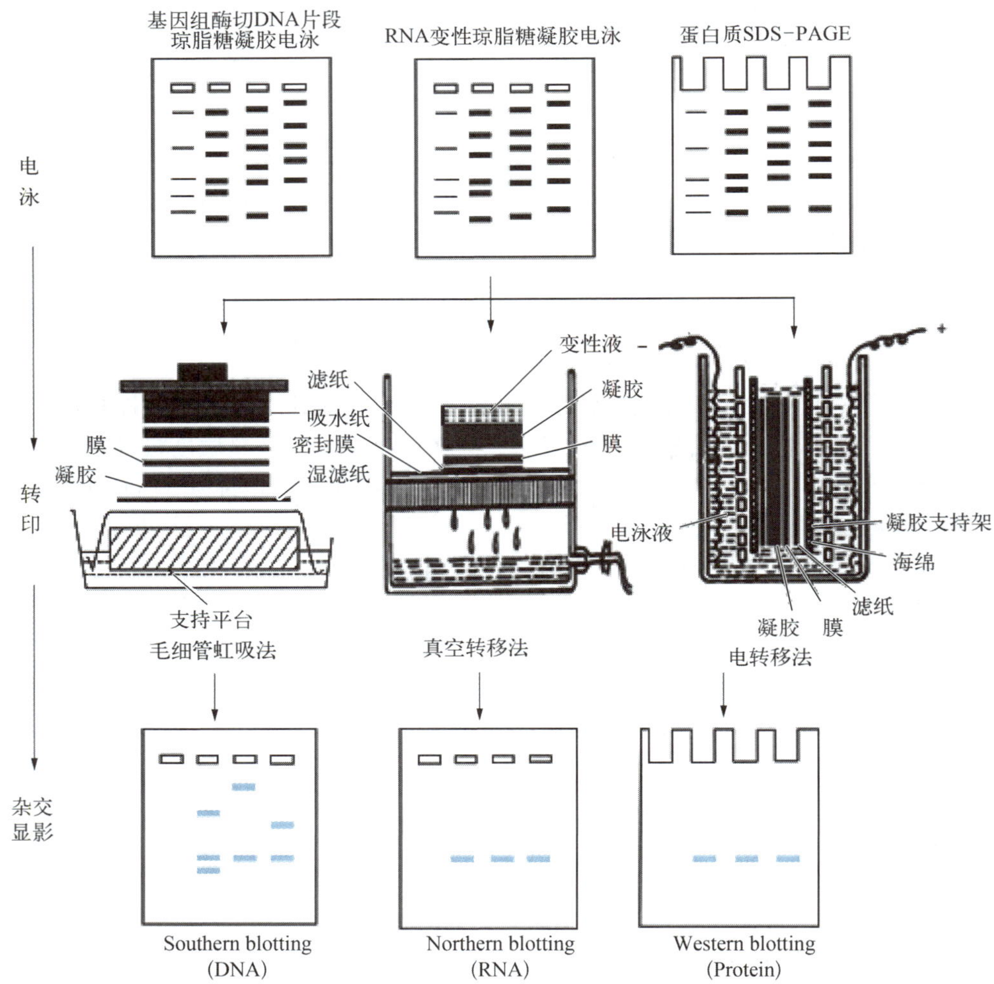

图 21－5　分子杂交与印迹技术

(一) Southern 印迹

Southern 印迹(Southern blot 或 Southern blotting)，或称 Southern 杂交，是由 E. M Southern 于 1975 年建立的用于基因组 DNA 样品检测的技术。

一般来讲，Southern 印迹杂交技术主要包括如下几个主要过程：① 将带测定的核酸样品通过合适的方法转移并结合到某种固相支持物(如硝酸纤维薄膜或尼龙膜)上，即印迹(blotting)；② 探针的标记与制备；③ 固定于固相支持物上的核酸样品与标记的探针在一定的温度和离子强度下退火，即分子杂交过程；④ 杂交信号检测与结果分析。

以哺乳动物基因组 DNA 的检测为例，Southern 印迹杂交的基本流程包括：

1. 待测核酸样品的制备　首先采用合适的方法从相应的组织或细胞样本中提取制备基因组 DNA，然后用 DNA 限制性内切酶消化大分子基因组 DNA，以将其切割成大小不同的片段。消化基因组 DNA 后，加热灭活限制性内切酶，样品即可进行电泳分离，必要时可进行乙醇沉淀，浓缩 DNA 样品后再进行电泳分离。

2. DNA 样品的凝胶分离　主要采用琼脂糖凝胶电泳对经过限制性内切酶消化获得的长短不一的基因组 DNA 片段按照相对分子质量大小进行分离。

3. 凝胶中核酸的变性 对凝胶中的DNA进行碱变性，使其形成较短的单链片段，以便于转印操作和与探针杂交。通常是将电泳凝胶浸泡在0.25 mol/L的HCl溶液进行短暂的脱嘌呤处理后，再移至碱性溶液中浸泡，使DNA变形并断裂形成较短的单链DNA片段，再用中性pH的缓冲液中和凝胶中的缓冲液。这样，DNA片段经过碱变性作用，可保持单链状态而易于同探针分子发生杂交作用。

4. 转印 即将凝胶中的单链DNA片段转移至固相支持物上。

5. 探针的标记与制备 用于Southern印迹杂交的探针可以是纯化的DNA片段或寡核苷酸片段。探针可以用放射性核素标记或用地高辛标记。

6. 预杂交 将固定于膜上的DNA片段与探针进行杂交之前，必须先进行一个预杂交的过程。预杂交就是将转印后的膜置于一个浸泡在水浴摇床的封闭塑料袋中进行，袋中装有预杂交液。预杂交液中主要含有鲑鱼精子DNA(该DNA与哺乳动物DNA的同源性极低，不会与DNA探针的DNA杂交)、牛血清等，这些大分子可以封闭膜上所有非特异性吸附位点。

7. 杂交 转印后的膜在预杂交液中温育4～6 h，即可加入标记的探针DNA(探针DNA预先经过热变性成为单链DNA分子)，进行杂交反应。杂交是在相对高离子强度的缓冲盐溶液中进行。杂交过夜，然后在较高温度下用盐溶液洗膜。

8. 洗膜 采用核素标记的探针或发光剂标记的探针进行杂交还需注意的关键一步就是洗膜。在洗膜过程中，要不断震荡，不断用放射性检测仪探测膜上的放射强度。当放射强度指示数值较环境背景高1～2倍时，即可停止洗膜进入下一步。

9. 显影与结果分析 根据探针的标记方法选择合适的显影方法，然后根据杂交信号的相对位置和强弱来判断目标DNA的相对分子质量大小和拷贝数多少。同时还要结合前述使用的限制性内切酶对结果进行解释。因为Southern印迹杂交用途较多，故通常都需要结合实际情况对其结果进行合理解释和判读。

作为分子生物学的经典实验方法，DNA印迹技术已经被广泛应用于生物医学基础研究、遗传病检测、DNA指纹分析等临床诊断工作中。它主要用于基因组DNA的分析，可以检测基因组中某一特定的基因的大小、拷贝数、酶切图谱(反映位点的异同)和它在染色体中的位置。如果一个基因出现丢失或扩增，则相应条带的信号就会减少或增加；如果基因中有突变，则可能会有不同于正常的条带出现。

(二) Northern印迹

继分析DNA的Southern杂交方法出现后，1977年Alwine等人提出一种与此相类似的、用于分析细胞RNA样品中特定mRNA分子大小和丰度的分子杂交技术，为了与Southern杂交相对应，科学家们则将这种RNA印迹方法趣称为Northern印迹(Northern blot或Northern blotting)，而后来的与此原理相似的蛋白质印迹杂交方法则也相应地趣称为Western印迹。

与Southern印迹非常相似，Northern印迹也是首先采用琼脂糖凝胶电泳，将相对分子质量大小不同的RNA分离开来，随后将其原位转移至尼龙膜等固相支持物上，再用放射性(或非放射性)标记的DNA或RNA探针，依据其同源性进行杂交，最后进行放射自显影(或化学显影)，以目标RNA所在位置表示其相对分子质量的大小，而其显影强度则可提示目标RNA在所测样品中的相对含量(即目标RNA的丰度)。

但与Southern杂交不同的是，RNA由于分子小，所以不需要事先进行限制性内切酶处理，可直接应用于电泳；此外，由于碱性溶液可使RNA水解，因此不进行碱变性，而是采用甲醛等进行变性琼脂糖凝胶电泳。

Northern杂交技术自出现以来，已得到广泛应用，成为分析mRNA最为常用的经典方法。和定量RT-PCR技术相比，由于Northern杂交因为使用了电泳，因此不仅可以检测目的基因的mRNA表达水平，而且还可以推测mRNA相对分子质量大小以及是否有不同剪接体等。

(三) Western印迹

印迹技术不仅可用于核酸的分子检测，也可以用于蛋白质的检测。蛋白质在电泳分离之后也可以转移并固定于膜上，相对应于DNA的Southern印迹和RNA的Northern印迹，该印迹方法则被称为Western印迹(Western blot或Western blotting)。

蛋白质印迹技术的过程与DNA和RNA的印迹技术基本类似，但也有很多不同之处，譬如Western Blot是采用变性聚丙烯酰胺凝胶电泳进行蛋白质分离，利用免疫学的抗原-抗体反应来检测被转印的蛋白质，被检测物是蛋白质,"探针"是抗体,"显色"用标记的二抗。因为蛋白质印迹技术涉及利用免疫学的抗原-抗体反应来检测被转印的蛋白质,故也被称为免疫印迹技术(immuno-blotting)。

Western 印迹的基本步骤包括:

1. 蛋白质样品的制备　该步骤中,应根据样品的组织来源、细胞类型和待测蛋白质的性质来选择合适的蛋白质样品制备方法。不同来源的组织、细胞、目标蛋白,蛋白质样品的制备方法也不尽相同。

2. 蛋白质样品的分离　主要采用不连续 SDS-聚丙烯酰胺凝胶(PAGE)电泳对蛋白质样品按照相对分子质量大小进行分离。通常同时使用强阴离子去污剂 SDS 与某一还原剂(如巯基乙醇),并通过加热使蛋白质变性解离成单个的亚基后再加样于电泳凝胶上。

3. 转印　将经过电泳分离的蛋白质样品转移到固相膜载体上,固相载体以非共价键形式吸附蛋白质,且能保持电泳分离的多肽类型及其生物学活性不变。

转印方法主要采用电转印法,主要有水浴式电转印即湿转和半干式转印两种方式。

4. 检测与结果分析　需要注意的是,在进行抗原-抗体反应之前,一般需用去脂奶粉等作为封闭剂对固相膜载体和一些无关蛋白质的潜在结合位点进行封闭处理,以降低背景信号和非特异性结合。

然后,以固相载体上的蛋白质或多肽作为抗原,与对应的抗体起免疫反应,再与辣根过氧化物酶标记的第二抗体起反应,最后通过化学发光来检测目的蛋白的有无和所在位置及相对分子质量大小。

作为分子生物学的经典实验方法,该技术已经被广泛应用于分子医学领域用于检测蛋白水平的表达,是当代分析和鉴定蛋白质的最有效的技术之一。这一技术的灵敏度能达到标准的固相放射免疫分析的水平而又无需像免疫沉淀法那样必须对靶蛋白进行放射性标记。此外,由于蛋白质的电泳分离几乎总在变性条件下进行,因此,也不存在溶解、聚集以及靶蛋白与外来蛋白的共沉淀等诸多问题。

(四) 斑点印迹

斑点印迹(dot blot),也称斑点杂交,是先将被测的 DNA 或 RNA 变性后固定在滤膜上,然后加入过量的标记好的 DNA 或 RNA 探针进行杂交。该法的特点是耗时短,操作简单,事先不用限制性内切酶消化或凝胶电泳分离核酸样品,可做半定量分析,可在同一张膜上同时进行多个样品的检测;根据斑点杂交的结果,可以推算出杂交阳性的拷贝数。该法的缺点是不能鉴定所测基因的相对分子质量,而且特异性较差,有一定比例的假阳性。

(五) 原位杂交

原位杂交(in situ hybridization)是以特异性探针与细菌、细胞或组织切片中的核酸进行杂交并对其进行检测的一种方法。在杂交过程中不需要改变核酸所在的位置。主要包括用于基因克隆筛选的菌落原位杂交以及检测基因在细胞内的表达与定位和基因在染色体上定位的组织或细胞原位杂交等方法。

该类杂交方法是在组织或细胞内进行 DNA 或 RNA 精确定位和定量的特异性方法之一,它对于研究基因表达的规律,基因定位,以及病原微生物的检测,有广泛的应用前景。随着方法学的不断发展与完善,检测的灵敏性、特异性及方法的简捷、快速、无害、稳定等优点使其有更为广泛的应用前景,必将极大推动医学及生物学研究。

第三节　生物芯片技术

生物芯片(biochips)技术是以微电子系统技术和生物技术为依托,在固相基质表面构建微型生物化学分析系统,将生命科学研究中的许多不连续过程(如样品制备、生化反应、检测等步骤)在一块普通邮票大小的芯片上集成化、连续化、微型化,以实现对蛋白质、核酸等生物大分子的准确、快速、高通量检测。根据芯片上探针不同,生物芯片可以分为基因芯片和蛋白质芯片。最近又出现了芯片实验室、细胞芯片、组织芯片、糖芯片以及其他类型生物芯片等。

用于检测的基因芯片、蛋白质芯片通常是指包埋在固相载体(如硅片、玻璃和塑料等)上的高密度 DNA、cDNA、寡核苷酸、蛋白质等微阵列芯片,这些微阵列由生物活性物质以点阵的形式有序地固定在固相载体上形成。在一定的条件下进行生化反应，将反应结果用化学荧光法、酶标法、电化学法显示，然后用生物芯片扫描仪或电子信号检测仪采集数据，最后通过专门的计算机软件进行数据分析。芯片实验室是指将样品制备、生化反应以及检测分析等过程集约化形成的微型分析系统。

一、基因芯片

基因芯片(gene chip)又称生物集成模片、DNA 芯片(DNA chip)、DNA 微阵列(DNA microarray)或寡核苷酸微芯片(oligonucleotide microchip)等，是 Fodor 等人于 1991 年基于核酸分子杂交原理建立的一种对 DNA 进行高通量、大规模、并行分析的技术。其基本原理是将大量寡核苷酸分子固定于支持物上，然后与标记的待测样品进行杂交，通过检测杂交信号的强弱进而对待测样品中的核酸进行定性和定量分析。

基因芯片的基本技术流程大致包括芯片微阵列制备、样品制备、分子杂交、信号检测与分析等步骤。

1. *芯片微阵列制备*　即在玻璃、尼龙膜等支持物表面整齐、有序地固化高密度的、成千上万的、不同的寡核苷酸探针。将寡核苷酸探针制备于固相支持物上的策略有两种：一是在固相支持物上直接合成一系列寡核苷酸探针(如光引导原位合成法等)；二是先合成寡核苷酸探针后，再按一定的设计方式在固相支持物上点样(如化学喷射法、接触式点涂法等)。

2. *样品制备*　采用合适的方法提取待测样品中的 DNA 或 RNA，进行适当的酶切、反转录或扩增处理，并进行荧光标记。

3. *分子杂交*　选择合适的反应条件使样品中含有标记的各种核酸片段与芯片上的探针进行杂交。

4. *信号检测与分析*　由于核酸片段上已标记有荧光素，激发后产生的荧光强度就与样品中所含有的相应核酸片段的量成正比，经激光共聚焦荧光检测系统等扫描后，所获得的信息经专业软件分析处理，即可对待测样品中的核酸进行定性和定量分析。

以传统的双色基因芯片检测两种不同的生物样品中基因表达差异的情况为例，需要首先提取到两个不同来源样品的 mRNA，然后经反转录合成 cDNA，再用不同的荧光分子(红色和绿色)进行标记，标记的 cDNA 等量混合后与基因芯片进行杂交，在两组不同的荧光下检测，获得两个不同样品在芯片上的全部杂交信号，进一步通过软件分析处理，即可获得这两种样品中成千上万种基因表达的异同(图 21－6)。

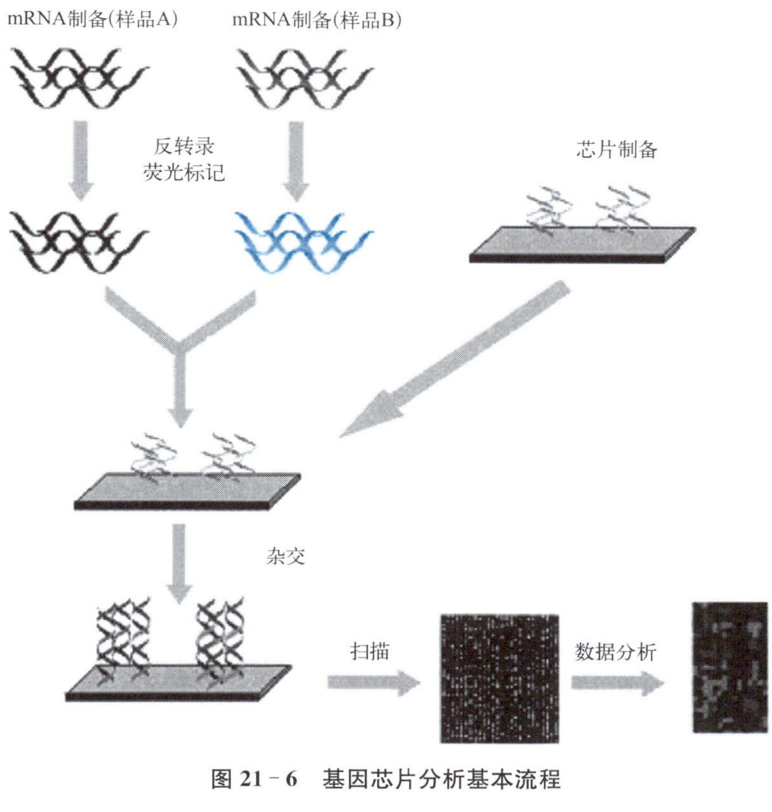

图 21－6　基因芯片分析基本流程

基因芯片的最大优势在于能够对生物样品的基因进行平行、大规模和高通量的定性和定量分析,包括基因表达谱分析、基因突变检测、基因多态性分析、大规模测序等,具有快速、高效和敏感等多种优点,广泛应用于疾病诊断和治疗、司法鉴定、食品卫生监督、环境检测等许多领域。

二、蛋白质芯片

蛋白质芯片(protein chip),或称蛋白质微阵列(protein microarray),与基因芯片原理相似,但芯片上固定的是蛋白质如抗原或抗体等,并且检测的原理是依据蛋白质分子之间、蛋白质与核酸、蛋白质与其他分子的相互作用,目前发展成熟的蛋白质芯片有抗原芯片、抗体芯片以及细胞因子芯片等。

蛋白质芯片作为一种新的高通量、平行、自动化、微型化的蛋白质表达、结构和功能分析技术,是蛋白质组学研究的重要手段之一,已广泛应用于蛋白质表达谱、蛋白质功能、蛋白质间相互作用的研究,尤其在寻找疾病生物标志物,用于疾病诊断、治疗及发现新药靶点上有很大的应用前景。

第四节 RNA 干扰技术

RNA 干扰(RNA interference, RNAi)是一种进化上保守的通常由小分子 RNA 诱发的能介导基因沉默的机制。1998 年 Andrew Fire 和 Craig Mello 等首次在秀丽线虫的研究中发现,一些小的双链 RNA(double stranded RNA, dsRNA)分子能够高效、特异性地诱导同源 mRNA 的降解,从而关闭基因表达或使其沉默,他们将该现象称为 RNA 干扰,因其主要发生于转录后水平,故也称为序列特异性转录后基因沉默(post-transcriptional gene silencing, PTGS)。现已证实,RNA 干扰现象在生物界广泛存在,在生物进化过程中是高度保守的。同时,在此基础上发展起来的一种简单有效的抑制特定基因表达的基因沉默技术——RNAi 技术已经成为研究基因功能、基因表达调控、疾病的发病机制与防治以及药物筛选的重要手段。

一、RNA 干扰的机制

关于 RNA 干扰机制的研究,一直在不断地研究和完善之中。目前认为,主要有两类小分子 RNA,即小干扰 RNA(small interfering RNA, siRNA)和微 RNA(microRNA, miRNA),均可以有效引发 RNA 干扰现象。一般认为,siRNA 主要参与抵御外来病毒性核酸的侵染以及抑制转座子基因的表达,在低等和高等真核生物均有存在;miRNA 主要参与内源性基因的表达调节,目前主要发现存在于高等真核生物。

经典的 siRNA 介导的 RNA 干扰可分为两个阶段,即起始阶段和效应阶段。

1. *起始阶段* 病毒感染等来源的外源性 dsRNA(长度约 100 nt)进入细胞,在细胞质中,dsRNA 与 Dicer 酶结合,在 Dicer 酶的 RNA 酶活性作用下将 dsRNA 剪切成更短的长度约 21～23 nt 的 dsRNA,称为 siRNA。Dicer 酶是 RNA 酶Ⅲ家族的一个成员,广泛存在于线虫、果蝇、真菌、植物及哺乳动物体内,包含有一个螺旋酶结构域,一个 PAZ 结构域,两个 RNA 酶Ⅲ结构域和一个 dsRNA 结合结构域。

2. *效应阶段* siRNA 与 RNA 诱导的沉默复合物(RNA - induced silencing complex, RISC)结合,并被解旋酶解开为正义链和反义链两个单链。正义链也称过客链(passenger strand),被剪切而不发挥作用;反义链也称引导链(guide strand),它能与靶 mRNA 严格互补结合,同时引发 RISC 对该靶 mRNA 进行快速的剪切,从而引起目的基因的表达沉默(图 21 - 7)。

在线虫中,还发现细胞内的一种 RNA 指导的 RNA 聚合酶(RNA - directed RNA polymerase, RdRP)能够以靶 mRNA 为模板,合成一些新的 siRNA,又叫次级 siRNA(secondary siRNA),这些次级 siRNA 同样能发挥作用,从而使 siRNA 的沉默效应得到扩增。

在真核生物中,miRNA 也能引起 RNA 干扰现象。但和 siRNA 不同,miRNA 可以和很多靶 mRNA 以不完全的碱基互补配对方式结合,主要通过阻止翻译而抑制 mRNA 的表达,也可引发靶 mRNA 的降解。在极少数情况下,当 miRNA 和靶 mRNA 完全互补配对时,则和 siRNA 一样,可引起 RISC 对靶 mRNA 的剪

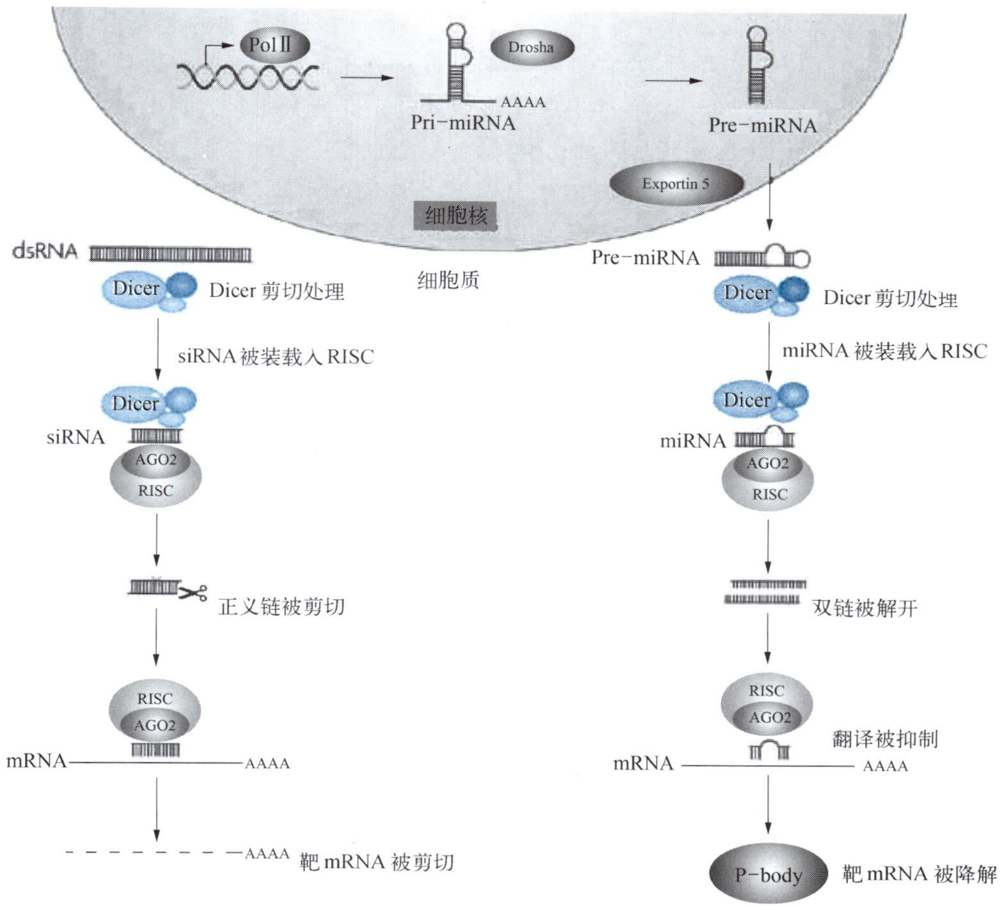

图 21－7　siRNA 和 miRNA 介导的基因沉默机制

切(图 21－7)。

二、RNA 干扰技术及其实施策略

根据 RNA 干扰的机制，科学家们成功地建立了 RNA 干扰技术。即通过一些分子生物学操作，实现对特定基因的表达抑制。

RNA 干扰技术通常采用以下两种实施策略。

1. 体外合成 siRNA　通常是采用化学合成法来直接合成特定序列的靶向目的基因的 siRNA，然后经过各种转染方法导入细胞或动物体内，从而发挥 siRNA 对目的基因的沉默作用。通常是委托商业公司进行直接合成，因此该策略相对简单易行，但化学合成的成本较高。

2. siRNA 表达载体介导　一般是首先根据 siRNA 的序列设计一条发夹状的 DNA 序列片段，然后克隆到 siRNA 表达载体的 RNA 聚合酶Ⅲ型启动子和转录终止信号之间。将该载体导入细胞后，细胞内的 RNA 聚合酶Ⅲ即可驱动载体中发夹状 DNA 序列的转录，合成短发夹状 RNA(short hairpin RNA，shRNA)。该 shRNA 即可被细胞内 Dicer 酶切割生成 dsRNA，进而引发目的基因的沉默。该策略的优点是操作相对比较复杂，但成本较低。

和以往的反义寡核苷酸等基因沉默技术相比，RNA 干扰技术具有基因沉默效率高和特异性好的显著优点。

三、RNA 干扰技术的应用

RNA 干扰技术建立以来，因其沉默基因表达的高效性和高度特异性，使其在生物医学领域得到了非常广泛的应用，尤其在基因功能研究方面发挥了重要作用，在基因治疗等应用领域也显示了良好的应用前景。

1. 基因功能研究　在基因功能研究方面，功能失活策略是一个非常重要的研究手段。如前所述，和以往的反义寡核苷酸等基因沉默技术相比，RNA 干扰技术具有高效和特异性好的显著优点。因此，RNA 干扰技术在目前的基因功能研究方面已经成为一个几乎不可或缺的主要研究工具。目前，RNA 干扰技术不仅在细胞水平上使用，而且也已经用于构建转基因动物模型。

2. 基因治疗应用　RNA 干扰技术在基因治疗中显示出极大的潜力。通过 RNA 干扰技术特异性地抑制特定基因的表达，无疑是一个很好的治疗策略，这也无疑革新了人们对于药物治疗的认识。常见的感染性疾病、肿瘤等常见病，均可使用 RNA 干扰技术进行治疗。但目前 RNA 干扰药物的应用也存在一些技术障碍亟须解决，如 siRNA 在体内遭受内源性核糖核酸酶的降解、siRNA 的副反应、缺乏靶向药物传递系统等问题。

小　结

分子生物学技术不仅极大地推动了分子生物学理论的发展和突破，而且在临床疾病的诊断和治疗方面也具有重要应用价值。PCR 是一种在体外对特定的 DNA 片段进行高效扩增的技术，其基本原理类似于 DNA 的体内复制过程。PCR 有多种衍生技术。在传统 PCR 技术基础上，近年来又建立了用于核酸精确定量分析的实时定量 PCR 技术，实现了 PCR 技术从定性到定量的里程碑式飞跃。PCR 技术是一项应用最为广泛和最具生命力的分子生物学技术，广泛用于生物医学基础研究和临床诊断。分子杂交与印迹技术是一类主要建立在核酸分子杂交和印迹技术基础上的定性或半定量分析方法，其种类较多，最常用的是用于 DNA、RNA 和蛋白质检测的 Southern 印迹、Northern 印迹和 Western 印迹技术。生物芯片是一种对基因和蛋白质进行大规模、高通量并行检测的技术，包括基因芯片和蛋白质芯片。RNA 干扰是一种进化上保守的通常由小分子 RNA 诱发的能介导基因沉默的机制，由此建立的 RNA 干扰技术已经得到广泛应用。

【复习思考题】

1. 试述 PCR 技术的基本原理。
2. 结合 PCR 的动力学，简述定量 PCR 的原理。
3. 试对 Southern 印迹、Northern 印迹、蛋白质印迹三种方法进行比较。
4. 简述 Sanger 测序法的基本原理。
5. 什么是 RNAi？简述 RNAi 的机制和 RNAi 技术的应用。

（卜友泉　宋方洲）

名词释义

1. 蛋白质　是以氨基酸为基本结构单位，通过肽键连接而成的，有特定生物学功能的高分子含氮化合物。
2. 蛋白质的等电点　在某一 pH 溶液中，蛋白质解离成阳离子和阴离子的趋势及程度相等，成为兼性离子，呈电中性，此时溶液的 pH 值称为该蛋白质的等电点。
3. 蛋白质的一级结构　指多肽链中氨基酸的排列顺序。
4. 蛋白质的二级结构　指多肽链的局部主链的空间结构，即多肽链盘绕折叠所形成的 α-螺旋、β-折叠、β-转角、无规卷曲等主链构象，其维系键是氢键。
5. 蛋白质的三级结构　指多肽链所有原子的空间排布。在二级结构的基础上进一步盘曲形成，包括主链构象和侧链构象，其维系键主要是非共价键(次级键)。
6. 蛋白质的四级结构　有的蛋白质是由两条或两条以上的多肽链各自形成具有独立三级结构的亚基组成的，四级结构是指这类蛋白质分子中各亚基的空间排布及亚基接触部位的布局和相互作用。
7. 亚基　是指参与构成蛋白质四级结构的独立单位，是具有完整三级结构的多肽链。
8. 蛋白质的变性　蛋白质在某些理化因素的作用下，特定的空间结构被破坏而导致其理化性质改变及生物活性丧失，这种现象称为蛋白质的变性作用。
9. 核酸　由核苷酸通过 3′,5′-磷酸二酯键连接组成的具有特异序列和空间结构的高分子化合物。可分为 DNA 和 RNA 两类。
10. 核苷酸　核苷或脱氧核苷中戊糖的游离羟基与磷酸发生酯化反应，通过磷酸酯键连接构成核苷酸或脱氧核苷酸。
11. DNA 双螺旋结构　DNA 分子的二级结构，是两条反向平行的 DNA 链彼此缠绕形成的一个右手双螺旋结构。脱氧核糖磷酸骨架在双螺旋的外侧，碱基位于双螺旋内侧，碱基互补配对形成碱基对平面。碱基对平面相互平行、垂直间距相等，相邻碱基间垂直距离为 0.34 nm，螺旋上升一圈包含 10 个碱基对，双螺旋结构螺距为 3.4 nm，直径 2 nm。双螺旋表面存在大沟和小沟。维持 DNA 双螺旋结构稳定依赖氢键和碱基堆积力。
12. 信使 RNA　在蛋白质生物合成过程中，起模板作用的一类编码 RNA。
13. 转运 RNA　在蛋白质生物合成过程中，起转运氨基酸作用的一类非编码 RNA。
14. 核糖体 RNA　为核糖体的重要组成成分，核糖体为蛋白质生物合成的场所。
15. DNA 的变性　双链 DNA 分子在变性因素作用下，氢键破坏，双螺旋结构转变为松散的线团样结构的过程，变性 DNA 的理化性质和生物学活性改变。
16. DNA 复性　变性 DNA 在复性条件下，重新恢复其双螺旋结构及理化性质和生物学功能的过程，称为 DNA 复性。热变性 DNA 的复性过程又称为退火。
17. 增色效应　DNA 变性后紫外吸收值增加的现象。
18. 融解温度　在 DNA 热变性过程中，50%的 DNA 发生变性时，所需要的温度称为 DNA 的熔点，或称为解链温度、融解温度(melting temperature，Tm)。
19. 酶　催化特定化学反应的蛋白质、RNA 或其复合体。酶是生物催化剂，能通过降低反应的活化能加快反应速度，但不改变反应的平衡点。绝大多数酶的化学本质是蛋白质。具有催化效率高、专一性强、作用条件温和等特点。

20. 核酶　一类具有催化活性的核糖核酸。
21. 全酶　由蛋白质组分(即酶蛋白)和非蛋白质组分(辅助因子)组成的一种结合酶。
22. 辅酶　与酶结合疏松的辅助因子,可以用透析或超滤的方法除去。在酶促反应中,辅酶作为底物接受质子或基团后离开酶蛋白,参加另一酶促反应并将所携带的质子或基团转移出去,或者相反。
23. 辅基　与酶蛋白结合紧密的辅助因子,不能通过透析或超滤将其除去。在酶促反应中,辅基不能离开酶蛋白。
24. 同工酶　来源于同一种系、机体或细胞的同一种酶具有不同的形式。催化同一化学反应而化学组成不同的一组酶。产生同工酶的主要原因是在进化过程中基因发生变异,而其变异程度尚不足以成为一个新酶。
25. 酶的活性中心　酶分子中能直接结合并催化底物发生化学反应的部位。
26. 米氏常数　在酶促反应中,某一给定底物的动力学常数,是由反应中每一步反应的速度常数所合成的。根据米氏方程,其值是当酶促反应速度达到最大值一半时的底物浓度。符号 K_m。
27. 竞争性抑制　一种最常见的酶活性的抑制作用,抑制剂与底物竞争,从而抑制底物与酶的结合。其动力学特点是:酶促反应的表观米氏常数增大、最大速度不变。可以通过增加底物浓度来解除这种抑制。
28. 非竞争性抑制　抑制剂与酶分子在底物结合位点以外的部位结合,不影响酶与底物的结合。因此,只影响酶催化反应的最大反应速度,不影响米氏常数,非竞争性抑制反应的双倒数图表现为在不同抑制剂浓度下,所有直线交横轴于一点。
29. 反竞争性抑制　对酶活性的一种抑制作用,由于所加入的抑制剂能与酶-底物复合物结合,而不与游离酶结合,所以其特征是反应的最大速度比未加抑制剂时反应的最大速度低,当以速度的倒数相对底物浓度的倒数作图,所得图线与未被抑制反应的图线平行。
30. 共价修饰　酶蛋白肽链上的一些基团在特定酶催化下可与某种化学基团发生共价结合而被修饰,连接在酶蛋白氨基酸残基上的特定化学基团,也可以通过在对应酶作用下与其他化合物反应而从酶蛋白上脱落。这两种相反变化都能改变酶的活性,此过程称为酶共价修饰。
31. 别构调节　效应剂与别构酶的别构部位相互作用,导致酶构象发生改变,从而对酶催化活性产生影响,的这种调节方式称为变构调节。
32. 酶原　酶的无活性前体,在特异位点水解后,转变为具有活性的酶。
33. 糖的无氧分解　指在缺氧或缺乏有氧氧化酶类(成熟红细胞)的组织细胞中,葡萄糖在胞液分解成乳酸并产生少量 ATP 的过程。
34. 底物水平磷酸化　指将高能底物(如琥珀酰 CoA,磷酸烯醇式丙酮酸)在代谢过程中释放的能量直接转移给 ADP 生成 ATP 的过程。
35. 磷酸戊糖途径　指葡萄糖在细胞质中,在 6-磷酸葡萄糖脱氢酶等催化下,经过氧化脱氢脱羧和基团转移两个阶段的酶促反应,生成 NADPH＋H＋和磷酸核糖的代谢过程。
36. 糖异生途径　指在肝(肾)细胞中,由氨基酸、乳酸、甘油等非糖物质转变成葡萄糖或糖原的过程。
37. 乳酸循环　指肌糖原酵解产生的乳酸分泌入血→运输入肝→异生成糖→再释放入血→运输到肌肉组织利用的过程,乳酸循环有利于乳酸的再利用,防止乳酸堆积引起中毒。
38. 必需脂肪酸　哺乳动物自身不能合成,必须从膳食中获取的多价不饱和脂肪酸,包括亚油酸、亚麻酸和花生四烯酸。
39. 磷脂　含磷酸基团的脂类化合物,包括甘油磷脂和鞘磷脂。
40. 脂肪酶　催化脂肪水解的酶。
41. 脂肪动员　储存于脂肪细胞中的脂肪被一系列脂肪酶水解为甘油和游离脂肪酸并释放入血供全身各组织利用的过程。
42. β-氧化　脂肪酸活化为脂酰 CoA 并进入线粒体,从烃链羧基端 β-碳原子开始氧化生成乙酰 CoA 的途径。
43. 酮体　脂肪酸在肝脏进行分解代谢所产生的中间产物,包括:乙酰乙酸、β-羟丁酸及丙酮。

44. 血脂　血浆中所含的脂类统称。包括三酰甘油及少量二酰甘油及单酰甘油、磷脂、胆固醇和胆固醇酯以及非脂化脂肪酸。
45. 脂蛋白　血浆中脂类与蛋白质结合形成的亲水颗粒状复合体，血脂在血浆中的存在及运输形式。
46. 载脂蛋白　血浆脂蛋白中的蛋白质组分。
47. 乳糜微粒　脂蛋白的形式之一，由小肠黏膜上皮细胞合成，含三酰甘油、胆固醇酯、磷脂及载脂蛋白等，主要功能是运输外源性甘油三酯和胆固醇。
48. 极低密度脂蛋白　是密度最低的一种脂蛋白，由肝脏和小肠黏膜上皮细胞合成后进入血循环，是运输内源性三酰甘油及胆固醇的主要形式。
49. 低密度脂蛋白　在血浆中由极低密度脂蛋白转变形成的一种脂蛋白形式，在血液中起是转运肝脏合成的内源性胆固醇及其酯的作用。
50. 高密度脂蛋白　由肝和小肠黏膜细胞合成，在血浆中代谢转变后，主要在肝脏降解。其主要功能是将内源性胆固醇从肝外组织将转运到肝脏代谢。
51. 生物氧化　指糖、脂肪、蛋白质等物质在生物体的活细胞内氧化生成 CO_2 和水、释放出能量的过程，也叫细胞呼吸。
52. 氧化呼吸链　指线粒体内膜上存在的多种酶与辅酶组成的复合体，按一定顺序排列成的连锁性电子传递链，可使还原当量中的氢传递到氧生成水，又称电子传递链。
53. 氧化磷酸化　指营养物质脱氢生成的 NADH＋H＋或 $FADH_2$，经氧化呼吸链传递电子并偶联 ADP 磷酸化，生成 ATP 的过程，是体内生成 ATP 的主要方式。
54. ATP 合酶　由亲水的头部 F_1、疏水的基底部 F_0 及连接二者的柄部构成，通过 β 亚基 L→T→O→L 构象的循环变构，不断合成 ATP，是氧化与磷酸化偶联的结构基础。
55. ATP 循环　指生物体内 ATP 的生成、储存、转移和利用所形成的循环。
56. 苹果酸-天冬氨酸穿梭　肝、心肌等细胞液中的 NADH＋H＋通过 α－酮戊二酸载体转运苹果酸进入线粒体基质，然后进入 NADH 氧化呼吸链；而苹果酸脱氢成为草酰乙酸再变为天冬氨酸，后者经酸性氨基酸载体转运出线粒体构成苹果酸-天冬氨酸穿梭。
57. α-磷酸甘油穿梭　脑、骨骼肌等细胞液中的 NADH＋H＋经 α-磷酸甘油将还原当量带入线粒体，然后在线粒体内模上 α-磷酸甘油脱氢酶(辅基 FAD)作用下生成 FADH2 和磷酸二羟丙酮，前者进入琥珀酸氧化呼吸链，后者又回到胞液，经 α-磷酸甘油脱氢酶(辅基 NAD＋)作用被 NADH＋H＋还原为 α-磷酸甘油的过程。
58. 活性氧　指一类由氧形成、在分子组成上含有氧且化学性质比氧自身活泼的氧原子或原子团，如 $O2^{-\cdot}$、HO・、H_2O_2 等。
59. 混合功能氧化酶　催化 1 个氧原子加入底物分子而使底物被羟化，另 1 个氧原子与 NADPH＋H＋中的氢结合生成水，故又称加单氧酶系或羟化酶。
60. 氮平衡　反映人体蛋白质的摄入量与排出量之间的关系，一般有以下三种情况：氮的总平衡、氮的正平衡、氮的负平衡。
61. 营养必需氨基酸　人体生理需要，但自身不能合成或合成太少，必须由食物供给的氨基酸。
62. 蛋白质的互补作用　将几种营养价值较低的蛋白质混合食用，若比例适宜，则必需氨基酸可以互相补充，从而提高其营养价值。
63. γ-谷氨酰基循环　氨基酸吸收的一种方式，首先由谷胱甘肽转运氨基酸，其次是谷胱甘肽再合成，由此构成循环。
64. 转氨基作用　在转氨酶作用下，氨基酸的 α-氨基转移到某 α-酮酸上，生成相应的 α-酮酸，原来的 α-酮酸接受氨基生成相应的 α-氨基酸的过程。
65. 嘌呤核苷酸循环　在肌肉中进行联合脱氨基过程中，IMP 和 AMP 等嘌呤核苷酸相互转变形成循环。
66. 鸟氨酸循环的 NO 支路　经一氧化氮合酶催化精氨酸直接氧化为瓜氨酸，同时产生 NO，使天冬氨酸携带的氨最终并未生成尿素，而是被氧化为 NO。

67. 多胺　含有多个氨基的一类化合物。例如,腐胺、精脒、精胺都是多胺类物质。

68. 一碳单位　某些氨基酸在分解代谢过程中产生的含有一个碳原子的基团。

69. 鸟氨酸循环　合成尿素的循环反应。首先,鸟氨酸与氨及 CO_2 结合生成瓜氨酸;其次,瓜氨酸再接受 1 分子氨生成精氨酸;第三,精氨酸水解产生尿素,并重新生成鸟氨酸。

70. 从头合成途径　利用磷酸核糖、氨基酸、一碳单位及 CO_2 等简单物质为原料,经过一系列酶促反应合成核苷酸的过程。

71. 补救合成途径　利用体内游离的碱基或核苷,经过简单的反应合成核苷酸的过程。

72. 应激　指机体在受到各种内外环境因素刺激时所出现的非特异性全身反应,又称为应激反应。

73. 代谢途径　在生物体内,以某一类代谢物,如葡萄糖、甘油三酯、氨基酸、核苷酸等为主线进行的一系列酶促化学反应及其调节过程通常称为代谢途径。

74. 关键酶　在代谢途径中决定反应的速度和方向的酶称为关键酶。它有三个特点:它催化的反应速度最慢,所以又称限速酶。其活性决定代谢的总速度。它常常催化单向反应,其活性能决定代谢的方向。它的活性除受底物控制外还受多种代谢物或效应剂的调节。

75. 整体水平调节　在中枢神经系统控制下,通过神经递质,激素等对机体代谢进行综合调节,这种调节称为整体水平调节。

76. DNA 生物合成　在细胞内模板的指导下,通过相应酶的催化,四种 dNTP 依次连接形成新的 DNA 链的过程,有 DNA 复制和逆转录两种方式。

77. 半保留复制　DNA 复制时,亲代 DNA 的两条链解开,以每条链作为模板按碱基互补配对规则合成新链,从而形成两个子代 DNA 分子,每一个子代 DNA 分子包含一条亲代链和一条新合成的链。

78. 冈崎片段　在 DNA 不连续复制过程中,后随链上所合成的不连续的 DNA 片段,其长度在真核与原核生物当中存在差别,真核生物的冈崎片段成都约为 100～200 核苷酸残基,而原核生物冈崎片段的长度约为 1 000～2 000 核苷酸残基。

79. 逆转录　逆转录又称"反转录",是指在逆转录酶的作用下,以 RNA 为模板合成 DNA 的过程,因其与转录过程刚好相反,故称为逆转录。

80. DNA 损伤　各种因素所导致的 DNA 组成和结构任何异常的改变就称为 DNA 损伤,主要包括 DNA 结构的扭曲和点突变。DNA 结构的扭曲会造成对复制、转录的干扰;而点突变则会扰乱正常的碱基配对,通过 DNA 序列的改变对后代产生损伤效应。小范围的 DNA 损伤通常可通过 DNA 修复纠正,而程度广泛的损伤可引起细胞的程序性死亡。

81. 转录(transcription)　遗传信息从基因转移到 RNA 的过程。RNA 聚合酶通过与一系列组分构成动态复合体,并以基因序列为遗传信息模板,催化合成序列互补的 RNA,包括转录起始、延伸、终止等过程。

82. 不对称转录(asymmetric transcription)　DNA 链是有极性的,RNA 聚合酶以不对称的方式与启动子结合,使转录只能沿着一个方向进行。对于一个基因而言,互补链中只有一条链被转录成 RNA。

83. 启动子(promoter)　DNA 分子上能与 RNA 聚合酶结合并形成转录起始复合体的区域,在许多情况下还包括促进这一过程的调节蛋白的结合位点。

84. 转录因子(transcriptional factors,TF)　直接结合或间接作用于基因启动子、形成具有 RNA 聚合酶活性的动态转录复合体的蛋白质因子。有通用转录因子,序列特异性转录因子、辅助转录因子等。

85. 通用转录因子(general transcription factors, GTF)　RNA 聚合酶介导基因转录时所必需的一类辅助蛋白质,帮助聚合酶与启动子结合并起始转录。与作用于特定基因的调节蛋白不同,对所有的基因都是必需的。

86. 终止子(terminator)　常指转录终止子。转录过程中产生 RNA 的一段可终止转录的茎-环结构序列;或是位于模板基因下游该结构所对应的 DNA 序列。大肠埃希菌中有不依赖于 Rho (ρ)因子的终止子和依赖于 Rho (ρ)因子的终止子。

87. 转录后加工(post-transcriptional processing)　在 RNA 转录后进行的一系列加工方式,如切除内含子(剪接)、加帽、加尾等,以及甲基化、巯基化、异戊烯化、假尿苷形成等化学修饰,使 RNA 前体转变为有功能的 RNA。

88. 翻译　指在多种因子辅助下，核糖体结合信使核糖核酸(mRNA)模板，通过转移核糖核酸(tRNA)识别该 mRNA 的三联体密码子和转移相应氨基酸，进而按照模板 mRNA 信息一次连续合成蛋白质肽链的过程。

89. 密码子　又称"编码三联体"，"三联体密码"。由三个相邻的核苷酸组成的信使核糖核酸(mRNA)基本编码单位。有 64 种密码子，其中有 61 种氨基酸密码子(包括起始密码子)及 3 个终止密码子，由它们决定多肽链的氨基酸种类和排列顺序的特异性以及翻译的起始和终止。

90. 框移突变　在基因编码区，核苷酸插入或缺失导致三联体密码子阅读方式的改变，从而使该基因的相应编码序列发生改变。

91. 开放阅读框　以起始密码子开始，在三联体读框的倍数后出现终止密码子之间的一段序列。开放阅读框有可能编码一条多肽链或一种蛋白质。很多情况下，开放阅读框即指某个基因的编码序列。

92. 非翻译区　不编码目标蛋白质肽链的信使核糖核酸(mRNA)序列。一般分布在 mRNA 的两个末端区域，5′非翻译区在翻译起始密码子的上游，3′非翻译区在翻译终止密码子的下游。

93. SD 序列　因澳大利亚学者 Shine 和达尔加诺 Dalgarna 两人发现该序列的功能而得名。信使核糖核酸(mRNA)翻译起点上有与原核 16S 核糖体 RNA 或真核 18SrRNA 3′端富含嘧啶的 7 核苷酸序列互补的富含嘌呤的 3～7 个核苷酸序列(AGGAGG)，是核糖体小亚基与 mRNA 结合并形成正确的前起始复合体的一段序列。

94. 起始复合体　由核糖体介导的信使核糖核酸(mRNA)被翻译成多肽的起始过程中形成的复合体。包括 mRNA、各种起始因子、甲酰化的或未甲酰化的甲硫氨酰起始 tRNA(细菌)、核糖体的大小亚基，有时还包含鸟苷三磷酸。

95. 分子伴侣　一组从细菌到人广泛存在的蛋白质，非共价地与新生肽链和解折叠的蛋白质肽链结合，并帮助他们折叠和转运，通常不参与靶蛋白的生理功能。主要有三大类：伴侣蛋白、热激蛋白 70 家族和热激蛋白 90 家族。

96. 信号肽　又称"信号序列"。分泌蛋白新生肽链 N 端的一段 20～30 氨基酸残基组成的肽段。将分泌蛋白引导进入内质网，同时这个肽段被切除。现这一概念已扩大到决定新生肽链在细胞中的定位或决定某些氨基酸残基修饰的一些肽段。

97. 基因　是指编码蛋白质或 RNA 等具有特定功能产物的遗传信息的基本单位。

98. 基因组　是指一种生物体具有的所有遗传信息的总和。

99. 管家基因　生物体内有一类基因，对所有细胞生存提供基本功能，因而在所有细胞中表达。产物在不同的细胞中保持一定的浓度，不易受环境条件的影响，这类基因称为管家基因。

100. 顺式作用元件　一个基因的调节序列和结构基因通常位于同一个 DNA 分子中的相邻部位，这种调节方式称为顺式调节(*cis* - regulation)，相应的 DNA 调节序列称为顺式作用元件(*cis* - acting element)。一般位于被调控结构基因的上游，具有特定的核苷酸顺序，顺式作用元件分为启动子(promoter)、增强子(enhancer)、沉默子(silencer)等。

101. 增强子　是真核生物基因中最重要的调控序列之一，其作用是增强基因启动子的效率。

102. 沉默子　是抑制上游或下游基因的转录的基因调控序列。

103. 反式作用因子　能直接或间接作用于 DNA、RNA 等核酸分子，对基因表达发挥不同调节作用的各类蛋白质因子，统称为反式作用因子。

104. 断裂基因　真核基因一般由编码序列(外显子)与非编码序列(内含子)间隔排列，因而称为断裂基因。

105. 染色质重塑　基因活化蛋白通过改变启动子和调节序列区域的染色质结构来促进转录起始，这一过程被称为染色体重塑。

106. CpG 岛　即基因组中长度为 300 - 3 000 bp 的富含 CpG 二核苷酸的一些区域，主要存在于基因的 5′-端。启动子区中 CpG 岛的未甲基化状态是基因转录所必需的。

107. RNA 编辑　转录前体加工使个别碱基发生更换、插入或缺失，导致 RNA 序列与基因原编码的遗传信息不同，使单一基因转录前体产生多种功能不同的蛋白质，此过程称为 RNA 编辑。

108. 基因重组　是指造成基因型变化的核酸的交换过程。包括发生在生物体内(如减数分裂中异源双链的核酸交换)和体外环境中用人工手段使不同来源 DNA 重新组合的过程。基因的人工重组又称基因工程(genetic engineering)或重组 DNA 技术(recombinant DNA technology)。
109. 克隆　克隆是指来自同一个祖先、经过无性繁殖所产生的分子(DNA、RNA)、细胞的群体或遗传学上相同的生物个体。Cloning 即指获得克隆的过程或手段。
110. 限制性核酸内切酶　原核生物中催化降解外源 DNA 的内切酶。通过识别 DNA 中特异碱基序列(一般为回文结构或反向重复序列)将 DNA 双链切断,形成黏末端或平端的片段。包括Ⅰ、Ⅱ、Ⅲ型三种。
111. 克隆载体　是为携带目的外源 DNA 片段,实现外源 DNA 在受体细胞中的无性繁殖或表达有意义的蛋白质所采用的一些 DNA 分子,一般带有选择性标记和克隆位点。根据其来源分为质粒载体、噬菌体载体、病毒载体、噬粒载体、黏粒载体、人工染色体载体等。其中最常使用的是质粒。
112. 质粒　染色体以外能够自主复制的双链闭合环状 DNA 分子。广泛天然存在于细菌等原核生物中,常编码其宿主非生命所必需的某些生物学性状,如性菌毛、细菌素、毒素和耐药性等。
113. 细胞信号转导　细胞对环境信号的应答,启动胞内信号转导通路,最终调节基因表达和代谢生理反应,称为细胞信号转导。
114. 受体　是细胞膜或细胞内的一些天然分子,能够识别和结合有生物活性的化学信号物质,从而启动一系列信号转导,最后产生相应的生物学效应。
115. G 蛋白　是鸟苷酸结合蛋白的简称,亦称 GTP 结合蛋白。具有 GTP 酶活性,在细胞信号通路中起信号转换器或分子开关作用的蛋白质。
116. 生物转化　机体将非营养性物质进行多种化学转变,使其极性增高,易于溶解于胆汁和尿液排出体外的变化过程。
117. 胆汁酸　胆固醇在肝中降解的代谢产物,是胆汁的重要组成成分,有助于脂类的消化吸收。从来源可分为初级胆汁酸和次级胆汁酸。
118. 初级胆汁酸　是由肝细胞合成的胆汁酸,主要包括胆酸和鹅脱氧胆酸及其与甘氨酸或牛磺酸的结合物。
119. 次级胆汁酸　由初级胆汁酸在肠道中经细菌作用下转变生成的胆汁酸。包括脱氧胆酸和石胆酸及它们与甘氨酸或牛磺酸的结合物。
120. 胆色素　是铁卟啉化合物在体内的主要分解产物,包括胆红素、胆绿素、胆素原和胆素等。
121. 胆素原的肠肝循环　肠道内的胆素原,小部分被肠道吸收经门静脉回到肝脏,其中大部分仍以原形再排至肠道,此过程称为胆素原的肠肝循环。
122. 胆素　胆素原的氧化产物,是胆色素代谢的终产物。包括粪胆素和尿胆素,是粪及尿中的主要色素。
123. 黄疸　某些因素导致血液中的胆红素含量增多,形成高胆红素血症。由于胆红素是橙黄色的,对弹性蛋白有较强的亲和力,所以当大量的胆红素扩散入组织时,可将皮肤、巩膜、粘膜等组织黄染,临床上称之为黄疸。
124. 血浆　是离体血液加入抗凝剂离心使有形成分沉降后,所得到的浅黄色半透明液体,其颜色与胆红素有关。
125. 血清　是血液自然凝固后血凝块收缩所析出的淡黄色透明液体。
126. 非蛋白氮　指非蛋白含氮化合物(如尿素、尿酸、肌酐等)所含的氮称为非蛋白氮。
127. 维生素　又名维他命,是人体正常生活所必需的一类小分子有机化合物,机体不能合成,或合成量不足,必须靠食物供给;缺乏时会发生维生素缺乏病,根据其溶解性质可分为脂溶性维生素和水溶性维生素两大类。
128. 脂溶性维生素　不溶于水、易溶于脂类及有机溶剂的非极性维生素。包括维生素 A、D、E、K 四大类。
129. 抗干眼病维生素　即维生素 A,是一类含有 β-白芷酮环的不饱和一元醇。天然维生素 A 有 A1 和 A2 两种类型。由于其缺乏时可导致糖蛋白合成异常,低分子量的多糖-脂堆积,包括角膜上皮在内的表层组织干燥、异常角化等。故而称为抗干眼病维生素。

130. 抗佝偻病维生素　即维生素 D，属于类固醇衍生物。主要包括维生素 D_2 和维生素 D_3。具有调节体内钙、磷代谢的作用。由于其缺乏可引起钙、磷代谢紊乱而发生佝偻病，故而称为抗佝偻病维生素。
131. 生育酚　即维生素 E，属于 6－羟基苯骈二氢吡喃的衍生物，能增加性激素分泌、提高生育能力，故而称为生育酚。
132. 凝血维生素　即维生素 K，属于 2－甲基萘醌衍生物。具有促进肝细胞合成、激活凝血因子，参与凝血的作用，也称为凝血维生素。
133. 硫胺素　即维生素 B_1，由嘧啶和噻唑通过亚甲基桥连接而成。由于其分子中同时含硫和氨基结构，故而称为硫胺素。其活性形式 TPP 是体内脱羧酶、转酮醇酶的辅酶的辅酶。
134. 核黄素　即维生素 B_2，因其结构中核醇和 6、7－二甲基异咯嗪（又称黄素：flavin）而得名。其活性形式为黄素单核苷酸（FMN）和黄素腺嘌呤二核苷酸（FAD），均为体内氧化还原酶的辅基，在氧化过程中发挥递氢体的作用。
135. 抗癞皮病因子　即维生素 PP，属于吡啶衍生物。维生素 PP 的活性形式为尼克酸及尼克酰胺，二者分别与核糖、磷酸、腺嘌呤组成体内多种不需氧脱氢酶尼克酰胺腺嘌呤二核苷酸（NAD^+）和尼克酰胺腺嘌呤二核苷酸磷酸（$NADP^+$）的辅酶。
136. 维生素 B_6　吡啶衍生物，包括吡哆醇、吡哆醛及吡哆胺三种，它们在体内均以磷酸酯的形式存在，是转氨酶、δ－氨基 γ－酮戊酸（ALA）合成酶和糖原磷酸化酶的辅酶。
137. 泛酸　又称遍多酸，由于其广泛存在于自然界，故称泛酸。泛酸在体内的活性形式为辅酶 A（HSCoA）和酰基载体蛋白（ACP），后者是体内多种酰基转移酶的辅酶，具有酰基载体的作用。
138. 生物素　噻吩与尿素缩合而成的双环咪唑衍生物，是体内多种羧化酶的辅酶，具有羧基载体的功能。
139. 叶酸　因绿叶植物中含量较高而得名。由于叶酸分子由蝶酸和谷氨酸通过酰胺键连接形成，故而又称为蝶酰谷氨酸。其活性形式为四氢叶酸（FH_4），后者为体内一碳单位转移酶的辅酶，参与嘌呤核苷酸的从头合成。
140. 钴胺素　即维生素 B_{12}，属于含钴（Co^{2+}）的咕啉衍生物，是唯一含金属元素的维生素。体内维生素 B_{12} 的活性形式为：甲钴胺素和脱氧腺苷钴胺素，后两者是甲基转移酶和多种变构酶的辅酶。
141. 抗坏血酸　即维生素 C，属于不饱和多羟基内酯化合物。维生素 C 通过氧化型和还原型互变，参与体内氧化还原反应和羟化反应。
142. 微量元素　指人体中每日需要量在 100 mg 以下或其含量占体重 0.01% 以下的元素。主要分为两大类：一是具有特殊生理功能的必需微量元素，二是无特殊生理功能，机体非必需的异常微量元素。
143. 癌基因　指能引起癌症发生的一类基因。包括来源于病毒的病毒癌基因和主要存在于正常细胞中的细胞癌基因或原癌基因。
144. 抑癌基因　或称肿瘤抑制基因，指能抑制细胞过度生长增殖从而遏制肿瘤形成的一类基因，这类基因的失活可导致肿瘤发生。
145. 生长因子　是调节细胞生长与增殖的一类多肽类物质，主要以内分泌、自分泌和旁分泌三种方式作用于靶细胞，通常为细胞正常生长增殖所必需。
146. 基因诊断　以 DNA 和 RNA 为诊断材料，通过检查基因的存在、缺陷或表达异常，对人体状态和疾病做出诊断的方法和过程。
147. 基因治疗　以基因转移为基础，将某种遗传物质导入患者细胞内，使其在体内表达并发挥作用，从而达到治疗疾病目的的一种方法。
148. 基因添加　也称基因增补，通过导入外源基因使靶细胞表达其本身不表达的基因。
149. 自杀基因　是指一些病毒或细菌中存在的某些基因可产生一种酶，能将对人体原本无毒或低毒的药物前体在人体细胞内转化为细胞毒性物质，从而导致靶细胞的死亡。由于携带该基因的受体细胞本身也被杀死，故称这类基因为“自杀基因”。
150. RFLP　突变、重排、单个核苷酸的插入或缺失可使 DNA 顺序发生改变。其中有些可能造成限制性酶切位点的增加、缺失或易位，致使 DNA 分子的限制性酶切位点数目、位置发生改变。用限制酶切割基因组时,所产生的限制性片段数目和每个片段的长度就不同,这就是限制性片段长度多态性。

151. PCR　即聚合酶链反应(Polymerase Chain Reaction,PCR),是一种在体外对特定的 DNA 片断进行高效扩增的技术。

152. 实时定量 PCR　是指在 PCR 反应体系中加入荧光基团,通过监测 PCR 反应管内荧光信号的变化来实时监测整个 PCR 反应进程,并由此对反应体系中的模板进行精确定量的方法。也称实时荧光定量 PCR 或荧光定量 PCR。

153. 分子杂交　一般指核酸分子杂交,是指核酸分子在变性后再复性的过程中,来源不同但互补配对的 DNA 或 RNA 单链(包括 DNA 和 DNA,DNA 和 RNA,RNA 和 RNA)相互结合形成杂合双链的特性或现象。

154. 印迹技术　是指将核酸或蛋白质等生物大分子通过一定方式转移并固定至尼龙膜等支持载体上的一种方法,该技术类似于用吸墨纸吸收纸张上的墨迹,故称为印迹技术。

155. RNAi　即 RNA 干扰(RNA interference,RNAi),是一种进化上保守的通常由小分子 RNA 诱发的能介导基因沉默的机制。

索　引

1,3-二磷酸甘油酸(1,3-diphosphoglycerate)　67
1,6-二磷酸果糖(fructose-1,6-bisphosphate, F-1,6-BP)　67
2-磷酸甘油酸(2-phosphoglycerate)　67
2,3-二磷酸甘油酸(2,3-biphosphoglycerate, 2,3-BPG)　320
2,4-二硝基酚(2,4-dinitrophenol, DNP)　136
2,6-二磷酸果糖(fructose-2,6-biphosphate)　84
3-磷酸甘油醛(3-phosphate glyceraldehyde, 3-PGA)　67
3-磷酸甘油醛脱氢酶(glyceraldehyde 3-phosphate dehydrogenase)　67
3-磷酸甘油酸(3-phosphoglycerate)　67
3′-非翻译区(3′-untranslated region, 3′-UTR)　231
3′-磷酸腺苷-5′-磷酸硫酸(3′-phospho-adenosine-5′-phospho-sulfate, PAPS)　164
3,4 二羟苯丙氨酸(3,4-dihydroxyphenylalanine)　165
4-磷酸泛酰氨基乙硫醇(4′-phosphopantetheine)　102
5-氟尿嘧啶(5′-fluoro uracil, 5-FU)　181
5-磷酸核糖(ribose-5-phosphate)　75
5-羟色胺(5-hydroxytryptamine, 5-HT)　159
5′-非翻译区(5′-untranslated region, 5′-UTR)　231
5′-磷酸核糖-1′-焦磷酸(5′-phosphoribosy-1′-pyrophosphate, PRPP)　169
5′-磷酸核糖(5′-phosphoribosy, R-5′-P)　170
6-磷酸果糖(fructose-6-phosphate, F-6-P)　67
6-磷酸果糖激酶-1(fructose-6-phosphate kinase-1, F-6-PK-1)　67
6-磷酸果糖激酶-2(6-phosphofructokinase-2)　85
6-磷酸葡萄糖(glucose-6-phosphate, G-6-P)　67
6-巯基嘌呤(6-mercaptopurine, 6-MP)　180
6-重氮-5-氧正亮氨酸(diazanorleucine)　181
ALA 脱水酶(ALA dehydratase)　323
Alu 重复序列(Alu repetitive sequence)　351
ATP-ADP 转位酶(ATP-ADP translocase)　138
ATP 合酶(ATP synthase)　133
ATP 循环(ATP cycle)　137
cAMP 反应元件(cAMP response element, CRE)　282
cAMP 反应元件结合蛋白(cAMP response element binding protein, CREB)　282
cDNA 文库(cDNA library)　269
cGMP 依赖的蛋白激酶 G(cGMP-dependent protein kinase, PKG)　288
CpG 岛(CpG island)　257
CTP 合成酶(CTP synthetase)　176
DAG　282
DNA 复制(DNA replication)　197
DNA 结合域(DNA binding domain)　255
DNA 连接酶(DNA ligase)　202,266
DNA 损伤(DNA damage)　208
DNA 微阵列(DNA microarray)　373
DNA 限制性片段长度多态性(restriction fragment length polymorphism, RFLP)　352
DNA 芯片(DNA chip)　373
D-环复制(D-loop replication)　205
Eastern 印迹(Eastern blot)　368
G 蛋白偶联型受体(G-protein coupled receptor)　277
IP_3　282
Klenow 片段(Klenow fragment)　200
Leber 遗传性视神经病(Leber's hereditary optic neuropathy, LHON)　137
MAPK 激酶(MAP kinase kinase, MAPKK)　285
MAPK 激酶激酶(MAP kinase kinase kinase, MAPKKK)　285
NADH-泛醌氧化还原酶(NADH-ubiquinone oxidoreductase)　128
Na^+ 依赖性葡萄糖转运体(sodium-dependent glucose transporter, SGLT)　66
Northern 印迹(Northern blot)　368
Northern 印迹(Northern blot 或 Northern blotting)　371
N-甲酰甲硫氨酸(N-formyl methionine, fMet)　234
peroxisome　125
RNA 编辑(RNA editing)　227
RNA 编辑(RNA editing)　259
RNA 复制(RNA replication)　213,229
RNA 干扰(RNA interference, RNAi)　259,374

RNA 聚合酶(RNA - polymerase, RNA - pol) 214
RNA 前体(RNA precursor) 213
RNA 依赖的 RNA 聚合酶(RNA - dependent RNA polymerase,RDRP) 229
SH2 结构域(Src homolog 2 domain, SH2) 280
SH3 结构域(Src homology 3 domain, SH3) 280
Shine-Dalgarno 序列(简称 SD 序列) 235
Southern 印迹(Southern blot) 368
Southern 印迹(Southern blot 或 Southern blotting) 370
S-腺苷甲硫氨酸(S - adenosyl methionine, SAM) 162
S-腺苷同型半胱氨酸(S - adenosyl homocysteine, SAH) 162
TATA 盒(或 Pribnow 盒) 249
TATA 盒结合蛋白(TATA box-binding protein, TBP) 258
TATA 结合蛋白(TATA - binding protein, TBP)亚基 220
TATA 结合蛋白(TATA-binding protein, TBP) 217
TATA 结合蛋白辅助因子(TBP - associated factors,TAFs) 220
TATA 结合蛋白辅助因子(TBP-associated factors, TAFs) 217
TBP 相关因子(TBP associated factor, TAF) 258
UDPG 焦磷酸化酶(UDPG pyrophosphorylase) 78
Western 印迹(Western blot) 368
Western 印迹(Western blot 或 Western blotting) 371
Y 蛋白(protein Y) 310
Z 蛋白(protein Z) 310
需氧脱氢酶(aerobic dehydrogenase) 127
α-鹅膏蕈碱(α-amanitine) 216
L-谷氨酸脱氢酶(*L* - glutamate dehydrogenase) 150
N-乙酰谷氨酸(N - acetyl glutamatic acid,AGA) 155
α-1,4-葡聚糖转移酶(α-1,4-glucan transferase) 79
α-1,6-葡萄糖苷酶(α-1,6-glucosidase) 79
α-促黑激素(α-melanocyte-stimulating hermone, α - MSH) 241
α-互补(α-Complementation) 272
α-极限糊精(alpha-limit dextrin) 65
α-磷酸甘油穿梭(α - phosphoglycerol shuttle) 139
α-螺旋(α - helix) 13
α-内啡肽(α- endorphin) 241
α-酮戊二酸脱氢酶复合体(α - ketoglutarate dehydrogenase complex) 71
α-胰淀粉酶(alpha-pancreatic amylase) 65
β-氨基异丁酸(β- aminoisobutyrate) 180
β-半乳糖苷酶(β-galactosidase) 249
β-促黑激素(melanocyte-stimulating hermone, β - MSH) 241
β-内啡肽(β-endorphin) 241
β-脲基丙酸(β- ureidopropionate) 180
β-脲基异丁酸(β- ureidoisobutyrate) 180
β-片层(β- pleated sheet) 13
β-羟丁酸(β- hydroxybutyric acid) 99
β-氧化(β- oxidation) 96
β-脂酸释放激素(β-lipotropin, β- LT) 241
β-转角(β- turn) 13
γ-氨基丁酸(γ- aminobutyric acid,GABA) 158
γ-促黑激素(γ-melanocyte-stimulating hermone, γ - MSH) 241
γ-谷氨酰基循环(γ- glutamyl cycle) 146
γ-谷氨酰基转移酶(γ- glutamyl transferase) 146
γ-内啡肽(γ-endorphin) 241
γ-脂酸释放激素(γ-lipotropin, γ- LT) 241
δ-氨基-γ-酮戊酸(δ- aminolevulinic acid, ALA) 323

A

癌基因(oncogene) 342
氨蝶呤(aminopterin) 181
氨基甲酰磷酸合成酶Ⅰ(carbamoyl phosphate synthetase Ⅰ, CPS-Ⅰ) 154
氨基甲酰磷酸合成酶Ⅱ(carbamoyl phosphate synthase Ⅱ, CPSⅡ) 174
氨基酸(amino acid) 7
氨基肽酶(aminopeptidase) 145
氨基酰- tRNA 合成酶(aminoacyl-tRNA synthetase) 233
氨基酰位(aminoacyl site,A 位) 233
氨基转移酶(amino-transferase) 150
胺氧化酶(amine oxidase) 158

B

巴斯德效应(Pasteur effect) 74
靶细胞(target cell) 276
靶向输送(protein targeting) 241
白喉毒素(diphtheria toxin, DT) 242
白化病(albinism) 165
白三烯(lenkotriene, LT) 104
斑点印迹(dot blot) 372
半保留复制(semiconservative replication) 197
半不连续复制(discontinous replication) 199
半乳糖(galactose) 65
半乳糖苷乙酰基转移酶(galactoside O-acetyltransferase) 249
伴侣素(chaperonins) 240
胞质半通道(cytosolic half-channel) 133
苯丙氨酸羟化酶(phenylalanine hydroxylase) 164
苯丙酮酸尿症(phenyl ketonuria, PKU) 165

必需脂肪酸(essential fatty acid) 92
蓖麻蛋白(ricin) 242
编辑活性(editing activity) 233
编码链(coding strand) 214
变性(denaturation) 40
变性作用(denaturation) 22
表皮生长因子(epidermal growth factor, EGF) 285
别乳糖(allolactose) 250
丙氨酸-葡萄糖循环(alanine-glucose cycle) 153
丙氨酸氨基转移酶(alanine transaminase, ALT) 150
丙酮(acetone) 99
丙酮酸激酶(pyruvate kinase, PK) 67
丙酮酸羧化酶(pyruvate carboxylase) 80
丙酮酸羧化支路(pyruvate carboxylation branch) 80
丙酮酸脱氢酶复合体(pyruvate dehydrogenase complex, PDH) 69
病毒癌基因(viral oncogene) 342
卟胆原(porphobilinogen, PBG) 323
卟啉症(porphyria) 326
不对称转录(asymmetric transcription) 214
不需氧脱氢酶(anaerobic dehydrogenase) 127

C

操纵基因(Operator, O) 249
操纵子(operon) 219,249
草酰乙酸(oxaloacetate) 70
层析(chromatography) 23
插入(insertion) 209
产热素(thermogenin) 136
长链非编码 RNA (long noncoding RNA, lncRNA) 228
肠激酶(enterokinase) 145
超二级结构(super secondary structure) 15
超敏感位点(hypersensitive site) 257
超速离心法(ultracentrifugation) 24
超氧化物歧化酶(superoxide dismutase, SOD) 141
沉淀(precipitation) 22
沉默复合物(RNA-induced silencing complex, RISC) 259
沉默子(silencer) 247
成肽(peptide bond formation) 237
触酶(catalase) 128
醇脱氢酶(alcohol dehydrogenase ADH) 300
次黄嘌呤-鸟嘌呤磷酸核糖转移酶(hypoxanthine-guanine phosphoribosyl transferase, HGPRT) 173
次黄嘌呤核苷酸(inosine monophosphate, IMP) 170
促红细胞生成素(erythropoietin, EPO) 326
促肾上腺皮质激素(Adrenocorticotropic hormone, ACTH) 241
催化型受体(catalytic receptor) 278
错配(mismatch) 209

D

代谢库(metabolic pool) 144
代谢模式(metabolic profile) 193
代谢区室(metabolon) 189
代谢综合征(metabolic syndrome, MS) 192
代谢组学(metabonomics) 193
单核苷酸多态性(single nucleotide polymorphism, SNP) 352
单加氧酶系(monooxygenase) 299
单链 DNA 结合蛋白(single-stranded DNA binding protein, SSB) 201
单链构象多态性(single strand conformation polymorphism, SSCP) 352
单糖(monosaccharide) 65
单酰甘油脂肪酶(monoglyceride lipase, MGL) 95
胆固醇(cholesterol) 93
胆固醇酯(cholesterol ester, CE) 93
胆固醇酯酶(cholesteryl esterase) 93
胆固醇酯转移蛋白(cholesterol ester transfer protein, CETP) 122
胆固醇酯转运蛋白(cholesterol ester transfer protein, CETP) 121
胆红素(bilirubin) 308,317
胆红素脑病(bilirubin encephalopathy) 310
胆绿素(biliverdin) 308
胆囊收缩素(cholecystokinin, CCK) 192
胆色素(bile pigments) 308
胆素(bilins) 308
胆素原(bilinogens) 308
弹性蛋白酶(elastase) 145
蛋白激酶 A(cAMP-dependent protein kinase, PKA) 282
蛋白激酶 B(protein kinase, PKB) 286
蛋白激酶 C(protein kinase C, PKC) 284
蛋白激酶(protein kinase) 278
蛋白聚糖(proteoglycan) 318
蛋白磷酸酶(protein phosphatase) 278
蛋白酶体(proteasome) 148
蛋白体蛋白质(ribosomal protein, rp) 233
蛋白质(protein) 7
蛋白质的浓度减少到开始时的一半所需要的时间称为半寿期(half life) 147
蛋白质二硫键异构酶(protein disulfide isomerase, PDI) 240
蛋白质生物合成(protein biosynthesis) 231
蛋白质微阵列(protein microarray) 374
蛋白质芯片(protein chip) 374

蛋白质折叠(folding) 240
氮的负平衡(negative nitrogen balance) 143
氮的正平衡(positive nitrogen balance) 143
氮的总平衡(all nitrogen balance) 143
氮平衡(nitrogen balance) 143
氮杂丝氨酸(azaserine) 181
等电点(isoelectric point, pI) 10,21
低密度脂蛋白(low density lipoprotein, LDL) 117
低血糖(hypoglycemia) 90
底物水平磷酸化(substrate level phosphorylation) 67
底物循环(substrate cycle) 82
第二信使(secondary messagenger) 278
第一信使(primary messenger) 276
点突变(point mutation) 209
电泳(elctrophoresis) 23
电子传递链(electron transfer chain) 128
电子泄漏(electron leakage) 140
淀粉(starch) 65
调节颗粒(regulatory particle, RP) 149
调节序列(regulatory sequence) 247
叠氮化物(azide, N_3^-) 136
定量 PCR(Quantitative PCR, Q-PCR) 364
定向克隆(directed cloning) 270
端粒(telomere) 205
端粒结合蛋白(telomere binding protein, TBP) 205
端粒酶(telomerase) 205
断裂基因(split gene) 254
多胺(polyamines) 159
多巴胺(dopamine) 165
多不饱和脂肪酸(polyunsaturated fatty acid, PUFA) 92
多蛋白(polyprotein) 241
多聚泛素链结合酶(poly-ubiquitin chain conjugation factor, E4) 148
多聚核糖体(polyribosome 或 polysome) 239
多克隆位点(multiple cloning sites,MCS) 267
多耐药性相关蛋白 2(multidrug resistance-like protein 2, MRP-2) 311
多顺反子 mRNA(polycistronic mRNA) 249
多肽链(polypeptide chain) 11
多糖(polysaccharide) 65
多重 PCR(multiplex PCR) 363

E

儿茶酚胺(catecholamine) 165
二环己基羰二亚胺(dicyclohexyl Carbodiimide, DCCD) 136
二级结构(secondary structure) 13
二聚体化(dimerization) 278
二氢乳清酸酶(dihydroorotase) 175
二氢乳清酸脱氢酶(dihydroorote dehydrogenase) 175
二氢叶酸还原酶(dihydrofolate reductase) 161
二肽酶(dipeptidase) 146
二酯酰甘油(1,2-diacylglycerol, DAG) 278

F

发夹结构(hairpin structure) 218
翻译(translation) 231
翻译后加工(posttranslation processing) 240
翻译起始复合物(translational initiation complex) 235
反式作用因子(*trans*-acting factor) 247
反义 lncRNA(antisense lncRNA) 228
反义 RNA(antisense RNA) 254
反转录 PCR(reverse transcription - PCR, RT - PCR) 363
反转录(reverse transcription) 197
反转重复序列(inverted repeat) 266
泛醌-细胞色素 c 氧化还原酶(ubiquinone-cytochrome oxidoredutase) 130
泛素-蛋白连接酶(ubiquitin-protein ligase, E3) 148
泛素(ubiquitin, Ub) 148
泛素激活酶(ubiquitin-activating enzyme, E1) 148
泛素结合酶(ubiquitin-conjugating enzyme, E2) 148
泛素介导的蛋白质降解(ubiquitin-mediated protein degradation) 148
方向性(directionality) 232
非必需氨基酸(non-essential amino acid) 144
非编码 RNA(noncoding RNA, ncRNA) 228
非蛋白氮(non-protein nitrogen, NPN) 317
非翻译区(untranslated region, UTR) 260
肥胖(obesity) 192
分解代谢物基因活化蛋白(catabolite gene activation protein, CAP) 250
分子伴侣(molecular chaperone) 240
粉蝶霉素 A(piericidin A) 136
粪卟啉原Ⅲ氧化脱羧酶(coproporphyrinogen oxidase) 324
辅酶 Q(coenzyme Q, CoQ, Q) 128
辅脂酶(colipase) 93
辅阻遏剂(corepressor) 251
腐胺(putrescine) 159
腐败作用(putrefaction) 146
负反馈调节(negative feedback regulation) 172
复合体 V(complex V) 133
复合体Ⅰ(complex Ⅰ) 128
复合体Ⅱ(complex Ⅱ) 129
复合体Ⅲ(complex Ⅲ) 130

复合体Ⅳ(complex Ⅳ) 131
复性(renaturation) 22,40
复制叉(replication fork) 198
复制蛋白 A(replication protein A, RPA) 201
复制起点(origin of replication,ori) 267
复制起始点(replication origin) 198
复制子(replicon) 198

G

钙调蛋白(calmodulin, CaM) 284
钙调蛋白依赖性激酶(calmodulin dependent protein kinase, CaMK) 284
干扰素(interferon, IFN) 243
甘油(glycerol) 100
甘油磷脂(glycerophosphatide) 107
甘油三酯(triacylglycerol, TG) 92
肝细胞性黄疸(hepatocellular jaundice) 312
肝脂肪酶(hepatic lipase, HL) 119
感染(infection) 272
冈崎片段(Okazaki fragment) 199
高密度脂蛋白(high density lipoprotein, HDL) 117
高酮血症(hyperketonemia) 185
高效液相色谱法(high performance liquid chromatography, HPLC) 193
高血氨症(hyperammonemia) 157
高血糖(hyperglycemia) 90
高脂蛋白血症(hyperlipoproteinemia) 123
共激活因子(coactivator) 247
孤儿受体(orphan receptors) 289
谷氨酰胺 PRPP 酰胺转移酶(glutamine phosphoribosyl pyrophosphate amidotransferase, GPAT) 170
谷氨酰胺合成酶(glutamine synthetase) 154
谷氨酰胺酶(glutaminase) 154
谷丙转氨酶(glutamic pyruvic transaminase, GPT) 150
谷草转氨酶(glutamic oxaloacetic transaminase, GOT) 150
谷胱甘肽(glutathione, GSH) 11
固醇载体蛋白(sterol carrier protein, SCP) 114
寡核苷酸微芯片(oligonucleotide microchip) 373
寡聚体(oligomer) 241
寡霉素(oligomycin) 136
寡霉素敏感相关蛋白(oligomycin sensitive conferring protein, OSCP) 133
寡肽酶(oligopeptidase) 146
寡糖(oligosaccharide) 65
管家基因(housekeeping gene) 246
光修复酶(photolyase) 209
滚环复制(rolling circle replication) 205
果糖(fructose) 65
果糖二磷酸酶-1(fructose bisphosphatase-1) 81
果糖二磷酸酶-2(fructose biphosphatase-2) 85
过氧化氢酶(catalase) 323
过氧化氢酶(catalase, CAT) 141
过氧化物酶(peroxidase) 128,323
过氧化物酶(peroxidase, Px) 141
过氧化物酶体(peroxysome) 140

H

核不均一 RNA(heterogeneous nuclear RNA, hnRNA) 224
核磁共振法(nuclear magnetic resonance, NMR) 193
核蛋白体结合位点(ribosomal binding site,RBS) 235
核蛋白体循环(ribosomal cycle) 237
核定位序列(nuclear localization sequence,NLS) 241
核苷二磷酸(nucleoside diphosphate, NDP) 29
核苷三磷酸(nucleoside triphosphate, NTP) 29
核苷酸(nucleotide) 26
核黄疸(kernicterus) 310
核孔复合物(nuclear pore complex, NPC) 259
核酶(ribozyme) 228
核酸分子杂交(hybridization) 41
核糖核苷酸还原酶(ribonucleotide reductase) 177
核小 RNA(small nuclear RNA,snRNA) 225
核小体重塑(nucleosome remodeling) 257
核心颗粒(core particle, CP) 149
核心酶(core enzyme) 215
黑色素(melanin) 165
红豆碱(abrin) 242
后随链(lagging strand) 199
呼吸控制 135
琥珀酸-泛醌氧化还原酶(succinate-ubiquinone oxidoreductase) 129
琥珀酸(succinate) 71
琥珀酸裂解酶(argininosuccinate lyase) 155
琥珀酸脱氢酶(succinate dehydrogenase) 72
琥珀酰 CoA(succinyl-CoA) 71
琥珀酰 CoA 合成酶(succinyl CoA synthetase) 71
互补 DNA(complementary DNA,cDNA) 207
互补作用(complementary action) 144
化学渗透假说(chemiosmotic hypothesis) 134
还原力(reduction potential) 184
黄嘌呤氧化酶(xanthine oxidase) 179
回文结构(palindrome sequence) 266
混合功能氧化酶(mixed function oxidase) 127,139,299
活性氮(reactive nitrogen species, RNS) 140
活性氧(reactive oxygen species, ROS) 140

J

饥饿适应(adaptation to starvation) 192
肌酐(creatinine) 317
肌红蛋白(myoglobin) 323
肌酸(creatine) 317
肌酸(creatine,C) 163
肌酸酐(creatinine) 164
肌酸激酶(creatine kinase 或 creatine phosphokinase, CPK) 163
基本转录因子(general transcription factors, GTF) 247
基因表达(gene expression) 246
基因表达调控(gene expression regulation) 246
基因打靶(gene targeting) 274
基因工程(genetic engineering) 264
基因敲除(gene knock-out) 274
基因敲入(gene knock-in) 274
基因失活(gene inactivation) 357
基因添加(gene augmentation) 357
基因芯片(gene chip) 373
基因诊断(gene diagnosis) 350
基因重组(genetic recombination) 264
基因组 DNA 文库(genomic DNA library) 269
基因组印迹(genomic imprinting) 258
基质半通道(matrix half-channel) 133
激素(hormone) 191
激素反应元件(hormone response elements) 217
激素灭活(inactivation of hormone) 298
激素敏感三酰甘油脂肪酶(hormone-sensitive triglyceride lipase,HSL) 95
极低密度脂蛋白(very low density lipoprotein, VLDL) 117
急性时相蛋白质(acute phase protein, APP) 319
己糖激酶(hexokinase, HK) 67
加单氧酶系(monooxygenases system) 139
加双氧酶(dioxygenase) 127
加氧酶(oxygenase) 127
甲氨蝶呤(methotrexate, MTX) 181
甲基化(methylation) 162
甲基转移酶(methyl transferase) 162
甲硫氨酸循环(methionine cycle) 162
甲羟戊酸(mevalonic acid, MVA) 114
甲胎蛋白(alpha fetal protein, AFP) 246
甲胎蛋白(α-fetoprotein, AFP) 297
甲状腺激素受体(thyroid hormone receptor, TR) 290
甲状腺素(thyroxine) 165
假神经递质(false neurotransmitter) 146
间接胆红素(indirect-reacting bilirubin) 311
剪接体(splicesome) 225
减色效应(hypochromic effect) 41
碱性螺旋-环-螺旋(basic helix-loop-helix, bHLH) 256
降解 147
降糖激素 89
交叉调节(reciprocal regulation) 173
焦磷酸酶(pyrophosphatase) 78
接头蛋白(adaptor) 280
结构域(structure domain) 16
结合变构机制(binding change mechanism) 135
解链温度(melting temperature, T_m) 40
解螺旋酶(helicase) 201,219
解偶联蛋白-1(uncoupling protein-1,UCP-1) 136
解偶联剂(uncoupler) 136
进位(entrance) 237
茎-环(stem-loop) 218
精氨酸代琥珀酸合成酶(argininosuccinate synthetase) 155
精胺(spermine) 159
精脒(spermidine) 159
聚合酶链反应(Polymerase Chain Reaction, PCR) 362

K

开放阅读框(open reading frame, ORF) 231
抗坏血酸(ascorbic acid, AsA) 142
抗脂解激素(antilipolytic hormone) 95
可溶性鸟苷酸环化酶(soluble guanylate cyclase, sGC) 287
克隆(clone) 264
空间构象(conformation) 12
空间特异性(spatial specificity) 246
孔蛋白(porin) 138
框移(移码)突变(frameshift mutation) 209,232

L

酪氨酸蛋白激酶(tyrosine protein kinase, PTK) 278
酪氨酸酶(tyrosinase) 165
酪胺(tyramine) 146
酪蛋白(casein) 145
类脂(lipoid) 92
离子通道型受体(ionotropic receptor) 277
连续性(commalessness) 232
链霉素(streptomycin) 242
亮氨酸拉链(leucine zipper) 15,255
磷酸丙糖异构酶(triose phosphate isomerase) 67
磷酸二羟丙酮(dihydroxyacetone phosphate,DHAP) 67
磷酸甘油酸变位酶(phosphoglycerate mutase) 67
磷酸甘油酸激酶(phosphoglycerate kinase) 67
磷酸核糖焦磷酸激酶(phosphoribosy pyrophosphokinase,

PRPPK) 170
磷酸肌酸(creatine phosphate) 137
磷酸己糖异构酶(phosphohexose isomerase) 67
磷酸葡萄糖变位酶(glucophosphomutase) 67
磷酸葡萄糖变位酶(phosphoglucomutase) 77,79
磷酸戊糖途径(pentose phosphate pathway) 75
磷酸烯醇式丙酮酸(phosphoenolpyruvate, PEP) 67
磷酸烯醇式丙酮酸羧激酶(phosphoenolpyruvate carboxykinase) 80
磷酸盐转运蛋白(phosphate transporter) 138
磷脂(phospholipid, PL) 93
磷脂酶 A_2(phospholipase A_2) 93
磷脂酶 C(phospholipase C, PLC) 278
磷脂酶(phospholipase) 109
磷脂酰肌醇 4,5 - 二磷酸(phosphatidylinositol 4,5-bisphosphate, PIP_2) 280
磷脂酰肌醇- 3 -激酶(phosphoinositide 3-kinase, PI3K) 286
磷脂酰肌醇依赖性激酶(phosphoinositide dependent kinase, PDK) 286
硫解(thiolysis) 97
硫解酶(thiolase) 97
硫氧化还原蛋白(thioredoxin) 177
硫氧化还原蛋白还原酶(thioredoxin reductase) 177
卵磷脂胆固醇脂酰基转移酶(lecithin cholesterol acyl transferase, LCAT) 115
螺旋-转角-螺旋(helix-turn-helix, HTH) 255

M

麦芽三糖(maltotriose) 65
麦芽糖(maltose) 65
麦芽糖酶(maltase) 65
毛细管电泳法(capillary electrophoresis, CE) 193
帽子结合蛋白(cap binding protein, CBP) 259
酶偶联型受体(enzyme linked receptor) 278
糜蛋白酶(chymotrypsin) 145
嘧啶(pyrimidine) 27
免疫沉淀法(immunoprecipitation, IP) 23
免疫球蛋白(immunoglobulin, Ig) 319
免疫印迹技术(immuno-blotting) 368
模体(motif) 15
膜间隙(intermembrane space) 138
膜结合鸟苷酸环化酶(membrane guanylate cyclase, mGC) 287

N

内分泌(endocrine) 277
内含子 lncRNA (intronic lncRNAs) 228
内含子(intron) 224
内肽酶(endopeptidase) 145
逆转录病毒(retrovirus) 207
黏性末端(sticky end) 266
鸟氨酸氨基甲酰转移酶(ornithine carbamoyl transferase, OCT) 155
鸟氨酸脱羧酶(ornithine decarboxylase, ODC) 159
鸟氨酸循环(ornithine cycle) 154
鸟苷酸环化酶(guannylic acid cyclase, GC) 278
鸟苷酸结合蛋白(guanine nucleotide binding protein, G - protein) 279
鸟嘌呤核苷酸(guanosine monophosphate, GMP) 170
鸟嘌呤核苷酸交换因子(guanine nucleotide exchange factor, GEF) 285
尿卟啉原Ⅰ同合酶(uroporphyrinogen Ⅰ synthase,又称卟胆原脱氨酶,PBG deaminase) 323
尿卟啉原Ⅲ同合酶(uroporphyrinogen Ⅲ synthase) 323
尿卟啉原Ⅲ脱羧酶(uroporphyrinogen decarboxylase) 324
尿苷二磷酸葡萄糖(uridine diphosphate glucose, UDPG) 77
尿苷二磷酸葡萄糖醛酸(unridine diphosphate glucuronic acid, UDPGA) 302
尿苷激酶(uridine kinase) 177
尿嘧啶核苷酸(uridine monophosphate, UMP) 174
尿素(urea) 317
尿素氮(blood-urea-nitrogen, BUN) 317
尿素循环(urea cycle) 154
尿酸(uric acid) 179,317
柠檬酸-丙酮酸循环(citrate-pyruvate shuttle) 101
柠檬酸(citric acid) 70
柠檬酸合酶(citrate synthase) 71
柠檬酸循环(citrate cycle) 70
凝胶过滤层析(分子筛,gel filtration;排阻色谱) 24
牛磺酸(taurine) 158

O

偶联磷酸化(coupling phosphorylation) 133

P

帕金森病(Parkinson disease) 165
帕金森氏疾病(Parkinson's disease) 137
排出位(exit site,E 位) 233
旁分泌(paracrine) 277
配体(ligand) 277
配伍末端(compatible end) 266
偏最小二乘回归法(partial least squares regression, PLSR) 193
嘌呤(purine) 27

嘌呤核苷酸循环(purine nucleotide cycle) 151
平整末端(blunt end) 266
苹果酸-天冬氨酸穿梭作用(malate-aspartate shuttle) 138
苹果酸(malate) 72
苹果酸脱氢酶(malate dehydrogenase) 72
葡萄糖-6-磷酸酶(glucose-6-phosphatase) 79
葡萄糖(glucose) 65
葡萄糖激酶(glucokinase,GK) 67
葡萄糖耐量(glucose tolerance) 90
葡萄糖醛酸转移酶(UDP glucuronyl transferase, UGT) 302

Q

气相色谱法(gas chromatography, GC) 193
启动子 247
启动子(promoter) 216,247
起始 Met-tRNAi^{Met}(initiator-tRNA) 234
起始(initiation) 234
起始密码(initiation coden) 231
起始序列/起始子(initiator sequence, Inr) 217
起始因子(initiation factor,IF) 235
起始子(initiator, Inr) 258
器官水平(organ level) 188
前病毒(provirus) 207
前导链(leading strand) 199
前列腺素(prostaglandin, PG) 104
前体 mRNA(precursor mRNA) 259
羟化酶(hydroxylase) 127,139
鞘磷脂(sphingomyelin) 108
鞘脂(sphingolipid) 107
切除修复(excision repair) 209
切口(nick) 202
氢过氧化物酶(hydroperoxidase) 128
清蛋白(albumin, A) 318
氰化物(cyanide, CN^-) 136
球蛋白(globulins, G) 318
去甲肾上腺素(norepinephrine) 165
全酶(holoenzyme) 215
醛缩酶(aldolase) 67
缺失(deletion) 209

R

染色质重塑(chromatin remodeling) 257
热激蛋白 70(heat shock protein, HSP70) 240
人端粒酶反转录酶(human telomerase reverse transcriptase, hTRT) 205
人类端粒酶 RNA(human telomerase RNA, hTR) 205
人类端粒酶协同蛋白 1(human telomerase associated protein 1, hTP1) 205
肉碱(carnitine 96
乳糜微粒(chylomicron, CM) 94
乳清酸(orotic acid) 175
乳清酸核苷酸(orotidine-5′-monophosphate, OMP) 175
乳清酸核苷酸脱羧酶(OMP decarboxylase) 175
乳清酸磷酸核糖转移酶(orotate phosphoribosyltransferse) 175
乳酸脱氢酶(lactate dehydrogenase, LDH) 68
乳酸循环(lactate cycle) 83
乳糖(lactose) 65
乳糖酶(lactase) 65
乳糖通透酶(lactose permease) 249

S

三级结构(tertiary structure) 15
三磷酸肌醇(1,4,5-inositol triphosphate, IP_3) 278
三羧酸循环(tricarboxylic acid cycle, TAC) 70
色氨酸操纵子(*trp* operon) 251
色氨酸加氧酶(tryptophane oxygenase) 166
色胺(tryptamine) 146
神经酰胺(ceramide) 108
神经酰胺(ceramide, Cer) 278
肾上腺素(adrenalin) 89
肾上腺素(epinephrine) 165
肾糖阈(renal glucose threshold) 89
升糖激素 89
生长叉(growing fork) 198
生长激素释放肽(growth hormone-releasing peptide) 192
生长因子结合蛋白(growth factor binding protein, Grb2) 285
生糖氨基酸(glucogenic amino acid) 158
生糖兼生酮氨基酸(glucogenic and ketogenic amino acid) 158
生酮氨基酸(ketogenic amino acid) 158
生物芯片(biochips) 372
生物芯片(biochip) 352
生物氧化(biological oxidation) 125
生育酚(tocopherol,Toc) 141
尸胺(putrescine) 146
时间特异性(temporal specificity) 246
实时 PCR(real-time PCR) 364
实时定量 PCR(Quantitative real-time PCR) 364
适应性表达(adaptive expression) 246
释放因子(release factor,RF) 238
受体(receptor) 277
受体型酪氨酸蛋白激酶(receptor tyrosine kinase, RTK) 285

瘦蛋白(leptin)　192
竖臂(vertical arm)　128
衰减子(attenuator)　252
双香豆素(dicumarol)　136
双向复制(bidirectional replication)　198
顺式调节(*cis*-regulation)　247
顺式作用元件(cis-acting element)　217
顺式作用元件(*cis*-acting element)　247
顺乌头酸(cis-aconitic acid)　71
顺乌头酸酶(cis-aconitase)　71
丝氨酸/苏氨酸蛋白激酶(serine/threonine protein kinase, PS/TK)　278
丝裂原活化蛋白激酶(mitogen-activated protein kinase, MAPK)　285
四级结构(quaternary structure)　17
四氢叶酸(tetrahydrofolic acid, FH_4)　161
宿主细胞(host cells)　270
羧基末端结构域(carboxyl-terminal domain, CTD)　215, 258
羧基肽酶(carboxypeptidase)　145

T

肽(peptide)　11
肽单元(peptide unit)　13
肽键(peptide bond)　10
肽键平面(peptide plane)　13
肽酰位(peptidyl site,P 位)　233
探针(probe)　369
碳水化合物(carbohydrate)　65
糖(saccharide)　65
糖代谢(carbohydrate metabolism)　66
糖蛋白(glycoprotein)　318
糖尿病(diabetes mellitus)　90
糖尿病(diabetes mellitus, DM)　185
糖皮质激素(glucocorticoid)　90
糖异生(gluconeogenesis)　80
糖原(glycogen)　77
糖原分解(glycogenolysis)　78
糖原合酶(glycogen synthase)　78
糖原累积症(glycogen storage disease)　79
糖原磷酸化酶(glycogen phosphorylase)　67,79
糖脂(glycolipid)　93
特异转录因子(special transcription factors)　247
体重指数(body mass index, BMI)　192
天冬氨酸氨基甲酰转移酶(aspartate transcarbamoylase, ATCase)　175
天冬氨酸氨基转移酶(aspartate transaminase, AST)　150
天冬酰胺酶(asparaginase)　154
天然功能构象(native conformation)　240
铁硫簇(iron-sulfur cluster)　128
铁硫蛋白(iron-sulfur protein)　128
同工接受体(isoacceptor)　233
同工异源酶(isoschizomer)　266
同裂酶　266
同尾酶(isocaudarner)　266
同型半胱氨酸(homocysteine)　162
同义突变(synonymous mutation)　232
同源异形域(homeodomain)　255
酮尿症(ketonuria)　100
酮体(ketone bodies)　99
酮血症(ketonemia)　99
酮症酸中毒(ketoacidosis)　185
透析(dialysis)　23
突变(mutation)　208
突触传递(synaptic transmission)　277
脱羧基作用(decarboxylation)　158
脱羧酶(decarboxylase)　158
脱支酶(debranching enzyme)　79
唾液淀粉酶(salivary amylase)　65

W

外肽酶(exopeptidase)　145
外显子(exon)　224
微 RNA(microRNA, miRNA)　374
微粒体(microsomes)　125
微粒体乙醇氧化系统(microsomal ethanol oxidizing system, MEOS)　300
微小 RNA(micro-RNA, miRNA)　259
维生素 C(vitamin C)　141
维生素 E(vitamin E)　141
胃蛋白酶(pepsin)　145
胃蛋白酶原(pepsinogen)　145
卧臂(horizontal arm)　128
无规卷曲(random coil)　13

X

硒谷胱甘肽过氧化物酶(Se - glutathione peroxidase, Se - GSH - Px)　141
烯醇化酶(enolase)　67
细胞癌基因(cellular oncogene)　342
细胞呼吸(cellular respiration)　125
细胞膜表面受体(membrane receptor)　277
细胞内受体(intracellular receptor)　277
细胞色素 c(cytochrome c, Cyt c)　128
细胞色素 c 氧化酶(cytochorome c oxidase)　131
细胞色素 P_{450}的氧化酶系(cytochrome p450 monooxygenase, CYP)　299
细胞色素(cytochrome, Cyt)　323

细胞信号转导(cellular signal transduction)　276
下游启动子元件(dowstream promoter element, DPE)　217
纤维蛋白溶解系统(fibrinolytic system)　319
纤维蛋白原(fibrinogen)　318
纤维素(cellulose)　65
显微注射(microinjection)　274
限速酶(rate-limiting enzyme)　84
线粒体 DNA(mitochondrial DNA, mt DNA)　137
腺苷经腺苷脱氨酶(adenosine deaminase, ADA)　179
腺苷酸环化酶(adenylic acid cyclase, AC)　278
腺苷酸转运蛋白(adenine nucleotide transporter)　138
腺嘌呤核苷酸(adenosine monophosphate, AMP)　170
腺嘌呤磷酸核糖转移酶(adenine phosphoribosyltransferase, APRT)　173
小 G 蛋白(small G protein)　280
小分子干扰 RNA(small interfering RNA, siRNA)　259
小分子核糖核蛋白体(small nuclear ribonucleoprotein, snRNP)　225
小干扰 RNA(small interfering RNA, siRNA)　374
校读(proofreading)　215
校正活性(proofreading activity)　233
心钠素(atrial natriuretic factor, ANF)　285
锌指(zinc finger)　255
锌指结构(zinc finger)　15
信号肽(signal peptide)　241
信号肽酶(signal peptidase)　241
信号序列(signal sequence)　241
信号域(signal domain)　280
信号转导分子(signal transducer)　278
信号转导复合物(signalling complex)　280
信号转导及转录激活蛋白(signal transducer and activator of transcription, STAT)　289
信号转导体(signalsome)　280
胸苷激酶(thymidine kinase)　177
胸苷酸合酶(thymidylate synthase)　178
溴结构域(bromodomain)　256
选择性剪接(alternative RNA splicing)　259
血红蛋白(hemoglobin, Hb)　322
血红素(heme)　322
血红素蛋白(hemoprotein)　323
血红素加氧酶(heme oxygenase, HO)　309
血浆(plasma)　316
血浆蛋白质(plasma protein)　317
血清(serum)　316
血栓烷(thromboxane, TX)　104
血糖(blood glucose)　89
血小板-蛋白激酶 C 同源结构域(pleakstrin homology domain, PH)　280
血小板衍生生长因子(platelet-derived growth factor, PDGF)　285
血液(blood)　316
血脂异常(dyslipidemia)　123
循环阈值(cycle threshold, Ct)　364

Y

鸦片促黑皮质素原(proopio-melano-cortin, POMC)　241
亚基(subunit)　17
亚铁螯合酶(ferrochelatase)　325
延长 Met-tRNAe^{Met}(elongation-tRNA)　234
延长(elongation)　234
延长因子(eukaryotic elongation factor, eEF)　237
延胡索酸酶(fumarase)　72
盐析(salt precipitation)　23
氧化呼吸链(oxidative respiratory chain)　128
氧化磷酸化(oxidative phosphorylation)　133
氧化酶(oxidase)　126
氧化氢酶(catalase)　128
氧化脱氨基(oxidative deamination)　150
一级结构(primary structure)　12
一碳单位(one carbon unit)　159
一碳基团(one carbon group)　160
一氧化氮(nitric oxide, NO)　289
一氧化氮合酶(nitric oxide synthase, NOS)　289
一氧化氮合酶(nitric oxide synthase, NOS)　157
依赖 DNA 的 RNA 聚合酶(DNA dependent RNA polymerase, DDRP)　214
胰蛋白酶(trypsin)　145
胰岛素(insulin)　89
胰高血糖素(glucagon)　89
胰脂酶(pancreatic lipase)　93
遗传密码(genetic coden)　231
乙醇　300
乙醛脱氢酶(acetaldehyde dehydrogenase ALDH)　300
乙酰 CoA(acetyl CoA)　69
乙酰乙酸(acetoacetic acid)　99
异麦芽糖(isomaltose)　65
异麦芽糖酶(isomaltose)　65
异柠檬酸脱氢酶(isocitrate dehydrogenase)　71
异戊巴比妥(Amobarbital)　136
抑癌基因(tumor suppressor gene)　342
引发体(primosome)　203
引物(primer)　200
引物酶(primase)　202
印迹或转印(blot 或 blotting)　368
应激(stress)　192
荧光共振能量转移(fluorescence resonance energy transfer, FRET)　366
荧光阈值(threshold)　364

营养必需氨基酸(nutritionally essential amino acid) 144
游离胆固醇(free cholesterol, FC) 113
游离脂肪酸(free fatty acid, FFA) 95
有氧氧化(aerobic oxidation) 69
有义链(sense strand) 214
有意义密码(sense coden) 231
有转位酶(translocase) 238
诱导表达(induction expression) 247
诱导剂(inducer) 250
鱼藤酮(rotenone) 136
原癌基因(proto - oncogene) 342
原卟啉原氧化酶(protoporphyrinogen oxidase) 324
原位 PCR(in situ PCR) 364
原位杂交(in situ hybridization) 372

Z

载体(vector) 267
载体蛋白(carrier protein) 146
载脂蛋白(apolipoprotein, apo) 94
增强子 247
增强子(enhancer) 247
增强子结合蛋白(enhancer binding protein, EBP) 247
增色效应(hyperchromic effect) 40
蔗糖(sucrose) 65
蔗糖酶(sucrase) 65
真核起始因子 eIF(eukaryotic initiation factor) 235
整体水平(system level) 191
脂蛋白(lipoprotein) 117
脂蛋白脂肪酶(lipoprotein lipase, LPL) 119
脂肪(fat) 92
脂肪动员(fat mobilization) 95
脂肪酶(lipase) 93
脂肪组织三酰甘油脂肪酶(adipose triglyceride lipase, ATGL) 95
脂褐素(lipofuscin) 141
脂解激素(lipolytic hormone) 95
脂类(lipids) 92
脂酰 CoA(acyl - CoA) 95
脂酰 CoA 胆固醇脂酰转移酶(acyl - CoA - cholesterol acyltransferase, ACAT) 115
脂酰 CoA 合成酶(acyl - CoA synthetase) 93
脂酰基载体蛋白(acyl carrier protein, ACP) 102
直接胆红素(direct-reacting bilirubin) 311
直接修复(direct repair) 209
植物毒蛋白(foxoprotein) 242
质粒(plasmid) 267
质谱法(mass spectrometry, MS) 193
中间密度脂蛋白(intermediate density lipoprotein, IDL) 117
终止(termination) 234
终止密码(termination coden) 231
终止因子(termination factor) 238
重排(rearrangement) 209
重症联合免疫缺陷症(severe combined immunodeficiency, SCID) 180
重组 DNA 技术(recombinant DNA technology) 264
重组修复(recombination repair) 210
珠蛋白(globin) 322
主成分分析法(principal components analysis, PCA) 193
注册(registration) 237
转氨基作用(transamination) 149
转氨酶(transaminase) 149
转化生长因子 - β(transforming growth factor-β, TGF - β) 284
转基因小鼠(transgenic mouse) 274
转录(transcription) 213
转录复合物(transcription complex) 219
转录后基因沉默(post-transcriptional gene silencing, PTGS) 374
转录后加工(post - transcriptional processing) 223
转录活化域(transcriptional activation domain) 255
转录激活因子(transcription activator) 247
转录空泡 transcription bubble 219
转录起始复合物(preinitiation complex, PIC) 215
转录因子(transcription factors, TFs) 247
转录阻遏因子(transcription repressor) 247
转醛醇酶(transaldolase) 75
转肽酶(peptidyl transferase) 237
转酮醇酶(transketolase) 75
转位(translocation) 237
转酰基酶(acyltransferase) 93
转移基因(transgene) 274
着色性干皮病(xeroderma pigmentosus, XP) 210
自分泌(autocrine) 277
自身激活作用(autocatalysis) 145
自身磷酸化(autophosphorylation) 285
自适应(self-adaption) 184
自由基(free radical) 140
阻遏(repression) 247
阻遏基因(inhibitor gene, I) 249
阻塞性黄疸(obstructive jaundice) 313
组胺(histamine) 146
组成性表达(constitutive expression) 246
组蛋白去乙酰基酶(histone deacetylase, HDAC) 257
组蛋白乙酰基转移酶(histone acetyltransferase, HAT) 257

主要参考文献

查锡良. 2008. 生物化学. 第 7 版. 北京：人民卫生出版社.

黄诒森，张光毅. 2012. 生物化学与分子生物学. 第 3 版. 北京：科学出版社.

贾弘褆，冯作化. 2010. 生物化学与分子生物学. 第 2 版. 北京：人民卫生出版社.

祁国荣. 2008. 生物化学与分子生物学名词. 北京：科学出版社.

周爱儒. 2003. 生物化学. 第 6 版. 北京：人民卫生出版社.

Murray RK. 2009. Harper's illustrated biochemistry. 28 ed. New York：The McGraw-Hill Companies.

Nelson DL，Cox. MM. 2008. Lehninger Principles of Biochemistry. 5th ed. New York：W. H. Freeman and Company.

M. D. Rosenthal & R. H. Glew. Medical Biochemistry. Wiley Inc. , 2009

王玉明主编. 医学生物化学与分子生物学. 清华大学出版社，2011 年 8 月第一版.

周爱儒主编. 生物化学. 人民卫生出版社，2000 年 11 月第五版.

David L. Nelson and Michael M. Cox，Lehninger Principles of Biochemistry. 5th edition，2008，W. H. Freeman and Company，New York.

Jeremy M. Berg，John L. Tymoczko and Lubert Stryer，Biochemistry，7th Edition，2010，W. H. Freeman and Company，New York.

Murray RK，Granner DK，Mayer PA，Rodwell VW. Harper's Biochemistry，25th ed. McGraw Hill，2000.

Garrett R，Grisham Charles M. Biochemistry，4th ed，2010，Brooks/Cole.

Thomas M. Devlin. Textbook of Biochemistry with Clinical Correlations. 6th Edition，2005，Wiley-Liss，New York.

张西平. 核酸与基因表达调控. 武汉大学出版社，2002，武汉.

沈珝琲，方福德. 真核基因表达调控. 高等教育出版社，1996，北京.